S ü d t i r o l

kombiführer
auto + wanderschuh

Etschtal Meran – Bozen

Erläuternde Texte
→ Seite 231

SÜDTIROL
auto+wanderschuh

Ein reich illustrierter Führer in der Kombination »Autofahren und Wandern« durch das Land an Eisack und Etsch, an Rienz und Drau. Das »Land im Gebirge« erstreckt sich vom Brenner bis Salurn und vom Reschenpaß bis zum Kreuzberg-Sattel.

Alle anfahrbaren oder mit Aufstiegshilfen erreichbaren Ausgangspunkte für insgesamt 350 familienfreundliche Wanderungen, davon 225 Rundwanderungen. Hierzu 60 Wanderwege-Skizzen, 11 Panoramen und fünf sprechende Grafiken der großen Verkehrswege.

Mit Beiträgen von Eugen E. Hüsler, neu bearbeitet und herausgegeben von EDUARD DENZEL

FK

DENZEL-VERLAG INNSBRUCK

J. FRASNELLI-KEITSCH BOZEN

Band 2 der Reihe „Denzel kombiführer auto + wanderschuh"

Texte: Eduard Denzel und Eugen E. Hüsler
Umschlagentwurf: Karl Sommer
Vorsatz und Wanderwege-Skizzen: Eugen E. Hüsler
Gipfelpanoramen: Eugen E. Hüsler
Sprechende Talschaft-Grafiken: Kurt Sommerauer
Fotosatz: Studio Rizner, A-5020 Salzburg
Druck und Binden: Welsermühl, Druck- und Verlagshaus, A-4600 Wels
Printed in Austria

5., neubearbeitete Ausgabe

CIP-Titelaufnahme der Deutschen Bibliothek

Südtirol: ein reich illustrierter Führer in der Kombination „Autofahren und Wandern" durch das Land an Eisack und Etsch, an Rienz und Drau; das „Land im Gebirge" erstreckt sich vom Brenner bis Salurn und vom Reschenpaß bis zum Kreuzberg-Sattel; alle anfahrbaren oder mit Aufstiegshilfen erreichbaren Ausgangspunkte für insgesamt 350 familienfreundliche Wanderungen, davon 225 Rundwanderungen / Eduard Denzel. – 5. Ausg. – Innsbruck : Denzel, 1990.
(Auto + [und] Wanderschuh ; Bd. 2)

ISBN 3-85047-743-6

Zum Geleit

Die Taschenbuchreihe **auto + wanderschuh** hat mit ihrer Zielsetzung, einen abwechslungsreichen, sanften Tourismus in den Alpenländern zu fördern, in den vergangenen Jahren eine Vielzahl von Freunden gewonnen. Die meisten Titel erreichten bereits mehrere Druckauflagen. Jedermann findet in jedem der einzelnen Bände das seiner individuellen Leistungsanforderung am besten entsprechende Wanderziel: das Angebot reicht von familienfreundlichen, alpinen Spaziergängen bis zu ausgedehnten Bergtouren. Die Vorschläge halten sich für Hin- und Rückweg bzw. für die jeweilige Runde an einen zeitlichen Rahmen, der mit sechs Stunden limitiert ist; nur in besonderen Ausnahmen bewegen sie sich geringfügig darüber. Zwei Drittel der beschriebenen Wanderungen sind Rundwanderungen, wobei die Ausgangs- und Rückkehrpunkte stets ident sind und sich auf den Abstellplatz für das Fahrzeug bzw. die Bergstation der Aufstiegshilfe beziehen. Bergbahnen und Lifte unterschiedlicher Art ergänzen sinnvoll ein fast müheloses Verbundwandern.

Der vorliegenden, neubearbeiteten Ausgabe liegt ein klares Konzept zugrunde: Südtirol wurde in seinen Landesgrenzen ganzheitlich mit nur einem einzigen Band erfaßt. Innerhalb mehrerer Jahre wurde das Land systematisch bis in die entlegensten Winkel im wahrsten Sinne des Wortes „erfahren und erwandert"! In Übereinstimmung mit den Beschreibungen wurden speziell für diesen Führer 60 übersichtliche und was die Beschriftung anlangt, vor allem gut lesbare Wanderwege-Skizzen gezeichnet. Elf Gipfelpanoramen und fünf sprechende Grafiken der touristisch bedeutsamsten Talschaften Südtirols sowie ausgewähltes Bildmaterial runden die Gesamtinformation ab.

Allen Benützern dieses Bandes wünschen genußreiche Fahrten und erholsame Wanderungen in Südtirols Bergen

Der Herausgeber und die Verfasser

Innsbruck und Bozen, im Frühjahr 1990

Inhaltsübersicht

Das **Schlernmassiv** mit Euringer- und Santnerspitze ist eines der Wahrzeichen und Markenzeichen Südtirols. Foto Eugen E. Hüsler

Südtirol mit Auto und Wanderschuh

Verzeichnis der Wanderungen und Rundwanderungen

Abkürzungen: W = Wanderung hin und zurück, RW = Rundwanderung, AP = Ausgangspunkt
* für schöne und lohnende Wanderung, ** für abwechslungsreiche, sehr empfehlenswerte Wanderung, *** für außergewöhnlich schöne, an großartigen Szenerien besonders reiche Wanderung.

Sterzing und Umgebung

Unteres Pustertal

Bruneck und Umgebung

Sand in Taufers und Umgebung

Hochpustertal

Südtiroler Dolomiten

Brixen, Klausen und Umgebung

Bozen und Umgebung

Bozner Unterland

Überetsch und Mendelgebirge

Tisenser Mittelgebirge und Oberer Nonsberg

Burggrafenamt und Meran

Vinschgau

Legende der Wanderwege-Skizzen

Zeichenerklärung

- ▲ Gipfel
- Paß, Scharte
- Beherrschender Aussichtspunkt
- Kloster; Kirche, Kapelle
- Schloß; Ruine
- Schutzhütte, Berggasthaus
- 18 Ausgangs- und Endpunkte der Wandervorschläge mit den entsprechenden Nummern
- Straßenzollamt
- Staatsgrenze
- Adhäsions-, Zahnrad-, Standseilbahn
- 6 Beschriebener Wanderweg mit örtlicher Markierung
- Wanderweg
- Hauptdurchzugsstraße
- Verbindungsstraßen
- Fahrweg
- Seilschwebebahn
- Gondelbahn
- Sessellift

Zur Begriffsbestimmung anfahrbarer Hochpunkte ist folgendes zu beachten: Als anfahrbare Hochpunkte gelten Hochstraßen- bzw. Hochfahrwege-Endpunkte im Bereich der Baumgrenze und darüber. Diese können Hochpässe, Hochstraßenscheitel, Hochgipfel, Hochtalschlüsse oder Endstellen von Hochhangstraßen sein. Der Begriff „hochalpin“ wird nicht von der absoluten Höhe, sondern von der Beschaffenheit der Landschaft bestimmt und von den Eindrücken, die man von ihr gewinnt. Als anfahrbarer Hochpaß (Übergangspaß) gilt eine erniedrigte Stelle in der Kammregion, welche den Übergang von einem Tal ins andere vermittelt und von mindesten einer Seite her mit einem Kraftfahrzeug erreichbar ist. Die Bildung von Übergangspässen kann tektonische, eiszeitliche oder auch hydrographische Ursachen haben.

Mit Auto oder Zweirad anfahrbare Hochpunkte

In eckige Klammern gesetzte Pässe bzw. Sattel sind nur von einer Seite her anfahrbar im Gegensatz zu Übergängen mit beiderseits befahrbaren Rampen. «Sattel» steht jeweils für niedrig gelegene Übergänge. Wenn eine Straße nicht ganz auf die Spitze eines Berges führt, wurde die Höhe des jeweiligen Straßenendpunktes angegeben. Sämtliche Angaben erfolgen ohne Gewähr.

Name	Art	Seehöhe m	max. Steigung %	Schwierigkeitsgrad	Seite
Afing	Hochplat.	871	9	2–3	224
Althaus	Hochtal	1440	12	1–2	88
Altrei*	Hochplat.	1209	6	2	248
Am Paradies**	Hochtal	2068	14	3	336
Aschbach über Nasen	Hochplat.	1488	12	2–3	78
Aschbach* ob Rabland	Hochplat.	1340	16	3	277
Bachertal**	Hochtal	1541	21	2	97
Barbian*	Hochplat.	830	10	2	199
Barbian-Villanders**	Hochplat.	1001	12	2–3	213
Bauhof, Jst.	Hochplat.	1004	12	3	79
Bodeneck	Hochtal	1795	12	3	114
Brenner*	Paß	1374	12	1–2	25
Brenner Grenzkammstr.**	Kamm	2200	16	4	27
Brezer Joch*	Sattel	1398	15	3	273
Brixner Schihütte	Hochtal	1896	6	2	182
Brunnberg	Hochplat.	1658	14	3	83
Buchen	Hochplat.	1224	20	4	282
Buchwald*, Gh.	Hochplat.	940	15	3–4	263
Burg Taufers*	Hochplat.	950	13	3	80
Durnholzer See**	Hochtal	1540	6	2	220
Dürrensteinhaus**	Sattel	2035	14	2	127
Enzianhütte** (Zirog)	Hochplat.	1894	14	4	31
Falzeben*, Gh.	Hochtal	1621	15	2–3	289
Fane-Alm**	Hochtal	1739	18	3–4	59
Feichter*, Gh.	Hochplat.	1362	14	3	192
Flading*	Hochtal	1482	14	3–4	43
Flachjoch**	Kamm	2124	16	4	26
Furkel*	Sattel	1759	15	2–3	75
Gampenjoch*	Sattel	1518	9	2	267
Garnboden	Hochplat.	1384	12	3	198
Gasser-Hütte*	Hochplat.	1744	25	3–4	198
Gereuth*	Hochplat.	1400	14	3	192
Gfeis, Gh.	Hochplat.	1330	10	2–3	304
Gfrill	Hochplat.	1328	14	2–3	250
Glinzhof**	Hochplat.	1486	12	2–3	116
Graun*	Hochplat.	823	14	2–3	252
Grissian	Hochplat.	850	16	3	266
Grödner Joch***	Paß	2121	12	2–3	138
Gschließhöfe	Hochplat.	1350	10	2–3	50

Name	Art	Seehöhe	max. Stg. %	SG	Seite
Platten, Schönblick*	Hochplat.	1413	16	2	77
Platzers*	Sattel	1286	12	2–3	270
Plätzwiesen**	Sattel	1991	14	2	127
Plawenn	Hochplat.	1725	12	2–3	364
Plose-Hütte***	Gipfel	2446	10	3–4	186
Prader Berg	Hochplat.	1253	14	3	342
Pragser Wildsee**	Hochtal	1492	8	2	127
Prämajur	Hochplat.	1740	10	2	355
Prastmann*	Hochtal	1638	12	2–3	87
Pretzhof*	Hochplat.	1320	9	2–3	51
Proveis*	Hochplat.	1420	15	3	273
Pustertaler Grenzkamm**	Kamm	2420	15	4	116
Pustertaler Sonnenstr.*	Hochplat.	1233	12	2	66
Rabenstein	Hochtal	1419	14	3	316
Rafensteiner Str.	Hochplat.	800	33	4	224
Ratschingstal*	Hochtal	1482	14	3–4	43
Reinswald	Hochplat.	1549	14	2–3	218
Reiterjoch*	Paß	1996	15	3–4	171
Reschner Alm**	Hochplat.	2001	15	3–4	359
Ridnauntal*	Hochtal	1417	12	2	45
Riedbergalm**	Hochplat.	1946	16	3–4	37
Riedelsberg	Hochplat.	1503	12	3	217
Rittner Straße**	Hochplat.	1530	7	2	209
Rodenecker Alm*	Hochplat.	1749	14	2–3	174
Rojen*	Hochtal	1968	24	4	359
Röllhof*	Hochplat.	944	20	3	201
Rosengartenstr.*	Sattel	1774	20	2–3	166
Roßkopf, Furlalm	Hochplat.	1840	12	3	41
Sandbichlerhof	Hochplat.	1457	14	2–3	92
Sandjöchl**	[Paß]	2165	14	3	25
St. Felixer Alm	Hochplat.	1630	10	2–3	271
St. Helena*	Hochplat.	1437	10	2–3	239
St. Lugan	Sattel	1100	9	1–2	235
St. Moritz**	Hochplat.	1635	15	2–3	288
St. Ulrich, Kirche	Hochplat.	1346	8	3	228
St. Ulrich (Mölten)	Sattel	1290	8	2	227
Sarner Schihütte	Hochplat.	1614	10	2–3	217
Sattelberg**	Gipfel	2046	12	3–4	28
Schadnerhof, Jst.	Hochplat.	1361	9	2–3	232
Schennaer Berg**	Hochplat.	1450	12	2–3	297
Schermoos	Sattel	1449	12	2–3	225, 227, 229
Schlanderer Sonnenberg*	Hochplat.	1397	12	2–3	340
Schlinig*	Hochtal	1738	10	2	355
Schlüsseljoch**	Paß	2009	gesperrt, striktes Fahrverbot!		54
Schmieder Alm	Hochplat.	1674	25	3–4	237
Schneiderwiesen-H.	Hochplat.	1372	20	3	201
Schöneben*	Hochplat.	2087	12	2	357
Seewertal***	Hochtal	2002	10	3–4	316
Seiser Alm***	Hochplat.	1844	12	2	160
Seit	Hochplat.	1253	12	2	234

Nordtirol/Südtirol. Das Timmelsjoch ist der einzige gletscherfreie Straßenübergang zwischen Brenner und Reschenpaß. Es trennt die Stubaier von den Ötztaler Alpen auf der Hauptkammlinie. Über sie verläuft auch die Staatsgrenze Österreichs mit Italien, welche auf langen Abschnitten der Wasserscheide folgt. Foto Eugen Wurm, Timmelsjoch-Hochalpenstraße AG

Fahrtechnische Schwierigkeitsgrade

Denzel-Alpenstraßen-Skala in der aktuellen Neufassung

SG 1 Sehr leicht zu befahrende Bergstrecke auch für Anfänger geeignet.

Objektive Merkmale: durchgehend normal (mindestens 6 m) breite Asphalt- oder Betonfahrbahn. Keine oder nur wenige Kehren, gegebenenfalls diese überbreit ausgebaut. Trassenverlauf ohne stark gekrümmte Kurven. Durchgehend randgesicherte Strecke. Steigungen bis 9%.

SG 2 Strecke ohne nennenswerte Anforderungen, auch von vorwiegend Bergungewohnten leicht zu befahren.

Objektive Merkmale: durchgehend zweispurige, überwiegend staubfreie Fahrbahn, welche auch ein reibungsloses Begegnen mit größeren Omnibussen und sonstigem Schwerverkehr der Norm ermöglicht. Gut ausgebaute Kehren mit kaum merklichen Steigungen in den Wendeplatten. Allgemein verkehrsgerechter, übersichtlicher Trassenverlauf ohne „Flaschenhälse". Größtenteils randgesichert. Steigungsmaxima bis 15%.

SG 3 Strecke erfordert Praxis und sichere Fahrtechnik auf Bergstraßen.

Objektive Merkmale: Fahrbahn überwiegend knapp zweispurig, abschnittsweise auch einspurig mit Ausweichen. Teilweise oder zur Gänze ohne staubfreien Belag. Häufig enge Kehren mit verstärkter Steigung. Vielgewundene Straße mit stark gekrümmten Kurven. Meist ohne Randsicherungen. Längere Dauersteigungen über 15%.

SG 4 Auch für Berggewohnte schwierige Strecke, erfordert deutlich ein weit über den Durchschnitt herausragendes fahrerisches Können.

Objekte Merkmale: meist einspuriger Fahrweg mit nur wenig Ausweichmöglichkeiten. Kein homogener Fahrbahnzustand, manchmal grob geschottert. Stellenweise stark ausgefahren oder ausgewaschen und wenig unterhalten. Eventuell auftretende Seitenneigungen, bei Nässe glitschiger Grasbewuchs, noch passierbare Furten, Engstellen durch Vermurungen, verschlammter Grund usw. Nicht ausgebaute sehr enge Kehren mit Reversierzwang für fast alle Mittelklassewagen. Mit Ausnahme besonders gefährdeter Stellen keine gesicherten Fahrbahnränder. Empfindliche Steigungen auch in Höhenlagen mit dünner Luft (über 2000 m).

SG 5 Sehr schwierige und gefährliche Strecke, Benützung auf eigene Gefahr!

Objektive Merkmale: Alle unter SG 4 angeführten Merkmale. Weiters die kaum noch erkennbare Wegerhaltung, wobei mit stellenweiser Abrutschung der Trasse, extremer Fahrbahnverengung durch Vermurung und anderen Hindernissen (z. B. Felsblöcke) usw. zu rechnen ist. Loser, grober Schotter auch in sehr engen und steilen Kehren. Zwang zum Reversieren auch für Kleinwagen. Einschränkung der mindest erforderlichen Bodenfreiheit infolge schlechter Wegverhältnisse und Neigung zum Festfahren mit extrem tiefliegenden Teilen wie Ölkühler, Ölwanne, Ölablaßschraube, Differential u. a. Elementen, je nach Bauart. Total ungesicherte Fahrbahnränder, auch auf beiderseits gefährlich ausgesetzten Kammstrecken oder sonstigen stark exponierten Passagen. Längere, besonders steinschlaggefährdete Strecke.

Die Bestimmungsfaktoren heißen Lenker, Kraftfahrzeug und Straße. Die nachstehende Bewertungsskala bezieht sich auf normal vorne oder hinten angetriebene Personenkraftwagen, nicht aber auf allradgetriebene Fahrzeuge, denn diese sind anderen Kriterien unterworfen. Folgende Abmessungen von Pkw gelten auf Bergstraßen als praktikabel: die jeweilige Gesamtlänge kann sich zwischen 3 m und 5 m erstrecken, die gesamte Breite kann jeweils zwischen 1.40 m und 1.80 m sein, die Gesamthöhe zwischen 1.30 m und 1.60 m. Die untere Grenze der Bodenfreiheit ist mit 12 cm angenommen. Durchschnittswerte sind bei Verdichtung, Literleistung (Verhältnis Hubraum zu Motorleistung), Leistungsgewicht, Radstand und Wendekreisdurchmesser erforderlich.

Hinsichtlich der Straßenverhältnisse wurden allgemeiner Verlauf, Belag, Breite, Randsicherungen, Streckenlänge, Steigungen bzw. Gefälle, relative und absolute Höhen zur Gesamtbeurteilung mit herangezogen. Die einzelnen Bewertungen haben nur für die schneefreie Jahreszeit Gültigkeit. Erschwernisse wie Nebel, starker Regen, Dämmerung oder nächtliche Dunkelheit sowie andere subjektive Einflüsse blieben unberücksichtigt. Die Angaben beziehen sich auf den jeweils im Berichtsjahr während einer Inspektion angetroffenen Zustand und der, zu diesem Zeitpunkt gültigen Verkehrsregelung. Die Beschaffenheit nur wenig instand gehaltener Sträßchen und deren Befahrbarkeit sind naturgemäß ständigen Schwankungen unterworfen. Fallweise kommt man daher nicht umhin, bei Ortsansässigen Auskünfte einzuholen. Keine Gewähr kann für Angaben über vorübergehende Sperren infolge von Baumaßnahmen oder akuten Gefahren geleistet werden. Die Zuordnung des jeweiligen Schwierigkeitsgrades ist nicht an die Erfüllung aller nachstehend aufgezählten, möglichen objektiven Merkmale gebunden; sie ergibt sich bei überwiegendem Vorhandensein der geschilderten Zustände. Die Schwierigkeit wächst mit der Stärke der Abweichung von der jeweiligen Durchschnittsnorm.

Durch die Einführung der vier Zwischengrade SG 1–2, SG 2–3, SG 3–4 und SG 4–5 wurde die Fünfer-Grundskala wesentlich erweitert; die Zwischengrade erlauben nun exakt differenzierte Aussagewerte. De facto umfaßt die Denzel-Alpenstraßen-Skala der fahrtechnischen Schwierigkeitsgrade insgesamt neun Stufen!

Nachfolgende Angaben über ein- bzw. knapp zweispurigen Ausbau einer Straße beziehen sich nur auf Pkw. Zweispurig besagt, daß Pkw auch Reisebussen oder Schwerfahrzeugen ohne Anhalten begegnen können. Begegnungen von Reisebussen, die aus beiden Richtungen kommen, behindern sich nicht, wenn die Straße normal breit, das heißt mindestens 6 m breit ausgebaut ist und auch der Straßenverlauf überschaubar ist.

Für sämtliche fahrtechnische Angaben und Straßenzustandsberichte kann keinerlei Gewähr geleistet werden. Eine Nichtbeachtung offizieller Fahrverbote seitens nicht dazu berechtigter Straßen- bzw. Wegebenützer erfolgt jeweils auf eigene Gefahr und Haftung.

Bergbahnen und Sessellifte mit Sommerbetrieb

Talort	Telef. Auskünfte	Bergstation	Seil-bahn	Gondel-bahn	Sessell. Sesselb.	Betriebs-monate
Algund	0473/48660	Vellau			+	III – XI
Bad Moos	0474/70372	Rotwandwiesen-Hütte			+	V – X
Bozen	0471/978436	Jenesien	+			gj.
Bozen	0471/978545	Kohlern	+			gj.
Bozen	0471/978479	Oberbozen (Ritten)	+			gj.
Brixen	0472/30595	Kreuztal (Plose)	+			VII – IX
Burgstall	0473/291120	Vöran	+			gj.
Colfuschg	0471/836036	Col Pradat			+	VII – IX
Corvara (Arlara)	0471/836303	Brancia-Hütte			+	VII – IX
Corvara	0471/836034	Col Alt			+	VI – IX
Corvara	0471/836266	Crep de Mont (Boë)	+			VII – IX
Crep de Mont	0471/836176	Rif. Vallon			+	VII – IX
Dorf Tirol	0473/93480	Hochmuter	+			gj.
Drittelsand	0474/68122	Michlreiser Alm			+	VI – X
Falzeben (Hafling)	0473/99450	Meran 2000			+	VI – X
Fermedahütte	0471/76531	Seceda			+	nur VIII
Furkel-Sattel	0474/51151	Kronplatz (Ruis)	+			VII – IX
Gossensaß	0472/62340	Hühnerspiel			+	VII – IX
Innersulden	0473/75497	Kanzel			+	VI – IX
Innersulden	0473/75447	Schaubachhütte	+			VI – IX
Innichen	0474/73277	Haunold-Hütte			+	VI – IX
Kaltern	0471/963169	Mendel	+			gj.
Kastelruth	0471/71350	Marinsen			+	VI – IX
Lana	0473/51182	Vigiljoch	+			gj.
Larchberg (Ulten)	0473/79988	Schwemmalm (Breiteben)			+	VII – IX
Latemar-Hotel	0471/616812	Paolina-Hütte			+	VI – X
Latsch	0473/623109	St. Martin am Kofel	+			gj.
Meran (Naiftal)	0473/99456	Meran 2000	+			gj.
Meran	0473/36622	Segenbühel			+	IV – X
Meransen	0472/50135	Gitschberg	+			VI – X
Mühlbach	0472/50158	Meransen	+			gj.
Obereggen	0471/615749	Oberholz			+	VI – X
Obervierschach	0474/76713	Kegelplätze (Helm)			+	VI – IX
Pedratsches	0471/839645	Heiligkreuz			+	VII – IX
Reinswald	0471/625132	Pfnatschalm			+	VII – VIII
Reischach (Bruneck)	0474/85925	Kronplatz	+			VII – IX
Rabland	0473/97198	Aschbach	+			gj.
Ratschings-Bichl	0472/69153	Rinner Alm			+	VI – IX
Rif. Sochers	0471/73046	Ciampinoi			+	VII – VIII

Talort	Telef. Auskünfte	Bergstation	Seil-bahn	Gondel-bahn	Sessell. Sesselb.	Betriebs-monate
Ritten (Pemmern)	0471/56293	Schwarzseespitze			+	V – X
St. Christina	0471/76589	Col Raiser		+		VII – X
St. Christina	0471/73046	Monte Pana			+	VI – IX
St. Christina	0471/76128	Monte Sëura			+	VII – IX
St. Christina (Ruacia)	0471/73046	Rif. Sochers	+			VII – VIII
St. Kassian	0471/849532	Piz Sorega			+	VII – IX
St. Ulrich	0471/76174	Raschötz			+	VI – IX
St. Ulrich	0471/76531	Seceda	+			VI – IX
St. Ulrich	0471/76218	Seiser Alm	+			gj.
St. Valentin a. d. Haide	0473/84628	Haider Alm			+	VI – IX
St. Vigil	0474/51037	Piz de Plaies			+	VII – IX
Schenna	0473/95615	Obertaser	+			gj.
Schenna	0473/59450	Verdins-Tall	+			gj.
Schenna	0473/59404	Oberkirn-Grube			+	V – X
Schlinig-Prämajur	0473/81199	Watles			+	VII – IX
Seiser Alm	0471/72936	Gh. Panorama (Joch)			+	VI – X
Seiser Alm (Hotel Sonne)	0471/71333	Mittagsspitze			+	VII – VIII
Seiser Alm	0471/72961	Spitzbühel			+	VI – IX
Seiser Alm (Saltner Schwaige)	0471/72941	Williamshütte			+	VI – IX
Sellajoch	0471/75175	Langkofelscharte		+		VII – IX
Sexten	0474/70245	Kegelplätze (Helm)	+			V – X
Steinhaus	0474/62155	Klausberg			+	VI – X
Stern/La Villa	0471/847010	Piz La Villa	+			VI – IX
Sterzing	0472/765521	Roßkopf	+			VI – IX
Sulden-St. Gertraud	0473/75473	Langenstein			+	VI – IX
Toblach	0474/72355	Radsberg			+	VI – IX
Trafoi	0473/76034	Kleinboden			+	VI – X
Vals	0472/57113	Jochtal			+	VII – IX
Vellau (Gasteiger)	0473/48532	Leiteralm		+		IV – XI
Vigiljoch	0473/51223	Larchbühel			+	gj.
Vilpian	0471/678613	Schlaneid	+			gj.
Welschnofen	0471/616866	Rosengartenhütte		+		VI – X
Wolkenstein	0471/75313	Ciampinoi	+			VII – IX
Wolkenstein	0471/75268	Danterceppies	+			VIII – IX

Beim Bergwandern kommt es sehr auf **richtiges Gehen** an: Setzen Sie bewußt einen Fuß vor den anderen und treten Sie mit der vollen Fläche der Schuhsohlen auf!

Verzeichnis der Wanderwege-Skizzen

Leistungsanforderungen

Die drei Kategorien für den Wanderer

Unter besonders einschränkenden Umständen konnten die Begriffsbestimmungen für Schwierigkeitsgrade nach der sechsteiligen Alpenskala im Rahmen der hier vorgenommenen Auswahl an Wanderwegen keine Anwendung finden, weshalb die Wanderungen ihrem Sinn entsprechend, nach **Leistungsanforderungen** beurteilt wurden.

LA 1 Spaziergänge bis max. 2 Std. Gehzeit, keine nennenswerten Steigungen, gute Wege.

LA 2 Wanderungen bis 6 Std. Gehzeit in alpinem Gelände auf markierten Wegen; etwas Ausdauer und Übung erforderlich.

LA 3 Touren bis max. 6 Std. Gehzeit in alpinem und hochalpinem Gelände. Markierte Wege und Steige; Trittsicherheit, Ausdauer und Schwindelfreiheit sind unbedingt erforderlich.

Landschaftliche Klassifikationen

der Wanderwege

*	schöne und lohnende Wanderung
**	abwechslungsreiche, sehr empfehlenswerte Wanderung, welche mehrere landschaftlich hervorragende Punkte berührt
***	außergewöhnlich schöne, an großartigen Szenerien besonders reiche Wanderung

Landschaftliche Klassifikationen

der Touristenstraßen

Naturgemäß ist eine solche Einstufung immer relativ aufzufassen, denn **Wetter, Jahres-** und **Tageszeit** und vor allem die individuellen Eindrücke, die Touristen von der Landschaft gewinnen, sind oft grundverschieden. Es ging jeder Kennzeichnung durch die entsprechende Zahl von Sternen eine sehr kritische Betrachtung voraus; um den Wert einer derartigen Klassifikation zu sichern, konnten daher Sternchen nicht in freigebiger Weise gesetzt werden, wie dies häufig bei Reiseführern praktiziert wird.

Es bedeuten, auf die jeweiligen Strecken bezogen:

*	landschaftlich schöne und lohnende Strecke
**	landschaftlich hervorragende und empfehlenswerte Strecke
***	landschaftlich außergewöhnlich schöne, hochalpine Strecke

Es bedeuten, auf einzelne touristische Punkte bezogen:
* einen Besuch wert, ** einen Umweg wert, *** eine Reise wert

Sterzing und Umgebung

Oberes Eisacktal

Brenner*, 1374 m
Über den Scheitel des Brenners verläuft seit 1919 die österr.-ital. Grenze. Hier befindet sich die Wasserscheide zwischen dem Schwarzen Meer und der Adria durch Sill und Eisack. Aus dem früher unbedeutenden kleinen Dorf Brenner (der Gemeinde Gossensaß zugehörig) hat sich nach dem Zweiten Weltkrieg eine ausgedehnte Straßensiedlung mit der neuen Kirche „Maria auf dem Wege“ gebildet. Von großer Bedeutung ist der internationale Bahnhof Brenner. Zahlreiche Ladengeschäfte, bunte Verkaufsstände, Tankstellen, Weinschenken, Gasthäuser und Espressolokale beleben das Ortsbild. Achtung auf den kaum abreißenden Durchzugsverkehr!

Will man von Nordtirol über den Brenner, um nach Gossensaß zu gelangen, so muß man auf der Autobahn bereits die Ausfahrt Brennersee benützen, um dann in die Brenner-B 182 einzumünden; diese leitet zum Grenzübergang Brenner-Dorf und auf die SS 12, welche direkt in den Ort Gossensaß führt. Die nächste Autobahnausfahrt mit Mautstelle ist in Sterzing und erst dort könnte man auf der Staatsstraße zurück nach Gossensaß bzw. in das Pflerschtal gelangen, was jedoch einen nicht unerheblichen Umweg bedeutet.

Der Straßenzustand der Brenner-SS 12 ist gut und erlaubt mit Ausnahme der Ortsdurchfahrten ein rasches Vorwärtskommen. Auf der Scheitelstrecke gibt es Überbreiten, sodaß diese bei Beachtung des Gegenverkehrs dreispurig befahren werden kann. Man begegnet kaum Fernlastern, da diese vorwiegend die Autobahn benützen, sodaß der geringe Schwerverkehr meist nur lokaler Natur ist. Die Höchststeigung (Gefälle) unmittelbar oberhalb von Gossensaß beträgt 12%. In den Straßentunnels ist vorschriftsmäßig das Abblendlicht einzuschalten.

Die gebührenpflichtige **Italienische Brenner-Autobahn** reicht vom Scheitel des Brenners (1374) bis Modena und weist eine Länge von 313 km auf. Die technisch interessantesten Streckenabschnitte befinden sich zwischen dem Brenner und Sterzing sowie zwischen Klausen und Bozen. Während im oberen Eisacktal der 1029 m lange und 103 m über dem Talboden sich erhebende Viadukt von Gossensaß mit seinen zierlichen, bis 100 m hohen Pfeilern das äußerlich auffallendste Bauwerk ist, wird im unteren Eisacktal das „topographische Korsett“ der mehrere Kilometer langen Porphyrschlucht durch zahlreiche Tunnels und Viadukte gesprengt. Das Gefälle beträgt 3.7%, der Durchschnitt jedoch nur 0.9%, was für eine Gebirgsautobahn einen außergewöhnlich günstigen Wert darstellt und Europas Schwerverkehr bereits bis an die Grenzen der Belastbarkeit anzog, zum Leidwesen der Wipptaler Gemeinden.Auf dem Abschnitt Brenner – Bozen befinden sich 14 Tunnelbauten mit je zwei Röhren und richtungsgetrennten Fahrbahnen, deren Gesamtlänge mehr als 6 km ausmacht.

Sandjöchl, 2165 m.**
Das Sandjöchl, direkt im Grenzverlauf Italien-Österreich gelegen, ist ein günstiger AP für mehrere familienfreundliche Bergwanderungen → Hoher Lorenzenberg, Geierskragen und Grubenkopf. Es ermöglicht wie das weiter im W gelegene Portjoch einen leicht begehbaren Übergang vom Wipptal bzw. Pflerschtal in das Obernberger Tal. Die Grenze ist deutlich durch weiße Marmorsteine mark.

Das Jöchl ist auf verschiedene Weise innerhalb des engmaschigen Wegenetzes anfahrbar: die kürzeste und wohl auch die leichteste Wegstrecke führt von Brennerbad (1308) auf der n. Auffahrt zunächst bis zur Abzw. an der Wechselalm, 4.2 km. Bis hierher SG 3. Nun benützt man die beim Brunnen (köstliches Quellwasser) beginnende, 2.8 km lange und fast flach verlaufende Verbindungsspange bis zur Einmündungsstelle in die s., von Gossensaß (1089) durch ausgedehnte Wälder heraufziehende Auffahrt, SG 2 – 3. Letzterer folgt man nun über die Waldgrenze hinauf in die Almregion und hat im Vorblick den befestigten Unterstand am Sandjöchl mit den ehem. Mannschaftsunterkünften. Prächtige Ausblicke auf die Amthorspitze, Weiß- und Rollspitze. Im Tiefblick Gossensaß mit dem großartigen Talübergang der Brennerautobahn. Nach 13.7 km mündet von re. der geteerte Grenzkammfahrweg aus Richtung Sattelberg-Flachjoch ein, 100 m weiter hat man li. die Abzw. des bereits in Verfall befindlichen ehem. Fahrweges zum Portjoch. Nach insgesamt 14.1 km ist das Sandjöchl mit geräumigem Wendeplatz erreicht. Es empfiehlt sich, längs des verbreiterten Straßenstückes sein Fahrzeug abzustellen, bei den ehem. Unterkünften sind ausreichend Plätze vorhanden. Den Platz bei der ehem. Finanzieri-Wachhütte sollte man für das Wenden der Fahrzeuge freihalten. Auf dem Scheitelpunkt des Sandjöchls steht der Grenzstein Nr. 55. Von hier hat man einen eindrucksvollen Blick hinab auf den tiefblauen Obernberger See und hinüber zum Obernberger Tribulaun. Über das Jöchl verläuft auch ein vielbegangener Wanderweg. – Das Sandjöchlsträßchen besitzt wie alle Fahrwege dieses Netzes einen festen Unterbau, die abwechselnd geschotterte oder geteerte Decke ist streckenweise durch heruntergeschwemmten feinen Kies oder durch herabgestürztes brüchiges Gestein bedeckt. Eine langsame, jedoch zügige Fahrweise ist ratsam. Vor unübersichtlichen Kurven akustische Signale geben! Die Kehren sind breit angelegt, weil sie auch für den Transport von Geschützen konzipiert waren. Die Steigungsverhältnisse sind gut ausgeglichen und überschreiten 14% nicht. Kaum ausgesetzte Stellen. Leitplanken fehlen, doch hat man hier mit Randsteinen nicht gespart. Südliche Auffahrt SG 3.

Kommt man aus Richtung Gossensaß, so hat man nach zirka 1.5 km bei Naßtal (Außerpflersch) re. die Abzw. und die Unterführung der Straße an der Brennerbahn. Bis Außergiggelberg (1362) benützt man die knapp zweispurige, asphaltierte und durch herrliche Lärchenwälder führende Straße. Beim Bhf. Schelleberg leitet sie über den schienengleichen Übergang mit der Brennerbahn. Hierauf nicht li. die 1. Abzweigung bei der uralten HT benützen, weil das orogr. re. des Kaunergrabens hinaufleitende Sträßchen sehr grob geschottert ist und kein Fahrvergnügen bereitet! Vielmehr soll man bis zur Wegeteilung in Giggelberg auf der Asphaltstraße bleiben und bei einem Stadel geradeaus der gelben Mark. dem Sträßchen auf der li. Seite des Grabens folgen. Dieser Weg ist zustandsmäßig besser und auch landschaftlich reizvoller, SG 3. Beide Wege vereinigen sich hoch über dem Kaunergraben mit der Verbindungsspange von der Wechselalm auf einer fast ebenen Waldblöße. Die Weiterfahrt erfolgt wie anfangs beschrieben.

Eine andere Alternativstrecke zum Sandjöchl führt zunächst über die n. Auffahrt in Richtung Wechseljoch, wobei man bei km 6.7 die spitzwinkelige Linksabzw. vor der freistehenden Betonwand nicht verfehlen darf. Mit empfindlichen Steigungen, zirka 16%, folgt man dann dem Verbindungsweg mit der Mark. 2 bis man unter dem Wechseljoch (2247) auf die Grenzkammstraße trifft. In der Mulde des Wechselbaches eine etwas schwierige Passage wegen eines kurzen aber arg ausgewaschenen Straßenstückes, SG 4. Schließlich benützt man die gut instand gehaltene, vorwiegend geteerte Fortsetzung hoch über der Wechselalm und dicht am Flachjoch (2124) vorbei. Über die große „Kuhlacke" unterhalb des Hohen Lorenzenberges gelangt man, 400 m vom Scheitel des Sandjöchls entfernt, zur Einmündungsstelle in die s. Auffahrt. SG 3 – 4, einige ausgesetzte Passagen!

Der **Grubenkopf** (2337) ist neben dem Hohen Lorenzenberg wegen seiner hervorragenden Aussicht das lohnendste Wanderziel auf dem vorwiegend begrasten Grenzkammsteig zwischen dem Sandjöchl und dem Portjoch (2110). Meistens nur mehr als Steigspuren vorhanden, leiten sie, die Grenzsteine aus weißem Marmor tangierend, am Geierskragen (2309) vorbei und hinüber zum Grubjoch (2196). Nach einer knappen Stunde vom AP entfernt, steht man auf dem Grubenkopf und kann eine prächtige Aussicht genießen, die sich hauptsächlich auf den Felskoloß des Pflerscher Tribulauns (3096) richtet. Markant sind auch Weißwandspitze (3018) und Schneespitze (3172) sowie die beiden Feuersteine als Abschlußkulisse gegen W.

Brenner-Grenzkamm-Höhenstraße, Am Hohen Lorenzenberg 2200 m.**

Das ehem. Wehrsträßchen wurde uneingesehen vom Nachbarland in den dreißiger Jahren zwischen dem Sattelberg und dem Portjoch in einer Ausdehnung von zirka 15 km angelegt. Es ist heute nur mehr zwischen dem Sattelberg und dem Sandjöchl auf einer 9 km langen aussichtsreichen Strecke durchgehend befahrbar. Der w. unter dem Grubenkopf zum Portjoch (2110) leitende Ast befindet sich in Verfall und wird auch nicht mehr instand gesetzt. Das Höhensträßchen verläuft nur wenig unterhalb der ital.-österr. Grenze in einer durchschnittlichen Höhenlage von 2100 m; seinen höchsten Punkt erreicht es an der Abzw. des unmark. Anstiegsweges zum → Hohen Lorenzenberg. Während das geteerte Sträßchen zwischen dem Sandjöchl und dem Flachjoch (2104) einen fast ebenen Verlauf nimmt, hat man während der Überwindung der Mulde am Wechselbach (hier nur spärliches Rinnsal) ein Gefälle bzw. eine Gegensteigung von zirka 14%. Hier auch schwieriges, weil stark ausgewaschenes, kurzes Straßenstück. Schließlich setzt man die Fahrt über den Steinsattel (2119) zum Wendeplatz unterhalb des Sattelberges (2046) fort. SG 3 – 4, kurze ausgesetzte Stellen!

Wechseljoch, 2247 m.**

Es handelt sich hierbei um ein Stichsträßchen, das von der n. Auffahrt bei km 6.7 (am Hang Schotterabbau und re. der „Hauptstraße" eine freistehende Betonwand) scharf li. abzweigt, Mark. 2. Es leitet mit kräftiger Steigung von zirka 16% in die vom Wechselbach durchflossene Mulde und mündet dort in die Grenzkamm-Höhenstraße ein. Will man jedoch zum Wechseljoch, so muß man sich an der Wegevereinigung kurz re. halten und findet dann wiederum li. den kurzen Serpentinenanstieg. Fester Unterbau, teilweise mit einer homogenen Grasnarbe überzogen. Sowohl das Kreuzjoch (2243) als auch das Wechseljoch werden nur tangiert, ihre Gipfel sind aber leicht zu Fuß erreichbar. Das Stichsträßchen führt weiter bis zu den ehem. Mannschaftsunterkünften, Stallungen und Munitionsdepots und endet dort blind. SG 4, den oberen Abschnitt bei Nässe meiden!

Steinjoch-Gipfelfahrweg, 2186 m.**

Eine Befahrung war im Bj. nur mit Allradfahrzeugen oder geländegängigen Motorrädern (Trials, Enduros u. a.) möglich. Für Motorräder SG 4 – 5. Die max. Steigung beträgt zirka 14%. Zwischen dem Kreuzjoch und dem Steinjoch liegt an der Grenzkammstraße der Steinsattel (2119) mit einer markanten „Kuhlacke". Die sanft gewellte Einsattelung haben Fans von ferngesteuerten Modellfluggeräten als einen günstigen Standort für ihr Freizeithobby entdeckt. Der hier abzw. Traktorenweg leitet mit drei kurzen Serpentinen zum Steinjoch hinauf, das ein ähnliches Panorama wie das vom Kreuzjoch bietet.

Sattelberg, Wendeplatz 2046 m.**

Man benützt die n. Auffahrt von Brennerbad (1308) aus zur Grenzkamm-Höhenstraße. Die Abzw. findet man gegenüber den beiden Gh. „Vetter" und „Silbergasser" an der Brenner-SS. 12. Die alte HT „Militärstraße, schwierige Durchfahrt" hat nur mehr bedingt Gültigkeit. Wohl ist das Militär nach wie vor Eigentümerin (und auch Erhalterin) der Straße, doch sind die ehem., jetzt in Verfall befindlichen Verteidigungsanlagen unbesetzt und die unmittelbare Grenzzone ist seit Jahren entmilitarisiert. Jeder Zivilist kann sich hier frei bewegen. Nutznießer des gesamten, noch befahrbaren, zirka 40 km umfassenden Straßennetzes sind jetzt vor allem Almbesitzer und Touristen. Auch einem wirksamen Lawinenschutzbau zur Sicherung von Brenner-Autobahn und Staatsstraße sowie Eisenbahn kommt jetzt die laufende Instandhaltung, besonders der n. Auffahrt, entgegen. Mit wenigen Ausnahmen (diese hauptsächlich in den Kehren) ist die 18 km lange Bergstrecke von Brennerbad bis zum Sattelberg, welche durch Wälder und Hochalmen leitet, nur einspurig angelegt. Ausweichstellen gibt es nicht immer „auf Sicht", besonders nicht auf der bewaldeten Strecke. Abschnittsweise wurde die Straßendecke geteert, ist aber durch Frostschäden häufig aufgebrochen. Große Teile der Trasse sind steinschlaggefährdet! Bei unübersichtlichen Kurven empfiehlt es sich, rechtzeitig akustische Signale zu geben und im Schritt-Tempo zu fahren. Die Absicherung nur mit Randsteinen genügt nicht, Leitplanken fehlen an manchen ausgesetzten Stellen! Altschneereste gibt es bis zu Beginn des Sommers, besonders auf der Schattseite. Die Steigungen überschreiten kaum 12%, SG 3 – 4. Im Bj. befand sich die Straßendecke auf der Tunnel-bzw. Galeriestrecke des unteren Abschnittes in einem desolaten Zustand; vergessen Sie hier nicht, die Abblendlichter einzuschalten!

Nach 4.2 km gelangt man zur Wechselalm (1647), hier gutes Quellwasser. Der weitere Anstieg erfolgt scharf re. und in Serpentinen hinauf zum Brennerkofel (2048). Dann folgt man weiter in Richtung zum Kreuzjoch, welches umfahren wird. In einem weiten Bogen zum Steinsattel und schließlich um eine Bergnase (hier Gatter) unter dem Steinjoch herum zum EP am Fuß der Sattelbergkuppe. Während dieser Fahrt genießt man prächtige Ausblicke auf das Hühnerspiel (Amthorspitze), Rollspitze, Flatschspitze, Wolfendorn und Olperer (3476) mit seinen markanten Hängegletschern. Unterhalb der Flatschspitze dehnt sich die schön gelegene → Zirogalm aus. Für eine Befahrung aller ehem. Wehrsträßchen sind die Monate Juli, August und September am günstigsten.

Als offizielle Touristenübergänge im Grenzbereich wurden sowohl das Portjoch (2110) zwischen dem Obernberger- und dem Pflerschtal als auch die Schneetalscharte (2643) aus dem Sandestal eingerichtet; beide sind auch über den Pflerscher Höhenweg erreichbar.

Knigge für Liftbenützer. Die Lifte sind so konstruiert, daß Unfälle nach menschlichem Ermessen vermieden werden. Die Anlagen werden regelmäßig überwacht. Trotzdem kommt es manchmal aus Schuld der Liftbenützer zu Zwischenfällen. Leichtsinnig und gefährlich ist es, im Liftsessel zu schaukeln. Auch sollte man aus Sicherheitsgründen den Bügel immer schließen. Bleibt der Lift während der Fahrt stehen, dann keine Aufregung! Wahrscheinlich mußte er angehalten werden, weil in der Tal- oder Bergstation ein Behinderter ein- oder ausstieg. Es geht gleich wieder weiter. Das Aussteigen aus dem Liftsessel macht keinerlei Schwierigkeiten, wenn man rechtzeitig den Bügel zurückschiebt. Der optimale Punkt zum Aussteigen ist meistens am Boden der Berg- und Talstation deutlich gekennzeichnet. Das Liftpersonal ist Ängstlichen und Behinderten immer behilflich. Wer im Gebirge unterwegs ist, erkundige sich rechtzeitig, wann die letzte Talfahrt ist. Man soll sie keinesfalls versäumen! Die große Überraschung für Erstfahrer: Die Talfahrt ist viel erlebnisreicher als die Bergfahrt, weil man bei der Talfahrt frei in den Horizont hineinschwebt, während man bei der Bergfahrt über die Erde hinweggleitet.

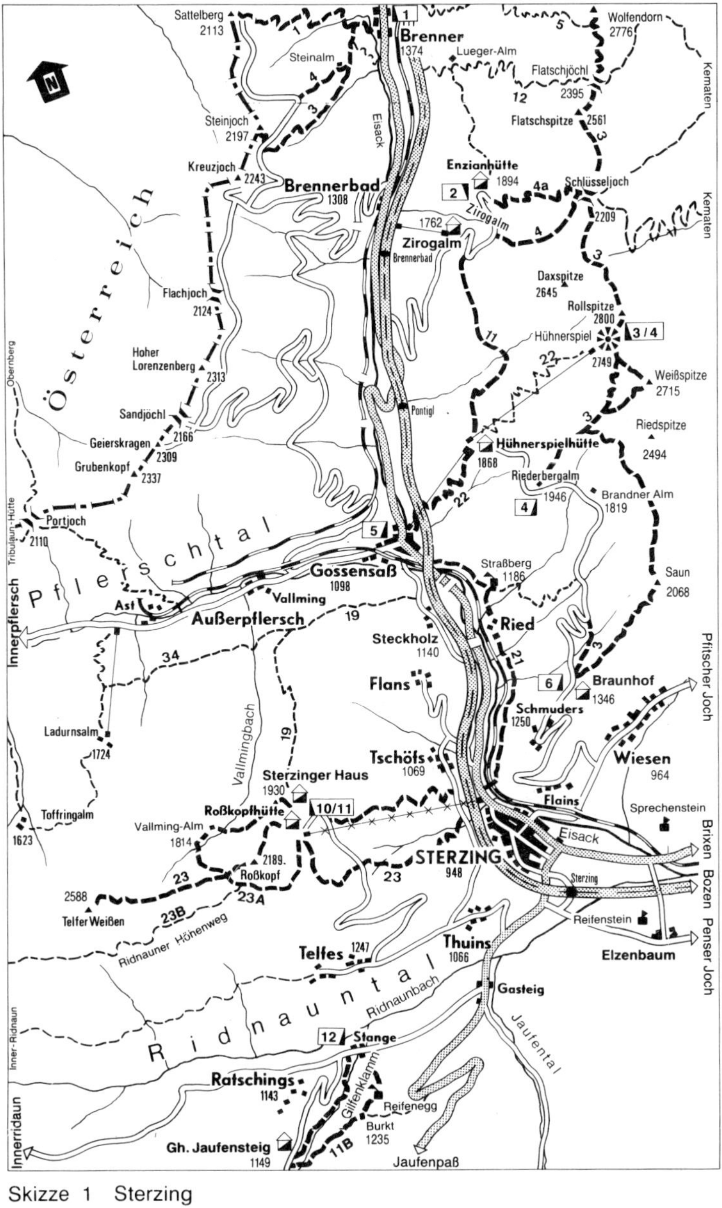

Skizze 1 Sterzing

RW 1 **Sattelberg**, 2113 m und Steinjoch**, 2197 m.** Eine sehr lohnende Runde abseits der permanenten Verkehrsflut über den Brennerpaß. AP ist Brenner-Dorf (1374). Gegenüber vom Gh. Post am s. Ortsausgang weist eine Tafel zum Parkplatz unterm Wasserfall des jungen Eisacks hin, der hier aus einer engen Felsschlucht heraustritt. Man benützt li. den Steg zur gegenüberliegenden Uferseite und hat dann den anfangs sehr steilen Anstieg durch den Jungwald. Der Beginn des schmalen Steiges ist nicht spontan erkennbar; im Bj. war weder eine HT aufgestellt noch war der Steig mark. Nachdem man rasch an Höhe gewonnen hat, gelangt man an eine Wegeteilung, an der man sich re. hält, überschreitet zunächst einen kleinen Bach und dann den jungen Eisack. Im weiteren Wegverlauf, der nur spärlich mit 1 mark. ist, wandert man in weit ausholenden Kehren über die Sattelmähder zum Sattelberg hinauf, 2 Std. ab Brenner-Dorf. Der Sattelberg ist seit 1919 Grenzberg zwischen Italien und Österreich (Personalausweis mitführen). Der schiberühmte Gipfel vermittelt dank seiner exponierten Lage eine umfassende Rundschau. – Zur Fortsetzung der Tour steigt man zunächst zum geräumigen Wendeplatz (2046) am EP des ehem. Militärsträßchens ab, der Anfang der dreißiger Jahre für schwere Kriegsfahrzeuge konzipiert wurde. Dem nur einspurig angelegten Sträßchen folgt man dicht unterhalb des Grenzkammes bei wechselnder Aussicht, die sich vornehmlich auf die Bergwelt der gegenüberliegenden Seite des Wipptales richtet. Beeindruckend sind u. a. die Ausblicke auf Olperer, Schrammacher und Hohe Wand. Greifbar nahe der Wolfendorn als „Hausberg" des Brenners. Weiter s. beherrschen Rollspitze und Amthorspitze (Hühnerspiel) die Szene. Man folgt nun dem fast flach verlaufenden, geschotterten Fahrweg um eine grasbewachsene Bergnase herum zum Steinsattel (2119). Wegen der Aussicht lohnt sich der kurze Abstecher auf das Steinjoch, vom Sattel nur 80 m HU, wobei man am besten den Spuren des Karrenweges folgt. Über das Obernberger Tal hinweg richten sich von hier die Ausblicke auch auf den Höhenrücken Leitnerberg-Nößlachjoch.

Am Steinsattel beginnt auch der mit 3 mark. leichte Abstieg hinab zum Steinbach und zur Steinalm (1743). Ein mit 4 spärl. mark., steiler Abkürzer nimmt bereits vom ausgeprägten Knie des Fahrweges hinter einem Gatter li. seinen Ausgang, noch einige hundert Meter vor Erreichen des Steinsattels. Bald hinter der Steinalm zweigt li. ein Verbindungssteig zum eingangs beschriebenen Anstiegsweg ab; diesen darf man nicht verfehlen, wenn man auf kürzestem Weg zum AP zurückkehren möchte. – HU 830 m (einschließlich Steinjoch), Z 4½ Std., mit Steinjoch 5 Std. LA 2. Hierzu Skizze 1.

Zirogalm*, 1762 m und Enzianhütte, 1894 m.**
Das ausgedehnte Almgebiet der Zirogalm, welches sich über dem oberen Eisacktal in Höhenlagen zwischen 1700 m und 2000 m erstreckt, erreicht man im Sommer entweder zu Fuß oder auf gut mark. Wanderwegen oder mit einem Fahrzeug auf einem Bergsträßchen. Dieses zweigt 1.7 km sw. von Brennerbad (1308) von der SS 12 ab, HT, und benützt die Unterführung unter der Brennerautobahn. Der unterste Abschnitt bis zum Eintritt in den Wald ist steinschlaggefährdet! Das bis zur Enzianhütte 7 km lange, ein-

spurige und mit Ausweichstellen versehene ehem. Militärsträßchen ist an ausgesetzten Stellen durch Leitplanken gut abgesichert. Die Auffahrt vollzieht sich in mehreren Kehren bei ausgeglichenen Steigungsverhältnissen, deren Maxima 10% betragen. Abschnittsweise ist eine Geschwindigkeitsbeschränkung von 10 km/h vorgeschrieben.

An der Zirogalm verläßt man die Waldgrenze und hat dann eine stark geschotterte und ausgewaschene Bergstrecke mit Steigungen bis 14%. Diesem übersichtlichen, zwischen prächtigen Almböden hinaufführenden Abschnitt bis zum EP an der Enzianhütte ist der SG 4 zugeordnet; viele spitze Steine ragen aus dem festen Untergrund hervor, weshalb die Mehrheit der Besucher ihre Fahrzeuge bereits am unteren Rand der Alm abstellt, bis dorthin SG 3. Das letzte Stück Auffahrt unterhalb der Hütte ist steil, zirka 18%, und kann nicht mit Schwung angefahren werden (spitzwinkelige Abzw.)!

Gleich hinter der Hütte setzt sich das ehem. Sträßchen in Richtung zum Schlüsseljoch (2212) fort. Es ist nicht mehr autobefahrbar; im Bj. schafften nur noch Trial-Freaks vereinzelt den Übergang, der sich auch auf der Rampe Pfitscher Tal in Verfall befindet. – Nicht mehr instand gehalten und teilweise von einer Grasnarbe überwachsen traf man im Bj. das Stichsträßchen an, welches von der oberen Kehre nahe des Bächleins re. in Richtung Zirorücken abzweigt und zu einem, ursprünglich für schwere Kriegsfahrzeuge konzipierten Abstellplatz leitet; bei diesem findet man Anschluß an den herrlichen Wandersteig 11 zur Hühnerspiel-Hütte → SÜDTIROL kombiführer auto + wanderschuh W 3 und RW 4.

Flatschspitze, 2561 m, und Wolfendorn***, 2776 m, AP Enzianhütte (Zirogalm).** Ein leichtes und sehr lohnendes Gipfelziel, wobei die Flatschspitze allein bereits als eigenständige und familienfreundliche Bergwanderung gewählt werden kann. – Von der Enzianhütte (1894) zunächst auf Weg mit Mark 4a in 45 Min. über die Bergwiesen hinauf zum Schlüsseljoch (2209), welches einen bequemen Übergang in das Pfitscher Tal vermittelt. Im Sattel wendet man sich nach NO und folgt Weg 3 über den aussichtsreichen Grat auf die Flatschspitze, 1 Std. **RW 2**

Im Weiterweg zum Wolfendorn muß man zunächst durch den Abstieg zum Flatschjoch (2395) 170 m „Verlorene Höhe“ in Kauf nehmen, 30 Min. – Das Jöchl ist ein nur wenig frequentierter Übergang vom Gh. Brennerwolf (1400) über die Lueger-Alm (1601) auf Weg 12, dann über die Grubbergalm (2025) und Grubenalm (1903) auf Weg 5, zuletzt steil hinab nach Kematen (1440) in Außerpfitsch.

Auf dem Flatschjöchl beginnt der Serpentinenanstieg hinauf zum Südfuß des Wolfendorn; dort mündet auch der vom Brennerscheitel über die Postalm (1675) durch ein Hochtal heraufziehende, breite Weg 5 mit einer Lawinenschutzgalerie unterhalb der Kammlinie, ein. Auf dem verfallenen Militärfahrweg gelangt man schließlich in zirka 20 Min. zum aussichtsreichen Gipfel des Wolfendorn. Auch von der Landshuter Hütte (2693) führt ein bemerkenswerter und häufig begangener Höhenweg (Nr. 3) an der Staatsgrenze entlang und über die Wildseespitze (2733) zum Südfuß des Wolfendorn, 2 Std. – HU 1050 m bei Berücksichtigung der „Verlorenen Höhe“, Rückweg wie Hinweg, Z 6 Std., LA 2 – 3. – Hierzu Skizze 1.

Brenner – Bozen

Brennerpaß. Klassisches ,,Tor zum Süden", spätestens seit der Frühbronzezeit begangen, um 200 n. Chr. unter Septimius Severus zur römischen Militärstraße ausgebaut. In der wenig ansprechenden Grenzsiedlung moderne Kirche (1962).

Sterzing. Das Schmuckkästchen des oberen Eisacktals, reich an profanen und kirchlichen Kunstwerken. Die im 15. Jh. entstandene Neustadt, die „schönste Straße Südtirols", vermittelt in ihrer architektonischen Geschlossenheit noch heute das Bild einer spätmittelalterlichen Tiroler Stadt. In der Spitalkirche bemerkenswerte Fresken von Hans von Bruneck (um 1415). Außerhalb der geschlossenen Siedlung erhebt sich die spätgotische, um die Mitte des 18. Jh. barock umgestaltete Pfarrkirche; sie bewahrt einige Skulpturen des leider nurmehr in Bruchstücken erhaltenen Multscher-Altars. Weitere Plastiken und die bemalten Altarflügel dieses von Hans Multscher aus Ulm zwischen 1460 und 1467 geschaffenen Schnitzaltars im Multscher-Museum.

Sö. von Sterzing, auf einer felsigen Kuppe im Sterzinger Moos, thront Schloß Reifenstein (11./15. Jh.), eine der schönsten und besterhaltenen Burgen des Landes. Li. des Eisack, an steilem Hang, Burg Sprechenstein (13./16. Jh.).

Neustift, 3 km n. von Brixen. Augustinerchorherrenstift, 1142 gegründet und über Jahrhunderte hinweg ein Zentrum des geistigen und kulturellen Lebens im Lande. Mittelpunkt der ausgedehnten Klosteranlage ist die Stiftskirche, ursprünglich romanisch, im 18. Jh. von Josef Delai barock umgestaltet und mit verschwenderischer Pracht ausgestattet. Im Kreuzgang Fresken des 14. und 15. Jh. sowie einige Grabsteine. Romanische Michaelskapelle, volkstümlich „Engelsburg" genannt (um 1200).

Brixen. 901 als Meierhof Prihsna urkundlich erwähnt und bereits im 11. Jh. ummauert, darf sich Brixen rühmen, die älteste Stadt Südtirols zu sein. Die ursprüngliche Anlage mit Dombezirk und Bürgerviertel ist noch heute innerhalb der modernen Siedlung ablesbar. Am Domplatz beherrschend die 1745 bis 1755 barock gestaltete Domkirche. Sie bewahrt als kostbarsten Schmuck herrliche Deckengemälde von Paul Troger. Einzigartig der Kreuzgang, mit seinem Freskenschmuck ein Denkmal der gotischen Malerei Südtirols (14. bis 16. Jh.). In der angebauten Johanneskirche erst kürzlich restaurierte Fresken des 13. und 15. Jh.

Klausen. Malerisches altes Städtchen an der Brennerstraße; in der schmalen Hauptgasse schöne Bürgerhäuser des 15. und 16. Jh. Pfarrkirche von 1494 mit reichem Netzgewölbe.

Säben. Auf einem steil abfallenden Felssporn thront hoch über Klausen das Benediktinerinnenkloster Säben, die „Akropolis Südtirols". Die mauerumgürtete, mehrere Kirchen einschließende Anlage geht auf den frühmittelalterlichen Bischofssitz zurück, wurde später zu einer mächtigen Burg ausgebaut und nach dem Brand von 1535 zu dem noch heute bestehenden Kloster umgestaltet. In der Heiligkreuzkirche vorzügliche Bilder eines italienischen Theatermalers (1679).

Trostburg. Wehrhafte Festung oberhalb Waidbrucks. Im Kernbestand wohl auf die Zeit um 1200 zurückgehend, wurde sie zwischen 1594 und 1625 unter Graf Engelhard Dietrich von Wolkenstein erheblich vergrößert und modernisiert. Im Rittersaal Relieffiguren der Wolkensteiner Ahnen, möglicherweise von Hans Reichle (um 1600).

Schloß Karneid. Gilt als historischer Wächter am „Westtor zu den Dolomiten". Älteste Bauteile aus dem 13. Jh., später wiederholt verändert. Stimmungsvoller Hof mit Brunnen, Freitreppe und zweigeschossiger Loggia.

Die berühmten **Erdpyramiden von Platten** erreicht man bequem über den Gasthof Schönblick bzw. über den Höllerhof im Raum von Oberwielenbach → Seite 77. Foto Eduard Denzel

St. Prokulus bei Naturns zählt zu den ältesten Kirchen im deutschen Sprachraum. Der karolingische Bau stammt aus dem 8. Jh. An der s. Außenwand befindet sich ein Freskenzyklus, das „Siebentagewerk Gottes" und ein Fresko, den hl. Christophorus darstellend. Foto Dr. Hermann Wilcke

Der auffällige Rundbau aus dem 12. Jh. ist das besuchenswerte Kirchlein **St. Josef in Lerschach,** welches auf dem Viktoriabühel ö. von Toblach steht. Darunter verläuft die frequentierte SS.49 durch das Pustertal. Wegen ihres künstlerisch bedeutsamen Inneren mit Stichkappenkugelgewölbe und spielerischem Zierrippennetz verdient sie einen Besuch. Schlüssel in der Pension „Rosengarten“. Foto Dr. Hermann Wilcke

Das **Edelweiß** (Leontopodium) ist den Korbblütlergewächsen zugeordnet; es bevorzugt sonnige, steinige Böden, Felsspalten und Felsbänder und hat seine Blütezeit zwischen Juli und September in Höhenlagen oberhalb 1800 m. Es hat Seltenheitswert und ist gänzlich geschützt. Foto Eugen E. Hüsler

Die **Bergdistel** (Carduus defloratus) gehört der Familie der Korbblütler an; sie bevorzugt Standorte auf kalkhaltigen Böden in Höhenlagen von 800 bis 2500 m und findet starke Verbreitung. Foto Eugen E. Hüsler

Erläuternde Texte
→ Seite 32

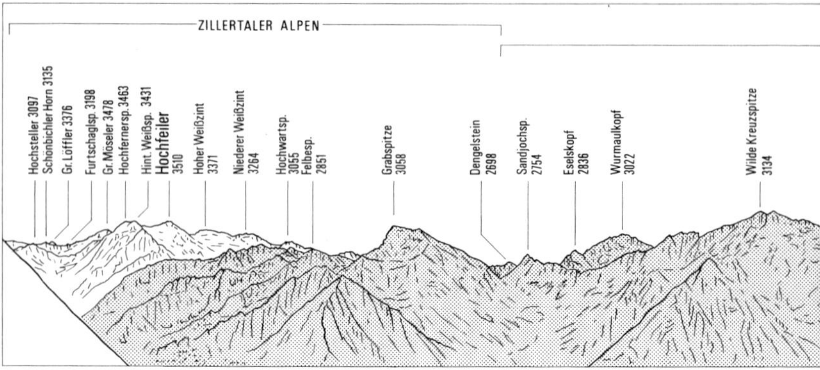

PANORAMA: Zillertaler Alpen, Pfunderer Berge und Dolomiten von der Amthorspitze

Von Gossensaß (1098) lohnt eine Auffahrt mit dem **Hühnerspiel-Sessellift,** welcher in zwei Sektionen zur Amthorspitze (2749), auch Hühnerspiel genannt, in 30 Min. hinaufleitet. Die Umsteigestation befindet sich bei der bewirtsch. Hühnerspielhütte (1868). Beeindruckt schon die Aussicht von der Hütte, so steigert sie sich gegen die → Amthorspitze zur Großartigkeit.

W 3 Amthorspitze (Hühnerspiel)*, 2749 m, und Rollspitze**, 2800 m, Bergabwanderung.** Sw. vom Schlüsseljoch ragt ein nur wenig gegliederter Bergstock auf, der in der Rollspitze seine höchste Erhebung hat, in der Amthorspitze seinen bekanntesten Aussichtspunkt. Vom Gipfel, welcher nach dem Alpinschriftsteller Dr. Eduard Amthor benannt wurde, hat man eine großartige Gipfelschau sowie eindrucksvolle Tiefblicke in die umliegenden Talschaften wie Wipptal, Pflerschtal und Pfitscher Tal sowie in das Sterzinger Talbecken. Weiters richtet sich die Aussicht nach W auf die vergletscherten Stubaier Alpen, nach O auf die schnee- und eisbedeckten Zillertaler Alpen sowie auf die Pfunderer Grasberge. Im S ragen die Sarntaler Berge auf → doppelseitiges Panorama.

Die Amthorspitze ist in den Monaten Juli und August mit dem, von Gossensaß (1098) ausgehenden Sessellift anfahrbar. Für den Bergwanderer erschließt sich dadurch eine interessante Begehung auf Weg 3 über den Grat auf die Rollspitze, dann sö. unterhalb der Daxspitze (2645) hindurch in Richtung Kalkwandstange (2388), deren Westhänge man traversiert, um auf das Schlüsseljoch (2209) zu gelangen. Dieses Joch stellt einen nur wenig begangenen Übergang zwischen dem Wipptal und dem Pfitscher Tal her, von der Amthorspitze 1½ bis 2 Std., wobei der Abstieg von der Rollspitze mit einer Gratüberschreitung etwas Übung erfordert. Wenig unterhalb vom Schlüsseljoch hält man sich an einer Wegeteilung li. und folgt der

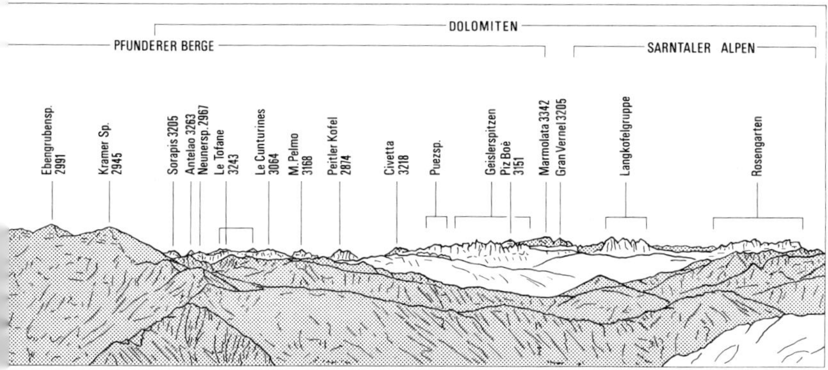

Mark. 4 zur Zirogalm (1762), 45 Min. Schließlich leitet Weg 11 über Alpenrosenfelder am Zirogrücken zum Bach, den man auf der Daxalpe (2000) überschreitet. Es folgt ein kurzer, unbequemer Abstieg, der oberhalb des Daxkasers vorbeiführt und bald die Hühnerspielalm erreichen läßt. Fast flach verläuft dann die letzte Wegstrecke zur Hühnerspielhütte (1868), 2 Std. ab Zirogalm. – Man hat nun die Wahl, hinab entweder den Sessellift zum AP Gossensaß zu benützen oder auf dem teilweise steilen Weg 22 in ¼ Std. diesen HU von zirka 800 m zu überwinden. – Insgesamt hat man bergab einen HU von 1700 m, dem bergauf zirka 400 m gegenüberstehen. Bei Benützung des Sesselliftes ab Hühnerspielhütte talwärts, knapp 5 Std., bei Abstieg zu Fuß 6 Std., LA 2 – 3. – Hierzu Skizze 1.

Hühnerspiel*, 2749 m, und Weißspitze**, 2715 m, Bergabwanderung.** RW 4
Für diese hervorragende Runde gibt es zwei Ausgangspunkte: wer ein schottriges Sträßchen nicht scheut, fährt von Wiesen bei Sterzing das Schmuderer Sträßchen über die idyllisch gelegene → Jausenstation „Braunhof" zum s. AP an der bewirtsch. Riedbergalm (1946). In sanftem Gefälle verbindet der meist bewaldete Almfahrweg mit Mark. 3 über die Platzalm zum n. AP an der bewirtsch. Hühnerspiel-Hütte (1868). Von dort unternimmt man mit dem Sessellift die Auffahrt zur Bergstation, welche knapp unter dem Gipfel der Amthorspitze steht. Herrliche Aussicht! Ein Steig verbindet über den Gipfelgrat mit der Weißspitze. Diese Gratwanderung läßt sich auch abkürzen, wenn man sich an der Wegeteilung re. hält. In einer Höhenlage von zirka 2400 m vereinigen sich beide Wege wieder und leiten gemeinsam unter der Bez. 3 über einen Rücken hinab zur Waldgrenze und zurück zur Riedbergalm. – Liftbenützer mit AP Gossensaß (1098) unternehmen bereits an der Talstation die Auffahrt und steigen an der Hühnerspiel-Hütte zur 2. Sektion um. – Reine Gehzeit 2½ Std., Bergab ist ein HU von zirka 800 m zu überwinden. – Hierzu Skizze 1.

RW 5 **Straßberg*, 1140 m und Steckholz, 1140 m.** Zwischen Gossensaß und Sterzing flutet der Nordsüdverkehr durch das enge Eisacktal in drei Verkehrsebenen: Auf dem Schienenstrang der Brennerbahn, auf der modernisierten SS 12 und auf der Brennerautobahn. Neben diesem gebündelten Verkehrssstrang gibt es für den Wanderer ein herrliches Abseits mit mark. Wegen und heimeligen Rastplätzen. In diesem „Schlauch" überrascht die Stille, welche nur vom Rauschen des Eisacks begleitet wird. Die ideale Wanderzeit ist der Herbst, wenn der erste Nachtfrost die zauberhaften Lärchenwälder aufflammen läßt und die Natur den Farbumschlag vom zarten Zitronengelb in ein sattes Orange vollzogen hat.

AP ist Gossensaß (1098), einen großen Parkplatz findet man vor dem Gemeindeamt. Zunächst wandert man neben der Hauptstraße an der Mühlgasse vorbei zum s. Ortsrand. Nach den letzten Häusern findet man im Gefälle und noch vor der Eisackbrücke und dem Straßentunnel li. die Abzw. eines nicht ausgeschilderten Fahrweges; es handelt sich dabei um ein Stück der alten Brennerstraße. Man geht an einem alten Bildstöckl vorüber und nach der Bachbrücke erreicht man den schattigen Wald. Den Abzw. in den Talgrund läßt man re. liegen. An einer hochstämmigen Lärche findet man einen ersten Hinweis auf Straßberg. Jetzt folgt man dem Fahrweg mit Mark. 21 hinauf zur Burgruine (1186). Die ehem. Feste aus dem 13. Jh. ragt mit ihrem Burgfried weithin sichtbar über der grünen Talmulde auf und setzt in diesem Raum einen spezifischen Akzent in die Landschaft. Über den Larchhof setzt sich die Wanderung fort hinab durch Felder, dann durch einen Hohlweg zum Thalerhof (Haus Nr. 12) in Oberried, wo man die Wahl hat, entweder dem Sträßchen hinab nach Unterried zu folgen, Weg 21, oder den lohnenden Wanderweg 21B zu benützen. Während Weg 21 über Unterried an der Kirche und der Volksschule vorbeiführt, daraufhin meist neben der Bahn im Talgrund bis zum Gh. „Maibad" in Sterzing verläuft, 1½ Std. bleibt Weg 21B als oberer Weg vorwiegend im Schatten des Waldes und leitet unterhalb von Flains zum Bahnhof von Sterzing hinab. Zuletzt folgt man am Bahndamm entlang der HT in Richtung Tschöfs. – Bis zum Gh. Maibad bleibt man auf beiden Wegen auf dem li. Eisackufer und wechselt erst am n. Stadtrand von Sterzing die Uferseite. – Einen ausgeschilderten Verbindungsweg zwischen 21 und 21B findet man in Unterried, wenn man durch den Durchlaß (Höhenbegrenzung 3 m) der Bahn gekommen ist und geradeaus weiter geht. Von dort aus gibt es auch einen geeigneten Zugang durch den schattigen Wald hinauf zum Gh. „Braunhof" (1350), 1 St.

Den Rückweg beginnt man im N der Stadt und wandert zunächst nur ein kurzes Stück neben der SS 12 bis li. das Sträßchen nach Tschöfs (1069) abzweigt. Noch vor der Autobahnunterführung hält man sich an der Straßenteilung bei den unteren Häusern re. und folgt dem anfangs parallel zur Autobahn verlaufenden Fahrsträßchen über Steckholz nach Gossensaß. Die Strecke wird bergwärts vom ausgedehnten Flaner Wald gesäumt. Zuletzt hinab zum Pflerschbach und über den Schienenstrang der Bahn kehrt man auf dem »Gottschalkweg« durch die Mühlgasse zum AP zurück, 1½ Std. – HU 250 m, Z 3 bis 3½ Std., LA 1 – 2, familienfreundliche Runde. – Der Rückweg läßt sich im unteren Teil des Flaner Waldes in Richtung Außerpflersch beliebig ausweiten; in diesem Raum findet man mehrere, gut mark. Fußwege, die sich alternativ in die RW einbeziehen lassen. Die allgemeine Orientierung bereitet kaum Schwierigkeiten. – Hierzu Skizze 1.

Jausenstation „Braunhof"*, 1346 m und Riedbergalm, 1946 m**

Das Schmuderer Sträßchen erschließt Wandermöglichkeiten in fast allen Höhenlagen. Es zweigt zwischen Sterzing und Wiesen (945) an einer Barockkapelle von der Pfitschtalstraße SS 508 in nö. Richtung ab, führt am Schloß Moos vorbei und steigt über das sonnseitig gelegene Flains (1030) zum Weiler Schmuders (1213) an. Nach einem kurvigen Abschnitt durch Wald und Wiesen erreicht man nach 5 km die reizvoll in eine kleine Einsattelung angeschmiegte Jausenstation „Braunhof" am Fuße des Saun. 200 m weiter hat man re. am Weidezaun die Abzw. des mit 3 mark. Fußweges zur Riedbergalm bzw. des steilen Anstieges hinauf zum Saun. Bei km 6.7 endete im Bj. die asphaltierte Strecke der zweispurig ausgebauten Straße, SG 2 – 3, Leitplanken an ausgesetzten Stellen. – Im Grabenwald beginnt der mit manchen Unebenheiten in Erscheinung tretende Serpentinenanstieg der geschotterten Straße, welche nach starken Regenfällen ausgewaschen und durchfurcht ist. Die max. Steigung beträgt in den vier Kehren 16%. Der feste Unterbau des ehem. Militärsträßchens konnte jedoch einen raschen Verfall bisher verhindern, SG 3 – 4. Die volle Straßenbreite von 4.5 m kann man meist nicht nutzen, doch ist bis zur Riedbergalm wenigstens eine Fahrspur im „Slalom" praktikabel. – Bei km 8.8 ist li. die Abzw. eines abgeschrankten Forstweges, der talwärts zieht. Von dieser Stelle bietet sich ein großartiger Blick durch das Pflerschtal auf den Felskoloß des Pflerscher Tribulauns und in den Talschluß mit Weißwandspitze, Schneespitze, Pflerscher Hochjoch und den beiden Feuersteinen. – Im Vorblick zeigen sich Hühnerspiel (Amthorspitze) und die markante Weißspitze. Das Sträßchen zur bewirtsch. Riedbergalm holt ostwärts in ein Seitental kurz aus, um dann nach einem Wendepunkt dem Wirtschaftsgebäude und der Jausenstation zuzustreben, 10 km.

Saun, 2068 m, und Riedbergalm**, 1946 m.** Ein auffallender Kamm **RW**
zieht vom Wolfendorn über die Flatschspitze, Amthorspitze (Hühnerspiel), **6**
Weißspitze und Riedspitze gegen das Sterzinger Talbecken herab, wobei die unterste, ausgeprägte Kuppe als Saun bezeichnet wird und bis in den Herbst hinein ein familienfreundliches Wanderziel bildet. – AP ist der Gh. „Braunhof" (1346) am Sträßchen Schmuders-Riedbergalm. 200 m hinter der Jausenstation beginnt re. am Weidezaun der mark. Steig steil durch den Wald hinauf und über Lichtungen weiter zum Rücken, der bergwärts stärker in Erscheinung tritt und das Pfitscher Tal vom Wipptal trennt, 2 Std. Vom Saun bietet sich eine bemerkenswerte Aussicht auf die gegenüberliegenden Pfunderer Grasberge und auf die eisbedeckten Erhebungen der Zillertaler Alpen. Über das Wipptal hinweg hat man einen beeindruckenden Blick in das innere Pflerschtal mit dem Pflerscher Tribulaun, ein unverkennbarer Felskoloß. Dahinter die Stubaier Gletscher. Beeindruckend sind auch die Tiefblicke in das eingeschnittene Pfitscher Tal und in das vom Verkehr durchflutete Sterzinger Talbecken. – Pfadspuren leiten auf dem stark den Winden ausgesetzten Grat bergwärts bis zur Riedspitze (2494). Bleibt man

nur ein kurzes Stück von zirka 800 m weglos, um in einer Höhenlage von zirka 2200 m auf der, dem Wipptal zugewandten Seite unterhalb des Grates weiterzuwandern, so findet man im Umfeld der Stroblalm Anschluß an einen nicht mark. Steig, welcher die weiten, grasigen Hänge in fast konstanter Höhenlage aussichtsreich durchmißt. Nach knapp 1 Std. stößt man auf den Anstiegsweg Riedbergalm – Weißspitze, Mark. 3; diesem folgt man jedoch talwärts durch den hier schütteren Wald bis man an der bewirtsch. Riedbergalm auf den Fahrweg trifft. Nun wandert man unterhalb der Brandner Alm (1819) vorbei und im weiteren Abstieg findet man hinter der letzten Bachbrücke li. die Abzw. des mark. Fußweges durch den Grabenwald, welcher die Serpentinenstrecke des Sträßchens wesentlich abkürzt und durch dichten Wald direkt zum AP beim Gh. „Braunhof" hinunterführt, 1½ Std. – HU 850 m, Z 4½ Std., LA 2 – 3. – Hierzu Skizze 1.

Pflerschtal

Pflerschtal, Pflerscher Hölle, Hüttenwege-Parkplatz, 1520 m.
In Gossensaß (1098) an der Brenner-SS 12 nimmt die L 35 durch das Pflerschtal ihren Ausgang. Die normal breite Asphaltstraße leitet ohne nennenswerte Steigungen über die Häusergruppen von Außerpflersch talein nach Innerpflersch und endet nach 9 km in St. Anton (1245) am gleichnamigen Kirchlein, SG 1 – 2. Eine kurze Zufahrt läßt das etwas höher, an den mark. Wanderwegen 7 und 32 gelegene Panorama-Restaurant erreichen. Während der Fahrt durch das vom klaren Wasser des Pflerschbaches durchflossene Tal hat man die mächtige Felsgestalt des Pflerscher Tribulauns (3096) fast ständig vor sich. Zahlreiche Wasserfälle stürzen im ganzen Tal von beiden Seiten an steilen Felswänden herab. Den vergletscherten Talschluß bilden Feuerstein- und Stubenferner, dazwischen ragt die Schneespitze auf.

Die Zufahrt zum Hüttenwege-Parkplatz beginnt unmittelbar an der Pflerschbachbrücke vor St. Anton, HT Tribulaunhütte, Magdeburger Hütte, Allrißjoch; sie leitet auf der orogr. re. Seite des Baches als einspuriges Schottersträßchen in das Talinnere. Ausgesetzte Stellen wurden durch Leitplanken abgesichert. Nach 900 m zweigt scharf li. der abgeschrankte Fahrweg zur Allrißalm (1534) bzw. zur Toffringalm (1625) ab; über ihn wurde ein allg. Fahrverbot verhängt. – Geradeaus steigt das Schottersträßchen weiter talein an. Vor der „Blauen Brücke" Wegverzweigung: re. über den Bach zu den ganzj. bewohnten Einschichthöfen von Stein, scharf li. beginnt der Serpentinenanstieg am bewaldeten Hang zur „Pflerscher Hölle", HT. Die Steigungen erreichen in vier engen Serpentinen Maxima von 18%! SG 3. Nach 800 m verläßt man den zur Ochsenhütte führenden Almfahrweg (hier Fahrverbotstafel und Schranken), um re. den planierten Hüttenwege-Parkplatz anzufahren, welcher vom Abzw. an der Landesstraße bei St. Anton 3.1 km entfernt liegt und speziell für die Bergwanderer angelegt wurde.

Der Blick in den Talschluß richtet sich über dunkle Nadelwälder auf die Gletscher; im Rückblick durch das Tal erkennt man den Grubenkopf, dessen Westflanke vom ehem. Militärsträßchen zum Portjoch traversiert wird, jenseits des Wipptales türmen sich Hühnerspiel und Rollspitze auf. Vom EP sind es nur wenige Meter hinab zum reißenden Wildbach, wo ein Fußgängersteg mit dem gegenüberliegenden Ufer und den Wegen zur Magdeburger Hütte, Mark. 6, und zur Tribulaunhütte, Mark. 8, verbindet.

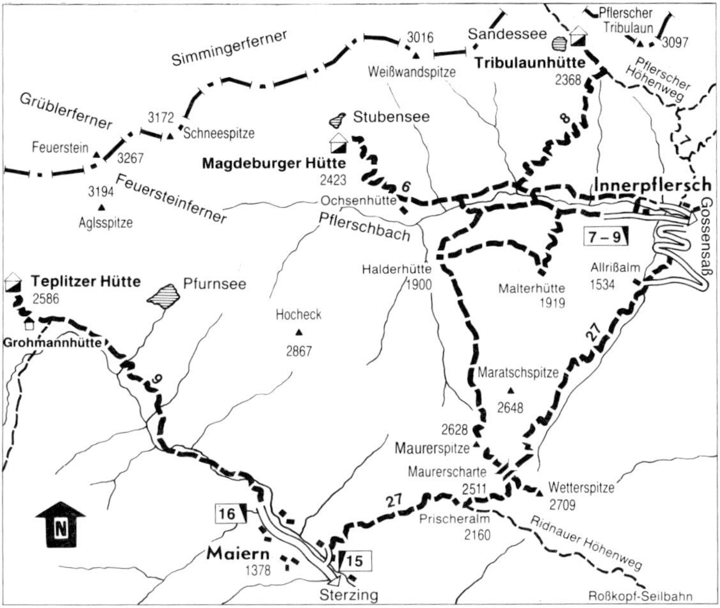

Skizze 2 Innerpflersch

Tribulaunhütte am Sandessee, 2368 m, AP Hüttenwege-Parkplatz Pflerscher Hölle.** W 7

Während der mark. Steig 7 bereits in Innerpflersch beim Kirchlein St. Anton (1246) seinen Ausgang nimmt und steil an den Abhängen der Kogspitze heraufzieht, um sich dann mit dem teilweise ausgesetzten »Pflerscher Höhenweg« zu vereinigen, bietet Weg 8 mit dem günstig gelegenen AP an der Pflerscher Hölle einen sowohl zeitlich als auch distanzmäßig kürzeren Anstieg, den man an heißen Tagen möglichst schon bei Tagesanbruch unternehmen sollte. – Zunächst vom Parkplatz hinab zum Steg, wo man den Wildbach überwindet und auf dem gegenüberliegenden Ufer bald in den, vom Dorf über die Steinhöfe heraufführenden Weg 8 mündet. Kurze gemeinsame Streckenführung mit Weg 6 bis zu einem Brünndl. Weg 6 leitet dann weiter talein zur Ochsenhütte. An der Wegeteilung re. Anstieg zur Tribulaunhütte. Dieser ist zusätzlich noch durch weiße Pfeile auf Felsflächen, die besonders im Blickfeld liegen, gekennzeichnet. In bequemen Serpentinen gewinnt man an den Steinwiesen bald an Höhe. Unterhalb des Pflerscher Tribulauns (3097), eines wuchtigen und weithin sichtbaren Felskolosses, stößt man in einer Lage von zirka 2300 m auf den »Pflerscher Höhenweg«, welcher jetzt nur mehr sanft ansteigend zur romantisch am Sandessee gelegenen Hütte der CAI-Sektion

Sterzing führt, 2½ Std.; sie wird in der Regel zwischen dem 1. Juli und dem 25. Sept. bewirtsch. HU von der „Pflerscher Hölle" aus 850 m. Rückweg wie Hinweg, Z 4 bis 4½ Std., LA 2 – 3. – Hierzu Skizze 2.

W 8 **Magdeburger- oder Schneespitzhütte**, 2423 m, AP Hüttenwege-Parkplatz.** Die Hütte wurde am Abhang der Schneespitze von der DÖAV-Sektion Magdeburg 1887 erbaut und befindet sich, wie auch die Tribulaunhütte (am Sandessee) in ital. Staatsbesitz, wobei die CAI-Sektion Sterzing eine Art Treuhänderfunktion ausübt. Sie wird jeweils vom 25. Juni bis 25. September bewirtschaftet. Vom Parkplatz an der „Pflerscher Hölle" bietet sich folgende Alternative: entweder wechselt man über den wenig unterhalb situierten Steg das Bachufer, um den Hüttenweg Nr. 6 auf der orogr. li. Seite zu benützen oder man bleibt auf der re. Talseite und wandert auf dem breit angelegten Almfahrweg bis zur Baumgrenze talein. Wenig unterhalb der Ochsenhütte gelangt man dann über eine Brücke auf das gegenüberliegende Ufer, 1 Std. Beide Wege können bis in den Sommer wegen der zahlreichen Lawinenstriche stellenweise durch „zementierte" Altschneekegel unterbrochen sein. Mehrere Wasserfälle bilden in der Almregion ein prächtiges Naturschauspiel und auch die herrliche Alpenflora lassen die Ochsenhütte (1700) Ziel einer eigenständigen Rundwanderung von knapp 2 Std. reiner Gehzeit werden. Weg 6 überwindet streckenweise als „Plattenweg" die sumpfigen Böden im Umfeld kleinerer Bäche. – Ein Materiallift nahe der Pflerschbachbrücke beginnend, weist die grobe Richtung zur Magdeburger Hütte an, welche man von der Ochsenhütte aus über die Schafhütte (2116) und den winzigen Stubensee in 2 Std. ersteigt. – Sommerschilauf läßt sich in bescheidenem Rahmen auf dem nahegelegenen Stubenferner ausüben, dessen Rand man in einer guten halben Stunde oberhalb der Hütte erreicht (Schi- und Schischuhverleih durch den Hüttenwirt). – HU 900 m, Rückweg wie Hinweg, Z 5 Std., LA 2 – 3. – Hierzu Skizze 2.

RW 9 **Wetterspitze**, 2709 m, AP Hüttenwege-Parkplatz an der Pflerscher Hölle.** Dieses Ziel zählt zu den hervorragenden Aussichtswarten zwischen dem Pflersch- und dem Ridnauntal, doch verlangt es dem Bergwanderer einige Mühen und vor allem Ausdauer ab. Zunächst Anstieg auf dem Forststräßchen bis zur Pflerschbachbrücke. Über sie wechselt man nicht die Uferseite, sondern folgt scharf li. den Steigspuren und dem Drahtseil des Materialliftes durch das anfangs eingeschnittene Seitentälchen. Nach kräftiger Steigung gelangt man zu der, in einer Mulde gelegenen Halderhütte (1900). Weiter durch das Hochtal, welches vom Hocheck (2867), der Maurer (2628) und der Maratschspitze überragt wird. Der Steig leitet direkt auf die Maurerspitze, die man nach 3½ Std. erreicht. Etwas Übung erfordert die Überwindung der Masurerscharte, auch Allrißjoch (2511) genannt, im Zusammenhang mit dem Gegenanstieg. Über den w. Rücken zum Gipfelkreuz der Wetterspitze, weitere 60 Min. – Zurück zur Maurerscharte, wo der von Maiern (1378) im Ridnauntal über die Prischeralm (2160) heraufziehende Steig Nr. 27 einmündet. Diesem folgt man nun hinab durch das Allrißtal zur Allrißalm (1534). Oberhalb dieser Alm wechselt man das Ufer über den Allrißbach und folgt einem nicht mark. Fußsteig hinab zum Sträßchen nach Stein. Von der „Blauen Brücke“ sind es dann nur noch 800 m zurück zum Parkplatz. HU unter Berücksichtigung der „Verlorenen Höhe“ zwischen Maurerspitze und Maurerscharte zirka 1400 m. Z 6 bis 7 Std., LA 3. – Anspruchslosere Geher benützen die fast flach verlaufende Verbindung zwischen Halderhütte und Malterhütte (1919) auf der Ludofens-Alm, um dann auf nicht mark. Weg durch den Blasbichlwald zum AP abzusteigen. Für letztere Runde rechnet man zirka 2 bis 2½ Std., LA 2. – Hierzu Skizze 2.

Die neue **Roßkopf-Seilschwebebahn** führt mit ihren zahlreichen Kleinkabinen von Sterzing über die Wiesenhänge von Raminges zu den sanften Almmatten des Roßkopfes hinauf, des Hausberges von Sterzing. Die Talstation (950) liegt unmittelbar an der Brenner-SS 12 am n. Stadtrand. Die Seilbahntrasse überquert in w. Richtung zunächst die Wiesen, dann einen schmalen Waldgürtel. Die Bergstation (1850) steht oberhalb der Baumgrenze. Während des Sommers wird die Bahn von Juni bis Sept. betrieben.

Ridnauntal

Roßkopfstraße, Furl-Alm, 1840 m

Der Roßkopf ist der Hausberg von Sterzing (948) und erhebt sich w. des sehenswerten, mittelalterlichen Städtchens. Kommt man aus Richtung Brenner, so benützt man aus der Altstadt die teilweise schmale Auffahrt durch die Lahngasse. Nach einer Engstelle (Verkehrsspiegel) unterhalb der Autobahn stößt man auf das Verbindungssträßchen Tschöfs – Thuins. – Kommt man hingegen aus Richtung Brixen, so fährt man ein kurzes Stück auf der Jaufenstraße, unterfährt die Autobahn und gelangt bald re. an die Abzw. der Auffahrt nach Thuins und Telfes, HT. Von Sterzing hat man bis Obertelfes (1247) zirka 6 km auf knapp zweispurigen Asphaltstraßen zurückzulegen; bis Telfes auch Omnibus-Liniendienst. – Von der oberen Serpentine zweigt in Obertelfes re. das geschotterte, nur einspurige Bergsträßchen zum Roßkopf von der Landesstraße ab, kaum sichtbare kleine HT. Das ehem. Militärsträßchen hat zwar einen festen Unterbau und bergseitigen Schutz durch errichtete Betonmauern, doch wurden nur wenige Ausweichstellen auf der 6 km langen Bergstrecke angelegt. Die Steigungen sind ausgeglichen, das Maximum beträgt 12%. Mit drei langgezogenen Serpentinen gewinnt man auf einer kaum Aussicht gewährenden, bewaldeten Strecke, welche an der SO-Flanke des Berges emporzieht merklich an Höhe, SG 3. Für die mot. Besucher der Berghütten sind im Gebiet der Furl-Alm Abstellplätze vorhanden. Sowohl die Roßkopf-Hütte (1860), die Furl-Hütte und das Sterzinger Haus (1930) sind während der Bergwanderzeit bewirtschaftet.

Roßkopf*, 2189 m, und Bergabwanderung ins Wipptal. Bei günstigen W
Sichtverhältnissen sollte man vom EP des Sträßchens an der Furl-Alm bzw. 10
von der Bergstation der Seilbahn den leichten Gang zum Roßkopfgipfel auf keinen Fall versäumen, 1 Std.! Dabei kann man weglos über die Bergwiesen zum höchsten Punkt ansteigen. Der Gipfel bietet eine bemerkenswerte Rundschau mit eindrucksvollen Talblicken und großartigen Hochgebirgsbildern in den vergletscherten Stubaier Alpen. Besonders lohnend ist diese familienfreundliche Wanderung während der Blütezeit im Frühsommer. HU 340 m. Rückweg zum geparkten Fahrzeug wie Hinweg. Z 1½ Std., LA 1 – 2.

Ist man durch kein Fahrzeug gebunden, so bieten sich für eine Bergwanderung zwei mark. Wege an: der eine folgt der Seilbahntrasse anfangs vorwiegend durch Wald und über Almböden hinab bis man auf das Sträßchen Tschöfs-Thuins stößt, wo man sich re. hält, um wenig weiter li. durch die Lahngasse hinab in den Stadtkern von Sterzing zu gelangen. Die Talstation und den Parkplatz findet man am n. Stadtrand. – Der von der Roßkopfhütte zunächst nach S, dann nach O sich drehende, gut mark. Weg 23 benützt ebenfalls den ausgedehnten Wald, quert bald das Roßkopfsträßchen und leitet direkt am Vallerbach durch die Lahngase hinab. Vom Gipfel hat man bergab insgesamt 1250 Höhenmeter zu überwinden, wodurch sich eine Z von 3½ bis 4 Std. je nach Wegwahl ergibt. LA 2.

Kenner bevorzugen den bequemen Abstieg von der Seilbahn-Bergstation bzw. vom Sterzinger Haus auf den Wegen 19 bzw. 19A. Diese leiten zunächst hinüber zur Vallming-Alm (1814), um dann neben dem Bach durch das reizvolle Vallmingtal und den Flaner Wald nach Flans (1330) zu führen. Schließlich kehrt man über Tschöfs zum AP nach Sterzing zurück, 2½ Std., LA 2, HU runde 1000 m. – Hierzu Skizze 1.

W 11 **Telfer Weißen*, 2588 m.** Wem der Sinn nach „Höherem" steht, der kann von der Seilbahn-Bergstation an der Roßkopf-Hütte (1860) bzw. vom Sterzinger Haus (1930) der AVS-Sektion Sterzing auf bez. Steig 23 den Telfer Weißen besteigen. Der Name rührt vom hellen, dolomitischen Kalk her, aus dem die Gipfelreihe zwischen dem Ridnauntal und dem Pflerschtal aufgebaut ist; ein weiterer typischer Vertreter aus derselben Entstehungsperiode ist bekanntlich die Weißwandspitze, welche aus dem Talschluß von Pflersch weithin sichtbar herausragt. Ihre Decke ist aus Kalk-, der Sockel aus Urgestein. Der Hauptgipfel des Telfer Weißen wartet mit einer großartigen Aussicht auf, welche innerhalb der genannten Gipfelreihe nur noch von der → Wetterspitze übertroffen wird. – Weg 23A leitet zunächst als „Pflerscher Höhenweg" s. um den Roßkopf herum, verläßt an den Telfer Wiesen den Höhenweg und vereinigt sich dann mit dem, über den Roßkopfgipfel (2189) führenden Steig, um gemeinsam, zuletzt auf einem von Geröll bedeckten Steig den Ostgipfel (2566) zu erreichen. Diesen trennen nur wenige Min. vom Hauptgipfel des Telfer Weißen, doch setzt seine Begehung Schwindelfreiheit und Trittsicherheit voraus. Für den Rückweg bilden sich mehrere Varianten an: Der Hinweg, der Steig über den Roßkopf und der Abstieg über die Vallmingalm (1814) zurück zum AP. HU 700 m, Aufstieg 2½ Std., Z 4 bis 5 Std. je nach Wahl des Rückweges, LA 2 – 3. – Hierzu Skizze 1.

Will man von Sterzing, das mit vielen kulturellen Sehenswürdigkeiten aufwartet, in Richtung Jaufenpaß bzw. in das innere Ridnaun weiterfahren, so bleibt man auf der SS. 12 und umfährt die Stadt, bis re. die Zufahrt zur Autobahn durch eine HT angezeigt wird. Hier beginnt auch die Zufahrt zum Penser Joch. Geradeaus setzt sich die ausgebaute Brenner-Staatsstraße in Richtung Brixen fort.

Ratschingstal

Ratschingstal*, Flading, 1482 m
In Stange (970) zweigt li. von der L-36 in das Ridnaun die anfangs schmale, dann normal breite L-38 nach Innerratschings ab, 7 km. Diese Hochtalstraße steigt im vorderen Abschnitt bei Maxima von 12% unvermittelt an und ist gegen die Klamm zu durch Leitplanken gut abgesichert. Nach Überwindung einer ersten ausgeprägten Talstufe erreicht man den oberen Eingang der Gilfenklamm und das Gh. „Jaufensteg" (1149). Die normal breit ausgebaute Straße leitet weiter talein und steigt dann kaum merklich an. Ratschings-Bichl (1290) ist eine im Winter gut frequentierte Schistation. Der Ort wird jedoch in Bachnähe umfahren, ein Busparkplatz befindet sich am w. Ortsrand gegenüber der Doppelsesselbahn-Talstation.

Das Tal verengt sich erneut und ohne nennenswerte Sicht gelangt man zwischen Abhängen zu den Abzw. der Zufahrten „Seeberhof" und „Bergheim". Es folgt eine Talweitung, in der behäbig der dreiseitige Larchhof steht, re. kurze Zufahrt. Im Bj. endete hier nach 8.7 km die Ausbaustrecke, SG 2. – Ein einspuriger, geschotterter Fahrweg schließt an. Neben dem Bach setzt man seine Fahrt in das innerste Tal fort. Auf dem gegenüberliegenden Bachufer findet man neben idyllisch gelegenen Grillplätzen auch mehrere Rastbänke. Trutzig und einsam steht in einer Talenge der Pulverer Hof. Über eine weitere Talstufe leitet das kurvige Schottersträßchen bei Maxima von 14% zur Fladinger Talweitung hinauf, kaum Ausweichen, SG 3 – 4. An einer mit kleinen Holzschindeln bedeckten, renovierten Kapelle endet, 12 km von Stange entfernt, der Fahrweg in Flading vor einem, von hohen Bergen gebildeten Talschluß. Mehrere herabstürzende Wasserfälle unterstreichen den Wasserreichtum dieser Gegend. Für den Bergwanderer ist der bewirtsch. Schölzhornhof eine willkommene Einkehrstation. – Das Talinnere bietet günstig gelegene AP sowohl für ausgedehnte Almwanderungen (u. a. Rinner-Alm, Äußere und innere Wumblsalm, Klammalm, Fladingalm und Gleckalm) als auch für Bergtouren (u. a. Schlotterjoch, Hohe Kreuzspitze, Gleckspitze, Schönauer Berg und Hohe Ferse). Sämtliche genannten Ziele lassen sich im Rahmen einer Z von 6 Std. hin und zurück von den Talorten aus begehen.

Gilfenklamm*, Gasthaus „Jaufensteg", 1149 m. Ihr Besuch ist außerordentlich lohnend, auch bei schlechtem Wetter. Die eindrucksvolle Schlucht durch vorwiegend feinsten, weißen Marmor kann von Stange (970) aus, wenig oberhalb der Mündung des Ratschingsbaches in den Mareiter Bach gelegen, auch von nicht absolut schwindelfreien Personen über einen kühn angelegten, gut gesicherten Steig begangen werden. Den Ausgang findet man unweit vom Gh. „Jaufensteg" an der Landesstraße durch das Ratschingstal, 45 Min. Es empfiehlt sich, den Besuch der Schlucht in eine Rundwanderung einzubinden: Vom Gh. „Jaufensteg" über den Bach auf die gegenüberliegende Seite, wo scharf li. ein Fahrweg abzw. und die Verbindung mit der Jaufenstraße herstellt; diesem mit 11B bez. Weg folgt man jedoch nur bis Burkt (1235) hinauf, um dann li. das Steiglein über die Ruine Reifenegg (1151) einzuschlagen, welches zurück zum AP nach Stange leitet. HU 265 m, Z 1½ bis 2 Std., LA 1 – 2. – Hierzu Skizze 1. **RW 12**

Von Interesse, vor allem für den Almenwanderer, ist die **Doppelsesselbahn vom Talort Ratschings-Bichl** (1290) hinauf zur **Rinner Alm** (1840), welche von Juni bis Mitte September betrieben wird. Die Bergstation steht unweit des Sterzinger Jaufenhauses (1990), das sich auf einem Steig in 40 Min. erreichen läßt.

Kalcher Alm*, 1840 m

Die anfahrbare Kalcher Alm liegt in einer weiten Mulde im N und unterhalb des Jaufenpasses. Die Abzw. der Zufahrt von der SS 44 ist leicht zu übersehen, weil sie in einer Kurve beginnt und mit sanftem Gefälle unmittelbar in den dichten Wald taucht. Aus Richtung Sterzing kommend, hat man re. eine gelbe Beschilderung. Der einspurige, geschotterte Fahrweg mit Ausweichstellen verläuft fast flach durch den Waldgürtel. Bis zur Sommerwirtschaft hat man 2 km zurückzulegen, SG 3.

Jaufenpaß, 2099 m.**
Dieser herrlich gelegene Übergang vermittelt die kürzeste Straßenverbindung von Innsbruck via Brenner nach Meran. Der Paß bildet die Wasserscheide zwischen dem Eisacktal und dem Passeier Tal. Eine Fahrt von Sterzing (948) über die 39 km lange, meist bewaldete Paßstrecke nach St. Leonhard im Passeier (688) ist landschaftlich sehr abwechslungsreich und ist bei Schönwetter den „ausgetretenen Heerstraßen" durch das Eisack- und Etschtal vorzuziehen. Die durchwegs asphaltierte, 4 bis 6 m breite Straße wird im Winter auf ihrer Nordrampe bis zum Sterzinger Jaufenhaus (1990), auf ihrer Südrampe bis zum Passeirer Jaufenhaus (1827) offengehalten als Zufahrten in die Schigebiete beiderseits der Scheitelhöhe. Die lawinengefährdete Scheitelstrecke bleibt jedoch während des Winters gesperrt und wird in der Regel erst wieder im Mai freigegeben. Die Steigungen erreichen auf der Nordrampe 9%, auf der Südrampe max. 12%. Während auf der Nordseite neun, teilweise sehr enge Kehren zu meistern sind, hat man auf der Südseite zehn Kehren, die jedoch kaum Schwierigkeiten bereiten, SG 2 – 3. Die besonders im oberen Abschnitt der Südrampe vorhandenen gefährlichen Hangstrecken sind durch Leitplanken ausreichend abgesichert. Der zwischen Scheitelhöhe des Passes und Meran zu überwindende HU ist mit 1774 m weit größer als jener bei den meisten Dolomitenpässen, deren Basisorte bereits Höhenlagen zwischen 1000 und 1500 m haben. Landschaftlich bietet die Fahrtrichtung von S nach N etwas mehr, vor allem ist der Ausblick des Scheitels auf die Tuxer- und Stubaier Alpen hervorzuheben. Um sich von der schartenartig eingeschnittenen Paßhöhe die günstigste Aussicht zu verschaffen, muß man sein Fahrzeug verlassen und wenige Min. auf den w. Kamm ansteigen. Besonders eindrucksvoll zeigen sich die vergletscherten Stubaier- und Ötztaler Alpen mit der Hohen Wilde (3482). Nach S schließen die firnbedeckten Gipfel der Texelgruppe an das Panorama an.

W 13 **Jaufenspitze*, 2481 m.** Eine Bergtour, die in felsigem Gelände Übung erfordert! Die Jaufenspitze erhebt sich als schlanke Berggestalt sö. vom Scheitel des Jaufenpasses (2099); sie ist eine markante Randerhebung des vom Sarner Weißhorn ausgehenden Seitenkammes der Sarntaler Alpen. Ihre Begehung auf Steig 11 beginnt unmittelbar von der Paßhöhe aus und leitet zunächst, eine begrünte Kuppe s. umgehend, zu einem Sattel, 10 Min. Anschließend folgt eine Hangtraverse in steilem Gelände, die bald den NW-Grat gewinnen läßt. Der eigentliche Gipfelaufbau wird anfangs umgangen, wobei einige leichte Kletterstellen zu bewältigen sind. Über einen schroffendurchsetzten Steilhang gewinnt man schließlich den höchsten Punkt, 1½ Std.; er vermittelt eine bemerkenswerte Rundschau u. a. auf die Berge der Texelgruppe und auf die vergletscherten Ötztaler-, Stubaier- und Zillertaler Alpen. Eindrucksvoll sind die Tiefblicke in das Wannser Tal und auf die kühn angelegte Südrampe der Jaufenstraße. – HÜ 400 m, Abstieg wie Aufstieg, Z 2½ Std., LA 2 – 3. – Hierzu Skizze 3.

Saxner*, 2358 m. Ein besonders familienfreundlicher „alpiner Spaziergang" leitet von der Südrampe des Jaufenpasses westwärts über den langgestreckten Gratrücken, der sich vom Paßscheitel bis zur Hohen Kreuzspitze (2446) hinzieht. Günstigster AP ist die „Römerkehre" (1966), das ist die oberste Kehre der SS 44 auf der Südrampe. Man beschreitet den re. abzw. Weg 12, an dem etwas weiter re. die kleine Enzianhütte (1970) liegt, doch hält man sich hier li. und erreicht bald eine Wegespinne (geradeaus Weg 13B) hinab zur Bergstation (1840) der von Innerratschings im Winter heraufführenden Doppelsesselbahn. Man bleibt auf Steig 12 der bergan über die Flecknerspitze (2331) nach 1½ Std. den Saxner mit bemerkenswerter Aussicht erreichen läßt. – HU 400 m. Für den Abstieg wählt man den Weg über das wenig weiter westwärts gelegene Gleitner Joch (2249), wo man die Mark. 12 verläßt und eine kurze Strecke über die Gleitner Alm Weg 11A benützt, um schließlich auf Weg 12A zum AP zurückzukehren; letzterer verläuft parallel zum Saxner Höhenweg, jedoch um eine „Etage" tiefer und in Lagen zwischen 2000 m und 2200 m. Er berührt die Flecknerhütte (2090) auf der Pixner Alm. Z 2½ Std. LA 1 – 2. – Hierzu Skizze 3. **RW 14**

Ridnauntal*, Erzaufbereitung ob Maiern, 1417 m

Will man in das sonnendurchflutete Ridnauntal mit seinem bemerkenswerten Talschluß, welcher von hohen Gletscherbergen (Zuckerhütl, Wilder Pfaff, Wilder Freiger) umrahmt ist, so folgt man von Sterzing zunächst wenige Kilometer der SS. 44 bis Gasteig (968); hier verläßt man die zum Jaufenpaß führende Straße und zweigt re. ab, um seine Fahrt durch das Ridnauntal in Bachnähe fortzusetzen. Über Stange (971) am Ausgang des Ratschingtales (Marmorbrüche) gelangt man nach Mareit (1032) mit dem weithin sichtbaren, barocken Schloß Wolfsthurn. Zwischen Mareit und Maiern hat man eine Talstufe zu überwinden; diese Bergstrecke wurde großzügig ausgebaut, wobei die max. Steigung 12% beträgt. Die Straße leitet durch Wald und Wiesen. Der Ort Innerridnaun (1342) mit seinem bekannten Gh. „Sonklarhof" liegt etwas abseits der Durchzugsstraße und ist über die abzweigende Dorfstraße erreichbar. Das Kirchlein St. Magdalena aus dem Jahre 1481 mit seinem sehenswerten, gotischen Schnitzaltar steht auf einem Hügel (1414); Zugang von der Häusergruppe Gasse.

Der Sonklarhof in Innerridnaun erinnert an den großen Geographen Karl von Sonklar, nach dem auch die Sonklarspitze (3471) benannt ist, welche in den Stubaier Alpen s. vom Wilden Pfaff aufragt. Sonklar war der wissenschaftliche Begründer der Höhenmessung.

Während der Linienbus von Sterzing nur bis zur Ortschaft Maiern (1372) verkehrt, kann man mit dem Pkw bzw. Zweirad auf der „Erzstraße" noch bis zur Erzaufbereitung fahren, wo die öffentlich benützbare Straße, 17 km von Sterzing entfernt, endet, SG 2. Auf der orogr. li. Talseite (Sonnseite) gibt es keine durchgehende Straßenverbindung; die Verkehrserschließung beschränkt sich dort auf die Zufahrtswege zu den höher gelegenen Höfen.

Nach Maiern beförderte eine Materialseilbahn von St. Martin am Schneeberg, mit 2345 m eine der höchstgelegenen Zechen Europas, silberhaltiges Erz, Bleiglanz, Zinkblende und Kupferkies. Im Talschluß findet man genügend Abstellplätze: hinter einer Holzbrücke nehmen die mark. Wege für den Bergwanderer ihren Ausgang, so z. B. zur → Teplitzer Hütte, ehem. Feuersteinhütte (2586) und zum berühmten Becherhaus (3190).

W 15 **Prischeralm*, 2160 m und Wetterspitze**, 2709 m, AP Maiern im Ridnaun.** Der steile Anstieg von Maiern (1378) auf Weg 27 zur Maurerscharte (Allrißjoch) und weiter über den NW-Grat zum Gipfelgrat der Wetterspitze ist sowohl zeitlich als auch distanzmäßig etwas kürzer als der Anstieg vom Pflerschtal her. Man rechnet bis zur Prischeralm 2 Std. 20 Min., bis zum Gipfel 3½ Std. Auch gibt es keine „Verlorene Höhe" wie im Abstieg von der Maurerspitze zur Maurerscharte (2511) und dem daran anschließenden Gegenanstieg. – HU 1330 m, Z 5½ bis 6 Std., LA 3. – Für weniger Anspruchsvolle bietet sich die landschaftlich schön gelegene Prischeralm allein schon als lohnendes Wanderziel an. HU 800 m, Z 3½ bis 4 Std., LA 2. Der viel Aussicht bietende »Ridnauner Höhenweg«, welcher in Höhenlagen zwischen 1900 und 2200 m (am Seebersee) verläuft, verbindet die Prischeralm mit der Bergstation (1900) der Roßkopf-Seilbahn, welche im Sommer zwischen Juni und September betrieben wird. Der Höhenweg ist nur Geübten anzuraten, wobei mit Gehzeiten zwischen 4 und 5 Std. zu rechnen ist. – Hierzu Skizze 2.

W 16 **Teplitzer Hütte*, 2586 m.** Lohnendes Tourenziel inmitten mächtiger Gletscherberge oberhalb der nicht bewirtsch. Grohmann-Hütte) am Aufstiegsweg zum Becherhaus. Die auch unter dem Namen „Feuersteinhütte" bekannte Unterkunft ist in der Regel vom 1. Juli bis 20. Sept. bewirtsch. Vom AP an der Erzaufbereitung bei Maiern (1417), Abstellplätze entlang des Fahrweges, rechnet man mit einer Aufstiegszeit von 3½ Std. Der Steig mit Mark. 9 leitet zunächst durch den Wald in den Aglsboden und weiter hinauf zur Grohmann-Hütte, 2½ Std.; sie übt heute nur noch die Funktion einer kleinen Selbstversorger-Hütte bzw. einer Notunterkunft aus. Zur Teplitzer Hütte hat man dann nur noch einen Anstieg von 1 Std., vorwiegend auf einem Serpentinensteig. HU 1170 m, Z 5½ bis 6 Std., Abstieg wie Anstieg, LA 2 – 3. – Hierzu Skizze 2.

Penser Joch*, 2211 m

Diese 67 km lange Verbindung von Sterzing nach Bozen kann man als Höhenvariante zum Verkehrsweg durch das Eisacktal auffassen und ist um 4 km kürzer als die Talstraße. Wegen des zu überwindenden HU muß man aber wesentlich mehr Fahrzeit aufwenden als auf dem Schnellverkehrsweg durch das Tal mit der Brennerautobahn bzw. der vorzüglich ausgebauten Staatsstraße! Der HU von Sterzing zur Paßhöhe beträgt 1263 m, von Bozen zum Scheitelpunkt sind es sogar 1949 m! Die Steigungen betragen auf der Nordrampe maximal 13%, auf der Südrampe oberhalb von Pens 12%. Die Fahrbahnbreiten schwanken zwischen 4 und 7 m, die gesamte Strecke ist durchgehend asphaltiert. Besonders kurvenreich ist die Nordrampe, SG 2 – 3. Der Paß wird jeweils von Juni bis zum Wintereinbruch offengehalten. – An Schönwettertagen sind die Parkplätze auf dem Scheitel des Penser Joches rasch restlos besetzt, weil dieser anfahrbare Hochpunkt eine besonders günstige Ausgangsbasis für Bergwanderungen besitzt. Gut mark. Wanderwege und Steige führen nach allen Richtungen. Im Spätsommer „grasen" hier Scharen von Beerensammlern die trächtigsten Hänge ab!

In Tirol fand einst über Gossensaß und seine Straßenverhältnisse folgender Schüttelreim eines unbekannt gebliebenen Dichters Verbreitung: „Ein Auto fuhr in Gossensaß durch eine tiefe Soßengass', so daß die ganze Gassensoß sich über die Insassen goß.«

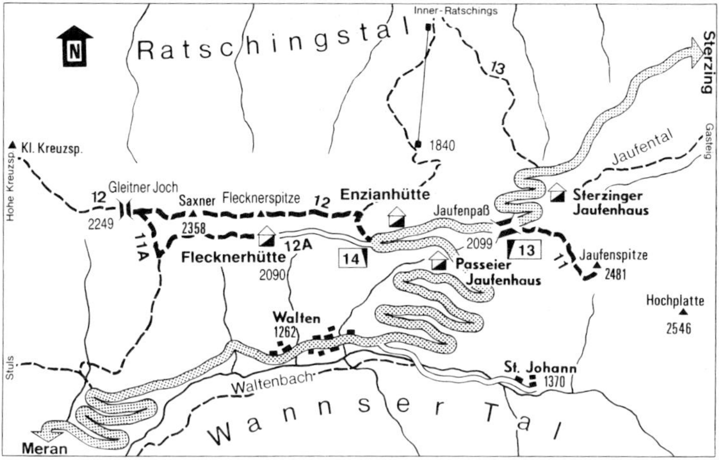

Skizze 3 Jaufenpaß

Zinseler, 2422 m.** Die Sarntaler Alpen erstrecken sich im N mit ihren Ausläufern bis zum Sterzinger Talbecken, ihr n. Eckpfeiler ist der leicht zu besteigende Zinseler, welcher dank seiner exponierten Lage eine umfaßende Rundschau bietet: im NW die vergletscherten Stubaier Alpen mit dem Zuckerhütl (3507), Sonklarspitze (3467), Wilder Freiger (3418) und Ö. Feuerstein (3268); hinter dem Telfer Weißen ragt der Felskoloß des Pflerscher Tribulauns auf. Der Blick nach NO richtet sich auf die Wilde Kreuzspitze (3134), dahinter ragen die vergletscherten Zillertaler Alpen auf, deren nächstgelegener Vertreter der Hochfeiler (3510) ist. Die Ausblicke nach S reichen zu den Aferer Geislern und zu den Geisler Spitzen in den Dolomiten, im S hat man die Sarntaler Alpen, im W Berge der Texelgruppe und die Ötztaler Alpen. Bemerkenswert sind auch die Tiefblicke und Einblicke in mehrere Talschaften. **W 17**

AP ist der Scheitel des Penser Joches (2211). Zunächst wandert man auf der n. Paßrampe zirka 800 m auf der Straße abwärts bis li. an einem Schartl (Seitenbergjöchl, 2165) die Wege 14 (Zinseler), 15 (Gospeneid) und 15B (Jaufental, Gasteig) abzweigen, HT. Man folgt Weg 14 und umgeht die Kuppe des Penser Hühnerspiels (2376). Bald gelangt man auf dem Gospeneider Jöchl (2306) zu einer Wegeteilung und bleibt auf Steig 14; dieser strebt dem Gipfelkreuz zu, das man fast während des gesamten Anstieges im Vorblick hat, 1½ Std., HU 260 m. Rückweg wie Hinweg, da es keine Alternative gibt, 1 Std. – Z 2½Std. Eine sehr familienfreundliche Bergwanderung, welche im Spätsommer auch das Ziel zahlreicher Beerensammler ist, LA 1 – 2. – Hierzu Skizze 4.

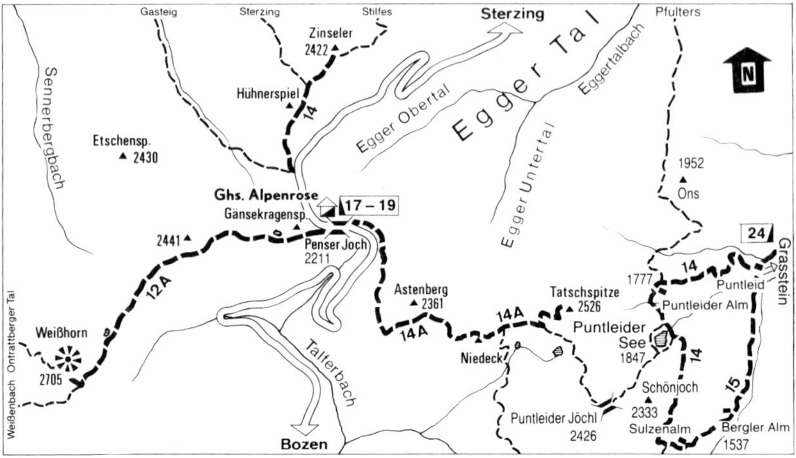

Skizze 4 Penser Joch

W 18 Sarner Weißhorn, 2705 m, AP Penser Joch.** Eine der lohnendsten Gipfeltouren in den Sarntaler Alpen mit besonders günstiger Ausgangsbasis im Gegensatz zum Anstieg aus dem Jaufen- und Ondrattachtal! Nicht übersehen darf man allerdings, daß auch hier der Gipfelanstieg Trittsicherheit und Schwindelfreiheit erfordert. Aus diesem Grund wurde der Bergtour die LA 3 zugeordnet. Belohnt werden die Mühen durch die altberühmte Gipfelschau, welche in allen vier Himmelsrichtungen bis an die Grenzen Südtirols (einschließlich des ehem. Welschtirols) reicht und Ortler, Ötztaler-, Stubaier-, Zillertaler Alpen, Dolomiten, Lagorai, Brenta und Presanella umfaßt. – Der Weg mit Mark. 12A verläuft vom Bergghn. „Alpenrose" über den Scheitel des Penser Joches (2215) zunächst zum kleinen Penser Jochsee, dann unterhalb der Röthenspitze (2441) hindurch und hinauf zu einer Scharte (2354), die allerdings nur tangiert wird und weiter zu den winzigen Steinwandseen (2320). Hier beginnt der Anstieg durch ein Geröllkar hinauf gegen das Gröllerjoch (2545), dessen Schattseite häufig bis in den Hochsommer hinein noch mit Altschneeresten bedeckt ist. Schließlich erreicht man auf teilweise gesichertem, weil ausgesetztem Steig über die felsige Südostflanke nach 2½ Std. das weithin sichtbare Gipfelkreuz. HU 500 m, Z 4½ bis 5 Std. – Hierzu Skizze 4.

Der verheißungsvolle Name „Weißhorn" läßt häufig Gedanken an das berühmte Walliser Weißhorn aufkommen. Von Eis und Schnee leitet sich jedoch beim Sarner Weißhorn seine Bezeichnung nicht ab. Vielmehr ist es das Kalkgestein auf der Nordseite des Hornes, welches in das Schiefergestein eingedrungen ist und auch seine Südabstürze umschlungen hat; dort ist es als großer weißer Fleck deutlich erkennbar.

Die wohl schönste **Meraner Runde** folgt den **Waalen,** jenen Bewässerungsgräben, die den ganzen Talkessel umziehen und das lebenspendende Naß den Intensivkulturen zuleiten → RW 286. Blick vom berühmten Marlinger Waalweg durch die Rebleiten über das Meraner Becken zum Ifinger. Südtirols Wein- und Obstbauern soll man jedoch Verständnis entgegenbringen, wenn zur Reife- und Erntezeit mancher Waalweg vorübergehend gesperrt wird.
Foto Elisabeth Fuchs-Hauffen

Südtirol, Land der Gegensätze: Kaum zehn Kilometer von den Meraner Kurpromenaden entfernt, erlebt der Wanderer in der Texelgruppe hochalpine Szenerien. Blick vom Hochgang auf den Langsee → RW 288. Foto Eugen E. Hüsler

Auf einem gegen die Talfer senkrecht abfallenden Porphyrfelsen kühn erbaut, zeigt sich die gut erhaltene **Burg Runkelstein.** Besonders sehenswert ist ihr Innenhof mit Fresken, das ritterlich-höfische Leben des Mittelalters darstellend. Die Schloßwirtschaft ist ein beliebtes Bozner Ausflugsziel → RW 197. Foto Elisabeth Fuchs-Hauffen

Eine gemütliche Wanderung zwischen den Weinpergln oder durch Kastanienhaine leitet meist das **Törggelen** ein. Bei den Weinbauern, die ihren „Eigenbau" ausschenken, erhält der Besucher den neu gepreßten Wein. Dazu werden Bauernspeck, Bauernbrot, geräucherte oder frische Hauswürste mit Kraut, Kaminwurzen, Nüsse, Trauben und vor allem frischgeröstete Kastanien (Kötschn) verabreicht.

W 19

Tatschspitze*, 2526 m. Leichtes und lohnendes Gipfelziel. AP ist das Penser Joch (2215). Weg 14A leitet vom Paßscheitel zunächst sö. hinab zur großen Hütte der Penser Alm (2158). Nun mäßig ansteigend in Richtung Astenberg, der, wie auch das Niedereck, umgangen wird. Der schmale Steig führt nun durch steile Grashänge bis zur Gratschneide zwischen Penser- und Eggertal. Die beiden Seebergseen, welche am Weg 13 zum Tagwaldhorn liegen, bleiben re. unten. Bald ist die Wegeteilung erreicht: re. Weg 14A über das Puntleider Jöchl (2426) zum → Puntleider See (1847). – Li. über begraste Hänge hinauf bis an eine felsige Rinne, welche vom Gipfelkamm herabzieht. Zuletzt ein Geröllfeld im Anstieg querend zum breiten Gipfelrükken und li. zum Gipfelkreuz mit guter Aussicht, 2 Std. HU einschließlich der „Verlorenen Höhe" bei der Kammüberschreitung zirka 500 m, Z 3½ Std., LA 2, familienfreundliche Wanderung. – Hierzu Skizze 4.

Pfitscher Tal

Pfitscher Joch, Pfitscher-Joch-Hütte, 2275 m**

Die 32 km lange Pfitschertalstraße SS 508 zweigt in Sterzing von der SS 12 (Brenner Staatsstraße) an der durch Ampel geregelten Kreuzung ab und führt zur ital.-österr. Staatsgrenze auf dem Scheitel des Pfitscher Joches (2251). Der Straßenzustand ist auf der gesamten Strecke unterschiedlich: von Sterzing bis zum 20 km entfernten St. Jakob in Pfitsch (1440) hat man bei schwankenden Fahrbahnbreiten eine gute Asphaltstraße, die vorwiegend normal breit ausgebaut ist. Engstellen treten nur noch in unmittelbaren Bereichen der alten Straßenbrücken auf, über die generell eine Gewichtsbegrenzung von 7 t verhängt wurde. Ausgesetzte Passagen sind mit Leitplanken gut abgesichert. Mehrere Gebotstafeln weisen auf Geschwindigkeitsbeschränkungen von 30 km/h hin. Die max. Steigungen (Gefälle) betragen nach erfolgter Neutrassierung, so vor allem an der großen Kehre mit dem Abzweig „Obertulfer" nur noch 10%, SG 2. Hinsichtlich der Abmessungen sind die Begrenzungen an der Straßenunterführung im Bereich des ö. Bahnhofgeländes von Sterzing an der Brennerbahn hauptsächlich von Buslenkern zu beachten: Höhe 4 m, Breite 4.30 m.

Das sonnenreiche Pfitscher Tal zeigt sich im Herbst von seiner besten Seite sobald seine ausgedehnten Lärchenwälder in leuchtenden Farben aufflammen und wenn in die Landschaft hingeduckte, alte Bauernhöfe mit prächtig gewachsenen Zirben hierzu besonders malerische Kontraste bilden.

W. St. Jakob in Pfitsch kann man bis zu den letzten Häusern unterhalb der Fraktion Stein als Alternative die asphaltierte Gemeindestraße benützen, welche parallel zur SS 508 etwas tiefer neben dem regulierten Pfitscher Bach verläuft. Beim Haus Nr. 100 scharf li. abbiegen und durch ein kurzes Waldstück zum Haus Nr. 94 hinauffahren, wo man wieder auf die alte Straße trifft, welche die vielgewundene Hangtrasse benützt, SG 2 – 3.

Das Einkehrgasth. Stein läßt man li. liegen und folgt nun runde 10 km dem zwar befestigten, jedoch nicht staubfreien, einspurigen Militärsträßchen, welches in langgezogenen Serpentinen bergwärts leitet. Die Kehren sind stark verbreitert, Ausweichstellen findet man „auf Sicht". Die Steigungsverhältnisse sind gut ausgeglichen und überschreiten kaum 12%. Im Bj. gab es keinerlei Randsicherungen, SG 3 – 4. Magischer Blickpunkt ist während der gesamten Auffahrt die eisgepanzerte Hochfernerspitze, mit 3470 m eine der höchsten Erhebungen in den Zillertaler Alpen.

Von der 3. Kehre (1750) zweigt beim Kaser re. der Anstiegsweg mit Mark. 1 zur neu errichteten **Hochfeiler-Hütte** (2710) ab, HT. Der Neubau wurde statt der zerstörten Wiener Hütte etwas weiter oberhalb ausgeführt und im Sommer 1986 eröffnet. Die gesamten Baumaterialien wurden mit Helikoptern eingeflogen. Die Hütte steht unter einer Felswand, über die auch der Anstieg zum Hochfeiler verläuft. Bis zur Hütte $2^1/_2$ bis 3 Std., bis zum Hochfeiler (3509), dem höchsten Gipfel der Zillertaler Alpen, weitere $2^1/_2$ Std. Bemerkenswert sind die Ausblicke auf Großglockner, Großvenediger, Zuckerhütl und Wildspitze sowie in die Dolomiten.

Auf der Scheitelhöhe, welche im NW von der Hohen Wandspitze (3287) mit dem Stampflkees, im O von der Rotbacher Spitze flankiert wird, leuchten bei klarem Himmel die kleinen Jochseen wie blaue Augen. Auf einer kleinen Anhöhe steht fest und trutzig die neue, im Sommer bewirtsch. Pfitscher-Joch-Hütte (2275). Die Aussicht von hier ist großartig; sie richtet sich primär auf den zum Greifen nahen Hochfeiler. Bei guter Fernsicht erkennt man im SW über das Pfitschertal hinweg Erhebungen der Sarntaler Alpen, der Ötztaler Alpen und der Texelgruppe. Im N zeigt sich durch das Pfitschgründl ein Zipfel vom Schlegeis-Speichersee (1782) mit der Staumauer im Hintergrund.

Partinges, Moarhof 1379 m, und Gschließhöfe, 1300 bis 1400 m
Die beiden, durchwegs asphaltierten Bergsträßchen erschließen die terrassenartig auf der Südseite des Trenser Joches gelegenen Bergbauernhöfe. AP ist Maria Trens (987). Die Einheimischen bezeichnen fälschlicherweise den gesamten Höhenrücken vom Gschließegg bis zur Einsattlung des Trenser Joches, somit auch den Höllenkragen (2378) als Trenser Joch. Die einspurig breiten und mit ausreichend Ausweichmöglichkeiten versehenen Bergsträßchen verkürzen den Anstieg zur Kammlinie zwischen dem äußeren Pfitscher Tal und dem Eisacktal um zirka 1 Std. Auf dem teilweise bewaldeten Bergrücken findet man Anschluß an den »Pfunderer Höhenweg«. Die Mark. der Steige war im Bj. unzulänglich, gelegentlich waren nur uralte und verwitterte Anstriche zu erkennen.

Von der Wallfahrtskirche Maria Trens folgt man zunächst der Mark. 24, welche man beim letzten Hof wieder verläßt, um re. dem Fahrweg zu folgen. Nach 500 m trifft man auf die Wegeteilung, li. nach Gschließ, re. nach Partinges, HT. Das windungsreiche Sträßchen nach Partinges gewinnt mit sieben Serpentinen rasch an Höhe bei Steigungsmaxima von 14%. Vor unübersichtlichen Kurven Signal geben! Im Bj. gab es hier keine Randsicherungen. Das Asphaltende befindet sich wenig oberhalb vom Moarhof, dann hat man noch 300 m bis zum Wendeplatz vor dem Schranken, SG 3, 4.6 km ab Trens. Über den sich fortsetzenden Forstweg wurde ein allgemeines Fahrverbot verhängt. Steig Nr. 5 vermittelt durch herrliche Lärchenwälder und Almböden den Anschluß an den „Pfunderer Höhenweg" oberhalb der Plitschalm → RW 20.

Das Sträßchen zu den Gschließhöfen kann zügiger befahren werden als jenes nach Partinges, weil es nicht so kurvenreich ist und größere Strecken überschaubar sind, SG 2 – 3. Die Steigungsmaxima erreichen 10%; es ist einspurig und hat überall Ausweichmöglichkeiten. An ausgesetzten Stellen findet man Leitschienen. Der EP liegt 3.7 km von Maria Trens entfernt, doch gibt es dort kaum Abstellplätze.

RW 20 **Trenser Joch*, 2210 m, am Pfunderer Höhenweg.** Eine abwechslungsvolle Runde, welche den Wanderer ein Stück durch das äußere Pfitscher Tal, durch ausgedehnte Wälder, über blumenreiche Bergmatten und zu bemerkenswerten Aussichtspunkten am Höhenweg leitet. Der HU beträgt runde 1250 m.

AP ist der Gh. „Traube“ am ö. Ortsausgang von Wiesen (964). Man wandert zunächst ein kurzes Stück neben der SS 508 talein. Nach Überschreitung des Pfitscher Baches zweigt re. ein Fahrweg ab, HT „Fußweg zum Pretzhof“, dem man am Waldessaum entlang folgt bis man nahe eines Seitenbaches auf das asphaltierte Sträßchen trifft, das bis zum bewirtsch. Pretzhof (1320) hinaufleitet, 1 Std. Dieses schöngelegene Landgasthaus hat sich besonders auf Bauernkost mit Eisacktaler Spezialitäten eingestellt. Hierher führt auch ein Sträßchen und sein EP ist für eine gekürzte Runde → Höllenkragen geeignet. – An der Kehre oberhalb des Pretzhofes beginnt der steile, rot-weiß mark. Anstieg. Bald verschwindet der herrliche Talblick und man taucht in den schattigen Wald ein, was an heißen Sommertagen angenehm empfunden wird. In zahlreichen, kurzen Serpentinen steigt man, nur gelegentlich an Waldblößen vorüberziehend, zuletzt über steile Bergwiesen zum Jöchl hinauf. – Das Trenser Joch vermittelt schöne Ausblicke in die vergletscherten Stubaier Alpen, auf die Pfunderer Grasberge und die Wilde Kreuzspitze, nach SO in die Dolomiten, u. a. zu den Geislerspitzen und zum Peitler Kofel. Eindrucksvoll sind auch die Tiefblicke in die Talschaften wie in das Pfitscher Tal und in das Wipptal bis zur „Sachsenklemme“ zwischen Mauls und Mittewald.

Aussichtsreich leitet der »Pfunderer Höhenweg« über die SO-Flanke des → Höllenkragens, dessen Abhänge man bis zum Jägerjöchl (2134) traversiert, um dann zur Plitschalm (1822) auf grasigen Böden hinabzusteigen. Im weiteren Verlauf wandert man unter dem „Zwölfernöckl“ hindurch und auf dem bewaldeten Grat erreicht man westwärts das Gschließegg (1671), 1½ Std. ab Joch; hier Vereinigung mit dem, von den Gschließhöfen (1286) heraufziehenden Steig. Auf dem »Pfunderer Höhenweg« mit Mark. 5A erreicht man dann bald den oberhalb vom Schloß Sprechenstein gelegenen Pirchhof (1207), wo man in den Weg 24 Trens-Wiesen (schöne Herbstwanderung) einmündet und der in 1 Std. zum AP bei Wiesen zurückleitet. Z 6 Std., LA 2 – 3. – Hierzu Skizze 5.

Tulfer, 1240 m, und Pretzhof*, 1320 m

Von Wiesen (964) zunächst durch die „Eintrittsporte“ des Pfitscher Tales am ö. Ortsrand. Die Brücke über den Pfitscher Bach im daran anschließenden Waldstück hat, wie alle Brücken im äußeren Pfitscher Tal eine Gewichtsbeschränkung von nur 7 t Belastung. 1 km hinter dem Gh. „Traube“ findet man in Höhe des E-Werkes an der SS 508 re. die Abzw. des anfangs knapp zweispurigen Asphaltsträßchens hinauf zum Weiler Tulfer, 3 km. An der folgenden Straßenteilung hält man sich re. Wie auf einer „Schiefen Ebene“ windet sich das jetzt nur mehr einspurige Sträßchen auf dem mit üppigen Bergwiesen bedeckten Moränenschuttkegel hinauf zu den Häusern von Tulfer. Die Steigungsverhältnisse sind gut ausgeglichen und übersteigen kaum 9%, jedoch hat man auf einer Streckenlänge von 2.5 km eine Dauersteigung zu überwinden, SG 2 – 3. Das Sträßchen beschreibt hinter der Kapelle von Tulfer (Achtung: hier sehr unübersichtliche Kurve) eine letzte große Schleife und nach weiteren 500 m endet das Stichsträßchen, 3.5 km vom Abzw. an der SS 508 entfernt, hoch über der Talsohle am Gh. „Pretzhof“. Bemerkenswerter Blick talaus in das Sterzinger Talbecken, begrenzt durch das Roßkopfgebiet. Dahinter lugt der Telfer Weißen hervor. Bei klaren Sichtverhältnissen erkennt man über dem inneren Ridnaun die Stubaier Gletscher.

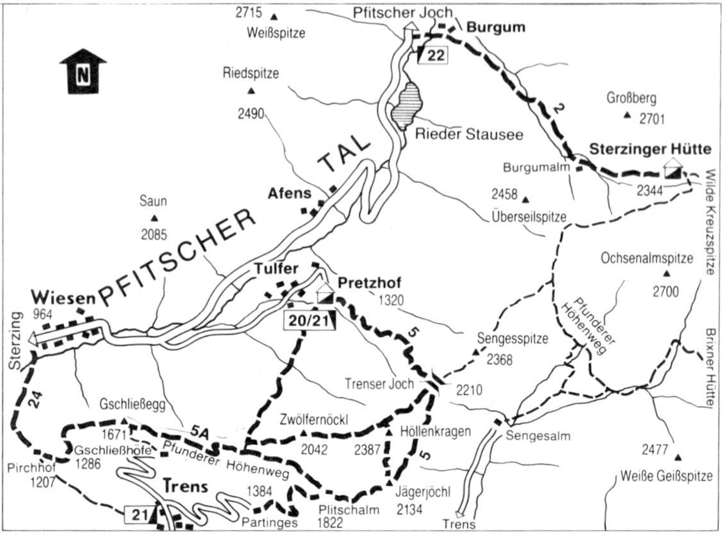

Skizze 5 Pfitscher Tal

RW 21 **Höllenkragen**, 2387 m.** Die Aussicht von diesem Gipfel übertrifft jene vom Trenser Joch nicht unerheblich. Prächtig zeigt sich u. a. die eisgepanzerte Marmolata als höchste Erhebung der Dolomiten. AP ist der anfahrbare → Pretzhof (1320). Bis zum Jöchl benützt man denselben Anstieg wie bei RW 20 beschrieben. Dort angekommen, setzt man seine Bergwanderung jedoch nicht auf dem »Pfunderer Höhenweg« an der dem Wipptal zugewandten Seite fort, sondern bleibt auf dem Grat und folgt re. dem mark. Steig zum Gipfelkreuz, 3 Std. ab Pretzhof. Vom Höllenkragen dann nur kurzer Abstieg auf dem Anstiegsweg und dann gleich li. dem nicht mark. Pfad hinab zum Zwölfernöckl (2042) folgen und bis zu einer wenig ausgeprägten Einsattelung weiterwandern. Dort wendet man die Richtung von W nach NO und steigt, teilweise sehr steil, durch den Schnaggwald zum Pretzhof ab. HU 1070 m, Z 5 Std., LA 2 – 3. – Hierzu Skizze 5.

Der Wipptaler Anstieg nimmt im Wallfahrtsort Maria Trens (990) seinen Ausgang. Er ist bequemer, wenn man bis zu den Partingeshöfen (1384) alternativ den Fahrweg benützt, auch empfiehlt sich frühzeitiger Antritt, weil dieser Anstieg durch die Sonneneinstrahlung sehr heiß werden kann! An der Plitschalm (1822) stößt man dann auf den »Pfunderer Höhenweg«, dem man bis zum Jägerjöchl (2134) am Südfuß des Höllenkragens folgt; zuletzt hat man eine kleine Kletterei bis zum Gipfel. HU 1400 m, Aufstieg 4 Std., Abstieg 2½ Std. Z 6½ Std., LA 2 – 3. – Hierzu Skizze 5.

Sterzinger Hütte*, 2344 m, an der Wilden Kreuzspitze. Die kleine, bewirtsch. Hütte liegt sehr abgeschieden im obersten Burgumtal, einem von SO nach NW von der Wilden Kreuzspitze herabziehenden Tal, das wenig n. des Rieder Stausees in das Pfitscher Tal mündet. Sie befindet sich im Besitz der AVS-Sektion Sterzing. – AP für den Anstieg ist die Häusergruppe Burgum (1374), direkt an der SS 508 gelegen. Weg 2 leitet in das eingeschnittene Tal zunächst steil zur Burgumalm (1995) hinauf, 1 Std. 45 Min. Im Rückblick hat man das Schlüsseljoch und die Flatschspitze auf der gegenüberliegenden Seite des Pfitscher Tales. Im weiteren Anstieg von 1 Std. erreicht man den kleinen, alten Mauerbau, der hauptsächlich als Stützpunkt für eine Besteigung der Wilden Kreuzspitze (2 bis 2½ Std. ab Hütte) bzw. für einen Übergang von 4 Std. zur → Brixner Hütte (2270) dient. – HU 970 m, Rückweg wie Hinweg, Z 4½ Std., LA 2. – Hierzu Skizze 5. **W 22**

An der 3. Kehre (1750) der Pfitscher-Joch-Straße hat man re. Zugang über die Untergalm (1718) zur neuen Hochfeiler-Hütte (2710) am Gliederferner, 3 Std., HT. Sie wurde an Stelle der zerstörten Wiener Hütte von der AVS-Sektion Sterzing errichtet.

Landshuter Höhenweg, Landshuter Hütte, 2693 m.** Vom AP Pfitscher Joch (2251) führt der landschaftlich bemerkenswert schöne und auch gut angelegte Höhenweg mit Mark. 3 in Lagen zwischen 2300 bis 2700 m zur Landshuter Hütte. Er verläuft auf der Südseite der Alpenhauptkammlinie, welche die Staatsgrenze zwischen Österreich und Italien bildet. Grawandkofel (2834), Hohe Wand (3287), Kluppen (2946) und Kraxentrager (2998) sind bekannte Grenzberge in diesem Abschnitt. Besonders beeindruckend die Ausblicke auf die Zillertaler Gletscher mit der eisgepanzerten Hochfernerspitze (3470) und dem Hochfeiler (3510). In der Gehrichtung von O nach W hat man zunächst einen sanft bergan führenden Weg, der aber im letzten Drittel unterhalb des Kraxentragers kräftig ansteigt, wobei zirka 500 Höhenmeter zu bewältigen sind! Bis zur Hütte, die auf dem SW-Grat des Kraxentragers steht, rechnet man mit einer Anstiegszeit von 3 Std., im Abstieg zum Joch mit 2½ Std. Für den Rückweg gibt es keine Alternative, Z 5½ Std. LA 2, Ausdauer erforderlich. Personalausweis unbedingt mitführen! – Hierzu Skizze 6. **W 23**

Die Staatsgrenze verläuft seit 1919 mitten durch die Hütte, was einen seltenen, territorialen Kompromiß in den Alpen darstellt. Der zirka ein Drittel ausmachende österr. Besitzteil wird jeweils von Anfang Juli bis Mitte September bewirtsch. – Der südliche, mit hohem Kostenaufwand wiedererrichtete ital. Teil wurde im Spätsommer 1989 unter dem Namen „Europahütte" eröffnet. Hausberge sind der Kraxentrager, welchen man über den SW-Grat in 1 Std. auf mark. Steig, LA 2, erreicht, und die Wildseespitze (2733) auf Steig 3 in Richtung Wolfendorn, dann auf Steigspuren über Schrofen in 45 Min. zum Gipfel.

Weit mehr Höhenmeter (zirka 1250) hat man im direkten, steilen Anstieg von der Fraktion Platz (1430) im Pfitscher Tal bis zur Hütte zu überwinden, 3½ Std. Der Steig mit Mark. 3A beginnt an der SS 508 in Innerpfitsch, zirka 2 km w. von St. Jakob, HT. – Z 6 Std., LA 2 – 3. – Hierzu Skizze 6.

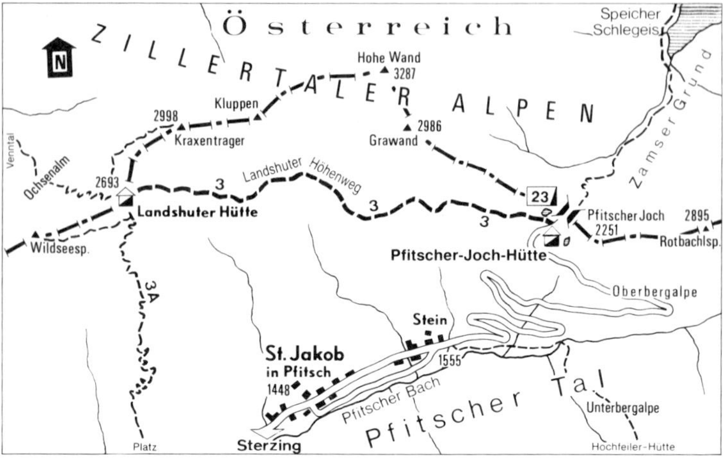

Skizze 6 Pfitscher Joch

Schlüsseljoch/Col di Chiave, 2209 m**
Über das ehem., aus der Mussolini-Ära stammende Militärsträßchen, welches zirka 1 km sw. Kematen von der ausgebauten SS 508 in n. Richtung abzweigt, ist ein allg. Fahrverbot verhängt. Es ist wegen seines teilweise starken Verfalls (Abrutschungen im oberen Drittel) nicht mehr autobefahrbar. Im Bj. wurden trotzdem Trialfahrer beobachtet, welche auf eigene Gefahr die schwierige Bergstrecke beiderseits des Jochs befuhren. Bei solchen Unternehmungen muß man sich aber bewußt sein, daß nur durch ein mühevolles Übertragen der Maschinen die abgerutschten Passagen auf dem Joch zu bewältigen sind. Wegen der erforderlichen „Ausritte" in unwegsames Gelände unterbleibt eine Bewertung nach den Schwierigkeitsgraden der Denzel-Alpenstraßenskala. – Die NW-Rampe ist zu zwei Dritteln autobefahrbar → Zirogalm und Enzianhütte.

Wipptal

Auf der Staatsstraße zwischen Sterzing und Franzensfeste durchfährt man den weitläufigen Talboden des Sterzinger Mooses. Re. des kanalisierten Eisacks sieht man auf einem kleinen Hügel die besuchenswerte Burg Reifenstein, während li. auf einem Felssporn erhaben die nicht zu besichtigende Burg Sprechenstein thront. Man passiert Freienfeld und läßt den vielbesuchten Südtiroler Wallfahrtsort Maria Trens (990) li. oberhalb der Straße liegen. Im stets enger werdenden Eisacktal folgen die Orte Mauls, Grasstein und Mittewald. Der „Sachsenklemme" genannte Engpaß ist die s. Pforte des Wipptales, einer Talschaft, die von Innsbruck bis hierher reicht und wo diesseits und jenseits des Brenners gleiche Hausformen und gleiche völkische Art beheimatet sind. Im Sturmjahr 1809 kamen mehrere hundert unter den Franzosen kämpfende Sachsen bis zu dieser Stelle, wo sie entweder fielen oder im Kampf gefangengenommen wurden; aus diesem geschichtlichen Ereignis leitet sich die Bezeichnung „Sachsenklemme" ab. S. von Franzensfeste fährt man neben dem Stausee unter der Autobahn und mitten durch die Anlagen der mächtigen Franzensfeste hindurch. Sie war das Bollwerk zur Sicherung des Brenners und wurde in den Jahren 1833 bis 1838 durch den österr. Kaiser Franz I. errichtet und nach ihm benannt.

Puntleider See*, 1847 m, AP Grasstein. Diesen idyllisch gelegenen Waldsee, wohl einer der schönsten Südtirols, kann man von mehreren Seiten her auf mark. Wegen erreichen: Von Pfulters (1019) im N am Ausgang des Egger Tales auf Weg 16 über das Onser Bildstöckl (1940) und die Hüttenwald-Alm (1683) bei einem HU von 1185 m (einschließlich eines Zwischenabstieges und Wiederanstieges) in 3½ Std.; im SW von der Alpenhütte auf der Traminer Alm (1933) über die Traminer Scharte (2379) und Sulzenalm (1939) bei einem HU von 450 m in 2½ Std., im W vom Penser Joch (2215) über den Astnerberg (2326) und das Puntleider Jöchl (2426) bei nur 250 m HU in 2½ Std., Weg 14A. Schließlich von Grasstein (846) im NO auf Weg 14 über die Puntleider Alm (1777) mit 1000 m HU in 3 Std. bzw. auf Weg 15 über die Bergler- und Sulzenalm mit 1350 m HU in 4 Std. zum See. Aus dieser Gegenüberstellung sind sowohl die bequemeren als auch die mühevolleren Anstiege ersichtlich. Den beiden, von der Penser Seite ausgehenden Anstiegen ist die LA 2 zuzuordnen, jenen vom Wipptal heraufführenden die LA 2 – 3. **RW 24**

Der wohl am meisten begangene, jedoch steilste Weg nimmt von Grasstein seinen Ausgang, wo sich bei den letzten Häusern ein Materialaufzug befindet. Grasstein liegt auf der orogr. re. Seite des Eisacks. Mit dem Fahrzeug benützt man die Abzw. von der SS 12, fährt über die Brücke und unter der Autobahn hindurch. Da der Bahnschranken meist herabgelassen ist, gelangt man li. davon unbehindert durch die einspurige und sehr niedrige Unterführung (Rattenloch), nur 2 m breit und kaum höher, dann re. neben dem Puntleider Bach entlang in den kleinen Ort, der zwei Gasthäuser besitzt. („Klampfer" und „Stampfer"). Günstige Rast- und Abstellplätze findet man vor dem Ort li. im schattigen Wald. Die Benützung des Fahrweges hinauf zu den Puntleider Höfen (1188) ist nur Anrainern vorbehalten, HT allg. Fahrverbot!

Der steile Anstieg beginnt unvermittelt, Mark. 14 und 15. In Puntleid Wegeteilung: re. Weg 14 über die Puntleider Alm zum See, li. Weg 15 am Bergler Bach talein zur Bergler Alm (1537). Die nach starken Regengüssen versumpfte obere Puntleider Alm wurde aufgelassen. Im Talschluß stößt man oberhalb der Sulzenalm auf den von der Traminer Scharte herabziehenden Weg und folgt diesem weit über den Sulzenkamm hinab zum See, Mark. 14.

Folgt man den beiden genannten Wegen in der empfohlenen Richtung gegen den Uhrzeigersinn, so vollzieht man eine prächtige, jedoch Ausdauer erfordernde und teilweise auch mühsame Runde mit einem Z von zirka 6 St., LA 2 – 3. – Hierzu Skizze 4.

Unmittelbar s. der Franzensfeste ist li. die Abzw. einer schmalen und kurvenreichen Verbindungsstraße zur SS. 49 in Richtung Pustertal; diese leitet bei Aicha über einen schienengleichen, beschrankten Bahnübergang und mündet n. von Schabs in die Schnellstraße ein, welche von der AA-Brixen (Vahrn) über die weit gespannte, neue Eisackbrücke leitet. Kraftfahrer in Richtung Pustertal bzw. in die n. Dolomitentäler benützen mit Vorzug den Vahrner Straßenknoten an der AA-Brixen, um dann der blauen Beschilderung zu folgen. HT Bruneck.

Das Pustertal

Mühlbach, Ort am Eingang in das Untere Pustertal, an der Mündung des Valser Baches in die Rienz. Bergstraße nach Meransen bzw. ins Valser Tal, Talstation der ganzj. betriebenen Seilbahn nach Meransen. Gotische Fresken an der Außenwand der Pfarrkirche St. Helena von Friedrich Pacher. Das ehem. Schloß Freienthurn mit Loggia ist jetzt Franziskanerkloster. Ö. von Mühlbach passiert man auf der Staatsstraße Reste der Mühlbacher Klause, eine Straßensperre mit Türmen; kurz vorher ein bemerkenswerter Bildstock aus dem 15. Jh.

Kiens. Die Kirche St. Martin in Hofern besitzt einen hervorragenden Flügelschrein aus dem 16. Jh. Die Kirche St. Petrus und Paulus ist ein Bau aus spätbarocker Zeit. Lohnend ist ein Besuch des Schlosses Ehrenburg mit prachtvollem Arkadenhof und wertvoller Inneneinrichtung.

St. Lorenzen liegt w. von Bruneck. An seinem Standort wurde eine vorgeschichtliche Siedlung und das Römerkastell „Sebatum" nachgewiesen, das hier vom 1. bis zum 6. Jh. n. Chr. bestand. Das Ortsbild wird durch schöne, mittelalterliche Häuser geprägt. Die charaktervolle Pfarrkirche St. Laurentius kennzeichnen zwei asymmetrisch gesetzte Türme. – Im nahegelegenen Weiler Sonnenburg befand sich auf einem exponierten Hügel das aus dem 11. Jh. stammende Benediktinerinnenkloster, welches im Zuge der Säkularisation aufgehoben wurde. An seiner Stelle steht heute ein Schloßhotel mit Nobelrestaurant. Erwähnung verdienen die romanisch-byzantinischen Fresken in der daran angebauten Stiftskirche St. Johann im Spital.

Bruneck ist Hauptort des Pustertales an der Mündung der Ahrn in die Rienz. Der schon Ende des 10. Jh. erwähnte Ort wurde 1251 durch Fürstbischof Bruno von Brixen zur Stadt ausgebaut. Die Grundmauern aus der Gründungszeit sind teilweise noch vorhanden. In der Altstadt bezaubern die gut erhaltenen Giebelhäuser. Das die Stadt überragende Schloß Bruneck stammt aus dem 13. Jh. und ist heute noch im Besitz des Bischofs von Brixen. Es wurde wesentlich restauriert. Die wegen ihres schönen Sterngewölbes sehenswerte Ursulinerinnen-Kirche hat eine achteckige Krypta über einem Rundpfeiler. – In Dietenheim, nur wenig außerhalb im NO von Bruneck befindet sich das besuchenswerte Freilichtmuseum (Südtiroler Landesmuseum für Volkskunde). Die Schauobjekte, aus allen Landesteilen stammend und mit viel Sorgfalt und Liebe zum Detail dort wiedererrichtet, dienten Jahrhunderte hindurch der ländlichen Selbstversorgung. Einige unter ihnen sind einzigartig und sichern der Nachwelt einen lebendigen Einblick in die Vergangenheit.

Toblach. Hauptsehenswürdigkeiten des Ortes sind die barocke Pfarrkirche zum hl. Johannes dem Täufer aus dem 18. Jh. mit reichhaltiger Inneneinrichtung und die wegen ihrer seinerzeitigen Baugesinnung typischen Ansitze Wiesenegg und Herbstenburg, letztere mit Erkertürmchen ausgestattet und von Zinnen gekrönt.

Innichen. 769 als Benediktinerstift durch Herzog Tassilo von Bayern gegründet, 1143 durch Otto von Freising in ein Kollegiatstift umgewandelt, wurde die Stiftskirche St. Candidus und Korbinian Anfang des 13. Jh. neu gebaut. Großartig – ernster Innenaspekt. Die hervorstehenden Schätze des Doms sind die Wandmalereien an der Friedhofmauer aus dem 15. Jh. In der wiederhergestellten Krypta des Domes steht die romanische Figur des hl. Korbinian. – Es gibt nur wenige sogenannte Grabeskirchen in Europa: zu den eigenartigsten gehört jene von Innichen.

Das Pustertal
Neustift bei Brixen
Mühlbacher Klause
Brenner
Brixen
Rienz
Mühlbach
Vintl
Kiens
Schloß Bruneck
Rodeneck
Ehrenburg
Arkadenhof
Burg Rodenegg
Florianitor
St. Lorenzen
Tauferer Tal
BRUNECK
Welsberg
Olang
Antholzer Tal
Taisten
Michelsburg
Gsies
Prags
Schloß Welsberg
Pragser Wildsee mit Seekofel
Niederdorf
Taufers, Flügelaltar
Sextner Sonnenuhr
Toblach
Herbstenburg
Sextner Tal
Innichen
Drau
Sillian
Stiftskirche

Unteres Pustertal

Spinges, Kriegerdenkmal, 1110 m
Der kleine Ort befindet sich auf einer Hochfläche zwischen dem Eisack- und dem Valser Tal. Bekannt wurde er durch den mutigen Einsatz der Katharina Lanz; als „Mädchen von Spinges" wehrte sie mit einer Heugabel im April 1797 die anstürmenden Franzosen ab. Zur Erinnerung an die Freiheitskämpfe und den Sieg über die Franzosen wurde auf einer beherrschenden Anhöhe außerhalb des Dorfes ein zirka 10 m hohes Denkmal mit einem Kreuz errichtet. Von dieser Stelle genießt man ein prächtiges Panorama auf die Dolomiten mit den Geislerspitzen, den Schlern, die Sarntaler- und die Pfunderer Berge. – Das 4 km lange und 5 m breite Asphaltsträßchen zweigt beim „Schabser Hof" (760) von der Verbindungsstraße Franzensfeste – Aicha – Schabs ab und gewinnt, anfangs durch einen Hain alter Edelkastanien führend, mit einem Serpentinenanstieg den HU von 350 m bei max. Steigung von 11%, SG 2 – 3. – Der höchste anfahrbare Punkt im Umfeld von Spinges liegt n. des Ortes bei der Einbindung des Wanderweges 9 zum Valser Jöchl in den Güterweg; dieser zweigt unterhalb des Freiheitsdenkmals li. ab und ist mit 7A bez.

RW 25 **Mühlbach-Spinges, Spinges, 1100 m.** Eine bescheidene Runde, die man mit Vorzug im Herbst zur Törggelezeit oder mit Beginn der aperen Jahreszeit im Vorfrühling unternimmt. Wählt man den Ansitz Straßhof in Mühlbach (800) zum AP, so benützt man vor der Brücke über den Valser Bach scharf li. abzweigend, zunächst ein paar hundert Meter der alten Straße in Richtung Vals und biegt nach den letzten Häusern wiederum li., im spitzen Winkel ab. Hier beginnt die steile, nur einspurige Zufahrt zum früheren Ansitz, den man nach 400 m erreicht, Mark. 7. Das Anwesen dient jetzt hauptsächlich Jugendgruppen als Ferienheim; im Herbst ist der Straßhof eine beliebte Törggelestation, Abstellplätze nach dem Nachbarhaus. Die Wanderwege beginnen am Waldrand bei einer Wegeteilung: re. „Feldweg nach Spinges", 1 Std., Mark. 7, HT; li. Waldweg über den Vögelebichl zum Weg 9, HT „Stöcklweg". Weg 9 zieht vom Gh. Sonneck, an der Verbindungsstraße Aicha-Schabs gelegen, durch den Wald herauf und vereinigt sich mit dem Stöcklweg. Auf der aussichtsreichen Hochfläche von Spinges findet man sowohl Erinnerungen an die Freiheitskämpfe Ende des 17. Jh., als auch Überreste aus der unseligen Mussolini-Ära in Form mehrerer, hier aus strategischen Gründen errichteten Betonbunkern; letztere sind zwar gut getarnt, doch belasten sie den Anblick einer friedvollen Landschaft. Beide vom Straßhof ausgehenden Wege lassen sich zu einer abwechslungsvollen Runde zusammenfügen, deren Begehung zirka 2 bis 2½ Std. in Anspruch nimmt. Wegen der sich steigernden Aussicht empfiehlt es sich, mit dem bez. Waldweg zu beginnen. Die Ausblicke richten sich u. a. auf die weitverstreute Bergsiedlung Meransen am Fuße des Gitschberges, auf Eidechsspitze und die im N aufragenden Pfunderer Berge. Wie der Arm eines Fjordes zeigt sich der tiefblaue See der aufgestauten Rienz und im weiten Rienzbogen blickt man auf die gegenüberliegenden Terrassenorte von Rodeneck, dahinter bildet der breite, bewaldete Rücken mit dem Rodenekker Wald und der Lüsener Alm die Abschlußkulisse. – HU 300 m, Z 2 bis 2½ Std., LA 1 – 2. – Hierzu Skizze 8.

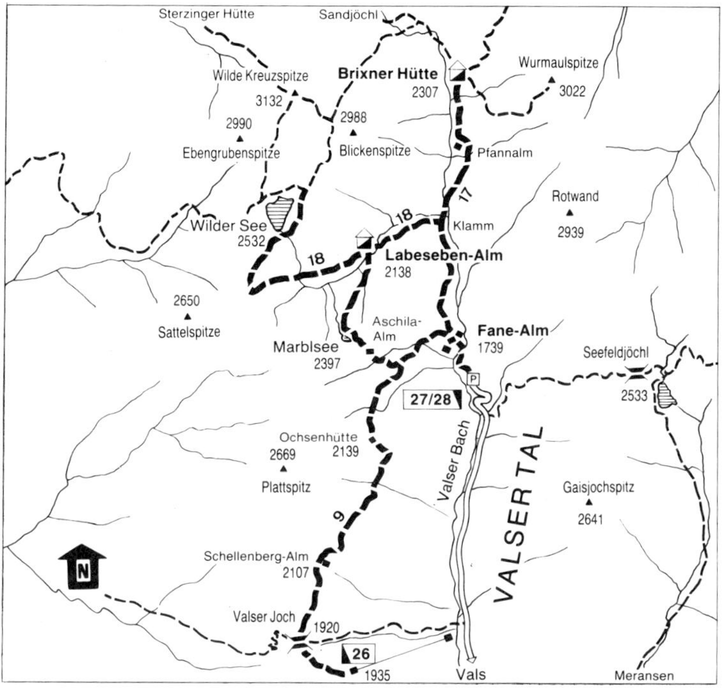

Skizze 7 Valser Tal

Valser Tal

Valser Tal, Fane-Alm 1739 m.**

Das alte Sträßchen durch das Valser Tal zweigt auf der re. Uferseite an der Mühlbacher Brücke von der SS. 49 ab und leitet neben dem Wildbach in n. Richtung talein; nach Erreichen einer Talstufe vereinigt es sich mit der Neubaustrecke, welche mit der Straße Mühlbach – Meransen im unteren Abschnitt eine gemeinsame Streckenführung hat. Im Bj. befand sich das kürzere, alte Sträßchen in einem miserablen Zustand (ausgewaschen und ausgefahren) und wies kräftige Steigungen bis 20% auf, Omnibusverbot! – Die neue, von Mühlbach (777) ausgehende Bergstraße ist hingegen modern trassiert und überwindet den schluchtartigen Talausgang durch mehrere, kostspielige Kunstbauten, wobei die Steigungsverhältnisse kaum 8% überschreiten. Bis Vals (1353) hat man 11 km zurückzulegen. In Hintervals zweigt li. die Zufahrt zur Jochtal-Doppelsesselbahn (1400 – 1935) ab; sie ist im Sommer von Anfang Juli bis Mitte September jeden Mittwoch und Sonntag von 9 bis 11.40 Uhr und von 13 bis 17 Uhr in Betrieb. – Zum Parkplatz vor der Fane-Alm sind es noch weitere 3 km guter Asphaltstraße taleinwärts. Zuletzt hat man einen Serpentinenanstieg mit jeweils extrem engem Kurvenradius zu bewältigen; dieser Streckenabschnitt wurde durch Leitplanken abgesichert, SG 3 – 4 (kaum Ausweichflächen und kurze, kräftige Steigungen!). Hinter dem Parkplatz, der in einem Respektabstand von der einzigartigen Almsiedlung Fane angelegt wurde, ist der Fahrweg abgeschrankt; der Parkplatz bietet zirka 90 Pkw Aufstellung, doch ist er an frequentierten Wochenenden meist überbelegt. Ein diszipliniertes Aufstellen der Fahrzeuge ist hier unbedingt erforderlich.

RW 26 **Valser Joch*, 1920 m, Ochenshütte*, 2139 m, und Fane-Alm*, 1739 m.** Eine wenig bekannte Bergwanderung mit daran anschließender Abwärtswanderung durch das im Fremdenverkehr aufstrebende Valser Tal. AP ist die Bergstation (1935) der von Anfang Juli bis Mitte September betriebenen Jochtal-Doppelsesselbahn. Die Höhenwanderung vom Valser Joch durch das Quellgebiet des Valser Baches über die Schellenberg-Alm (2107) und hinab zur Fane-Alm nimmt 2½ Std. in Anspruch. Der Steig ist mit Nr. 9 mark. Bergan sind 200 m, bergab 400 Höhenmeter zu überwinden. Von der Fane-Alm kehrt man in 2 Std. über den „Ochsensprung" auf dem Talsträßchen zum AP zurück. Z 4½ Std., LA 2. – Hierzu Skizze 7.

W 27 **Brixner Hütte**, 2307 m.** Vom Parkplatz Fane-Alm (1739) leitet Weg 17 um eine Felsnase herum und hoch über dem klaren Bach eröffnet sich der imposante Einblick in den saftig-grünen Talkessel mit der noch ursprünglich hier schlummernden Sommersiedlung, eine Anhäufung von Almhütten, deren Holz durch die Witterungseinflüsse tiefbraun gebeizt wurde. Eine gemauerte Kapelle mit ihrem kalkig-weißen Anstrich bildet neben den hellen Grundmauern der Hütten einen auffallenden Kontrast zu den hölzernen Aufbauten. Ein Almfahrweg umgeht den Ort und leitet, mäßig ansteigend bis zum Ausgang der wildromantischen Klamm. Ab hier folgt man dem schmalen Fußsteig, Mark. 17, welcher an ausgesetzten Stellen durch Drahtseile abgesichert ist. Nach Durchwanderung der Klammstrecke kommt man zu einer Wegeteilung (1972): Li. Weg 18 am Wasserfall vorbei zur bewirtsch. Labeseben-Alm (2138), nach 40 Min., und zum Wilden See (2532), in stimmungsvoller Kessellage am Fuße der Wilden Kreuzspitze (3132), HT; geradeaus über die Pfann-Alm (2141) zur Brixner Hütte, 1 Std. 45 Min. ab Parkplatz Fane-Alm, welche anmutig im Talschluß von Vals liegt und von einem Kranz hoher Berge umgeben ist. Die Brixner Hütte ist für die Begehung des „Pfunderer Höhenweges", welcher zur Edelrautehütte leitet, ein günstiger Einstiegspunkt in sein Kernstück. – Zurück zum Parkplatz auf dem Anstiegsweg. Z 3 Std., LA 2. – Hierzu Skizze 7.

RW 28 **Labeseben-Alm*, 2138 m, und Marblsee**, 2397 m.** AP ist der Touristenparkplatz Fanealm (1739). Man wandert w. an der urigen Sommersiedlung vorbei und durch die vom Valser Bach gebildete, wildromantische Klamm → Brixner Hütte. An der Wegeteilung (1972) beim Wasserfall hält man sich li. und folgt dem Seebach hinauf zur bewirtsch. Labeseben-Alm auf Weg 18, HT, 1½ Std. vom Parkplatz. Den höchsten Punkt der abwechslungsvollen Runde erreicht man auf Steig 8 am Marblsee, 45 Min. ab Labeseben-Alm. Der Abstieg zur Fane-Alm erfolgt in 1 Std. 15 Min. über die Aschila-Alm (2247). HU 660 m, Z 3½ Std.

Die Bewirtschafter der Labeseben-Alm streben den Bau eines schmalen Fahrweges durch die Klamm an, dies angeblich unter weitestgehender Schonung der hier einzigartigen Natur. Bis Redaktionsschluß konnte allerdings das Vorhaben noch keine Befürworter finden.

Von der Labeseben-Alm bietet sich ein leichter und lohnender Abstecher den Wegmark. 18 und 20 folgend über die Scharte (2446) zum Wilden See (2532), für den seine ausgeprägte Kessellage am Fuße der Wilden Kreuzspitze (3132) charakteristisch ist. Hin und zurück zur Alm 3 Std., LA 2. Ohne Zweifel bedeutet diese Ausweitung eine wesentliche Bereicherung der Runde. – Hierzu Skizze 7.

Meransen*, 1414 m, und Schutzhaus Kiener Alm*, 1741 m
Das in aussichtsvoller, sehr sonniger Lage hingeschmiegte Bergdorf Meransen erreicht man von Mühlbach (763) entweder mit einer Kleinkabinenbahn oder über eine 8 km lange, modern ausgebaute Bergstraße. Die Steigungsverhältnisse sind gut ausgewogen und überschreiten 9% nicht. Ausgesetzte Stellen wurden durch Leitplanken abgesichert. Nach der 4. Kehre zweigt li. die neue Straße in das → Valser Tal ab und verschwindet bald in einem Tunnel. Die Auffahrt bietet Blicke auf die Terrasse von Rodeneck, zur Lüsener Alpe und zur Plose, SG 1 – 2. Meransen macht heute einen stark zersiedelten Eindruck und das Ortsbild wird von großen, neuen Hotelbauten geprägt. Im oberen Ortsteil ist die Talstation der Gondelbahn auf den Gitschberg, deren Bergstation in 2067 m Seehöhe liegt, die Bahn wird auch während des Sommers betrieben. – Über die Eiterbachbrücke setzt sich das nun kräftig ansteigende, einspurige, jedoch durchwegs asphaltierte Bergsträßchen in Richtung zur Scharte fort. Die Höchststeigungen betragen 16%. Mit mehreren Serpentinen durch den Stollenwald gewinnt man schließlich an der Kiener Alm die Scheitelhöhe, „Scharte" genannt; hier Parkplätze für zirka 60 Pkw. Die Scharte bildet die Wasserscheide zum Pfunderer Tal, sie ist 6 km von Meransen entfernt, SG 2 – 3. – Der mit Pkw gut befahrbare Übergang hinab nach Weitental im Pfunderer Tal wird fast nur von Einheimischen benützt. Die Ostrampe ist zwar nur einspurig ausgebaut, jedoch gut trassiert und durchwegs asphaltiert. Im Hochtal fährt man zunächst durch schönen Lärchenbestand hinab. Von den oberen Kehren hat man Prachtblicke auf das Pustertal mit der Terrasse von Terenten und Pfalzen. Greifbar nahe erscheinen Hohe Grubbach und Eidechsspitze.

In zahlreichen Serpentinen fährt man talwärts. Unterhalb der Bergbauernhöfe gibt es kurze Steilstücke mit max. 19% Gefälle, SG 2 – 3. Nach 9 km ab Scheitelhöhe ist der Ort Weitental (882) im Pfunderer Tal erreicht, die gesamte Bergstrecke von Mühlbach über die Scharte bis hierher mißt 25 km.

Seefeldseen*, Seefeldspitze*, 2717 m, und Bretterspitze, 2695 m.** **RW 29**
Wer sich einen guten Überblick in der einsamen, stillen Welt der „Grünen Berge" (Pfunderer Berge) verschaffen will, der sollte die als lohnendste Tour in der Seefeldgruppe nachfolgend beschriebene Rundwanderung unternehmen. Ohne Zweifel erfordert sie Ausdauer, besonders bei Einbeziehung der beiden Hauptgipfel, deren Aussichten trotz ihrer unmittelbaren Nachbarschaft nicht unerheblich voneinander abweichen. Vor allem faszinieren von der Bretterspitze, auch Paulsspitze genannt, die Ausblicke auf den vergletscherten Hauptkamm der Zillertaler Alpen und durch das Pfunderer Tal, welche von der Seefeldspitze aus durch höhere Berge verstellt sind. – AP ist mit Vorzug die Bergstation der Gitsch-Kabinenbahn (2067).

Als andere AP kommen die anfahrbare → Kiener Alm (1741), für besonders ausdauernde Geher auch Meransen (1414) in Betracht. – Von der Bergstation zunächst zur Zaßler Hütte und auf dem Almfahrweg zur Enderecker Alm (2121) und zur verlassenen Almhütte der Weißalm (2177), Weg Mark. 12. Hinter der Weißalm über einen kleinen Bach und auf dem Schellenbergsteig (teilweise nur Steigspuren), die Westflanke des Fallmetzer (2576) querend hinauf zur Furkelscharte (2445); dieser an manchen Stellen ausgesetzte Steig erfordert Trittsicherheit, vermittelt jedoch eindrucksvolle Tiefblicke sowohl auf das Altfaßtal als auch auf den Großen Seefeldsee (2277), der von steilen Felsen umschlossen, in einem wilden Hochkar liegt. Auf der Furkelscharte stößt man auf den Pfunderer Höhenweg, mark. durch weißen Punkt im roten Kreis und hier Bez. 14. Diesem folgt man nur ein kurzes Stück in w. Richtung bis zur Vereinigung mit Weg 6 oberhalb der Seefeldalm (2340). Bis hierher muß man eine Anstiegszeit von 1½ Std. veranschlagen. Der durch wechselnde Szenerien leitende Weg 6 führt zunächst durch eine gewundene Bachschlucht, dann am Mittleren (2501) und am Kleinen Seefeldsee (2514) in den Talkessel. Im weiteren Verlauf leitet die gut erkennbare Mark. durch den mit Felsen durchsetzten Grashang, streckenweise gut ausgetreten zur Seefeldspitze, einer nach mehreren Seiten steil abfallenden Graskuppe. Von der Wegevereinigung an der Seefeldalm bis zum Gipfel muß man mit zirka 75 Min. Anstiegszeit rechnen. Der dominierende Blick richtet sich nach N auf den Felskamm mit Rotwand (2939) und der aussichtsberühmten Wurmaulspitze (3022), die sich von der → Brixner Hütte her günstig ersteigen läßt.

Der Aufstieg zur Bretterspitze auf dem mit einer Grasnarbe überzogenen Hang gestaltet sich von der Basis seines Aufbaues weg wegen seiner Steilheit etwas schwieriger als jener zur Seefeldspitze. Nach zirka 40 Min. wird man jedoch durch eine wunderbare Aussicht entsprechend belohnt! Der Abstieg zu den Oberen Seen wird über den nach SO herabziehenden Hang vollzogen. Von der Paulsscharte (2576) gibt es einen direkten Weg hinab nach Pfunders mit einem HU von 1400 m! Der ausdauernde Rundwanderer wählt jedoch ab der Wegevereinigung oberhalb der Seefeldalm den meistbegangenen Weg über den Großen Seefeldsee und durch das romantische Altfaßtal hinab nach Meransen, HU 900 m. – Der auf eine kürzere Distanz und weniger Zeitaufwand eingestellte Bergsteiger benützt auch zurück den Weg über die Furkelscharte und den Schellenbergsteig zum AP; HU 400 m im Abstieg, LA 2 – 3, Z 5 bis 6 Std. bei Einbeziehung beider Gipfel, bei Besteigung nur eines Gipfels abzüglich 1 Std. – Hierzu Skizze 8.

Serger Straße, Obersergs, 1450 m

Von Niedervintl (755) führt die normal breite Talstraße in Richtung Weitental und Pfunders. Nach zirka 1 km zweigt unweit vom Gatscherhof li. das nur einspurige, asphaltierte Bergsträßchen zu den Höfen von Unter- und Obersergs ab. Es mündet nach 9 km am Rand des Stollenwaldes in die Straße Meransen-Scharte (Kiener Alm) ein; dort prächtige Aussicht. Das Sergser Sträßchen ist windungsreich und hat viele unübersichtliche Kurven, SG 3. Für Omnibusse ungeeignet.

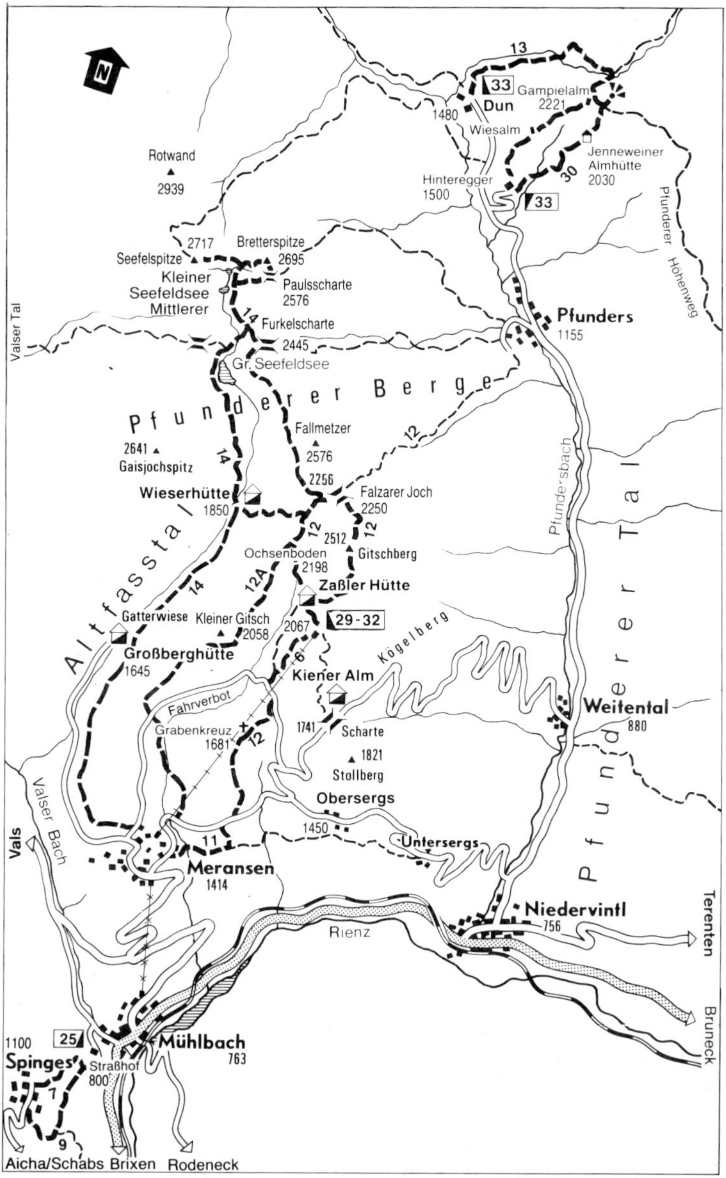

Skizze 8 Pfunderer Berge

RW 30 **Gitschberg*, 2512 m.** Von der Bergstation (2067) der Kabinenseilbahn zunächst auf dem, parallel zur Lifttrasse führenden Weg 12 in 1½ Std. zum Gipfel. Bemerkenswerte Aussicht: im N die schnee- und eisbedeckten Gipfel der Zillertaler Alpen, im W die Dreitausender der Stubaier- und Ötztaler Alpen; von S nach O treten die zahlreichen Zinnen und Felstürme der Dolomiten wie zur Parade an. Besonders markante Erhebungen sind Schlern, Rosengarten, Lang- und Plattkofel, Geislerspitzen, Peitlerkofel, die firnbedeckte Marmolata, die bleiche Civetta und die bizarren Sextner Dolomiten mit den Drei Zinnen. Das waldreiche Pustertal liegt in seiner gesamten Ausdehnung zu Füßen des Betrachters und nach S schweifen die Blicke ungehindert ins Eisacktal hinab mit dem fruchtbaren Brixner Talkessel. – Nun benützt man den Gitsch als Übergang hinab zum Falzarer Joch (2250), 30 Min. Die Bergabwanderung setzt man fort über die aufgelassene Weißalm (2177) und den fast eben sich ausbreitenden Ochsenboden (2198) hinab zur bewirtsch. Zaßler-Alm und zur Bergstation. Eine sehr familienfreundliche Rundwanderung! HU 450 m im Abstieg, LA 1 – 2, Z 3 Std. – Hierzu Skizze 8.

Fahrzeiten der Seilbahn Mühlbach-Meransen: 7.15 Uhr (nur werktags), täglich von 8 bis 19 Uhr jeweils zur vollen Stunde.

Fahrzeiten der Kabinenbahn Meransen-Gitschberg: täglich von 8.30 bis 10.30 Uhr stündlich, 11.45 Uhr und nach erfolgter Mittagspause zwischen 13.30 und 17.30 Uhr wiederum stündlich. Sonderfahrten können für Gruppen ab 15 Personen eingeschoben werden. – Das Bergrestaurant Gitschberg befindet sich neben der Bergstation.

W 31 **Gitsch-Kabinenbahn, 2067 m, Bergabwanderung Möserweg.** Die sonnige Hochfläche von Meransen und die Abhänge des Gitsch zwischen dem Altfaßtal und dem Pfunderer Tal bieten mehrere leichte Wandermöglichkeiten auf meist aussichtsreichen Wegen. Die Pfunderer Berge sind dem schnee-und eisbedeckten Kamm der Zillertaler Alpen im S vorgelagert und das Grün ihrer Grasberge bildet einen bemerkenswerten Kontrast hierzu. – Von der Bergstation folgt man zunächst dem Feldweg mit Mark. 6 hinab zum Platzerhof und findet dort Anschluß an den Möserweg, einen Forstaufschließungsweg, welcher durch ein ausgedehntes Waldgebiet leitet. Hier hält man sich li. und wandert stets der Mark. 12 folgend, hinab zur Sergser Straße, wobei man am Grabenkreuz (1681) mit bemerkenswerter Aussicht vorbeikommt. Vor der Eiterbachbrücke zweigt li. der Fußweg nach Meransen mit Mark. 11 ab, welcher zum AP zurückführt. HU 627 m, LA 1 – 2, Z 3 Std. – Hierzu Skizze 8.

W 32 **Gitsch-Kabinenbahn, 2067 m, Bergabwanderung durch das Altfaßtal*.** Von der Bergstation zunächst zur bewirtsch. Zaßler-Hütte und in 45 Min. über die Zaßler-Alm hinauf zum fast flachen Ochsenboden (2198) und weiter zur aufgelassenen Weißalm unterhalb von Falzarer Joch (2256), Mark. 12A. Nun scharf li. abzweigen und auf dem Steig zu einer kleinen Hütte über den Bach folgen; schließlich auf Steigspuren hinab zur Einkehrstation Wieserhütte (1850) im Altfaßtal n. der Felderalm, wo man auf den, vom Gro-

Der altrenommierte **Berggasthof Mahlbach** befindet sich in waldreicher Umgebung hoch über der Etschtalstufe von Töll. Eine hohe, gleichmäßig gewachsene Zirbe steht wie ein „Wächter" zwischen Haus und Wirtsgarten. Die Aussicht richtet sich vor allem durch das Zieltal auf die Texelgruppe und in das Hinterpasseier → W 260. Foto E. Denzel

Unten: Motiv aus dem obst- und weinberühmten **Südtiroler Etschland.** Foto Dr. Hermann Frass

Von der Gondelbahn beim Gasthaus Hochmuter führt der **Hans-Frieden-Felsenweg** fast eben durch die Südhänge der Mutspitze zur Leiteralm. Er vermittelt prächtige Ausblicke auf das Burggrafenamt, den Unteren Vinschgau und auf markante Südtiroler Bergzüge → RW 288. Foto Elisabeth Fuchs-Hauffen

Schloß Karneid, das in beherrschender Lage auf einem steil über dem Eggental emporragenden Fels thront, zählt zu den besterhaltenen Burgen Südtirols → Schloß Karneid und Straße zum Kaser Bild. Eine Besichtigung des Inneren ist leider nicht mehr möglich. Foto E. Hüsler

Umseitig: Alljährlich leitet die Obstblüte auch die Wanderzeit in Südtirol ein. Von weither sichtbar sind die türmereichen Ruinen von **Schloß Sigmundskron,** das auf einem roten Porphyrfelsen hoch über der Etsch steht. Foto Dr. H. Frass

ßen Seefeldsee herabziehenden Weg mit Mark. 14 und 15 trifft. Nun an den re. bis in die Talsohle herabziehenden Zaunwiesen vorbei zur bewirtsch. Großberghütte (1645), dem EP eines nicht öffentlich benützbaren Fahrweges, der von Meransen talein führt. Hier hat man die Wahl zwischen dem li. des Altfaßbaches durch den Scheibenwald und über Weideflächen ziehenden Fußweg und dem talaus führenden, verkehrsfreien Fahrweg zum AP Meransen. HU im Zwischenanstieg 150 m, im Abstieg 800 m, LA 1 – 2, Z 3½ Std. – Hierzu Skizze 8.

Eine Variante bietet der Abstieg von der Wegevereinigung 12/12A an der Weißalm, wobei man auf Weg 12A über den Höhenrücken wandert und eventuell den kurzen Abstecher auf den Kleinberg (Kleiner Gitsch, 2058) m, unternimmt. In weiterer Folge bleibt man auf Weg 12A.

Pfunderer Tal

Pfunderer Tal, Dun, 1480 m
Die Pfunderer Straße vermittelt günstige AP für Wanderungen in den einsamen Pfunderer Bergen. Sie nimmt in Niedervintl (755) von der SS 49 ihren Ausgang und steigt als normal breite Asphaltstraße über Weitental bis in den Ort Pfunders (1155) mäßig an; im Bj. war die Straße bis zum Dorferhof, 10.5 km ausgebaut, max. 9% Steigung, SG 2. – Vom Dorferhof hat man nur mehr ein einspuriges, 4 km langes Schottersträßchen mit Ausweichstellen auf Sicht, welches zuletzt mit mehreren Serpentinen bis zum Weiler Dun merklich an Höhe gewinnt. Ab Dorferhof nur mehr für Pkw und Kleinbusse geeignet, max. 14%, SG 3.

Gampiel-Alm (Alfötsch)*, 2221 m, und Jenneweiner Almhütte, 2030 m. **W**
Die bekannte Aussichtswarte des Pfunderer Tales ist vom oberen Talab- **33**
schnitt nur nach Überwindung eines relativ größeren HU zu erreichen: 1. Anfahrt über den Dorferhof in Pfunders zum Hinteregger-Hof (1500) an der Eggerseite. Die Höfe-Zufahrt zweigt auf halber Wegstrecke zwischen Pfunders und Dun zirka 2 km oberhalb des Kirchdorfes re. ab und leitet in kurzen Serpentinen zum EP an der Eggerseite, wo man sein Fahrzeug abstellt. – Nun folgt man dem Steig mit Mark. 30 zwischen steil aufragenden Felswänden bis das stark geneigte Waldgelände in vorwiegend sanft gewellte Almböden überleitet. Nach 2 Std. und über 700 m HU ist die Jenneweiner Almhütte erreicht. Will man sich eine noch umfassendere Aussicht, vor allem auf die Erhebungen des vergletscherten Alpenhauptkammes verschaffen, so unternimmt man den weiteren Anstieg über die Gampiel-Alm, über die auch der Pfunderer Höhenweg mark. mit weißem Punkt im roten Kreis, verläuft. Nachdem man den Höhenweg überschritten hat, gelangt man auf Steigspuren in zirka 2300 m auf eine Felsplatte, welche Ausblicke auch nach NO zum Hochfeiler (3510) und zum Weißzint (3370) mit ihren weit herabziehenden Gletschern vermittelt. Vom AP bis zur Felsplatte rechnet man mit knapp 3 Std. Anstieg. Abstiegsweg wie Anstiegsweg. – Ein alternativer

Steig leitet von der Jenneweiner Almhütte über die Wiesalm hinab zu den Höfen. LA 2 – 3, Z 5 Std. – 2. Wählt man das Straßenende von Dun als AP für die Wanderung, so folgt man dem Weg 13 über den Walder in Richtung Bodenalm und schlägt am Eisbrugger Bach re. den Weg mit Mark. 30 zur Gampiel-Alm ein. In einem kurzen Abstieg erreicht man die Jenneweiner Hütte. HU 741 m, 2½ bis 3 Std., LA 2 – 3. – Beide beschriebenen Anstiegsrouten lassen sich zu einer Rundwanderung verbinden, Z 5 Std., wobei das Fahrzeug an der Talstraße nahe der Abzw. des Höfe-Sträßchens abzustellen ist. – Hierzu Skizze 8.

Pustertaler Sonnenstraße*, Terenten, 1233 m
Zwischen Vintl und Bruneck (Stegen) ist dieser Straßenzug eine abwechslungsvolle, Aussicht bietende Alternativstrecke zur stark frequentierten Talstraße SS 49. Er verläuft mit einem West-Ostgefälle über eine ausgeprägte Mittelgebirgsterrasse und verbindet alle an ihm gelegenen Orte miteinander. Die w. Begrenzung bildet das Pfunderer Tal, die ö. das Tauferer Tal. Terenten und Pfalzen mit ihren Fraktionen erlebten im vergangenen Jahrzehnt als Fremdenverkehrsorte einen bemerkenswerten Aufschwung, wozu auch das stabile und gut verträgliche Klima auf dieser sonnendurchfluteten Terrasse viel beigetragen hat. Wanderungen sind hier in fast allen Höhenlagen möglich.

Für den Bergwanderer von besonderem Interesse sind günstig gelegene, anfahrbare Ausgangspukte, vor allem bei höheren Zielen. Erwähnt seien hier die 4 km lange Zufahrt von Terenten über Margen zur Jausenstation „Hauerhof" (1420), hoch über dem Pfunderer Tal, die 2.5 km lange, nicht staubfreie Zufahrt von Ast zum Parkplatz Winnebachtal (1425) am Anstiegsweg zur → Tiefrastenhütte (2312), die 3 km lange Zufahrt zwischen Ast und Pichlern zur Jausenstation None-Wieser (1534) am Anstiegsweg zum → Mutenock, die 4 km lange Zufahrt von Hofern zum Parkplatz Katzental (1473) am Anstiegsweg zum →Grünbachsee und zur → Putzenhöhe, die 8 km lange Zufahrt von Pfalzen zur Jausenstation Lechner (1586) in Platten am Weg zum → Sambock, schließlich die 5 km lange Zufahrt von Oberpfalzen zur Jausenstation „Kofler am Kofl" (1487) am „Pfunderer Höhenweg". Sämtliche genannten Zufahrten sind überwiegend einspurige bzw. für Pkw knapp zweispurige Bergsträßchen mit Ausweichen. Für eine Befahrung mit größeren Bussen sind sie ungeeignet. Die Höchststeigungen schwanken zwischen 10% und 16%. Fast alle Strecken sind staubfrei.

Die max. Steigung beträgt auf der Pustertaler Sonnenstraße 12%, ausgesetzte Stellen sind durch Leitplanken abgesichert, SG 2. In Stegen stellt eine Umfahrungsspange durch die Industriezone den direkten Anschluß zur SS 621 ins Tauferer- und Ahrntal her. Zwischen St.Lorenzen und dem Talübergang der Rienz erleichtert die 4.5 km lange Brunecker Südumfahrung den Transitverkehr auf der zuletzt völlig überforderten, alten Pustertaler Staatsstraße; Kernstück davon ist ein 1.2 km langer, beleuchteter Straßentunnel.

Talson, Jausenstation „Hauerhof", 1428 m
Von Terenten (1233), unweit der Straßenteilung beim Hotel „Tirolerhof" zweigt in nw. Richtung die asphaltierte Straße nach Margen ab; sie ist zwar kurvig und daher wenig übersichtlich, kann jedoch auch von Omnibussen befahren werden. Die geteerte Fortsetzung bis Talson ist jedoch nur einspurig und kann in Ermangelung von Wendemöglichkeiten nur mit Pkw und Kleinbussen, nicht aber mit Omnibussen befahren werden. Die Auffahrt zur Jausenstation „Hauerhof" hat zirka 14% Höchststeigung. Terenten – Hauerhof zirka 4 km, ab Margen SG 3.

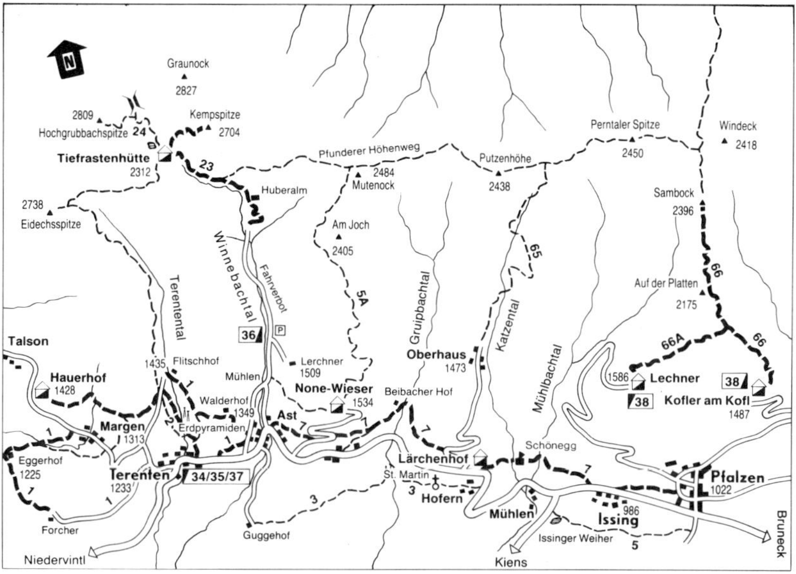

Skizze 9 Terenten und Pfalzen

Terentner Rundwanderung*, Hauerhof in Talson, 1428 m. Es handelt sich hierbei um eine leicht zu erwandernde Runde, die sich aus Wegen in Mittelgebirgslage zusammensetzt, welche die Höfe an der oberen Besiedelungsgrenze untereinander verbindet. Die Aussicht und die landschaftlichen Eindrücke sind äußerst mannigfach und wechseln fast mit jeder Richtungsänderung. So erklärt es sich auch, daß man, angefangen vom Pfunderer Tal über die Sonnenterrasse Terenten-Pfalzen-Greinwalden bis zu den Erhebungen des Hochpustertales die langgestreckte Talschaft überblickt; bei optimalen Sichtverhältnissen erkennt man im O hinter dem Helm auch noch die zerklüfteten Lienzer Dolomiten (Unholde). Für die ganze Runde muß man einen Z von zirka 4 Std. veranschlagen, doch ist es durchaus möglich, bei Benützung anderer Verbindungswege als beschrieben, die Wanderung nach Belieben abzukürzen bzw. zu erweitern. Der gesamte HU ist mit 250 m zu beziffern, LA 1 – 2. – Hierzu Skizze 9. **RW 34**

Wegverlauf und empfohlene Richtung: AP ist der „Tiroler Hof" in Terenten (1233). Zunächst in w. Richtung auf Straße nach Margen, um bald, beim Wegkreuz li. in die Zufahrt nach Pein abzubiegen und der Mark. 1 bis zum Fahrwegende hinterm Forchnerhof zu folgen. Ein bequemer Waldweg leitet li. über den Neulechnerhof zum exponiert über dem Pfunderer Tal liegenden Eggerhof (1225) mit Ausblick auf den Gitsch und Tiefblick nach Weitental. Dieses Geländeeck ist zugleich der w. Wendepunkt der Wanderung.

Man bleibt auf Weg 1, der von der Wegeteilung li. abbiegend mäßig nach Margen (1313) ansteigt. Vom Ortsrand weiter in Richtung Talson und re. abzweigend zur Jausenstation „Hauerhof", 2½ Std. vom AP Terenten.

Als Paradestück der RW gilt die Fortsetzung des Weges am s. Fuß der formschönen Eidechsspitze, welche sich vom Terententał aus ersteigen läßt (bei einem HU von zirka 1500 m!). Man überwindet auf dem Weg unterhalb der Relaisstation (1452) des ital. Fernsehens einen Graben; der Sendemast ist weithin sichtbar. Vom Hansleitner Hof hat man dann eine bemerkenswerte Aussicht nach SO in die Dolomiten. In einer großangelegten Schleife umgeht man den Ausgang des Terententales im N. Am Bach klappert noch manche alte Mühle. Zwei Mühlen befinden sich nahe der Winnebachbrücke zwischen Alpegger u. Steger. Sehenswert sind auch die Erdpyramiden, welche allerdings jenen von Platten an Zahl und Gestalt nachstehen. Nach Querung des Terentenbaches gelangt man zum Flitschhof (1435) und wandert, stets der Mark. 1 folgend, zum AP zurück. Ab Hauerhof 2 Std.

RW 35 **Die Erdpyramiden und Kornmühlen von Terenten, 1380 m,** erreicht man in nur 30 Min., wenn man vom Kirchplatz des Dorfes dem Fahrweg mit Mark. 2 in n. Richtung am Bach talein folgt. Hinter dem Jenneweinhof hat man re. am Hang die Erdpyramiden. Es handelt sich bei diesen pfeiler- und pyramidenförmigen Gebilden um Material aus eiszeitlichem Moränenschutt, dessen lockere Masse durch die schlagende Wirkung des Wasser ausgespült wurde. Überall, wo plattenförmige Decksteine den Untergrund vor Erosion schützten, kam es zur Bildung von Pyramiden. Was Häufung und Vielgestaltigkeit anlangen, so können allerdings die Terentner Erdpyramiden mit jenen von Platten bzw. jenen von Maria Saal am Ritten nicht wetteifern, doch sind sie eine bemerkenswerte Sehenswürdigkeit in der Natur. – Die Wanderung läßt sich mit einem Besuch der beiden malerischen, alten Kornmühlen am Winnebach verbinden: hierbei folgt man Weg 1 über die Brücke zum Flitschhof und am Hang oberhalb der Erdpyramiden weiter bis zum Walderhof (1349); dann auf der Höfezufahrt zum Talsträßchen und dieses zirka 600 m talein zur Brücke. Die noch betriebenen Kornmühlen stehen oberhalb und unterhalb dieser Brücke am Bach. Noch kurz vor dem Ersten Weltkrieg gab es im Pustertal fast an jedem Bächlein mehrere solcher Mühlen. Die Mechanisierung der Arbeit auf dem Hofe und die Elektrifizierung trugen seither dazu bei, die früher mit Wasserkraft betriebenen Anlagen allmählich entbehrlich werden zu lassen. – Zurück nach Terenten bieten sich mehrere Wege an, manche von ihnen verlaufen über die Fraktion Ast. HU 150 m, LA 1 – 2. Z 2 Std. – Hierzu Skizze 9.

Winnebachtal, Lerchnerhof, 1509 m

Von Ast (1236) ö. Terenten leitet eine 2.5 km lange Zufahrt neben dem Bach das Winnebachtal einwärts zu einem Parkplatz (1425), welcher am Anstiegsweg zur Tiefrastenhütte angelegt wurde; ein Nebenzweig, Mark. 5B, führt zum Lerchnerhof hinauf. Naturbelag, einspurig mit Ausweichstellen, max. 13% Steigung, SG 3. Für Omnibusse ungeeignet, daher nur mit Pkw, Kleinbussen oder Zweirädern befahrbar. – Zwischen

Terenten und Ast gibt es eine alternative Zufahrt über das Gh. „Leimgruber“ und die Jausenstation „Alpeggschneider“, HT. An der Brücke im Bachgrund vereinigen sich beide Fahrwege.

Tiefrastenhütte (ehem. Fritz-Walde-Hütte)*, 2312 m. Umrahmt von schotterbedeckten Rinnen und felsigen Gipfeln liegt sie auf einer kleinen Anhöhe im S des in einer Mulde eingebetteten Tiefrastensees. Sie wurde anstelle der zerstörten Fritz-Walde-Hütte von der AVS-Sektion Brixen erbaut und ist seit 1978 von Mitte Juni bis Ende September bewirtsch. Den kürzesten Zugang hat man vom Weiler Ast (1236), den man mit Kfz bequem über die → Pustertaler Sonnenstraße erreicht. Bei Benützung der 2.5 km langen, nicht staubfreien Zufahrt bis zum Parkplatz Winnebachtal (1425) verkürzt sich die Anstiegszeit von 3½ Std. um gute 45 Min. Ab dort allgemeines Fahrverbot. Der mit 23 bez., mark. Weg steigt mäßig an und leitet über die vorgeschichtliche Ausgrabungsstelle Hexenstein, die Alpegger (1641) – und Huberalm (1912) zu einem Wasserfall zuletzt aussichtsreich zur Hütte hinauf, LA 2. – Als leichter Hüttenberg bietet sich die nö. aufragende Kempspitze (2704) an, Anstieg in 45 Min., LA 2. – Als großartiger Aussichtsberg gilt die Hochgrubachspitze (2809), Wegmark. 24; bei der Wegeteilung 22/24 muß man sich li. halten und nach W weiter ansteigen. Zum Gipfel ab Hütte 1½ Std., LA 2 – 3. Geradeaus auf dem Pfunderer Höhenweg zum Passenjoch. – Z vom Parkplatz Winnebachtal zur Tiefrastenhütte und auf demselben Weg zurück zirka 4 Std. – Hierzu Skizze 9. W 36

Jausenstation „None-Wieser“ am Schneeberg, 1534 m
Das zirka 3 km lange, asphaltierte Bergsträßchen zweigt zwischen den Ortsteilen Ast (1236) und Pichlern von der „Pustertaler Sonnenstraße“ in n. Richtung ab. Fahrbahnbreite 3.2 m, nur für Omnibusse bis 10 m Länge zu empfehlen. Die Steigungsmaxima erreichen 14%, SG 2 – 3. – Vom EP führt der Anstiegsweg, Mark. 5A über die Pertinger Alm (2070) hinauf zum Aussichtspunkt „Am Joch“ (2405) in der Felsregion des Mutenock; n. davon findet man beim „Kleinen Tor“ (2418) Anschluß an den „Pfunderer Höhenweg“, 2½ Std., LA 2 – 3.

Sonnenterrasse Pfalzen-Terenten, 1000 bis 1300 m. Als besonders familienfreundlich empfiehlt sich eine Wanderung über das abwechslungsreiche Mittelgebirge zwischen Pfalzen und Terenten am Rande der Pfunderer Berge; sie ist vom beginnenden Frühjahr bis hinein in den Spätherbst durchführbar. Der rot-weiß mark. Weg 7 verläuft fast parallel zur Pustertaler Sonnenstraße, sodaß man nach Belieben seinen AP und EP wählen kann. Folgende Örtlichkeiten werden berührt: Terenten, Ast, Mayr am Hof, Beibacher Hof, Oberhofern, Gh. Lärchenhof, Schloß Schönegg oberhalb Mühlen, Issing, Pfalzen, St. Valentin in Greinwalden, eventuell auch Stegen bei Bruneck. Im Verbund mit den Wegen 3 und 5 ergeben sich weitere Kombinationsmöglichkeiten. Ob man nun von West nach Ost oder in umgekehrter Richtung wandern soll, hängt wohl von der Tageszeit und dem jeweiligen Stand der Sonne ab. Auch hier bietet eine Buslinie die Möglichkeit für eine W 37

Rückkehr zum AP. Für die gesamte Strecke Terenten – Pfalzen rechnet man mit einem Z von 3½ Std., in umgekehrter Richtung zirka 4 Std. unter Berücksichtigung eines HU von zirka 300 m, LA 1. Die bequemere Richtung ist daher jene mit AP Terenten, weil sich hierbei ein stetes, leichtes Gefälle nützen läßt (von Pfalzen eventuell Rückkehr mit dem Bus). Die höchsten Punkte am Weg sind der Mayr am Hof (1366) und der Beibacher Hof am Schneeberg (1306), am niedersten liegt Issing (986). – Von Mühlen oder Issing empfiehlt sich ein Abstecher zum Issinger Weiher, einen an heißen Sommertagen gern besuchten Badesee mit Moorwasser. – Das Kirchlein St. Martin in Hofern (1173) birgt einen sehenswerten, spätgotischen Schnitzaltar. – Sowohl der Pfalzener- als auch der daran anschließende Stegener Wald zeichnen sich durch ihren Reichtum an Beeren und Pilzen aus. Sammler haben die strengen Schutzbestimmungen des Landes Südtirol zu beachten! – Hierzu Skizze 9.

Katzental, Oberhaus, 1473 m
Das überwiegend staubfreie, 4 km lange Bergsträßchen von Hofern (1125) an der Pustertaler Sonnenstraße in das Katzental einwärts verkürzt den Anstieg über den Maierhof in Aschbach (1322), die Grünbachalm und den Grünsee zur Putzenhöhe um eine gute Gehstunde. Die durchschnittliche Fahrbahnbreite schwankt zwischen 3 m und 3.5 m; sie ist für Omnibusse bis 10 m Länge geeignet. Die Steigungsmaxima erreichen 13%, SG 2 – 3. – Vom EP hat man den Anstiegsweg, Mark. 65, über die Grünbachalm (1943) und den Grünbachsee (2258) zur aussichtsreichen Putzenhöhe (2438) am Pfunderer Höhenweg, 3½ Std., LA 2 – 3.

Platten*, Jausenstation Lechner, 1586 m
Das 8 km lange, geteerte Plattner Bergsträßchen nimmt in Pfalzen (1022) am nw. Ortsrand seinen Ausgang und leitet aussichtsreich über mehrere, prächtig gelegene Bergbauernhöfe durch das bewaldete Mühlbachtal und eine kurze Wegstrecke durch das Plattnertal hinauf nach Platten. Der Ort ist nicht zu verwechseln mit Platten bei Oberwielenbach, unweit der berühmten Erdpyramiden! Für Pkw knapp zweispurig, max. 14% Steigung, Omnibusse bis 40 Sitze verkehren hier fast mühelos, SG 2 – 3.

Jausenstation „Kofler am Kofl", 1487 m
Das 5 km lange, asphaltierte Bergsträßchen nimmt in Pfalzen (1022) seinen Ausgang und leitet aussichtsreich, zuletzt in mehreren Kehren bei max. 14% Steigung einspurig und mit genügend Ausweichstellen hinauf zur Jausenstation „Kofler am Kofl", welche unterhalb des Stockwaldes am „Pfunderer Höhenweg" liegt, SG 3. Omnibusse bis zu 30 Sitzen können fast mühelos bis zu diesem Ziel verkehren.

W 38 **Sambock*, 2396 m.** Dieser lohnende Aussichtsberg ist ein abgeflachter, von N nach S ziehender Höhenrücken, der vom Grubbachkamm abzweigt. Er bildet mit seiner Anhöhe „Auf der Platten" (2175) eine Art exponierter Eckpfeiler zwischen dem Puster- und Taufferertal. Dementsprechend ist auch seine Aussicht, welche sowohl beide genannten Täler beherrscht als auch den Zillertaler Hauptkamm im N und einen Teil der vielfältigen Dolomiten im SO. – Zwei AP, die fast mühelos mit dem Kfz von Oberpfalzen (1087) aus erreichbar sind, bieten sich hierbei an: Die Jausenstation Lechner (1586) nw. von Pfalzen und die Jausenstation Kofler am Kofl (1487) nö.

des vielbesuchten Fremdenverkehrsortes. Letzterer liegt direkt am Pfunderer Höhenweg, der in St. Georgen bei Bruneck seinen Ausgang nimmt. Der bequemere und um 100 m HU geringere Anstieg, Mark. 66 A, beginnt beim Lechnerhof, der anfangs steilere vom Koflerhof durch den Stockwald. Beide vereinigen sich beim Stockpfarrer (1962). Über prächtige Bergwiesen gelangt man dann zur Anhöhe „Auf der Platten" mit dem weithin sichtbaren Gipfelkreuz. In der Folge durchmißt der Höhenweg mehrere Flachstücke. Wegen seines günstigen Verlaufes ist die Wanderung zum Sambock und auch weiter zum Windeck (2418) betont familienfreundlich, LA 2. Anstieg bis Sambock 2½ Std., bis Windeck weitere 45 Min. Abstieg wie Anstieg, 1½ Std. ab Sambock, 2 Std. ab Windeck. Z 4 bis 5 Std. – Hierzu Skizze 9.

Bruneck und Umgebung

Südtiroler Landesmuseum für Volkskunde. Das besuchenswerte Freilichtmuseum Dietenheim bei Bruneck wurde im Herbst 1980 auf dem Grund der alten Landwirtschaftsschule „Mair am Hof" eröffnet. Sein Museumskonzept richtete sich nach dem Standort und nach den verfügbaren Flächen. So entstand neben dem Herrenhof das auf autarke Wirtschaft zielende Bauernhaus, ein Kleinhäuslerhaus; hierzu noch eine Reihe von Gebäuden, die zur Bauernarbeit oder zum ländlichen Handwerk gehören wie Stockmühle, Schmiede mit doppeltem Hammerwerk, Säge mit Werfelantrieb und liegendem Wasserrad, Stampfe, Brechelhütte, wo Flachs bzw. Hanf geröstet und die Fasern durch Brechen freigelegt werden. Die Schauobjekte, welche aus allen Teilen Südtirols (Provinz Bozen) stammen, dienten allesamt der ländlichen Selbstversorgung. Manche unter ihnen sind einzigartig und sichern der Nachwelt einen lebendigen Einblick in die Vergangenheit. Das Landesmuseum ist jeweils vom Ostermontag bis Ende Oktober zu folgenden Zeiten geöffnet: Di. bis Sa., durchgehend von 9.30 bis 17 Uhr, So. 13 bis 18 Uhr, Montag ist Ruhetag. – Die Zufahrt von Bruneck erfolgt auf der Dietenheimer Straße, HT Südtiroler Landesmuseum für Volkskunde, dann am Gh. „Blauer Bock" vorbei und in die Herzog-Diet-Straße bis zum schattigen Parkplatz vor dem „Mair am Hof" folgen. In unmittelbarer Nähe dieses Parkplatzes wurde auch eine Haltestelle der Städtischen Verkehrsbetriebe Bruneck eingerichtet, welche hierher einen Liniendienst mit Bussen versieht.

Tauferer Höhenstraße*, Tesselberg, 1473 m, und Mühlbach, 1462 m
Über die bewaldeten Höhen auf der Ostseite des Tauferer Tals verläuft eine 20 km lange, durchwegs asphaltierte Straße, welche in Percha (973) ihren Ausgang nimmt und in Uttenheim (837) endet. Sie stellt die Verbindung mit den abgeschiedenen Orten Tesselberg und Mühlbach in Taufers her. Auch vermittelt sie günstig gelegene AP für Waldspaziergänge, Almen- und Bergwanderungen im Gebiet zwischen dem Tauferer- und Antholzer Tal. Ein bedeutender Straßenzweig leitet nach → Platten zu den berühmten Erdpyramiden. Der Ausbauzustand zwischen Percha und Tesselberg ist hervorragend, SG 2, zwischen Tesselberg und Mühlbach gut, SG 2 – 3, jedoch nur einspurig mit Ausweichen. Einspurig mit Ausweichen ist auch die Ainsbergstraße zwischen Mühlbach und Uttenheim; sie ist windungsreich und hat mehrere sehr enge Kurven. Die Steigungsmaxima betragen zirka 16%, ausgesetzte Stellen dieser Rampe sind mit Leitplanken abgesichert, SG 3. Ein großes Hindernis ist die nur 2 m breite Ortsdurchfahrt beim Gh. „Huber" in Mühlbach; sie ist nur für Pkw und Kleinbusse geeignet!

Die Tauferer Höhenstraße zweigt w. Percha von der SS 49 nach N ab. An der 1. Straßenteilung hält man sich li. und folgt der HT „Oberwielenbach". Nach 2 km hält man sich bei der Straßenteilung wiederum li. und fährt durch das Waldgebiet zum reizvoll gelegenen Gh. „Amaten" (1260) hinauf. Auf einer weiteren Anstiegsstrecke erreicht man Tesselberg und noch weiter n. Mühlbach. Die besten Aussichtspunkte an der Höhenstraße findet man w. von Amaten und w. von Mühlbach am Ainsberg-Eck; die Tiefblicke in den Talboden sind ebenso imposant wie die Ausblicke nach N auf die vergletscherten Dreitausender der Zillertaler Alpen. An der Ahrnbachbrücke in Uttenheim mündet man in die SS 621 ein.

RW 39 **Amaten – Tesselberg – Oberwielenbach, 1300 bis 1600 m.** Das waldreiche Mittelgebirge im NO von Bruneck genießt unter Kennern als familienfreundliches Wandergebiet einen guten Ruf. Mehrere mark. Fußwege wurden in jüngster Vergangenheit neu angelegt und durch manchen Forstaufschließungsweg ergänzt. Zu empfehlen ist die Runde mit AP Gh. Amaten (1260), das auf einer Waldblöße in guter Aussichtslage zu den Dolomiten steht: um die Straße zu vermeiden, zunächst Weg 5 einschlagen, jedoch nach 300 m scharf li. zum Weg 4 hinüberwechseln, der unter dem Namen „Bettlersteig" bekannt ist. Man überquert den Bärentaltobel und kann dann entweder bis in das Dorf Tesselberg (1473) weitergehen oder 500 m vor dem Ort scharf re. Weg 2 einschlagen, welcher über den Winnewarter Hof, dort die Straße kreuzend, zum Edenhof (1567) führt. – Der Name Tesselberg leitet sich vom bajuwarischen Namen Tassilo ab; Herzog Tassilo III. begründete bekanntlich das Benediktinerstift Innichen und unter dem bayrischen Hochstift Freising entstand damals die Grafschaft Pustertal. – Vom Edenhof leichter Abstieg auf Weg 4A (alternativ bietet sich ein Forststräßchen an). Man tangiert die große, spitzwinkelige Straßenkehre und über Weg 5 vollzieht sich schließlich die Rückkehr zum AP. Für diese Runde ist mit einem Z von 2 bis 2½ Std. zu rechnen, LA 1 – 2. – Vom Edenhof läßt sich mit einer weiteren Schleife die Wanderung über Oberwielenbach (1365) ausdehnen, wobei man auf Weg 2 bleibt. Fast ohne „Verlorene Höhe" ist es dann möglich, auf Weg 5 über Oberhaidach (1300) nach Amaten zurückzukehren. Z 3 Std., LA 1 – 2. – Hierzu Skizze 10.

RW 40 **Rammelstein**, 2483 m, AP Oberwielenbach.** Den aussichtsberühmten Berg kann man als südlichste Erhebung der Rieserfernergruppe auffassen. Man genießt von ihm hervorragende Ausblicke auf Wildgall (3273) und Hochgall (3436) sowie über das Pustertal hinweg auf die Pragser Dolomiten. Stimmungsvoll sind die Blicke sowohl durch das Wielental als auch durch das Antholzer Tal. – AP ist der Bruggerhof (1450) in Oberwielenbach; man erreicht ihn vom Ort über die Wielenbachbrücke auf der Straße nach Platten, indem man am Eingang in das Talinnere li. die erste Abzw. bis zur Fahrverbotstafel benützt und dort auf einem Touristenparkplatz sein Fahrzeug abstellt. Es ist zweckmäßig, die Besteigung des Rammelsteins in eine Rundtour einzubeziehen. Deshalb folgt man zunächst dem talein führenden Wirtschaftsweg über die Oberwielenbacher Alm (1743) bis zum re.

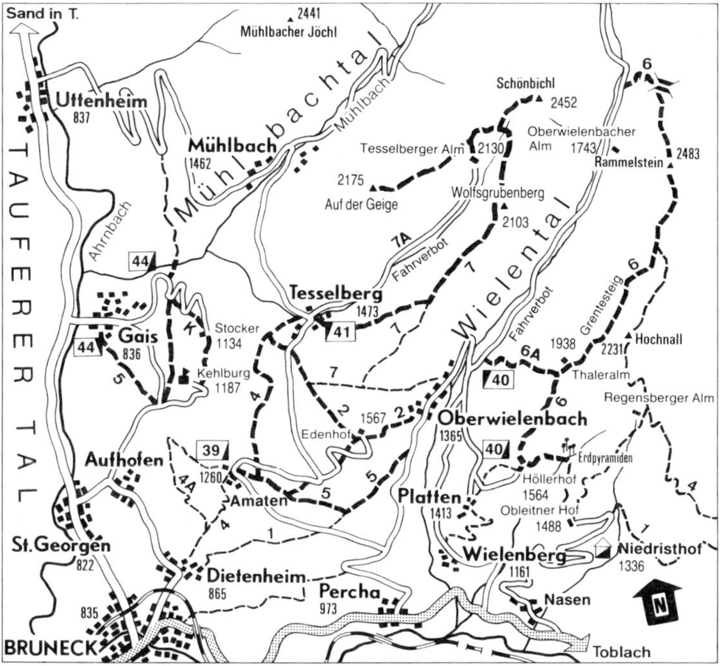

Skizze 10 Oberwielenbach

abzweigenden und mit 6 bez. Serpentinensteig unterhalb der Moaralm. Bis zur Scharte ist ein HU von knapp 400 m zu überwinden, weitere 300 m HU sind dann noch auf der Gratwanderung von N nach S bis zum Gipfel, den ein Kreuz ziert, zu bewältigen. Für den gesamten Anstieg muß man ab Oberwielenbach 4 Std. veranschlagen. – Den Abstieg auf dem Grentesteig, Mark. 6, über die Aschbacher Alm (2283) und die Thaleralm (1938), zuletzt re. auf Steig mit Mark. 6A abbiegen, schafft man in 2 Std. Alles in allem eine großzügige Bergfahrt, die allerdings Ausdauer verlangt. Z 6 Std., LA 2. – Will man auf kürzeste Distanz den Rammelstein erreichen, so wählt man den »Erdpyramiden-Parkplatz« vor dem Höllerhof (1564) als AP und folgt der Mark. 6 zur Thaleralm, im weiteren Verlauf dem bereits erwähnten Grentesteig. Bis zum Gipfel 2½ St., Z 4 Std., LA 2. Anstiegs- und Abstiegsweg sind dabei ident. – Vom bez. Parkplatz hat man nur mehr wenige Min. zu den sehenswerten Erdpyramiden von Platten, deren Besuch man keinesfalls versäumen darf. Der Steig leitet bis zu einer ausgesetzten Stelle (Vorsicht besonders mit Kindern), wo man dem Naturwunder „zum Greifen nahe“ gegenübersteht. – Hierzu Skizze 10.

RW 41 **Schönbichl*, 2452 m.** Eine bemerkenswerte Aussicht sowohl auf die Pfunderer Berge, die Dolomiten und auf die Erhebungen der Rieserfernergruppe vermittelt der „Abgerundete" mit seinem bescheidenen felsigen Aufbau. AP ist der Gh. „Lahner" in Tesselberg (1470). Man unternimmt den Anstieg durch das Tesselbergtal, Mark. 7A. Nach Überwindung mehrerer Talstufen gewinnt man nach 2 Std. die reizvoll gelegene Tesselberger Alm (2130). – Von hier zweigt in w. Richtung der leichte Steig zum Vorberg „Auf der Geige" (2175) ab, welcher nach SW in den Talkessel von Bruneck gute Ausblikke gewährt, hin und zurück eine knappe Stunde. – Zum Schönbichl folgt man von der Tesselberger Alm dem teilweise versumpften Weg nach re. ausholend über den Tesselberger Bach zum Bergrücken und gelangt zur Vereinigungsstelle mit Weg 7, der vom Tauern-Sattel (1680) über den langgestreckten Rücken mit Wolfsgrubenberg und Hühnerspiel zum Schönbichl hinaufleitet. Von der Tesselberger Alm hat man zum Gipfel, den ein Bergkreuz ziert, 1 Std. Anstieg. – Für den Abstieg von zirka 1½ Std. wählt man mit Vorzug Weg Nr. 7, welcher als aussichtsreicher Höhenweg über den Bergrücken verläuft. An einer Wegeteilung knapp 1 km unterhalb des Wolfgrubenberges zweigt re. der direkte Steig hinab nach Tesselberg ab, während Weg 7 die gegenüberliegende Kammlinie benützt, um dann auf den bequemen Verbindungsweg zu stoßen, der re. abzweigend nach Tesselberg leitet. – Z 4½ Std., LA 2 – 3. – Hierzu Skizze 10.

RW 42 **Kronplatzgipfel**, 2277 m, und Panoramaweg.** Will man als Wanderer aus dem dargebotenen großen Kuchen „die Rosinen herauspicken", so unternimmt man von der Talstation (960) der neuen Kronplatz Sechser-Kabinen-Umlaufbahn in Reiperting die Bergfahrt ohne Umsteigen zur 2263 m hoch gelegenen Bergstation. Nur wenige Schritte hat man dann zum Gipfel mit seiner berühmten Rundschau: der Kronplatz bietet eines der lohnendsten Panoramen im gesamten Pustertal. Im N die Zillertaler Alpen und Rieserfernergruppe, im NO die Hohen Tauern mit Großglockner, im O Helm und Karnischer Kamm, im SO und S die vielgezackten Dolomiten.

Daran schließt man mit Genuß eine Umrundung des Gipfelplateaus an. Der mit „P" bez. Panoramaweg, welcher bei jeder Wegbiegung mit einer anderen Aussicht aufwartet, leitet zunächst in nö. Richtung. Unterhalb der Scharte (2153) biegt der Almfahrweg scharf nach W ab, kreuzt mehrere Aufstiegshilfen und verläuft nunmehr in einer Höhenlage zwischen 2000 m und 2100 m. Die Abzw. zum Reischacher Kopf, Weg 8, läßt man re. liegen und folgt weiter der Bez. „P" nach S dicht an der Waldgrenze. Hoch über dem Furkeltal biegt dann der Weg nach O ein und berührt die Panoramahütte (2038), welche während des Sommers unbewirtschaftet bleibt. Bald trifft man auf das vom Furkelsattel heraufziehende Serpentinensträßchen. Von der Einmündungsstelle (2008) führt die Runde direkt nach N weiter und nach Kreuzung des Weges mit dem Belvedere- und dem Panorama-Sessellift gelangt man auf fast flacher Strecke zur Geiselberger Hütte (2080). Nun scharf li. auf Weg 3 zur Scharte, wo man die Wahl hat, entweder zur Seilbahn-Bergstation auf Weg 2 zurückzukehren oder eine Bergabwanderung zu beginnen. Der familienfreundliche Spaziergang nimmt zirka 1½ bis 2 Std. in Anspruch, LA 1 – 2.

Für eine Bergabwanderung bieten sich mehrere Wege an: der kürzeste, aber auch steilste ist der AVS-Weg, 2 Std., LA 2 – 3, der längste und lohnendste ist Weg 8, welcher über den Höhenrücken weit nach W ausholt in Richtung Maria Saal. Bei einer Fortsetzung über Moos und Stefansdorf sind zirka 3½ Std. Rückweg zu veranschlagen, LA 2. – Eine empfehlenswerte Abkürzung zweigt zwischen dem Willeitkopf und dem Mosener Berg an der Kote 1900 scharf re. ab und leitet bequem zum Berggh. „Heidenberg" (1300) hinab, Mark. 12. Im weiteren Verlauf kann man auf Fußwegen bleiben. An einer Gabelung heißt es aufpassen: während Weg 12 li. nach Stefansdorf führt, hält man sich re. und benützt den Fußweg über den Welis- und Korerhof (1090). Zuletzt hat man ein kurzes Stück Fahrweg bis man auf den AVS-Weg trifft; von dort nur mehr wenige hundert Meter zurück zum AP. 2½ Std., LA 2. Der durchschnittliche HU beträgt 1350 m; der Z schwankt je nach Wahl des Abstieges zwischen 3½ und 5 Std. für die gesamte RW. – Hierzu Skizze 11.

Furkel*, 1759 m

Von Mitterolang (1047) leitet ein 18 km langes, durchwegs asphaltiertes Bergsträßchen hinauf zur Furkel und über diese hinab durch das Furkeltal in das Rautal bzw. in das vordere Gadertal nach St.Vigil (1193) bzw. nach Enneberg (1284). Dieses Sträßchen stellt eine auch landschaftlich reizvolle Verbindung zwischen dem Pustertal und dem Gader- bzw. Abteital her. Während die NO-Rampe vor allem Ausblicke auf die Terrasse um Olang und in das Antholzer Tal bietet, richten sich die Blicke auf der SW-Rampe gegen den markanten Felskoloß des Peitlerkofels und einige Erhebungen der Puez- und Kreuzkofelgruppe. Die Scheitelhöhe ist vorwiegend bewaldet. Die Fahrbahnbreiten schwanken zwischen 4 und 5 m, in den Kehren sind sie jedoch breiter. Die max. Steigungen bzw. Gefälle betragen auf beiden Seiten 15%, ausgesetzte Stellen sind überall durch Leitplanken abgesichert, SG 2-3, auch für kleinere Busse geeignet. 700 m oberhalb des Hotelortes Geiselsberg (1344) ist talseitig die Abzw. einer staubfreien Zufahrt nach Bad Bergfall (1331). Im Bereich der Scheitelhöhe stehen der Alpenhof Ju Furcia (Furkelhaus) und das SB-Restaurant Pradeles sowie das Rif. Gran Foda. Nach 5 km Talfahrt mit vier aussichtsreichen Kehren trifft man auf die wichtige Straßenteilung: li. nach St.Vigil, re. nach Enneberg, HT.

Mehrere Aufstiegshilfen zum Gipfelplateau des Kronplatzes nehmen von der Scheitelhöhe ihren Ausgang: für den Bergwanderer ist die Kleinkabinenbahn „Ruis" von besonderem Interesse, weil sie auch einen Sommerbetrieb unterhält. – Über den Wirtschaftsweg Furkel-Kronplatzgipfel wurde ein allg. Fahrverbot verhängt!

An den vorliegenden Band 2 SÜDTIROL kombiführer auto + wanderschuh schließt im Osten der Band 3 KÄRNTEN einschließlich Osttirol, im Norden der Band 4 TIROL (Nordtirol) an. Den »Löwenanteil« (fünf Sechstel) der Dolomiten haben die Provinzen Belluno und Trento. Der ganzheitliche Band 1 DOLOMITEN schließt im Süden und Osten an Südtirol an.

RW 43 **Brunecker Haus **, 2265 m, AP Furkel.** Eine leichte, familienfreundliche Runde im SO des Kronplatzes. Unter den zahlreichen Wandermöglichkeiten, die der Kronplatz bietet, sei nachfolgender Vorschlag herausgegriffen: Zunächst auf dem „Prackenweg“ mit Mark. 13 sanft bergan über die Innerbergalm (1898) bis zur Wegekreuzung (1907) mit dem von Geiselsberg heraufziehenden Weg 3, dem man li. hinauf zur Geiselsberger Hütte (im Sommer unbewirtsch.) folgt. Man setzt den Anstieg bis zur Scharte (2153) fort. Eine kurze Gratwanderung auf Weg 2 leitet auf das Gipfelplateau zum Brunecker Haus des AVS, einem Neubau mit SB-Restaurant (Montag Ruhetag).

Über den Kronplatz als hervorragende Ausichtsswarte schreibt der bekannte Dolomiten-Erschließer Paul Grohmann: „es besteht für mich kein Zweifel, daß die Rundschau vom Kronplatz eine der schönsten in den Alpen ist, und kein Gipfel, den ich kenne, vereinigt wieder die beiden Gegenstücke Marmolata und Zillertaler Ferner in solcher Weise mit der schönsten Talsicht, die man sich denken kann . . .“.

Nahe der Seilbahn-Bergstation steht die Kronplatzhütte (2231) der CAI-Sektion Bruneck mit bemerkenswerten Ausblicken auf das mittlere Pustertal und die Zillertaler Alpen. Vom AP hat man einen HU von 506 m, den Anstieg schafft man bequem in 1½ Std., LA 1 – 2. – Zurück entweder auf Weg 4 über die Schafhütten zum „Prackenweg“ oder über den mark. Steig hinab zur Panoramahütte (2038), im Sommer nicht bewirtsch., dann den Gondellift Ruis kreuzend hinab zum Fahrweg und zum AP, 1 Std. Z 2½ Std., LA 2. – Wer nicht zu Fuß absteigen möchte, kann auch den Kabinenlift benützen. Es wird Wanderer geben, welche die Auffahrt mit dem Lift unternehmen und in umgekehrter Richtung eine genußvolle Bergabwanderung unternehmen wollen. – Hierzu Skizze 11.

Lamprechtsburg, 950 m und Oberhaus, 1137 m

Von Bruneck (839), Großparkplatz beim Omnibusbahnhof, aus dem Zentrum am Ursulinenkloster vorbei und li. die Ausfahrt nach Reischach einschlagen, HT. Die Straße führt unterhalb des alten, romantischen Waldfriedhofes (Soldatenfriedhofes) mit seinem prächtigen Lärchenbestand, dann unter der neuen Südumfahrung der Stadt hindurch nach Reischach (958), einem Dorf am Fuße des schiberühmten Kronplatzes. Im Ort bei der Straßengabelung li. halten und der kleinen HT „Lamprechtsburg“ folgen; die re. abzw. Straße leitet über Walchhorn (1043) und den Kaserbachgraben nach Oberhaus (1137), SG 2 – 3. Das kurvenreiche Sträßchen zur Lamprechtsburg ist außerhalb von Reischach nur noch einspurig und besitzt Ausweichstellen, doch ist es durchgehend asphaltiert. Man fährt am Luxushotel „Royal“ vorbei und gelangt bald zur Wegespinne bei den „Drei Zirben“ am Moarkircherhof. Der staubfreie Fahrweg mit Mark. 15 leitet über den Kaserbachgraben nach Ried (981) weiter; im Bj. gab es noch keine durchgehend befahrbare Verbindung mit Niederolang.

Die mark. Zufahrt zur Lamprechtsburg zweigt in n. Richtung ab, HT. Hinter einer Wegbiegung öffnet sich überraschend der Blick auf die Burganlage in ihrer gesamten Ausdehnung. Zu diesem Komplex gehört auch die freistehende Kapelle. Man kann sein Fahrzeug am Fuße des Burghügels abstellen (bis hierher SG 2), wenn man die steile

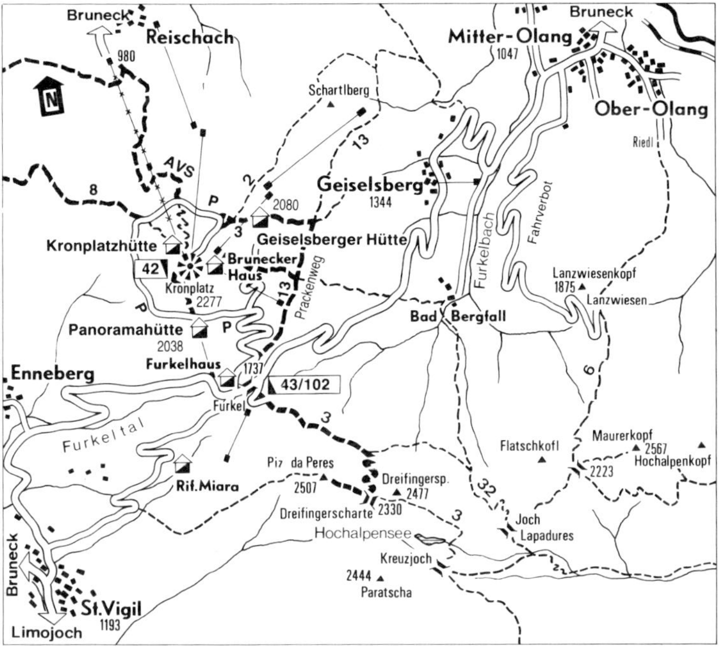

Skizze 11 Kronplatz

Auffahrt, SG 3 – 4, auf dem ausgefahrenen, schottrigen Traktorenweg scheut. Parkplätze vor der Jausenstation. Bruneck-Lamprechtsburg 8.6 km. – Die aus dem 12. Jh. stammende Burg thront in aussichtsreicher Lage hoch über der Rienzschlucht. In noch relativ gutem Zustand befindet sich die Kapelle aus dem 17. Jh. Die Burg ist zur Besichtigung zugänglich. Der Besitzer betreibt auf den Gründen ringsum eine Landwirtschaft und in der Burg eine einfach bewirtsch. Gaststube; im Burghof bieten an heißen Sommertagen aufgeschlagene massive Tische und Bänke unter schattenspendenden Bäumen einen angenehmen Aufenthalt.

Platten*, Gh. „Schönblick“, 1413 m und Höllerhof, 1564 m

Diese bis Platten ausgebaute Straße vermittelt den kurzen Zugang zu den Erdpyramiden, einer berühmten Kuriosität, die aufgesucht zu werden sich besonders lohnt! Von Percha (973) durch den Wald stets der HT „Oberwielenbach“ folgen. Die zweispurige Asphaltstraße verläuft bei Steigungsmaxima von 16% hoch über dem rauschenden Wielenbach, an dessen orogr. re. Seite bis in das Kirchdorf (1378). Wenig weiter wechselt man auf einer Brücke über den Bach die Talseite. Die alten Mühlen, welche mit Wasserrädern betrieben wurden, sind leider stillgelegt. Nach 100 m li. die Abzw. des Fahrweges in das innere Wielenbachtal, ein Touristenparkplatz wurde vor der Fahrverbotstafel eingerichtet. Die Straße nach Platten leitet nun neben einer Böschung in s. Richtung. Nach 2,5 km li. Abzw. eines nur mehr einspurigen, jedoch asphaltierten „Zubringersträßchens“ mit kaum Ausweichen und unübersichtlichen Kurven zum EP,

1.5 km, SG 3. Die Zufahrt zum Höllerhof ist verboten. Zu den Erdpyramiden hat man vom Abstellplatz nur noch wenige Min. zu Fuß zurückzulegen. – Will man von Oberwielenbach direkt nach Platten gelangen, so fährt man an der letztgenannten Abzw. geradeaus weiter. Percha-Platten knapp 8 km, Leitplanken in Bachnähe, SG 2. – Die berühmten Erdpyramiden im Litschbachgraben lassen sich auch von Platten (1413) aus über einen reizvollen und bequemen Waldweg mit Mark. „P“ in 45 Min. erreichen; dieser Weg kreuzt beim Nockerhof das Fahrsträßchen und leitet dann durch Wald und Wiesen direkt zum Höllerhof.

Wielenberg, 1161 m
Den Weiler Wielenberg erreicht man auf einer 1.6 km langen, knapp zweispurigen Asphaltstraße, welche am Eingang in den Litschgraben von der SS 49 nach N abzweigt. Max. Steigung 10%, Absicherungen durch Leitplanken, SG 2–3. Einen ersten Blick auf die sich auftürmenden, bleichen Erdpyramiden im Talinnern hat man am Beginn des Anstiegs des Bergsträßchens. Die Erdpyramiden bilden zum dunklen Wald im Hintergrund einen nicht zu übersehenden Kontrast. – Folgt man über den kleinen Ort hinaus auf der orogr. li. Seite des Wielenbaches noch 400 m dem geschotterten Fahrweg mit Mark. 16, so findet man im Wald re. die Abzw. des alten Karrenweges (jetzt nur noch Fußweg) 16a, welcher in 45 Min. direkt nach Platten (1413) und zu den Erdpyramiden hinaufleitet, HT. Abstellplätze gegenüber der Abzw. – Vor einer Durchfahrt nach → Oberwielenbach auf Weg 16 ist wegen der Erschwernisse abzuraten, zumal von Percha auf der re. Talseite eine ausgebaute, moderne Bergstraße dorthin führt.

Aschbach, Jausenstation „Niedristhof“, 1336 m und Obleitner Hof, 1488 m
Für den Bergwanderer nicht unbedeutend ist das 4 km lange, asphaltierte Bergsträßchen, welches nur wenig ostwärts von Unterwielenbach (996) an der SS.49 beginnt und über Nasen (1014) in mehreren Serpentinen nach Aschbach hinaufführt. Für Pkw knapp zweispurig breit und windungsreich. Ausgesetzte Stellen sind durch Leitplanken abgesichert, die Steigungsmaxima betragen 12%, SG 2–3. – Die Weiterfahrt auf einspurigem Weg mit Naturbelag bis zum EP beim Obleitner Hof (1488) ist gestattet; dort Abstellplätze und Wendemöglichkeiten. Weg 4A leitet zur Aschbacher Alm (1931), 1 Std. und zu den Erdpyramiden im Nasenbachgraben (1775), unterhalb vom Quellgebiet des Nasenbaches aufragend; ein Steiglein führt von der Regensburger Alm (1882) bis dicht an das Naturwunder heran.

Tauferer Tal

RW 44 **Kehlburger Waalweg, 1000 m.** Der rund 1.8 km lange Waalweg ist in der ö. Landeshälfte Südtirols eine einzigartige Erscheinung, denn Waale wurden bekanntlich nur im Vinschgau und im daran anschließenden Burggrafenamt, somit nur im W Südtirols angelegt. Bei den Waalen handelt es sich sowohl um abgedeckte als auch nicht abgedeckte Wasserleitungen, welche bei möglichst geringem Gefälle durch Erde, Fels oder Holz führen; sie dienen ausschließlich der Bewässerung von Trockengebieten. Der Brunecker Archäologe R. Lunz schreibt die Entstehung der gegenständlichen Anlage den adeligen Herren von Kehlburg zu. – AP ist Gais (836) im Tauferer Tal.

Sein Fahrzeug stellt man zweckdienlich in der Nähe des Schwimmbades am sö. Ortsrand ab und benützt zunächst den Fußweg mit Mark. 5, der direkt zum Bärentalhof führt. Zirka 350 m unterhalb des Hofes zweigt li. der Waalweg ab, HT; dieser leitet durch einen geschlossenen Fichten- und Lärchenwald. Bergwärts wird der Weg zum Teil noch vom ursprünglichen, U-förmigen Graben begleitet, der zur Bewässerung der Wiesen am riesigen, aus dem Bärental ausgeworfenen Schuttkegel diente. Der künstlich aufgemauerte Waalweg ist daher nur eine sekundäre Erscheinung. Nach halbstündiger Wanderung bei unmerklicher Steigung mündet der Weg in der Nähe der bronzezeitlich besiedelten Gaiser Pipe (Hügel) in die Mitterberger Straße. Man geht noch zirka 150 m abwärts bis zur Vereinigung mit dem Mühlbacher Weg und folgt diesem kurz aufwärts bis zur Holzbrücke. Nach Querung des Baches gelangt man zum Johann-Nepomuk-Bildstock, welcher hier zu Ehren des Brückenheiligen aufgestellt wurde in Erinnerung an den nach dem Murbruch von 1742 vorgenommenen Bachsegen. Auf direktem Weg zurück nach Gais. Z 1½ bis 2 Std., LA 1. – Eine erweiterte Runde läßt sich unter Einschluß des Weges „K" über den Mitterberg (1219) und die Ruine Kehlburg (1287) unternehmen; AP ist die Mitterbergstraße unterhalb der Holzbrücke St. Nepomuk, Z 2 Std., LA 1 – 2. – Durch seine Kirche St. Johannes aus dem 12. Jh. wartet das Dorf Gais mit einer besonderen Sehenswürdigkeit auf! Es wurden zwischenzeitlich mehrere Stilveränderungen vorgenommen, zuletzt wurden große Teile neuromanisch umstilisiert. – Hierzu Skizze 10.

Schlößlberg, Jausenstation „Bauhof", 1004 m
Von Uttenheim (837) im Tauferer Tal zweigt beim Gh. „Mondschein" von der SS 621 ein asphaltiertes, einspuriges Bergsträßchen nach W ab, welches hinter dem Ortsrand in den Wald taucht und in kurzen, sehr engen Serpentinen zur Jausenstation „Bauhof" hinaufleitet, 1.4 km, Steigungsmaximum 12%, SG 3. – Vom Straßenende führt Fußsteig 6 steil hinauf zum Kirchlein und zur ehem. Burg Uttenheim, im Volksmund „Schlößl" (1250) genannt, heute Ruine, 45 Gehmin. Der Steig liegt nachmittags im Schatten. Bemerkenswerte Aussicht auf die breite Talung. An den nahegelegenen Bauernhof ist eine einfache Jausenstation angeschlossen.

St. Walburgen, 1030 m. Die wegen ihrer exponierten Lage auf einem Hü- **RW**
gel hoch über dem Tauferer Boden stehende, sehenswerte Kapelle verdient **45**
auch wegen ihrer Innenausstattung einen Besuch. Der gotische Flügelaltar stammt samt der Statue der kostbaren hl. Notburga aus der Michael-Pacher-Schule. Den Schlüssel erhält man im Vöglerhof (970) welcher s. von Kematen am Ende des Fahrweges steht, wo der mark. Weg 3 direkt vorbeiführt. – Als AP wählt man Kematen (857). Der Wanderweg beginnt in der Nähe vom Gh. „Rasteck", leitet über den Vögler, wo auch der Bach überschritten wird. Der Hügel war bereits in frühgeschichtlicher Zeit bebaut, vermutlich mit einer Burg. Bemerkenswerte Ausblicke hat man auf den Tauferer Boden und nach N auf die vergletscherten Zillertaler Alpen, im W in das Mühlwalder Tal. Die Wanderung läßt sich auf Weg 3 über die Jausenstation

„Innerhasler" fortsetzen. Von dort Abstieg in den Talboden, wo man die Wahl hat, entweder li. talaus die Wanderung fortzusetzen, wobei man auf den Radfahrweg mit Mark. 1 an den beiden Biotopen vorbeikommt, 1 Std. Als Wendepunkt wählt man am besten den Ort Uttenheim. – Oder man will die Wanderung nicht ausdehnen, dann benützt man re. den Fahrweg über den Premhof und an den Ahrnauen entlang zum AP in Kematen. Für die Rückkehr rechnet man ab Jausenstation Innerhasler 1 Std. – HU im Aufstieg knapp 200 m, Z 2½ Std., LA 1 – 2. Dieser familienfreundliche „Spaziergang" läßt sich bereits am Beginn der aperen Jahreszeit unternehmen. – Hierzu Skizze 12.

Sand in Taufers und Umgebung

Burg Taufers*, 950 m
Von der SS 621 zweigt wenige hundert Meter n. der Ahrnbrücke bei Sand in Taufers die 600 m lange, durch den Wald leitende Zufahrt zur Burg Taufers ab. Die spitzwinkelige Abzweigung aus Richtung Sand erheischt große Vorsicht, denn man muß zunächst beim Steg zum Prantner Waldele auf die li. Straßenseite, um dann re. abbiegen zu können. Auf der bewaldeten Strecke zur Burg gibt es mehrere, unübersichtliche Kurven. Der Fahrweg ist einspurig mit Ausweichstellen, max. 13% Steigung, durchwegs Naturbelag, SG 3. Abstellplätze findet man an der Burg. Wenig weiter gelangt man zum Burgcafé, dort endet der Fahrweg. Die Befahrung des Karrenweges zur Jausenstation Aschbach (1069), Mark. 33, ist verboten.

Eine Besichtigung der Burg ist sehr zu empfehlen und paßt z. B. gut in ein Schlechtwetterprogramm. Führungen mit jeweils einstündiger Dauer finden täglich um 10, 14 und 15.15 Uhr statt. Gezeigt werden die romanische Kapelle aus dem 12. Jh., Rittersaal, Porträts-Saal, Bibliothek mit großem Kachelofen, Waffenhalle (Harnische, Hellebarden), Fürstenzimmer, 20 Kachelöfen, Geisterzimmer (türkischer Lüster, Delfter Ofen), Gerichtssaal (venezianischer Lüster, Gemälde), Speisezimmer mit orientalischen Ikonen, Folterkammer und Kerker.

RW 46 **Tauferer Ritterweg*, Toblhof, 1054 m und Burg Taufers, 950 m.** Dieser abwechslungsvolle Spaziergang in unmittelbarer Umgebung von Sand in Taufers ist mit dem weiß-roten Wappenschild der Herren von Taufers deutlich und sinnvoll mark. Er ist meist von Anfang Mai bis Ende November unbehindert begehbar. AP ist der öffentliche Parkplatz beim Freibad. Zunächst wechselt man über eine Brücke das Ufer der Ahr und gelangt in den Ortsteil Bad Winkl (855); es handelt sich hierbei um eines der ältesten Südtiroler Heilbäder mit radiumaktiven Quellen. Der „Tauferer Ritterweg" ist bis zum Gh. Toblhof zusätzlich mit Nr. 2, daran anschließend mit Nr. 2A mark. Der Fahrweg verläuft auf dem orogr. re. Ufer des wilden Reinbaches und leitet mit dem Eintritt in die Klamm in einen bequemen Fußweg über, an dem auch Rastbänke aufgestellt wurden. Mit kurzen Serpentinen gewinnt man auf bewaldeter Strecke an Höhe und erreicht bald die Aussichtskanzel, welche zu einer optimalen Beobachtung der dreistufigen Reinbach-Wasserfälle gegenüber der obersten und eindruckvollsten Kaskade eingerichtet wurde. Eine solide, als Steg errichtete Eisenkonstruktion führt von der Plattform auf die gegenüberliegende Hangseite und vermittelt eindrucksvolle Tiefblicke. Bequeme Stufen, sowohl mit ausgedienten Eisenbahnschwellen als auch durch Betonierungen angelegt, erleichtern den weiteren Anstieg zum Toblhof, 1 Std. vom AP. Ein nicht mark. Steig leitet re. durch den Kiefernwald zur Koflruine und weiter zur Landesstraße. – Will man auf der Fahrt von oder nach Ahornach bzw. Rein den kürzesten Zugang zur Aussichtskanzel benützen, so stellt man sein Fahrzeug an der Straße ab und folgt hinter dem Toblhof scharf li. dem Weg 2, auf dem man in wenigen Min. zum sehenswerten Naturschauspiel hinabsteigen kann.

Vom Toblhof setzt man die Wanderung auf der Landesstraße Richtung Sand i. T. fort. Man kommt re. an einer kleinen Kapelle vorbei und nachdem die Strecke den Tobel überwunden hat, findet man re. die Abzw. des mit 2A und dem Wappenschild mark. Weges, welcher oberhalb von St. Moritzen mehrere Einzelhöfe berührt und teilweise am Waldrand bei guten Ausblikken zur sehenswerten → Burg Taufers leitet, 45 Min. – Auf Weg 33 in kurzen Serpentinen schließlich hinab zur Ahrbrücke und zurück nach Sand i. T., 30 Min. – HU 200 m, LA 1 – 2, Z 2½ – Hierzu Skizze 12.

Mühlwalder Tal

Mühlwalder Tal*, Neves-Stausee 1866 m.**

Das Mühlwalder- und Lappacher Tal sind ruhige, vom Fremdenverkehr nur wenig berührte Täler mit noch viel Ursprünglichkeit. Von Mühlen im Tauferer Tal (856) an der SS. 621 führt eine zweispurig ausgebaute Asphaltstraße neben dem Mühlwalder Bach, bez. als SP. 42, über Mühlwald (1220), zuletzt durch einen gekrümmten, nur spärlich beleuchteten Tunnel, der direkt in den Ort Lappach (1439) mündet in die obere Talschaft. Ein nur 3 m breiter, asphaltierter und mit Leitplanken versehener Abschnitt bildete die Fortsetzung nach Oberlappach (1557). – Schließlich führt das als Werkstraße angelegte, nur einspurige Bergsträßchen mit wenig Ausweichstellen bei kräftiger Dauersteigung von 20 bis 22% hinauf zur Staumauer des Neves-Speichers mit der Jausenstation „Enzianhütte“, 18 km von Mühlen entfernt. Zwischen Oberlappach und dem Stausee gibt es mehrere, extrem enge und kaum überschaubare Kurven! Ausgesetzte Stellen sind talseitig durch Leitplanken abgesichert, bergseitig wurden durchgehend Mauern errichtet, SG 3 – 4. Bis zur „Enzianhütte“ hat man zwar eine Asphaltdecke, doch war diese im Bj. teilweise beschädigt. Die Uferstrecke wies im Bj. bis zur Unteren Nevesalm einen Naturbelag mit festem Unterbau auf. Nur wenig Abstellplätze gibt es beim Zugang zur Dammkrone, einige wenige sind an der ö. Uferstrecke, mehr Platz findet man bei der Unteren Nevesalm oder bei der Gemeindehütte am w. Ufer. Weder ein Begehen noch ein Befahren der Dammkrone ist möglich, da auf beiden Seiten Sperrgitter angebracht wurden. Besonders eindrucksvoll ist der Talschluß mit den beiden, vom Großen Möseler (3479) herabziehenden Fernern. Kleinere Gletscherfelder befinden sich im SO des Hohen Weißzint (3371).

Skizze 12 Sand in Taufers

Brunnberg, 1658 m, Mitterberg, 1581 m und Pieterstein, 1623 m

Die weit verstreuten Einzelhöfe auf der sonnigen, von Almen und Wald durchsetzten Südseite des Mühlwalder Kammes sind vorwiegend auf asphaltierten Sträßchen erreichbar, die in Mühlwald (1220) ihren Ausgang nehmen. Die längste Verbindung haben Pieterstein im O bzw. der Mahrhof (1596) im W. Die Steigungsverhältnisse sind durchwegs gut ausgeglichen und überschreiten nirgends 14% und auch nicht den SG 3. Engstellen erheischen erhöhte Vorsicht bei Begegnungen. Nach Unwettern muß mit Vermurungen gerechnet werden. Das dichte Netz dieser Wirtschaftswege und die ausgebauten Höfezufahrten schaffen eine günstige Ausgangsbasis für Wanderungen im S des Speikbodens bzw. im Kernstück des Mühlwalder Tales; dies im Gegensatz zur kaum besiedelten Schattseite des Tales.

Speikboden, 2523 m, AP Pieterstein.** Seit Bestehen der Speikboden-Doppelsesselbahn wird der Anstieg von SO her nur noch wenig benützt, obwohl er viel Abwechslung bietet. Gegenüber dem Aufstieg von der Michlreiser Alm → W 54 hat man hier ein Plus von 350 Höhenmetern zu bewältigen. Es empfiehlt sich, diesen Aufstieg möglichst frühzeitig zu unternehmen, um der prallen Sonneneinwirkung auszuweichen. – AP ist der Eggerhof in Pieterstein (1623). Zunächst hat man einen sehr steilen Wegabschnitt hinauf zur bewirtsch. Pietersteinalm (2040), 1 Std. Die dann nur mehr mäßig ansteigende Verbindungsstrecke bis zur Einmündung in den mark. Weg 27A, welcher von Sand in Taufers über die Pursteinhöfe steil herauffühhrt, ist nicht mark.; auch waren im Bj. vorwiegend nur Steigspuren bis zur Waldgrenze zu erkennen, 30 Min. Wenige Schritte von der Einmündungsstelle entfernt kann man zu einem Aussichtspunkt (2163) gelangen, welcher eindrucksvolle Tiefblicke auf Sand, den Tauferer Boden und das Dorf Mühlen vermittelt. – Schließlich leitet vom Rande der „Hochebene Sand“ der gut mark. Höhenweg 27A nach W in Richtung Speikboden weiter. Nachdem man den »Kellerbauerweg« gekreuzt hat, sind es nur noch zirka 20 Min. bis zum aussichtsreichen Gipfel, somit hat man vom AP Pieterstein eine Anstiegszeit von 3 Std. – Der empfohlene Rückweg führt über den »Kellerbauerweg«, vorbei an der ehem. Sonklarhütte (2420) zum Mühlwalder Joch (2342), 1 Std. Das Joch selbst ist ein häufig benützter, weil bequemer Übergang vom Mühlwalder Tal in das Weißenbachtal. Weg 28A leitet hinab zur bewirtsch. Weizgruber-Alm (2032) und über die Mitterberger Alm direkt zur Höfeverbindungsstraße; schließlich kehrt man auf ihr zum AP Pieterstein zurück. HU 900 m, Z 6 Std., LA 2 – 3. – Hierzu Skizze 12. **RW 47**

Zösental*, Zösen 1725 m

W. des Trefferhofes in Oberlappach (1557) nimmt li. der Zösener Fahrweg vom Neves-Bergsträßchen seinen Ausgang, HT Zösenalm, Mark. 20 bzw. Passenalm, Mark. 31. Auf einer Behelfsbrücke überwindet man die tiefe Schlucht des Nevesbaches, um dann kräftig mit Maxima von 24% zum Klammerhof und zur Talstufe von Zösen anzusteigen. Bis zum Wegknie bei der Rastbank SG 4, die Steigungsstrecke ist stark geschottert und eine Ausweichmöglichkeit gibt es nur beim Klammerhof! Im Bj. keinerlei Randsicherungen. Die Gemeinde Lappach beabsichtigt in absehbarer Zeit die Asphaltierung und Absicherung dieses schwierigen Sträßchens. Die weitere Strecke talein ist nicht schwierig, jedoch bereits nach 2 km steht eine Fahrverbotstafel. Den

Weiler Zösen erreicht man über die re. abbiegende Zufahrt. Der Fahrweg über die Zösenbachbrücke auf die gegenüberliegende Talseite und durch den Wald hinauf zur Passenalm (1886) ist für die Allgemeinheit verboten und durch einen Schranken versperrt.

RW 48 **Zösenberg-Höhenweg*, Eggesspitzl 2187 m.** Wegen der in leuchtenden Farben aufflammenden Lärchenwälder empfiehlt sich diese familienfreundliche Wanderung nach Eintritt des ersten Herbstfrostes besonders. Der Weg leitet vom bez. AP im stillen Zösental zunächst talein in Richtung Mayeralm, die jedoch nur tangiert wird, weil über einen Abkürzer das Forststräßchen wieder direkt erreichbar ist. Auch die Klammeralm (1850) am Weg 15 bleibt re. liegen. Mit engen Serpentinen leitet der Fahrweg mit Mark. 20 durch prächtigen Lärchenwald hinauf in eine Mulde, welche als „Flemm" bezeichnet wird. Der sogenannte „Flemmsee", nicht größer als eine Kuhlacke, ist während der Sommermonate meist ausgetrocknet, es sei denn, daß er nach starkem Regen entsprechend nachgefüllt wird. Der Mark. folgend, gelangt man auf das, eine schöne Aussicht vermittelnde Eggesspitzl, welches im O der Mulde aufragt und das ein Bergkreuz ziert. Vom AP bis hierher 1½ Std. – Über einen Bergrücken führt der Weg nach O weiter zum Zösenbichl (2061). Der Abstieg in das Passental zur Passenalm (1886) ist etwas steiler. Man hält sich li. und kehrt auf dem Forstweg 31B, welcher durch den Redenwald zur Zösenbachbrücke und zum AP auf dem gegenüberliegenden Ufer führt, zurück, 1 Std., HU 500 m, Z 2½ Std., LA 2. – Hierzu Skizze 13.

W 49 **Seetal*, Bodenseen 2415 bzw. 2420 m.** Vom AP im Zösental bietet sich mit Vorzug eine Wanderung durch das Zösen- und Seetal an. Gerade wenn die Tage kürzer und die Schatten länger werden, ist ein Durchstreifen sonnendurchfluteter Hänge im Herbst sehr willkommen. Weg 6 nimmt seinen Ausgang am Fahrweg in Höhe der Redenalm, HT. Zunächst tangiert man die Zösner Wiesen, und im steilen Anstieg gelangt man, stets hoch über dem schäumenden Wildbach, in das fast unberührte Talinnere, das von einem Kranz hoher Berge wie die Rote Riffl (2874), Eisbruggspitze (2770), Napfspitze (2888), Pfeifholder Spitze (2862) und dem Seebergl (2705) umrahmt wird, 2 Std. Als bester Aussichtsberg gilt hier weit und breit die Rote Riffl, zu der von der Mayeralm (1780) ein sehr steiler Steig mit 1000 m HU hinaufführt; dieser ist bei Nässe unbedingt zu meiden, da die begrasten, fast senkrecht abfallenden Steilhänge eine erhöhte Rutschgefahr bilden! – Mehrere kleine Seeaugen (lies Lacken) haben sich neben den Bodenseen in diesem bemerkenswert abgeschiedenen Talkessel gebildet. Rückweg wie Hinweg, da die steilen Hänge auf der orogr. re. Talseite weglos sind und von zahlreichen kleinen Wasserläufen durchzogen werden. HU 740 m, Z 3½ Std., LA 2. – Hierzu Skizze 13.

Die meisten **Schutzhütten** sind während der Sommersaison bewirtschaftet. Dennoch empfiehlt es sich, vor Antritt der Wanderungen im Tal entsprechende Informationen einzuholen. Gehen sie möglichst nicht allein in die Berge!

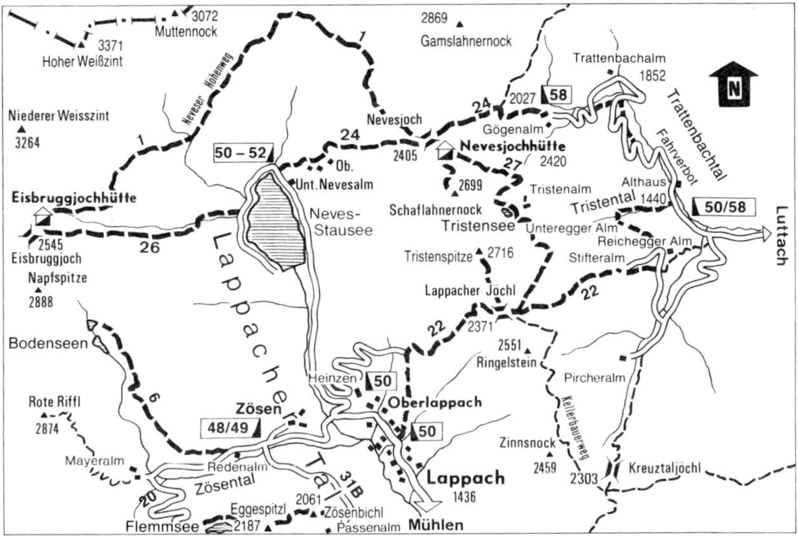

Skizze 13 Lappach

Nevestal

Tristenspitze, 2716 m.** Als höchste Erhebung des n. Lappacher Kammes bietet sie eine ähnlich umfassende Rundschau wie der Schaflahnernock. Die auffallende Gipfelgestalt läßt sich mit einem stumpfen Kegel vergleichen. Den leichtesten Zugang hat man von S her, vom Lappacher Jöchl (2371), welches auf seiner Ostseite vom »Kellerbauerweg« tangiert wird. Der Aufstieg nimmt knapp 1½ Std. in Anspruch und sollte während der Mittagszeit wegen der großen Hitze unbedingt gemieden werden. – Beginnt man seine Bergwanderung nicht vom »Kellerbauerweg«, sondern von einem der Talorte wie Oberlappach, Heinzenhof (1626) oder vom Feuchterhof (1385) im Trattenbachtal, so muß man die jeweilige Anstiegszeit bis zum Lappacher Jöchl hinzurechnen: diese beträgt von Oberlappach auf dem vielbegangenen Weg 22 bei 745 m HU 2½ Std., vom Feuchterhof unweit der Einmündung des Tristenbaches in den Trattenbach 3½ Std. bei fast 1000 m HU, was einen totalen Z von 6½ Std. ergibt, LA 2 – 3. **W 50**

Bei Einsatz von zwei Pkw oder anderen Fahrzeugen, welche die AP Heinzenhof bzw. Untere Nevesalm anfahren und dort parken, ergäbe sich jeweils eine ideale Tour unter Einschluß des »Kellerbauerweges« im

Abschnitt Lappacher Jöchl-Nevesjochhütte eventuell auch vom Schaflahnernock oder von der Tristenspitze. Die Fahrzeuglenker müßten lediglich zu vereinbarter Zeit und an einem markanten Punkt bzw. einer näher bez. Strecke gegenseitig ihre Zündschlüssel und Papiere austauschen. Dasselbe gilt auch für die Übergänge wie Mühlwalder Joch und Gorner Joch, wenn man die Täler wechseln möchte. – Hierzu Skizze 13.

W 51 **Schaflahnernock**, 2703 m.** Die breite Erhebung gilt als „Hausberg" der Nevesjochhütte (2420), welcher wegen seiner großartigen Aussicht auf den Hauptkamm der Zillertaler Alpen sowohl für Begeher des »Kellerbauerweges« als auch für Hüttengäste, die einen kurzen Abstecher auf seinen Gipfel unternehmen wollen, von Interesse ist. Aufstieg auf teilweise verfallenem Steig durch Geröllhalden 1 Std., HU 300 m. – Unternimmt man die Tour vom Tal aus mit AP Untere Nevesalm (1860) → RW 52, so sind insgesamt 850 Höhenmeter in 2½ bis 3 Std. zu bewältigen. Für hin und zurück muß man mit einem totalen Z von 5 Std. rechnen, LA 2 – 3. – Hierzu Skizze 13.

RW 52 **Neveser Höhenweg**, 2570 m, AP Untere Nevesalm 1860 m.** Auf dieser unschweren Runde, die allerdings etwas Ausdauer erfordert, umwandert man wie in einer Arena den Talschluß des Neveser Hochtales; dabei quert man die eiszeitlichen Moränenhänge und Gletscherschliffe unterhalb der beiden Nevesferner, welche nur durch den schmalen Kamm voneinander getrennt sind, der vom Möselekopf zum Kleinmöselenock und weiter nach S herabzieht. Turnerkamp (3418), Großer Möseler (3479) und Hoher Weißzint (3371) umrahmen diese Arena im N. – Vom AP im N des Neves-Stausees zunächst auf Weg 24 in 1½ Std. über die Obere Nevesalm (2134) und den Nevesboden hinauf zum Nevesjoch (2405); dieses liegt im Schnittpunkt berühmter Höhenwege: von SO der »Kellerbauerweg«, welcher vom Speikboden herüberzieht, von NO der »Stabelerweg« aus Richtung Schwarzensteinhaus, schließlich von NW der »Neveser Höhenweg«, welcher seinen Kulminationspunkt knapp unter 2600 m hat. Dieser Höhenweg verbindet die Nevesjochhütte (2420) mit der bewirtsch. Eisbruggjochhütte (2545), früher Edelrautehütte genannt, wobei er in Lagen zwischen 2400 m und 2600 m verläuft. Mehrere Schmelzbächlein kreuzen ihn und bewirken mit ansteigenden Tagestemperaturen auch Überschwemmungen des Weges. Die gefährdetsten Abschnitte wurden mit großen Steinplatten ausgelegt. Die empfohlene Wanderrichtung ist daher von O nach W, wobei auch die Fotografen die jeweils günstigsten Lichtverhältnisse vorfinden. Für den gesamten Übergang von Hütte zu Hütte muß man mit einem Zeitaufwand von 3 Std. rechnen. – Den Abstieg von der Eisbruggjochhütte nimmt man auf Weg 26 durch das Pfeifholdertal und über das Westufer des Neves-Stausees vor. In 1½ Std. gelangt man zurück zum AP an der Unteren Nevesalm. – HU 740 m, Z 6 Std., LA 2. – Hierzu Skizze 13.

 Reifen sind manchmal stärker profiliert als ihre Fahrer!

Ahrntal

Ahrntal*, Parkplatz Prastmann-Trinkstein, 1638 m
Während die breite, vom Ahrnbach durchflossene Talung zwischen Bruneck und Sand in Taufers als Tauferer Tal bezeichnet wird, versteht man unter dem Ahrntal das vom Oberlauf des Ahrnbaches bewässerte, eingeschnittene Tal auf der Südseite der Zillertaler Alpen; letzteres reicht von seinem Quellgebiet an der Birnlücke bis nach Sand in Taufers. Durch das Tauferer- und Ahrntal zieht die SS.621. Die 15 km lange Strecke Bruneck-Sand in Taufers verläuft über den fast flachen Talboden. Geradstrecken wechseln mit scharfen Kurven und teilweise schmalen Ortsdurchfahrten, SG 1 – 2.

Unterhalb der Burg Taufers beginnt der 30 km lange Streckenabschnitt des Ahrntals, welcher abwechslungsreich und über mehrere Talstufen hinauf bis Kasern (hier EP für Omnibusse) bzw. 2 km ö. davon bis zum Heiliggeist-Kirchl (nur für Pkw) leitet.

Die Orte Luttach (962), St. Johann (1018), Steinhaus (1050), Prettau (1476) und Kasern (1595) werden direkt von der Hauptstraße berührt, wogegen St. Jakob (1159) und St. Peter (1327) in guter Aussichtslage abseits des Durchzugsverkehrs ruhige Erholungsdörfer geblieben sind. Der Alpenhauptkamm, welcher parallel zum Ahrntal verläuft und sich in unmittelbarer Nähe von ihm erstreckt, ist eine markante Wetterscheide; er schützt vor rauhen Nordwinden und gewährleistet auf seiner Südseite eine stabile Wetterlage. Die Luft ist hier angenehm trocken, infolge der Höhenlage und der Gletschernähe mitunter aber kühl.

Durch Überwindung mehrerer Talstufen gewinnt die Hauptstraße in ihrem oberen Abschnitt merklich an Höhe, am ausgeprägtesten sind die Stufen von Steinhaus nach Prettau und von Prettau hinauf nach Kasern. Die früher, besonders im Winter gefürchtete Steilstrecke vor Kasern mit 18% Steigung in einem ungünstigen Verlauf konnte durch eine neue Trasse entschärft werden und beträgt jetzt nur noch knapp 12%. Für die Klammstrecke unterhalb von St. Peter wurde die Höchstbelastung der schmalen Brücken mit 20 t festgesetzt. Fünf Galerien schützen die Klamm vor Steinschlag bzw. Lawinen. Ausgesetzte Stellen sind durch Leitplanken abgesichert, SG 2 – 3. Die Fahrbahnbreiten schwanken im Abschnitt St. Peter-Prettau zwischen 3 und 6 m. Für Omnibusse ist in Kasern Endstation, Pkw dürfen bis km 42 (die Kilometrierung zählt ab Bruneck) am Abzweig des Almweges zur Schluich weiterfahren, ab Prastmann gibt es nur Naturbelag. Die bezeichnete Stelle ist zugleich der letzte mögliche Wendeplatz. Ab hier gilt ein allg. Fahrverbot, davon ausgenommen sind Angler mit Fischereikarte! Ein größerer Parkplatz wurde auf der, dem Heiliggeist-Kirchl gegenüberliegenden Bachseite angelegt. Das Kirchlein mit seiner Lärchenparzelle und den schneebedeckten Bergen im Talschluß ist ein beliebtes Fotomotiv, es wurde mit seiner sehenswerten Innenausstattung bereits 1455 für die Knappen des Prettauer Bergbaues errichtet. Bis Prastmann (1623) ist die Hochtalstraße asphaltiert, jedoch zwischen Kasern und Prastmann nur mehr 3 m breit. Die Brückentragfähigkeit ist in diesem Abschnitt auf max. 4 t ausgelegt. Die Trinkstein-Alm (1671) am Weg zur Birnlückenhütte darf nicht mehr öffentlich angefahren werden!

Obersteinerhof ob Luttach, 1444 m
Für eine Begehung des Faden bietet sich als weiterer, günstig gelegener AP der Obersteinerhof an; die Zufahrt zweigt n. der Fraktion Gisse von der SS. 621 re. ab und leitet über die Arzbachhöfe zunächst zum Feichterhof (1356), dann über die sogenannte Wasserstube (1389), eine uralte Mühlanlage, zum EP. Ab hier wurde in Richtung Habichboden über das Forststräßchen ein Allg. Fahrverbot verhängt. Einspuriger Fahrweg mit Ausweichen, max. 12% Steigung, geschottert, SG 3.

RW 53 **Kleiner Nock*, 2227 m.** Bequem erreichbares, empfehlenswertes Ziel im Speikbodengebiet, besonders bei Benützung der Doppelsesselbahn, welche ihre Talstation (951) in Drittelsand, ihre Bergstation (1958) auf der Michlreisalm hat. Der Steig auf diesen Gipfel, den ein Kreuz ziert, ist mit Nr. 18 mark.; für den Aufstieg rechnet man 45 Min. Gute Aussicht auf die Zillertaler Alpen und in das innere Ahrntal. – Der Abstieg nach N über die Nockplatzhütte (1908) in Richtung Luttach lohnt nicht; viel mehr landschaftliche Abwechslung bietet der Rückweg über die Innere Michlreisalm und den Sattel (2125) zur schön gelegenen Äußeren Michlreisalm (1987), Wege 18, 27 und 27B. Hierbei läßt sich auch der kurze Abstecher zum faunareichen Speikbodensee unternehmen. Im weiteren Verlauf kreuzt man den Daimerweg und gelangt direkt zur Mittelstation Michlreis (1398). Hier hat man die Wahl, entweder mit der Sesselbahn talwärts zu gleiten oder weiterhin den Weg 27B zu benützen, welcher direkt zu den Parkplätzen zurückleitet, 2½ Std. HU bergan bei Fußwanderung wie vorgeschlagen 450 m, bergab 1500 m. Z 3 ½ Std., LA 2. – Hierzu Skizze 12.

W 54 **Speikboden**, 2523 m, AP Michlreisalm.** Unter dem Speikboden versteht man nicht eine Hochebene, sondern den sö. Eckpfeiler des Mühlwalder Kammes, dessen höchster Gipfel er ist; ihm vorgelagert war die ehem. Sonklarhütte (2420) direkt am »Kellerbauerweg«, dem aussichtsreichen Höhenweg zur gleich hohen Nevesjochhütte. – Von der Höhe des Speikbodens genießt man bei günstigen Witterungsverhältnissen eine herrliche Aussicht, die gleichermaßen durch stimmungsvolle Talblicke und eine immense Gipfelschau bezaubert. Großartig ist der Gegensatz zwischen der vergletscherten Urgesteinskette der Zillertaler Alpen vom Hochfeiler bis zum Glockenkarkopf und den bizarren Felsformen der Dolomiten, die den Horizont im S beherrschen. – Der Aufstieg von der Michlreisalm nimmt zirka 1½ Std. in Anspruch; Weg Nr. 27 ist gut bez. und bietet auch weniger Geübten kaum Schwierigkeiten. Die alpine Flora ist bemerkenswert. HU 565 m, LA 1 – 2, Z 2 ½ Std. – Wer ohne Benützung der Sesselbahn über Michlreis zu Fuß ins Tal absteigen will, muß mit einem zusätzlichen Zeitaufwand von knapp 2 Std. rechnen. Hierzu Skizze 12.

Weißenbachtal

Weißenbachtal und Trattenbachtal*, Althaus 1440 m**

In Luttach (962) zweigt von der SS. 621 in w. Richtung die hervorragend ausgebaute Bergstraße nach Weißenbach (1334) ab, HT. Mit vier großzügig angelegten Serpentinen wird bei ausgeglichenen Steigungsverhältnissen die Talstufe hinauf zu den Klammerhöfen (1220) überwunden; von hier hat man einen bemerkenswerten Blick auf die Gletscher der Rieserfernergruppe. 6 m Breite, asphaltierte Fahrbahn, in den Wendepunkten bis 9 m breit, max. 12% Steigung, SG 1 – 2, ausgesetzte Stellen sind mit Leitplanken bestückt. Nach 5 km verschmälert sich die geteerte Straße in Weißenbach und verläuft einspurig mit Ausweichen am Bach entlang. Bei einer alten Mühle mit Wasserrad teilen sich die Fahrwege, man hält sich li. Neben einem Gehöft steht ein alter Ofen zum Brotbacken. 100 m weiter erneut Wegeteilung, hier re. in das Trattenbachtal. Schöner Blick auf das Trattenbachkees. An den Uferstreifen des Baches findet man mehrere Abstellmöglichkeiten für Pkw. Der geschotterte Fahrweg leitet zur Tratter- und Gögealm, ist aber bei km 7,5 (ab Luttach) für den allg. Verkehr verboten und durch einen Schranken versperrt. Ab Weißenbach SG 2 – 3.

Pojener- und Luttacher Wasserfälle* 1050 m bzw. 1100 m. In der unmittelbaren Umgebung von Luttach (962) gibt es zwei sehenswerte Wasserfälle, die zu besuchen man nicht versäumen sollte! Der Pojener Wasserfall zwischen Luttach und Drittelsand ist auf Fußweg 7 am orogr. li. Ahrufer über die Hexenau in 40 Min. erreichbar. Der Wasserfall wird durch den vom Durreck wild herabstürzenden Mühlbach gebildet und hat eine Fallhöhe von 76 m. Hinter dem Steg über den Mühlbach zweigt vom Wanderweg li. ein kurzer Zugang zum versteckt liegenden Sammelbecken des Wassers ab. Bevor der Wasserfall zwischen hochstämmigen Fichten zu erkennen ist, kündigt ein Rauschen und Tosen seine Nähe bereits vorher an. **W 55**

Die Luttacher Wasserfälle, wobei es sich um den oberen und unteren Schwarzenbachfall handelt, tangiert man auf der neuen Straße nach Weißenbach, indem man von der obersten Kehre re. dem mark. Steig folgt, HT „Schwarzenbach". Andere Zugänge findet man an der Weißenbachbrücke (unterste Kehre an der Straße nach Weißenbach); die Wege sind mit 5 bzw. 23 mark., HT. Von Oberluttach erreicht man sie direkt auf Weg 26. Während der Steig zur unteren Kaskade, deren Fallhöhe nur 20 m beträgt, gut abgesichert wurde, ist die Aussichtswarte für die obere Kaskade, deren Fallhöhe auf zirka 25 m geschätzt wird, nur erschwert über nassen und rutschigen Boden zugänglich. – Hierzu Skizze 12.

Wolfskofel, 2050 m.** Nw. von Oberluttach (967) erhebt sich der Wolfskofel als letzte, nur mehr knapp über die Baumwuchsgrenze aufragende Kuppe jenes langen Grates, den der Schwarzenstein (3368) gegen SO entsendet. Trotz seiner verhältnismäßig geringen Höhe bietet er eine bemerkenswerte Aussicht, die sich vor allem auf das Ahrntal und seine hochalpine Gebirgsumrahmung richtet (Zillertaler Alpen, Hohe Tauern, Durreckgruppe). – AP ist die anfahrbare Jausenstation „Großstahlhof" (1200) bzw. der wenig weiter, über dem Ausgang des Rotbachgrabens gelegene Kleinstahlhof (1216). – Man benützt zunächst Weg 23, welcher steil am bewaldeten Brunnberg ansteigt bis zur Wegeteilung: re. über die Daimerhütte → W 59 zur Schwarzensteinhütte, li. Weg 32, vorwiegend steil bergan, zum Wolfskofel. Ein kurzer, leichter Klettersteig dient der Bewältigung des charakteristischen Gipfelaufbaues aus Kalkdolomit; er ist zwar mit Stahlseilen gut abgesichert, setzt jedoch Schwindelfreiheit und Trittsicherheit voraus. Der Anstieg von 2½ Std. wird von einer faszinierenden Aussicht, vor allem in das innere Ahrntal, belohnt. Abstieg wie Aufstieg. HU 850 m, LA 2 – 3, Z 4 Std. – Hierzu Skizze 12. **W 56**

RW 57 **Schönberg**, 2278 m und Schafbretterspitze**, 2520 m.** Zwei beliebte Aussichtsberge auf dem südlichsten Ausläufer des Zillertaler Seitenkammes, der sich vom Schwarzenbachjoch bis zum Weißenbachtal erstreckt. Mit Vorzug wählt der motorisierte Tourist den Brunnegger Hof (1429) als AP, weil er dort die günstigsten Anstiegsrouten vorfindet und sich beide Ziele in eine RW gut einbinden lassen. Auf der Landesstraße zunächst in den Ort Weißenbach (1334), wo beim Mösenhof re. die 1 km lange Zufahrt zum Brunnegger beginnt. – Ein Forst- bzw. Agrarweg leitet in Serpentinen durch den Wald zur weitläufigen Schönbergalm (1750 – 1950) hinauf, wo es Milch, Butter und Käse gibt. Hier trifft man auf Weg 5, welcher von Oberluttach zum Schönberg hinaufzieht. Nach den w. Heuschobern verläßt man den Almfahrweg und gelangt unmittelbar am Fuß des Schönbergs bei Kote 2164 zu einer Wegeteilung, 2 Std. ab AP: re. leitet bei 110 Höhenmetern die Mark. 5 hinauf zum Gipfelkreuz, 20 Min., li. führt ein unmark. und unbez. Steig bei noch 450 Höhenmetern in 1½ Std. auf die Schafbretterspitze. Die Aussicht richtet sich sowohl auf das innere Ahrntal im O als auch auf den Mühlwalder Kamm mit den Erhebungen der Speikbodengruppe im S. – Abstieg von Kote 2164 über die Almen zunächst direkt in s., dann in sö. Richtung auf nicht näher bez. Weg hinab zum Brunnegger, 1½ Std. HU vom AP bis Schönberg 850 m, bis zum Schafbretter 1100 m. Z 4 bzw. 5½ Std., LA 2 bzw. 2 – 3. – Hierzu Skizze 12.

RW 58 **Gögenalm**, 2027 m, Nevesjochhütte*, 2420 m und Lappacher Jöchl*, 2371 m.** Eine ausgedehnte, unschwierige Rundtour, die jedoch Ausdauer erfordert; sie läßt sich sowohl durch eine Auffahrt zur Trattenbachalm bzw. zur Gögenalm zeitlich abkürzen. Auch gibt es eine weglose Verbindung zwischen der Tristenalm und dem Tristensee, bei deren Benützung sich die Länge der Gesamtstrecke vermindert. Fahrmöglichkeiten bis zur Gögenalm durch Anrainer bzw. Jeeptaxi können in Weißenbach erfragt werden. – Das Weißenbachtal ist das bedeutendste Seitental des Ahrntales; der Ort Weißenbach (1334) liegt wenig ö. der Vereinigung von Trattenbach und Mitterbach. Beide Bäche haben ihr Quellgebiet in den Zillertaler Gletschern, im S der Alpenhauptkammlinie. AP für die großartige Höhenwanderung ist Althaus (1440) im Trattenbachtal. Mit mehreren kurzen Serpentinen windet sich der geschotterte Almfahrweg, vorwiegend auf der orogr. re. Talseite, über die Trattenbachalm (1852) und die Reichegger Göge (1996) zur Gögenalm hinauf und gewinnt dabei 600 Höhenmeter. Diese Alm mit ihrer Kapelle aus Granitstein und einem rotgedeckten Spitzturm ist zweifellos ein besuchenswertes Bergidyll; nach O hat man bemerkenswerte Ausblicke auf die Gletscher der Rieserfernergruppe. Weg 24 bietet auf der Serpentinenstrekke mehrere Abkürzer und die Trattenbachalm wird vom Fußweg nicht tangiert, ab AP knappe 2 Std.

Nun folgt man Weg 24 weiter zur bewirtsch. Nevesjochhütte, wobei man den Abkürzer unterhalb der Stieralm (2325) benützt, 1 Std. Auf dem Nevesjoch stößt man auf den »Kellerbauerweg«, einen berühmten Höhenweg, welcher konstant in Lagen zwischen 2300 m und 2400 m verläuft. Er stellt die Verbindung zwischen der ehem. Sonklarhütte (2420) in der Speikbodengruppe und der Nevesjochhütte her. Mark. 27 leitet zunächst zum Tristensee (2344) mäßig abwärts, dann über eine nicht näher bez. Einsattelung (2328) zum Lappacher Jöchl weiter, 1½ Std. Bereits vor Erreichen des Jöchls zweigt li. in ö. Richtung Weg 22 zur Tristenbacher Alm (1880) ab; diesen mark. Weg verläßt man unterhalb der Stifteralm (1841) wieder, nachdem ein kurzes Stück auf einem Almfahrweg zurückgelegt wurde; von dort hat man auch einen kurzen Zugang zur nahegelegenen, bewirtsch. Reichegger Alm (1716), HT. Ein fast flach verlaufender Steig verbindet nun mit der Unteregger-Alm (1862) im Tristental. Man steigt durch das bewaldete Tristental auf mark. Weg steil ab, wobei ein HU von 400 m bewältigt wird. Schließlich kehrt man im Trattenbachtal zum AP zurück, 1½ Std. – HU 1000 m, LA 2 – 3, Z für die ungekürzte Wegstrecke ohne Aufstiegshilfe 6 Std., Z bei Auffahrt bis Gögenalm und weglosem Direktabstieg Tristenalm-Tristental 4 Std. – Hierzu Skizze 13.

Hinteres Ahrntal

Rotbachtal*, Stallilerhof 1472 m

Von St. Johann in Ahrn (1018) nimmt ein asphaltiertes Bergsträßchen in n. Richtung seinen Ausgang, welches sich, 300 m von der Hauptstraße entfernt, mehrfach verzweigt. Folgt man dem w. Zweig, so überbrückt das nur einspurige, mit Ausweichen versehene Sträßchen den Trippbach, leitet am Rußbachhof (1214) vorbei in den Pfisterwald. Es verbindet die an den Südhängen des Rotberges liegenden Bergbauernhöfe untereinander. Bis zum EP beim Stalliler hat man 4.5 km zu fahren und findet dort Anschluß an die Wege 23 A bzw. 23 zur Jausenstation Daimerhütte auf der Rotbachalm. Max. 13% Steigung, ausgesetzte Stellen sind durch Leitplanken abgesichert, SG 3.

Rotbachalm, 1430 m und Daimerhütte, 1872 m. AP ist der anfahrbare Kleinstahlhof (1216) am Brunnberg. Weg 23 leitet nur mäßig ansteigend talein zum Rotbachhof (1416), welcher einen herrlichen Blick durch das innere Ahrntal bis hinauf zur Birnlücke und zur vergletscherten Dreiherrnspitze (3499) vermittelt. Die nahe gelegene Rotbachalm lädt mit Milch und Milchprodukten zu einer kurzen Rast ein, hinter einem Gatter trägt ein kleiner Fels die Aufschrift „St. Johann" und weist nach re. auf die gegenüberliegende Talseite. Der hier abzw. Weg 23A bildet besonders in den Übergangsjahreszeiten einen empfehlenswerten Spaziergang am Rotberger Sonnenhang, wobei sich die verstreut liegenden Höfe auffädeln lassen. – Weg 23 steigt weiter bergan und führt über die Schöllberger Alm (1740) zur Jausenstation Daimerhütte, benannt nach dem Alpinisten Dr. Josef Daimer; dieser begründete 1873 die Sektion Taufers im DÖAV und trat auch als Erbauer der Sonklarhütte auf dem Speikboden hervor. Die Daimerhütte, 2 Std. vom AP entfernt, blieb lange Zeit der einzige Stützpunkt auf dem Weg zum Schwarzenstein (3369), denn die Schwarzensteinhütte wurde erst 1894 von der Sektion Leipzig errichtet. – Rückweg wie Hinweg, HU jeweils 660 m, LA 1 – 2, Z 3 Std. – Hierzu Skizze 12.

W 59

Gföllberg, Sandbichler-Hof, 1457 m
Die Höfe auf dem Gföllberg liegen verstreut auf der orogr. li. Seite des Ahrntals oberhalb von St. Johann in Ahrn (1018). Die während des Sommers bewirtsch. Niederhofer Alm (1619) ist ein günstig gelegener AP für Almen- und Bergwanderungen in den w. Ausläufern der Durreckgruppe → Faden, Pojenspitze, Steinerholm. Ein einspuriger Fahrweg mit Ausweichen, welcher im Bj. bis zum Geieregger Hof asphaltiert war, gewinnt auf einer 4.5 km langen Bergstrecke bis zum Sandbichler-Hof einen HU von über 400 m. Die max. Steigung beträgt 14%, SG 2 – 3. Zirka 500 m vor dem anfahrbaren Ziel gelangt man zu einer Gabelung: li. ist die Zufahrt zur Niederhofer Alm durch einen Schranken versperrt (Fahrverbot), geradeaus kommt man zum Sandbichler-Hof am Weg 6.

RW
60 **Faden*, 2130 m.** Dieser leicht ersteigbare Aussichtsberg bildet den Seitenkamm des Pojenkammes, welcher von der Pojenspitze (2453) nach NW herabstreicht und weit gegen das Ahrntal vorgeschoben ist; aus dieser günstigen Lage erklärt sich die bemerkenswerte Aussicht auf den vergletscherten Hauptkamm der Zillertaler Alpen mit Großem Möseler (3479), Turnerkamp (3418), Schwarzenstein (3369) und Großem Löffler (3376). – Den Faden erreicht man entweder vom anfahrbaren Sandbichlerhof (1457) über die reizvoll gelegene Niederhofalm (1603), dann auf Weg 6, welcher an der Pichleralm (1796) und an der Gruberalm (1839) vorbeiführt, schließlich von W her durch den Kammerer Wald zum Gipfel leitet, 2 Std., HU 670 m. – Rückweg bis Gruberalm, dann zum sw. gelegenen Herrenberg (1820) weiter und wenig bergab zum Habichboden; zuletzt auf einem Karrenweg direkt zum Sandbichler, 1½ Std. Z 3½ Std., LA 2.

Ein anderer Zugang auf den Faden ist von der Bergstation (1602) des Klausbergliftes möglich, indem man zunächst das Forststräßchen mit Mark. 33A Richtung Niederhofalm benützt, jedoch von diesem oberhalb der Hochraineralm (1541) li. auf den mark. Steig zum Gföllberg abzweigt, HT Faden. Aufstieg 1½ Std., HU 527 m, LA 2; der Rückweg ist variierbar, daher ist auch eine RW möglich. Z 2½ bis 3 Std. – Zugang aus Richtung Luttach → Obersteinerhof. – Hierzu Skizze 12.

Trippachhöfe, 1283 m und Berggh. Platterhof, 1200 m
Gegenüber der Kirche von St. Johann in Ahrn (1018) oder wenig weiter s. davon benützt man die kurzen Zufahrten bis zur Wegeverzweigung; hier hält man sich re. An der darauffolgenden Wegegabelung li. nach Trippach, 2,5 km von St. Johann entfernt mit Anschluß an die Wanderwege 10 bzw. 19 zur Rußbachalm. Re. zum Berggh. „Platterhof", 2.8 km ab St. Johann mit Anschluß an den Wanderweg 10, welcher über den Frankbach-Wasserfall zur Pizathütte (1460) leitet. Die genannten Bergsträßchen sind überwiegend geteert, nur einspurig mit Ausweichen angelegt, an ausgesetzten Stellen mit Leitplanken bestückt. Die max. Steigungen betragen 14%, SG 3.

Holzberg*, Holzerhof 1470 m und Kuglerhof 1353 m
Gegenüber der Holzschnitzerei Johann Zitturi in St. Johann in Ahrn zweigt von der Hauptstraße ein vielgewundenes, asphaltiertes Bergsträßchen in das Frankbachtal und zu den hochgelegenen Bergbauernhöfen auf dem Holzberg ab, HT „Frankbach-Wasserfall". Es ist teilweise nur einspurig breit und mit Ausweichstellen versehen, oder

für Pkw knapp zweispurig. Stark gekrümmte Kurven sind durch Richtungspfeile angezeigt, an den abschüssigen Steilhängen gibt es talseitig überall Leitplanken. Die max. Steigung beträgt 14%, SG 2 – 3. Nach 4 km Wegeteilung: li. Zufahrt zum Holzerhof und wenig weiter zum EP mit schlechter Wendemöglichkeit am Weg 6 zur Pizathütte; re. in sanftem Gefälle 1,4 km hinab zum Kuglerhof, welcher prächtig auf der w. Terrasse des Keilbachtales liegt. Der Tiefblick auf Steinhaus und das Ahrntal ist beeindrukkend. Auf der gegenüberliegenden Talseite hat man den bewaldeten wohlgeformten Klausberg vor sich, überragt von den Bergen der Durreckgruppe.

Die Jausenstation Pizathütte (1460) erreicht man vom EP Holzerhof in 20 Min., HT. Sie liegt im Frankbachtal und ist in der Regel während der Sommermonate nur zum Wochenende geöffnet. Von ihr aus läßt sich eine kleine, abwechslungsvolle Runde um die Frankbachalm beiderseits des Baches erwandern, wobei allerdings 400 Höhenmeter im Aufstieg und 400 m HU im Abstieg auf relativ kurze Distanz zu bewältigen sind. Steig mit Mark. 18 leitet zuletzt nach einer Gletscherüberschreitung (Frankbachkees) steil zum Frankbachjoch (2761) hinauf, das im Verlauf der Staatengrenze Italien-Österreich liegt.

Klaussee* 2162 m, Klausjoch, 2579 m und Rauchkofel, 2653 m.** Eine abwechslungsreiche Almen- und Bergwanderung mit überwältigender Aussicht vom Gipfelkreuz des Bergzieles. AP ist die Talstation des Klausberg-Doppelsesselliftes in Steinhaus (1050). Die Bergstation (1602) kann von Liftgegnern in ca. 1½ Std. auch erwandert werden. Weg 33 (alternativ auch ein Güterweg) leitet durch das Kleinklausenbachtal über die „Speck- und Schnapsalm" (1786) und die Bachmairalm (1888) hinauf zum Klaussee, der lieblich in einer grünen Mulde eingebettet ist, 1½ Std.; je nach Laune spiegelt sich auf seiner Wasseroberfläche das Gipfelkreuz des Rauchkofels. Die Almenwanderung entzückt besonders zur Blütezeit der unzähligen Alpenrosenstauden. Die grasigen Seeufer laden zu einer Rast ein, bevor die Erstürmung des Gipfels beginnt. Der weitere Anstieg ist fast weglos; es sind zwar überall Steigspuren zu erkennen und der generelle Verlauf ist durch weiß-rote Mark. ausreichend gekennzeichnet. Mit kurzen Serpentinen gewinnt man bald an Höhe und steuert dem Klausjoch zu, welches dicht unter dem Rauchkofel den Übergang in das Pojental freigibt, 1½ Std. Von dieser deutlich ausgeprägten Scharte hat man nur noch zirka 15 Min. bis auf den Gipfel. Klausnock (2819), Durreck (3135) und Großer Moosstock (3061) umgrenzen den beachtlichen Talschluß des benachbarten Pojentales im S. und O. Von den Ausblicken ist man gebannt: im W und N zeigen sich vor allem die Zillertaler Alpen mit ihren weit herabziehenden Gletschern (Keese) und Firnfeldern, wobei der Schwarzenstein (3369), der Große Löffler (3376), welchem die Trippachspitze (3292) vorgelagert ist, und die Keilbachspitze (3093) besonders beeindrucken. HU 1050 m, 3 bis 3½ Std., LA 2 – 3. – Abstieg bis Klausberg wie Anstieg, dann auf Forstweg re. durch den Wald bis zur Abzw. des Weges zur Unterklauser Alm. Die Großklausenalm (1583) läßt man re. liegen. Auf Weg 2 erreicht man im weiteren Abstieg den Treienhof (1348) und schließlich gelangt man auf Weg 13 über den Neuwirt zurück zum AP. Z 5 Std., LA 2 – 3. – Hierzu Skizze 12.

W 61

W 62 **Hasentalalm, 2146 m und Weiße Wand*, 2517 m, AP Ahrntal.** Der exakte Beginn des «Fuldaer Weges» 1 befindet sich am ö. Ausgang der Ahrnklamm an der Straßenbrücke (1359), HT Hasental, Rein. Der «Fuldaer Weg» wurde 1898 von den Sektionen Kassel und Fulda des DÖAV erbaut; er verbindet das innere Ahrntal mit dem Reintal über die Bretterscharte (2452), welche neben der weiter im NO gelegenen Ochsenlenke (2585) der einzige Fußübergang im Hauptkamm der Durreckgruppe ist. – Anfangs führt Weg 1 durch lichten Lärchenwald, während der Bach vor seiner Mündung in die Ahrn die letzte Talstufe durch zwei tosende Wasserfälle überwindet. In bequemen Serpentinen gewinnt man bald an Höhe. Am Ende der Steilstufe erreicht man über der Waldgrenze die Jausenstation Hasentalalm. Über weiten Almhängen ragt im Talschluß die charakteristische Weiße Wand auf, welche das Hasental vermeintlich gegen S absperrt; ihr Gipfelaufbau besteht aus kalkig-hellschimmerndem Gestein. Von der Bretterscharte hat man nur mehr eine kurze, jedoch beschwerliche Gratwanderung zum aussichtsreichen Gipfel, 3½ Std. vom AP, LA 2 – 3. Der HU beträgt 1158 m. Rückweg wie Hinweg, eventuell mit kurzem Abstecher zu den beiden eingangs erwähnten Wasserfällen der untersten Talstufe. Z 5½ bis 6 Std., LA 2 – 3.

Wieserberg, Wieserbachbrücke, 1594 m
Es handelt sich hierbei um die Forststraße von Prettau (1476) hinauf zur einfach bewirtsch. Waldner Alm (2068), welche den unteren Abschnitt der geplanten „Freundschaftsstraße" über das Hundskehljoch bilden soll. Eine Verwirklichung dieses befahrbaren Überganges vom Ahrntal in das Zillertal war jedoch im Bj. umstritten, sodaß in absehbarer Zeit mit keiner Realisierung dieses Projektes gerechnet werden kann. Für den mot. Bergwanderer bringt sie dz. bis zum Sperrschranken nur eine Abkürzung von zirka 700 m einspuriger Wegstrecke, SG 2 – 3. Als alternativer AP bietet sich der Parkplatz in Kasern (1595) an, welcher auch mit Omnibussen anfahrbar ist.

RW 63 **Waldner Alm, 2068 m, Waldner See*, 2338 m und Archlscharte**, 2369 m.** AP ist Kasern (1595) im hinteren Ahrntal. Weg 16A leitet über den Großbach hinauf zum Forststräßchen durch den Ameiserwald; diesem folgt man zunächst zur Wieseralm (1989) und wenig weiter zur bewirtsch. Waldner Alm. Hier verläßt man das Sträßchen und wandert auf Steig 16B über Blockgelände bis zur Wegeteilung auf der Waldner Eggen (2251). Dort hält man sich re., denn Weg 16B führt weiter hinauf zum Hundskehljoch (2559), den Übergang in den Nordtiroler Zillergrund; ein Abstecher vom See zum Joch und zurück nimmt zirka 1½ Std. in Anspruch, HU 270 m, LA 2. – Nach einer Aufstiegszeit von 2 Std. ist der zwischen den Seewänden und dem Sauwipfel trogartig eingebettete und vom Geröll umsäumte Waldner See erreicht. Bemerkenswert ist seine Ausdehnung in dieser Höhenlage: 370 m lang, 200 m breit und 25 m tief.

Weg 15A benützt das SO-Ufer des Sees und steigt nur mäßig über ein Moränengelände zur Archlscharte an, welche prächtige Ausblicke auf die Rötspitze (3495) und auf die Dreiherrnspitze (3499) mit ihren weit herabziehenden Gletschern und Firnfeldern vermittelt. Sanft ist auch der Abstieg in den

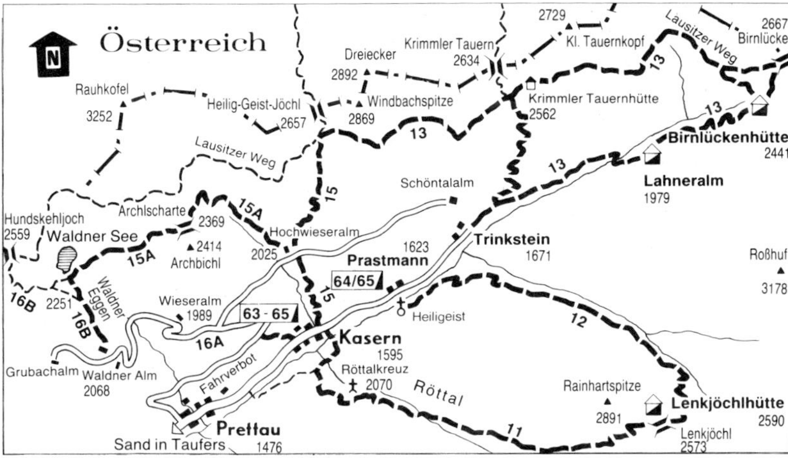

Skizze 14 Kasern

Marchsteinboden und zum Wegeknoten an der Hochwieseralm (2025), 1½ Std. – Schließlich findet man neben dem Marchsteinbach den direkten, teilweise aber steilen Abstieg, Weg Nr. 15, hinab nach Kasern, 45 Min. – HU bis zum Hundskehljoch runde 1000 m, bis zur Archlscharte 774 m, LA 2, Z 4 Std. – Hierzu Skizze 14.

Lenkjöchlhütte, 2590 m.** AP ist Kasern bzw. das Heilig-Geist-Kirchl. Die **RW**
Hütte steht am Lenkjöchl auf der Wasserscheide zwischen Rötbach und **64**
Windbach und ist in der Regel vom 10. Juli bis Mitte Sept. bewirtsch. Eine gespaltene Gletscherzunge vom Rötkees endet wenig unterhalb des Hüttenweges, welcher aus dem Röttal heraufzieht. Die Hütte ist Stützpunkt für leichte bis mittelschwere Gletschertouren wie auf die Rötspitze (3495), den Roßhuf (3199) und die Dreiherrnspitze (3498). Ahrntal, Windtal und Röttal lassen sich ideal zu einer Rundwanderung zusammenfügen, wobei die CAI-Hütte etwa die Wegmitte bildet; dies trifft auch für den Zeitaufwand und den HU zu. – Wählt man Kasern (1595) als AP, so ist Weg Nr. 11 über den Knappenberg (früher wurde hier ein Kupferbergwerk betrieben) und die Steilstufe zum Röttalkreuz (2070) der kürzeste Zugang zum Jöchl, 3 Std. Das Röttal zählt zu den landschaftlich schönsten Hochtälern Südtirols! Während der Blütezeit fasziniert hier vor allem der Kontrast zwischen blumenreichen Matten und den eis- und firnbedeckten Dreitausendern. – Mit AP Heilig-Geist-Kirchl in Prastmann (1623) hat man auf Weg 12 durch das Windtal ebenfalls 3 Std. reine Gehzeit, der HU beträgt runde 1000 m! Z 5 Std., LA 2 – 3. – Hierzu Skizze 14.

Auf der mächtigen **Dreiherrnspitze** (3499) im hinteren Ahrntal stießen einst die Länder der Grafen von Tirol, von Görz und der Fürstbischöfe von Salzburg zusammen, über den Gipfel verläuft heute die Staatsgrenze zwischen Italien und Österreich, wobei ein 8 km langer Abschnitt vom Krimmler Tauern bis zur Dreiherrenspitze Südtirol mit dem Land Salzburg verbindet. Der imposante, eis- und schneebedeckte Berg ist von der Lenkjöchlhütte → RW 64 ersteigbar. Foto Verlagsarchiv

RW 65 **Lausitzer Weg/Via Vetta d'Italia**, Birnlücke, 2667 m.** Es handelt sich hierbei um den längsten, hochalpinen Weg in Südtirol, welcher in den Jahren 1903/04 von der Sektion Lausitz des DÖAV zwischen dem Hundskehljoch (2559) und der Birnlücke erbaut wurde. Gute Wegverhältnisse wies im Bj. nur die Strecke zwischen dem Heilig-Geist-Jöchl (2657) und der Birnlükke auf. Den letzten Anstieg zum Heilig-Geist-Jöchl kann man sich schenken, weil man bereits an der Kote 2522 die Wegkreuzung 13 mit 15 erreicht hat und seine Wanderung auf Weg 13 fortsetzt. Unter Berücksichtigung des Zustandes, der Länge und des Zeitaufwandes beschränkt sich die Rundwanderung auf das zumutbare Kernstück, welches reich an großartigen und eindrucksvollen Landschaftsbildern ist. Der Höhenweg ist meist nicht vor Ende Juli schnee- und schuttfrei, sodaß für eine unbehinderte Begehung in der Regel nur die Monate August und September geeignet sind. An gutes Schuhwerk und an die Mitnahme von Regenschutz und Proviant sei erinnert.

Der berühmte **Talschluß von Sulden** mit der Königsspitze (3859), dem großartigsten Schaustück der Ortlergruppe. Die Hintere Schöntaufspitze (3324) und der Hintergratkopf (2813) → W 334 bzw. RW 335 sind beliebte Bergwanderziele, wobei von Innersulden bzw. St. Gertraud Aufstiegshilfen jeweils eine günstige Ausgangsbasis vermitteln. Foto Elisabeth Fuchs-Hauffen

Vom „Paradiso Valmartello“ empfiehlt sich der kurze Aufstieg zur Zufallhütte unterhalb des **Monte Cevedale** als leichter Abstecher. Auch die Wanderung der Plima aufwärts eignet sich für Familien und größere Gruppen → W 326. Foto Elisabeth Fuchs-Hauffen

Die **„Schöne Aussicht"** ist Stützpunkt für Gipfeltouren im Bereich des obersten Schnalstals. Blick auf das Schutzhaus und den Hochjochferner → W 320. Foto Eugen E. Hüsler

Oben: Die **Alpenrebe** (Clematis alpina) blüht zwischen Mai und Juli je nach Standort, in Lagen zwischen 1000 und 2200 m; sie bevorzugt Schutthalden und Waldränder. Foto Fritz Keitsch

Unten: Das wohlriechende **Steinröschen** findet man u. a. an begrasten Felsvorsprüngen. Beide abgebildeten Alpenblumen genießen strengen Schutz. Foto Alfred Pohler

Die große Runde führt von Kasern (1595) über die Hochwieseralm (2025) bis zur Einmündungsstelle (2522) in den Lausitzer Weg Nr. 13, weiter zur ehem. Neugersdorfer Hütte, jetzt Krimmler Tauern-Hütte/Rif. Vetta d'Italia (2562) genannt; von der Finanzwache aufgelassen, dient die dz. unbewirtsch. Hütte als Zuflucht bei Unwettern bzw. in anderen Notlagen. Hubschrauber-Landestelle beim Haus. Unterhalb des Steinkarkopfes hat man eine Wegeteilung: geradeaus zur Birnlücke, ab AP 4½ Std. Den Rückweg nimmt man über die Birnlückenhütte/Rif. Tridentina Forc. del Picco (2441) und die Jausenstation Lahneralm (1979), welche am Rande eines ausgedehnten vermoorten Talbodens, Lahnacher Moos genannt, liegt. Hier vereinigen sich mehrere kleine Schmelzbäche, die von den Gletschern herabziehen, zum Ahrnbach. Schließlich folgt man auf breitem Weg dem Ahrnbach, läßt die Tauernalm und die ehem. Finanzieri-Unterkunft Trinkstein re. stehen, um über Prastmann wieder zum AP in Kasern zu gelangen, 2 Std. von der Birnlücke, LA 3, Z 6½ Std. – Eine kleine Runde nimmt in Prastmann (1623) ihren Ausgang, führt talein an Trinkstein vorbei bis li. der weißrot mark. „Tauernweg" zum Krimmler Tauern (2634) abzw., (HT); diesem folgt man jedoch nur bis zur Kote 2523, wo man auf den «Lausitzer Weg» stößt. Auf diesem bis zur Wegeteilung unterhalb des Steinkarkopfes und dann re. direkt zur Birnlückenhütte absteigen. 3½ Std. ab AP. – Der weitere Rückweg durch das Tal wurde bei der großen Runde bis Prastmann beschrieben. HU runde 900 m, LA 2–3, Z 5 Std. – Hierzu Skizze 14.

Der fast tausendjährige Jochweg über den Krimmler Tauern war ein vielbenutzter Handelsweg; in Kriegszeiten zogen Soldaten über ihn. Im Mittelalter diente er hauptsächlich den Saumhändlern als Übergang, welche Wein aus Südtirol und Salz aus Hallein über den breiten Sattel schleppten. Auch heute noch treiben jeden Sommer Südtiroler Bauern ihre Viehherden über die Grenze, weil sie im innersten Zillertal seit Urzeiten Weiderechte besitzen.

Reintal

Reintal, Parkplatz Bachertal, 1541 m bzw. Parkplatz Knuttental, 1675 m.**

Landschaftlich und straßenbautechnisch die interessanteste Bergstraße im Tauferer-Ahrntal, SG 2. Die vortrefflich ausgebaute L 48 nimmt von Sand in Taufers, Ortsteil St. Moritzen (876) ihren Ausgang. Kommt man von S aus Richtung Bruneck, so hält man sich bereits an der Straßengabelung s. Mühlen re. und folgt der HT „Rein/Riva di Tures" durch die Industriezone und am Freischwimmbad vorbei bis man über die schmale Brücke der Ahrn auf die L 48 stößt, HT. Nun scharf re., an der Kirche vorbei zum Ortsende. Hier beginnt die anfangs bewaldete Bergstrecke mit max. 17% Steigung. Die begradigte Trasse leitet direkt am Toblhof (1054) vorbei, re. unmittelbarer Zugang zu den sehenswerten → Reinbach-Wasserfällen. Knapp 1 km weiter ist in einer Rechtskurve mit großem Radius li. die spitzwinkelige Abzw. des asphaltierten Sträßchens hinauf zum schön gelegenen Bergdorf → Ahornach (1334), HT. – Die Bergstraße nach Rein führt über die Toblbrücke und setzt sich neben dem schäumenden Wildwasser des Reinbaches durch den eingeschnittenen Talabschnitt fort. Oberhalb der Felsabstürze steht seit Jahrhunderten li. der einsame „Kofler zwischen den Wänden", einer jener alten Höfe Südtirols, welche sehr schwer zugänglich sind (Materialseilbahn von der Straße aus). Mit einer max. Steigung von 21% erreicht man die nächstfolgende Talstufe. Eine mit hohen Kosten errichtete Serpentinengruppe mit einer daran anschließenden, zirka 500 m langen Lawinenschutzgalerie, hilft den HU hinauf zum Putzerboden fast mühelos zu überwinden. Das gischtende Wildwasser stürzt hier kaskadenartig von der obersten Talstufe herab. Re. über einem Steg am Eingang des gewässerreichen Gelttales beginnt der „Erlanger Weg" als nw. Anstieg zur → Rieserfernerhütte (2791). Auf der Weiterfahrt durch den fast ebenen Talboden neben dem hier regulierten Reinbach öffnet sich zunehmend der Ausblick auf die herrliche Beckenlandschaft im O des Bergdorfes Rein (1596); die vergletscherten Dreitausender der Rieserfernergruppe bilden ein nach W offnes Hufeisen um das Bachertal. Hinterm Gh. „Bacher" findet man re. die 400 m lange Zufahrt zum Großparkplatz Bachertal. – Li. vom Bacherwirt gelangt man mit einer Steigung von 11% in das Bergdorf hinauf, biegt an der Kirche scharf re. auf das einspurige Asphaltsträßchen (nur wenig Ausweichstellen) ein, welches über den Gh. „Pichlerhof" zum Großparkplatz Knuttental leitet. Dort endet, 12.5 km von Sand in Taufers entfernt, die Fahrt. Der Parkplatz liegt am Rande der Rieserfernergruppe und die Benützung des Almfahrweges durch das Knuttental hinauf zum Klammljöchl ist nur Anrainern gestattet.

Ahornach-Obergasse, Pachlerhof (Gasteiger)*, 1572 m
An der L 48 von Sand in Taufers nach Rein hat man zwischen dem Gh. „Toblhof" und der Toblbrücke scharf li. die Abzw. (1094) des knapp zweispurigen Bergsträßchens nach Ahornach, HT, bis zur Kirche 3.6 km. Die max. Steigung beträgt 14%, Absicherung durch Leitplanken im Bj. nur spärlich, SG 2 – 3. – Im Ortsteil Untergasse hat man in der Haarnadelkehre beim Haus „Talblick" (1212) die Abzw. des einspurigen Fahrweges nach Drittelsand zur Jausenstation Aschbach (1069), HT „Unterpojen". – Das schmucke Bergdorf Ahornach (1334) schmiegt sich als sonnseitiger Balkon hoch über Sand in Taufers bzw. den Tauferer Boden an den wald- und wiesendurchzogenen Hang an. Gute Aussichtslage. Oberhalb der Kirche zweigt li. die Zufahrt nach Oberpojen (1562) ab, HT; hier Gewichtsbeschränkung 3.5 t, SG 3. – Die touristisch bedeutsamste Fortsetzung des durchwegs asphaltierten Bergsträßchens führt von Ahornach in zwei schwungvoll angelegten Kehren durch reizvolle Bergwiesen hinauf in den Ahornacher Wald und findet an der Wegverzweigung kurz vor dem Pachler Hof ihr Ende. Ab hier Fahrverbot und Sperrschranken für den Forstweg nach Pojen. Mehrere Abstellplätze am Straßenende, das zugleich AP mark. Wanderwege ist. Von Ahornach 2.6 km, SG 2 – 3. An Föhntagen ist der Luftraum oberhalb Ahornachs von zahlreichen Hängegleitern frequentiert, welche ihre sperrigen Fluggeräte über das Bergsträßchen zu den Startplätzen hinaufführen.

RW 66 **Ahornach, 1334 m – Pojen, 1498 m.** Eine leichte, familienfreundliche Runde, wobei man sowohl sonnige Wiesenhänge als auch die schattigen, weil stark bewaldeten w. Ausläufer der Durreckgruppe traversiert. Oberhalb des Tauferer Boden gibt es ein dichtes Wegenetz, welches im N durch das Pojental begrenzt wird; es gestattet mehrere Alternativen bzw. Varianten zum beschriebenen Wandervorschlag. – AP ist Ahornach mit der beachtenswerten gotischen Kirche aus dem Jahre 1512; das Innere schmückt ein reiches Netzgewölbe mit runden und viereckigen Schlußsteinen bzw. einer

Rosette. Weg 6B leitet über den Oberrieserhof (1410), dann oberhalb des Rieplechnerhofes zum Stieger in Unterpojen. Wenig weiter und bergan gelangt man über den Pojenegger zum Mühlbach, an dem noch zwei alte Getreidemühlen stehen. Ein Steg führt zu den verstreuten Höfen von Oberpojen (1562), HU 250 m, LA 1 – 2, 1 Std. – Das wenig oberhalb verlaufende Fahrsträßchen mit Mark. 10A über die Abnerhöfe ist zwar etwas kürzer und ohne „verlorene Höhen" trassiert, doch nicht frei von Belästigungen durch mot. Fahrzeuge. – Zurück auf Weg 33 hinab zur Jausenstation Aschbach (1069) und zur sehenswerten Burg Taufers (950). Die Wanderung setzt man auf Weg 2A über das Burgcafé fort bis man li. auf den mark. Fußweg 10 trifft, welcher über die Nöcklerhöfe aussichtsreich zum AP zurückleitet, 1½ Std., LA 1 – 2, Z 2½ Std. – Als Rückweg kann man auch die Variante über den Rieplechnerhof (1203) und das Haus „Talblick" (1212) an der Haarnadelkurve der Landesstraße wählen. – Hierzu Skizze 12.

Dureckgruppe-Höhenweg*, Kleines Jöchl, 2276 m und Pojenalm, 2141 m. Dieser Höhenweg in Lagen zwischen 2000 und 2300 m stellt im W der Dureckgruppe eine Verbindung zwischen Tauferer-Ahrntal und Reintal her und setzt sich aus den mark. Wegen 10, 10C, 33 und 10A zusammen. Für die komplette Runde wählt man mit Vorzug das Kirchdorf Ahornach (1334) zum AP und unternimmt die RW entgegen dem Uhrzeigersinn, also zunächst durch den Ahornacher Wald bis zum „oberen Schlafhaus" (2010), dann Anstieg zum aussichtsreichen Kleinen Jöchl und Abstieg hinab zum Mühlbach, welcher das Gebiet der Pojenalm durchfließt. Talaus setzt sich die Wanderung auf Weg 33 über die Pojenalmhütte zu den beiden Aschbachalmen fort. Ein Serpentinensteig leitet teilweise steil hinab zum Weiler Pojen (1562), der durch ein Fahrsträßchen mit Ahornach verbunden ist. Begeht man diese Runde im Uhrzeigersinn, so bietet sich Pojen als AP an. In beiden Fällen beträgt der HU 950 m, Z 3½ bis 4 Std., LA 2 – 3. – Als natürliche Fortsetzung gegen SO (Reintal) kann man den »Vegetationsweg« auffassen, welcher im Sommer durch blühende Alpenrosenfelder leitet und in der fortgeschrittenen Jahreszeit faszinierende Begegnungen mit dem berühmtesten naturalistischen Maler „Herbst" vermittelt → RW 69. **RW 67**

Der Dureckgruppe-Höhenweg setzt sich von der Pojenalm aus fort und leitet über die Pojenspitze und den Pojenkamm aussichtsreich hinüber zum Klausjoch (2579), welches den Übergang durch das Kleinklausenbachtal nach Steinhaus im Ahrntal herstellt → W 61. – Von der Wegevereinigung (2141) am Mühlbach im Gebiet der Oberen Pojenalm läßt sich leicht ein kurzer Abstecher hinauf zum Schreinsee (2325) unternehmen, welcher auf der Südseite unterhalb des Pojenkammes eingebettet liegt. Zunächst den nur mäßig ansteigenden mark. Weg 33 benützen, dann re. auf Steigspuren zum See. – Hierzu Skizze 12.

Geben Sie bei längeren Wanderungen in alpinem Gelände **Tourenziel** und Zeitpunkt der Rückkehr an Ihrem Aufenthaltsort (Hotel, Privatquartier, Campingplatz usw.) bekannt.

W 68 **Jausenstation „Kofler zwischen den Wänden", 1528 m.** Die exponierte Lage dieses Hofes ist in ganz Südtirol einzigartig. Seine Entstehung reicht bis in das Mittelalter zurück und einer Legende zufolge soll der Koflerhof auch eine Zufluchtsstätte für Verbannte gewesen sein; möglicherweise hat er diese Rolle auch während der Konfessionskriege gespielt. Die wirtschaftliche Grundlage ist heute noch das Holz der steilen Wälder seiner unmittelbaren Umgebung. Wie auf einem Balkon an einer steil abfallenden Wand befindet sich das alte Gebäude, umgeben von einem schmalen Wiesen- bzw. Ackerstreifen. Jüngst wurde auf dieser kleinen Terrasse unmittelbar neben dem Altbau ein Neubau errichtet. Die Aussicht ist etwas eingeschränkt: auf der gegenüberliegenden Talseite hat man Achter- und Putzernock, dahinter die w. Erhebungen der Rieserfernergruppe mit Großer Windscharspitze (3041), Großem Rauchkofel (3043) und Großem Fensterlekofel (3171). – Von den Zugängen ist nur mehr der „Kirchweg" aus Richtung Ahornach praktikabel; der Steig nach der anderen Seite verläuft unter den Wänden nach O und ist streckenweise schlecht auffindbar. Er ist teilweise schwierig zu begehen und auch mit einer kurzen Kletterei verbunden, welche Schwindelfreiheit voraussetzt! Der Geübte findet jedoch in ihm die kürzeste Verbindung hinauf zum Terrassenweg 10, in den er ö. des „Toten Mooses" einmündet. Ein Lastenaufzug versorgt den Koflerhof vom Reintal aus, wobei sich die Ladestelle direkt an der Landesstraße beim Steg über den reißenden Wildbach befindet. – Als AP wählt man entweder das asphaltierte Straßenende vor dem Gasteigerhof oder die kurz vorher re. abzw. Zufahrt zum Zulechnerhof (1536), wo man direkt auf den Kirchweg trifft. Der schmale Steig leitet an der früher gefürchteten „Ostawand" vorbei, doch ist dieser ausgesetzte Abschnitt jetzt durch Drahtseile so gut abgesichert, daß jeder normale Fußwanderer diese Passage ohne Schwierigkeiten überwindet, 1 Std. ab AP. Rückweg wie Hinweg, alternativ auch unter Benützung des schwer auffindbaren Verbindungssteiges vom Zulechnerhof zum Stockerhof; hierbei muß man oberhalb des Zulechnerhofes vor dem Waldrand den Zaun übersteigen. Z 2 Std., LA 1 – 2. – Hierzu Skizze 12.

RW 69 **Vegetationsweg**, Sauwipfel, 2218 m und Reintal-Terrassenweg*, Totes Moos, 1773 m.** Diese familienfreundliche Rundwanderung ist besonders lohnend. Sie verläuft auf der Südseite der Durreckgruppe durch schattige Wälder, blühende Wiesen, reizvolle Hochmoore, wie sie nur noch selten anzutreffen sind und durch sattgrüne Almböden. Die Natur enttwickelt ab der 2. Junihälfte ihren ganzen Reiz, weil dann meist alles in Blüte steht und die sie umrahmenden, schneebedeckten Berge einen herrlichen Kontrast zu den blühenden Wiesen, Sträuchern und Bäumen (wie z. B. die Lärchen) bilden, wenn das Summen honigsammelnder Bienen und die Rufe der Singvögel unüberhörbar sind. – AP ist der Pachlerhof in Ahornach-Obergasse, am asphaltierten Straßenende gelegen; hier folgt man zunächst wenige Schritte dem abgeschrankten Forstweg durch den Ahornacher Wald, um gleich scharf re. in den Weg 10C einzubiegen, HT Dur-

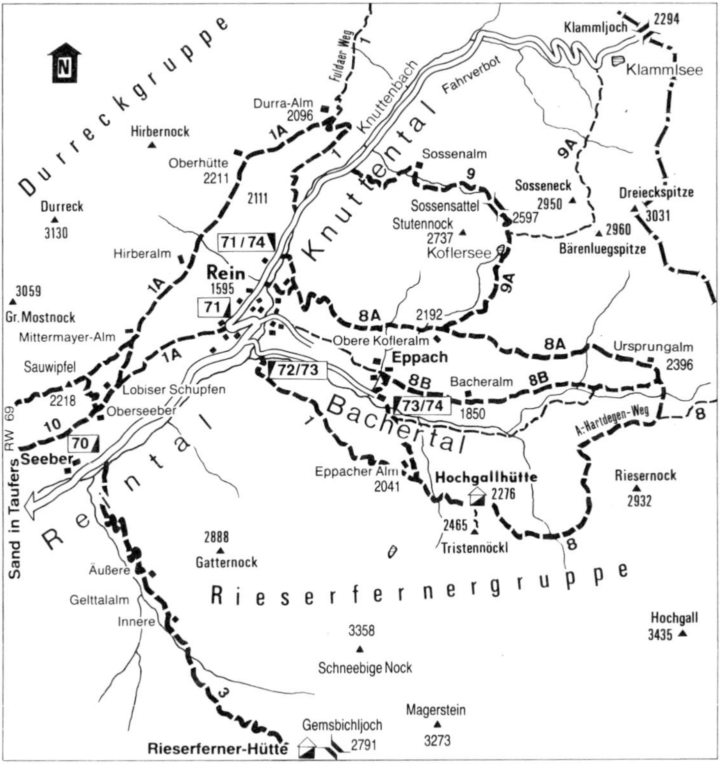

Skizze 15 Rein

eck-Höhenweg. Dieser vereinigt sich bald mit dem vom Stockerhof (1640) über die Wiesen heraufführenden Weg 10B. Dann verlaufen sie gemeinsam bis zu einer Wegespinne im Quellgebiet beim „Oberen Schlafhaus" (2010). Dort heißt es achtzugeben, daß man re. in den → »Vegetationsweg« einbiegt, welcher über den Märzen- und Moosplatz (2129) aussichtsreich zum Sauwipfel leitet, wo er seinen höchsten Punkt erreicht. Für den mit 650 Höhenmetern verbundenen Anstieg rechnet man 2 Std. Man hat nun die Wahl, vom Sauwipfel entweder sanft zur Mittermayer-Alm (1990) hinabzuwandern, wo man auf den Panoramaweg in Richtung Rein trifft oder direkt zum Oberseeber (1944) am Weg 10 abzusteigen. In ständigem, leichten Gefälle leitet der Terrassenweg 10 vorwiegend durch schattigen Nadelwald, dann am sehenswerten „Toten Moos" vorbei, um wenig später die höchstgelegenen Höfe von Ahornach aufzufädeln und zum AP zurückzukehren. Z 3½ Std., LA 1 – 2. – Hierzu Skizzen 12 und 15.

W 70 **Rieserferner-Hütte auf dem Gemsbichljoch**, 2791 m, AP Seeber im Reintal.** Die neue Hütte der AVS-Sektionen Bozen und Bruneck steht seit 1980 neben der abgebrochenen, ehem. Fürther Hütte im sw. Teil der Rieserfernergruppe. Der »Erlanger Weg« mit rot-weiß-roter Mark. 3 beginnt im Weiler Seeber (1528) an der Straße nach Rein, kurz nach Erreichen der obersten Talstufe. Unmittelbar neben der Landesstraße findet man hier nur wenige Abstellplätze. Über einen Steg folgt man re. auf dem reizvoll gelegenen Putzerboden der HT „Rieserferner-Hütte". Man wandert zunächst zur Putzeralm, dann am Geltbach talein zur Äußeren (1995) und zur Inneren (2070) Gelttalalm, 1½ Std. Von der äußeren Alm bietet sich der eindrucksvolle Blick auf den Fensterlekofel und auf die beiden Rauchkofel mit den herabziehenden Althauskees (Kees = Gletscher). – Der Hüttenweg steigt nun im wasserreichen Quellgebiet des Geltbaches steiler bergan, wobei sich die Ausblicke hauptsächlich auf den Schneebigen Nock, auch Ruthner Horn (3358) genannt, und auf die Schwarze Wand (3105) richten. Nach 3½ bis 4 Std. ab AP ist die Rieserferner-Hütte auf dem, eine imposante Aussicht bietenden Joch, erreicht. HU 1270 m! LA 2 – 3. Abstieg wie Anstieg, Z 6 bis 6½ Std. Nordanstieg durch das Gelttal in der Regel nur zwischen Juli und Ende September begehbar, im Gegensatz zum lange Zeit aperen (= schneefreien) Südanstieg aus dem Antholzer Tal → W 75. – Hierzu Skizze 15.

RW 71 **Panoramaweg Knuttental**, Oberhütte, 2211 m.** Eine der schönsten, familienfreundlichen Wanderungen zwischen dem Südtiroler Pustertal und den Zillertaler Alpen! Der Panoramaweg schließt praktisch im SO der Durreckgruppe an den »Vegetationsweg« → RW 69 nach NO an. Stellt man sein Fahrzeug in Rein (1596) ab, so findet man nahe der Kirche den AP für die Wege 1A und 10, welche bis zu den Lobiser Schupfen (1959) eine gemeinsame Streckenführung haben. An der Wegeteilung hält man sich dann scharf re. und folgt weiter nur mehr der Mark. 1A. – Vom Dorf leitet auch ein teilweise steiler, direkter Steig über den Hirberhof zur Hirberalm hinauf, welche sich direkt neben dem Panoramaweg ausbreitet. Der weitere Anstieg zur Oberhütte, wo man den Kulminationspunkt erreicht, ist sanft. In mäßigem Gefälle gelangt man wenig weiter zur Durra-Alm (2096), welche während der Sommermonate einfach bewirtsch. ist. Der Panoramaweg verläuft in seiner gesamten Ausdehnung oberhalb der Baumgrenze über eine Hochterrasse, welche prächtige Ausblicke auf die Erhebungen der Rieserfernergruppe mit ihren weit herabziehenden Gletschern bietet. Zu Füßen dieser großartigen Bergwelt breitet sich das Ursprung- und Bachertal aus, wobei der Talboden nach NW wie ein Hufeisen geöffnet ist. Am malerischsten sind hier natürlich die Kontraste im Herbst, wenn der erste Frost die Lärchenwälder zunächst in ein zartes Zitronengelb verwandelt hat, dann in einem satten Orange aufflammen läßt, die sonnendurchfluteten Weideflächen sich aber noch saftig grün zeigen – und das alles von Gletscherbergen umrahmt wird. Von der Durra-Alm wandert man auf dem »Fuldaer Weg« Nr. 1, zuletzt steil hinab ins Knuttental, wo vor den oberen Höfen ein Großparkplatz angelegt wurde, an dem das Wildwasser des Knuttenbaches vorbeirauscht. Dieser Parkplatz eignet sich für die beschriebene RW, jedoch in umgekehrter Richtung, weiters als AP zum Anstieg der Bretterscharte und Weißen Wand → W 62, als AP für den »Arthur-Hartdegen-Weg« → RW 73 und auch für den Anstieg über die Kofleralm zum Koflersee → RW 74. Die Rundwanderung »Panoramaweg Knuttental« beendet man mit der Rückkehr in das Dorf entweder auf dem schmalen Asphaltsträßchen oder alternativ auf einem Fußweg, welcher vom Gh. Pichler seinen Anfang nimmt, dann oberhalb der Straße den Hang quert, um schließlich beim Reiner Hof den AP zu erreichen. HU 615 m, Z 2½ – 3 Std., LA 2. – Hierzu Skizze 15.

Kasseler Hütte (Hochgallhütte), 2276 m.** Ihr Standort in aussichtsreicher Lage ist im obersten Reintal n. des Schneebigen Nock (3358) und des Hochgall (3436), von welchen höchsten Erhebungen der Rieserfernergruppe der ausgedehnte westliche und östliche Ferner herabziehen. Die Hütte wurde 1895 von der Sektion Sand in Taufers des DÖAV errichtet, befindet sich jetzt im Staatsbesitz und wird von der CAI-Sektion Rom verwaltet. Ohne Zweifel ist sie ein lohnendes, eigenständiges Tourenziel und kann auf zwei verschiedenen Wegen erreicht werden: benützt man als AP den Großparkplatz (1541) am Eingang in das Bachertal, so beginnt auf der gegenüberliegenden Bachseite (hier ein Steg) Weg 1 über die Terner Alm zur Wegevereinigung an der Eppacher Alm (2041), 1½ Std.; von dort hat man noch einen Aufstieg über den Tristenbach von zirka 45 Min. – Einen anderen AP findet man an der Säge (1580) im mittleren Bachertal vor; hier leitet Weg 8 oberhalb eines Wasserfalles ebenfalls zur Eppacher Alm, jedoch steiler als Weg 1. Der weitere Anstieg ist ident mit dem eingangs beschriebenen Hüttenweg, vom AP 2 Std. Als naturkundliche Besonderheit gilt der Zirbengürtel am nahen Tristennöckl (2465), welcher als höchstgelegener Zirbenbestand der Ostalpen festgestellt wurde. Der Nöcklgipfel ist zuletzt über einen Klettersteig erreichbar! – Abstieg von der Kasseler Hütte wie Anstieg. HU 735 bzw. 700 m, Z 3½ Std., LA 2. – Hierzu Skizze 15. **W 72**

Arthur-Hartdegen-Weg, Ursprungalm, 2396 m.** Im engeren Sinn handelt es sich um den Höhenweg zwischen der Ursprungalm und der Kasseler Hütte, welcher sich gut in eine Rundwanderung einbinden läßt, wenn man für die „Kleine Runde“ die Säge (1580) im mittleren Bachertal als AP wählt. Zunächst auf einem Steig hinauf zu den verstreut liegenden Berghöfen von Eppach am Weg 8E und über die Bacheralm (1850) talein in den Ursprungwinkel, 1½ Std.; als Alternative gilt der Talweg 8C über die Furtalm und an einem Wasserfall vorbei, hinauf zur Vereinigung (1998) mit dem Terrassensweg 8B. Im weiteren Anstieg gelangt man in das Gebiet der Ursprungalm, wo man auf Weg 8A, als »Arthur-Hartdegen-Weg« bez., trifft, 1 Std. Unterhalb des Lenksteins (3237) quert man zunächst den Ursprungbach, umwandert dann den Westabfall des Riesernocks (2932) und tritt in eine Moränenlandschaft ein, die vorwiegend aus Schutt, Felsblöcken und Gletscherschliffen besteht. Der Plattnerbach wird mit seinen drei Armen über- **RW 73**

wunden. Nach Bewältigung der Hochgallmoräne muß man noch den hier entspringenden Reinbach überschreiten, ehe der Weg bei mäßigem Gefälle die bewirtsch. Kasseler Hütte (2276) erreicht, 2 Std. – Der weitere Abstieg erfolgt über die Eppacher Alm (2041) auf den Wegen 1 bzw. 8 hinab zum Abstellplatz an der Säge, 1½ Std. – HU 800 m, Z 6 Std., LA 2 – 3, Ausdauer und Trittsicherheit sind erforderlich. Der Weg ist stellenweise, besonders bei den Überquerungen von Wasserläufen stark unterspült!

Als „Große Runde" bezeichnet man die Strecke vom Großparkplatz Knuttental (1675) über die Obere Kofleralm (2192) zur Ursprungalm, daran schließt nahtlos die eingangs beschriebene Talschlußstrecke der „Kleinen Runde" als Kernstück an. Rückkehr ab Kasseler Hütte auf den Wegen 1 oder 8 nach Rein und weiter zurück in das Knuttental, falls man es nicht vorgezogen hatte, sein Fahrzeug bereits beim Gh. „Pichler" (1636) abzustellen; von dort gibt es nämlich einen Abkürzer über den „Ebnerhof" zum Weg 8A. Für die „Große Runde" muß ein Z von 7½ Std. in Ansatz gebracht werden, die LA ist mit 3 zu beurteilen. – Hierzu Skizze 15.

RW Kofleralm*, 2192 m, Koflersee, 2439 m und Sossensattel*, 2597 m.**
74 Im Quellgebiet des Koflerbaches liegt ö. des Stutennock (2737) eine Seenplatte mit zwei durchflossenen Bergseen und weiteren drei Seeaugen; letztere dienen ohne Zu- und Abfluß nur als Sammelbecken. Diese Bergregion übt auf den Wanderer besondere Reize aus und ist deshalb ein gern besuchtes Zielgebiet, welches man in der Regel in eine abwechslungsvolle Rundwanderung einbezieht. – AP ist der anfahrbare Gh. „Pichler" (1636); falls man sich zu einer RW entschließt, liegt der Großparkplatz Knuttental (1675) noch günstiger. Zunächst Anstieg auf dem gut mark., meist bewaldeten »Arthur-Hartdegen-Weg« 8A bis zur Oberen Kofleralm 1½ Std.; hier verläßt man den Weg, der in Richtung Ursprungalm (2396) weiterführt und folgt dem Steig 9A hinauf zum Koflersee. An wolkenlosen Tagen spiegelt sich darin die Dreieckspitze (3031). Während re. der Steig 9A zum Klammlsee leitet, hat man li. den Steig 9 hinauf zum Sossensattel, 3 Std. ab AP. Der Abstieg führt an der Sossenalm vorbei und zuletzt über eine steile Talstufe hinab ins Knuttental, wo man auf dem Almfahrweg in s. Richtung zum Parkplatz zurückkehrt. – HU 950 m, Z 5 bis 6 Std., LA 2 – 3. – Hierzu Skizze 15.

Staller Sattel, 2052 m**

Der landschaftlich reizvolle Übergang zwischen Süd- und Osttirol ist nur für Pkw- und Zweiradfahrer auf seiner w. Rampe zwischen dem Antholzer See und der Scheitelhöhe zugelassen. Diese Beschränkungen gibt es auf der Ostrampe nicht. Beim Restaurant am Untersee beginnt die 5 km lange Bergstrecke mit zeitlich geregeltem Richtungsverkehr: Auffahrt jeweils zwischen der 30. und 45. Min.; sie muß bis zur 60. Min. vollzogen sein. Die Abfahrt von der Paßhöhe hinab zum Untersee ist nur zwischen der 1. und 15. Min. je Stunde gestattet! Bergstrecke im W nur einspurig mit wenigen Ausweichstellen, max. 12% Steigung, Leitplanken, staubfrei, SG 2-3. Geöffnet von 7 bis 21 Uhr Sommerzeit.

Hochpustertal

Antholzer Tal

Rieserferner-Hütte „Hans Forcher-Mayr" auf dem Gemsbichljoch, 2791 m, AP Antholz.** Die neue Hütte der AVS-Sektionen Bozen und Bruneck steht seit 1980 neben der abgebrochenen, alten Fürther Hütte im sw. Teil der Rieserfernergruppe. Sowohl aus dem Reintal durch das → Gelttal als auch von Antholz-Mittertal führen die meistbegangenen Wege. Zur Hütte gelangt man aber auch von Oberwielenbach durch das Wielental und über die Wieler Scharte (3057) in 4 bis 5 Std. und von Mühlbach ob Gais durch das Mühlbachtal und über das Mühlbacher Joch (2957) in 5 Std. Der Anstieg von SO aus dem Antholzer Tal ist am frühesten im Jahr schneefrei und bleibt auch nach sommerlichen Wetterstürzen ohne wesentliche Behinderungen passierbar. Der Hüttenweg über das Mühlbacher Joch leitet über den Gelttalferner und eignet sich nur für geübte Eisgeher! Der Hüttenweg über die Wieler Scharte tangiert den Gletscher unterhalb der Kleinweiße (2972) und der Starkspitze (2894). Die Hütte ist von Mitte Juni bis Ende Sept. geöffnet. W 75

Von Antholz-Mittertal (1241) hat man einen Fahrweg über die Sportzone und den Festplatz zunächst in Richtung Eggerhöfe (1349). An der Wegeteilung jedoch sich scharf li. halten und der Bez. 12 folgen! Das Fahrzeug stellt man dann unterhalb der Kumpflalm (1630) ab und benützt den nach N abzw. und durch den Kopfwald führenden „Mittertaler Höhenweg"; dieser führt in eine Höhenlage bis zirka 1850 m, um dann 170 m an Höhe bis zur Vereinigung mit dem Hüttenweg 3 im Klammbachtal zu verlieren. An der darauffolgenden Wegeteilung bleibt man li. auf dem Hüttenweg. Der Steig leitet an dem vom Klammbach gebildeten Wasserfall vorbei und in zahlreichen, kurzen Serpentinen hinauf zum Gemsbichljoch, auf dem die Hütte hoch über dem Gelttalferner steht. Man genießt eindrucksvolle Tiefblicke hinab durch das Antholzer Tal. Das Joch wird im N von der Gelttalspitze (3126) und im SW von der Schwarzen Wand (3105) überragt. – HU 1160 m, 3 ½ Std., LA 2–3. Abstieg wie Anstieg, Z 5 ½ Std. – Der Anstieg von Antholz-Obertal, AP St. Josefskapelle, führt zunächst am Steinzgerhof (1418) vorbei, dann auf dem teilweise steilen „Kornbräuteweg" Nr. 10 hinauf zur Schwörzalm (1661), HT. Wenig oberhalb des Hartmannsteins Vereinigung mit dem Hüttenweg Nr. 3.

Antholzer See (Untersee)*, 1638 m. Romantisch-verträumt liegt der drittgrößte Natursee Südtirols in einem Trogtal eingebettet, umsäumt von Nadelwäldern, die bis an seine Ufer heranreichen. Als höchste Erhebung der Rieserfernergruppe zeigt sich im NW der Hochgall (3436), dem der Wildgall (3272) vorgelagert ist. Als Tor nach Osttirol zeichnet sich im O die Kontur des Staller Sattels vom Horizont ab. RW 76

Geeignete AP für eine Umrundung des Sees findet man sowohl in Antholz-Obertal bei der Pension Brunner als auch wenig unterhalb des Sporthotels Wildgall (1556), letzterer an der neuen Straße. Es empfiehlt sich, das hier angrenzende Tiefmoos in die Wanderung einzubeziehen. Von der Pension Brunner zunächst über die Brücke und nach Querung des Antholzer Baches auf dem mit „Seeweg" und 11 bez. Forstweg über den abseits gelegenen Biathlon-Schießplatz zum w. See-Ende. Auf dem n. Uferweg zum See-Restaurant bzw. zum Gh. Enzian mit großem Parkplatz, der auch als Puffer für die wartenden Einbahnfahrer (Verkehr zum Staller Sattel ist zeitlich geregelt) eingerichtet wurde, 1 Std. – Zurück auf der im Sommer gut frequentierten Uferstraße. Ein Damhirschgehege nahe der Villa Mattei findet bei jung und alt Interesse. Will man auf der weiteren Rückkehr die belebte Asphaltstraße meiden, so kann man beim Abfluß des Antholzer Baches am w. See-Ende den Steg benützen, welcher mit dem Seeweg verbindet. Kaum nennenswerte Höhenunterschiede, LA 1, Z 2 Std., eine leichte, familienfreundliche Runde! – Hierzu Skizze 17.

RW 77 **Rund um das „Biotop Rasen-Antholz", 1075 m.** Das reaktivierte Moor ist zweifellos eines der schönsten, wenn nicht das interessanteste Moorgebiet s. der Alpenhauptkammlinie mit reicher, arteneigener Flora und Fauna. Beschilderte Zufahrt zum Biotop von Oberrasen aus auf einem Forstweg, eine andere leitet von Bad Salomonsbrunn (radioaktive Quelle) über die Brücke des Antholzer Baches zu einem bez. Platz mit allerdings nur begrenzter Parkmöglichkeit für Pkw; der Platz liegt am n. Teil des Biotops. – Die Gehzeit von Oberrasen bis zum eigentlichen Moorgebiet beträgt 30 Min. Für den Wanderer wurde das Schutzgebiet mit zwei mark. (roter Kreis bzw. rotes Viereck) Naturlehrpfaden und den Moorumgehungspfad erschlossen. LA 1, Z 2 Std. Informationstafeln vermitteln viel Wissenswertes. Durch sechs, im Zuge der Reaktivierung angelegte kleine Teiche, soll der Grundwasserspiegel wieder gehoben und eine Versteppung vermieden werden. Für Stockenten und Teichhühner bildet der Schilfgürtel im N des Biotops einen willkommenen Brutplatz; dort ist auch genug Futter vorhanden, und die dichte Vegetation bildet außerdem einen sicheren Unterschlupf. Unter den gefiederten Sängern sind es Meisen aller Arten sowie Birken- und Erlenzeisige, Finken, Bachstelzen, Braun- und Blaukehlchen, Schilfrohrsänger, Goldhähnchen, Gimpel, Singdrosseln und Wacholderdrosseln, Goldammern, Lerchen, welche das Moor beleben; im Frühjahr ruft der Kuckuck. – Am Rande sei vermerkt, daß der Name Rasen keltischen Ursprungs ist, denn „Resine", später auch „Rasine" bedeuteten soviel wie Sumpf. – Hierzu Skizze 16.

Wegen ihrer meist langanhaltenden Beständigkeit bildet die im Volksmund unter dem Namen **»Altweibersommer«** bekannte Schönwetterperiode die für genußreiche **Bergwanderungen** wohl idealste Jahreszeit. Gewissenhaft durchgeführte meteorologische Untersuchungen zeigten, daß dieser begehrte Nachsommer mit 70prozentiger Wahrscheinlichkeit jedes Jahr zu erwarten ist.

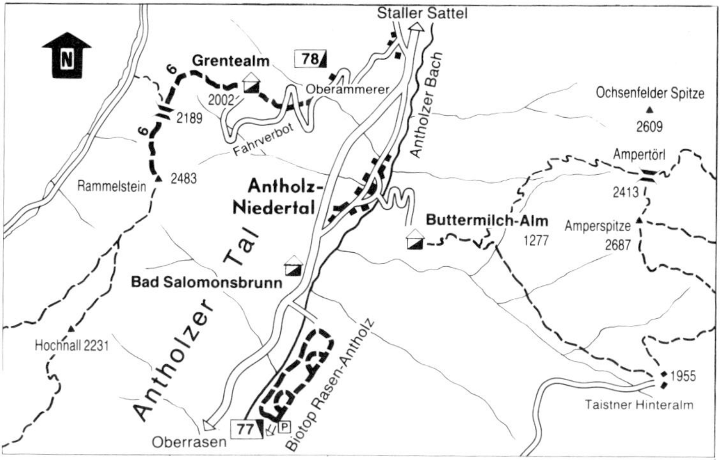

Skizze 16 Antholz

Rammelstein, 2483 m, AP Antholz-Mittertal.** Der auch unter → RW 40 beschriebene Aussichtsberg läßt sich ebenso von NO her, aus dem Antholzer Tal günstig besteigen. Auf der Hauptstraße fährt man zwischen Niedertal und Obertal am Riepenlift vorbei und gelangt 500 m weiter, li. zur Abzw. des Wirtschaftsweges Grentealm, den man bis zum Oberammerer (1402) öffentlich befahren darf. Wandert man auf diesem weiter bergan, so stößt man nach Querung des Bichlbaches auf den Grentesteig mit Mark. 6, dem man über die bewirtsch. Grentealm (2002) hinauf zur Scharte (2189) folgt. Zuletzt über den felsigen Grat auf den Gipfel, vom AP bis zum Ziel 2 ½ bis 3 Std. Abstieg wie Anstieg, alternativ ist die streckenweise Benützung des Almfahrweges möglich. Z 4 ½ Std., LA 2. – Hierzu Skizze 16. **W 78**

Rote Wand, 2817 m.** Trittsicheren Bergwanderern kann die Besteigung dieses prächtigen Aussichtsberges empfohlen werden. Dieser relativ selten aufgesuchte Gipfel bietet dank seiner günstigen Lage im S der Rieserfernergruppe eine überraschend weitreichende Aussicht: An klaren Herbsttagen, wenn kein Dunstschleier den Blick auf ferne Höhen verwehrt, erkennt das geübte Auge im W den weißen Firndom des Ortlers und im SO über vorgelagerten Bergzügen den Triglav, die höchste Erhebung Jugoslawiens. Im N, unmittelbar jenseits vom Antholzer Tal ragen die gewaltigen Wandfluchten der Rieserfernergruppe mit Hochgall (3435) und Wildgall (3273) auf. – AP für die lohnende Bergtour ist der Scheitel des Staller Sattels. Der Steig mit Mark. 7 verläuft durch das einsame Hochtal des Ackstallbaches, in dem Begegnungen mit Gemsen und Murmeltieren keine Seltenheit sind. Für den Anstieg rechnet man bei 769 m HU 2 ½ Std. Abstieg 1 ½ Std. wie Anstiegsweg, LA 2, Z 4 Std. – Hierzu Skizze 17. **W 79**

Gsieser Tal

Taisten, 1221 m und Imberg*, Gh. „Mudler", 1590 m.
Das Sonnendorf Taisten hat Mittelgebirgslage, d. h. es liegt auf einer eiszeitlichen Schulter des von der Rienz durchflossenen Pustertales, abseits vom kaum abreißenden Durchzugsverkehr im Tal. Man genießt prächtige Ausblicke über die breite Talfurche hinweg auf die gegenüberliegende Seite mit der ersten Reihe der „Bleichen Berge" (lies Dolomiten) vom Haunold bis zum Peitlerkofel. Hingegen begrenzen im N Lutterkopf, Salzla und das Rudlhorn, der Taistner Hausberg, die Sicht vom Dorf aus.

Der Ort wird hauptsächlich von Welsberg (1087) aus über die Straße in das Gsieser Tal angefahren, HT. Es ist aber auch möglich, Taisten über schmale, jedoch asphaltierte Bergsträßchen sowohl aus Richtung Olang über den Gostner Berg, das Gh. Obergoste (1323) als auch aus Richtung Gsies über Schindelholz (1478) zu erreichen. Die Verbindung über den Gostner Berg ist nur einspurig und mit Ausweichstellen versehen, jene über Schindelholz jedoch vorwiegend zweispurig, SG 3 (ausgesetzte Stellen sind durch Leitplanken abgesichert) bzw. SG 2 – 3.

Von Bedeutung ist das 4 km lange Bergsträßchen von Taisten hinauf zum Gh. „Mudler", welches im Schnittpunkt mehrerer Wanderwege liegt, SG 3, durchgehend asphaltiert; von ihm zweigt die Zufahrt zum Gh. „Lienharter" (1421) ab, HT. – Die forst- bzw. agrarwirtschaftlichen Fahrwege zur Taistner Alm (1955) bzw. über Haspa zur Ladstatt (1500) können öffentlich nicht benützt werden.

RW 80 **Welsberg-Taisten, 1221 m.** Eine leichte Rundwanderung durch die typische Kulturlandschaft des oberen Pustertales, wobei Schloß Welsberg, die Ruine Turn, das Dorf Taisten mit der sehenswerten Pfarrkirche (prunkreiches Rokoko) und der spätgotischen St. Georgskirche mit bemerkenswerten Fresken, während des Abstieges der Burgstallhügel mit dem Klarissenkloster berührt werden. – Man steigt vom nö. Ortsrand auf dem Fahrweg mit Mark. 41A bis zur Schloßzufahrt an, geht geradeaus auf der li. Bachseite auf bequemem, bewaldeten Wanderweg fast eben talein. Die Ruine Turn ragt hinter dem Schloß auf. In Höhe der Brücke zweigt man li. ab, quert den Gsieser Bach und die Hauptstraße. Am Gh. „Zur Brücke" vorbei, gelangt man bald in den Weiler Wiesen. Nach Taisten entweder auf dem direkten Sträßchen über den Talacherhof oder über den mark. Weg 55, welcher den Rundlgraben quert. Bis zum Heimatort des bekannten Malers Simon von Taisten, dem das Christophorus-Außenfresko am turmlosen St. Georgskirchlein zugeschrieben wird, sind es vom AP 1½ Std. Gehzeit. Der Abstieg von der Wiesenterrasse hinab nach Welsberg vollzieht sich in ca. 40 Gehmin. auf Weg 38, der am Kloster vorbeileitet. Bemerkenswert sind die Ausblicke auf die Pragser Dolomiten mit Herrstein, Großen Roßkopf (2559) und Dürrenstein (2839) u. a. Erhebungen. Z gute 2 Std., HU nur 134 m, LA 1. – Hierzu Skizze 18.

Rastplätze sollte man stets so verlassen, wie man sie anzutreffen wünscht. Sorgloses Auslösen von Wald- und Flächenbränden durch Wegwerfen brennender Streichhölzer, Zigarren und Zigaretten ist unbedingt zu vermeiden.

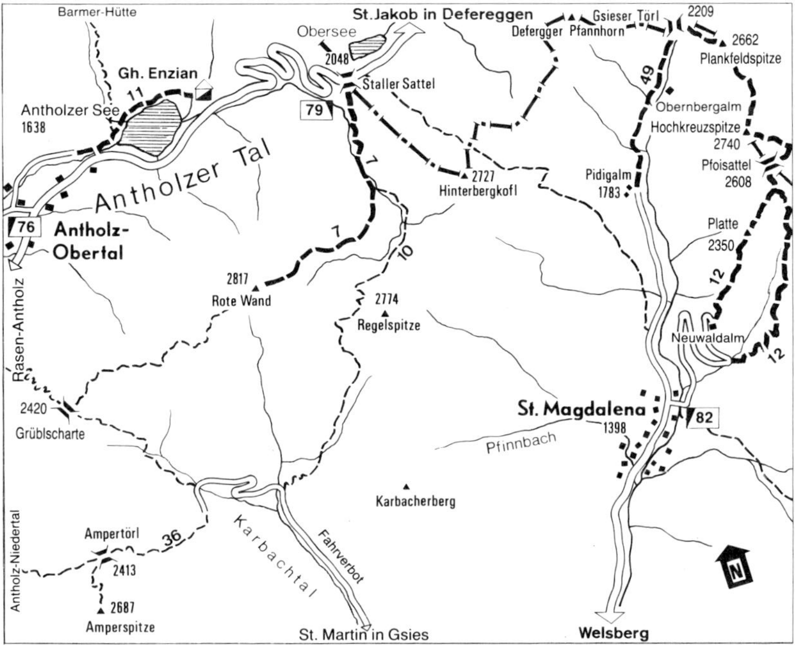

Skizze 17 Staller Sattel

Lutterkopf*, 2145 m und Durakopf*, 2275 m. Der anfahrbare Gh. „Mudler" (1590) bzw. der benachbarte Imberghof in prächtiger Lage nw. von Taisten sind günstige AP für eine lohnende Besteigung. Der nur wenig ausgeprägte Eckpfeiler eines langen, im Durakopf kulminierenden Gratrückens vermittelt eine bemerkenswerte Rundschau, die durch den malerischen Gegensatz zwischen der grünen Welt des Pustertales und den kühnen Zakkenreihen der Dolomiten ihren besonderen Akzent gewinnt. Man folgt der Mark. 31, welche die Kehren des Forststräßchens abkürzt. An der Kote 1860 hält man sich bei der Wegeteilung re. und bleibt auf Weg 31, der zum Lutterkopf leitet, 1¾ Std. vom Gh. Mudler. – Will man unter Einbeziehung des Durakopfes eine Runde unternehmen, so kann man auf dem Grat, stets der Mark. 31 folgend, weiterwandern. Nach sanftem Anstieg und mit nur 130 m HU ist der Durakopf erreicht. Diese Erhebung ist auch unter der Bez. „Salomon" bekannt, wovon sich wiederum der Name „Salomonsbrunn", ein stets gern besuchtes Bauernbadl im Antholzer Tal ableitet. Zum Greifen nahe ragt im SO das → Rudlhorn (2448) auf, welches sich aus dem Gsieser Tal über den anfahrbaren Weiler Schindelholz (1478) in knapp 3 Std. bestei- **RW 81**

gen läßt. Im N zeigt sich die Amperspitze (2687); dieser berühmte Aussichtsberg ist jetzt am günstigsten von der Taistner Hinteralm (1955) aus erreichbar, nachdem die Zufahrt durch das Karbachtal in den Talschluß nur mehr berechtigten Anrainern gestattet ist. – HU vom AP 685 m, Anstieg $2^1/_2$ Std., LA 2. – Die Runde setzt man fort mit einem kurzen Abstieg zum Forststräßchen, welches über die Brunnerwiesen zum Gh. „Mudler" hinabführt. Z 4 Std., LA 2. – Hierzu Skizze 18.

RW 82 **Pfoisattel*, 2608 m, Hochkreuzspitze**, 2740 m und Gsieser Törl, 2209 m.** Das oberste Gsieser Tal bietet gute Möglichkeiten zu interessanten Gipfelbesteigungen. Etwas Orientierungsvermögen und Erfahrung auch in unwegsamem Gelände ist dabei manchmal erforderlich, da die Mark. auf manchen Strecken noch bescheiden angebracht sind. Als besonders lohnend gilt eine Besteigung der Hochkreuzspitze, einer prächtigen Aussichtswarte auf der Ostseite des Tales, im Grenzverlauf mit Österreich gelegen. AP ist die Pidigbachbrücke (1475), in deren Nähe sich mehrere kleine Täler vereinigen. Man folgt auf der orogr. li. Bachseite der Mark. 12 bis zum Ausgang des Pfoitales; hier steht ein Wegkreuz (1522). Nun auf dem Almfahrweg talein. Nach ca. 2 km hat man eine Wegeteilung: li. über die Neuwaldalm (2042) hinauf zur Platte (2350) und über den Höhenrücken zur Wegevereinigung mit dem am Bach heraufführenden Weg, beide mit 12 bez. Auf dem Pfoisattel, welcher einen Übergang in das Defregger Tal bildet, überschreitet man die Staatsgrenze (in der Grenzzone unbedingt Ausweispapiere mitführen!) Kurzer Abstieg bis man auf den, von der bewirtsch. Stalle-Alm (1714) heraufziehenden AV-Weg 328 trifft, auf diesem dann scharf li. hinauf zum Gipfel. – Im Anstieg sind 1260 m HU in $3^1/_2$ Std. zu überwinden, LA 2 – 3. Entweder durch das Pfoital zurück (Alternativwege über die Platte bzw. am Pfoibach), Z $5^1/_2$ Std., oder man unternimmt die großartige Kammwanderung über die Plankfeldspitze (2662) zum Gsieser Törl (2209), $1^1/_2$ Std., einem bekannten Übergang zwischen Süd- und Osttirol. Der weitere Rückweg vollzieht sich über die Obernberg- und Pidigalm (1783), dann in Bachnähe zum AP in weiteren 2 Std. Diese Rundwanderung ist zwar sehr abwechslungsreich, erfordert jedoch wegen der Gesamtgehzeit von $7^1/_2$ Std. viel Ausdauer, LA 3! Sie läßt sich abkürzen, wenn man sie in umgekehrter Richtung unternimmt und sich mit dem Jeeptaxi bis zur Obernbergalm (2161) befördern läßt. Dann hat man nämlich nur mehr einen sanften Anstieg zum Gsieser Törl von zirka 30 Min., daran anschließend eine Gratwanderung zur Hochkreuzspitze von 2 Std. – Für den Anstieg bis zur Pidigbachbrücke sind weitere 2 Std. zu veranschlagen, sodaß mit einem Z von $4^1/_2$ Std. zu rechnen ist, LA 2 – 3. – Hierzu Skizze 17.

Das Bergwandern ist das beste Kreislauftraining, insbesondere dann, wenn Höhenunterschiede zu überwinden sind. Das Absinken des Sauerstoff-Partialdruckes und des Luftdruckes ist bereits ein Belastungsmoment, das etwa bis 2000 m mühelos durch den Organismus ausgeglichen werden kann, darüberhinaus aber bereits echt spürbar wird. Daher wäre ein rascher Höhenwechsel, etwa die Wochenendbesteigung eines Dreitausenders nur solchen Menschen zuzumuten, die ein solides Vortraining mitbringen.

Skizze 18 Gsieser Tal

Rudlhorn, 2448 m.** Einer der lohnendsten Aussichtsberge zwischen dem Antholzer- und dem Gsieser Tal ist ohne Zweifel das pyramidenförmige Rudlhorn. Seine Aussicht umfaßt sowohl zahlreiche Dolomitengipfel, als auch die meistens schneebedeckten Erhebungen der Rieserfernergruppe und der Zillertaler Alpen. Im NO hat man die Defregger Alpen, im SO zeigen sich hinter dem weit vorgeschobenen Helm die Berge des Karnischen Kammes. – Es bieten sich von mehreren Seiten Anstiegsmöglichkeiten an: der wohl kürzeste, jedoch auch steilste Anstieg leitet vom anfahrbaren Weiler Schindelholz (1478) im SO aus dem Gsieser Tal in 3 Std. zum Gipfel, Mark. 54, HU 970 m, LA 3. – Der weiteste, jedoch bequemere Anstieg führt vom SW her, wobei der anfahrbare Gh. „Mudler" AP ist. Über die Taistner Hinteralm (1955), die Ochsenalm (2124) und den Innerriedl gelangt man durch das Schuttkar zur Scharte und auf einem Steig neben dem Grat von O her zum Gipfel, 3½ bis 4 Std., LA 2–3. – Auch läßt sich der Weg zum Rudlhorn mit der Höhenwanderung über Lutterkopf-Durakopf → RW 81 verbinden. Hierbei ist zu beachten, daß man den kurzen Zwischenabstieg vom Durakopf in Richtung Taistner Vorderalm nur bis in das Quellgebiet des Taistner Baches unternimmt und nicht ganz hinab zur Alpe. Mit einem steilen, weglosen Anstieg über die w. Hänge gelangt man schließlich zum Gipfel; vom „Mudler" 3½ Std., LA 2–3. – Schließlich führt ein anderer Weg vom Gh. „Mudler" über die Hubertuskapelle und das nicht öffentlich zugängliche „Jagerstüberl" direkt zur Taistner Vorderalm. Fortsetzung wie bei Variante Durakopf beschrieben. – Hinab nach Schindelholz läßt sich kein anderer Rückweg antreten, weil dorthin Alternativen fehlen. – Hierzu Skizze 18.

RW 83

W 84 **Römerweg, Kirchberg, 1715 m.** Der Römerweg verbindet Alttoblach (1241) über den Sattel und den Kirchberg mit Schloß Welsberg (1150). Der mit Nr. 41 gut mark. Weg verläuft über einen Höhenrücken des weit gegen die Rienz vorgeschobenen Mittelgebirges. In ständigem Wechsel durchmißt man Wiesen und Wälder auf dieser abwechslungsvollen Wanderung, doch hat man nur selten freie Blicke nach S auf die vielgezackten Dolomiten. Der Römerweg führt oberhalb der weitverstreuten, sonnseitig gelegenen Höfe, welche unter dem Sammelbegriff „Eggerberg" der Bevölkerung geläufig sind. Die obere Besiedelungsgrenze erreicht hier Höhenlagen von 1500 m und wenig darüber. – Als Zufahrten, von der SS.49 ausgehend, bieten sich an: im W das Sträßchen von Welsberg zum Schloß Welsberg, von Niederdorf (1163) über die Kirche St. Magdalena im Moos, einer sehenswerten gotischen Landkirche, auf der Bergerstraße zum Stockerhof und weiter zur Aussichtswarte beim Hof Stiegen (1500), von Niederdorf über das Gut Brandhäusl zur Abzw. Knollhof bzw. zur Abzw. des Verbindungsweges 46, welcher bei Kote 1636 in den Römerweg einmündet, im O von Alttoblach über Aufkirchen (1337) nach Melaten (1513) mit Anstieg auf mark. Forstweg Nr. 7 zum Sattel (1709). Schließlich kommen noch die Straße zum Parkplatz im Weiler Radsberg (1606) bzw. der Radsberg-Sessellift (Talstation am Silvesterbach im NO von Alttoblach) in Betracht. Alle genannten Punkte bieten eine günstige Ausgangsbasis für leichte, familienfreundliche Wanderungen. Ist man einmal auf dem Römerweg, so braucht man nur der Mark. 41 folgen. Für die gesamte Distanz Radsberg – Schloß Welsberg muß man $2^1/_2$ bis 3 Std. veranschlagen bzw. mit einem Z von 5 bis 6 Std. rechnen. LA 1 – 2. Streckenweise gibt es Alternativen und jedermann hat die Möglichkeit zu variieren oder seiner LA entsprechend zu kürzen. Der HU schwankt im Durchschnitt zwischen 250 und 300 m. Während sich im ö. Bereich die Ausblicke gegen Hohe Gaisl, Dürrenstein, Birkenkofel und Haunold richten, werden weiter w. auch die Ausblicke auf den Großen Seekofel und den Cristallo frei. – Hierzu Skizze 18.

RW 85 **Rund um den Radsberg*, Kreuzfeichten, 1800 m.** Günstige AP sind entweder der Gh. „Jörgerhof" (1580) auf dem Radsberg oder der Weiler Stadlen (1612), welchen man aus dem Silvestertal über das Bergdorf Wahlen (1318) auf einem schmalen Sträßchen erreicht. Erstgenannter AP empfiehlt sich bei einer RW im Uhrzeigersinn, letzterer im entgegengesetzten Sinn. Die Wahl wird man je nach Tageszeit und Stand der Sonne treffen. Durch den Straßen- und Güterwegebau sind im nachfolgend beschriebenen Gebiet die Anschlüsse an das Netz der Wanderwege teilweise zerstört worden. Hat man sich einmal richtig „eingefädelt", so findet man sich dank der neuangebrachten Mark. und aufgestellten HT schon zurecht.

Vom Weiler Radsberg zunächst Anstieg auf dem Römerweg mit Mark. 41 durch Wald und häufig versumpfte Wiesen (mit festem Schuhwerk keine Probleme!) bis re. der Forstweg „Kreuzfeichten" abzweigt. Dieser leitet durch den schattigen Stadlwald bis man auf den Fahrweg Toblach-Oberplanken, der kürzesten Verbindung ins Gsieser Tal, stößt. Man hält sich re.

Villnößtal. Blick von St. Magdalena auf die bizarren Felsgipfel der Geislergruppe mit Gran Odle, Sass Rigais, Furchetta (3030) und Wasserkofel → RW 177. Foto Fischer

Die eindrucksvolle **Gilfenklamm** zwischen Außerratschings und Stange bereichert einen Besuch von Sterzing mit seiner Umgebung. Die gesicherte Promenade ist auch für eine Begehung durch Familien mit Kindern geeignet → RW 12. Foto Thaler

Ein Idyll bildet **Dreikirchen** mit seinen drei eng zusammengebauten Kirchen, deren älteste bereits 1237 urkundlich erwähnt wird. Diese Sehenswürdigkeit läßt sich in eine hübsche Rundwanderung hoch über dem Eisacktal einbeziehen → RW 186. Foto Oswald Kofler

Bild oben **Langkofelgruppe** von Süden, unten **Rosengarten** von Deutschnofen aus gesehen.

und wandert am Waldrand weiter, so man nicht im „Kurterhof" (1680) des Weilers Frondeigen eine zünftige, rustikale Jause (Brotzeit) einnehmen möchte. Zugang li. auf kurzem Wiesensteig. Die RW setzt man auf dem bequemen Waldweg 9 re. nach Stadlen fort und über eine aussichtsreiche Wiesenterrasse gelangt man zurück zum AP. Z 3 Std., LA 1 – 2. – Eine Besteigung des Radsberges bzw. des Stadlenhörndls lohnt kaum, weil dort wegen des Hochwaldes die Aussicht stark eingeschränkt ist! – Skizze 18.

Silvestertal

Toblacher Höhenweg, Toblacher Pfannhorn**, 2663 m.** Für die Errei- **RW 86**
chung dieses Höhenweges, welcher zwischen dem Markinkele und dem Pfannhorn auf der Südseite und unterhalb der Grenzkammlinie mit Österreich verläuft, dann aber seine Richtung direkt nach N ändert und westwärts von der Grenze abrückt, gibt es mehrere AP: am günstigsten ist zweifellos die Auffahrt über den Strickberg zum → Markinkele, wo sich genügend Abstellplätze für Fahrzeuge anbieten. Auf Steigspuren geht es in kurzweiligem Auf und Ab den Mark. 1 bzw. H folgend westwärts. Man wandert wenig unterhalb des Blankensteins (2483) und des Spitzkinkele (2441) in 1½ Std. zum Gipfel des Pfannhorns. Im Grenzgebiet sind Ausweispapiere unbedingt mitzuführen. Auf demselben Weg wieder zurück, Z 3 Std., LA 2.

Will man vom Bodeneck (1795) den Anstieg über die bewirtsch. Silvesteralm (1800) und durch das Blankental unternehmen, so ist bis zum verfallenen Bauwerk ein HU von 600 m zu überwinden, vom Parkplatz 2 Std. Für den kurzen Abstecher auf das Markinkele (2545), welches besonders nach S eindrucksvolle Ausblicke bietet, rechnet man mit 30 Min. Der Abstieg erfolgt auf dem Fahrsträßchen über die Strickalm, den Silvesterberg und die Silvesterkapelle (1912) zurück zum AP 1½ Std., wobei sich die Serpentinen auf dem Silvesterberg teilweise auf Steigspuren, teilweise wegelos auch abkürzen lassen. Alles in allem eine empfehlenswerte, abwechslungsvolle RW! Z 4 Std., LA 2 – 3.

Als weiterer AP für eine Besteigung des Toblacher Pfannhorns bietet sich der anfahrbare Hoferhof (1604) im Weiler Kandellen an, den man von der Wegespinne beim Stoffer im inneren Silvestertal auf Fahrweg mit Mark. 25 erreicht. – Man wandert zunächst hoch über dem wilden Pfanntal talein, bis li. der Hüttenweg 25 zur ehem. Pfannhornhütte (2307), früher auch Bonner Hütte genannt, die leider verfallen ist, li. abzweigt. Der Serpentinensteig leitet zum Toblacher Höhenweg und wenig weiter auf das Toblacher Pfannhorn hinauf, vom AP 3 Std. – Als Rückweg wählt man zur Abwechslung den Abstieg über das Pfanntörl (2511) und über die Bergalm, Mark. 25A, hinab zur Bachbrücke (1751) im Pertal, wo man wieder auf den Anstiegsweg trifft. HU 1062 m, Z 5 Std. LA 3. – Hierzu Skizze 19.

Will man nur den w. Teil des aussichtsreichen Toblacher Höhenweges über den Golfen (2463) zum Hochhorn (2623) und eventuell bis zum Pfanntörl begehen, so stellt man sein Fahrzeug unterhalb des Kurter Hofes ab und benützt den mit 24 bzw. H mark. Weg; bis zum Sattel (2151) gibt es über den Felazboden eine gemeinsame Führung mit Weg 43, welcher dann in Richtung Oberplanken abzweigt. Bis zum Aussicht bietenden Hochhorn 2 Std. 45 Min., Rückweg wie Hinweg. – Unternimmt man eine RW unter Einschluß des Toblacher Pfannhorns, so stellt man sein Fahrzeug nicht beim Kurter Hof, sondern schon an der 2. Brücke (1435) des Fahrweges nach Kandellen ab; hier verläuft Weg 24 auf der Trasse des alten Talsträßchens. Für die RW rechnet man mit einem Z von 6 Std., LA 3.

Bodeneck, 1795 m, Strickberg, 2525 m und Markinkele** 2505 m.**

Selbst unter Einheimischen im Pustertal wenig bekannt, jedoch wegen seiner hervorragenden Aussicht besonders gelobt, werden Strickberg und Markinkele. Die interessante Anlage des ehem. Militärsträßchens und die Abwechslung in der gesamten 20 km langen Straßenführung lassen selbst die Herzen verwöhnter „PS-Alpinisten" höher schlagen! – Es stehen eine w., von Toblach (1241) ausgehende und eine ö., in Obervierschach (1154) beginnende Auffahrt bis zum Bodeneck zur Verfügung. Im Bj. präsentierte sich die 12 km lange w. Auffahrt, offiziell als „Höhenstraße" bez., in einem durchaus akzeptablen Zustand: knapp zweispurig und bis zur Schihütte „Larchwiese" (1680) nahe der Bergstation eines Schleppliftes asphaltiert, SG 2 – 3, im weiteren Verlauf nur mehr einspurig mit Ausweichen und Schotterbelag, SG 3. Die Steigungen sind gut ausgeglichen und überschreiten kaum 12%. Die gesamte Strecke bietet nur gelegentlich Ausblicke; auch auf der jetzt dicht bewaldeten Kammstrecke, deren höchsten Punkt man am Innicher Eck (1911) kaum merkbar erreicht, verstellen hochgewachsene Fichten jegliche Aussicht. Erst die muldenartige Einsattelung am Bodeneck gibt die Sicht nach N in das Blankental, hinauf zur Silvesterkapelle (1912) und auf das Silvestereck (2006) frei.

Die ö. Auffahrt, welche an der Haltestelle Vierschach der Pustertalbahn von der SS 49 abzweigt, benützt zunächst die durchgehend asphaltierte Jaufenstraße über den herrlich gelegenen Gh. „Jaufen" (1443). Bei km 5.5 heißt es achtgeben: hier zweigt re. ohne jeden Hinweis der geschotterte, einspurige Fahrweg ab, welcher in stetem Anstieg durch den ausgedehnten Schattenwald zum Bodeneck hinaufführt, weitere 5.7 km. Die Befahrung dieser Strecke kann nicht empfohlen werden, da im Bj. stark ausgewaschen und reichlich mit tiefen Schlaglöchern garniert. An mehreren Stellen knapp Pkw-Spurbreite, SG 3 – 4! Für alle seitlich abzw. Fahrwege an dieser Strecke besteht Fahrverbot, größtenteils sind diese Forstwege abgeschrankt. Am Bodeneck findet man bei den Viehtränken bzw. der Gebäuderuine genügend Abstellplätze. Die Silvesterkapelle, welche an einem steilen Hang errichtet wurde, ist über ein mark. Steiglein zu erreichen, leichter noch von oben her aus einer Kurve der dicht heranführenden Strickbergstraße.

Das ehem. aus strategischen Gründen erbaute Sträßchen über den Strickberg zum Markinkele ist zwar in seiner Anlage gut, doch wird es nur mehr mäßig eingehalten. Im unteren Abschnitt benützen es die Waldarbeiter mit Traktoren zur Holzbringung, im oberen Abschnitt wird es fast ausschließlich von sportlich eingestellten Touristen mit vorwiegend kleinen, wendigen Autos oder Leichtmotorrädern befahren. Umgestürzte Baumstämme waren im Bj. beiseite geräumt und die Bergstrecke war bis zum EP passierbar. Infolge fehlender Wasserablaufrinnen wurde das Sträßchen abschnittsweise zu einem Bachbett umfunktioniert, hervorgerufen durch starke Regengüsse bzw. die Schneeschmelze im Frühsommer. Um den Schlaglöchern auszuweichen, muß man gelegentlich slalomfahren, wobei manche Passagen knapp spurbreit sind. Der Unter-

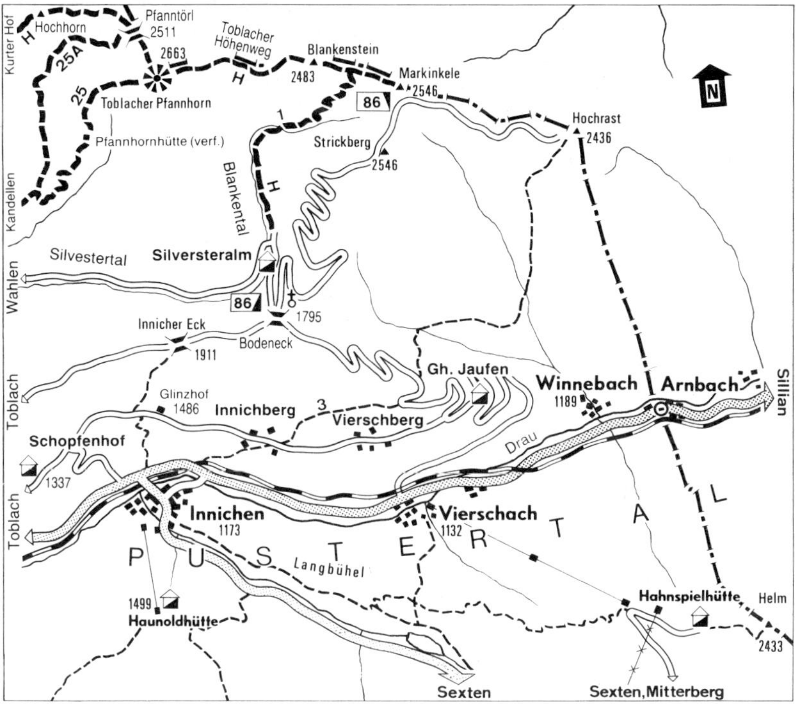

Skizze 19 Innichen

bau ist jedoch fest, die Steigungsmaxima überschreiten kaum 15%. Ausweichen gibt es nicht immer auf Sicht und Wendemöglichkeiten findet man fast nur in den Kehren, SG 4.

Oberhalb der Waldgrenze genießt man prächtige Ausblicke auf die Sextener Dolomiten, u. a. auch auf die markanten Gestalten der Drei Zinnen. Mit zunehmender Höhe erweitert sich das Panorama. Die Trasse verläuft am NW-Hang des Strickberges und erreicht ihren höchsten Punkt runde 30 m unterhalb des 2553 m hohen Gipfels. Die Bergfahrt endet, 8 km vom Bodeneck entfernt, wenig unterhalb vom Gipfelaufbau des Markinkele; hier hat man einen geräumigen Abstellplatz neben einer fast planen, ausgedehnten Grasnarbe, die auch Rettungshubschraubern als Landeplatz dient. Die kurze und steile Auffahrt zum Gipfelkamm des Markinkele (2545) ist nur mit AR bzw. LM zu bewältigen.

An den vorliegenden Band 2 SÜDTIROL schließt im Norden der Band TIROL (Nordtirol) der Reihe „Mit Auto und Wanderschuh" an.

Das interessant angelegte Kammsträßchen über den → **Strickberg** auf das **Markinkele** und weiter zur Hochrast bietet eine prächtige Aussicht auf die Sextner Dolomiten mit Rotwand, Elfer und Zwölfer. Im Hintergrund des rechten Bildteiles sind die Drei Zinnen erkennbar. Foto Lang

Pustertaler Grenzkamm-Höhenstraße, Hochrast-Zollhütten 2420 m.**

Von den Markinkele-Abstellplätzen führt dicht unterhalb der Kammlinie ein Höhenfahrweg nach O bis zu den ehem. Zollhütten unterhalb der Hochrast (2436) und endet dort nach zirka 4 km ab Markinkele auf einem Wendeplatz. Das Befahren dieser Kammstrecke war im Bj. stellenweise durch groben Schotter behindert, doch konnte man bei trockenen Wegverhältnissen, abschnittsweise sich nur im Schritt-Tempo bewegend, den EP mit Geduld erreichen, SG 4. Die Distanz vom Bodeneck bis zur Hochrast beträgt zirka 12 km. Bei der Abfahrt bis zum Bodeneck ist für Zweiradfahrer besondere Vorsicht wegen des stellenweise losen Feinschotters geboten!

Panoramastraße Haselberg-Jaufen, Glinzhof, 1486 m**

Die über mehrere Mittelgebirgsterrassen verlaufende Aussichtsstraße verbindet den vorwiegend bewaldeten Bergrücken zwischen Toblach und Winnebach mit den weitverstreuten Bergbauernhöfen von Haselberg, Innichberg, Vierschberg und Jaufen. Ein mannigfaches und nicht überlaufenes Erholungsgebiet! Die Ausblicke richten sich vor allem auf die bizarren Spitzen zu den aufragenden Felstürmen und die vielgezackten Grate in den Sextener Dolomiten. Diesen steht man direkt gegenüber. Außerhalb von Toblach hat man das tief eingeschnittene Höhlensteintal, welches zwischen dräuenden Felsen den klassischen Eingang von N her in die Dolomiten freigibt. Von Jaufen aus, insbesondere vom prächtig gelegenen „Blaslerhof" (1400), hat man auch Teile der Karnischen Alpen mit dem Helm (2434) als nw. Eckpfeiler und den markanten Gebirgszug der Lienzer Dolomiten im Blickfeld. Im Talboden breitet sich der geschichtsträchtige, alte Markt Innichen (1173) wie in einem Bilderbuch aus.

Das durchwegs asphaltierte, meist einspurige Sträßchen mißt von Toblach (1241) bis Obervierschach (1154) 16.5 km. Im W und O des Straßenzuges gibt es längere Steigungs- bzw. Gefällstrecken, die jedoch kaum 12% überschreiten, SG 2–3. – Eine 2 km lange, asphaltierte Zufahrt zweigt in Innichen am ö. Bahnhofgelände von der SS.49 ab und leitet durch die Korbinianstraße, dann knapp zweispurig, mit nur 3 Kehren, durch die Wiesenhänge hinauf, um auf die Panoramastraße am Haselberg zu stoßen. Folgt man von der Einmündungsstelle der Panoramastraße nach li. über den Klammbach, so gelangt man nach 800 m zum Gh. „Schopfen" (1337), einer gelobten Einkehr in guter Aussichtslage. Folgt man der Panoramastraße nach re., so kommt man nach 1.5 km zum Glinzhof. – In der Fahrtrichtung von Obervierschach nach Toblach laden folgende Gasthäuser und Jausenstationen zur Einkehr bzw. Nächtigung ein: bei km 4.7 Gh. „Jaufen" (1443), km 8.4 „Stauderhof" (1437), km 8.8 „Mehlhof" (1460) mit schönem Drei-Zinnen-Blick, km 10.9 „Glinzhof" (1486), km 12 „Gutmannhof" (1450), km 13.3 Gh. „Schopfen" und „Anderterhof" (1340), km 13.7 Gh. „Feichter" (1336), sämtliche in guter Aussichtslage hoch über dem Talboden. Für die Panoramastraße besteht jeweils zwischen dem 1. März und 31. Mai eine Gewichtsbeschränkung von 20 t.

Doppelsesselbahn Vierschach-Kegelplätze
Von Vierschach (1130) aus erschließt die Helmbahn die NW-Flanke des Helms/Monte Elmo (2433), welcher sowohl ein prächtiger Schiberg als auch ein hervorragender Aussichtsberg ist. In der schneefreien Jahreszeit ist er ein sehr beliebtes Ziel der Bergwanderer. Als weit nach NW vorgeschobener Gipfel des Karnischen Hauptkammes bietet er ein umfassendes, berühmtes Panorama. Die Talstation befindet sich neben der Staatsstraße zwischen Innichen und der Grenzübertrittsstelle nach Osttirol an der jungen Drau, wo auch ausreichend Parkplätze anzutreffen sind. Die Doppelsesselbahn leitet auf einer vorwiegend bewaldeten Trasse über die Mittel- und Umsteigstation zur Bergstation. In dessen Nähe befindet sich auch das Helm-Restaurant (Selbstbedienung) in aussichtsreicher Lage (2050) mit bemerkenswerter Liegeterrasse; hier hat man die Sextener Dolomiten mit ihren Zinnen, Nadeln und Türmen in fast ihrer gesamten Ausdehnung vor sich.

Helm*, 2433 m.** Von der Bergstation der Doppelsesselbahn (2050) auf dem Kögelplatz erreicht man leicht in 1 ½ Std. den Helmgipfel, einen altberühmten Aussichtspunkt. Der Weg führt anfangs sanft ansteigend über eine Terrasse knapp oberhalb der Baumgrenze zur Neuen Helmhütte (2140). Weiter unter der w. Bergflanke auf einem verfallenen Fahrweg bis zu einer Wegeteilung mit Rastbank: scharf li. in kurzen Serpentinen steil zur alten Zollhütte auf den Gipfel, der mitten im Grenzverlauf zwischen Italien und Österreich liegt. Geradeaus folgt man dem mark. Weg dicht unter der Kammlinie zum Leckfeld-Sattel (2381) und zur Sillianer Hütte (2447) an der Hochgruben. Daran schließt der großartige Karnische Höhenweg mit Mark. 403 an, welcher als Weitwanderweg über den Plöckenpaß und das Naßfeld **W 87**

die Karnischen Alpen bis zur Grenze bei Thörl-Maglern in ihrer gesamten Länge durchmißt. Grenzübertritte mit gültigem Reisepaß sind in der tourist. Zone gestattet, sofern keinerlei Warenverkehr damit verbunden ist.

Das herrliche Helmpanorama reicht an klaren Tagen im NO bis zum Großglockner, nach O bis zur Villacher Alpe (Dobratsch). Im malerischen Gegensatz zu den wild zerklüfteten Sextener Dolomiten steht die grüne Almen- und Waldlandschaft des Pustertales mit ihren sanft geschwungenen Höhen. Die Besteigung des Helm ist eine familienfreundliche Bergwanderung, die sich bei einem Z von 2 ½ Std. und einer LA von 1 – 2 leicht unternehmen läßt. Der AP ist auch mit der → Seilbahn Helm von Sexten aus mühelos erreichbar. – Hierzu Skizze 20.

Seilbahn Helm, 2060 m.
Es handelt sich hier um eine, sö. von Sexten (1316) ausgehende Großkabinen-Seilbahn, welche pro Kabine ein Fassungsvermögen von 75 Personen hat; während des Sommers ist sie von Ende Mai bis Anfang Oktober in Betrieb. In dieser Zeit verkehrt sie von 8 bis 12 Uhr und von 14 bis 18 Uhr halbstündlich und befördert aus Gründen des Fahrkomforts maximal nur 45 Personen. Dazwischen wird auch bei Bedarf gefahren, wenn mindestens 20 Fahrgäste vorhanden sind. Die Fahrzeit beträgt nur 7 Min., wogegen eine Fahrt mit der von Vierschach ausgehenden Doppelsesselbahn mit ihren zwei Sektionen (Umsteigen) bis zur Bergstation zirka 30 Min. beansprucht. Während es bei der Sesselbahn kaum Wartezeiten gibt, ist die Betriebsleitung der Seilbahn Helm bemüht, die Intervalle, welche durch den fixen Fahrplan entstehen, zeitlich auszugleichen.

W **Sillianer Hütte an der Hochgruben**, 2447 m.** Diese neue Hütte der
88 ÖAV-Sektion Sillian steht wenig oberhalb des Leckfeld-Sattels (2381) in unmittelbarer Nähe der stillgelegten Viktor-Hinterberger-Hütte auf Osttiroler Boden. Den kürzesten Anstieg mit nur 1¾ Std. hat man von der anfahrbaren Leckfeld-Hütte (1731). Die Sillianer Hütte bildet einen wichtigen Stützpunkt am großartigen „Karnischen Höhenweg“, welcher als Weitwanderweg auf der Kammlinie der Karnischen Alpen über den Plöckenpaß zum Naßfeld leitet und erst bei Törl-Maglern endet, nachdem er die Karnischen Alpen in ihrer gesamten Länge überquert hat. Grenzübertritte mit gültigem Reisepaß oder Personalausweis sind innerhalb der touristischen Zone überall gestattet.

Wählt man die Bergstation der Helm-Seilbahn bzw. der von Vierschach zu den Kegelplätzen heraufziehenden Sesselbahn, so hat man zunächst denselben Anstieg zum Helm über die Hahnspielhütte (Neue Helmhütte) bis zur Wegeverzweigung 4/4A an der Kote 2274. Man wandert jedoch unterhalb der Helmkuppe und unterhalb des Füllhorn hindurch und trifft kurz vor der Sillianer Hütte auf die WV mit dem „Karnischen Höhenweg“, Mark. 402, 2 Std. – Rückweg entweder wie Hinweg oder alternativ auf der aussichtsreichen Kammlinie über den Helm folgend, Mark. 1. Die Rundschau vom leicht ersteigbaren Helmgipfel zählt infolge der Exponiertheit des Berges zu den umfassendsten in den gesamten Ostalpen → Helm. HU 400 m, Z 3½ bis 4 Std., LA 1 – 2. – Hierzu Skizze 20.

Südtiroler Dolomiten

Sextental

Kreuzberg-Sattel/Passo Monte Croce di Comelico*, 1636 m.

Die 37 km lange SS 52 von Innichen (1174) nach San Stefano di Cadore (907) bildet einen relativ niedrigen und nicht stark frequentierten Übergang vom Hochpustertal in das Comelico. Von Innichen hat man einen HU von nur 465 m zu überwinden, wogegen es vom Paßscheitel hinab nach San Stefano 730 m sind. Dieser wichtige Verkehrsweg erschließt vor allem die Sextener Dolomiten mit dem Innerfeldtal und dem Fischleintal, vermittelt aber auch günstige anfahrbare Ziele in den Karnischen Alpen. Im Durchzugsverkehr stellt der Kreuzberg-Sattel die wichtige Verbindung vom Pustertal nach Friaul, Julisch-Venetien und zur n. Adria her. Die Italiener kennen zwei Pässe unter dem Namen Monte Croce. Zur Unterscheidung fügen sie beim Kreuzberg-Sattel die Bezeichnung «Comelico» hinzu, wogegen der Plöckenpaß den Beinamen «Carnico» trägt. Die Steigungen erreichen auf der Nordrampe wenig oberhalb von Moos 12%, auf der Südrampe 8%. Ausgebauter und mit Randsicherungen versehener, asphaltierter Straßenzug bei schwankenden Fahrbahnbreiten zwischen 6 und 8 m. Die zahlreichen Felsnadeln, Türme und Spitzen in der Sextener Berglandschaft sind für viele Touristen Inbegriff der Dolomiten. Während der Paßscheitel freie Sicht über die Almböden zu den ihn umrahmenden Bergen bietet, führen die Strecken beiderseits des Passes vorwiegend durch ausgedehnte Waldgebiete. Auf der Südrampe sind die steil an den Berghängen errichteten Orte Candide (1212) und das in guter Aussichtslage befindliche Casamazzagno (1345) von bemerkenswertem Interesse. Die alten, hier an Steilhängen angelegten Bergfriedhöfe sind Ausdruck argen Platzmangels.

Ein mark. Höhenweg verbindet den Kreuzbergsattel mit den **Rotwandwiesen** (1914) bzw. der Bergstation des von Moos ausgehenden **»Gondelliftes«**, 2 Std. Für Geübte empfiehlt sich die Besteigung der Rotwand (2965) auf gut gesichertem Klettersteig, 3½ Std. ab Rotwandwiesen.

Sperrfort Mitterberg, 1578 m und Jausenstation am Helmhang, 1610 m.

Das innerhalb von Sexten (1316) beginnende Sträßchen ist wegen seines verwinkelten Verlaufes durch den Ort meist nicht gleich auf Anhieb zu finden, weil auch die Beschilderung sehr bescheiden ist. Zunächst fährt man durch eine enge Gasse zwischen hohen Mauern an der Kirche vorbei und gewinnt mit mehreren Serpentinen, die prächtige Ausblicke in das Tal und hinüber zu den zinnen- und türmereichen Sextener Dolomiten vermitteln, rasch an Höhe. Das Sträßchen ist asphaltiert und knapp zweispurig breit, sodaß bei vorsichtiger Fahrweise zwei Pkw sich ungehindert begegnen können. Bis zum Sperrfort, an dem es eine begrenzte Anzahl von Abstellplätzen gibt, hat man 3.5 km zurückzulegen. Die max. Steigung beträgt 14%, die Kehren haben einen engen Kurvenradius, doch sind Leitplanken an allen gefährdeten Stellen angebracht, SG 2 – 3. Die Gewichtsbeschränkung ist mit 7 t festgesetzt, größere Busse sind daher nicht zugelassen.

Über die daran anschließende Wegstrecke zur Lärchenhütte (1803) und hinauf zum SB-Restaurant bei den Kegelplätzen wurde ein allgemeines Fahrverbot verhängt.

Dadurch ist es auch nicht mehr möglich, die Hahnspielhütte (2150) als Privater anzufahren. Die Kegelplätze sind nur mehr mit den Helm-Sesselbahnen, Talstation (1154) in Obervierschach bzw. mit der vom s. Ortsrand in Sexten ausgehenden Helm-Seilbahn erreichbar.

Von Mitterberg (1570) leiten zwei Fahrwege auf die ausgedehnte Hochterrasse, im N zur Jausenstation „Waldruhe" (1560) in Außerberg, nach S zur Jausenstation „Helmhanghütte" (1610) in Innerberg, für Gäste gestattet.

RW 89 **Helmhang-Hütte*, 1610 m und Klammbachalm-Hütte**, 1944 m.** Eine abwechslungsvolle, familienfreundliche Runde, welche zu den lohnendsten Wanderungen zählt, die das Sextental zu bieten hat. AP ist das anfahrbare, ehem. Fort Mitterberg. Die gesamte mittelgebirgsartige Terrasse oberhalb von Sexten bzw. Moos ist eingeteilt in Innerberg, Mitterberg und Außerberg; erstere ist die am meisten gegen S sich erstreckende Berglehne und wird durch den Villgrater Bach begrenzt. Von der Jausenstation zunächst durch den Wald bergan, bis Fußweg 13 auf den Wirtschaftsfahrweg trifft. Dieser endet kurz vor der Klammbachbrücke (1705). Von beiden Zielen findet man Anschluß an leichte, familienfreundliche Wanderwege durch prächtige Blumenwiesen und lichte Lärchenwälder.

Auf der gegenüberliegenden Bachseite beginnt der Höhenweg Mark. 13, welcher bald die Baumgrenze erreicht und wenig später freie Ausblicke auf die Almhütten des Klammbachbodens, zum Einser, zu den Drei Zinnen und zur Dreischustergruppe vermittelt. Die Klammbachalm-Hütte, welche man nach 1 Std. erreicht, ist während der Sommermonate einfach bewirtsch.; Weg 13 setzt sich auf der gegenüberliegenden Bachseite fort und umgeht bogenartig noch zwei kleinere Rinnsale. An der Kote 1947 hat man vom Waldrand aus wiederum eindrucksvolle Blicke auf die vielgezackten Dolomiten. Im Juni/Juli gibt es hier eine herrlich blühende Alpenflora; teilweise leitet der Pfad durch Alpenrosenfelder. Die Fortsetzung des Höhenweges, welcher generell in Höhenlagen zwischen 1900 und 2000 m verläuft, ist in seinem letzten Abschnitt bis zur Alpe Nemes-Hütte (1877) im Matzenboden nicht mehr so lohnend wie im Raum der Klammbach-Hütte. Es empfiehlt sich deshalb, hinter der Aussicht spendenden Kote 2016, Weg 13 zu verlassen, um den re. abzw. Steig zu benützen, der am w. Rande der Nemesalpe verläuft und mit dem Nemes-Alpsträßchen verbindet. Die große Schleife durch die „Untere Pulle" läßt sich einsparen, auch bildet die Nemes-Alpe selbst keine weiteren Höhepunkte mehr. Bald erreicht man eine Waldblöße mit einem auffallend hohen Holzkreuz, eine weitere Std.; hier mündet der Almfahrweg 13A ein, der von der Klammbach-Hütte herabzieht. Nun nicht hinab auf dem geschotterten Sträßchen in Richtung Moos, sondern geradeaus weiter und über den Villgrater Bach auf dem „Oberen Weg" zurück zur Helmhang-Hütte, eine weitere Std. – HU 350 m, Z 3 bis 3½ Std., LA 1 – 2. – Alternativ-Vorschlag: Am „Oberen Weg" gibt es eine WT. Nach li. zweigt von der Gabelung der „Untere Weg" über die hübsch gelegene Jausenstation „Froneben" (1540) ab. Von Interesse ist seine Fortsetzung, hauptsächlich wegen der sehr alten Höfe in Troyen (1535), dort befindet sich die Fatimakapelle und am Bach eine alte Hausmühle. → Skizze 20.

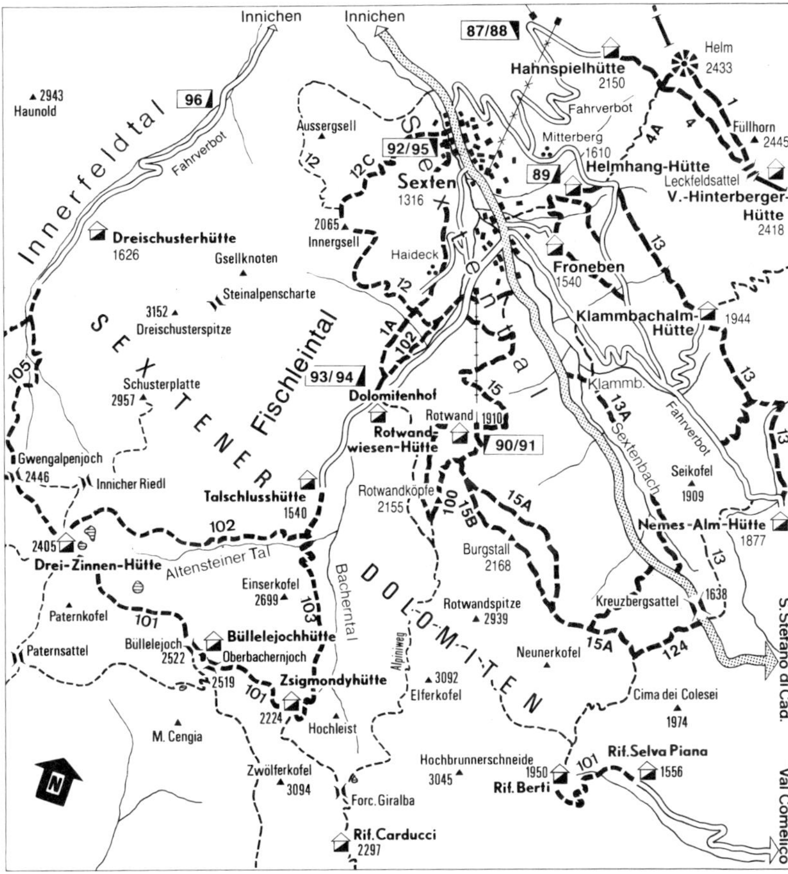

Skizze 20 Sextener Dolomiten

Innerfeldtal*, Parkplatz Antoniusstein, 1500 m

4 km sö. von Innichen zweigt von der SS 52 zwischen Innichen und Sexten re. das asphaltierte Sträßchen ins Innerfeldtal ab, HT Dreischusterhütte. Das nur einspurig mit Ausweichen auf Sicht angelegte Sträßchen leitet zunächst durch lichten Lärchenwald und Wiesen geradlinig und sanft ansteigend talein. Auf halber Wegstrecke findet man re. einen großen Parkplatz (1334), welcher für Touristen nur dann von Interesse ist, wenn der obere Platz vor dem Schranken nicht mehr aufnahmefähig ist. Im weiteren, nunmehr kurvigen Anstieg (Maxima 16%) hat man zwei Bachfurten und eine Serpentinengruppe mit engen Kurven zu überwinden. Die Geschwindigkeit wurde mit 30 km/h beschränkt. Für Busse ungeeignet, Tonnagebeschränkung! SG 2-3. Nach 4 km stellt man vor einem Sperrschranken das Fahrzeug auf einem offiziellen Parkplatz (Parkstreifen li. und re. der Fahrbahn und neben dem Bachbett) ab. Auf mehreren Tafeln

wird vor Einbruchdiebstahl gewarnt und empfohlen, alle Wertgegenstände aus dem Auto mitzunehmen. Zur Dreischusterhütte des AVS hat man noch zirka 30 Min. Fußweg entweder auf dem Asphaltsträßchen oder auf mark. Pfad durch die Latschenfelder. Das schmucke Haus wurde 1975 auf der re. Talseite zwischen den majestätisch aufragenden Felsgestalten des Dreischustermassivs, dem Haunold und dem Birkenkofel, errichtet. Die zirbengetäfelten Stuben wirken sehr heimelig. Bewirtschaftung von Juni bis Ende Oktober.

RW 90 **Rotwandwiesen-Hütte*, 1900 m, Burgstall**, 2168 m und Kreuzberg-Sattel, 1636 m.** Die Runde, welche im wesentlichen als Bergabwanderung betrachtet werden kann, erfaßt beide Seiten des oberen Sextentales zwischen Moos und dem Kreuzberg. Sie kann von jedermann unternommen werden, da keinerlei Fortbewegung „auf allen Vieren“ erforderlich ist und die Wege bzw. Steige gut mark. sind. AP ist die Talstation der Sesselbahn Rotwandwiesen in Bad Moos (1356), wo man in einem schütteren Lärchenwald einen ausgebauten Großparkplatz vorfindet. Der Lift bewältigt einen HU von 550 m. Seine Bergstation liegt am Rande der idyllischen Rotwandwiesen, die sich im N der Rotwandspitze (2936) ausbreiten. Als Vorberge erheben sich die → Rotwandköpfe (2345) und der Burgstall; den Abstecher auf den Burgstall, Weg 15B, sollte man keineswegs versäumen, da er fast mühelos (ohne Kletterei) erreichbar ist und eine eindrucksvolle Aussicht bietet. – Von der Bergstation folgt man Weg 15A, wobei man die Rotwandwiesen-Hütte re. liegen läßt und auf den Wiesen die Jausenstation „Rast zum Rudi“ berührt. Bald windet sich der steinige Steig durch Latschenfelder, und man hat re. die Abzw. des Pfades 15B zum Burgstall und auch zum gesicherten Rotwand-Klettersteig → DOLOMITEN-Klettersteigeführer von Eugen E. Hüsler. Der Steig zum Kreuzbergsattel verläuft am Fuße des Burgstalls herum und hält sich bis zum Graben des Weißen Baches in einer Höhenlage von 2000 m. Der Blick reicht weit nach SO auf Monte Brentoni (2548) und Monte Terza Grande (2585), beide an der Route über die Forcella Lavardet gelegen → Denzel, Großer Alpenstraßenführer. Die Tiefblikke richten sich auf das durch Bunkeranlagen befestigte Umfeld des Kreuzberg-Sattels, den die Italiener als Passo Monte Croce di Comelico im Gegensatz zum Passo di Monte Croce Carnico (Plöckenpaß) bezeichnen. Die Bunker aus der Mussolini-Ära mußten nie in Aktion treten. Auf der gegenüberliegenden Talseite erheben sich die abgeflachten Berge des Karnischen Kammes, deren Eckpfeiler im NW der berühmte Aussichtsberg Helm → W 87 und W 88 ist.

Am Graben des Weißen Baches hat man nun die Wahl, ob man die Rundwanderung auf den Steigen 15A und 124 durch den „Katzengrant“ ausdehnen möchte, um dann zum Paßscheitel abzusteigen und ein Stück der alten Straße abwärts zu folgen – oder von der Kote 1833 li. den Abkürzer neben dem Bach einzuschlagen, der bei einem Rastplatz mit aufgestellten Tischen und Bänken auf die SS 52 stößt. – Über den Kreuzberg verläuft nicht nur die Grenze zur Nachbarprovinz, sondern auch die deutsch-ital. Sprachgrenze. Für die leichte Wanderung talaus bieten sich sowohl Weg 13A an, der re. des Sextenbaches die bewaldete Talung durchmißt, als auch die unmark. Steige bzw. Abschnitte der alten Straße li. des Baches in unmittelbarer Nähe der Staatsstraße; letztere berühren einen Campingplatz, die Kegelstatt, die Königswarte und das Graseck. Von den ersten Häusern in Moos leitet ein Verbindungsweg, Mark. 1B, direkt zum AP zurück. – Gehzeiten: Bis Kote 1833 ohne den Abstecher zum Burgstall $1\frac{1}{2}$ Std., mit Abstecher $2\frac{1}{2}$ Std., bis Kreuzberg-Sattel weitere 45 Min., Talwanderung auf dem Waldweg Kreuzberg-Moos einschließlich des Verbindungsweges nach Bad Moos 2 Std. HU bergan bis Burgstall 300 m, bergab knappe 400 m. Z $4\frac{1}{2}$ bzw. $5\frac{1}{2}$ Std., LA 2. – Hierzu Skizze 20.

Rotwandköpfe*, 2155 m. An den n. Ausläufern des Rotwandmassivs besteht ein durchgehend mit 100 bez. Rundweg, der auch jenen, die keine Besteigung der Sextener Rotwand (2965) planen, die Möglichkeit gibt, etwas „Dolomiten-Höhenluft" zu schnuppern. Das Steiglein führt von der Bergstation des Sessellifts (1910) über die Rotwandwiesen hinauf gegen den mit einigen Felsköpfen besetzten Grat der Rotwandköpfe (2321). Bei der Weggabelung am Kamm nicht in Richtung Rotwand → DOLOMITEN-Klettersteigeführer, sondern re. leicht abwärts zu den kargen Wiesen der Anderter Alm. Hier in spitzem Winkel zurück und fast eben in einem Bogen durch die Westflanke der Rotwandköpfe zurück zur Rudi-Hütte bzw. zur Liftstation. Der Höhenspaziergang vermittelt vor allem Aussicht auf die großartige Kulisse des Fischleintals. Dominierendes Gegenüber ist das mächtige Massiv der Dreischusterspitze (3152); nach N reicht der Blick weit übers Pustertal hinweg bis zu den Dreitausendern der Rieserfernergruppe. Z 2 Std., mit Abstieg über Weg 15 nach Bad Moos $3\frac{1}{4}$ Std.; HU 280 m; LA 1 – 2. – Hierzu Skizze 20. **RW 91**

Fischleintal, Talschlußhütte 1540 m.** Mit Superlativen soll man sparsam umgehen, aber das Fischleintal ist halt eine dolomitische Bilderbuchlandschaft: die berühmte Sextener Sonnenuhr mit dem Neuner (2582), der Rotwandspitze (Zehner, 2965), dem Elfer (3092), Zwölfer (3094) und Einser (2698). Einmalig der Kontrast zwischen dem weiten, lärchenbestandenen Wiesengrund des Fischleinbodens und den wildzerklüfteten Felszinnen, die über steilen, von Geröllreißen durchzogenen Hängen stehen. Entsprechend lohnend ist eine Wanderung in den Talschluß, den man – seit der Sperrung des Sträßchens für den öffentl. Verkehr – auch weitgehend unbelästigt von Autos unternehmen kann. Zwischen Sexten (St. Veit, 1316) und dem Hotel „Dolomitenhof" (1454) gibt es zwei mark. Pfade: den alten Talweg, Mark. 102, und den höher am Hang verlaufenden Waldweg, Mark. 1A. Er steigt unmittelbar am Taleingang in ein paar bequemen Kehren bis zum ehem. Sperrfort Haideck (1413) an; anschließend geht es fast eben weiter. Dabei hat man Gelegenheit, das herrliche Gebirgsbild in sich aufzunehmen. Und wen würde es da nicht reizen, hinaufzusteigen zu den hell schimmernden Zinnen? Besonders eindrucksvoll im Talinnern der Einserkofel, durch dessen Abstürze einige klassische Kletterrouten verlaufen, etwa die „Dibona-Führe" (Schwierigkeitsgrad V) und die noch anspruchsvollere „Steger-Führe", eine der ersten Routen (1928 eröffnet) im VI. Grad. **RW 92**

Nicht unerwähnt bleiben soll an dieser Stelle der Ursprung des Namens „Fischleintal“, zumal er mit Fischen überhaupt nichts zu tun hat. In der Freisinger Schenkungsurkunde Ottos I. aus dem Jahr 965 (Gründung des Klosters Innichen) ist von „Viscalina“, was soviel heißt, wie „dem königlichen Fiskus gehörend“, die Rede. In diesem (Ausnahme-)Fall trifft die ital. Bezeichnung eher zu als die deutsche Verballhornung. Z 3 bis 3½ Std.; HU 270 m; LA 1 – 2. – Hierzu Skizze 20.

W 93 **Zsigmondy-Hütte**, 2224 m.** Wer die Sextener Dolomiten kennenlernen will, muß – das steht außer Frage – auf jeden Fall zur Zsigmondy-Hütte hinaufsteigen! Der vielbegangene Pfad, Mark. 103, führt aus dem Fischleinboden in das gegen S ansteigende Bacherntal; die Steilstufe gleich an seiner Mündung überwindet er in einigen Kehren. Dabei hat man einen schönen Rückblick auf die Talschlußhütte (1540) und hinaus nach Sexten. Im Talinnern dominiert der Hochleist (2413), der wie ein felsiger Schiffsbug aufragt, sich aber schließlich als echter Hochstapler zu erkennen geben muß, Statist in dem Rund mächtiger Gipfel. Besonders eindrucksvoll das breit aufstrebende zerklüftete Massiv des Elferkofels (3092), in dessen Sokkelbereich – vom Hüttenweg aus gut zu beobachten – die berühmte »Strada degli Alpini« verläuft → DOLOMITEN-Klettersteigeführer. Den Talschluß beherrscht die stolze Felsgestalt des Zwölferkofels (3094). Er fand 1874 in den beiden Sextener Bergführern Michael und Johann Innerkofler seine ersten Bezwinger. Am Fuß des Bergriesen steht die stattliche Zsigmondy-Hütte, 2¾ Std. Ihr Name erinnert an den bekannten, 1885 in den französischen Alpen verunglückten Wiener Alpinisten Dr. Emil Zsigmondy. Z 4¾ Std.; HU 770 m; LA 2. – Hierzu Skizze 20.

RW 94 **Drei-Zinnen-Hütte***, 2405 m, AP Fischleintal.** Der ambitionierte Bergwanderer wird den Aufstieg zur Zsigmondy-Hütte in der Regel nur als Auftakt zu einer großen Runde betrachten. Sie führt über das Oberbachernjoch (2519) und das Büllelejoch (2522) weiter zum Toblinger Riedl, auf dem die große Drei-Zinnen-Hütte steht, und schließt mit dem Abstieg durch das schöne Altensteiner Tal. Diese Wanderung gehört zweifellos zu den schönsten in den Dolomiten überhaupt; sie vermittelt eine Fülle prächtiger Bergbilder, unter denen der berühmte Drei-Zinnen-Blick vom Toblinger Riedl und die stimmungsvolle Aussicht vom Büllelejoch auf Elferkofel, Hochbrunnerschneid, Zwölferkofel, Marmarole, Antelao und Dreischusterspitze besonders hervorzuheben sind. Malerisch wirken die Seeaugen auf der Bödenalm, bizarr der gezackte Nordgrat des Paternkofels (2744), noch unwahrscheinlicher der isoliert aufragende Felszahn des Toblinger Knoten (2617). Alle Wegabschnitte befinden sich in gutem Zustand, auch die Mark. lassen nichts zu wünschen übrig, sodaß die zwar lange, jedoch einmalig schöne RW auch weniger Geübten kaum Schwierigkeiten bietet. Ausdauer ist allerdings unerläßlich, doch erlauben die Schutzhäuser am Weg eine Aufteilung des Pensums. Z 6½ bis 7 Std., HU 1150 m, LA 2-3. – Hierzu Skizze 20.

Innergsell*, 2065 m. Die Dreischusterspitze (3152), höchste Erhebung der Sextener Dolomiten, entsendet nach NO einen langen, nur von der Steinalmscharte (2678) unterbrochenen Grat, dessen letzter Ausläufer der noch knapp über die Waldgrenze aufragende Innergsell bildet. Von dem Höhenrücken genießt man einen Prachtblick auf die das Fischleintal umrahmenden Gipfelriesen: Rotwandspitze (2965), Elferkofel (3092), Zwölferkofel (3094), Einserkofel (2698). Markierte Wanderwege, Bez. 12, 12C, führen sowohl von Sexten über die Gsellwiesen (schöne Alpenflora!) als auch aus dem Fischleintal zum Innergsell hinauf, was unter Einbeziehung des „Waldweges Fischleintal" die Möglichkeit zu einer hübschen, nur mäßig anstrengenden Runde ergibt. Z 4¼ Std.; HU 760 m; LA 2. Hierzu Skizze 20. **RW 95**

Drei-Zinnen-Hütte, 2405 m, AP Innerfeldtal.** Erheblich weniger stark frequentiert als die Wege aus dem Fischleintal oder von der Drei-Zinnen-Straße ist der Anstieg aus dem malerischen Innerfeldtal zur Drei-Zinnen-Hütte. Er bietet eine Möglichkeit, den unvergleichlichen Blick auf das berühmteste Gipfel-Dreigestirn der Alpen zu genießen, ohne sich zusehr dem Rummel rund um den Toblinger Riedl auszusetzen. Da zudem zwei mark. Wege zum Zinnenplateau führen, ergibt sich eine Teil-Rundwanderung. Für den Anstieg empfiehlt sich der in vielen Serpentinen verlaufende, etwas weniger steile Weg 105 zum Gwengalpenjoch (2446); den Rückweg kann man alternativ über Weg 11 und das weiter w. liegende Wildgrabenjoch (2289) nehmen. Dabei ist an der Südschulter des Schwabenalpenkopfs (2687) eine Gegensteigung mit knapp 150 m HU zu bewältigen. Von der Anhöhe bietet sich dann nochmals ein herrlicher Drei-Zinnen-Blick. Noch stärker wird man dieses Bild allerdings empfinden, wenn nach dem langen Aufstieg aus dem Innerfeldtal die sich messerscharf gegen den blauen Himmel abzeichnenden Felsgestalten über den Almmatten ums Gwengalpenjoch emporwachsen. Einziger Stützpunkt an der gesamten Wegstrecke ist neben der Drei-Zinnen-Hütte, die gleichzeitig den Wendepunkt markiert, die neue Dreischusterhütte (1626) im Innerfeldtal, knapp 30 Min. vom Parkplatz. Bis zum Gwengalpenjoch muß man mit einer Z von etwa 3½ Std. rechnen. Z 6½ Std.; HU 1100 m; LA 2 – 3. – Hierzu Skizze 20. **RW 96**

Höhlensteintal

Sarlkofel 2378 m und Lungkofel*, 2282 m.** Anfahrt von Neutoblach (1210) auf der alten Straße und nach der Unterführung zum Freibad an der Rienz. Auch läßt sich das Fahrzeug bei den Saghäusern li. der Rienz abstellen. Nun auf dem Forst- bzw. Almweg über den Trogerhof zur Trogeralm (1631). Während des Anstieges genießt man prächtige Ausblicke auf den Toblacher See und zum felsigen, von der Naßwand gebildeten Eingang in das Höhlensteintal. Der Dolomiten-Höhenweg 3 bzw. die Mark. 16 leitet in 2¼ Std. zum Suesriedl (2013) hinauf; am Sattel hat man einen kurzen Steig **RW 97**

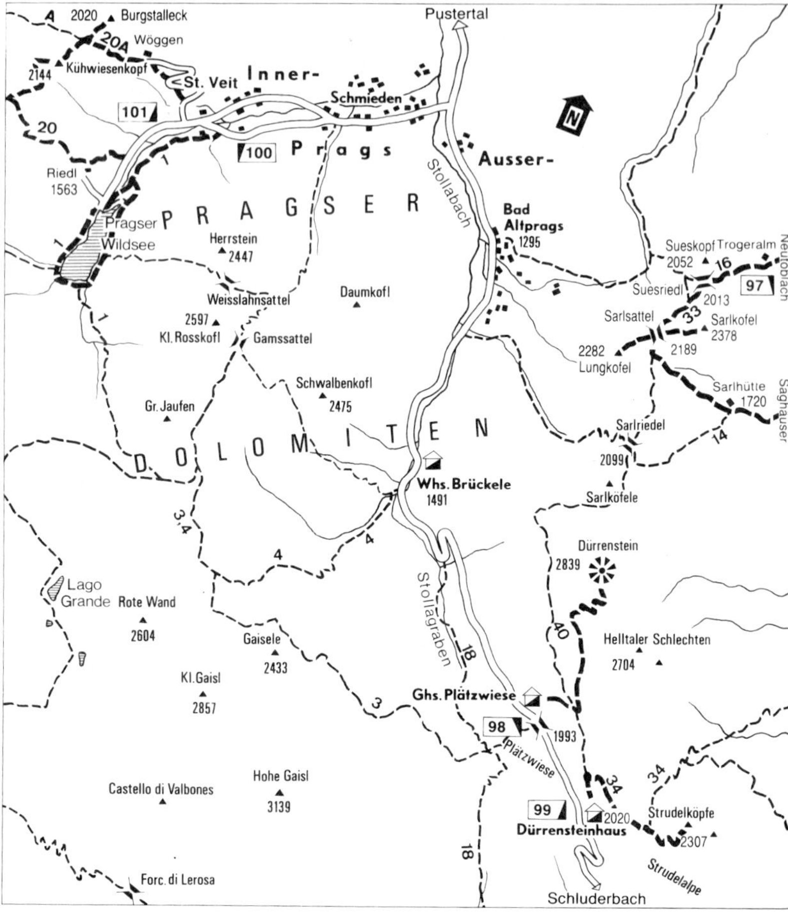

Skizze 21 Pragser Dolomiten

auf den Sueskopf (2052) mit Ausblicken über das Pustertal zu den Grenzbergen mit Blankenstein und Toblacher Pfannhorn. Bis zu diesem Aussichtspunkt sind vom AP 800 m HU zu bewältigen, LA 2. – Geübte Berggeher gelangen vom Suesriedl auf Weg 33, einer Teilstrecke des „Dolomiten-Höhenweges 3“ in 1¼ Std. über den Sarlsattel (2189) auf den felsigen Sarlkofel, den ein Bergkreuz ziert. Vom Gipfel prächtige Aussicht nach N und auf den im S alles beherrschenden Dürrenstein. Eindrucksvoller Tiefblick auf den See. – W. des Sarlsattels erhebt sich der Lungkofel mit Blick über das Altpragser Tal zum Großen Roßkopf (2559). – Für den Abstieg wählt man zur Abwechslung den Steig hinab zur Sarlhütte (1720), wo man auf den mit 14 bez. Weg trifft, der durch den Sarlgraben ins Tal leitet. „In der Schmelze“ biegt man li. in den Fahrweg ein, welcher über das w. Seeufer zu den Saghäusern zurückleitet, 2 Std. vom Sarlkofel. Während des Abstieges hat man zirka 1250 m HU einschließlich des kurzen Zwischenanstieges auf den Lungsattel. – Z 5½ – 6 Std.; LA 3. – Hierzu Skizze 21.

Pragser Tal

Plätzwiese-Sattel, 1991 m und Dürrensteinhaus**, 2035 m.**

Die landschaftlich hervorragend gelegene Plätzwiese zählt zu den reizvollsten anfahrbaren Zielen in den Pragser Dolomiten. Ihre unmittelbare Umgebung steigert sich von lieblich bis großartig. Es lohnt sich, in seine Fahrt auch einen Abstecher zum Pragser Wildsee (1492) einzubeziehen, den man wohl als den stimmungsvollsten Bergsee Südtirols bezeichnen darf.

Zweigt man w. Niederdorf (1120) von der SS. 49 ab, so hat man bis zum Paßscheitel gute 14 km zurückzulegen. Nach 2.7 km Straßenteilung: li nach Bad Altprags und zum Plätzwiese-Sattel, HT, re. zum Pragser Wildsee, HT. Die asphaltierte Straße über Bad Altprags (schwefelhaltige Bitterquelle) ist bis zum Parkplatz Brückele-Leger normal breit. Hotel und Bad Altprags werden umfahren, zum Alpengh. „Brückele“ (1491), das sich zwischen zwei kleinen Brücken auf der gegenüberliegenden Bachseite befindet, führen eigene Zufahrten, HT! Ab der neuen Brücke oberhalb Brückele-Leger ist die im engeren Sinn beginnende Bergstrecke knapp zweispurig und nur mehr für Pkw zugelassen, für Omnibusse besteht ein striktes Fahrverbot! Die Steigungsverhältnisse zwischen Altprags und Brückele-Leger sind dank des günstigen Streckenverlaufes sehr gut ausgeglichen, Maxima zirka 9%. Erst nach Überbrückung des Stollabaches setzt merklich eine stärkere Steigung mit Maxima von 14% auf neu trassierter Bergstrecke ein. Mit acht Serpentinen und zahlreichen, teilweise engen und unübersichtlichen Kurven gewinnt die asphaltierte Bergstraße bis zur Scheitelhöhe einen HU von runden 500 m. Hinter dem Gatter auf der Dürrensteinalm war im Bj. nur ein Naturbelag auf festem Unterbau angebracht, NW-Rampe SG 2.

Neben dem wiedererrichteten Alpengh. „Plätzwiese“ steht das neu erbaute Hotel „Hohe Gaisl“. Die Scheitelstrecke bietet nach SW gute Ausblicke auf die Hohe Gaisl/Croda Rossa (3139) mit ihrem rötlich getönten Gestein, nach N auf den aussichtsberühmten → Dürrenstein. Nach NW reicht der Blick durch die Altpragser Talung bis zum Alpenhauptkamm mit den Zillertaler Gletscherbergen. Vom knapp 2 km entfernten, oberhalb des zerschossenen Sperrforts Plätzwiese gelegenen Dürrensteinhaus erweitert sich das eindrucksvolle Panorama gegen die stark gegliederte Cristallogruppe; zum Greifen nahe zeigt sich auch der im ersten Weltkrieg heiß umkämpfte Monte Piano als platter Gebirgsstock, welcher den Drei Zinnen vorgelagert ist. Die Fahrbahn der Scheitelstrecke hatte im Bj. zahlreiche Schlaglöcher, aber auch die vielen spitzen Steine erlaubten nur ein Fahren im Schritt-Tempo.

Achtung! Da die Scheitelstrecke über die Plätzwiese mitten durch den Naturpark Fanes-Sennes-Prags leitet, wurde über sie ein allgemeines Fahrverbot verhängt und am Rande der Plätzwiese ein großer Parkplatz für den Bergwanderer eingerichtet. – Ein totales Fahrverbot wurde über die SO-Rampe zwischen der Plätzwiese und Schluderbach verhängt, sodaß jeglicher Durchgangsverkehr mit Ausnahme von Militärfahrzeugen und dazu berechtigten Diensten ausgesperrt bleibt.

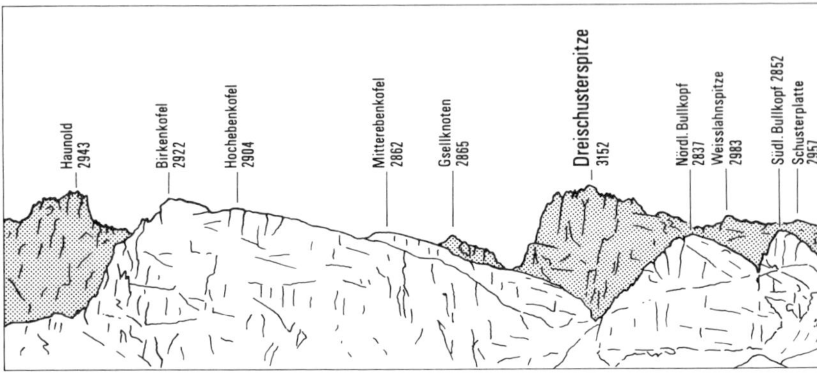

PANORAMA: Sextener Dolomiten vom Dürrenstein

W 98 **Dürrenstein**, 2839 m.** Aufgrund seiner günstigen Lage am Nordrand der Dolomiten vermittelt der Dürrenstein ein besonders schönes Panorama, das nicht nur durch seine Weite, sondern vor allem durch die Gegensätzlichkeit der Landschaftsbilder beeindruckt. Im N, über der breiten, waldreichen Senke des Pustertals, bauen sich die Urgesteinsberge der Rieserfernergruppe mit dem Hochgall (3436) auf, am Horizont hat man den weißen Saum des Alpenhauptkamms, von den Ötztaler und Stubaier Alpen im NW über die Zillertaler Alpen bis zu den Hohen Tauern. Und dann das Meer von Dolomitengipfeln, Zinnen und Türme ohne Zahl. Sehr instruktiv vor allem der Blick auf die Sextener Dolomiten, deren wichtigste Erhebungen alle zu sehen sind: von re. Drei Zinnen, Zwölferkofel, Hochbrunnerschneid, Elferkofel, Dreischusterspitze, Haunold. Im S beherrschen die mächtigen Bergstöcke der Hohen Gaisl/Croda Rossa (3146) und des Cristallo (3221) die Szenerie; li. davon das Filigranwerk der Cadinispitzen, dahinter die Erhebungen der Marmarolegruppe.
Der mit 40 bez. Anstiegsweg hat seinen AP beim Gh. Plätzwiese; er leitet über karge Almböden und Schrofen an der sonnigen Südflanke des Dürrensteins bergan – im Hochsommer mitunter eine sehr schweißtreibende Angelegenheit! Vom Vorgipfel in kurzem Zwischenabstieg (Drahtseil) zum höchsten Punkt mit großem Kreuz, 2½ Std. HU 850 m; Z 4 Std.; LA 2. – Hierzu Skizze 21.

Wer sich vor **Autoeinbrüchen** einigermaßen schützen möchte, meide das Abstellen seines Autos an einer nicht einzusehenden Stelle! Keine Wertgegenstände mitführen, vor allem nicht offen auf den Sitzen liegen lassen! Ziel der Beutezüge von Einzelgängern oder Banden sind u. a. Fotoapparate, Ferngläser, Autoradios und Kassettenrekorder. Man soll alles vermeiden, was zu Autoeinbrüchen animiert.

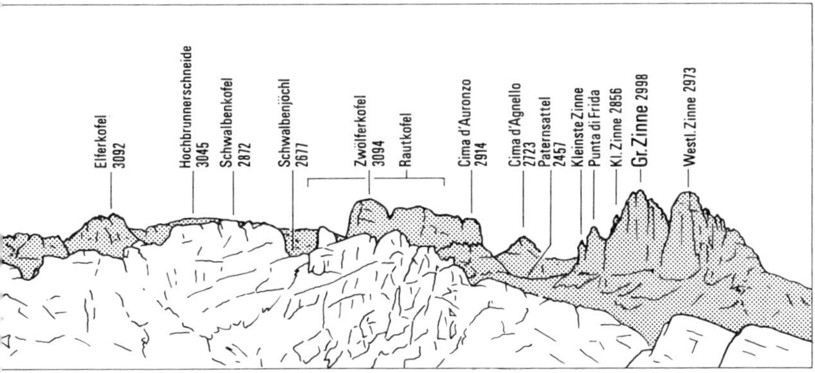

Strudelköpfe*, Heimkehrerkreuz, 2307 m. Obwohl man bereits vom weiten Wiesensattel der Plätzwiese eine herrliche Rundschau genießt, lohnt sich der Abstecher hinauf zu den Strudelköpfen, 1¼ Std. Man folgt von der Dürrensteinhütte (2020) dem mit 34 mark. Karrenweg, der in einigen Kehren zur Senke (2200) w. unterhalb der Strudelköpfe ansteigt. Hier nicht abwärts ins Helltal, sondern re., einem alten Kriegssteig folgend, über die sanft geneigten Hänge bergan zum großen Heimkehrerkreuz (2307) am höchsten Punkt der „Köpfe". Großartig die Aussicht: im S dominierend das Cristallomassiv mit seinen beiden Hauptgipfeln, dem Monte Cristallo (3221) und dem Piz Popena (3152), im W die Hohe Gaisl (3146), jenseits des Höhlensteintals die Parade der Sextener Dolomiten, angeführt von den Drei Zinnen (2999). Überreste der k. u. k.-Stellungen, auf die man allenthalben trifft, erinnern daran, daß hier im Ersten Weltkrieg engstes Frontgebiet war; die Artilleriestellungen auf der Strudelalpe sperrten das Höhlensteintal und griffen auch in die Kämpfe am Monte Piana ein. Z. 2 Std.; HU 300 m; LA 1 – 2. – Hierzu Skizze 21. **W 99**

Pragser Wildsee, 1492 m.** Der wildromantische, meist dunkelgrün schimmernde Alpensee liegt in einem großen Felstrog mit max. 40 m Tiefe eingebettet und wird im S von der tektonisch interessanten, scharfkantigen Gestalt des Großen Seekofels (2810) überragt. Faszinierend ist der Blick über den sagenumwobenen Wildsee auf die wuchtige, zirka 1300 m abfallende Nordwand des Kofels, eine nicht nur in Südtirol, sondern im gesamten Dolomitengebiet einmalige Szenerie! – Eine Seeumrundung ist zwar in nur 1 Std. möglich, doch empfiehlt es sich, diese in eine reizvolle Wanderung durch das Pragser Tal abseits der frequentierten Autostraße einzubeziehen. Als günstigen AP kann man entweder die Fraktion Prags – Schmie- **RW 100**

den (1231) oder das ehem. Bad Neuprags (1324) wählen. Weg Nr. 1 verläuft parallel zum Bach auf dessen orogr. re. Seite, durch Wiesen und Wald sanft ansteigend. An der Wegegabelung vor der Alexanderhöhe (1534) hält man sich re. und mündet beim Abfluß in den Uferweg ein, 1 Std. vom AP. Es spielt nun keine Rolle, ob die Umrundung im Uhrzeigersinn oder entgegengesetzt unternommen wird, weil beide Uferwege, die Mittagszeit ausgenommen, meist im Schatten liegen. Das Ostufer ist teilweise durch senkrechte, direkt in das Wasser abfallende Felsen gekennzeichnet, doch wurden exponierte Stellen durch Geländer entsprechend abgesichert. Nicht schwindelfreie Personen können dort trotzdem Probleme haben, wenn sie über das Geländer hinweg in die Tiefe blicken! Rastbänke sind hauptsächlich vor dem Hotel bzw. nahe der Seekapelle aufgestellt. – Zurück auf dem Hinweg mit kurzer Variante über das „Bären-Seeauge", welches wenig ö. vom Weg 1 in einer Mulde eingebettet ist; der Steig dorthin zweigt am li. Seezipfel ab und führt ö. am Fuß der Alexanderhöhe vorüber. HU 300 m, LA 1 – 2, Z 3 Std. – Hierzu Skizze 21.

RW 101 **Kühwiesenkopf (Franz-Josefs-Höhe), 2144 m.** Die leichte Besteigung dieses „Vorgipfels" lohnt sich vor allem wegen der schönen Aussicht, die der knapp über die Baumwuchsgrenze aufragende Höhenrücken bietet: im S und O erkennt man die Gipfel der Pragser Dolomiten, während nach N der Blick über die breite Senke des Pustertales bis zur Rieserfernergruppe und zu den Zillertaler Alpen reicht. – Als AP gelten in Prags – St. Veit sowohl der Pragser Hof als auch der Gh. Steiner (1380), beide an der Landesstraße gelegen. Man folgt zunächst zirka 500 m der Asphaltstraße in Richtung zum See und biegt kurz nach der Zufahrt zum Gstattlhof re. in einen unmark. Fußweg ein, der die Riedlwiesen durchmißt. Oberhalb der Riedlhöfe (1563) stößt man auf den Anstiegsweg Nr. 20, welcher zu den Kühwiesenhütten (1950) hinaufleitet. Von dort nur noch mäßiger Anstieg bis zum Gipfel, HU 764 m, vom AP 2 Std. – Eine kurze Gratwanderung verbindet mit einem nur schwach ausgeprägten Wiesensattel, über welchen der Almsteig, Mark. A von der Lanzwiesenalm (1823) heraufzieht. Diese Alm ist leider von Olang her nicht mehr öffentlich anfahrbar. – Vom Wiesensattel kurzer Abstecher zum Burgstalleck (2020), das Ausblicke nach NW vermittelt. – Den Abstieg vollzieht man über die Wöggenalm auf Weg 20A (alternativ auch ab Wöggen auf einem Wirtschaftsweg) hinab zum Steinwandhof (1394) und wenig weiter zum AP. Z. einschließlich Burgstalleck 3½ Std., LA 2. Hierzu Skizze 21.

W 102 **Piz da Peres**, 2507 m.** Der ö. über St. Vigil (1193) aufragende Piz da Peres gilt zu Recht als eine der schönsten Aussichtswarten in den Enneberger Dolomiten. Von seinem Gipfel aus genießt man bei günstigen Witterungsbedingungen ein prächtiges Panorama, das im N den Alpenhauptkamm von den Ötztaler Alpen bis zu den Hohen Tauern umfaßt, im S und O zahlreiche Dolomitenmassive einschließt: Peitlerkofel, Geislerspitzen,

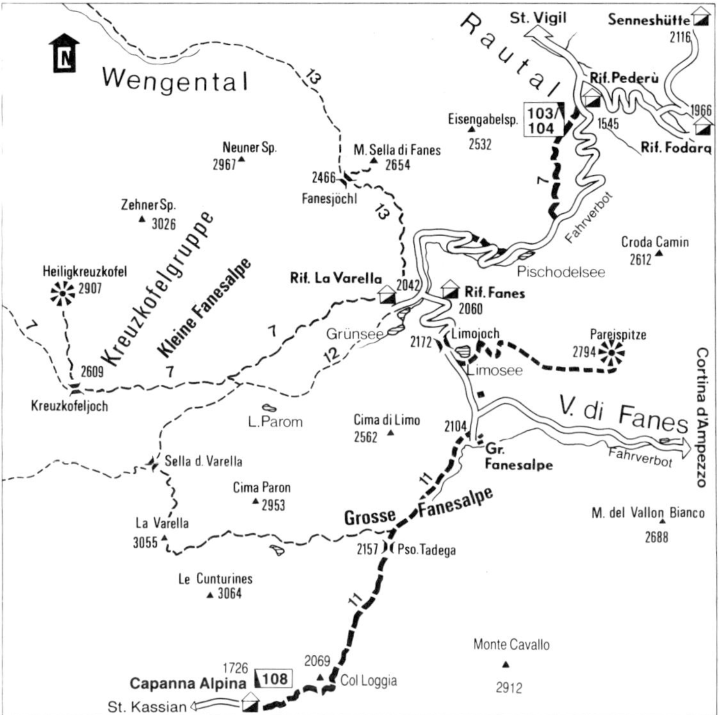

Skizze 22 Limojoch

Langkofel, Sella, Marmolata, Kreuzkofelgruppe, Fanes, Tofane, Pragser und Sextener Dolomiten.

Der Aufstieg vom Furkel-Sattel (1758), durchgehend mit 3 bez., gliedert sich in drei Abschnitte: den vorwiegend im Wald verlaufenden Anmarsch bis zur Weggabelung oberhalb des Rasenbodens (HT; geradeaus zum Lapadures-joch), dann den steilen, etwas beschwerlichen „Hatscher" über eine mächtige Schuttreiße hinauf in die zwischen Piz da Peres und Dreifingerspitze (2479) eingelagerte Dreifingerscharte (2330) und schließlich den Gratweg über den grasigen Ostrücken zum Gipfel, 2½ Std. Z 4 Std.; HU 750 m; LA 2. – Hierzu Skizze 11.

Der alte Markt **Innichen / San Candido** (1173) liegt an der Mündung des vom Kreuzbergsattel herabziehenden Sextenbaches in die junge Drau. Eine besondere Sehenswürdigkeit dieses Ortes ist die Stiftskirche, deren Anfänge auf das im Jahre 769 von Herzog Tassilo III. gegründete Benediktinerstift zurückgehen. Die heutige Form erhielt das romanische Bauwerk im 12. Jh.

Rautal

Rautal*, Rif. Pederù, 1548 m.

In Zwischenwasser zweigt von der SS 244 die Straße in das Enneberger Tal in sö. Richtung ab, nach St. Vigil (1193) 4 km. Ist man im Ort an der Kirche vorübergekommen, so folgt man der Fortsetzung in das obere Enneberger Tal, das Rautal heißt. Re. hat man den Kreidesee, ein in Türkisfarben leuchtendes Seeauge. Weiter durch das bewaldete, stark eingeschnittene Tal zur Waldlichtung mit der Tamersalpe. Die Anschlußstrecke wurde von einem riesigen Schuttstrom gequert, welcher mit seinem lockeren Kies den Wald total unterwandert hat. 15 km ab Zwischenwasser erreicht man die latschenumsäumte Talweitung von Pederù mit ihrem Schutzhaus; hier, am Rande des Naturparkes Fanes-Sennes-Prags wurde ein Großparkplatz eingerichtet. Die ehem. berüchtigten Bergstrecken hinauf zum Limojoch (2172) bzw. zur weitläufigen Sennesalpe sind mit Fahrverboten belegt. Jeeptaxis konzessionierter Unternehmer versehen auf diesen Strecken ihre Beförderungsdienste. Rautal, St. Vigil bis Rif. Pederù SG 2, auch für Busverkehr geeignet.

W 103 **Limojoch**, 2172 m; AP Rif. Pederù.** Aus dem Rautal lohnt sich auf jeden Fall ein Abstecher in die sagenumwobenen Fanesberge, die heute überwiegend innerhalb des Naturparks Fanes-Sennes-Prags liegen. Die Landschaft zwischen Heiligkreuzkofel und Faniskamm zeichnet sich durch eine besondere Vielfalt der Formen und Farben aus: bizarren Felsbauten stehen Karrenhochflächen und eigenartige, recht „undolomitisch" wirkende Plattenberge gegenüber, grünlich schimmernde kleine Seen kontrastieren lebhaft zu dem hellgrauen Kalk. Am Zehnerkofel (lad. Sass da les Diisc, 3026) wurde im Jahr 1953 in etwa 2600 m Höhe ein mächtiger Ringwall aus prähistorischer Zeit entdeckt – möglicherweise letztes Überbleibsel jenes „Reichs der Fanes", von dem die Überlieferung erzählt, daß es durch Verrat nach langen und blutigen Kämpfen untergegangen sei.

Der mit 7 mark. Weg weicht dem alten Limojoch-Sträßchen, das nunmehr für den öffentl. Verkehr gesperrt ist, auf längeren Abschnitten aus, kürzt dabei die Serpentinen an der ausgeprägten Talstufe hinter Pederù ab. Der Vigilbach hat sich hier aus dem gerölligen Untergrund einen riesigen Trichter herausgewaschen. Reizvoll ist der Blick zurück in den mächtigen Kessel des Pederù, stimmungsvoll dann der seichte Pischodelsee (lad. Lè Piciadel, 1819), überragt von den Schutthängen und zernagten Graten der Lavinores-Gruppe. Hinter einer nächsten Talstufe öffnet sich die weite, begrünte Mulde der Kleinen Fanesalm, 2¼ Std., mit dem hübschen Grünsee und den beiden Schutzhäusern La Varella (2042) und Fanes (2060). Etwa 100 m höher liegt das Limojoch (2172), belebt von seinem tiefgrünen See und mit Prachtblick auf den Faniskamm sowie durch das Fanistal auf die Zackenreihe des Pomagagnon. Z 4 Std.; HU 610 m; LA 2. – Hierzu Skizze 22.

Das **Gehtempo** sollte stets dem schwächsten Teilnehmer angepaßt werden. Hat man Kinder mit, so ist dies bei der Berechnung des voraussichtlichen Zeitaufwandes ebenfalls zu berücksichtigen.

Pareispitze, 2794 m.** In den Fanesbergen lassen sich natürlich sehr schöne Gipfelbesteigungen durchführen; als Tagestouren mit AP Rif. Pederù sind sie allerdings nur besonders Konditionsstarken zu empfehlen. Vorteilhafter ist es, wenn man in einem der beiden Schutzhäuser nächtigt oder den Hüttenjeep benützt, der zwischen Pederù und der Kleinen Fanesalm verkehrt (Informationen in St. Vigil bzw. im Rif. Pederù). Ein besonders lohnendes, leichtes Ziel ist die Pareispitze (Col Becchei di Sopra), die den langgstreckten Kamm n. über dem Fanestal krönt. Sie bietet ein bestechendes Panorama, in dem die Hohe Gaisl, die drei Tofanen, die Kreuzkofelgruppe und die Firngipfel der Zillertaler Alpen markant hervortreten. Daneben genießt man packende Tiefblicke in die umliegenden Täler. **W 104**
Der mark. Anstieg führt vom Südufer des tiefgrünen Limosees (2160) zunächst die Serpentinen hinauf zu den kargen Weideflächen am Südhang des Bergstocks und dann weiter gegen die vom Gipfel herabziehenden Schutthalden. Hier wendet man sich nach li. aufwärts zum Grat, über den bald der höchste Punkt gewonnen ist, 2¼ Std.; HU 740 m; LA 2–3. – Hierzu Skizze 22.

Gadertal

Heiligkreuz*, 2045 m. Ein beliebtes Ausflugsziel im Gadertal ist das Wallfahrtskirchlein Heiligkreuz, lad. San Crusc, das hoch am Berg unter den mächtigen Felsenmauern des Heiligkreuzkofels (2907) steht. Der Überlieferung nach soll hier der Gaugraf Otwin von Lurn und Pustertal seine letzten Lebensjahre als Einsiedler verbracht haben (um 1000). Urkundlich wird die Kapelle 1485 erstmals erwähnt. Der heutige Bau geht im wesentlichen auf das 16. Jh. zurück, wurde später allerdings teilweise erneuert. Das Gnadenbild im Hochaltar, eine Statue des kreuztragenden Christus, stammt aus dem 17. Jh. **RW 105**

Den Aufstieg nach Heiligkreuz verkürzt der von Pedratsches (1365) ausgehende Sessellift mit rund 700 m HU. In einer guten halben Stunde wandert man – vorbei an Kreuzwegstationen – hinauf zum Kirchlein und zum Gh. Von der Höhe bietet sich ein prächtiger, freier Blick auf das Hochabtei und seine Bergumrahmung: Peitlerkofel, Geisler-Puez, das markante Horn des Sass Songher, die mächtige Sellaburg, die Pralongia-Hochalm. Am s. Horizont lugt über dem dunklen Zackengrat des Padonkamms die Marmolata (3343) mit ihrem weißschimmernden Firnschild herein.

Für den Rückweg bietet sich der mit 13 bez. Weg, HT „Stern“, an. Man folgt ihm talabwärts bis zu den Bauernhöfen unterhalb des Medeswaldes. Hier trifft man auf ein Gütersträßchen, das in einigen Schleifen nach St. Leonhard bzw. Pedratsches hinableitet. HU 200 m; Z 50 Min. bzw. 2 Std. (mit Abstieg ins Tal); LA 1 bzw. 1–2. – Hierzu Skizze 23.

W 106 **Heiligkreuzkofel**, 2907 m.** Mit seiner langgestreckten, senkrecht abfallenden Westwand und dem keck aufgewölbten Gipfel ist der Heiligkreuzkofel (lad. Sass dla Crusc) ein Wahrzeichen des Hochabtei. In die Steilwände dürfen sich natürlich nur Extremkletterer wagen; dem trittsicheren Bergwanderer bietet der Steig zur Kreuzkofelscharte einen relativ leichten Zugang. Ausdauer wird aber auch hier vorausgesetzt, sind von der Bergstation des Heiligkreuz-Sesselliftes (1840) aus doch immer noch gut 1000 m HU zu bewältigen! Dafür entschädigt der Gipfel mit einem weiten Panorama und atemberaubenden Tiefblicken. Gegen N und NW reicht die Aussicht bis zu den firnbedeckten Erhebungen des Alpenhauptkamms, während im W, S und O zahlreiche Dolomitengruppen aufragen. Stimmungsvoll der Blick über die grünen Matten der Pralongia und die dunklen Padònberge zur Marmolata. Jenseits des Gadertals erhebt sich der mächtige Stock des Peitlerkofels, dem sich li. die Aferer Geiseln, Geislerspitzen und Puezberge, der Langkofel und die Felsenburg der Sella anschließen. Unter den vielen markanten Gipfeln im O treten die Hohe Gaisl, der Cristallo und die drei Tofanen besonders hervor.

Der Aufstiegsweg, Mark. 7, führt vom Kirchlein Heiligkreuz in sö. Richtung bergan zum Wandfuß. Dann geht es – teilweise mit Drahtseilsicherung – über breite Bänder und Schrofen steil und recht mühsam hinauf ins Kreuzkofeljoch (2609), 2½ Std., wo sich ein erster Blick auf die Fanesberge und die von Erosion und Gletscherschliff gezeichnete, nur mäßig steile Ostflanke des Heiligkreuzkofels eröffnet. Hier mündet der vom Rif. La Varella (2042) über die Kleine Fanesalpe heraufkommende Steig ein. Nun in n. Richtung, den roten Markierungspunkten folgend, am Grat entlang zum Gipfel, 3½ Std. – HU 1060 m; Z 5 ¾ Std.; LA 3. – Hierzu Skizze 23.

Valparolajoch, 2192 m.**

Das Valparolajoch vermittelt eine verkehrswichtige, kurze Zufahrt aus dem Pustertal (Raum Bruneck) zur Großen Dolomitenstraße. Die Route verläuft durch das stark gewundene Gadertal, im mittleren Abschnitt Abteital (abgeleitet von der ehem. Abtei Sonnenburg), im oberen Abschnitt St. Kassiantal genannt. Von der Abzw. (1420) bei Stern/La Villa ändert sich die Fahrtrichtung von bisher N nach S, jetzt nach SO. Hinter Armentarola beginnt der bewaldete Serpentinenanstieg mit einer ausgeglichenen Dauersteigung von 10%. Die Bergstrecke ist durchgehend ausgebaut und asphaltiert, in der Provinz Bozen 5 bis 6 m, in der Provinz Belluno 6 bis 8 m breit. Die aussichtsreiche Scheitelhöhe liegt oberhalb der Waldgrenze. Der höchste Punkt dieser Route befindet sich beim zerschossenen, altösterr. Sperrfort (2199) am Rande des blocküber-säten Felsgewirres „Tra i Sassi" (zwischen den Felsen). Die in den → Falzaregopaß einmündende und schöne Ausblicke (u.a. auf die Marmolata) bietende Scheitelstrecke nimmt einen geraden Verlauf und hat ein ausgeglichenes, sanftes Gefälle von knapp 8%. Dieser Übergang eignet sich auch für Wohnwagengespanne. Behinderungen gibt es manchmal an der unübersichtlichen Einmündungsstelle in die stark frequentierte Große Dolomitenstraße. Von der Abzw. bei Stern hat man 16 km bis zum Falzaregopaß zurückzulegen, SG 2. An steinschlaggefährdeten Stellen nicht anhalten! Die alte Straße über die Valparolaquelle und den ehem. Kriegerfriedhof ist gesperrt und befindet sich teilweise in Verfall.

Rifugio Pralongia*, 2138 m. Ein dankbares, auch für Familien und ältere Menschen geeignetes Wanderrevier ist die Pralongia, eine Hochalm, die sich im Winkel zwischen dem St.-Kassian- und dem Corvaratal ausbreitet. Die sanft gewellte, in den tieferen Lagen teilweise bewaldete und nach allen Seiten freie Sicht gewährende Hochfläche ist durchaus mit der Seiser Alm vergleichbar, wenn sie auch deren Ausdehnung (und Besucherfrequenzen) nicht erreicht. Mehrere Seilbahnen und Lifte erschließen das Plateau und vermitteln ideale Ausgangspunkte für schöne „Höhenspaziergänge", beispielsweise vom Piz La Villa (2078) oder vom Col Alt (1982) zum Rifugio Pralongia (2138), zirka 1½ Std. Im Frühsommer verwandeln sich die Almböden in einen einzigen Blumenteppich – bezaubernder Farbkontrast zu den Kalkfelsen rundum: im NW der Sass Songher, w. die Sella, im S die Marmolata, im O die Fanesberge. Mark. Abstiegsmöglichkeiten zu den Talstationen der von Stern, St. Kassian und Corvara ausgehenden Bergbahnen. Z 3 bis 4½ Std.; HU maximal 300 m; LA 1 – 2. – Hierzu Skizze 23. **RW 107**

Limojoch, 2172 m; AP Capanna Alpina.** Eine wenig beschwerliche Wanderung, auf der man den unverwechselbaren Zauber der Faneslandschaft erleben kann: karge, steinige Hochalmen, da und dort ein winziges Seeauge, riesige Schuttströme, über denen bleiche Felsen, zerklüftete Grate in den Himmel wachsen. Wendepunkt der Tour ist das Limojoch (2172), seit altersher begangene Verbindung zwischen dem Gadertal und Ampezzano. Knapp jenseits des Passes, rund 100 m tiefer, steht die im Sommer bewirtsch. Faneshütte (2060), wo man sich für den Rückweg angemessen stärken kann, wenn der Proviant im Rucksack nicht ausreicht. Die einzige nennenswerte Steigung hat man gleich zum Auftakt: rund 300 Höhenmeter von der anfahrbaren Capanna Alpina (1726) bis hinauf zum Col Loggia (2069), 1 Std. Die kleine Felskuppe ist ein echter „Balkon"; die Aussicht geht über das St.-Kassian-Tal und die Pralongia bis zur Sella; den wildzerklüfteten Abstürzen des Cunturinesstocks stehen die hohen Grate des Faniskamms gegenüber. Auf nurmehr leicht ansteigendem Pfad, Mark. 11, wandert man in dem breiten Hochtal einwärts zur flachen Wasserscheide des Tadegajochs (2157), 1¾ Std., wo sich von li. der Vallon de Lavares öffnet. Man folgt nun dem sich zum Boite hin entwässernden Fanesbach; im Vorblick baut sich die Pareispitze (2794) auf, erst allmählich wird dagegen die breite Senke des Limojochs sichtbar, die man schließlich nach einer kurzen Gegensteigung auf dem alten Kriegssträßchen gewinnt, 2¾ Std. Die durch einen kleinen Bergsee belebte Scheitelregion vermittelt gute Sicht nach beiden Seiten, zur Kleinen Fanesalm, über der sich der eigenwillig geschichtete Neuner (2968) erhebt, und auf den langgestreckten Faniskamm mit seinen hellgrauen, bizarr zerklüfteten Graten. Z 5 Std.; LA 2. – Hierzu Skizze 22. **W 108**

Für sämtliche fahrtechnische Angaben und Straßenzustandsberichte kann keinerlei Gewähr geleistet werden. Eine Nichtbeachtung offizieller Fahrverbote seitens nicht dazu berechtigter Straßen- bzw. Wegebenützer erfolgt jeweils auf eigene Gefahr und Haftung.

W 109 **Sass Songher**, 2665 m.** Wenn man das Valparolajoch überquert, fällt einem sogleich ein ungewöhnlich kühn geschwungenes Felshorn am nw. Horizont auf, der Sass Songher. Mit seiner markanten Gestalt beherrscht er den Talkessel von Corvara, eine steinerne Riesenburg, deren zerfurchte Mauern nur geübten Kletterern einen Durchstieg erlauben. Auch aus dieser Perspektive verbirgt sich die „schwache" Rückseite des Berges, der breite NW-Grat, über den ein mark. Steiglein zum Gipfel leitet. Vom höchsten Punkt, rund 1100 m über Corvara, bietet sich eine großartige Rundschau, geprägt von stimmungsvollen Gegensätzen zwischen Fels- und Almlandschaften. Dominierend das von Talschluchten zerrissene Sellamassiv, hinter dem li. die Marmolata hervorlugt, im W die Grödner Berge, sö., jenseits der Gader, die sanft gewellte Hochfläche der Pralongià, darüber Civetta und Pelmo, weiter li. die Fanesberge. Am n. Horizont reihen sich die vergletscherten Hochgipfel des Alpenhauptkamms aneinander.

Der Anstieg führt von Kolfuschg zunächst in dem zwischen Sass Ciampatsch (2672) und Sass Songher eingebetteten Edelweißtälchen bergan, Mark. 4. Oberhalb der Edelweißhütte (1822) mündet re. ein vom Col Pradat (2038; Sessellift) kommender, fast horizontal verlaufender Pfad. In der Folge passiert man eine winzige Kapelle und wenig weiter die Abzw. des Steiges zur Sass-Songher-Scharte (2435), Mark. 7. Vom Sattel, 2 Std., geht es über Schutthänge und leichte Felsen, an einer Stelle drahtseilgesichert, zum Gipfel, 2¾ Std. ab Kolfuschg. Z 4½ Std. bzw. 4 Std. vom AP Col Pradat; HU 820 m, LA 3. – Hierzu Skizze 23.

W 110 **Östliche Puezspitze*, 2913 m.** Daß die Dolomiten nicht nur aus gewaltigen Felsbauten, bizarren Türmen und freundlichen, sanft gewellten Almböden bestehen, erlebt man eindrucksvoll bei einer Besteigung der Östlichen Puezspitze. Dabei wird die Gardenazza-Hochfläche an ihrem w. Rand überquert: eine wüste Mondlandschaft, von Gräben durchfurcht, mit Geröll und Felstrümmern bedeckt, bei Nebel eine gefährliche Falle, auch wenn einem – wie man vielleicht vermuten könnte – keine gefräßigen Schreckenswesen auflauern! Was für ein Gegensatz der Blick nach SW, durch das tief eingeschnittene Langental auf die grünen Böden der Seiser Alm, zum Schlern, dem markanten Wahrzeichen Südtirols!

Einziger Stützpunkt in dieser öden Felswildnis ist die im Sommer bewirtsch. Puezhütte (2475), 2½ Std. vom Col Pradat (2038; Sessellift) über die Ciampatsch-Scharte (2366), Mark. 4. Beim Schutzhaus beginnt der nochmals knapp 1½ Std. beanspruchende Aufstieg zur Östlichen Puezspitze. Das nur mangelhaft bez. Weglein umgeht zunächst li. den Felskopf des Puezkofels (2725) und leitet dann im Geröll aufwärts zur Ostflanke des Berges. Über den zunehmend steiler werdenden Schutthang gewinnt man schließlich den Gipfel, wo sich ein sehr stimmungsvolles und überraschend weites Panorama auftut. Besonders eindrucksvoll der Blick nach S, über das Langental und die Tschierspitzen hinweg zur Sella. Weiter re. die freistehende Felsbastion des Langkofels (3179). Z 7 Std.; HU 1000 m; LA 3. – Hierzu Skizze 23.

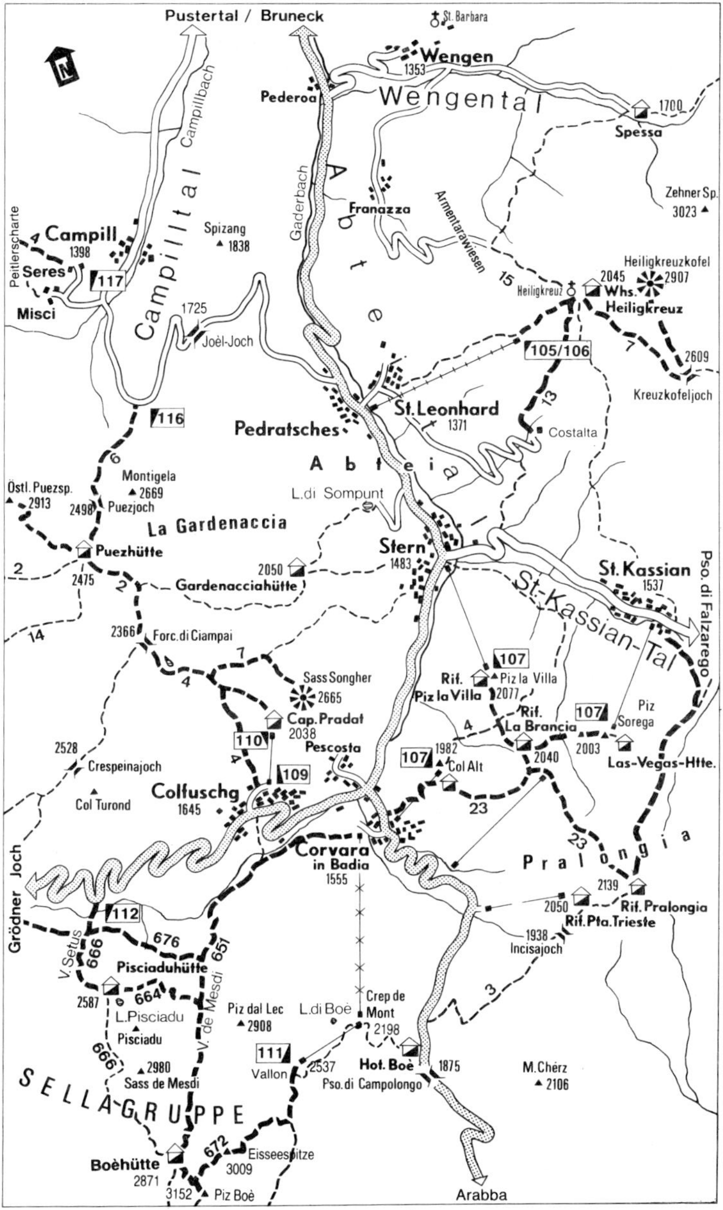

Skizze 23 Hochabtei

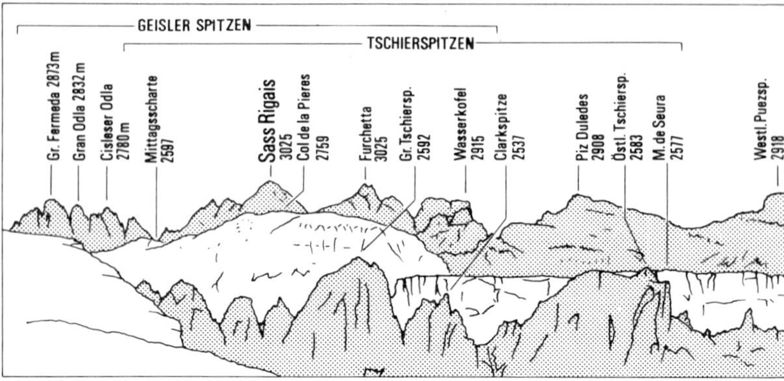

PANORAMA: Geisler Spitzen von der Pisciadùhütte

Grödner Joch*, 2121 m.**

Die 6 km lange Westrampe der SS 243 vom Abzweig beim Hotel Miramonti bis zur Scheitelhöhe hat nur fünf Kehren und ist 6 bis 7 m breit ausgebaut. Die Steigungen sind gut ausgeglichen und überschreiten 8% nicht, SG 2. Die kehrenreiche Ostrampe vom Scheitel hinab nach Corvara (Kurfar) mißt knapp 10 km und weist ein Gefälle bis max. 12% auf; die Fahrbahnbreiten schwanken zwischen 6 und 8 m. Lenker großer Omnibusse haben hier auch nach erfolgtem Ausbau noch manche Mühe wegen einiger enger Kurvenradien! SG 2–3, unzulängliche Randsicherungen, steinschlaggefährdete Stellen.

Plan (1589) ist der hinterste Ort im Grödnertal und liegt unterhalb der das Talbecken abschließenden Mauer des Sellastockes mit ihren Gipfeln Piz Gralba (2972) und Piz Selva (2941). Die Straße über das Grödner Joch nach Corvara verdankt ihre Entstehung dem Ersten Weltkrieg, als man sie als Nachschubweg zur Dolomitenfront erbaut hatte. Die heute normal breite Straße zieht bei ausgeglichener Steigung hinter Plan zuerst in einer großzügigen Schleife mit Blicken auf Sella, Langkofel und Geislerspitzen aufwärts zum Kreuzboden (1789). Unterhalb vom Hotel Miramonti gelangt man an die wichtige Straßengabelung, wo man sich scharf li. hält und dann noch 6 km kurvenreiche Bergstrecke zum Grödner Joch hat. Während der Auffahrt richten sich die Ausblicke hauptsächlich auf die Rot- und Tschierspitzen.

Die Ostrampe hinab nach Colfuschg weist teilweise scharfe Kurven auf, die Vorsicht erheischen. Landschaftlich bietet die Fahrt talwärts sehr viele Reize. Man wird einerseits von der zerklüfteten Felsenflanke des Sellastockes, andererseits von der Felsbastion des Sass Songher (2665) beeindruckt, der im O das Blickfeld beherrscht. Die anfangs herbe Landschaft wird von lichten Lärchenwäldern und freundlichen Matten sowie von malerischen Bergdörfern und auch Einzelhöfen abgelöst. An der Einmündung des Colfuschger Baches in das Gadertal trifft man auf eine Straßengabel: Re. nach Corvara in Badia (1555) und zum → Campolungopaß, geradeaus nach St. Lorenzen im Pustertal.

Piz Boè*, 3152 m, Val Mesdi.** Als „leichtester Dreitausender der Dolomiten“ apostrophiert, ist der Piz Boè natürlich ein beliebtes Wander- bzw. Tourenziel. Von der Seilbahnstation am Sass Pordoi (2950) aus kommt man zu Fuß in $1^{1}/_{2}$ Std. zum Gipfel der ebenmäßig gebauten Pyramide, die das Sellaplateau um fast 300 m überragt. Dementsprechend belebt bis überlaufen ist der Pfad; der riesige Reflektor am höchsten Punkt und die reichlich „gesäten“ Abfälle unterwegs sind auch nicht unbedingt dazu angetan, das Naturerlebnis zu vertiefen. Wenn die Besteigung des Boè mehr sein soll als nur ein „Sich über die Dreitausend-Meter-Höhenmarke hinauszubewegen“, wählt man mit Vorteil einen der weniger stark frequentierten Zugangswege, z.B. den einst von der Sektion Lichtenfels des DÖAV angelegten, jüngst wiederhergestellten und mit neuen Drahtseilsicherungen versehenen „Lichtenfelser Steig“. Von jedem bergtüchtigen Wanderer begehbar, bietet dieser Aufstieg eine Fülle großartiger Landschaftseindrücke, vor allem, wenn man ihn mit dem Abstieg durch das Mittagstal verbindet. Auf dem Gipfel genießt man das altberühmte Panorama, welches bis zum vergletscherten Alpenhauptkamm, vom Ortler bis zum Triglav reicht. Rundum über den Randkuppen des Sellamassivs gibt es viel Dolomitenprominenz: im S die Marmolata mit ihrem Firnschild, re. flankiert vom Gran Vernel, im W der Langkofel, li. davon Rosengarten und Latemar, im SO die Civetta, im O die Ampezzaner Berge, im NO Fanes, im N Puez und Geislerspitzen. **RW 111**

Den hochgelegenen AP der Tour erreicht man von Corvara (1546) mit Seilschwebebahn und Sessellift. Von der Liftstation Vallon (2537) nicht zur weithin sichtbaren Ruine der alten Vallonhütte am Col de Stagn, sondern sw. hinüber zu einer Wegteilung (HT), an der man sich re. hält. Der »Lichtenfelser Steig«, Mark. 672, führt über Geröll in einen wildromantischen Felskessel. Von solide verankerten Drahtseilen geleitet, durchsteigt man die steinerne Arena an ihrem re. Rand. Unter den senkrechten Felsaufschwüngen der Vallonspitze (2905) wendet sich das Weglein nach li. und quert hinüber auf die kleine Hochfläche im Rücken der Punte (2791). Anschließend geht es über Schneereste und Schrofen, immer gut bez., hinauf zur Eisseespitze (3009), 2 Std. Der weitere Verlauf der Route ist nun gut einzusehen: stets am Grat oder knapp darunter von der Eisseescharte (2982) über die Cresta Strenta (3121; Drahtseile) zur Jägerscharte (3110), wo der vielbegangene Pfad von der Boèhütte mündet, und zum Gipfel, $2^{1}/_{2}$ Std.

Vom Piz Boè kann man auf gut mark. Weg nö. zur Liftstation Vallon absteigen, Mark. 638, $1^{1}/_{2}$ Std. Ungleich lohnender ist allerdings der Abstieg vom Rif. Boè (2871) durch das wildromantische Mittagstal nach Corvara. Man genießt dabei grandiose Felsszenerien; li. und re. wachsen die zerklüfteten Mauern immer weiter in die Höhe. Der mit 651 bez. Steig ist recht rauh, im Frühsommer oft vereist, gelegentlich mit tückischen Altschneepassagen. Man tut deshalb gut daran, sich in der Boèhütte nach dem Wegzustand zu erkundigen und gegebenenfalls den Rückweg ins Tal via Pisciadù-Hütte zu nehmen, Mark. 666. Z 6 bis 7 Std.; HU 650 m; LA 3. – Hierzu Skizze 23.

RW 112 **Rif. Pisciadù, 2587 m.** Einziger Tourenstützpunkt im n. Teil des Sellamassivs ist die Pisciadù-Hütte, wenig oberhalb des stimmungsvollen Lech de Pisciadù (2564), 2 Std. Sie ist auch Ziel einer prächtigen Wanderung, die unvergleichliche Dolomitenbilder vermittelt, aber nur für Bergerfahrene geeignet ist. Vor allem der Aufstieg durch den oft bis weit in den Sommer hinein schneegefüllten Schlund des Val Setus (einige Drahtseile) bereitet Ungeübten einige Probleme. Auch der Abstieg von der Pisciadù-Hütte ö. ins Mittagstal verlangt Trittsicherheit (Drahtseilsicherungen), Mark. 664. Großartig dabei der Blick auf die gewaltigen Felsfluchten von Boèseekofel (2908), Zehner (2916) und Neuner (2904), die sich über dem Val de Mezdi aufbauen. Etwas tiefer am Weg 651 darf man dann die Abzw. des Steigleins nicht verpassen, das am Felsfuß entlang in Richtung Grödner Joch führt, Mark. 676. An der Mündung des Val Setus trifft es wieder auf den Anstiegsweg. Günstige AP für die Runde sind das Grödner Joch (2121) und der meist gut besetzte Parkplatz an der Ostrampe der Paßstraße (ehem. Kiesgrube; 1956). Ein Großteil der hier abgestellten Wagen gehört allerdings Bergsteigern, die auf den populären »Pisciadù-Klettersteig« gehen → DOLOMITEN-Klettersteigeführer. Z $4^1/_2$ bis 5 Std.; HU 500 – 650 m; LA 3. – Hierzu Skizze 23.

Halsl (Kofeljoch)*, 1863 m und Würzjoch/Passo delle Erbe, 1987 m.**

Der von Brixen (561) zirka 46 km lange bzw. von Klausen (523) 42 km lange, zwischen Plose und Peitlerkofel durchführende, asphaltierte Straßenzug über das Würzjoch nach St. Martin in Thurn (1127) stellt touristisch bedeutende Verbindungen zu den Bergwanderzielen zwischen Eisack- und Gadertal her. Seine etwas hochtrabend klingende Bezeichnung „Brixner Dolomitenstraße" ist nicht offiziell, partizipiert doch auch die Stadt Klausen an dieser durchgehenden Verbindung, deren Ausbauzustand recht uneinheitlich ist. Im wesentlichen handelt es sich hierbei um einen Zusammenschluß von seit längerem bestehenden Landes- und Gemeindestraßen bzw. Güterwegen, welche in jüngerer Zeit teilweise ausgebaut bzw. für einen durchgehenden Pkw-Verkehr adaptiert wurden. Demnach schwanken auch die Fahrbahnbreiten: mit Ausnahme eines kurzen Abschnittes auf dem Sträßchen St. Peter in Villnöß-Russiskreuz sind sie zweispurig bzw. knapp zweispurig (Vorsicht bei Begegnungen!). Voll ausgebaut sind die Talstraße durch das Villnößtal bis St. Peter, die Bergstraße St. Martin in Thurn-Untermoi und die Plosestraße zwischen St. Andrä und dem Berghotel Vallazza. Die Steigungen bzw. Gefälle erreichen w. des Würzjoches Maxima von 16% (oberhalb St. Peter), im O zwischen Untermoi und der Scheitelhöhe 12%, unterhalb von Untermoi kurz auch 14%. Vallazza – Würzjoch SG 2 – 3, St. Peter – Russiskreuz SG 3 – 4 (im Bj. ausgesetzte Stellen ungesichert!), St. Martin in Thurn-Untermoi SG 1 – 2, Untermoi – Scheitelhöhe SG 2. Zufahrt von Petschied in Hinterlüsen zu den Gungganwiesen (Cialciagn) SG 3. Mit Omnibus ist das Würzjoch nur von O her auf der ausgebauten Bergstrecke St. Martin – Untermoi – Würzjochhütte (Ütia de Bürz) anfahrbar.

Von Brixen zunächst auf der → Plosestraße bis zum Berghotel Vallazza (1697), 17 km. Hier fährt man geradeaus zur Wasserscheide am bewaldeten Halsl (1863), auch Kofeljoch genannt, im Anblick der bizarren Felsnadeln der Aferer Geiseln und des wuchtigen Peitlerkofels (2875) hinauf. In sanftem Gefälle gelangt man zu den bilderbuchhaften Gungganwiesen, einer blumenübersäten Hochalm. Überraschend öffnet sich hier ein prächtiger Blick durch das Lüsener Tal nach N auf den vergletscherten Zillertaler

Hauptkamm mit Turnerkamp und Großem Möseler. In Windungen setzt man die Auffahrt zum Würzjoch fort und kommt an den lieblichen Kortschwiesen vorbei. Als beherrschende Erhebung zeigt sich in seiner ganzen Wucht der Peitlerkofel. Im W sieht man die Ötztaler Alpen, im O die Fanesgruppe mit dem Heiligkreuzkofel, im NO hat man den Kronplatz. Reizvolle Almböden, Fichten- und Zirbenwälder laden in dieser herrlichen Bergregion zu Spaziergängen und Wanderungen auf gut mark. Wegen oder auch weglos ein.

Von der Brenner SS. 12 bzw. von der Anschlußstelle Klausen der Autobahn fährt man zunächst durch das Villnößtal nach St. Peter (1132); hier li. Abzw. zum „Kabiswirt", dann re. abbiegen, enge Ortsdurchfahrt. Weiter über die Gh. „Dreimäderl-Haus" und „Neujonis", vorbei am Schapplhof aussichtsreiche Auffahrt (Ausblicke auf Geislerspitzen und Peitlerkofel) in den Wald zum Russiskreuz und zur Wegevereinigung mit der Brixner Auffahrt via Berghotel Vallazza, 17 km. Von dieser Stelle gemeinsame Streckenführung über das Halsl zum Würzjoch. Neben den Hütten in der Scheitelregion bieten sich als Einkehrstationen am Wege die Halslhütte und die Edelweißhütte „Zur Berta" w. vom Halsl an; etwas abseits der Route die Schatzerhütte (2004), lohnender Abstecher vom Halsl aus.

Die Ostrampe ist vorwiegend bewaldet. Das Gefälle setzt unvermittelt ein. Nach 1.4 km auf einem kleinen Sattel (1869), bez. Pè de Börz, li. mehrere Abstellplätze; hier auch Abzw. des Weges zur bewirtsch. Maurerberg-Hütte (2156), HT. Im weiteren Abstieg fährt man durch Untermoi (1514) und über Wiesenhänge hinab in die Mulde des Untermoibaches. Re. Zufahrt zum „Bauernbad Valdander" (1436), HT. Schließlich leitet die voll ausgebaute Bergstrecke durch dichten Nadelwald zur Lichtung auf dem Col dal Ermo, einem Knotenpunkt der Wanderwege. Im weiteren Abstieg erreicht man das Schloß Thurn. Hier sind an unübersichtlichen Stellen Verkehrsspiegel aufgestellt. Nachdem man an der re. abzw. Straße in das → Campilltal vorbeigefahren ist, kommt man nach St. Martin in Thurn hinab. Zuletzt über den Gaderbach auf die re. Talseite, wo die Straße bei Piccolein (1186) in die SS. 244 einmündet.

Villnösser Kofelalm*, 2296 m. Sowohl mit AP Russiskreuz (1735) als auch mit AP Zannser Alm bietet sich im SW der Aferer Geisler eine abwechslungsvolle RW an ,die am Rande der Kofelalm ihren Kulminationspunkt findet. – Vom Russiskreuz verläuft sie über die blumenreiche Kofelwiese (2060) und die schöne Aussicht gewährende Furtschelle (2114) über einen zahmen Sattel (2148) zum Punkt 2200. Diese Strecke ist ein Teil des »Günther-Messner-Gedächtnissteiges«, bez. „GM". – Von der Zannser Alm (1680) gelangt man über den „Heuweg" und den „Oberen Herrnsteig", 32A, in 1½ Std. dorthin; etwas beschwerlicher ist der Alternativsteig 32 zum Punkt 1970 mit daran anschließender Hangtraversierung in ö. Richtung, bis man sich bei Punkt 1960 mit Weg 32A vereinigt. – Die jeweilige Verbindungsstrecke zwischen der Kofelwiese, dem Villtatscher Berg (1908) und dem Punkt 1960 wird durch den „Unteren Herrnsteig", Mark. 32, hergestellt, welcher sowohl den Kofelbach als auch den Villnösser Bach und den Zannser Bach überquert, 2 Std. – HU zirka 600 m, Z 3½ Std., LA 2. – Hierzu Skizze 24.

RW 113

W 114 **Tullen**, 2653 m, AP Russiskreuz.** Die Tullen ist ein Aussichtsberg par excellence in den Aferer Geislern, doch steht sie etwas im Schatten des weit bekannteren und stark frequentierten Peitlerkofels. Außer dem hier beschriebenen kürzeren Anstiegsweg gibt es auch den von S, von der Zannser Alm, über den „Oberen Herrnsteig" heraufführenden Weg → W 118. – Vom Russiskreuz (1735) hat man zunächst einen etwa einstündigen Aufstieg bis zu den Kofelwiesen. Der mit 32A bez. Weg führt im Wald steil bergan, quert einen Geröllhang (Drahtseil) und leitet dann über Almböden in den Wiesensattel der Furtschelle (2148); dort wird unvermittelt der Blick auf die Geislerspitzen frei, ein herrliches Dolomitenbild, das den Wanderer auch auf dem weiteren Weg begleitet. Nun hoch über dem Villnössbach talein; an der WT (2200) hält man sich li. und folgt weiter der roten Mark. „GM" (Günther-Messner-Gedächtnissteig) durch ein steiles Wiesentälchen aufwärts. Man tangiert die Scharte unterhalb der Weißlahnspitze (2494), ohne sie zu überqueren. Durch einen großen Kessel, in dem sich bis in den Spätsommer hinein Schneereste halten, gelangt man an den Fuß der Tullen. Ein li. abzw. Steiglein leitet in knapp 30 Min. hinauf zum Gipfel, den man nach insgesamt 2¾ Std. erreicht. HU 920 m, LA 2 – 3, Z 5 Std. – Fortsetzung des »Günther-Messner-Gedächtnissteiges« → DOLOMITEN-Klettersteigeführer von Eugen E. Hüsler. – Hierzu Skizze 24.

W 115 **Peitlerkofel***, 2875 m; AP Würzjoch.** Dank seiner günstigen Lage wartet der Peitlerkofel (lad. Sass Bütja) mit einer besonders reizvollen, an malerischen Kontrasten reichen Aussicht auf. Dem Zackenprofil der Dolomiten stehen die begrünten Höhen der Sarntaler und Pustertaler Berge gegenüber, am n. Horizont reihen sich die Dreitausender des Alpenhauptkamms aneinander, vom Similaun bis zum Großglockner, im W erkennt man bei günstigen Witterungsverhältnissen das Firnhaupt des Ortler. Auf seiner Nordseite bricht der Peitlerkofel in einer gewaltigen Wandflucht zum Würzjoch hin ab; sie wurde im Jahr 1919 erstmals durchstiegen und wird mit dem IV. und V. Schwierigkeitsgrad der Alpenskala bewertet. Ungleich leichter läßt sich der mächtige Bergstock über seine „zahme" Südflanke bezwingen, obwohl man auch da gelegentlich die Hände zu Hilfe nehmen muß. Von vergleichbaren Anforderungen kann natürlich keine Rede sein, ein sicherer Tritt und Schwindelfreiheit sind allerdings unerläßlich. Also nichts für ganz Ungeübte!

Ein günstiger AP für die Peitlerkofel-Tour ist das hochgelegene Würzjoch (2006). Auf gut markiertem Weglein, Bez. 8A, wandert man fast eben über die Kompatschwiesen ins Tälchen des Schartenbachs, wo man auf den von den Gungganwiesen heraufkommenden Steig trifft, Mark. 4 (beschilderter AP an der Würzjochstraße). Nun recht steil aufwärts zur Wegspinne an der Peitlerscharte (2357), 1¾ Std. Hier münden auch die Zugangswege aus dem Villnöß- und dem Campilltal.

Der Gipfelsteig verläuft durch die offene Südflanke des Berges. Auf ordentlichem Zickzack-Weglein gewinnt man in knapp 1 Std. den Sattel zwischen

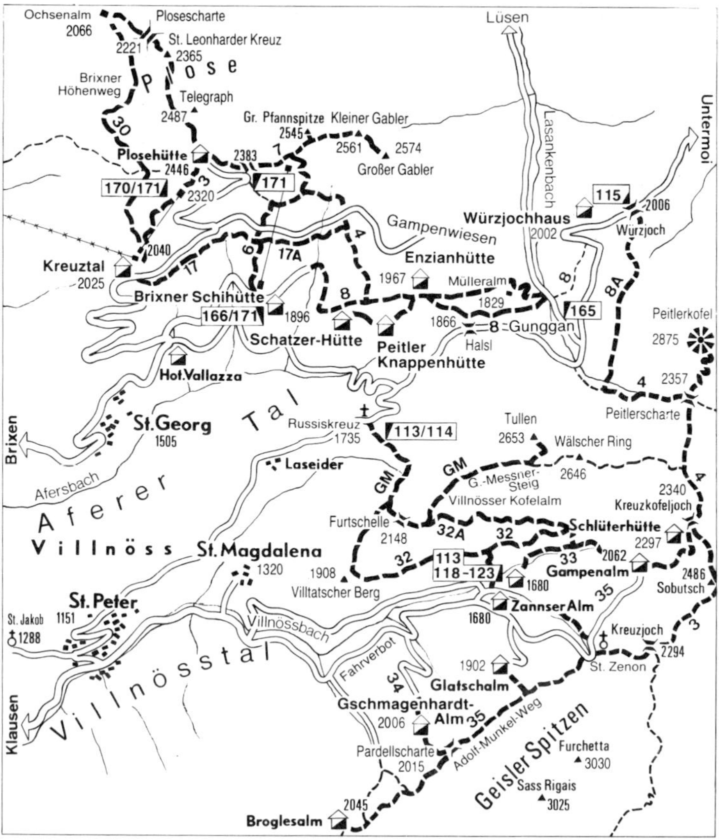

Skizze 24 Afers

dem Peitlerkofel und seinem Vorgipfel, dem Kleinen Peitlerkofel (2813). Hier beginnen die Drahtseilsicherungen, die an der re. Seite des felsigen Südgrates auf den schuttbedeckten Gipfel leiten, 3 Std. Z 5 Std.; HU 900 m; LA 3. – Hierzu Skizze 24.

Campill- und Zwischenkofeltal, Juvel-Sattel*, 1725 m

Das im SO des Peitlerkofels verlaufende Tal vermittelt den Zugang zum Naturpark Puez-Geisler von N her; den Mittelpunkt bildet die Puezhütte (2475). Eine meist zweispurige, gute Asphaltstraße beginnt oberhalb St. Martin in Thurn (1127) und leitet in den schmucken Ort Campill/Longiaru (1400), 5.7 km. Talein setzt sie sich noch weiter fort. An der Wegeteilung bei km 6.5 (im Bj. Ende der asphaltierten Strecke) folgt man der Mark. 9 auf einer geschotterten Forststraße in das Zwischenkofeltal. Eine Talweitung mit prächtigen Wiesen umfährt man in einem großen Bogen, wobei die Steigung zunimmt (Maxima 12%). Bei km 8.6 zweigt re. der Anstiegsweg Nr. 9 zum Zwischenkofel bzw. zur Puezhütte ab. Wer den Karrenweg in Richtung Zwischenkofel-Alm (2085) benützen möchte, fährt noch bis km 9.5 weiter, um dann sein Fahrzeug am Rande des Naturparkes Puez-Geisler abzustellen (Weiterfahrt re. verboten). Li. setzt sich das Forststräßchen zum Juvel-Sattel mit einer langgezogenen Serpentine fort. Die Scheitelhöhe ist nach knapp 11 km ab St. Martin in Thurn erreicht, SG 3. Von den Almböden bieten sich prächtige Ausblicke sowohl nach O in das Gadertal mit dem Heiligkreuz-Kofel als auch nach W in das stark eingeschnittene, innere Zwischenkofeltal, flankiert von senkrecht abfallenden Felswänden. Ein Gipfelkreuz krönt den in unmittelbarer Nähe sich erhebenden Zwischenkofel (2384). – Der n. vorgeschobene Tschengles (1963) läßt sich von der Scheitelhöhe aus in 45 Min. leicht ersteigen, hier HT „Piz de Ceindles“. – Die 7 km lange Rampe hinab in das Gadertal verbindet die verstreut liegenden Einzelgehöfte untereinander und stößt n. von Pedratsches (1365) auf die SS 244. Geschotterte Fahrbahn, einspurig mit nur wenig Ausweichen, Leitplanken an ausgesetzten Stellen, SG 3.

W 116 **Östliche Puezspitze*, 2913 m; AP Campilltal.** Die Puezhütte erreicht man auch von N, aus dem innersten Campilltal, auf mark. Weg, Bez. 6. Anfahrt von Campill auf dem Joëljoch (Juvel-Sattel) – Sträßchen bis zur beschilderten Abzw. des Steigleins im Zwischenkofeltal. Nun über die Antersass-Alm (2085) hinauf zum Puezjoch (2498), das den einzigen gangbaren Nordzugang zur Gardenazza-Hochfläche markiert. Eine knappe Viertelstunde weiter südlich steht die im Sommer bewirtsch. Puezhütte (2475), 2½ Std. In weiteren 1½ Std. besteigt man vom Schutzhaus aus die Östliche Puezspitze, einen schönen Aussichtsberg → W 110, Z 6¾ Std.; HU 1400 m; LA 3. – Hierzu Skizze 23.

W 117 **Peitlerkofel**, 2875 m; AP Campill.** Der Peitlerkofel gehört auch zu den großen Bergen des Campilltals. Der mark. Anstiegsweg geht ebenfalls über die Peitlerscharte (2357); vom Campiller Ortsteil Seres (1568) aus sind allerdings rund 1300 m HU zu bewältigen; fast zwei Drittel im Tälchen des Seresbachs, zwar mit hübschen Ausblicken auf Puez-Nordabstürze und auf die Fanesberge, aber doch nicht sehr abwechslungsreich. Dafür ist man auf dem mit 4 mark. Steiglein fast immer allein, was man von den übrigen Zustiegen nicht behaupten kann. Z 6 ½ Std.; HU 1310 m; LA 3. – Hierzu Skizze 23 und 24. → W 115, W 122.

Blick vom Gasthaus Pichler, nö. des Bergdorfes Rein, auf die Erhebungen der Rieserfernergruppe mit ihren weit herabziehenden Gletschern. Zu Füßen dieser großartigen Bergwelt breitet sich das **Bachertal** aus, dessen oberer Abschnitt Ursprungtal genannt wird. Foto E. Denzel

Neustift bei Brixen. Höchst originell ist die der Engelsburg in Rom nachempfundene Architektur der Michaels-Kapelle als zweigeschossiger Rundbau aus dem 12. Jh. mit Zinnenkranz. Foto Dr. H. Wilcke

Das überaus malerische Städtchen **Klausen im Eisacktal** wartet mit alten gotischen Häusern und Höfen auf. Blick durch die Hauptstraße mit den erkerreichen Fassaden der meist in jüngerer Vergangenheit renovierten Häuser. Foto Dr. H. Wilcke

Kreuztal, die Bergstation der Plose-Seilbahn (2040) ist günstigster und rasch erreichbarer Ausgangspunkt für eine Wanderung auf dem familienfreundlichen **«Brixner Höhenweg».** In seinem Verlauf bis zur bewirtsch. Ochsenalm (2066) schwankt die Höhenlage kaum merkbar. Abwechslungsreich sind seine Ausblicke, die firnbedeckten Dreitausender der Zillertaler Alpen beeindrucken jeden Bergfreund → RW 169. Foto H. Walder

Villnößtal

Zannser Alm*, 1680 m.

Vom Abzweig der Landesstraße durch das Villnößtal an der Brenner-SS 12 hat man zunächst den schienengleichen, beschrankten Übergang der Brennerbahn. Unter dem Viadukt der Brennerautobahn hindurch gewinnt man den schluchtartigen Eingang in das Hochtal. Die vielgewundene Straße hat mehrere scharfe Kurven. In stetem Anstieg, max. 12%, erreicht man das ausgedehnte Gemeindegebiet von Villnöß. Die neue, ab Gh. Bruggmüller Hof im oberen Villnößtal normal breite Asphaltstraße umgeht den Ort St. Magdalena. Nach zirka 12 km folgt man bei St. Johann li. bergwärts der HT «Zannser Alm» und hat nur mehr ein einspuriges Asphaltsträßchen mit Ausweichen. Mit einer langgestreckten Kehre überwindet man einen merklichen HU, um dann an der bewaldeten Berglehne hoch über dem Bach in das Talinnere zu fahren, SG 2 – 3. Am EP bei der Zannser Alm sind am Rande des Naturparkes Puez-Geisler Parkplätze eingerichtet; Gästen sind auch die Zufahrten zu den Abstellplätzen der Pension Sass Rigais und des Berggh. Glatschalm gestattet, letzterer befindet sich unterhalb des Sperrschrankens am Weg nach St. Zenon.

Tullen, 2653 m, AP Zannser Alm.** Die Tullen ist höchster Gipfel der Aferer Geiseln und wird von konditionsstarken Gehern auf dem »Günther-Messner-Gedächtnissteig« bzw. »GM« mitgenommen. Ihre Besteigung bedarf jedoch keiner Kletterei, egal ob man von N (Russiskreuz) oder von S (Zannser Alm) her ansteigt. Vom Großparkplatz des Naturparkes Puez-Geisler an der Zannser Alm (1680) benützt man zunächst talein den mit „H" bez. und mit Nr. 33 mark. „Heuweg", welcher oberhalb des Kasserillbaches verläuft, bis li. nahe eines Bildstöckls Weg 32A abzweigt. Im steilen Anstieg ist bald die WT 32/32A (1960) erreicht, an der man sich re. hält. Unter den s. Abstürzen der Aferer Geiseln gewinnt man auf dem „Oberen Herrnsteig" weiter an Höhe und stößt am Punkt 2200 auf den »Günther-Messner-Gedächtnissteig«, 1½ Std. vom AP. Fortsetzung über den Weißlahngrat auf die Tullen → W 114. Anstiegszeit knapp 3 Std., HU 980 m, Rückweg wie Hinweg, Z 5 bis 5½ Std., LA 2 – 3. – Die Zannser Alm wartet mit einem sehenswerten Wildgehege auf, HT. – Hierzu Skizze 24. **W 118**

Gampenalm oberhalb St. Zenon*, 2062 m. Vom Großparkplatz am Rande des Naturparkes bieten sich an der Zannser Alm (1680) bis St. Zenon zwei bequeme Anstiegswege an: entweder der mit 33 mark. Fahrweg auf der orogr. li. Talseite oder der Karrenweg, welcher hinter der Pension „Sass Rigais" bis in die Großgrube leitet, woran sich ein wildromantischer Fußsteig anschließt. Unterhalb von St. Zenon stößt man auf den »Adolf-Munkel-Weg«, Mark. 35, 45 Min. Die Kapelle liegt etwas abseits am Weg zum Kreuzjoch (2293). Im weiteren, mäßigen Anstieg erreicht man auf dem Almfahrweg in 30 Min. die während des Sommers bewirtsch. Gampenalm, wo sich der Ausblick auf die höher gelegene Schlüter-Hütte/Peitlerkofel-Hütte (2297) öffnet; letztere steht auf dem Kreuzkofeljoch (2340). **RW 119**

Zurück bis zum St. Zenonbach und auf dem »A.-Munkel-Weg« am Fuße der eindrucksvollen Geislergruppe hinein in den Gsiesboden (1932). Von dort bequemer Abstieg zur bald sichtbaren Glatschalm (1902); diese ist von Juni bis Sept. bewirtsch. und wird als beliebter Stützpunkt für Klettertouren aller Schwierigkeitsgrade an den Nordwänden der Geislerspitze gut frequentiert. Bemerkenswerte Ausblicke auf die bizarren Spitzen mit der Furchetta (3030) im unmittelbaren Blickfeld. – Auf steilem Almfahrweg schließlich hinab durch den Wald zum eingangs erwähnten Fahrweg Nr. 33 und Rückkehr zum AP. – HU 400 m, Z 3 bis 3½ Std.; LA 1 – 2. – Hierzu Skizze 24.

RW 120 **Schlüterhütte*, 2297 m und Kreuzkofeljoch**, 2340 m.** Obwohl ursprünglich vor allem als Stützpunkt am → Peitlerkofel errichtet und heute Etappenort des „Dolomiten-Höhenwegs 2", ist die Schlüterhütte/Rif. Génova auch als selbständiges Wanderziel von Interesse. Da ab Zannser Alm (1685) zwei Zugänge bestehen, ergibt sich sogar die Möglichkeit zu einer hübschen Runde, die mit ihren etwa 600 Höhenmetern durchaus auch im Leistungsbereich älterer Menschen liegt. Den eindrucksvollen Rahmen liefern die Geislerspitzen mit ihren zerklüfteten Nordabstürzen, ein Dolomitenbild par excellence! Auf der im Sommer bewirtsch. Gampenalm (2062) treffen die beiden Hüttenwege wieder zusammen. Der n., Mark. 32, verläuft durch das Tälchen des Kasserillbachs, der s., Bez. 33, mündet unterhalb von St. Zenon (1928) in den → »Adolf-Munkel-Weg«. Von der Schlüterhütte, 2 Std., empfiehlt sich auf jeden Fall der kleine Abstecher zum Kreuzkofeljoch in nur 10 Min. Der Wiesensattel gewährt einen Prachtblick gegen O auf die Pragser Dolomiten und die Fanesberge. Auffallend ist die breite Felsmauer des Kreuzkofels (→ Heiligkreuzkofel, 2907); nach W reicht die Aussicht an besonders klaren Tagen über die Sarntaler Alpen hinweg bis zu den Graubündner Bergen. HU 600 m; Z 3½ Std.; LA 2. – Hierzu Skizze 24.

RW 121 **Sobutsch*, 2486 m.** Der Abstecher zur Schlüterhütte läßt sich leicht um die Schleife über den Sobutsch erweitern; Zeitaufwand und Anforderungen sind dabei nur wenig größer. Dafür bietet der zwischen Peitlerkofel und Geislerspitzen gelegene Kammrücken eine prächtige Aussicht, vor allem auf die Berge jenseits des Gadertals. – Vom Kreuzkofeljoch (2340) auf dem „Dolomiten-Höhenweg" zunächst um die Wiesenkuppe des Bronsoi (2399) herum in einen Sattel, dann über Schrofen aufwärts zum Grat. Bemerkenswert die reiche Flora; in den Triasschichten finden sich da und dort schöne Versteinerungen. Das mit 3 bez. Weglein zieht fast horizontal durch die Südflanke des Sobutsch; in wenigen Minuten gewinnt man weglos den höchsten Punkt, 2¾ Std. Beeindruckend der Blick über das innerste Campilltal, die Vallà, auf die Nordabstürze der Puezberge, die eine geschlossene, fast 3 km lange Felsmauer bilden. Die tief eingeschnittene Roascharte (2617) trennt sie von den w. anschließenden Geislerspitzen, die dann beim anschließenden Abstieg vom Kreuzjoch (2293) zur Zannser Alm wieder mehr und mehr ins Blickfeld treten. HU 800 m; Z 4½ Std.; LA 2. – Hierzu Skizze 24.

Peitlerkofel*, 2875 m; AP Zannser Alm.** Ein verlockendes Tourenziel ist natürlich der mächtige Peitlerkofel, ein hervorragender Aussichtspunkt am Nordrand der Dolomiten. Von der → Schlüterhütte (2297) bzw. vom Kreuzkofeljoch (2340) quert man auf vielbegangenem Pfad in einer knappen halben Stunde in die Peitlerscharte (2357), wo der eigentliche Gipfelanstieg beginnt → W 115. Z 6½ Std.; HU 1200 m; LA 3. – Hierzu Skizze 24. **W 122**

Adolf-Munkel-Weg.** Zu den klassischen Höhenpromenaden zwischen Eisack und Piave zählt der nach einem DAV-Pionier benannte »Adolf-Munkel-Weg«. Er verbindet die Gampenalm (2062) mit der Brogleshütte (2045) und verläuft ohne größere HU am Nordfuß der Geislerspitzen entlang, 2½ Std. Faszinierend die zerklüfteten, himmelwärts ragenden Nordwände der Geislerspitzen, die den Wanderer ständig begleiten – ein Bild echt dolomitischer Prägung! **RW 123**

Das verzweigte Wegnetz an der orographisch li. Seite des inneren Villnößtals eröffnet Möglichkeiten für verschiedene Rundwanderungen unter Einbeziehung des »Adolf-Munkel-Weges«. Sehr beliebt ist die Runde via Glatschalm (1902) und die gleichfalls bewirtsch. Gschmagenhardt-Alm (2006), dabei wird der mit 35 mark. Höhenweg vom Gsiesboden bis zur Pardell-Scharte (2015) begangen; ausgespart bleiben die beiden Steigungen zur Gampenalm und w. der Pardell-Scharte. Bei entsprechendem zeitlichen Mehraufwand läßt sich die Tour natürlich in beide Richtungen bis zum jeweiligen EP des »Adolf-Munkel-Weges« verlängern. Z (AP Zannser Alm) 2¾ Std.; HU 400 m; LA 1 – 2. – Hierzu Skizze 24.

Grödner Tal

Höhenstraße Klausen – St. Ulrich im Grödner Tal

Die SS. 242 d nimmt in Klausen (516) ihren Ausgang. Sie ist sowohl an der Brennerautobahn als auch an der Brenner-Staatsstraße rechtzeitig und deutlich angekündigt. Von der AA Klausen benützt sie die ehemalige Trasse der Grödner Schmalspurbahn, welche allmählich ansteigend an der Ostseite hoch über dem Eisacktal entlangführt. Die Steigung ist gut ausgeglichen und überschreitet 5 % nicht! Wirksame Schutzanlagen wurden vor Lawinenstrichen und Steinschlagzonen errichtet. Bei Lajen erreicht man den Eingang ins Grödner Tal. Von hier leitet die 6 m breite Asphaltstraße von Tunnel zu Tunnel bis nach Pontives, wo sie nach 15 km in die von Waidbruck heraufziehende und 14 % Höchststeigung überwindende SS. 242 einmündet; von hier hat man nur mehr wenige Kilometer nach **St. Ulrich (1236). Die Höhenstraße stellt nunmehr eine wesentlich kürzere und bequemere Verbindung zwischen dem Eisacktal und dem Grödner Tal her.**

An den vorliegenden Band 2 SÜDTIROL schließt im Norden der Band TIROL (Nordtirol) der Reihe „Mit Auto und Wanderschuh“ an.

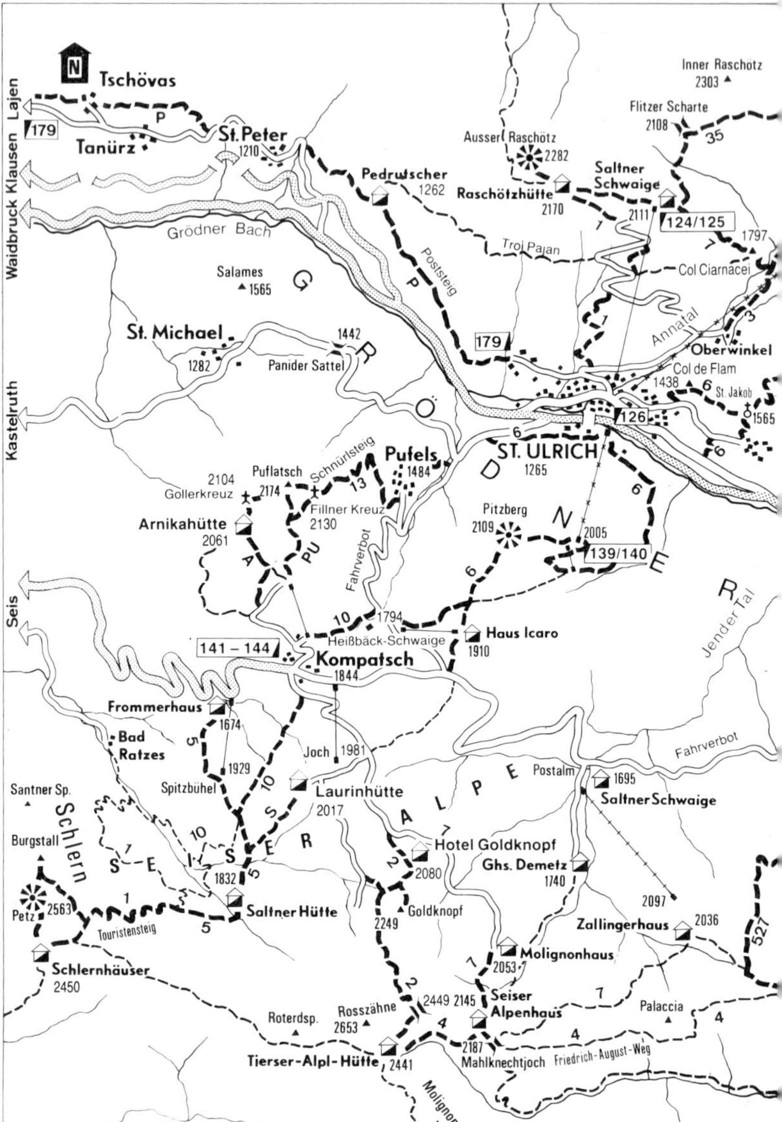

 Skizze 25 Grödner Tal

Broglesscharte
2119
Brogleshütte
2045
35
3
6
Geisler Spitzen
Furchetta
3030
Sass Rigais
3025
Wasserscharte
Gr. Fermeda
Seceda
2518
127
2447
Panascharte
Forc. de la Roa
Piz Duledes
Puezspitzen
2918
6
Secedahütte
2282
Fermedahütte
2093
Cucasattel
2153
Col Raiser
128/129
2102
Geisler Hütte
2037
Montischella
2751
2
2
Puezhütte
2475
Forc. Forces de Sielles
2505
Col de la Pieres
Seura Sass
2174
2365
Pitschberg
2489
Pizzascharte
Plan de la Ciaseies
1850
4
1
14
Stevia-Hütte
2312
Langental
St. Jakob
Schuatsch-Hütte
1905
4
3
4
2
Crespeinasee
M. de Seura
130
Daunei
R. Wolkenstein
ST. CHRISTINA
1428
WOLKENSTEIN
1567
Crespeinajoch
2528
12
131
Chedultal
2466
Col Turond
2655
Gr. Tschierspitze
2592
Tschierjoch
Fischburg
133/134
Rif. Clark
2222
138
Ciaslat
2315
Grödner Joch
V. Danterceppies
132
2121
Corvara
Monte Pana
TAL
Fahrverbot
2025
M. de Seura
2255
Ciampinoi
Pisciaduhütte
2587
Piz Cialong
2124
526
526A
Le Meisules
Piz de Sella
Confinboden
525
Santner Weg
Rif. E. Comici
2154
Langkofel
3179
Piz Seteur
526
SELLAGRUPPE
Sass de Mesdi
527
2253
Langkofelhütte
525
Rif. T. Demetz
2681
Plattkofel
2964
Langkofelscharte
Fünffingersp.
137
Boèhütte
2871
Piz Ciavazes
135/136
Piz Boè
3151
2301
Zahnkofel
Grohmannsp.
2237
Col de Toi
Plattkofelhütte
2214
Sellajoch
Fassajoch
Friedrich-August-Weg
4
Sass Pordoi
2950
Forc. di Rodella
Rif. Rodella
Rodella
2485
Canazei

Die ehem. Grödnerbahn hat als Zeugnis der Vergangenheit dieses wichtigen Dolomitentales in St. Ulrich einen Ehrenplatz gefunden, wo man die „Denkmal-Lokomotive" zur Besichtigung aufgestellt hat; sie war 43 Jahre lang in Betrieb. Hauptsächlich haben russische Kriegsgefangene 1916/17 die 44 km lange Schmalspurbahn gebaut, welche in Klausen ihren Ausgang nahm und in Plan endete. Sie diente während des Krieges als wichtigste Nachschublinie für die dahinter liegende Dolomitenfront und beförderte in den Nachkriegsjahren ungezählte Dolomitenbesucher. 1960 wurde sie, weil nicht mehr rentabel, eingestellt.

RW 124 **Außerraschötz*, 2282 m.** Die Raschötz, ein langgestreckter, über steile Felsen n. zum Villnößtal hin abfallender Höhenrücken, ist ein Berg für jedermann: rund 800 der insgesamt ab St. Ulrich 1000 Höhenmeter betragenden Anstiegsleistung übernimmt der Raschötz-Sessellift. Von seiner Bergstation (2093) unweit der Saltner Schwaige (2111) wandert man fast eben w. hinüber zu der im Sommer bewirtsch. Raschötzer Hütte (2170); dann geht es über Wiesen aufwärts zum höchsten Punkt, dem Raschötzer Kreuz, 40 Min. Das Panorama ist von überraschender Weite; stimmungsvoll die sehr gegensätzlichen Bilder: Während im SO das Blickfeld von den Dolomitenmassiven der Sella, der Marmolata und des Langkofels beherrscht wird, reicht die Aussicht im W und N über die Talfurche des Eisack und die sanften Höhenzüge der Sarntaler Berge bis zum Ortler und den Dreitausendern des Alpenhauptkamms (Ötztaler, Stubaier und Zillertaler Alpen). Im S erstreckt sich die weite, leicht gewellte Grünfläche der Seiser Alm, überragt von Schlern, Roßzähnen und Molignon.

Für den Abstieg nach St. Ulrich bietet sich der mit 1 bez., in einigen großen Schleifen verlaufende Forstweg an. Etwa auf halber Wegstrecke kreuzt man bei einer Waldlichtung den sagenumwobenen Heidenweg den »Troi Pajan«, der schon lange vor Beginn der christlichen Zeitrechnung begangen wurde (Funde aus der Bronzezeit). Alternativ kann man auch von der Saltner Schwaige auf Weg 7 zum Col Ciarnacei (1797) und ins St.-Anna-Tälchen absteigen. Z 1¼ Std. bzw. 2¾ Std. (mit Talabstieg); HU 200 m; LA 1 – 2. – Hierzu Skizze 25.

RW 125 **Brogleshütte**, 2045 m.** Ein bequemer, auch für Familien mit Kindern geeigneter Höhenweg, Mark. 35, verbindet die Bergstation des Raschötz-Sesselliftes (2093) mit der Brogleshütte, die knapp jenseits der Broglesscharte (2119) auf der gleichnamigen Alm steht, am w. AP des beliebten → »Adolf-Munkel-Weges«. Der Pfad zieht ohne nennenswerten HU an den südseitigen Wiesenhängen der Innerraschötz (2317) entlang; dabei bieten sich dem Wanderer prächtige Ausblicke auf das untere Grödner Tal, die Seiser Alm, den Schlern und die n. Erhebungen des Rosengartens. Im O treten hinter den markanten Vorbau der Seceda (2518) allmählich die eleganten Felszinnen der Geislerspitzen mit Furchetta (3030) und Sass Rigais (3025) als höchste Gipfel hervor. Von der Broglesalm aus genießt man zudem einen stimmungsvollen Blick auf die über dem innersten Villnößtal stehenden Aferer Geiseln und den mächtigen Bergstock des Peitlerkofels (2875).

Der Abstiegsweg nach St. Ulrich ist mit 3 mark.; er führt unterhalb des Plan da Feur, unweit der Mittelstation der Seceda-Seilschwebebahn vorbei. Man kann die Wanderung bei Bedarf hier abbrechen, Z $2^{1}/_{2}$ Std. Nach St. Ulrich steil bergab zur Hohen Brücke, die den Cuecenesbach überspannt, und auf wenig befahrenem Sträßchen zurück zum AP. HU 100 m; Z $3^{1}/_{4}$ Std.; LA 1 – 2. – Hierzu Skizze 25.

St. Jakob, 1565 m. Eines der klassischen Dolomitenmotive Grödens: das **RW**
Kirchlein St. Jakob mit seinem spitzen Turm, im Hintergrund, jenseits des **126**
Tals, die stolze Berggestalt des Langkofels (3179). Kunst- und Naturdenkmal, das eine vielleicht 700 Jahre alt, das andere in Jahrmillionen aus den Sedimenten des Urmeeres skulptiert. St. Jakob gilt als ältestes Gotteshaus im Grödner Tal. Der heutige, aus dem 13. oder 14. Jh. stammende, nach einem Brand um 1440 erneuerte Bau bewahrt gute Fresken eines Meisters der Brixner Schule (um 1470): im Chor Szenen aus dem Leben des hl. Jakob, die 12 Apostel, Kirchenväter und Evangelisten, außen ein großer Christophorus. Den Hochaltar schmückt ein Gemälde von Franz Unterberger aus Cavalese (1751).

Von St. Ulrich führt ein gutes Weglein, Mark. 6, über den Col de Flam (1438) hinauf zum Kirchlein, $1^{1}/_{2}$ Std. Auf dem längst wieder überwachsenen „Flammenhügel" (Col de Flam) befand sich in prähistorischer Zeit eine Kultstätte; sie wird in die Jüngere Eisenzeit (400 – 50 v. Chr.) datiert. Einige Fundstücke sind im Heimatmuseum von St. Ulrich ausgestellt.

Beim Abstieg, Mark. 6, kommt man unterhalb der Häuser von St. Jakob (1433) beim Gedenkstein für Paul Grohmann (1838 – 1908) vorbei. Der Dolomitenpionier aus Wien war zusammen mit P. Salcher und Franz Innerkofler im Jahr 1869 Erstbesteiger des Langkofels. Nach ihm wurde auch ein Gipfel in der Langkofelgruppe benannt (Grohmannspitze, 3126 m). – Von Pescota wandert man abseits der Hauptstraße zurück zum AP. HU 340 m; Z $2^{1}/_{4}$ Std.; LA 1 – 2. – Hierzu Skizze 25.

Pitschberg, 2365 m.** Eine herrliche Schau auf das Grödner Tal, seinen **RW**
Almenkranz und die einmalige Felskulisse hat man vom Pitschberg, der **127**
sich ö. über St. Ulrich erhebt. Wer mit der Seilschwebebahn zur Seceda (2518; Bergstation 2453) hinauffährt, kann diesen Aussichtspunkt anschließend im Zuge einer Bergabwanderung besuchen. Ein ordentliches, durchgehend mit 6 mark. Weglein, auf das man von der Seilbahnstation nach kurzem Abstieg stößt (HT) führt über den Pitschberg nach St. Ulrich hinab. Eine einzige nennenswerte Gegensteigung mit rund 200 m HU besteht zwischen dem Cucasattel (2153) und dem Gipfel; der Rest ist gemütliches Bergabwandern. Eile verbietet sich dabei von selbst, denn die stimmungsvollen Ausblicke und die Blumenpracht am Weg wollen in Muße erlebt sein. Nicht versäumen darf man den kleinen Abstecher zur Aussichtskanzel Seura Sass (2174), die eine lebensgroße Christusfigur – aus dem Stamm einer Arve geschnitzt – ziert. „Ober dem Felsen" gehört zu den schönsten Panoramapunkten des Grödner Tals (auch von St. Jakob im Aufstieg lohnend, 2 Std.). HU 270 m; Z 3 bis $3^{1}/_{2}$ Std.; LA 1 – 2. – Hierzu Skizze 25.

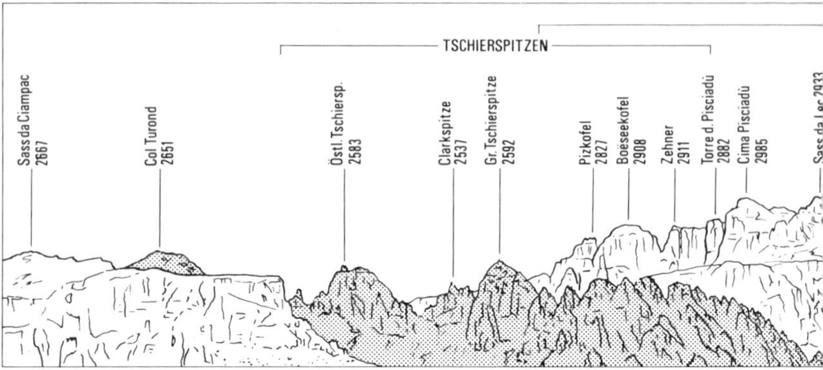

PANORAMA: Sellagruppe von der Steviaalpe

RW 128 **Geislerhütte*, 2037 m.** Bei St. Christina öffnet sich von NO das malerische Cislestal, ein beliebtes Wander- und Schigebiet mit entsprechend regem Besuch sommers und winters. Touristisch erschlossen wird es vor allem durch den Col-Raiser-Gondellift, dessen Bergstation (2102) AP verschiedener leichter Bergwanderungen ist. In ö. Richtung führt ein breiter Weg leicht abwärts zu der im Sommer bewirtsch. Geislerhütte/Rif. Firenze, 20 Min. Der kurze Almspaziergang vermittelt Aussicht auf die Geislerspitzen, deren Zinnen und Türme über den blumenreichen Matten der Cislesalpe aufragen. Höchste Erhebung ist die Furchetta (3030), die sich aber hinter dem massigen Felskörper des Sass Rigais (3025) versteckt. Die Besteigung des zweiten Dreitausenders dieser Dolomitengruppe ist eine dankbare Unternehmung für geübte Bergsteiger: Aufstieg durch das Wasserrinnental, Abstieg über die Südflanke → DOLOMITEN-Klettersteigeführer. Die Geislerhütte liegt unmittelbar am Rand des fast 100 km² großen Naturparks Puez-Geisler; entsprechende Tafeln weisen auf die geltenden Schutzbestimmungen hin und mahnen den Wanderer zu naturgerechtem Verhalten. – Abstieg auf breitem Karrenweg nach St. Christina, Mark. 1. Z 1½ Std.; LA 1. – Hierzu Skizze 25.

RW 129 **Col de la Pieres***, 2751 m.** Ein wenig klangvoller Name zwar, doch ein überaus dankbares Gipfelziel: der Col de la Pieres, Kulminationspunkt des Steviastocks, über mächtige Felsfluchten zum Cisles- bzw. ins Langental abfallend. Trittsichere Bergwanderer besteigen ihn leicht von der → Geislerhütte (2037) aus; der Abstieg geht dann über die Pizzascharte/Forcella de Piza. Am Gipfel bietet sich eine Rundschau, die, obwohl nach N bis zum Alpenhauptkamm reichend, weniger durch ihre Weite als durch faszinierende Dolomitenbilder beeindruckt: Im S, jenseits des Langentals, hat man die breite Mauer des Mont de Sëura (2578), über der die Nadeln und Türme der

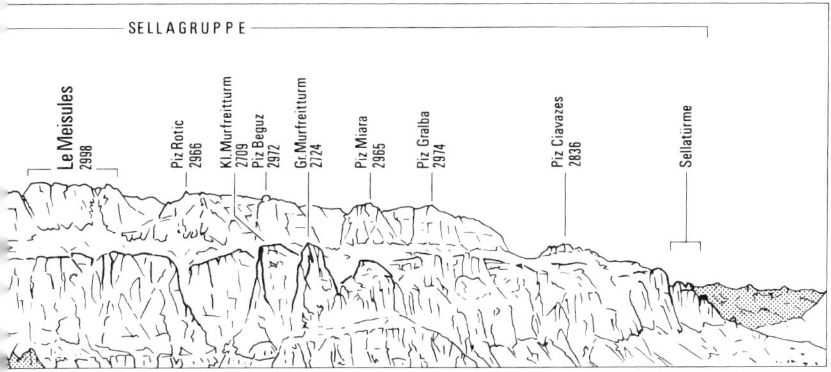

→ Tschierspitzen aufragen; am Horizont dann die wuchtige „Gralsburg Ladiniens", die Sella. Herrlich der Blick auf die Geislerspitzen, ein starker Kontrast zur Mondlandschaft der Puezberge im O.

Der mark., für Ungeübte nicht ganz leichte Aufstieg führt durch das wildromantische Val Fources de Sielles hinauf zur Sielles-Scharte (2505), 1½ Std. Grandios die Szenerie mit den zerklüfteten Wänden der Kanzeln (2718); über der Val de la Roa die gebankten Felsen des Piz Duledes (2909). Am Sattel verläßt man den zur Puezhütte weiterführenden Weg 2, wendet sich nach re. und folgt den roten Mark. über gestufte Felsen hinauf zum ausgedehnten, geröllbedeckten „Dach" des Col de la Pieres, 2¼ Std. Jenseits leiten die Farbtupfer über Schrofen und leichte Felsen hinab zur obersten Stevia-Alm; eine drahtseilgesicherte Passage verursacht bei weniger Geübten möglicherweise leichtes Herzklopfen. Bei der weithin sichtbaren, schlanken Stevianadel folgt dann eine wichtige Weggabelung: Geradeaus über karge Almböden abwärts zur → Steviahütte, re. über die Pizzascharte (2489) im Zickzack – zuerst über lockeren Schutt – hinab ins freundliche Cislestal, wo man auf den breiten Karrenweg trifft, der St. Christina mit der Geislerhütte verbindet. Z 5 Std.; HU 720 m; LA 3. – Hierzu Skizze 25.

Stevia-Hütte, 2312 m und Pizzascharte, 2489 m.** Genau n. über Wolkenstein (1563) erhebt sich der Steviastock, ein riesiges, steinernes Pult, dessen nach SO geneigte Abdachung ausgedehnte Almböden trägt. Die Überschreitung – leicht als Runde durchzuführen – ist unter die lohnendsten Grödner Wanderungen einzureihen, und dies ohne den „Massenauftrieb" vergleichbar schöner Ziele. Obwohl kein Gipfel betreten wird, genießt man eine Fülle herrlicher Ausblicke, natürlich auf Wolkenstein, zum Langkofel, auf die Tschierspitzen, über deren „Drachenrücken" die massige Sella thront, ins Cislestal und zu den Geislerspitzen, auf die Seiser Alm, **RW 130**

zum Schlern. Und wer ein Auge für kleine Dinge hat, wird am Weg auch viele Kostbarkeiten der Dolomitenflora entdecken.

AP der Rundtour ist die Schuatsch-Hütte (1905), am Weg von Wolkenstein ins Cislestal gelegen. Man erreicht sie vom hochgelegenen Ortsteil Daunei (1677; Parkmöglichkeit) auf dem mit 3 bez. Weg in etwa 40 Min. Nun re. aufwärts gegen die Felsen, Mark. 4, anschließend in einer langen Traverse hinan zur Silvesterscharte (2280), wo sich unvermittelt ein Prachtblick ins Langental auftut. Bei der Steviahütte (2312), 2¼ Std., die nach Umrundung eines tief eingerissenen Felskessels rasch erreicht ist, hat man dann Muße, die phantastische Aussicht zu genießen. Man kann sich hier auch gleich stärken, denn noch sind knapp 200 Höhenmeter zu bewältigen, ehe an der Pizzascharte (2489) der – zunächst steile und rauhe – Abstieg ins Cislestal beginnt. Knapp unterhalb der schon lange sichtbaren Geislerhütte (2037) trifft man auf den breiten Versorgungsweg; auf ihm talauswärts, bis li. eine HT zur Schuatsch-Hütte weist, die nach kurzem Gegenanstieg erreicht wird. Z 4½ Std.; HU 840 m; LA 2 – 3. – Hierzu Skizze 25.

W 131 **Langental*, Plan de la Ciasëies, 1850 m.** Zu den beliebtesten Ausflugszielen in der Umgebung von Wolkenstein (1563) gehört das sich von NO öffnende, heute zur Gänze innerhalb des Naturparks Geisler-Puez liegende Langental/Val Lunga. Mit seinen Steilflanken bietet es eindrucksvolle Dolomitenbilder: li. die lotrechten, gelbroten Wände des Steviastocks, zur Rechten die langgestreckte Mauer des Mont de Sëura, über dem Talinnern der Puezkofel (2725). Am Eingang entdeckt man li. hoch am steilen Hang, unter den Steviolafelsen, die spärlichen Reste der Burg Wolkenstein. Sie wurde vermutlich im frühen Mittelalter erbaut und kam 1293 in den Besitz Randoldts von Villanders, des Stammvaters der Wolkensteiner. Die schwer zugängliche Feste diente hauptsächlich als Jagdschloß; bereits Mitte des 16. Jh. soll sie verfallen gewesen sein.

Auf bequemem, nur leicht ansteigenden Weg, Mark. 14, wandert man, vorbei an der Kapelle St. Silvester, in das schöne Trogtal, bis zum Plan de la Ciasëies etwa 2 Std. ab Wolkenstein. Im Bereich des Almbodens von Pra de Ri (1785) zweigt li. der mit 4 bez. Zugang zur Puezhütte (2475) ab. Z 3½ Std.; HU 250 m; LA 1 – 2. – Hierzu Skizze 25.

W 132 **Große Tschierspitze*, 2592 m.** Das Grödner Joch wird von zwei in ihrem Bau sehr unterschiedlichen, für die Dolomiten aber gleichermaßen typischen Berggruppen flankiert: s. das gewaltige, monolithisch erscheinende Felsmassiv der Sella, n. das Filigranwerk der Tschierspitzen/Pizes da Cir. Markanteste und zugleich höchste Erhebung in dem vielgipfeligen Kamm ist die Große Tschierspitze/Grande Cir, deren breite Pyramide sich genau über dem Paßscheitel erhebt. Sie gilt trotz ihrer verhältnismäßig geringen Höhe als vorzügliche Aussichtswarte. Das Panorama, gegen W bis zu den Eishäuptern der Ortlerberge, im NW bis zum Alpenhauptkamm reichend, zeichnet sich durch malerische Gegensätze aus. Reizvoll der Tiefblick auf die vielgewundene Trasse der Grödner-Joch-Straße. Am ö. Horizont kann das geübte Auge mehrere Dreitausender der Ampezzaner Dolomiten erkennen. Über das Chedùltälchen hinweg schaut man auf die schiefe Ebene der Stevia-Alpe, die in senkrechten Felsfluchten zum Langental abfällt, im W setzt der Schlern einen unverwechselbaren Akzent über dem sanftwelligen Grün der Seiser Alm.

Vom AP Grödner Joch (2121) wandert man über die blumenreichen Tschierwiesen bergan gegen die markante Schlucht li. der Großen Tschierspitze. Ein mark. Steiglein leitet über Geröll in den düsteren Schluchtwinkel. Hier wendet man sich nach re. und folgt den Drahtseilen über ein breites Band aufwärts in die stark gestufte SW-Abdachung. Im Zickzack zum Gipfelkreuz, 1½ Std. Trittsicherheit und etwas Bergerfahrung sind unerläßlich; Kinder nimmt man an die (kurze) Reepschnur. HU 470 m; Z 2 Std.; LA 3. – Hierzu Skizze 25.

Tschierjoch, 2466 m.** Zu den beliebtesten Wanderungen in der Umgebung von Wolkenstein zählt auf jeden Fall die leichte Tour „Rund um die Tschierspitzen", die – beispielhaft für viele Dolomitenwege – eine Vielzahl schönster Landschaftsbilder gewissermaßen „auf dem Tablett" liefert. Sie verläuft über das zwischen Col Turond (2651) und der Östlichen Tschierspitze (2583) eingelagerte Tschierjoch/Jeuf de Cir; den Aufstieg von Wolkenstein mit rund 700 m HU übernimmt der Danterceppies-Gondellift. Von der Bergstation (2315) quert man unter den Südabstürzen der Tschierspitzen ö. hinüber zum Rif. Clark (2222), 20 Min. Hier trifft man auf das mit 2 bez. Steiglein, das vom Grödner Joch zum Tschierjoch hinaufzieht, 1¼ Std. Die Bezeichnung „Joch" für den Übergang ins Chedùltal ist eigentlich recht irreführend; es handelt sich bei der Scheitelregion vielmehr um eine wildromantische Trümmerlandschaft mit bizarren Felszacken und Bergsturztrümmern. Den imposanten Hintergrund für diese Szenerie liefern die Nordabstürze der Sella und die Riesenwand des Langkofels. Jenseits der Scharte leiten die Mark. hinab in den obersten Boden des Chedùltals (2423). Hier Weggabelung: re. hinauf zum Crespeinajoch, li. auf dem mit 12 bez. Pfad talauswärts nach Wolkenstein. Zur Rechten hat man dabei die mächtigen Steilabbrüche des Mont de Sëura (2578); eine Überraschung ist der Fernblick nach W, wo bei klarem Wetter der immerhin rund 100 km entfernte Eisdom des Ortler (3905) sichtbar wird. – HU 350 m; Z 3 Std.; LA 2. – Hierzu Skizze 25. **RW 133**

Hochsommerlichen Gewittern gehen meist starke Schwüle, absolute Windstille und rasch fallender Luftdruck voraus. Gewitter können in Hochlagen spontan einsetzen. Ursache ist meistens das Zusammentreffen warmer Luft mit einer „Kaltfront". Bei drohender Gefahr meide man den Aufenthalt an freistehenden Bäumen, fixen Stahldrahtseilen, Eisenleitern und anderen metallischen Gegenständen. Wandnischen und wenig ausgeprägte Höhlen bieten kaum Schutz gegen Blitzschläge! Keinesfalls exponierte Punkte aufsuchen!

RW 134 **Crespeinasee**, 2374 m.** Bei gutem Wetter empfiehlt es sich auf jeden Fall, die Überschreitung des → Tschierjochs um den Abstecher zum Crespeinasee zu erweitern, allein schon der gegensätzlichen Landschaftseindrücke wegen. Denn jenseits des Crespeinajochs (2528), zu dem man von der Weggabelung im obersten Chedùltal in knapp 30 Min. aufsteigt, Mark. 2, breitet sich eine unwirtlich-öde Mondlandschaft aus, ein von Gräben durchfurchtes, mit Buckeln und Felstrümmern übersätes Plateau, dem auch das dunkle Seeauge keine freundliche Note zu verleihen vermag. So wird man sich den würdigen Rahmen für allerlei grausige Sagen vorstellen. Wer angesichts dieses Szenarios, das bei einem anrückenden Gewitter fast danteske Dimensionen gewinnt, etwas Abwechslung für's Auge sucht, steigt vom Crespeinajoch über Geröll, den spärlichen Wegspuren folgend, in einer halben Stunde hinauf zum Col Turond (2651), wo sich ein Prachtblick auf Sella, Langkofel und Fanesberge auftut. Z mit Abstieg nach Wolkenstein 4½ Std. (ohne Col Turond); HU 520 m; LA 2. – Hierzu Skizze 25.

Sellajoch*, 2213 m**

Die Sellajochstraße, SS 242, verbindet das Grödner Tal mit dem Fassatal; sie zählt zu den landschaftlich reizvollsten Dolomitenstraßen. Von der Straßengabelung beim Hotel Miramonti sind es über den Paßscheitel zur Einmündung (1805) in die Große Dolomitenstraße SS 48 unterhalb des Pian Schiavaneis (1850) 11 km. Nicht der als Sellajoch offiziell bezeichnete Paß, sondern der wenig sö. davon gelegene Col de Toi (2237) gilt als höchster, anfahrbarer Punkt dieser Strecke. Die Fahrbahnbreiten schwanken zwischen 5 und 7 m, die Steigungsmaxima betragen auf der kehrenarmen Nordrampe 9%, auf der SO-Rampe 11%. SG 2, an steinschlaggefährdeten Stellen nicht anhalten! Anhängerverbot.

In unmittelbarer Nähe des Sellajoches befindet sich die Talstation der Gondelbahn zur Langkofelscharte. Es handelt sich hierbei um eine der interessantesten Bergbahnen in den Dolomiten. Über die Steinerne Stadt genannte Felswildnis schwebt man in 14 Min. zur Langkofelscharte hinauf und überwindet dabei 500 m HU. Das Kar ist in seinem oberen Abschnitt von beklemmender Enge. Die Bergstation (2681) steht zwischen den wuchtigen Felswänden der Fünffingerspitze und dem Langkofeleck. Die Aussicht nach SO umfaßt Marmolata (3343), Civetta (3220), das Pordoijoch und den Sass Pordoi (2950).

An der Biegung aus der Süd- in die Ostrichtung tangiert man das Sellajoch, ohne jedoch den Wiesensattel zu überschreiten. Die Paßhöhe eröffnet ein prächtiges Panorama, das im SO von den ausgedehnten Gletscherhängen der Marmolata beherrscht wird. Greifbar nahe zeigt sich im W das „Triumvirat" Langkofel-Fünffingerspitze-Grohmannspitze. Die formschöne Felskulisse der Sellatürme wirkt in ihrer Anordnung wie aneinandergereihte Orgelpfeifen verschiedener Größen. Auf ihrer Ostrampe senkt sich die Sellastraße vielgewunden zum Pian Schiavanèis hinab und erreicht bei der Kote 1805 nach einer weiteren Serpentine die Einmündungsstelle in die Große Dolomitenstraße.

Besondere Beachtung ist im Gebirge der **Wetterentwicklung** zu schenken. Informieren Sie sich deshalb stets über den aktuellen „Stand der Dinge". Bei einer **Wetterverschlechterung** sollte man rechtzeitig umdisponieren, die Tour abkürzen oder evtl. sogar abbrechen.

Friedrich-August-Weg.** Der durchgehend mit 4 bez. »Friedrich-August-Weg« verbindet das Sellajoch mit dem Mahlknechtjoch (2187) bzw. dem Seiser-Alm-Haus des TCI. Er gilt zu Recht als einer der lohnendsten Höhenwege der Dolomiten überhaupt – eine ideale Bergpromenade: aussichtsreich, nur geringe Steigungen, an keiner Stelle exponiert. Beträchtlich allerdings seine Länge, 4 bis 5 Std. Gehzeit zum Seiser-Alm-Haus, weshalb man sich in der Regel auf eine Teilbegehung beschränken wird. Als Wendepunkt bietet sich die im Sommer bewirtsch., schön gelegene Plattkofelhütte am Fassajoch (2301) an, 2 Std., die zu einer längeren Rast einlädt. Großartig die Szenerie, geprägt von den himmelwärts ragenden Felsfluchten des Langkofelmassivs. Dann – was für ein Kontrast! – das Fassatal, dessen gesamte Bergumrahmung man überblickt: Rosengarten, Vallaccia, Monzoni, Costabella-Uomo, Sasso Vernale, Marmolata, Padònkamm, Sella. – HU zirka 300 m; Z 4 Std.; LA 1 – 2. – Hierzu Skizze 25. W 135

Rund um die Langkofelgruppe*.** Die großartige Geschlossenheit des Langkofelstocks erlaubt eine Umwanderung dieser Felsbastion auf völlig gefahrlosen Wegen, die durchwegs oberhalb der Waldgrenze verlaufen. Neben eindrucksvollen Blicken auf die nahen Zinnen und Felsschluchten genießt man ein mehrfach wechselndes Panorama, das fast alle Berggruppen der westlichen Dolomiten umfaßt. RW 136

Die Runde führt vom Sellajoch über den → »Friedrich-August-Weg«, Mark. 4, zum Fassajoch (2297), setzt sich an der Westflanke des Plattkofels fort, Mark. 527, und quert an der Mündung des Langkofelkars den vom Confinboden heraufkommenden »Santnerweg«. In ihrem weiteren Verlauf ist sie mit der Tour → „Rund um den Langkofel" identisch. Drei Berghütten liegen im Bereich der Rundwanderung: Plattkofel-, Langkofel- und Comici-Hütte. Bei plötzlichen Schlechtwettereinbrüchen – am Langkofel keine Seltenheit – sind sie schon für manchen Wanderer zu einem echten Refugium geworden! – HU zirka 750 m; Z 6 Std.; LA 2. – Hierzu Skizze 25.

Rund um den Langkofel*.** Mit seiner mächtigen, rund eineinhalb Kilometer breiten Ostwand und der nicht weniger eindrucksvollen Nordflanke gehört der Langkofel (3179) – der Sasslong der Ladiner – zu den großen Schaustücken der Dolomiten. Seine Besteigung ist eine ernste Bergfahrt, nicht so sehr der technischen Schwierigkeiten wegen als vielmehr aufgrund ihrer Länge und der verwickelten Routenführung (Schwierigkeitsgrad II der Alpenskala, etwa 6 Std. ab Langkofelhütte). Unter Kennern gilt die Nordkante als besonders lohnend; sie wurde 1918 von E. Pichl und R. Waizer erstmals begangen und bietet eine prächtige, abwechslungsreiche Kletterei im IV. Schwierigkeitsgrad. RW 137

Für den Bergwanderer, der sich natürlich bescheidenere Ziele setzt, zählt die Runde um den Langkofel zu den lohnendsten Touren im Grödner Tal; sie vermittelt faszinierende Felsbilder, die im Kontrast mit den überraschenden Fernblicken zusätzlich an Eindringlichkeit gewinnen. Bei günstigen

Witterungsbedingungen reicht die Sicht im NW bis zu den Firnhäuptern der Ötztaler Alpen!

Den AP der Wanderung erreicht man bequem mit der Langkofel-Gondelbahn; in einer Viertelstunde schwebt man vom Sellajochhaus über das Trümmerfeld der „Steinernen Stadt“ hinauf in die enge Langkofelscharte (2681), in der die Toni-Demetz-Hütte steht. Wer's zu Fuß machen will, muß mit einer Anstiegszeit von 1½ Std. rechnen, Mark. 525. Jenseits des Jochs leiten Wegspuren und Mark. hinab in das grandiose Langkofelkar. Hier heißt es aufpassen, liegt doch meist bis in den Spätsommer hinein Altschnee, und das lockere Geröll macht den Abstieg auch nicht angenehmer. Umso eindrucksvoller die Kulisse: li. und re. die Wände der Langkofelkarspitze und des Langkofels, im Rückblick die Langkofelscharte, re. davon Fünffingerspitze und Grohmannspitze (3126). Bei der Langkofelhütte (2253), 40 Min., öffnet sich von S das Plattkofelkar.

Die Fortsetzung der Runde führt – stets unter den gewaltigen Langkofelwänden verlaufend – um die Nordflanke des Bergriesen herum. Man hat vom »Stradalweg«, Mark. 526, prächtige Ausblicke, zunächst auf die Seiser Alm, den Schlern und die Geislerspitzen, dann vor allem auf die mächtige Bastion der Sella. Über den Ciaulong-Sattel (2113) am Col de Mesdi und die Comici-Hütte (2154) geht es schließlich zurück zum AP beim Sellajochhaus. Den Zwischenabstieg zum Tälchen des Ru dal Ampezzan kann man sich ersparen, wenn man zwischen dem Ciaulong-Sattel und dem Rif. Comici den oberen, mit 526A bez. Weg nimmt, der unmittelbar am Fuß der Felsen entlangläuft (im Frühsommer oft Firnkegel und Steinschlaggefahr!). – HU zirka 300 m; Z 4½ Std.; LA 2 – 3. – Hierzu Skizze 25.

RW 138 **Langkofelhütte**, 2253 m.** Die Langkofelhütte/Rif. Vicenza al Sassolungo, idealer Stützpunkt für viele Felsfahrten in der Langkofelgruppe, wird auch von Wanderern ihrer prächtigen Lage wegen gern besucht. Großartig der Blick in das von wilden, zerklüfteten Felsmauern umschlossene Plattkofelkar, monumental die Riesenburg des Langkofels mit ihren Türmen, Pfeilern und tief eingerissenen Schluchten. In starkem Kontrast dazu der Blick nach NW, über die Seiser Alm und die Sarntaler Alpen bis zu den fernen Firnhäuptern der Ötztaler Dreitausender.

Der vielbegangene Hüttenweg, Mark. 525, führt aus dem weiten Confinboden hinauf zum Schutzhaus; er ist nach dem bekannten Bozner Bergsteiger J. Santner benannt. Zugang vom Monte Pana über die für den allg. Verkehr gesperrte Seiser-Alm-Straße, 2½ Std. Als AP kommt alternativ auch der Mont de Sëura (2025) in Frage. Die aussichtsreiche, dem Langkofel n. vorgelagerte Wiesenkuppe erreicht man vom Monte Pana bequem mit der Gondelbahn. Nun in leichtem Anstieg sw. zum Piz Ciaulong (2124) und auf dem »Stradal-Weg«, Mark. 526, um den Felsfuß des Langkofels herum zur Hütte, 1½ Std. Abstieg über den »Santnerweg« zum Confinboden. – HU 630 bzw. 150 m; Z 4 Std. bzw. 3 Std. (AP Mont de Sëura); LA 1 – 2. – Hierzu Skizze 25.

Pitzberg*, 2109 m. Die Seilschwebebahn von St. Ulrich hinauf zum Nordrand der Seiser Alm vermittelt einen günstigen AP für verschiedene lohnende, durchwegs auch familienfreundliche Wanderungen, und das verzweigte Wegnetz im Bereich der rund 60 km^2 großen Alm eröffnet eine Vielzahl von Möglichkeiten; Gasthöfe und bewirtsch. Hütten laden dabei zu gemütlicher Rast ein. Reizvoll auch schon der kurze Abstecher zum Gipfel des Pitzberges/Piz, von der Seilbahnstation (2005) gut 20 Min. am Kamm entlang. Die Aussicht kann sich sehen lassen: sie umfaßt das ganze Grödner Tal mit seinen Bergen. Rundum also viel Gipfelprominenz, aber auch einige „kleinere“ Berge mit mark. Anstiegen: unmittelbar über St. Ulrich der langgestreckte Kamm der → Raschötz, im NO die auffallend geschichtete Seceda (2518) mit ihrer Seilschwebebahn, weiter re. der mächtige Rücken des → Col de la Pieres, genau ö. der Sägezahnkamm der → Tschierspitzen, aus dieser Perspektive allerdings als ein Gipfel erscheinend – durchwegs Ziele im Leistungsbereich des trittsicheren Bergwanderers. Schon um einiges anspruchsvoller dagegen ist die Besteigung des Sass Rigais (3025), des Hauptgipfels der Geislerspitzen → DOLOMITEN-Klettersteigeführer. **RW 139**

Für den Abstieg vom Pitzberg nach St. Ulrich bieten sich der westseitig durch die Pufler Schlucht verlaufende Güterweg, Mark. 7, und der ö. durch das waldreiche Pitztal hinabziehende Weg 6 an. Letzterer leitet direkt zur Talstation der Seiser-Alm-Luftseilbahn zurück. – HU 100 m; Z 2 bis 2½ Std.; LA 1 – 2. – Hierzu Skizze 25.

Puflatsch*, 2174 m; AP St. Ulrich. Beliebtes Ausflugziel im Bereich der Seiser Alm ist der Puflatsch, dessen weites, nach S leicht abfallendes Hochplateau nw. über der Hochalm steht. Er vermittelt eine stimmungsvolle Aussicht, vor allem natürlich auf die Grödner Berge, dann w. auf die Sarntaler Alpen, über denen bei günstiger Witterung am fernen Horizont die Firngipfel des Ortlermassivs zu sehen sind → RW 141. Günstiger AP für die Wanderung zum Puflatsch ist die Bergstation der Seiser-Alm-Seilschwebebahn (2005). Den Zwischenabstieg aus der Südflanke des Pitzberges, Mark. 6, zur Heißbäck-Schwaige (1794), hier Mark. 10, eingerechnet, sind lediglich etwa 420 m HU zu überwinden; bei Benützung des Puflatsch-Sesselliftes reduziert sich die Anstiegsleistung auf 150 m – ein wirklich familienfreundliches Pensum. Von der Liftstation wandert man über Almwiesen n. zum höchsten Punkt des Puflatsch, Mark. PU. Vom NO-Rand des Gipfelplateaus, beim Fillner Kreuz (2130), bietet sich ein hübscher Tiefblick auf Pufels (1484). Der teilweise steile »Schnürlsteig«, Mark. 13, führt in Serpentinen und durch prächtigen Zirbenwald hinab zu dem Flecken. Weiter abwärts zum Pufler Bach, Mark. 3, wo man auf die Panider Landesstraße trifft, und – teilweise auf schattigen Waldwegen abseits der Straße – zurück zum AP im Ortsteil Überwasser. HU 420 bzw. 150 m; Z 4 bzw. 3 Std. (bei Benützung des Puflatsch-Liftes); LA 2. – Hierzu Skizze 25. **RW 140**

Panider Sattel*, 1437 m

Die staubfreie, normal breite Landesstraße 64, Abzw. in St. Ulrich re. nahe der Esso-Tankstelle, verbindet St. Ulrich im Grödner Tal mit Kastelruth, 11 km, und dem Schlerngebiet. Die windungsreiche, bis 15% Steigung aufweisende Auffahrt zum Sattel beginnt im Ortsteil Überwasser und bietet bemerkenswerte Tiefblicke in die Talfurche. Von der Scheitelstrecke hat man hingegen nur wenig Aussicht, weil sie bewaldet ist. Auf der W-Rampe ändert sich das Landschaftsbild, und man fährt ab St. Michael (1282) bei sanftem Gefälle über eine wiesen- und feldreiche Hochfläche und hat den Ritten im Vorblick. SG 2 – 3.

Seiser Alm

Seiser-Alm-Straße*, Hotel Plaza in Kompatsch, 1844 m**

Die Hauptzufahrt auf der Seiser Alm erfolgt aus dem Eisacktal, entweder von Waidbruck (468) über Kastelruth (1060) oder von Blumau, 6 km von der AA Bozen-Nord entfernt, über Völs (880). Oberhalb des Ortes Seis (994) vereinigen sich beide Straßenäste auf der aussichtsreichen Mittelgebirgsterrasse. Die hervorragend ausgebaute, durchwegs normal breite und überall staubfreie Landesstraße 25 von Seis bis Kompatsch weist Steigungsmaxima von 12% auf und ist an ausgesetzten Stellen durch Leitschienen gut abgesichert, SG 2. Während der Auffahrt hat man besonders imposante Blicke auf das greifbar nahe Felsmassiv des Schlern mit der steil aufragenden Santnerspitze als seinen n. Eckpfeiler. Beim Gh. Frommer öffnet sich erstmals der Blick auf die Almregion, der sich mit zunehmender Höhe noch steigert. An der oberen Kehre beim Spitzbühl-Sessellift tangiert die Straße den 6386 ha Fläche umfassenden Naturpark Schlern, in dessen Mittelpunkt der Gebirgsstock des Schlern mit seiner besonderen Flora und Fauna steht. Nach 9 km erreicht man am Westrand der Seiser Alm die Feriensiedlung Kompatsch mit großem Parkplatz beim Hotel Plaza. Von Juni bis Anfang Oktober ist es aus Gründen des Naturschutzes nur Anrainern und Pensionsgästen gestattet, bis zur Postalm weiterzufahren. Aus den Talorten im Eisacktal sind folgende HU und Entfernungen bis zur Hotelkolonie Kompatsch zu überwinden: von Waidbruck 1376 m bei 19 km Länge, von Blumau 1529 m bei 24 km Distanz.

Ihrer Ausdehnung von ca. 60 km² nach ist die bekannte **Seiser Alm** die größte Hochalm im gesamten Alpenbereich. Die sich zwischen den markanten Berggestalten des Schlern im W und der Langkofelgruppe im O, dem Grödner Tal im N und der Rosengartengruppe im S erstreckenden Matten sind ein besuchenswertes Erholungsgebiet. Auf den sanft geschwungenen Wiesenflächen stehen verstreut kleine Waldparzellen, zahlreiche Sennhütten und Heuschober. Besonders schön ist die Seiser Alm im Frühsommer. Sie entfaltet zur Blütezeit Mitte Juni ihre ganze Pracht und ist dann von unzähligen Bergblumen übersät. Die Seiser Alm bildet in ihrer Gesamtheit ein besonders schönes Wandergebiet, zugeschnitten auf jene, die das „Naturwunder Dolomiten" erleben möchten, ohne gleich in zerklüftetes Felsgelände vorzudringen. Mit AP Kompatsch (1844) sind zahlreiche kleinere und größere Ausflüge, durchwegs auf gut mark. Wegen, möglich. N. erhebt sich der **Puflatsch** (2174), ein gerühmter Aussichtspunkt 1½ Std., bei Benützung des **Sesselliftes** 40 Min. S. bauen sich über sanft gerundeten Almen das **Joch** (2009), 30 Min., auch **Lift**, und der den Roßzähnen vorgelagerte Gold-

Motiv am **Reintal-Terrassenweg.** Er verläuft an der Südseite der Durreckgruppe durch schattige Wälder, blühende Wiesen, reizvolle Hochmoore und über sattgrüne Almböden, wozu im Frühsommer die umrahmenden, schneebedeckten Berge starke Kontraste bilden → RW 69. Foto E. Denzel

Auf dem Almfahrweg durch das romantische **Knuttental,** der vom rauschenden Wildwasser begleitet wird → RW 71 und RW 74. Foto E. Denzel

Von der Südrampe der **Timmelsjochstraße** hat man während der Abfahrt ins Hinterpasseier eine prächtige Aussicht auf den vergletscherten Hohen First (3403) und den weit herabziehenden Seewerferner → RW 304 bzw. W 305. Foto E. Denzel

Im inneren **Schnalstal** strahlen im farbigen Herbst die zahlreichen **Lärchenwälder** ihren ganzen Zauber, wie hier auf dem Weg zur Mastaunalm → RW 317, aus. Foto Eduard Denzel

knopf (2249), 2 Std., auf. Ein beliebter Höhenweg führt von Kompatsch ö. zur Bergstation (1996) der von St. Ulrich abgehenden **Seilschwebebahn,** 1½ Std. Einzigartige Landschaftsbilder vermittelt die große Almwanderung, von Kompatsch über das Seiser Alpenhaus (2143) und das Zallingerhaus (2037) zum Monte Pana (1636), 4½ Std. Für geübte bildet der Schlern (2563), dessen markantes Profil die Seiser Alm im W beherrscht, ein lohnendes Ziel, 3 – 3½ Std.

Puflatsch*, 2174 m; AP Kompatsch. Eine prächtige Aussicht auf die Seiser Alm und ihre berühmten Kulissenberge, das Langkofelmassiv, hat man vom Puflatsch/ Bulacia, dessen weites, nach S leicht abfallendes Gipfelplateau n. über der Hochalm steht. Sehr stimmungvoll auch der Tiefblick ins Grödner Tal, überraschend weit der Horizont im W, wo an klaren Tagen in der Ferne die Gletscherriesen der Ortlergruppe blinken. Der etwa 1½stündige, wenig beschwerliche Aufstieg von Kompatsch ist mit PU bez.; wer es noch etwas bequemer mag, benützt den Puflatsch-Sessellift (Bergstation 2119). Statt direkt den höchsten Punkt anzusteuern, kann man auch zuerst zum Fillner Kreuz (2130) hinüberwandern, wo sich ein packender Tiefblick auf das Dörfchen Pufels (1484) bietet; hier mündet der steile »Schnürlsteig«. Nun am felsigen Abbruch entlang w. zum Gipfel. Wenige Schritte weiter stehen die sagenumwobenen Hexensessel, zwei steinerne Gebilde, bei denen es sich möglicherweise um eine prähistorische Kultstätte handelt. **RW 141**

Die Bez. 8 läuft am Rand des Plateaus entlang. Beim Gollerkreuz (2104) öffnet sich unvermittelt ein schöner Blick hinab auf Kastelruth, dessen mächtiger Kirchturm mitten im Dorf gut auszumachen ist. Nun s. leicht abwärts zur bewirtsch. Arnikahütte (2061), die zu Rast und Brotzeit einlädt. Zurück zum AP ist es dann nur mehr ein gemütlicher Spaziergang, Mark. A. – HU 350 m; Z 3 Std.; LA 1 – 2. – Hierzu Skizze 25.

Goldknopf*, 2249 m. Ein beliebtes Wanderziel auf der Seiser Alm ist der Goldknopf/Punta d'Oro, dessen sanfter Wiesenrücken sich n. vor dem Zakkenprofil der Roßzähne erhebt. Kein richtiger Berg, aber ein bemerkenswerter Aussichtspunkt. Die Umschau bezaubert vor allem durch den malerischen Kontrast zwischen den weiten Almböden mit ihren ins Grün getupften Heuhütten (Schwaigen) und der imposanten Felskulisse: im O das Langkofelmassiv, im W das unverkennbare Profil des Schlern. Im NO, jenseits des Grödner Tals, bauen sich die Zinnen der Geislerspitzen auf. Der bequeme, auch für Ältere kaum beschwerliche Anstieg verläuft von Kompatsch (1844) über das Joch (1981); er folgt weitgehend dem mit 7 mark., für den allg. Verkehr gesperrten Güterweg. Vom Hotel Goldknopf (2080) wandert man auf Weg 2 über den Grünser Bühl (2177), eine vorgeschichtliche Fundstätte, aufwärts in die Westflanke des Goldknopf-Rückens und dann weglos über Wiesen zum höchsten Punkt, 2 Std. – Für den Rückweg kann man alternativ einen der weiter w. verlaufenden, allerdings nur teilweise mark. Wege nehmen, etwa jenen über die Laurinhütte (2017) mit kurzer Gegensteigung am Ladinser Moos. – HU 500 m; Z 3½ Std.; LA 1 – 2. – Hierzu Skizze 25. **RW 142**

Skizze 26 Rosengarten

RW 143 **Tierser-Alpl-Hütte***, 2441 m.** Einen Schönheitspreis gewinnen sie keinesfalls, die Roßzähne (2653), schon gar nicht bei der Konkurrenz rundum! Sie schließen den langgestreckten Schlernrücken ö. ab, ein wüstes Zackenprofil, das wirklich etwas an ein verrottetes Gebiß erinnert. Keine stolzen Gipfel also, eher Überbleibsel, die das ferne Schicksal aller Dolomitenberge vorwegnehmen.

An ihrer Südseite, von der Seiser Alm nicht sichtbar, steht die im Sommer bewirtsch. Tierser-Alpl-Hütte (2441). Gut einsehbar ist dagegen die markante Roßzahn-Scharte (2499), über die der mit 2 mark. Zugangsweg geht.

Unterhalb der Scharte hat man einen Serpentinenanstieg mit gut 200 Höhenmeter zu bewältigen, anschließend quert man hinüber zum Schutzhaus am Tierser Alpjoch (2440), 3 Std. Ausdauernden, die eine große Tour unternehmen wollen, bietet sich hier die Möglichkeit, zum → Schlern weiterzugehen. Die meisten werden wohl den Abstieg ö. zum Mahlknechtjoch/ Passo Duron (2187) bzw. zum Seiser-Alm-Haus (2143) vorziehen. Der vielbegangene Pfad, Mark. 4, gewährt hervorragende Aussicht auf die Gipfelketten des oberen Fassatals: Langkofel, Sella, Marmolata; zur Rechten hat man die Felsmauer des Molignon (2852). Beim Seiser-Alm-Haus wendet man sich nach N und wandert über das Molignonhaus (2053) zurück zum AP Kompatsch. Eine prächtige Seiser-Alm-Runde, trotz ihrer Länge wenig anstrengend. – HU 750 m; Z 5½ Std.; LA 2. – Hierzu Skizze 25.

Ums*, 932 m
Ein schmales, jedoch geteertes Sträßchen führt einspurig und mit Ausweichen versehen von Völs am Schlern am Heubad vorbei, dann windungsreich durch Wiesen und Felder über eine Terrasse nach Ums. Nach 1,7 km findet man li. über dem Bach am mark. Weg 1 mehrere Abstellplätze. Der Wanderweg leitet über die Hoferalpe zu den Schlernhäusern, HT. – Ein größerer Parkplatz wurde 900 m weiter am Ortsrand von Ums für zirka 50 Pkw angelegt und der allgemeine Verkehr ist vom Dorf ausgesperrt. Von hier sind es nur noch wenige Schritte bis zum »Kircherwirt« an den mark. Wegen 3 (Hoferalpe) und 4 (Tschafon). Völs am Schlern-Ums 2,6 km ohne nennenswerte Steigungen (Gefälle) SG 2 – 3.

Schlern*, Petz 2563 m, Schlernhäuser 2457 m.** Der Schlern, eines der Wahrzeichen Südtirols, ist in mancher Hinsicht ein ungewöhnlicher Berg. Er beeindruckt nicht nur durch seine unverwechselbare Gestalt mit den beiden freistehenden Türmen; an ihm dokumentiert sich auch besonders schön die klassische geologische Schichtfolge der Dolomiten, seine reiche Flora ist berühmt, und Funde erbrachten den Beweis, daß bereits in prähistorischer Zeit Menschen auf seinem Rücken siedelten. Die Topographie des Schlern zeigt eine ausgedehnte Hochfläche, die sich, an Breite allmählich abnehmend, ö. bis zur Roterdspitze (2655) erstreckt. Den Nordrand markiert der Burgstall (2515), ihm sind die beiden schlanken, nach ihren Erstbesteigern benannten Schlerntürme, der Santner- und der Euringerturm (2413 bzw. 2394), vorgesetzt. Die höchste Erhebung des Schlernplateaus ist der Petz. An seinem Südhang liegen die im Sommer bewirtsch. Schlernhäuser. Das gesamte Massiv befindet sich innerhalb des 64 km² großen Naturparks Schlern-Seiser Alm, was jede weitere Erschließung verhindert; Flora und Fauna sind streng geschützt. **W 144**

Mark. Wege führen von Bad Ratzes (1212), von Völs (880) und aus dem Tschamintal zum Schlern hinauf; sie sind landschaftlich sehr reizvoll, aber überaus lang und anstrengend bei HU zwischen 1350 und 1500 m. Auch mit AP Seiser Alm ist die Schlern-Tour immer noch ein beachtliches Tagespensum. Der meistbegangene Anstieg verläuft über die Saltner Hütte (1832), die man von der Hotelsiedlung Kompatsch (1844), Mark. 10, und von der Bergstation des Spitzbühel- bzw. Panorama-Sesselliftes, Mark. 5

bzw. S, auf Wiesenwegen erreicht. Vom Schutzhaus über den Ochsenwaldbach, Mark. 5, und jenseits hinauf zum „Touristensteig", Mark. 1. Nun in Serpentinen bergan zum Rand des Schlernplateaus auf der Hochfläche sw. hinüber zu den Schlernhäusern, 3 bis 3½ Std. Zum höchsten Punkt, dem Petz, leitet ein mark. Weglein, das sich in n. Richtung bis zum Rand des Gipfelplateaus fortsetzt. Einzigartig der Blick vom „Santnerkanzele" auf die beiden Schlerntürme und hinab ins Eisacktal. Vom Burgstall wandert man am NO-Absturz entlang (Vorsicht) zurück zum Touristensteig. Bei Nebel oder schlechter Sicht ist im Bereich der Hochfläche größte Vorsicht geboten; ein Abkommen von den bez. Wegen kann verhängnisvoll sein! HU zirka 750 m; Z 5 bis 6 Std.; LA 2 – 3. – Hierzu Skizze 25.

Tierser Tal

Tierser Tal, Tiers 1019 m**

Es bestehen seit 1985 zwei Straßenverbindungen aus dem Eisacktal nach Tiers: die 8 km lange, alte Hochtalstraße*, welche von Blumau talein dem Breibach aufwärts folgt und die neue Höhenstraße**, welche über den Fausthof (von Blumau bis dorthin 2 km gemeinsame Streckenführung mit der L 24 Richtung Völs am Schlern), Völser Aicha und oberhalb des alten St. Katharina-Kirchleins über aussichtsreiche Terrassen leitet, bis Tiers zirka 14 km.

Auf der 8 km langen Strecke von Blumau (315) über Breien (725) nach Tiers hat man eine windungsreiche, alte Talstraße mit schwankenden Fahrbahnbreiten zwischen 3 und 7 m. Es sind mehrere Talstufen auf empfindlichen Steigungsstrecken zu überwinden; oberhalb vom Gh. „Stern" erreicht man Steigungsmaxima von 24%! An besonders engen und unübersichtlichen Kurven wurden Verkehrsspiegel aufgestellt. Leitplanken schirmen gegen den Wildbach ab, welcher das durchgehend asphaltierte Sträßchen abschnittsweise begleitet. Für größere Omnibusse ist die romantische Talstraße ungeeignet, SG 3.

Die modern ausgebaute Höhenstraße zweigt unmittelbar hinterm Gh. „Fausthof" von der L 24 re. ab und leitet in großzügig angelegten Serpentinen über die Jausenstation „Miolerhof" und den „Gemoanerhof" (re. beschilderte, asphaltierte Zufahrt) hinauf auf das Prösler Ried. Die Steigungsverhältnisse sind dabei gut ausgeglichen und überschreiten kaum 9%. Normal breite, randgesicherte Asphaltstraße, auch von Omnibussen ohne Schwierigkeiten befahrbar, SG 1 – 2. Hat man schon während der Auffahrt von der Kehre bei km 4 Prachtblicke auf den Schlern mit Santner Spitze und Euringer Turm, so erweitert sich bald die Schau zu einem bemerkenswerten Panorama, auch gegen Teile der Sarntaler-, Tuxer- und Zillertaler Alpen. An der ö. Flanke des Rittens sind die Erdpyramiden zwischen Lengmoos und Maria Saal gut zu erkennen. Man fährt durch einen kurzen Tunnel mit stärkerem Krümmungsradius. Knapp oberhalb des besuchenswerten St. Katharina-Kirchleins (867) führt die Aussichtsstraße weiter talein, wobei die Blicke auf die bizarren Spitzen des Rosengartens besonders beeindrucken. Nach Vereinigung der alten mit der neuen Straße gelangt man schließlich in den touristisch bedeutsamen Ort Tiers, dem günstig gelegenen AP für Wanderungen und Bergtouren im Schlern- und Rosengartengebiet.

Ein schmaler Fahrweg verbindet Völser Aicha bzw. St. Katharina mit der alten Talstraße; eine HT ist bei Halbweg aufgestellt. – Ein anderes, schmales Sträßchen, Abzw. bei km 6.9 (ab Blumau), verbindet mit Völs am Schlern; die Strecke führt über Prösels mit seinem zur Besichtigung freigegebenen Schloß; über dieses Nebensträßchen ist eine

Gewichtsbeschränkung von 6 t verhängt, unterhalb von Pröseis beträgt das Gefälle zirka 15%. – Hingewiesen sei auch auf die beiden Zufahrten von der neuen Höhenstraße aus nach Völser Aicha (862). Eine davon zweigt bei km 5.4 ab, HT, Gewichtsbeschränkung 6 t, Geschwindigkeitsbeschränkung 50 km/h, bis Völser Aicha sind es 2 km. Die andere zweigt bei km 8.3 ab, HT und nach einem stärkeren Gefälle erreicht man das kleine Kirchdorf.

Tschafon*, 1834 m. „Hausberg" von Tiers (1019) ist der Tschafon, ein größtenteils bewaldeter Ausläufer des Schlernmassivs, dessen höchster Punkt, die Völseggspitze, eine überaus reizvolle Aussicht gewährt. Blickfang sind natürlich die Zinnen und Türme des Rosengartens; sehr schön zeigt sich im S über bewaldeten Höhen das Zackenprofil des Latemar. Nach N geht der Blick bis zum Alpenhauptkamm, und am sw. Horizont sind bei ganz klarem Wetter sogar Gipfel und Gletscher der Brenta und der Adamello-Presanella-Gruppe sichtbar. Dominierend in der Nachbarschaft ist der mächtige Schlernstock mit seinen von tiefen Gräben und Schluchten durchfurchten Steilabstürzen. Von der Völser Mittelgebirgsterrasse führen mehrere mark. Wege hinauf zu den Schlernhäusern (2457); sie sind landschaftlich großartig, liegen ihrer Länge und der zu überwindenden HU wegen aber außerhalb des in diesem Führer vorgegebenen Anforderungsprofils. **W 145**

Günstiger AP für die Wanderung auf den Tschafon ist Weißlahnbad (1173), von St. Cyprian an der »Rosengartenstraße« über eine kurze Zufahrt rasch erreichbar. Der mit 4a bzw. 4 bez. Weg verläuft überwiegend durch schattenspendenden Wald, im Sommer ein nicht zu unterschätzender Vorteil. Bis zu den Wiesenböden beim Wuhnleger (1402) hat man ein bequemes Forststräßchen; der weitere Anstieg auf dem geschotterten Güterweg ist teilweise sehr steil. Da nimmt man besser den zwar weiteren, aber in einigen Kehren verlaufenden Fußweg. Die gemütliche, von Mai bis Okt. bewirtsch. Tschafonhütte (1733) liegt überaus reizvoll in einer Waldlichtung; über das Eggental reicht der Blick bis zum Latemar. Weiter auf schmalem Steig am breiten Kamm entlang zur baumfreien Gipfelkuppe, 2 1/4 Std. – HU 700 m, Z 3 3/4 Std., LA 2. – Hierzu Skizze 26.

Tschamintal, Grasleitenhütte, 2134 m.** Ein hochkarätiges Landschaftserlebnis erwartet den Wanderer auf dem langen Weg von Weißlahnbad zur Grasleitenhütte: das Tschamintal, eines der ganz wenigen großen Dolomitentäler, die von einer Verkehrs- und Tourismuserschließung weitgehend verschont geblieben sind. Und da es heute zur Gänze innerhalb des Naturparks Schlern – Seiser Alm liegt, darf man hoffen, daß jener Satz von Heinrich Noé, 1880 geschrieben, daß „nicht ein einziges Tal sämtlicher Kalkalpen ist gleich schön und wild", auch in Zukunft uneingeschränkt Gültigkeit haben wird. **W 146**

Zufahrt von der „Rosengartenstraße" über Weißlahnbad (1173) bis zum Parkplatz bei der im Sommer bewirtsch. Tschamin-Schwaige (1184). Nun auf dem mit 3 bez. breiten Weg über einen ersten Geländeriegel aufwärts, dann fast eben taleinwärts zum 1. Leger (1449), $1^1/_2$ Std. Vom Boden des Rechten Leger (1603) hat man einen herrlichen Blick in den Talschluß, in dem sich über Wald und Geröll die Felsbastionen des n. Rosengartens aufbauen: re. die markante Sattelspitze (2601), über dem Kleinen Valbontal die Valbonkögel (2822), dann der Einschnitt des Grasleitentals, li. darüber der Grasleitenturm (2568). Der Weg steigt nun an der orographisch re. Talflanke an zum Bärenloch. An der Verzweigung (HT; zirka 1900) nicht li. zur → Tierser-Alpl-Hütte, sondern re. unter den Felswänden des Grasleitenkamms hoch an steiler Berglehne ins wilde Grasleitental. Dabei hat man einen prächtigen Rückblick auf die von tiefen Gräben zerrissene Südflanke des Schlernmassivs, die das Tschamintal nordseitig bis zu seiner Mündung begleitet. Die 1887 von der Sektion Leipzig des DÖAV errichtete, später vergrößerte Grasleitenhütte, $3^3/_4$ Std., erfreut sich einer schönen Lage am Fuß mächtiger Felsfluchten. HU 950 m; Z 6 Std.; LA 2. – Hierzu Skizze 26.

Rosengartenstraße*, Tscheiner Hütte, 1774 m.
Diese landschaftlich abwechslungsvolle Touristenstraße leitet durch ausgedehnte Wälder, welche gelegentlich imposante Ausblicke auf den Rosengarten freigeben. Sie erschließt das ruhige Wandergebiet beiderseits des Tierser Tales einschließlich des Tschamin- und Purgametschtales sowie das ausgedehnte Forstgebiet zu Füßen des Rosengartens bis hinab nach Welschnofen. Im 8 km langen Abschnitt Blumau-Tiers hat man eine kurvenreiche Bergstrecke schwankender Fahrbahnbreite, welche mit heftigen Steigungen (max. 24%) mehrere Talstufen überwindet. Die Absicherung gegen den Wildbach zu erfolgte durch Leitplanken, SG 3 – 4. Im 17 km langen Abschnitt Tiers – Nigerpaß – Karerpaß hat man eine 5 – 6 m breite, vielgewundene Asphaltstraße, welche zwischen der Kapelle St. Cyprian und dem Cyprianer Hof Steigungsmaxima von 20% aufweist; im weiteren Verlauf ist der Anstieg zum Nigerpaß mit nur 8% gut ausgeglichen. Nicht der Nigerpaß (1688), welcher von der Straße nur tangiert, aber nicht überschritten wird, ist höchster Punkt der Route, sondern die Scheitelhöhe bei der Tscheiner Hütte. Die Abfahrt nach W bietet Ausblicke auf die Rotwand und den Latemar, gegen SW zeigen sich am Horizont Zanggenberg, Schwarzhorn und Weißhorn. In sanftem Gefälle strebt man dann, an der Bungalowsiedlung vorbeiziehend, der Karerpaßstraße (SS 241) zu, in die man unterhalb des Hotel Latemar einmündet, SG 2 – 3.

Die berüchtigte und für Omnibusse ungeeignete Bergstrecke zwischen Blumau und Tiers durch das stark eingeschnittene Hochtal bei max. 24% Steigung wird alternativ von der neuen, weiter n. verlaufenden Tierser Höhenstraße umfahren; diese nimmt von der L 24 Blumau-Waidbruck ihren Ausgang nahe dem Fausthof und leitet durch das Prösler Ried in Serpentinen hinauf nach Oberaicha (862). Über die St.-Katharina-Kapelle führt nun die neue, nur 10% Höchststeigung aufweisende Terrassenstraße weiter talein, bis sie sich 1 km außerhalb von Tiers mit der alten Straße vereinigt, SG 2.

Kommt man aus Richtung Brenner auf der Staatsstraße bzw. auf der Autobahn (AA Bozen-Nord), so bildet die neue Panoramastraße von Blumau im Eisacktal über Fausthof – Völser Aicha – St. Katharina nach Tiers eine kurze und hervorragend ausgebaute Zufahrt in das Schlern- und Rosengartengebiet. Daran schließt die Verbindungsstraße zum Karerpaß über den Nigerpaß → Rosengartenstraße an. Die neue Straße ist eine Alternative zur Strecke durch das Eggental. Bis Tiers auch für größere Busse geeignet.

Hanicker Schwaige*, 1904 m. Die überaus malerisch unter den Felsmauern und Türmen des Rosengartens gelegene, im Sommer bewirtsch. Hanikker Schwaige besitzt mehrere Zugänge aus dem Purgametschtal, die alle von der „Rosengartenstraße" abgehen und mit der Mark. 7 gekennzeichnet sind. Landschaftlich am schönsten ist zweifellos der »König-Laurin-Weg«; er verläuft teilweise oberhalb der Waldgrenze und bietet entsprechend freie Sicht. Vom AP bei der Nigerhütte (1688; HT) folgt man zunächst der für den allg. Verkehr gesperrten Forststraße, die in sö. Richtung mäßig bergan führt. Nach wenigen Min. re. Abzw. zur Rosengartenhütte. Auf dem Waldsträßchen über den Breibach, der am Fuß der Rosengartenspitze (2981) entspringt, dann – kurz vor der Baumannschwaige – re. auf schmalem Steig (HT) ziemlich steil aufwärts zum „Baumanntumml". Weiter mit guter Aussicht, mehrere kleine Wasserläufe querend, in anregendem Auf und Ab zur Hanicker Schwaige, 1½ Std. Das Weglein verläuft durch blumenreiche Wiesen und lichte Waldpartien; von einer Geländekuppe (2022) bietet sich ein besonders hübscher Blick ins Tierser Tal. Zur Rechten hat man die graue Felsenmauer des Rosengartens: Laurinswand (2813), Vajolettürme (2813), Lämmerköpfe (2683) und Tschaminspitzen (2754). Scharfgeschnitten hebt sich die elegante Gestalt des Delagoturms gegen den Himmel ab; der w. der drei Vajolettürme trägt den Namen seines Erstbesteigers, des Alleingängers Hermann Delago (1875 – 1962), der im übrigen auch ein vorzüglicher Kenner der Dolomiten war und einen längst zum Klassiker gewordenen Wanderführer über die „Bleichen Berge" verfaßte. HU 450 m; Z 2¾ Std. Std.; LA 2. – Hierzu Skizze 26. W 147

Rosengartenhütte*, 2339 m. Der Rosengarten-Sessellift erschließt nicht nur einen hübschen Aussichtspunkt im S der langgestreckten Rosengartenkette; von seiner Bergstation bei der Paolina-Hütte (2125) aus lassen sich schöne Höhenwanderungen unternehmen, die auch dem weniger erfahrenen Berggänger ein Bild von der faszinierenden Dolomitenlandschaft vermitteln. Eine beliebte, vielbegangene Promenade führt, nur leicht ansteigend, unter den Rosengarten-Westwänden n. zur Rosengartenhütte (2339), 1½ Std. Man hat dabei Aussicht auf die Mittelgebirgshöhen um Bozen und zum Schlernmassiv, bei entsprechender Witterung w. bis zum Firnhaupt des Ortler (3905). Der Pfad, Mark. 539/549, quert mehrere mächtige Schutt- und Geröllreißen, die von den himmelwärts ragenden Felsfluchten zur Rechten herabziehen. Sogar leicht überhängend ist der gelbrote 400-m-Absturz der Rotwand (2806), durch den mehrere extrem schwierige Kletterführen gehen. Cesare Maestri und Carlo Claus benötigten auf ihrer Route über 100 Std. reiner Kletterzeit bei sieben Biwaks; sie schlugen nicht weniger als 420 Haken in den teilweise brüchigen Fels! RW 148

Etwa auf halber Strecke mündet re. der »Hirzelweg«, Mark. 549, ein. Er bietet sich als Alternative für den Rückweg an. Man folgt ihm bis zum Christomannos-Denkmal (2349) und steigt dann w. zur Liftstation ab. Z 3½ Std.; HU 350 m; LA 1 – 2. – Hierzu Skizze 26.

RW 149 **Sissy-Promenade und Denkmal.** Das Gemeindegebiet von Welschnofen war um die Jahrhundertwende sommerlicher Lieblingsaufenthalt der Kaiserin Elisabeth von Österreich. Toni Mahlknecht vom AVS weckte durch die Instandsetzung der von der Kaiserin begangenen Wege die Erinnerung an vergangene Zeiten. Die Kaiserin trat inkognito als Gräfin von Hohenems auf und benützte gerne die „Sissy-Promenade" sowie die Steige nach Zenay und zum Kaiserstein; dort befindet sich auch heute noch eine Rastbank mit prächtiger Aussicht bis zum Ortler. Vom Hotel Post in Welschnofen führt Weg 6 ziemlich steil bergan, vom Sohlerhof leitet Weg 3 zum Denkmal. Abstieg zur Huenzensäge (1320) neben dem Parkplatz des Korbliftes Laurin 1. Auf den Fußwegen 1N bzw. 2C zurück zum AP. – HU 400 m, Z 2½ Std., LA 1-2.

RW 150 **Rotwandhütte**, 2280 m.** Während die Wanderung zur Rosengartenhütte vor allem Aussicht nach W bietet, öffnet sich am Weg zur Rotwandhütte auch der Blick aufs Fassatal und seine Berge. Sehr schön im S, jenseits des Karerpasses, der Latemar; am sö. Horziont zieht ein Gipfel die Aufmerksamkeit auf sich: der Cimone della Pala, 3184 m, dessen schlankes Felshorn über den Porphyrbergen der Bocche-Kette aufragt. Der Kranz der Fassaner Dolomiten beginnt mit der Vallaccia-Gruppe, denen sich li. die Dreitausender der s. Marmolatagruppe anschließen. Majestätisch die Königin der „Bleichen Berge", die Marmolata (lad. Marmoleda) mit ihrem unverwechselbaren Profil: li. die sanfte Gletscherabdachung, re. die jähe Südwand, beliebtes Kletterrevier und Prüfstein für Spitzenkönner. Pikant, daß die erste Durchsteigung dieser mächtigen Felsflucht einer Frau, Beatrice Tomasson, mit ihrem Führer Michele Bettega und Bortolo Zagonel gelang (im Jahr 1901)! Wuchtig im Hintergrund des Tals die Sella, unverkennbar mit ihrem festungsartigen Bau, weiter li. – teilweise allerdings durch die Larsècberge verdeckt – das Langkofelmassiv.

Vom Rif. Paolina (2125) steigt man in 35 Min. auf zum Christomannos-Denkmal, Mark. 539. Der mächtige Bronzeadler, 1959 an Stelle eines 1945 in den letzten Kriegstagen zerstörten Monuments errichtet, erinnert an Dr. Theodor Christomannos, Sproß einer in Wien ansäßigen griechischen Familie und tatkräftiger Förderer des Fremdenverkehrs in Südtirol. Christomannos, der ein wagemutiger Kletterer und – wie man erzählt – ein großer Verehrer des weiblichen Geschlechts war, initiierte u. a. den Bau der „Großen Dolomitenstraße" und des Karerseehotels.

Nach gut 1 Std. ist die schön gelegene Rotwandhütte (2280) erreicht, Mark. 549. Abstieg über den mit 548 bez. Weg zum Karerpaß (1745) und zur Talstation des Rosengarten-Sessellifts. Z 2½ Std.; HU 250 m; LA 1 – 2. – Hierzu Skizze 26.

Parken im Wald verboten! In Südtirol müssen Autofahrer mit einer drastischen Geldstrafe rechnen, wenn sie ihren Wagen auf einer Wiese oder im Wald abstellen. Auf Grund eines neuen Landschaftsschutzgesetzes ist das Parken nur innerhalb eines Streifens von zehn Metern neben der Straße gestattet.

Tschager Joch*, 2630 m.** Das dichte Wegnetz im s. Teil des Rosengartens eröffnet dem ausdauernden, trittsicheren Wanderer die Möglichkeit zu einer prächtigen Bergfahrt, die gleichermaßen durch eindrucksvolle Felsszenerien wie auch hervorragende Fernblicke besticht. Keine Tour für Liebhaber einsamer Wege, aber von denen gibt es in „König Laurins Reich" ohnehin nur noch wenige... Trotzdem ein großes Landschaftserlebnis, auch wenn man es mit vielen zu teilen hat. Günstigster AP ist die Rosengartenhütte (2339), mit dem „Laurin-Gondellift II" von der Frommeralm (1743) aus bequem zu erreichen; markante Stationen an der Wegstrecke sind das Tschager Joch, der Cigoladepaß (2561) und die im Sommer bewirtsch. Rotwandhütte (2280). Es empfiehlt sich, die Runde mit dem Aufstieg zum Tschager Joch, Mark. 550, zu beginnen, da der größte Teil des Weges am Morgen noch im Schatten liegt. Trittsicherheit ist hier Voraussetzung, vor allem in der Geröllrinne unterhalb der Scharte, wo im Frühsommer meist noch Schneereste liegen. Am Joch öffnet sich der Blick in die großartige Felsarena der Gardéccia mit den wildzerklüfteten Abstürzen der Dirupi di Larsèc; über dem innersten Vajolettal der Klotz des Kesselkogels (3004). Im Busa di Davoi trifft man nach kurzem Abstieg auf den querführenden Weg 541, der unter den Mugoni-Spitzen (2755) hindurch – zuletzt kräftig ansteigend – in den Cigoladepaß leitet, $2\frac{3}{4}$ Std. Prächtiger Rückblick auf die Rosengartenspitze (2981) mit ihrer senkrechten Ostwand; beim Abstieg zur Rotwandhütte tritt der s. Teil der Rosengarten-Hauptkette mit der markanten Rotwand (2806) und dem über die Teufelswand (2727) bis zur Punta Masarè (2585) ziehenden Zackengrat ins Blickfeld. Die anschließende Umrundung dieses langgestreckten Kamms ist dann ein einziges Schau-Erlebnis: Fassaner Dolomiten mit Sella, Marmolata, Costabella-Uomo, Monzoni, Vallaccia, Bocche, Latemar, dann die Mittelgebirgshöhen um Bozen, die Firngipfel von Adamello-Presanella, der Ortlergruppe und der Ötztaler Alpen. Wahrlich ein stimmungsvoller Ausklang der großen Runde im s. Rosengarten! HU 800 m; Z $5\frac{1}{2}$ Std. bis 6 Std.1 LA 2 – 3. – Hierzu Skizze 26. **RW 151**

Der **Sonnenbrand** manifestiert sich als Rötung und Schwellung, in schwereren Fällen mit Blasenbildung, bei größerer Ausdehnung begleitet von Allgemeinerscheinungen, nämlich Kopfschmerzen, Benommenheit, Fieber und Brechreiz. Die Entzündungserscheinungen erreichen nach 6 – 8 Stunden ihren Höhepunkt, um dann allmählich innerhalb von 2 – 10 Tagen zurückzugehen.
Einem Sonnenbrand kann durch **Lichtgewöhnung** oder durch Sonnenschutzmittel vorgebeugt werden. Die Lichtgewöhnung beruht auf der kontrollierten Erzeugung einer Pigmentierung und Lichtschwiele durch vorsichtige Sonnen- oder Quarzlampenbestrahlung in steigender Dosierung. **Sonnenschutzmittel** enthalten als Wirkstoffe abschirmende Substanzen: sie müssen in Abhängigkeit von Dauer und Intensität der Sonneneinwirkung mehrmals am Tag aufgetragen werden. Der Sonnenbrand wird durch abkühlende Lokalmaßnahmen behandelt: In leichten Fällen genügen Puder, Lotionen oder Cremen, in schwereren Fällen bewähren sich kalte Umschläge. Fette Salben und Öle eignen sich weniger, weil sie zu einer Wärmestauung führen.

Eggental

Karerpaß/Passo di Costalunga, 1745 m**

Er verbindet als westlicher Übergang der Großen Dolomitenstraße Bozen-Cortina das deutschsprachige Eggental mit dem ladinischen Fassatal. Von Kardaun (292) hat man bis zur Einmündung in die SS 48 bei San Giovanni 37 km zurückzulegen. Bergstrecke im engeren Sinn ist der 24 km lange Abschnitt von Birchabruck (872) bis Vigo di Fassa (1391); die Steigungsmaxima betragen auf der Westrampe 12%, auf der Ostrampe 10%. Die Fahrbahnbreite ist vorwiegend 5 m, bei Neutrassierungen 7 m. Durchwegs Asphaltbelag. Randsicherungen findet man an gefährdeten Stellen, SG 2.

Im Eggental beginnt sofort hinter Kardaun die erste Talstufe mit einer Steigung von max. 16%. Hoch über dem Taleingang stehen in beherrschender Lage die beiden Wächter: li. Schloß Karneid, re. Schloß Kampenn, beide im 13. Jh. erbaut. In der romantischen, zirka 5 km langen Eggenschlucht zwängen sich Straße und Karneidbach zwischen den aufragenden Wänden aus rotem Porphyrgestein hindurch mit Engstellen von knapp 4 m. Zwischen dem Gh. „Wasserfall" und Birchabruck hat man einen kostspieligen, mit Galerien und Tunnels ausgestatteten Abschnitt. Es öffnen sich bald erste Ausblicke gegen Rosengarten und Latemar. Durch dunkle Fichtenwälder steigt die ausgebaute SS 241 von Birchabruck durch das Welschnofener Tal zum Ort Welschnofen (1174) merklich an.

Zirka 6 km hinter Welschnofen hat man re. die Zufahrt zu einem größeren Parkplatz. Niemand versäume es, von hier aus den märchenhaft schönen Karersee zu betrachten. Er zählt zu den Glanzstücken der Dolomitenwelt. Sein Anblick bleibt jedem Naturfreund unvergeßlich: im Vordergrund der stille, in smaragdenen Farben wie ein Juwel leuchtende Bergsee, im Mittelgrund der dunkle, sagenumwobene Latemarforst mit auffallend gleichförmig gewachsenen Bäumen, dahinter die imposante Kulisse mit den Türmen und bizarren Spitzen des Latemar.

Oberhalb der 1600 m-Marke gelangt man zur Feriensiedlung Karersee, welche von Almböden und Lärchenwald freundlich umgeben ist. Hier befindet sich auch die Talstation des touristisch bedeutsamen Rosengarten-Sesselliftes, welcher in 17 Min. zur Bergstation an der Paolina-Hütte (2125) leitet.

Unterhalb vom Hotel Latemar findet man li. den Abzweig der → Rosengartenstraße. Mit nur wenigen Windungen erreicht man die Scheitelhöhe des Karerpasses, welche Aussicht nach SO auf die Fassaner Berge, bei guten Sichtverhältnissen bis zu den Erhebungen der Palagruppe bietet. Nach NW reicht der Blick bis zu den Ötztaler Gletschern, im W bis zur Ortler-Cevedalegruppe. Die auch weiterhin Ausblicke gewährende Trassenführung der Ostrampe nimmt zunächst einen fast ebenen, dann vielgewundenen Verlauf, um schließlich in das Fassatal hinabzusteigen. Im N zeigen sich Langkofel und ein Teil des Sellastockes.

Lavazèjoch, 1807 m.

Von Cavalese (993) führt nach N eine weniger frequentierte, gute Asphaltstraße, SS 620, über das Lavazèjoch nach Birchabruck durch ausgedehnte Waldgebiete, 23 km. Sie verbindet die Orte des Fleimstales mit denen des Eggentales. Die Fahrbahnbreiten schwanken zwischen 5 und 6 m, die max. Steigungen (Gefälle) betragen zwischen

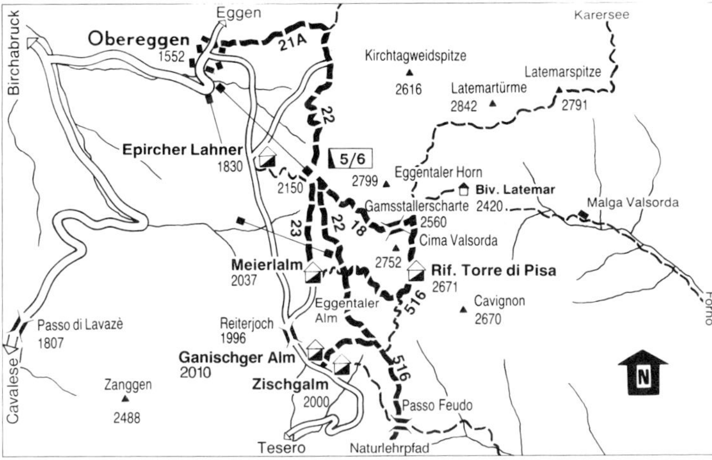

Skizze 27 Latemar

Cavalese und dem Joch 15%, zwischen dem Joch und Rauth 13%, SG 2 – 3. Die freie, inmitten großer Weidegründe liegende Scheitelhöhe bietet schöne Ausblicke auf die bleichen Berge des Latemars, den Zanggenberg (Pala di Santa) und auf Weiß- und Schwarzhorn. Auf der Nordrampe windet sich die SS 620 auf bewaldeter Strecke zum Zanggenbach hinab und folgt diesem talwärts nach Rauth am Latemar (1298). Auf vorzüglich ausgebauter Straße gelangt man über die Wiesersäge und Eggen nach Birchabruck (872), wo man in die → Karerpaßstraße einmündet.

Reiterjoch/Passo Pampeago*, 1996 m

Parallel zum Lavazèjoch, jedoch weiter ö. direkt am Fuß des Latemar verlaufend, bildet das Reiterjoch einen Nordsüd-Übergang aus dem Eggental in das Fleimstal. Mit Rücksicht auf den besonderen Landschaftsschutz, den die prächtig gelegene, blumenreiche Eggentaler Alm genießt, wurde die Scheitelstrecke zwischen der Tholeralm und der Landesgrenze zur Nachbarprovinz Trento nicht ausgebaut. – Beim Ortnerhof bzw. der Hotelpension „Zirm“ in Obereggen von der L-76 abzweigend, hat man bis zur Tholeralm ein meist einspuriges, asphaltiertes Alm- bzw. Forststräßchen. Auf diesem, vom schönem Zirbenbestand und wuchtigen Felsblöcken umsäumten Streckenabschnitt kreuzt man die Trasse des Doppelsesselliftes Obereggen-Oberholz und gelangt bald zum bewirtsch. Epircher Laner (1830). Die Fortsetzung über die Scheitelhöhe zur bewirtsch. Zischgalm (2000) bzw. zur Jausenstation Ganischger Alm (2010) gleicht eher einem Karrenweg als einer Transitstraße zwischen zwei benachbarten Provinzen. Der HU beträgt auf der Nordrampe zirka 400 m, die Steigungen sind ausgeglichen, wobei kurze Maxima von zirka 15% auftreten. Bis zum Ende der Asphaltstraße SG 2 – 3, Scheitelstrecke SG 3 – 4 (nur Schritt-Tempo!); die Südrampe hinab nach Pampeago (1757) ist steinschlaggefährdet, Geschwindigkeitsbeschränkung 30 km/h, Achtung auf weidendes Vieh! Für Omnibusse nicht zugelassen, SG 3. Von der Scheitelstrecke bieten sich überall günstige Anschlüsse an das Wegenetz für den Almen- und Bergwanderer. – Eine Alternative zum Sträßchen bildet der Sessellift Obereggen – Oberholz, welcher auch im Sommer betrieben wird → RW 153.

Meierlalm, 2037 m**
Von der N-Rampe des Reiterjoches zweigt zwischen der Toleralm (1954) und der Jochhöhe (1996) li. die einspurige und grob geschotterte Zufahrt zur gelobten Sommerwirtschaft „Meierlalm" ab, welche man nach 750 m erreicht, HT und Mark. 23; max. 12% Steigung, SG 3. – Die reizvoll an der Waldgrenze sich ausdehnende Meierlalm liegt am Fuße des Latemars im Schnittpunkt der Wege zur Latemarhütte/Rif. Torre di Pisa (2671), zum Satteljoch/Passo Feudo (2121), nach Oberholz, der Bergstation (2100) des Doppelsesselliftes von Obereggen zum Meierlboden (2170), hinab zum Lavazeijoch (1807) und zur Almwirtschaft „Epircher Lahner" (1830).

RW 152 **Latemar-Hütte/Rif. Torre di Pisa**, 2671 m.** Obwohl als markante Kulisse des berühmten Karersees bewundert und vieltausendfach auf Zelluloid gebannt, gehören die Latemarberge zu den einsamsten der Dolomiten. Der Grund liegt in dem ungewöhnlich brüchigen Gestein, das wohl zu phantastischen Zacken verwittert, sich aber zum Klettern nur wenig eignet. Eine direkte Folge sind die riesigen Geröllreißen, die den Zugang auch nicht gerade erleichtern. So muß man sich das „Erlebnis Latemar" wirklich verdienen, trotz Sessellift und Zufahrtsstraße im Bereich Obereggen – Reiterjoch. Als Belohnung winkt ein schöner Dolomitentag abseits ausgetretener Pfade, angenehmer Kontrast zu vielen Wegen im Rosengarten.

Einziger bewirtsch. Stützpunkt innerhalb des Latemar ist die kleine Latemar-Hütte/Rif. Torre di Pisa an der Cima Valbona (2691). Sie leitet ihren ital. Namen von einem schiefen Felsturm ab, der im Südgrat der Cima Valsorda (2752) steht. Der kürzeste Hüttenzugang führt vom Reiterjoch bzw. der Meierlalm (2037) herauf, knapp 2 Std. Wesentlich abwechslungsreicher ist allerdings der Weg über die Gamsstallscharte (2636), Mark. 18, auch er ist recht anstrengend, durch den Oberholz-Sessellift (Bergstation 2150) aber doch erheblich verkürzt. An der zwischen Eggentaler Horn (2799) und Cima Valsorda eingelagerten Senke, 1¾ Std., öffnet sich ein Prachtblick auf den gewaltigen Valsordakessel, die „Herzkammer" des Massivs, und seinen Gipfelkranz. Auffallend die Horizontalschichtung der Nordkette mit dem Großen Latemarturm (2842), der Östlichen Latemarspitze (2800) und dem Cornòn (2791); auf diesen südseitigen Felsbändern verläuft der „Sentiero attrezzato Campanili del Latemar", ein leichter, aber sehr schöner Klettersteig → DOLOMITEN-Klettersteigeführer von Eugen E. Hüsler.

Jenseits der Scharte trifft man auf den von Forno im Fleimstal heraufkommenden Weg 516, der sich in s. Richtung – mäßig steigend – zum Rif. Torre di Pisa fortsetzt, 2½ Std. Hier bietet sich die Gelegenheit zu längerer Rast; dabei hat man auch Muße, das bemerkenswerte Panorama zu genießen. Vor allem das Gipfelgewirr im O zieht natürlich die Aufmerksamkeit auf sich: Sella, Fanes, Tofane, Marmolata, Pelmo, Civetta, Pala – jede Menge berühmter Dolomitengipfel. Nach SW geht der Blick bis zu den Gardaseebergen, den w. Horizont bilden die Firngrate des Ortlermassivs, im NW stehen die vergletscherten Dreitausender der Ötztaler und Stubaier Alpen. – Abstieg w. zum Meierlboden (2170) und zur Bergstation des Oberholz-Sessellifts. – HU 600 m; Z 4 Std. bzw. 5¼ Std. (EP Obereggen); LA 2–3. – Hierzu Skizze 27.

Latemar-Höhenweg, Rund um die Eggentaler Alm, 2268 m.** Eine unschwierige, herrliche Rundwanderung am Westfuße des Latemar! AP ist Obereggen (1552). Mit der Doppelsesselbahn zunächst hinauf nach Oberholz (2150). Nur wenig oberhalb der Bergstation trifft man auf den empfehlenswerten Höhenweg mit Mark. 22, den man in sö. Richtung oberhalb der blumenreichen Eggentaler Alm begeht. Im Meierlboden läßt man den nur im Winter betriebenen Sessellift Absam-Meierl re. liegen und wandert ohne wesentliche Höhenschwankungen weiter, bis man auf den von der Zischgalm heraufziehenden Hüttenweg, bergwärts mit 516 mark., stößt → RW 151, von Oberholz 1 Std. Jetzt steigt man re. kurz ab, entweder zur bewirtsch. Garnischger Alm (2010) oder zur bewirtsch. Zischgalm (2000). Auf dem nur wenig frequentierten Almfahrweg wandert man zur Abzw. der Zufahrt Meierlalm (2037), welche an der Tholeralm bergwärts abzweigt. Auf einem mit 23 mark. Fußweg kehrt man durch mehrere Waldparzellen nach Oberholz zurück, wo der Sessellift talwärts den Wanderer zum AP zurückbringt. – HU zirka 300 m, Z 2½ bis 3 Std., LA 2. – Hierzu Skizze 27. **RW 153**

Labyrinthsteig, Geplänk 1920 m.** Man versteht darunter keinen Klettersteig (via ferrata), sondern einen mark. Weg für den Bergwanderer, welcher ein ausgedehntes Bergsturzgebiet, als Geplänk bezeichnet, in eindrucksvoller Weise unterhalb der Latemarspitze durchmißt. Bei diesem außergewöhnlichen Gang sind Felstrümmer in allen nur erdenklichen Formen und Größen anzutreffen. – Wählt man den Karerpaß (1745) als AP, so läßt sich der Labyrinthsteig in eine besonders lohnende Rundwanderung einbeziehen: der Waldweg mit Mark. 21 führt von der Scheitelhöhe ausgehend zunächst fast flach durch auffallend gleichmäßig gewachsenen Hochwald mit bemerkenswerten Ausblicken auf Rosengarten und Latemar in sw. Richtung; in diesem Südtiroler Randgebiet gilt dieser Wanderweg als einer der schönsten. Nach einer Viertelstunde gelangt man zu einer WT, wobei man sich li. hält. und der Mark. 21 bis zum Mitterleger (1839) folgt. Dort beginnt der Labyrinthsteig mit Mark. 20, welcher das Bergsturzgebiet von W nach O quert und Ausblicke nach N über das stark bewaldete Umfeld des Karersees auf den s. Rosengarten mit der Rotwand (2806) vermittelt. Die Höhendifferenzen sind gering. Ein eher sanfter Abstieg leitet über die Geplänkwiese zur Mitterleger Lacke (1750) hinab, wo man wieder auf den Waldweg 21 stößt, den man auch zur Rückkehr benutzt. – HU insgesamt 220 m für Hin- und Rückweg, Z 3 bis 3½ Std., LA 2. – Hierzu Skizze 26. **RW 154**

Andere AP für eine Begehung des Labyrinthsteiges sind der Parkplatz am Karersee bzw. das Hotel Karersee; hierzu bieten sich die Wege 11 (vorwiegend ein Forststräßchen), 12 über den Mittersee (1585) und 18 in Verbindung mit Weg 21 an. Eventuell kommt auch der etwas tiefer gelegene Bewaller Hof (1500) in Obereggen als AP in Betracht, wo Weg 21 im W beginnt bzw. endet; er verläuft unterhalb des Bewaller Köpfls. Seine Länge bedingt auch einen etwas größeren Zeitaufwand als vom AP Karerpaß.

Brixen, Klausen und Umgebung

Im Schnittpunkt germanischer und römischer Kulturwelt entstanden, ist das mehr als tausendjährige **Brixen** die älteste „civitas" Südtirols, auch heute noch geistig und kulturell sehr regsam. Davon legen Schulen, Bibliotheken und Sammlungen ein beredtes Zeugnis ab. Besondere Erwähnung verdienen die Kunst- und Musikschule, die Bibliotheken, das reich ausgestattete Diözesanmuseum und die neuerbaute Nikolaus-Cusanus-Akademie. Außerdem ist Brixen Sitz für Sommerkurse der Universität Padua und Patenstadt von Regensburg.

Rodenecker Almstraße*, Großparkplatz Zumis, 1749 m

Dieses Bergsträßchen erschließt im Zusammenhang mit dem von Lüsen (981) über das Gh. „Tulper" (1627) heraufführenden Fahrweg das weitläufige Wandergebiet auf der Rodenecker bzw. Lüsener Alm. Die Ronerhütte (1832) ist nur mit Sondergenehmigung anfahrbar. Fahrverbote bestehen auch für die Forst- bzw. Almfahrwege in den Bannwald, zur Starkenfeldhütte, Astalm und zur Gasser-Steineralm.

Wählt man Mühlbach (775) zum Ausgangsort, so folgt man zunächst der HT Rodeneck über die Pustertalbahn (schienengleicher Übergang) hinab zum EW-Werk an der Rienz und auf der Gegenseite auf ausgebauter, 5 bis 6 m breiter Asphaltstraße in Serpentinen hinauf nach St. Pauls. An der Straßenteilung hält man sich li. und gelangt bald nach Nauders. Hinter dem Ort erneute Straßenteilung: man hält sich wiederum li. (gerade nach Gifen) und gewinnt in Serpentinen den Waldrand beim Eggerhof. Nach 7,3 km leitet die ausgebaute Straße in das einspurige, jedoch asphaltierte Almsträßchen über, dessen Befahrung auf eigene Gefahr erfolgt. Durch ein ausgedehntes Waldgebiet ohne Ausblicke steigt das Sträßchen stetig an. Es folgt der Mark. 2 bis li. (1537) der alte Almweg abzweigt. Die Kurven sind unübersichtlich und erfordern eine gemäßigte Geschwindigkeit. Die Straße wird auch von größeren Omnibussen benützt! Nicht immer gibt es Ausweichen auf Sicht. Keine ausgesetzten Stellen. Die Steigungsmaxima bewegen sich zwischen 12 und 14%, SG 2 – 3. Nach 11,6 km ab Mühlbach ist der Großparkplatz Zumis nahe der Blaseralm erreicht. Zur Ronerhütte schließt ein 2,5 km langer, geschotterter Fahrweg an. – Beim Großparkplatz Zumis erfolgt die Vereinigung mit dem von Lüsen heraufziehenden, 8,5 km langen Bergsträßchen, an dem auch, nur 1,1 km entfernt, der Gh. „Villpeder" (1637) liegt. Unterhalb der Waldgrenze hat man eine bemerkenswerte Aussicht auf Plose und Peitlerkofel.

Zwischen den beiden Talengen von Franzensfeste und Klausen weitet sich das Eisacktal zum **Brixner Talbecken** aus, welches von hohen Bergen umrahmt ist. Das Mittelgebirge, das sich terrassenförmig vorschiebt und von eiszeitlichen Moränen und Flußablagerungen gebildet wurde, bietet mit seinen lieblichen Dörfern, altersgrauen Schlössern und Burgen malerische Anblicke. Rebenumrankte Hügel und große Obstanlagen reichen unmittelbar bis an den Stadtrand.

In der Talsohle fließt der Eisack mitten durch das Städtchen und vereinigt sich am Südrande Brixens mit der Rienz, die durch eine enge Schlucht von NO aus dem Pustertal kommt. Da das Eisacktal in Nord-Süd-Richtung verläuft und der Brixner Talkessel gegen S offen, gegen N jedoch im Schutz des Alpenhauptkammes liegt, reicht die mild einwirkende Meeresluft bis hierher. Die klimatischen Verhältnisse sind daher besonders ausgeglichen und gut verträglich. Nebel gibt es hier fast nie. Diese vorzügliche geographische Lage bringt auch eine vielgestaltige Flora und Fauna hervor; kontrastreich stehen sich die Zillertaler Gletscher im N und die Kastanienhaine, Weinberge und Edelobstgärten hier gegenüber.

Kammwanderung* Zumis-Alm 1844 m, Ronerhütte 1832 m und Kreuzwiesen-Hütte 1909 m. AP ist der Parkplatz Zumis (1749) in Lüsenberg, wenn das Vieh bereits abgetrieben ist, kommt als AP eventuell auch die Ronerhütte in Betracht. Während der Sommerzeit ist diese Hütte eine gut frequentierte Almwirtschaft. – Zunächst folgt man dem Agrarweg mit Mark. 2 durch schüttere Waldparzellen zum Aussichtspunkt „Pianer Kreuz" (1901), dann weiter über die Laier Alm zur „Wegespinne 1900"; dort vereinigen sich die Wege 2, 2A, 67 und 68A. Fußweg 2A verläuft in s. Richtung und etwas unterhalb der Kammlinie über die Gasser-Steineralm (1907), die Raffreid-Alm (1888) hinüber zur bewirtsch. Kreuzwiesen-Hütte. Diese Kammwanderung in nur geringfügig schwankenden Höhenlagen (1800 bis 1900) ist absolut familienfreundlich und kann daher jung und alt empfohlen werden! Gehzeiten: bis Ronerhütte 40 Min., bis Kreuzwiesen-Hütte weitere 2 Std. – Für den Rückweg bietet sich alternativ Weg 2 über die Starkenfeld-Hütte (1936) an, von dort ist ein kurzer Abstecher zum nahegelegenen Tschuppwaldsee (1978) möglich. Ab „Wegespinne 1900" verläuft die Fortsetzung wie eingangs beschrieben. LA 1–2, Z 5½ bis 6½ Std., je nach Streckenwahl. – Hierzu Skizze 28. **RW 155**

Lüsener Joch 2008 m, Turnuretsch-Hütte 2030 m und Glittner Joch, 2189 m.** Leichte, herrliche Gratwanderung über den Lüsener Kamm! AP ist das schmucke Bergdorf Welschellen/Rina (1432), welches sowohl mit Zwischenwasser/Longega (1005) als auch mit Untermoi/Antermoia durch Fahrsträßchen verbunden ist. Vom Gh. „Pedevilla" in Welschellen zunächst steiler Anstieg auf Weg 11 S bis zu einem Bildstöckl (1816); hierbei kreuzt man zweimal den Forstweg durch den Welschellner Wald, der vom n. Ortsrand aus über den Fahrweg Richtung Welsch-Weitental einen bequemeren Anstieg mit weit ausholenden Serpentinen ermöglicht. Die Wanderung setzt sich über die Welschellner Alm (1947) und den Col de la Vedla (2100) zur Wegespinne auf dem Lüsener Joch fort, 1 Std. 45 Min. Fast flach verläuft dann am Fuße des aussichtsreichen Col dal Lè (2175) die Wegstrecke zur Seealm (2032) bzw. zur Turnuretsch-Hütte (Schreibweise auch Turnaretsch und Turnarecia), 30 Min., welche von Juni bis Okt. bewirtsch. ist. – Will man zwischen dem Col de la Vedla und dem Glittner See (2151) möglichst dicht der Kammlinie folgen, so benützt man den re. abzw. Weg 20 B, der eine Alternative zum Hüttenweg darstellt. – Vom See mäßiger Anstieg zum Glittnerjoch, 30 Min. **RW 156**

Der Abstieg erfolgt wiederum auf Weg 11 S in zirka 1 Std. 15 Min. Zunächst mäßig hinab zur Wieseralm (2054), kurz vor der Alm an der Wegeteilung re. halten und auf 11 S bleiben! Über den zahmen Wiesensattel Col de Ciasota (2051) wandert man nur bis zur Kote 1771 hinab, um dann re. den Abkürzer nach dem Weiler Pecei (1549) zu wählen. Von dort re. auf dem Fahrweg zur Mühle am Weitentaler Bach hinab und auf dem Sträßchen durch den Welschellner Wald zurück zum AP. HU 800 m, Z 3½ Std., LA 2. – Hierzu Skizze 29.

RW 157 **Hochfläche Natz-Schabs, Viums 898 m.** Die Mittelgebirgsterrasse von Natz-Schabs, die sich in Höhenlagen von 700 bis 900 m zwischen Rienz und Eisack erstreckt, ist zum fast mühelosen Wandern während des ganzen Jahres wie geschaffen. Dazu tragen nicht nur der geringe HU, sondern auch das relativ milde Klima, Edelkastanien sind hier keine Seltenheit, und die abwechslungsreiche Landschaft bei. Während an den Südhängen gegen Neustift und Brixen bis auf 800 m Höhe noch die begehrten Eisacktaler Weine gedeihen, wird dank moderner Bewässerungsanlagen auf dem weiten Plateau selbst Gemüse-, Obst- und Ackerbau betrieben. – AP der vorgeschlagenen Runde ist Schabs (775). Weg 1 leitet über die Roßebene zum Rundlhof und dann re. an einem Bildstock vorbei durch Wald hinauf nach Viums, 30 Min. Die Kirche St. Magdalena, ein gotischer Bau aus dem 15. Jh., ist die wohl sehenswerteste auf der gesamten Hochfläche. Am s. Ausgang des Ortes verläßt man die Landstraße, folgt li. dem Fahrweg ö. des „Fruhn" genannten, ehem. Hochmoores und wandert hoch über der Rienz nach Natz (889), welches sich noch durch schöne, alte Bauernhöfe auszeichnet, weitere 30 Min. Die Wanderung auf der weiß-blauen Mark. setzt man nach S parallel zur Landesstraße, jedoch ö. davon, über die sogenannte „Laugen", einem Weiher, fort, überquert die Straße nach Elvas s. der Straßenteilung und erreicht nach Überwindung des Mooswald-Hügels den Sportplatz von Raas. Der Ort wird im O umgangen und in n. Richtung wendet man sich dem Bildstöckl auf den Graitäckern zu. Bald stößt man auf den mit 2 bez. Weg und folgt diesem, dann quert man die Landesstraße nach Schabs. Auf der Zufahrt zum Gh. „Flötscher Hof" kommt man am gleichnamigen Weiher vorbei. Hinter dem Hof auf den Wegen 2/5 durch den Wald zurück nach Schabs. Der HU ist unbedeutend und kann deshalb vernachlässigt werden. Z 2½ bis 3 Std., LA 1. – Hierzu Skizze 30.

RW 158 **Riggerschlucht, AP Schabs 775 m.** Eine abwechslungsvolle Runde während der gesamten, aperen Jahreszeit! Von Schabs auf dem mit 8 bez. Fußweg zunächst hinab durch die Riggerschlucht mit ihren sehenswerten Erdpyramiden zum orogr. li. Eisackufer. Diesem folgt man hinter der WT li.; der nunmehr mit 8A bez. Weg führt über den Nössingbühel mit seinen vorgeschichtlichen Ausgrabungen zum Augustiner-Chorherrenkloster Neustift, dessen Besichtigung man nicht versäumen sollte, 1½ Std. → RW Rund um Neustift bei Brixen.

Die Wanderung setzt man auf Weg 3 hinauf zur Staatsstraße fort, benützt die Fußgängerunterführung und folgt dann scharf li. dem Weg 8 durch die Käfersiedlung zur Jausenstation „Steinraffler". Abseits des Straßenverkehrs durchmißt man den Wald und überquert am Beginn der Industriezone die von der Hochfläche Natz-Schabs herabziehende Asphaltstraße; auf einem Fußweg kehrt man unterhalb der Ziegelei zum AP zurück. – HU 200 m, Z 2½ bis 3 Std., LA 1 – 2. – Hierzu Skizze 30.

Ein bequemer, auch für Familien mit Kindern geeigneter **Höhenweg** verbindet die Bergstation des **Raschötz-Sesselliftes** mit der **Brogleshütte (2045),** die knapp jenseits der Broglesscharte auf der gleichnamigen Alm steht. Hinter dem markanten Vorbau der Seceda treten die Felszinnen der Geislerspitzen mit Fermeda (2873), Sass Rigais (3025) und der elegant-geschwungenen Furchetta (3030) hervor; ihr faszinierender Anblick lädt zu einer besinnlichen Rast inmitten blühender Almmatten ein → RW 125. Foto E. Fuchs-Hauffen

Das Grödner Tal verkörpert die Kernlandschaft der westlichen Dolomiten und kann gleichsam als Modell einer für den Fremdenverkehr optimal erschlossenen Gebirgslandschaft betrachtet werden. Hier lassen sich die Dolomiten auf kleinem Raum in allen ihren Eigenarten und auf faszinierende Weise erleben. Zwischen dunklen Wäldern, weiten, freundlichen Almmatten und dolomitischen Felsbastionen kommen zuerst alpine Spaziergänger, Bergwanderer und anspruchsvolle Bergsteiger voll auf ihre Rechnung.

Die **Reschner Alm (2001)** ist das zweifellos lohnendste anfahrbare Ziel rund um den Reschensee; sie vermittelt Prachtblicke auf den See und sein Ostufer. Im SO glitzern die firnbedeckten Berge der Ortlergruppe mit der Vertainspitze und der Tschenglser Hochwand. Die bewirtsch. Reschner Alm ist günstiger AP für eine Wanderung zur Dreiländerecke → RW 347 bzw. für eine Besteigung des aussichtsberühmten Piz Lat → RW 348. Foto Eugen E. Hüsler

Das pittoreske Nordtor (Malser Tor) des mauerumgürteten, mittelalterlichen Städtchens **Glurns** stammt aus dem 16. Jh. Glurns besitzt damit die einzige, vollständig erhaltene Stadtbefestigung aus dem ungeteilten Tirol. Foto Dr. H. Wilcke

Blick vom sö. Teil der **wanderberühmten Seiser Alm** auf die Langkofelgruppe. Aus dem großartigen, vielgezackten Felsenrahmen ragen li. der wuchtige Langkofel (3181) und re. der massige Plattkofel (2964) mit seinem firnbedeckten Pultdach heraus → RW 142. Foto Eugen E. Hüsler

Besonders zahlreich sind auf der **Seiser Alm** die sogenannten **»Schwaigen«** (Almhütten) vorhanden. Diese Hütten sind nach Farbe und Stil so harmonisch an die sie umgebende Landschaft angepaßt, daß sie geradezu einen selbstverständlichen Teil derselben bilden. Die Wände der Hütten bestehen aus übereinandergelegten und an den vier Ecken in Blockbauweise miteinander verbunden bzw. verzahnten Baumstämmen. Von einfacher Art ist auch das Dach. Man sieht meistens Satteldächer, bestehend aus aneinander gelegten Stangen und oft doppelt und dreifach eingedeckten Lärchenschindeln.

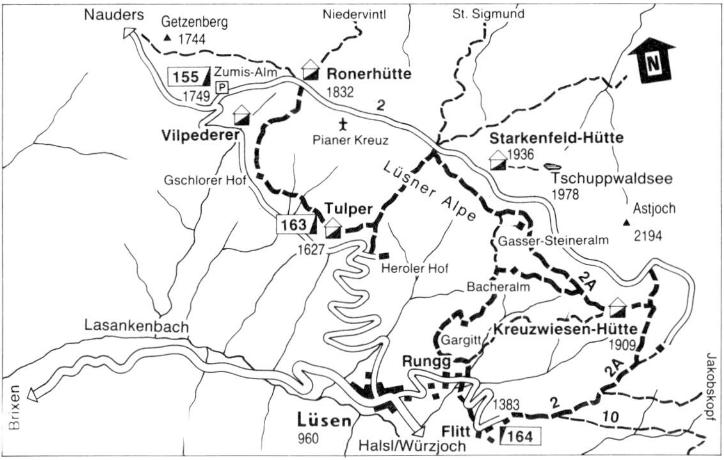

Skizze 28 Lüsner Alpe

Rund um Neustift bei Brixen*, Vahrner See 687 m, Raas 812 m. Diese **RW 159** ganzj. begehbare Runde leitet durch eine bemerkenswerte Kulturlandschaft mit besuchenswerten künstlerischen Sehenswürdigkeiten. Die familienfreundliche Wanderung ist im Herbst zur „Törggelezeit" besonders empfehlenswert! – AP ist der Parkplatz beim „Brückenwirt" vor dem Augustiner-Chorherrenkloster Neustift (595). Zunächst Besichtigung der zweitürmigen Stiftskirche mit prächtigen Deckengemälden des Augsburger Meisters Matthäus Günther, der Gemäldesammlung und des gotischen Kreuzganges. Im Hof des Stiftes steht als achteckiger Bau auf Granitsäulen ein überdachter Ziehbrunnen; in den Nischen seines Oberbaues findet man eine Darstellung der „Sieben Weltwunder" mit Ansicht von Neustift als das 8. Wunder. Höchst originell zeigt sich die der „Engelsburg" naturgetreu nachempfundene Michaelskapelle, ein zweigeschoßiger Rundbau mit Zinnenkranz.

Diese Stelle bietet eine vorzügliche Aussicht auf die gesamte Anlage des Klosters Neustift. Wer die an Sonn- und Feiertagen stärker frequentierte Straße Elvas-Raas meiden möchte, kann bereits, bevor er sie erreicht, von Weg Nr. 3 li. auf den blau-weiß mark. Pinatzweg überwechseln und direkt nach Neustift zurückwandern, 1 bis 1½ Std., HU 350 m, Z 4 bzw. 4½ Std., LA 1 – 2. – Hierzu Skizze 30.

Im O der Stadt erstreckt sich behäbig das Plosemassiv, welches an seinem Nordabhang vom Lüsener Tal, an seiner s. Flanke vom Aferer Tal begrenzt wird. Der Große Gabler ist mit 2574 m höchste Erhebung dieses wald- und weidenreichen Berglandes, das sowohl durch eine Hochstraße als auch durch eine Seilbahn und mehrere Sessel-liftanlagen gut erschlossen wurde.

RW 160 **Pinatzweg*, Pinatzbichl 853 m.** Eine sehr abwechslungsreiche Runde durch Rebhügel, Obstplantagen, Edelkastanienhaine und Nadelwald zwischen Brixen, Elvas und Neustift. Man beginnt die Wanderung beim Herbertsheim bzw. „Guggerhof", wo man mehrere Parkplätze vorfindet. Nun leitet der Weg mit blau-weißer Mark. 1 durch das Grundstück des „Guggerbauern" (Nußbaumer) und unmittelbar darauf bergan auf den steil abfallenden Hängen, welche gegen die Rienz zu abfallen. Nach 45 Min. ist der n. Ortsrand von Elvas (814) erreicht. – Nun quert man die nach Natz führende Straße und gelangt in einen Föhrenwald. Dieser Waldweg beschreibt einen größeren Bogen, und nach einem kurzen Abstieg trifft man auf die Straße Elvas-Raas. Man hält sich re. und folgt weiter der blau-weißen Mark., welche durch einen kleineren Kastanienhain hinab zu den oberen Häusern von Neustift leitet. – Zurück auf Weg mit rot-weiß-roter Mark. 3 über den idyllisch gelegenen Gh. „Alter Pacher" und oberhalb von neuen Reihenhäusern nach Elvas. Dann auf Weg Nr. 1 mit rot-weiß-roter Mark. ö. am Pinatzbichl vorbei und auf steinigem Weg zwischen brombeerumrankten Einfassungsmauern hinab zum AP beim Herbertsheim, wo man li. wieder auf den Pinatzweg trifft. – Es lohnt sich dabei, einen kurzen Abstecher auf den Pinatzbichl zu unternehmen, welcher bemerkenswerte Tiefblicke auf das gesamte Brixner Talbecken vermittelt. Z 2½ Std., LA 1 – 2. – Hierzu Skizze 30.

RW 161 **Rund um den Pinatz*, AP Neustift.** Vom „Alten Pacher" oberhalb der Pustertaler Staatsstraße auf einspuriger, asphaltierter Zufahrt erreichbar, führt der Weg zunächst hinterm Hof des Weinbauern über einen Bach und am bewaldeten Hang zur neuen Terrassensiedlung empor. Man hält sich dann li. und benützt einen Traktorenweg durch eine Parzelle mit alten Edelkastanien. An der WT re. halten und der HT „Pinatz" folgen. Bald trifft man auf die Asphaltstraße Elvas-Raas. Nach ihrer Überquerung folgt man dem weißblau mark. Steig durch schönen Föhrenwald, gemischt mit Edelkastanien, und gelangt hinauf zur Hochfläche im N von Elvas. Der mark. Weg leitet nun am Waldrand entlang bis zu einer auffallenden Trasse, die mit Leitungsmasten bestückt ist; hier setzt li. der Abstieg durch den Wald ein. Man bleibt bis zum unteren Waldsaum auf dem mark. Weg; zuletzt führt dieser am Rande eines ehem. Hochmoores nach Raas. Nahe der Kirche zweigt von der Landesstraße der rot-weiß-rot mark. Weg 4 ab, welcher am „Tiroler Hof" vorüberzieht. Man hält sich re. und folgt der HT „Jausenstation Steinraffler". Auf einem schönen Waldweg setzt man die Wanderung talwärts fort. Bei der spitzen Kehre hält man sich scharf li. und trifft bald auf die asphaltierte Zufahrt zum „Straßerhof", welcher während der Törggelezeit eine viel besuchte Jausenstation ist. Die bekannte Törggelestation „Steinraffler" liegt etwas oberhalb davon. – Vom Straßerhof leitet der mark. Rückweg in aussichtsreicher Terrassenlage an Weinbergen und Obstplantagen vorbei und zuletzt wieder über die eingangs erwähnte Edelkastanienparzelle und die Terrassensiedlung hinab zum „Alten Pacher". – Z 2½ Std., LA 1 – 2. – Hierzu Skizze 30.

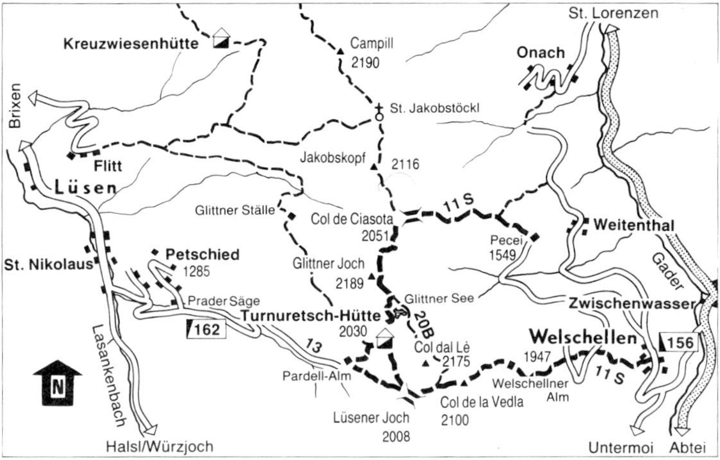

Skizze 29 Welschellen

Lüsener Tal

Lüsener Tal*, Petschied 1285 m
Das abgeschiedene Lüsener Tal begrenzt die Plose im N. Die voll ausgebaute und asphaltierte L 30 nimmt in Brixen (570) beim Hotel „Senoner" ihren Ausgang und endet nach 13,6 km windungsreicher Strecke in Lüsen (960). Die Auffahrt bietet bemerkenswerte Ausblicke auf die Tuxer- und Pfunderer Berge sowie auf die vergletscherten Zillertaler Alpen, SG 2. Es treten max. 10% Steigung auf der kurzen Serpentinenstrecke hoch über der Rienzschlucht auf. – Am Lasankenbach talein führt eine normal breite Asphaltstraße bis nach St. Nikolaus (1107), welche sich dann zusehends verschmälert und schließlich bei den verstreut liegenden Häusern von Petschied (1285) nach weiteren 5 km endet.

Turnuretsch-Hütte/Val-del-Lè-Hütte 2030 m, AP Petschied. Hält man sich bei der Straßenteilung am Sägewaldbach in Petschied (1285) re. und fährt noch weiter bis zur Prader Säge, so hat man in Bachnähe einen Fußsteig, der sich taleinwärts mit dem Forstweg, Mark. 13, vereinigt und durch das Hochtal sowohl zum Lüsener Joch (2008) als auch über die Pardell-Alm zur Turnuretsch-Hütte → RW 153 hinaufleitet. HU 745 m, Aufstieg 2 Std., LA 2. Rückweg wie Hinweg, Z 3½ Std. – Hierzu Skizze 29. **W 162**

Eine ideale Ergänzung zu diesem Kombiführer bildet die mehrfarbige, neue **Straßenkarte Südtirol 1:200.000** aus der heimischen Produktion mapgraphic bozen, erschienen im SB-Verlag M. Frasnelli-Keitsch. Ihre Rückseite wurde mit einem informativen Wegweiser durch Südtirol bedruckt. Federstrichzeichnungen vermitteln faszinierende Eindrücke von den mannigfachen Kulturlandschaften Südtirols. Zur raschen Übersicht bestens geeignet!

Lüsenberg*, Parkplatz Zumis 1749 m

Vom Kirchdorf Lüsen (960) leitet ein asphaltiertes Serpentinensträßchen, einspurig und mit Ausweichen versehen, bei max. 15% Steigung hinauf zu den verstreut liegenden Bergbauernhöfen von Lüsenberg. Ausgesetzte Strecken sind mit Leitplanken versehen. Es öffnen sich eindrucksvolle Tiefblicke in das Tal. Nach 6,5 km zweigt re. die 400 m lange Zufahrt zum Herolerhof (1643) ab, welcher sich in prächtiger Aussichtslage am unteren Rand der Lüsener Alm befindet. Auch die anderen, jedoch direkt an der Durchzugsstraße gelegenen Häuser, wie der Gh. „Tulper" (1627), der „Rastnerhof" und der Gh. „Villpederer" (1637) sind geeignete AP für Wanderungen im Raum der Lüsener Alm mit ihrem dichten Wegenetz. Auf dem Scheitelpunkt, 11 km von Lüsen entfernt, wurde mitten im Wald der Großparkplatz Zumis angelegt. – Für den 2,4 km langen, bewaldeten Fahrweg zur Ronerhütte (1832) auf der Rodenecker Alm besteht ab hier ein allgemeines Fahrverbot. – Die Durchzugsstraße setzt sich auf der Rodenecker Rampe, hinab durch ausgedehnte Wälder fort, nach Rodeneck → Rodenecker Almstraße.

RW 163 **Lüsner Alm* 1800 bis 1900 m.** Mit AP Gh. „Tulper" (1627) bzw. Heroler Hof (1643) in Lüsenberg läßt sich eine leichte Runde durch das weitläufige Gebiet der Lüsner Alm unternehmen. Folgt man im Uhrzeigersinn, so wandert man zunächst vom Tulperwirt auf Weg 14 durch den Wald zum Gschlorer Hof (1618) und weiter zur bewirtsch. Ronerhütte (1832) auf der Rodenecker Alm. S. der Kammlinie setzt man auf einem Almfahrweg, Mark. 2, die Runde über das Pianer Kreuz bis zur „Wegespinne 1900" fort, um dann re. auf mark. Fußweg bei mäßigem Gefälle bis zur Baumgrenze abzusteigen. HT deuten darauf hin, daß sich dieses sanft geneigte Gelände im Winter für den Schilanglauf eignet; allerdings sind hier die Loipen der Sonneneinstrahlung stark ausgesetzt. Man gelangt zu einer WT, von der man re. zurück zum Gh. Tulfer, li. zur Pension „Heroler Hof" in prächtiger Aussichtslage gelangt. HU 250 m, Z 3 Std., LA 1 – 2. – Hierzu Skizze 28.

Flitt*, Kompatsch 1383 m

Ein einspuriges, jedoch asphaltiertes, 2,3 km langes Bergsträßchen leitet von Lüsen (960) bei max. 12% Steigung in Serpentinen hinauf zu den, auf einer Sonnenterrasse liegenden Häusern von Flitt. Man fährt zuletzt am Gh. „Joasenhof" vorbei und stellt sein Fahrzeug am EP des Sträßchens ab. Flitt ist ein günstig gelegener AP für leichte Almenwanderungen und Bergtouren. Nach S hat man einen Prachtblick durch das Hinterlüsental hinauf zum Würzjoch, welches von der markanten Felsgestalt des Peitlerkofels überragt wird, SG 2 – 3.

RW 164 **Kreuzwiesen-Hütte*, 1924 m.** AP ist der Gh. „Joasen" in Flitt (1337), wo auch gleich der Anstieg über die Häuser von Kompatsch auf mark. Weg beginnt. An der WT 2/10 hält man sich li. und folgt über Joasen-Stampferin (1830) dem teilweise steilen Waldweg weiter bergan. An einer neuerlichen WT geradeaus der Mark. 2A zur Kreuzwiesen-Hütte folgen, re. hat man den Anstiegsweg auf den Jakobskopf (2026), Mark. 2, woran eine herrliche

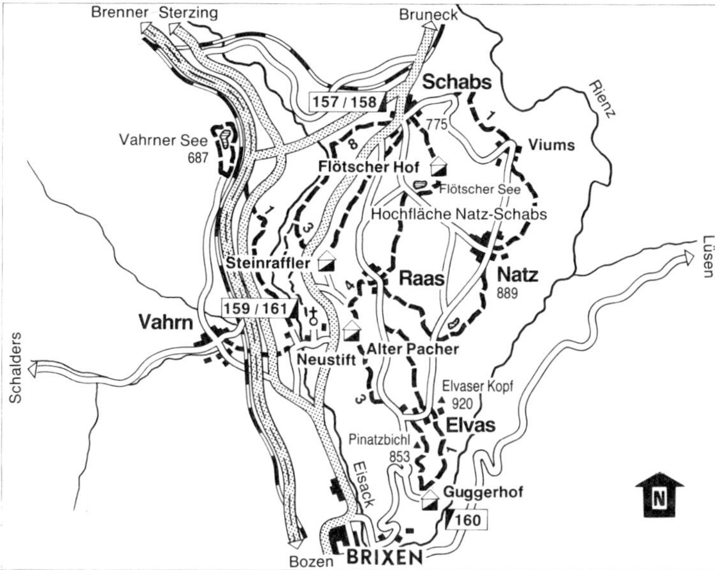

Skizze 30 Neustift

Kammwanderung zum → Glittner Joch (Campill) anschließt. – Weg 2A leitet über die Campillwiesen unterhalb der Kochalm (2044) in das Quellgebiet des Putzerbaches. Nach Überschreiten des jungen Rinnsals, welches vom Astjoch durch einen Graben herabzieht, gelangt man zur Kreuzwiesen-Hütte, einer kleinen Almhütte, die sich in Privatbesitz befindet. Sie wird in der Regel vom 10. Juni bis 10. Okt. bewirtsch., von Flitt 2¼ Std.

Der Abstieg vollzieht sich auf mark. Wegen über die Kreuzwiese zur Bacheralm (1810) und weiter bergab zu den Gargitt-Höfen (1514). Ö. von Rungg trifft man auf eine Wegspinne, wo man den direkten Abstieg zum Flitter Sträßchen benützt. Nun über den Bach und die Serpentinen der Straße auf schmalen Steigen abkürzend, in kurzem Anstieg hinauf zum AP, knapp 2 Std. – HU 780 m, Z 4½ Std., LA 2. – Der Abstieg läßt sich abkürzen, wenn man den Weg von der Hütte über die Gostalm (1799) wählt, dann aber sehr steil und bar jeder Aussicht in Bachnähe dem Graben bis zur Fahrstraße abwärts folgt. – Hierzu Skizze 28.

Hinterlüsen, Gungganwiesen, 1830 m

Von St. Nikolaus (1119), einer kleinen Fraktion im SO von Lüsen, ist es möglich, neben dem Lasankenbach durch das Hochtal von Hinterlüsen bis zur Einmündungsstelle in die Würzjochstraße hinaufzufahren. Diese liegt bei den reizvoll ausgebreiteten Gungganwiesen. Das 9 km lange, asphaltierte Sträßchen ist einspurig und mit Ausweichstellen versehen. Die Höchststeigungen überschreiten kaum 12%, SG 3.

RW **Peitler Knappenhütte*, 1940 m und Schatzer-Hütte*, 1984 m, AP „Im**
165 **Gunggan“.** Eine reizvolle Runde läßt sich von den Gungganwiesen aus in Hinterlüsen unternehmen, wegen der herrlichen Alpenflora besonders empfehlenswert im Frühsommer, aber auch im Spätsommer, wenn sich die beerenreichen Hänge mit ihren Moosen verfärben. Gegen den Rodelbach zu erstreckt sich ein ausgedehnter Gürtel herrlich gewachsener Zirben. – Als AP wählt man die Wegekreuzung 1/8 „Im Gunggan“ und benützt zunächst den Almfahrweg über die Mülleralm (1829) in vier Serpentinen hinauf zu den verstreut liegenden Heuschobern. Weiter westwärts wandert man bequem über die Enzianhütte (1967) unterhalb der Gampenwiesen zur Schatzer-Hütte, Weg 8, 1½ Std. An der Abzw. von Weg 4 in Richtung Plosehütte steht ein Wegkreuz; hier hat man den höchsten Punkt (2110) der beschriebenen Runde erreicht. – Ein Abstecher leitet über die Peitler Knappenhütte und die Gampenalm (2005) zurück zur Enzianhütte. Den weiteren Rückweg vollzieht man auf Weg 8, wobei es aber nicht erforderlich ist, bis zum Halsl (1866) hinabzusteigen, weil sich noch vorher li. ein Abkürzer anbietet, der wiederum auf Weg 8 trifft. Zuletzt überschreitet man „Im Gunggan“ den Schartenbach und kehrt zum AP zurück. – HU 400 m, Z 2½ bis 3 Std., LA 1 – 2. – Hierzu Skizze 24.

Brixner Schihütte, Sporthotel und Hotel Fermeda, 1896 m
In Palmschoß (1697) zweigt in unmittelbarer Nähe des Berggh. „Vallazza“ re. die Zufahrt zu den Hotels bzw. zur Talstation (1911) des Pfannspitz-Sesselliftes (nur Winterbetrieb) von der Plosestraße ab. Das knapp zweispurige Sträßchen ist meist bewaldet und überwindet den von der Roßalm herabziehenden Graben auf einer Brücke (1833). Steigungen bzw. Gefälle sind auf der kurzen Strecke wegen des fast flachen Verlaufes unbedeutend. Nach 3 km ist der EP mit mehreren Abstellplätzen erreicht, SG 2. Die Weiterfahrt auf dem abgeschrankten Karrenweg zu den Gampenwiesen ist nur Anrainern gestattet.

W **Gampenwiesen*, Wegkreuz, 2110 m.** Die Gampenwiesen-Hütten am s.
166 Fuß des Großen Gablers, unter denen die Schatzer-Almhütte die wohl bekannteste ist, werden in der Regel von Juni bis Mitte Okt. bewirtsch. Sie sind jährlich das Ziel zahlreicher Besucher, die dorthin vom Sporthotel Palmschoß bzw. von der Brixner Schihütte aus einen familienfreundlichen Ausflug unternehmen und auf demselben mit 8 bez. Karrenweg durch den Gablergraben wieder zum AP zurückkehren wollen. Vor allem im Frühsommer, wenn sich die reiche alpine Flora in ihrer ganzen Schönheit entfaltet, vermittelt diese leichte Wanderung ein herrliches Bergerlebnis. Man genießt dabei eindrucksvolle Ausblicke auf die Geislerspitzen, die Aferer Geiseln und auf den mächtigen, isoliert aufragenden Bergstock des Peitlerkofels. Aufstieg 30 Min., HU 130 m, Abstieg 20 Min., für die Peitler Knappenhütte bzw. die Enzianhütte muß man mit einer etwas längeren Wegzeit rechnen, doch wird ein Z von 1½ Std. dabei kaum überschritten, LA 1. – Hierzu Skizze 24.

Klerant-St. Andrä, 1100 m. AP ist das sehenswerte gotische Kirchlein von Klerant (856) mit renovierten Innenfresken. Man folgt der Mark. 8 zwischen den Häusern hindurch. Bei Gh. „Fischer" scharf li. den Wiesenweg einschlagen, der in einen kurzen bewaldeten Steig überleitet. Auf einem primitiven Steg über das Bächlein und nun den Hügel hinauf zu einem Kruzifix. Prächtige Ausblicke auf das Brixner Talbecken und seine Umgebung, welche im N und NW von dem schneebedeckten Tuxer- und Zillertaler Bergen umrahmt ist. Der Weg verläuft nun fast eben bis zu den ersten Häusern von Mellaun. Bei der Wegegabelung hält man sich re. und benützt den Fahrweg, welcher in einer weit nach S ausholenden Schleife bergan führt. Nun aber nicht re. der Mark. 7 durch den Kleranter Wald nach Afers folgen, sondern zunächst auf dem Fahrweg bleiben. Hinter dem letzten Bauernhof zweigt am Rand des Mellauner Waldes li. der reizvolle Waldweg 18 nach St. Andrä ab. Man wandert durch eine Wiesenmulde und erreicht die Plosestraße wenig oberhalb von St. Andrä (958). Li. zwischen Kirche und Widum hindurch und der Mark. 12 folgen, HT Mellaun, Klerant. Der Wiesensteig schneidet die Schleife der Plosestraße ab. Man überquert die Straße, wobei man sich ein wenig nach re. halten muß. An einem kleinen Landhaus vorbei und dem Weg unter Nußbäumen und Haselnußstauden zum entlegenen Bauernhof in der Mulde folgen, dann kurzer Anstieg zur Plosestraße, welche dort ein 2. Mal überquert wird und auf sonnigem Feldweg, Mark. 12, nach Mellaun. Am Enzianwirt (Forellenstation) vorbei bis zur Wegegabelung. Die letzte Wegstrecke nach Klerant wie auf dem Hinweg. HU 200 m, Z 2½ Std., LA 1–2. Besonders lohnende Wanderung im Frühjahr und Herbst und auch für Familien mit kleinen Kindern sehr gut geeignet. – Hierzu Skizze 31. **RW 167**

Brixner Gebirgsjägersteig*, St. Leonhard, 1096 m bzw. Obermellaun, 1200 m. Er wurde vom Verschönerungsverein St. Andrä in Zusammenarbeit mit Angehörigen der ehem. Gebirgstruppe aus dem Raum Brixen erstellt. Es handelt sich im wesentlichen um den Zusammenschluß bereits bestehender, teilweise mit lokaler, teilweise mit AV-Mark. versehener Fußwege. Sie lassen sich in zwei Routen vollziehen und ermöglichen dabei hervorragende und familienfreundliche Mittelgebirgswanderungen. Sehenswerte, kunstträchtige Orte wie Klerant, Mellaun, St. Andrä, Karnol und St. Leonhard lassen sich dabei wie Perlen an einer Schnur auffädeln. Die Mark. ist blau-weiß (ohne Nummer), zahlreiche Rastbänke, an manchen Rastplätzen auch Tische, wurden entlang der beschriebenen Strecken aufgestellt. Da die gesamte Route alle eingangs genannten Ortschaften untereinander verbindet, kann auch jede als AP oder EP dienen. Für Motorisierte ist es wohl am zweckmäßigsten, ihr Fahrzeug in St. Andrä abzustellen, um dann sowohl die nördliche (Richtung St. Leonhard) als auch die südliche Wanderung (Richtung Klerant) unbeschwert und zeitunabhängig unternehmen zu können. **RW 168**

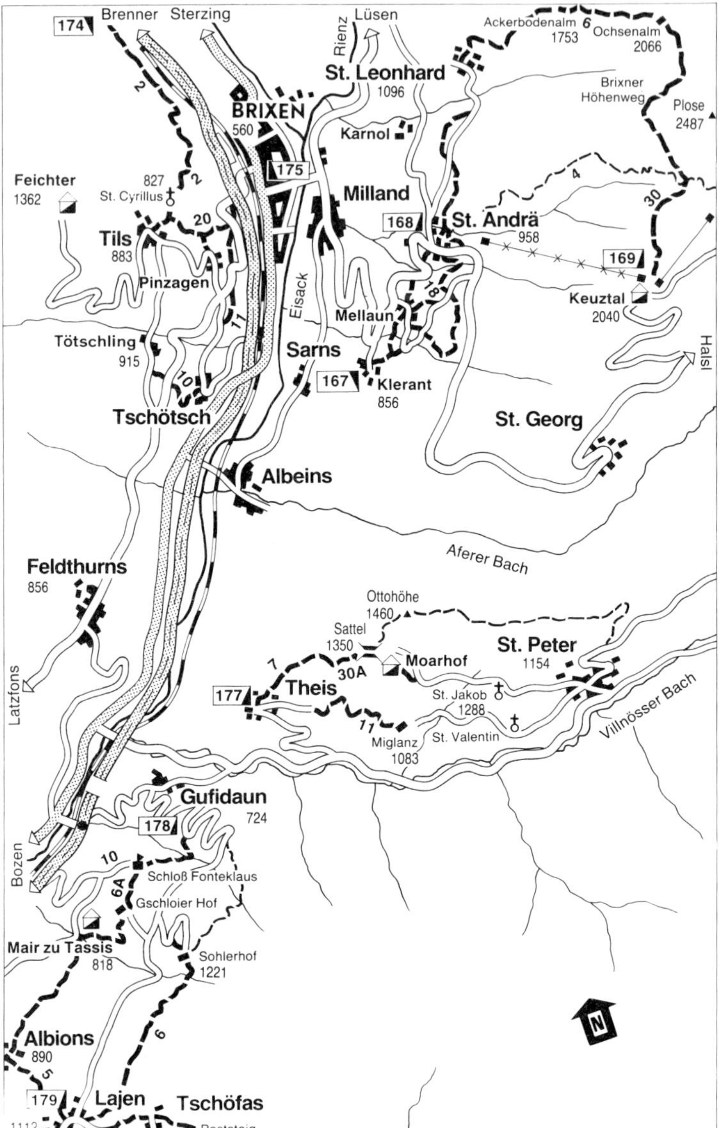

 Skizze 31 Brixen

Wählt man St. Andrä (980) als AP, so findet man nahe der Feuerwehrhalle eine überdachte, große Tafel mit einem aus Holz liebevoll geschnitzten Edelweiß, dem „Markenzeichen“ der ruhmreichen Gebirgsjäger. Nun folgt man, anfangs kräftig ansteigend, der Mark. zu einer Wegeteilung: li. durch Feld, Wald und Wiesen in Richtung St. Leonhard. Streckenweise leitet der mark. Fußweg parallel zum verkehrsarmen Sträßchen. Man kommt am Gh. „Alpenrose“ vorbei und nach Durchmessung eines Wäldchens unterhalb der Straße taucht li. die Pension „Bad Burgstall“ auf, dorthin auch Zufahrt. – Kunstbeflissene steigen von hier aus auf mark. Weg 6 kurz ab zum idyllisch gelegenen Hügel mit dem Kirchlein St. Johann in Karnol (925) mit bemerkenswerten Fresken Brixner Meister. Im etwas höher gelegenen St. Leonhard, wo das Sträßchen endet, ist die Pfarrkirche von Interesse; sie war früher eine weitbekannte Wallfahrtsstätte für Kutscher und Fuhrleute. Eine doppelte Eisenkette umschlang die Kirche und alle sieben Jahre wurde ein Hufeisen zu einem Ring geschmiedet und in die Kette eingefügt; wenn sie dereinst dreimal die Kirche umfaßt, dann geht die Welt unter, so sagte der Volksmund. Zirka 100 m oberhalb der Kirche lädt der Gh. „Plansoler“ zum Verweilen ein. – Rückweg von St. Leonhard nach St. Andrä wie Hinweg, wobei kein nennenswerter HU zu bewältigen ist. Z 1½ Std., LA 1.

Die südliche Wanderung auf dem Gebirgsjägersteig führt anfangs oberhalb von St. Andrä hinauf zu einer Wegeteilung, an der man sich re. hält und der blauweißen Mark. durch Wiesen und Wald folgt. Sie leitet bald hinab in die, vom Trametschbach gebildete wildromantische Schlucht, wo ein Steg die andere Uferseite erreichen läßt. Auf einer Aussicht bietenden Terrasse wandert man oberhalb der Plosestraße weiter und quert bald die Zufahrt zur Talstation (zirka 1100) der Umlauf-Seilbahn. Nun durch schattenspendenden Wald hinab in den Graben „Sand am Bach“. Im Anschluß daran legt man zirka 300 m auf dem re. abzw. Obermellauner Sträßchen zurück und hat dann li. die Abzw. mit mehreren Stufen des schönen Waldweges, HT Klerant. In sanftem Anstieg ist bald der höchste Punkt (zirka 1200) der Wanderung erreicht. Entlang dem Waldessaum verläuft der wohl schönste Streckenabschnitt der Wanderung mit herrlichen Ausblicken sowohl auf das Brixner Talbecken als auch auf die Hochfläche von Natz-Schabs, nach Meransen am Fuße des Gitsch, eines bekannten Schiberges am Eingang in das Pustertal. Im Hintergrund ragen die Pfunderer Berge und die schneebedeckten Erhebungen der Zillertaler Alpen auf, u. a. Hochfeiler (3510) und Weißzint (3371). W. des Eisacktales erheben sich Hundskopf, Radlseenock und Königsanger (2436), sämtliche den Sarntaler Alpen angehörend.

Über die verstreut liegenden Höfe von Obermellaun steigt man ab, überquert das Sträßchen und hält sich dann li. in Richtung Klerant (856); dort sollte man eine Besichtigung der St.-Nikolaus-Kirche nicht versäumen. Die gut erhaltenen Fresken, ein Werk der Brixner Malerschule aus dem Jahre 1474 und der sehenswerte Flügelaltar ziehen Kunstfreunde aus nah und fern an, 1½ Std. von St. Andrä. – Klerant ist Wendepunkt der s. Wanderung. Auf einem Weg zwischen Maisfeldern und Wiesen steigt man gemächlich an und erreicht in Untermellaun den Gh. „Enzian", auch bekannt als Forellenstation. Am Straßeneck unbedingt re. halten und der weiß-roten Mark. 18 und der blau-weißen Mark. auf dem Asphaltsträßchen bergan folgen, nach St. Andrä 45 Min. Bald hat schattenspendender, kühler Wald den Wanderer wieder. Bei einer Wegeteilung geradeaus weiter, die Mark. ist unübersehbar! Wie über einen Teppich gehend, hat man das Gefühl auf dem nadelbedeckten Waldweg. Man kommt am einsam gelegenen Haus „Fuchshöhler" vorbei, durchmißt eine Wiesenmulde, um dann am Gegenhang zu einem Hof mit Brunnen (köstliches Trinkwasser) anzusteigen. Nach Überquerung der Plosestraße umgeht man das Ortszentrum von St. Andrä und kehrt zum AP zurück. – HU 250 m, Z 2½ bis 3 Std., LA 1 – 2. – Hierzu Skizze 31.

Neue Plosestraße und Plose-Umlauf-Seilbahn. Durch die Stillegung der 1. Sektion der Plosebahn von Milland bei Brixen nach St. Andrä und dem Straßenausbau mit Zufahrt zur neuen Talstation (1100) einer leistungsstarken Umlaufseilbahn (Förderleistung max. 1800 Personen mit jeweils Sechs-Personen-Gondeln) haben sich die Verkehrsverhältnisse in diesem Raum wesentlich verändert. Auch sind die Betreiber vom alten Konzept bei den übrigen Aufstiegshilfen im Plosegebiet abgerückt, um einen effizienteren Verbund anbieten zu können: die veraltete Korbliftanlage von Kreuztal zur Plosehütte wurde abgetragen. Als Ersatz wurde etwas weiter gegen SO die Talstation (2025) eines modernen Drei-Personen-Sesselliftes unter der Bez. »Schönbodenlift« errichtet. Dieser hat 15 Gehmin. unterhalb der Plosehütte seine Bergstation (2320); die Anlage ist vor allem für jene von Interesse, welche im Sommer eine Gratwanderung von der Plosehütte über den Telegraph und das St. Leonharder Kreuz zur Ploseschart unternehmen wollen, um dann auf Weg 6 zur bewirtsch. Ochsenalm abzusteigen → Plose-Idealrunde, RW 170. Die sommerlichen Betriebszeiten der großen Umlauf-Seilbahn erstrecken sich in der Regel von 1.Juli bis 30.Sept.; nähere Auskünfte erteilen die Kurverwaltung in Brixen, der Verkehrsverein in St.Andrä und die Betriebsleitung der Seilbahn.

RW 169 **Brixner Höhenweg**, Ochsenalm 2066 m, und Bergabwanderung.** Eine empfehlenswerte, familienfreundliche Höhenwanderung mit teilweise großartigen Ausblicken auf die firnbedeckten Dreitausender der Zillertaler Alpen! Von St.Andrä, Talstation (1067) der neuen Plose-Umlauf-Seilbahn oberhalb des Dorfes, unternimmt man die Auffahrt zur Bergstation Kreuztal (2040). Dort befindet sich der AP für eine Begehung des „Brixner Höhenweges", Mark. 30. Dieser schmale Steig verläuft mit wenigen Ausnahmen fast flach durch den ausgedehnten Zirbengürtel am Westfuß der Plose bei ständig wechselnder Szenerie. Der Weg liegt in den frühen Vormittagsstunden meist im Schatten, was sehr zu einer zügigen Gangart beiträgt. Er leitet zunächst unter dem Schönjöchl (2304) hindurch, kreuzt in einem Graben den Weg 4 Trametsch-Plosehütte und setzt sich unter den steilen, w. Abhängen des Telegraph (2487) fort.

Das Gipfelareal der Plose wurde durch einen Zaun eingefriedet und ist als militärisches Sperrgebiet ausgewiesen. S. der Ploseschart (2221) zeigt sich nach einer Richtungsänderung des Steiges um eine Bergnase herum

das St. Leonharder Kreuz (2365) und wenig später läßt sich auch der genaue Standort der bewirtsch. Ochsenalm ausmachen, 1½ bis 2 Std. – Die aussichtsreiche Gratwanderung wird als Höhenvariante beschrieben → Plose-Idealrunde; sie ist wegen ihrer großartigen Aussicht sehr zu empfehlen.
An der Ochsenalm hat man nun die Wahl, entweder auf demselben Weg zurückzugehen oder die meist bewaldete Bergabwanderung über die bewirtsch. Ackerboden-Alm (1753) und Prast nach St. Leonhard (1096) auf Weg 6 zu unternehmen; im unteren Abschnitt hat man teilweise einen stark geschotterten Weg, 2 Std. Von Bad Burgstall zuletzt auf dem blau-weiß mark. „Gebirgsjägersteig« in 45 Min. zurück zum AP in St. Andrä. Der HU beträgt bergab runde 1000 m! – Z 4 bis 4½ Std., LA 2. – Hierzu Skizze 31.

Plose-Idealrunde*, Telegraph, 2487 m und St. Leonharder Kreuz**, 2365 m.** Wegen ihrer hervorragenden Aussicht ist sie sehr zu empfehlen! AP ist die Bergstation (2320) des Schönboden-Sesselliftes; falls die Anlage nicht in Betrieb ist, beginnt man die Wanderung an der Seilbahnstation Kreuztal (2040) am EP der asphaltierten Bergstraße. Weg mit Mark. 3 leitet zunächst zur Plosehütte (2446), 1½ Std. Bei Benützung der Aufstiegshilfe läßt sich 1 Std. einsparen. Eine aussichtsreiche Gratwanderung leitet auf Weg 6 von der Plosehütte w. des militärischen Sperrgebietes am Telegraph über das St. Leonharder Kreuz zur Plosescharte (2221) und dann im mäßigen Abstieg direkt zur bewirtsch. Ochsenalm (2066), 1½ Std. Den HU muß man mit zirka 500 m ansetzen. – Den Rückweg nach Kreuztal unternimmt man dann auf dem → »Brixner Höhenweg«, 1½ Std., Z 4½ Std., bei Auffahrt mit dem Schönboden-Sessellift nur 3½ Std. LA 2. – Hierzu Skizze 24. RW 170

Plose-Gipfelstraße*, Plosehütte, 2446 m**

Ein unvergeßliches Erlebnis bildet an Tagen mit guter Fernsicht die Befahrung der Gipfelstraße über die baumlosen, sanft geschwungenen südlichen Abhänge der Plose. Der weit gegen das Eisacktal vorgeschobene, behäbig wirkende Ploserücken zählt wegen seines berühmten Panoramas zu den lohnendsten anfahrbaren Hochpunkten Südtirols. Die Gipfelstraße beginnt beim Alpengh. „Kreuztal“ nahe der neuen Plose-Umlauf-Seilbahn (Bergstation) und gewinnt mit nur zwei langgezogenen Serpentinen den HU bis zur Hütte. Sie endet, 26 km von Brixen entfernt, an der Plose-Hütte der CAI-Sektion Brixen, welche ganzj. bewirtsch. wird. Sie steht auf einer Plattform knapp unterhalb des Telegraph (2486). – Die bis Kreuztal asphaltierte Straße mit Fahrbahnbreiten zwischen 4 und 8 m und max. 10% Steigung leitet dort in ein geschottertes (im Bj. stark ausgewaschenes und zerfurchtes) knapp zweispuriges Bergsträßchen über, das streckenweise nur im Schritt-Tempo zu bewältigen ist, SG 3 – 4.

Große Pfannspitze*, 2545 m, Kleiner Gabler, 2561 m, und Großer Gabler**, 2574 m.** Wer die herrliche Aussicht, die der Plosestock bei günstigen Witterungsverhältnissen bietet, uneingeschränkt genießen will, darf den bequemen, eine knappe Std. in Anspruch nehmenden Aufstieg zum Großen Gabler keinesfalls versäumen. AP für diesen „Höhenspaziergang“ ist die letzte Kehre der Plosestraße, die unmittelbar an die tief eingeschnittene Lüsner Scharte (2383) heranführt. Über karge Wiesen folgt man der RW 171

Mark. 7 zunächst auf die Große Pfannspitze und weiter auf den, eine noch umfassendere Aussicht bietenden Kleinen Gabler. Schließlich hat man nur noch eine kurze Wegstrecke bis zum Großen Gabler zurückzulegen, welcher sowohl Eckpfeiler des Plosemassivs gegen O (Hinterlüsen) als auch dessen höchste Erhebung ist. HU 200 m, Rückweg wie Hinweg, Z 2 Std., LA 1-2.

Als beliebte Tour mit AP Kreuztal (2025) gilt nachstehende Runde: Auffahrt mit dem Schönbodenlift bis zur Bergstation (2320), dann Höhenwanderung über die Lüsner Scharte wie eingangs beschrieben. Für den Rückweg bieten sich alternativ an: entweder bleibt man ab der Lüsner Scharte auf Weg 3/4 und steigt von der Lüsner Scharte noch bis zur Plosehütte (2446) an, um dann auf dem bequemen Weg 3 direkt nach Kreuztal zurückzukehren, HU bergab 550 m, Z 3 Std., LA 1 – 2 – oder man wählt Weg 4, welcher zwischen dem Gablergraben und der Lüsner Scharte herabzieht, bis er bei Kote 2150 in Bachnähe auf Weg 17A stößt. Diesem dann re. über die Genossenschafts-Alm (2160) und Roßalm (2124) fast flach folgen. Schließlich durchmißt man noch die Propinwiesen, ehe man zum AP zurückkehrt. Der Z hierfür ist nur wenig geringer als bei der Abstiegsroute über die Plosehütte.

Letztendlich bietet sich noch mit AP Brixner Schihütte (1896) folgende Runde an: Anstieg auf Weg 6 über die Genossenschafts-Alm, bis man an der Plosachalm (2310) auf den Dolomiten-Höhenweg Nr. 2 stößt; diesem folgt man nur zirka 350 m und hat dann li. einen Abkürzer, der mit Weg 4 verbindet. Auf der Kammlinie findet dann die Vereinigung mit Weg 7 statt. HU 700 m bis zum Gipfel des Großen Gablers 2½ Std., LA 2. – Als Rückweg wählt man mit Vorzug Weg 4, überschreitet das Quellgebiet im oberen Gablergraben und setzt seinen Abstieg in Richtung Wegkreuz (2110) oberhalb der Schatzer Hütte (1984) fort. Auf dem breiten Almfahrweg wandert man schließlich über das Guflanegg (1975) in den Gablergraben und über die Brücke zurück zur Hotelsiedlung, 2 Std. – Z 4½ bis 5 Std., LA 2. – Hierzu Skizze 24.

Schalderer Tal, Bühlerhof in Innerschalders, 1538 m, und Spiluck*, Gh. Gostner, 1380 m

Das Sträßchen in das Hochtal nimmt von Vahrn (671) seinen Ausgang; es zieht schmal und windungsreich zum Kirchdorf Schalders (1167) hinauf, 7 km, wo es sich nach den einzelnen, sonnseitig gelegenen Ortsteilen wie Planatsch und Innerschalders verzweigt. Die durchschnittliche Breite beträgt 3,5 m, Ausweichen gibt es auf Sicht. Die Steigungsmaxima erreichen 19%, durchwegs asphaltierte Bergstraße, SG 2 – 3. Als AP für mot. Wanderer bieten sich Abstellplätze an beim Badwirt (1108) in Bachnähe, Zufahrt vom Wendepunkt der 1. Kehre in Schalders, beim Salcher-Hof (1370) und beim Bühlerhof in Innerschalders, beide nur über die obere Straße erreichbar; weitere AP findet man beim Wieserhof (1535) in Planatsch bzw. beim benachbarten Koflwalder, in Eggerwiesen beim Pardeller (1404) am Weg 3 zum Spilucker Köpfl. – Im W beherrschen Schrotthorn (2590) und Lifflspitze (2592) die Szenerie, gegen O richtet sich der Blick talaus auf Plose und Lüsner Alm.

Von touristischem Interesse ist auch das Stichsträßchen hinauf nach Spiluck, welches bei km 4 von der Schaiderer Straße re. im spitzen Winkel abzweigt und zu den entlegenen Höfen von Spiluck hinaufleitet, bis zum Gh. „Gostner", 4 km. Das nur 2,5 m breite, einspurige Bergsträßchen mit kaum Ausweichen wurde 1939/40 aus strategischen Gründen von Pionieren gebaut, SG 3. – Vom Gh. „Alpenrose" bzw. vom Gh. „Ortner" hat man nur wenige Min. zum bekannten Aussichtspunkt „Spilucker Platte" mit Ausblicken auf Geisler Spitzen, Plose, Lüsner Alm, Pfunderer Berge, Gitschberg und auf den vergletscherten Hauptkamm der Zillertaler Alpen. Bemerkenswert sind auch die Tiefblicke auf das Brixner Talbecken mit der Bischofsstadt Brixen und auf die komplette Anlage vom Kloster Neustift.

Schrüttenseen*, 1957 m und 1964 m. Aus dem inneren Schalderer Tal RW
führt der mark. Steig 7 durch das Nocktal steil bergan, quert den Feldthur- 172
ner Forstweg, durchmißt das Quellgebiet des Baches und wendet sich bald nach Vereinigung mit Weg 13 nach NW, zunächst zur Grieser Alm (1873), dann zur Ochsenalm, auch Klosteralm (1950) genannt, zuletzt wandert man fast flach zu den, unter dem Eisköfele in einer stillen Karmulde eingebetteten Schrüttenseen (Laghi Gelati), zwei kristallklare Bergseen, 2¼ Std. – Für den Abstieg wählt man Weg 13, welcher meist durch Wald in ein enges Tal hinüberleitet. Im Talgrund am Schalderer Bach angekommen, folgt man den Mark. 4 und 5 talaus zur Lahner Säge (1325). Falls man sein Fahrzeug am Salcher-Hof abgestellt hat, nimmt man die nächste Abzw. li., 1½ Std. – HU 750 m, Z 4 Std., LA 1 – 2. Als familienfreundliche Wanderung durch schattige Wälder an heißen Sommertagen besonders geeignet! – Außer dem Salcher-Hof (1370) in Innerschalders, welchen man nur über das Kirchdorf Schalders und die obere Straße erreichen kann, bietet sich als weiterer AP auch der Badwirt (1108) im Talgrund an. – Hierzu Skizze 32.

Schrotthorn, 2590 m, AP Innerschalders.** Sein Gipfel ist die auffallend- W
ste Erhebung im Schalderer Talschluß, seine Ersteigung lohnend, erfordert 173
jedoch einige Übung. – Als AP bietet sich der anfahrbare Bühlerhof (1538) in Innerschalders an, den man über das Dorf Schalders (1167) auf dem oberen Fahrweg erreicht. – Weg 4A leitet über den Steinwendthof zum Schalderer Bach hinab und vereinigt sich im hinteren Talgrund (1500) mit Weg 4. Diesem folgt man im Anstieg durch den Wald bis zur Baumgrenze, zuletzt über Schrofen und Geröll hinauf zur Schalderer Scharte (2324) in 2½ Std.; sie bildet seit altersher den direkten Übergang vom Schalderer in das Durnholzer Tal. – Der bequemere Anstieg von W her mit AP Durnholzer See (1540) durch das Großalmtal, Mark. 5, dann 4, nimmt bei ausgeglichenen Steigungsverhältnissen 2½ Std. bis zur Schalderer Scharte in Anspruch.

Von der Scharte auf Steigspuren, stets der Mark. 4 folgend in n. Richtung über den teils grasbedeckten, teils schrofigen Südhang mitunter steil hinauf zum weithin sichtbaren Gipfelkreuz mit großartiger Aussicht nach O und W, eine knappe Std. – HU 1100 m, Rückweg wie Hinweg, Z 6 Std., LA 2 – 3. – Hierzu Skizze 32.

W 174 **St.-Cyrillus-Weg, Tils, 883 m.** Von den beiden möglichen AP Brixen (städt. Krankenhaus) bzw. Vahrn (Brücke über den Schalderer Bach) ist ohne Zweifel jener von Vahrn der lohnendere. Von der Brücke (675) zunächst der rot-weiß-roten Mark. mit HT Brixen zum Kirchlein folgen, das dem hl. Georg geweiht ist. Der kurz vorher re. abzw. Steig mit Mark. 20 leitet direkt zum Seminar Salern (staatl. Mittelschule und Schülerheim des Kapuzinerordens) hinauf. Jenseits des Schalderer Tales zeigt sich die Schloßruine Salern auf einem Hügel, von hohen Bäumen umgeben. Weg Nr. 2 leitet mitten durch den Friedhof, dann an einigen Häusern vorbei und zweigt li. über die Brennerbahn nach Brixen ab.

Zum St. Cyrillus-Kirchlein hingegen folgt man von dieser Abzw. geradeaus dem schmalen, blau-weiß mark. Fahrweg am Waldrand entlang, dann leicht bergan und über Wiesen zur aussichtsreichen Burgerterrasse. In leichtem Auf und Ab überwindet das teilweise auch gelb mark. Weglein die Weißlahnschlucht, um die Terrasse von Obereben zu gewinnen. Hinter dem Ederhof gelangt man zuletzt auf einem bewaldeten Weg zum Cyrillus-Kirchlein (827), das auf einem Hügel steht, 1½ Std. Der ursprünglich romanische Bau zeigte sich im Bj. stark verwahrlost und bar der geplünderten Inneneinrichtung. Ausblicke auf den Brixner Talkessel und seine Umgebung hat man allerdings nur vom Waldrand aus. Der reizvolle Weg setzt sich nach Tils (883) fort, das man in weiteren 20 Min. erreicht. Zurück zum AP auf demselben Weg. HU 200 m, Z 3 Std., LA 1 – 2. – Hierzu Skizze 31.

RW 175 **Rund um Pfeffersberg*, Tötschling. 915 m.** Der Besuch des Kirchleins St. Cyrillus (827) läßt sich auch gut in folgende Runde einbeziehen, wobei sich als geeigneter AP der Bahnhof von Brixen (574) anbietet: Zunächst legt man ein kurzes Stück zwischen dem schienengleichen Übergang im N des Bahnhofgeländes, dann unter der Brennerautobahn hindurch, auf der Landesstraße in Richtung Feldthurns zurück. Bei den letzten Häusern zweigt li. Weg 20 nach Pinzagen ab, HT, Mark. rot-weiß. Man quert die Straße und steigt durch Mischwald in kurzen Serpentinen auf eine Terrasse. Vom Ortsrand in Pinzagen setzt man die Wanderung über den Höllerbach auf Weg 2 fort und hat zuletzt nur einen kurzen Anstieg bis zum Kirchlein. – Der alte Pflasterweg mit rot-weißer Mark. 20 führt dann, leicht ansteigend, in das Kirchdorf Tils (886). Fast flach quert man auf dem verkehrsarmen, gute Ausblicke auf Schlern und die Villnösser Geisler bietenden Verbindungssträßchen nach Tötschling (915), den Pfeffersberg. Nach dem Kirchlein zweigt li. der mark. Fußweg 10 ab, welcher in sanftem Gefälle über den Fallmerayerhof nach Tschötsch (710) hinableitet und überquert dabei die frequentierte Feldthurner Straße. Von Tschötsch nicht in Richtung „Wirt an der Mahr" zur alten Brennerstraße hinabsteigen, sondern auf Weg 11 bleiben, der in aussichtsreicher Terrassenlage oberhalb vom Gh. „Letzner" in die, durch ihren Edelkastanienhain berühmte Tschötscher Haide führt und schließlich unter der Autobahn die Rückkehr zum AP vermittelt. – Hierzu Skizze 31.

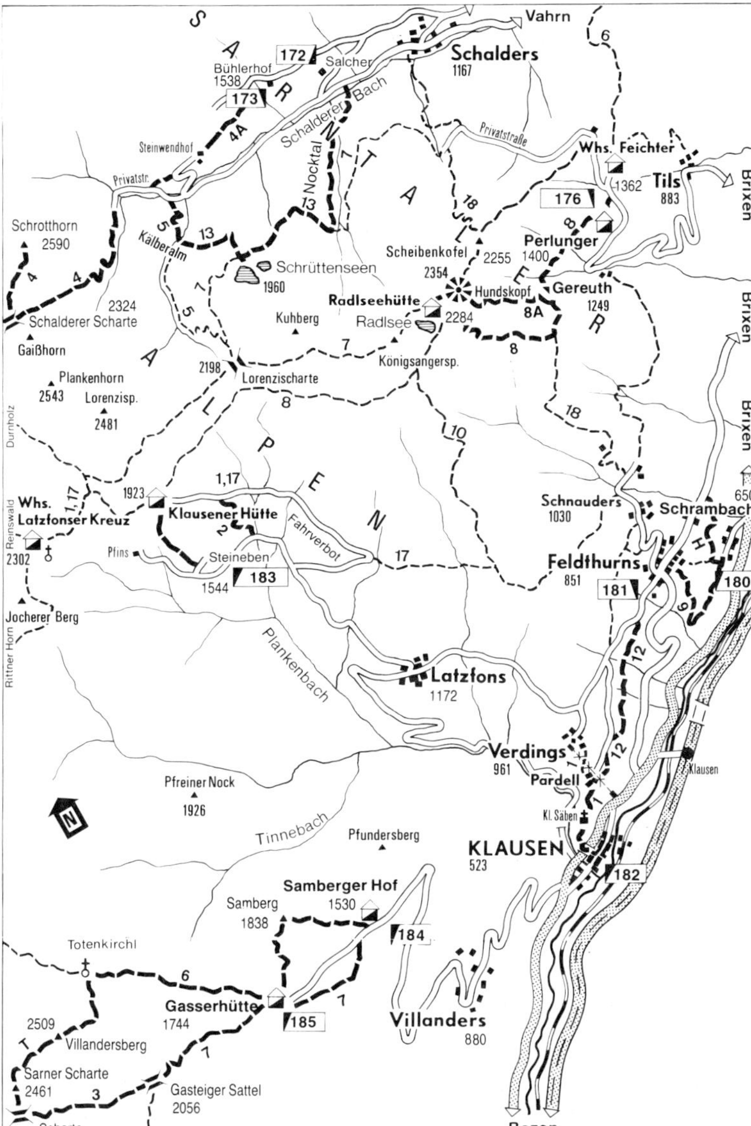

Skizze 32 Feldthurns

Gereuth*, Perlungerhof, 1380 m, und Gh. Feichter*, 1362 m

Von Brixen (565) zunächst auf der Straße nach Feldthurns hinauf zur Tschötscher Haide. An der Straßenkreuzung (766) scharf re. nach Pinzagen (806) und weiter hinauf zum Waidmannshof in Tils (900). Ein einspuriges Bergsträßchen mit Ausweichen leitet bei max. 12% Steigung über Serpentinen weiter hinauf nach Gereuth mit seinen verstreut liegenden Höfen, SG 2-3. – Li. hat man die Zufahrt durch enge Kurven zum Hüttenparkplatz, wenig unterhalb vom Perlungerhof gelegen und 5.7 km vom Waidmannshof entfernt; hier schließt der Anstiegsweg mit Bez. 8 zur Radlseehütte an. Nur wenig weiter hat man re. die schmale Zufahrt zum Feichterhof, HT. Bergwärts zweigt ein abgeschrankter Forstweg ab, ebenfalls mit 8 bez., welcher sich bald mit den anderen Anstiegen zur Radlseehütte, 2 1/2 Std., vereinigt. – Den Feichterhof erreicht man bei km 6.3 auf einer kurzen Zufahrt unterhalb der Straße.

Wer aus Richtung Klausen kommt, benützt die Bergstraße nach Feldthurns, um dann über die aussichtsreiche Mittelgebirgsterrasse in Richtung Brixen weiterzufahren.

RW 176 **Radlseehütte**, 2284 m, und Hundskopf***, 2354 m.** Günstigst gelegener AP für die Bergwanderung ist der Perlunger Hof (1380), der sich von Brixen aus über Tils (883) und Gereuth (1290) auf einem teilweise zwar schmalen, jedoch durchwegs asphaltierten Sträßchen erreichen läßt, 9 km. – Von dort auf Weg 8 über den Roßboden (1835) in nur 2 1/2 Std. zur Radlseehütte der AVS-Sektion Brixen, welche von Mitte Juni bis Ende Oktober bewirtsch. ist. Sie steht in guter Aussichtslage beim kleinen Radlsee, am Südhang des Hundskopf. – Von den möglichen Anstiegen zur Hütte sei noch der vom anfahrbaren Badwirt (1108) im ehem. Bad Schalders ausgehende und durch das bewaldete Arzfenntal, zuletzt über den Scheibenkofel (2252) hinaufleitende Steig 18 vermerkt; hierbei muß man zwar einen HU von 1200 m bewältigen, doch vollzieht sich der Anstieg auf weiten Strecken im Schutz schattiger Wälder, 3 1/2 Std.

Die exponierte Lage des Hundskopf als ö. Eckpfeiler der Sarntaler Alpen stempelt ihn zu einer Aussichtswarte von hohem Rang. Eindrucksvolle Tiefblicke in die umliegenden Täler und eine großartige Gipfelschau, die sich vor allem auf die Zillertaler Alpen und die Dolomiten richtet, wetteifern dabei an Schönheit miteinander. Das geübte Auge lokalisiert eine Vielzahl berühmter Erhebungen: Hochpfeiler, Großer Möseler, Großer Löffler und Hochgall im NO, Hohe Gaisl, Tofane, Geislerspitzen, Sella, Marmolata, Langkofel und Cimone della Pala im SO.

Die Besteigung des Hundskopf läßt sich in eine prächtige Rundwanderung einbeziehen, indem man für den Abstieg Weg 8A hinab zum Wegkreuz Tannefrit wählt, 1 1/2 Std., wobei im unteren Abschnitt eine Abkürzung direkt in Richtung Bärengraben auf unmark. Steig möglich ist. Die gesamte RW setzt wegen des beträchtlichen HU von runden 1000 m entsprechende Ausdauer voraus. – Alternativ bietet sich für den Abstieg auch Weg 18 bis zum aussichtsreichen Scheibenkofel an, woran ein unmark. Steig über den meist bewaldeten Rücken direkt zum anfahrbaren Masitter-Hof (1466) anschließt; in Zusammenhang dieser Route wandert man zuletzt oberhalb vom Gh. Feichter (1362) zum AP zurück, 2 Std. – Z je nach Wahl des Rückweges 4 1/2 bis 5 1/2 Std., LA 2. – Hierzu Skizze 32.

Wanderer aus Richtung Klausen-Feldthurns benützen mit Vorzug den anfahrbaren AP Zolerhof (1225) in Oberschnauders am Weg 18 und steigen dann fast mühelos zum Roßboden (1835) an; dort Vereinigung mit Weg 8, welcher vom anfahrbaren AP Perlunger Hof in Gereuth heraufzieht.

Teis, Gh. „Stern", 963 m

Von der Villnösser Landesstraße nimmt gegenüber dem Gh. „Mittermühl" die 2 km lange Bergstraße zum weit gegen das Eisacktal vorgeschobenen Terrassendorf Teis ihren Ausgang, HT. Die Straße war im Bj. nur zur Hälfte der Strecke modern ausgebaut, der Rest bis zum Dorf war für Pkw nur knapp zweispurig mit Ausweichen, sodaß man bei Begegnungen erhöhte Vorsicht walten lassen muß. Sehr gut ausgeglichene Steigungsverhältnisse, welche 10% nicht überschreiten, SG 2 – 3. Vom Dorf aus genießt man Ausblicke auf die dem Eisacktal gegenüberliegenden Orte Feldthurns und Schnauders; bemerkenswert ist der seltene Blick hinauf zur Radlseehütte in den Sarntaler Bergen. Jedem Mineraliensammler sind die sogenannten „Teiser Kugeln" (Amethyst-Quarz-Minerale) ein Begriff.

Villnösser Terrassenwanderung*, Sattel, 1350 m. AP ist das weit gegen das Eisacktal vorgeschobene Terrassendorf Teis (962), bekannt als Fundstätte der sogenannten „Teiser Kugeln", das sind Amethyst-Quarz-Minerale, die sich im SO des Ortes befinden. Vom Gh. „Stern" bzw. vom Informationszentrum aus wählt man zunächst den Karrenweg mit Mark. 7, welcher die Hauben (1258) umgeht, bis man auf den Fußweg 30A stößt. Diesem folgt man bergan zum Sattel. Vom Jochkreuz bietet sich eine bemerkenswerte Aussicht über das Eisacktal hinweg auf die Sarntaler Berge mit Königsanger (2436), Hundskopf (2352) und Scheibenkofel (2252); auch die Radlsee-Hütte (2284) läßt sich von dort einwandfrei ausmachen. Talein richten sich die Blicke auf die Aferer Geisler und die Geislergruppe. In die grasigen Hänge geduckt zeigen sich die lieblichen Orte St. Peter und St. Magdalena. Auf Weg 30 wandert man bei sanftem Gefälle zur Jausenstation „Moarhof" (1320), 1½ Std. ab Teis. Nach Überschreiten des jungen Baches erreicht man bei einem Wegkreuz den Fahrweg, der zum alten Kirchlein St. Jakob (1288) weiterleitet; es erhebt sich auf einer freien Anhöhe, von der man einen besonders schönen Blick auf die Geislerspitzen genießt. Das 1349 erstmals erwähnte Gotteshaus birgt einen wertvollen gotischen Flügelaltar aus dem Jahre 1510; an der Außenwand befindet sich ein großes St. Christophorus-Fresko. Weg 30 leitet direkt in den Ort St. Peter (1154), 1 Std. vom Moarhof entfernt. – Den Rückweg, Mark. 11, vollzieht man auf der „mittleren Etage" über das Kirchlein St. Valentin (1156) und die Miglanz-Höfe (1083). Schließlich überschreitet man den Gostnergraben und kehrt über die neuen Eigenheime nach Teis zurück, nicht ohne einen kurzen Besuch der sehenswerten Kirche gemacht zu haben. – HU 400 m, Z 4 bis 4½ Std., LA 1 – 2. – Hierzu Skizze 31. RW 177

Geben Sie bei längeren Wanderungen in alpinem Gelände **Tourenziel** und Zeitpunkt der Rückkehr an Ihrem Aufenthaltsort (Hotel, Privatquartier, Campingplatz usw.) bekannt.

RW 178 **Schloß Fonteklaus, 897 m, und Lajen, 1112 m.** Die Lage des von Bäumen beschatteten, hochgiebeligen alten Bauwerkes ist sehr einsam und abseits des großen Verkehrs. Die Entstehung des Ansitzes geht auf das 14. Jh. zurück, die St. Rochus-Kapelle wurde 1724 von einem späteren Besitzer gestiftet. In jüngster Vergangenheit wurde der Ansitz zu einem Gasthaus ausgebaut und ist seither das Ziel von Spaziergängern und Wanderern. – Wählt man Gufidaun (724) als AP, so kann man das Bergsträßchen in Richtung Lajen noch bis zur 5. Kehre hinauffahren und stellt dann sein Fahrzeug in Straßennähe ab. Ein mark. Steig über den Trockenbachgraben verbindet mit den Wegen 6A und 10 und läßt in 20 Min. das Ziel erreichen. – Im verwinkelten Bergdorf Gufidaun findet man am ehesten Parkplätze im NW, wo sowohl ein Sportplatz als auch ein Kinderspielplatz angelegt wurden. Vom nahegelegenen „Putzen-Bankl" eröffnet sich ein herrlicher Ausblick auf die Bischofsstadt Brixen mit den Zillertaler Gletscherbergen im Hintergrund.

Von Klausen-Griesbruck leitet ein Fahrweg bis zum Gh. Fonteklaus; empfehlenswerter ist allerdings die Auffahrt von der AA-Klausen der Brennerautobahn zunächst auf der SS 242d in Richtung Grödner Tal auf der ehem. Bahntrasse. Nach Passieren der beiden Tunnels und des Bildstöckls (hier AP für den Fußweg nach Albions, Mark. 5) hat man li. die spitzwinkelige Abzw. des Bergsträßchens über den Ansitz Lusenegg (742) und den Gh. „Mair zu Tassis" (818) zum Gh. „Fonteklaus".

Eine leichte Runde verbindet Fonteklaus über Weg 6A mit der Jausenstation „Sohlerhof" (1221), weiter, vorwiegend auf Waldweg Nr. 6. zuletzt Nr. 35, nach Lajen mit sehenswerter Kirche und stilvollem Bergfriedhof, 2½ Std. Den höchsten Punkt (1324) dieser Runde überschreitet man im Bannwald. – Zurück auf Weg 5 über die Jausenstation „Waldruhe" nach Albions (890), wo man Weg 5 verläßt und fast flach nach O weiterwandert. Am Löchlbachgraben trifft man auf das Sträßchen, welches über den Gh. „Mair zu Tassis" nach Fonteklaus zurückleitet. Vom Graben weg gibt es aber auch einen Fußsteig über das Bildstöckl hinauf zum Gschloier Hof (980), um dann wiederum auf Weg 6A zum Gh. Fonteklaus zurückzukehren. – HU 450 m, Z 4½ bis 5 Std., LA 1 – 2. – Hierzu Skizze 31.

W 179 **Poststeig*, St. Ulrich-Außerwinkel, 1903 m.** Zwischen Lajen (1112) und St. Ulrich (1265) verläuft auf der orogr. re. Seite des Grödner Tales über die nach S abfallenden, windgeschützten Hänge in der „mittleren Etage" der „Poststeig"; er findet beim Bildstöckl am Ranatscher Hof (1413) Anschluß an den „Troi Paian", den sogenannten „Heidensteig". Dieser leitet auf der nächsthöheren Etage über den Plan Troi Paian (1780) und den Col Ciarnacei (1797) zur Mittelstation der Seceda-Seilbahn und schließlich über den Balest (1823) zum Kirchlein St. Jakob (1565) → RW 126 und nach St. Ulrich hinab. Geschichtlich haben Poststeig und Heidensteig ganz verschiedene Ursprünge: so leitete der Troi Paian durch eine ausgedehnte Hangsiedlung aus der Latènezeit, was zahlreiche Funde, die nun im besuchenswerten Grödner Heimatmuseum verwahrt werden, bezeugen.

Der Poststeig hält sich an Höhenlagen zwischen 1100 und 1300 m, seinen höchsten Punkt (1352) erreicht er oberhalb von Pontives an der deutsch-ladinischen Sprachgrenze, um dann bei nur mäßigem Gefälle nach St. Ulrich, dem Hauptort des Grödner Tales, hinabzuleiten. Landschaftlich bietet er viel Abwechslung und dank seiner geschützten Lage ist er während der gesamten schneefreien Jahreszeit fast mühelos begehbar. Je nach Leistungsanforderung und Zeitaufwand kann man seinen Streckenabschnitt selbst wählen. Außer Lajen kommen als AP Tschövas (1212), Tarnürz (1182), St. Peter (1211) in Betracht, in der Gegenrichtung der Gh. Miraortisei (1309) in Außerwinkel. Talein werden die Ausblicke hauptsächlich vom mächtigen Felskoloß des Langkofels beherrscht, das Raschötzer Kreuz (2282) bildet weit vorgeschoben, den w. Eckstein der Geislergruppe, im S breitet sich die Hochfläche von Kastelruth bis zum Panider Sattel aus, dahinter ragt als n. Begrenzung der Seiser Alm der Puflatschgipfel (2174) auf. Ohne Zweifel ist wegen der landschaftlichen Steigerung der Weg talein lohnender als talaus. – Einkehrstationen entlang des Weges findet man beim Gh. Hatzes in Tschövas, beim Überbacher in St. Peter und weiter ö. beim Pedrutscher (1262). – HU 240 m, Hinweg bzw. Rückweg je 2½ bis 3 Std., Z 5 bis 6 Std., LA 1 – 2. – Hierzu Skizzen 25, 31 und 32.

Feldthurns, 851 m, und Oberschnauders, 1135 m
Feldthurns, die bedeutendste Kunststätte der Renaissance innerhalb Südtirols, ist über mehrere, gute Straßen erreichbar: von Klausen auf der P-88; die Abzw. von der SS. 12 befindet sich im NO der Stadt nahe dem romanischen Kirchlein St. Sebastian, welches mit seinem auffallenden Rundbau frei in einer Wiese steht. Die 4,3 km lange Bergstrecke ist ausgebaut, daher auch für Omnibusse gut geeignet, SG 2. Von Brixen hat man die P-74, eine 8,2 km lange und windungsreiche Asphaltstraße, welche knapp zweispurig ist, SG 2 – 3. Sie führt durch die Tschötscher Haide mit herrlichen Beständen an alten, knorrigen Edelkastanien; in dieser klassischen „Vorgeschichtslandschaft“ gibt es mehrere verstreut liegende Felsblöcke (Menhire) mit bisher noch ungedeuteten Einritzungen wie z. B. eingemeißelte Dolche. Die Strecke über die Terrasse bietet bemerkenswerte Ausblicke auf die vielgezackten Dolomiten, insbesondere auf die Geislerspitzen. – Ein Nebensträßchen hat in Schrambach (650) an der SS.12 seinen AP und mündet beim Roanerhof in die Bergstraße Klausen-Feldthurns ein, SG 3. – Von Feldthurns in Serpentinen hinauf nach Schnauders (1035) und Oberschnauders, wo die ausgebaute Bergstrecke beim Vöskirchlein endet, 2,7 km, SG 2 – 3. Wanderer mit Ziel → Radelseehütte können noch bis zum Zolerhof (1225) am Weg 18 weiterfahren, nur einspurige Zufahrt, SG 3 – 4.

Schrambach-Feldthurns*, 856 m. Auf der Brennerroute flitzt man oft acht- **RW**
los an bemerkenswerten Landschaftsbildern vorbei. Zu ihnen zählt das **180**
geschlossene Bild des Weilers Schrambach (650) nur wenig abseits der Brenner-SS.12. Er schmiegt sich am orogr. re. Ufer des Eisack zwischen Brixen und Klausen an die Rebenkulturen. Sein Wahrzeichen ist die auf einer sanften Hügelkuppe thronende Kirche von St. Peter, ein gotisches Kleinod. Ein mit „H“ bez. alter Plattenweg leitet am Kirchhügel vorbei und

steigt kräftig nach Tschiffnon (849) an. Über die fast senkrechten Felswände des kühlen Grabens stürzt der sehenswerte Wasserfall des Mühlbaches in die Tiefe. Über dem steilen Weg wölben sich die Wipfel von Edelkastanien, Birken, Lärchen und Föhren. Generationen von Bauern aus dem Raum Feldthurns stapften den alten Plattenweg bedächtig bergan, den gute Kenner zu den schönsten Wanderwegen des Eissacktales zählen. Über dem Bach stößt man auf die Straße Brixen-Feldthurns, in die man nach li. einbiegt, um nach zirka 45 Min. ab Schrambach in den sehenswerten Ort mit seinem berühmten Schloß zu kommen. – Vom Schloß scharf li. in den unteren Ortsteil Untrum. Hier Wegeteilung: li. auf mark. Weg „H" über den Pflegerhof direkt hinab zum AP oder, was lohnender ist, an der Kirche Maria Himmelfahrt vorbei in Richtung Sportplatz hinab. Vor dem Drumbühel jedoch li. abzweigen und zirka 400 m dem Fußweg mit Mark. 9 folgen. Nahe der großen Straßenkehre (Straße von Klausen) scharf li. in den Panoramaweg Richtung Schrambach einbiegen und nicht geradeaus zur St. Florian-Kapelle an der Brenner Straße bzw. zum Gh. „Stern" hinabsteigen! 1 weitere Std., HU 200 m, Z 2 Std., LA 1 – 2. – Hierzu Skizze 32.

W 181 **Eisacktaler Höhenweg**, AP Feldthurns, 851 m.** Eine lohnende, familienfreundliche Wanderung, welche aussichtsreich über eine eiszeitliche Schulter hoch über dem verkehrsreichen Haupttal verläuft. Zunächst auf Weg 12 in sw. Richtung bei kaum merklichem Anstieg durch einen Kastanienhain. An der Wegeteilung hält man sich li., denn der Weg mit Bez. „E" leitet nach Verdings (961) hinauf. Fast eben leitet der Höhenweg an einem Einzelhof (Schnapsbrennerei) vorbei, dann über saftige Wiesen und weiter durch schattenspendende Waldpartien an wogenden Kornfeldern vorbei, schließlich durch alten Kastanienbestand und steile Weinpergeln (die Eisacktaler Weißweine zählen zu den Spitzenweinen Südtirols) zum einsam gelegenen Hof „Mayr in Viers" (863) mit der St. Josef-Kapelle. Hier erreicht die Wanderung ihren höchsten Punkt. Die Aussicht richtet sich über die Furche des Eisacktales hinweg auf die Flanken des Villnösser Tales mit ihren kleinen Dörfern und den verstreut hingetupften Bauernhöfen; über den bewaldeten, dunklen Kammhöhen ragen die Felszinnen der Geislergruppe auf. Was für ein herrliches Dahinschlendern fern vom Verkehrsgewühl drunten im Tal! Über dem Eingang des Villnösser Tales liegt Gufidaun (724) mit Schloß Koburg und Schloß Sommersberg auf einer kleinen Terrasse. – Der alte Plattenweg mit Mark. 12 senkt sich nun zwischen Mauern und Strauchwerk hinab zum Gh. „Huber" in Pardell (775) und findet dort Anschluß an den schmalen Fahrweg mit Mark. 1 zum besuchenswerten Benediktinerinnenkloster → Säben (729), auch die „Akropolis Südtirols" genannt; von Feldthurns 2 Std., HU 150 m, LA 1 – 2. – Rückweg wie Hinweg; auch wenn dieselbe Wegstrecke begangen wird, so kann man hier von einer zweiten Wanderung sprechen. Tageszeit, Wetter, Beleuchtung und Aussicht tragen jeweils zu geänderten Verhältnissen bei. Z 4 Std., von → Kloster Säben über zahlreiche Stufen hinab in das alte, malerische Städtchen Klausen, Fußweg Nr. 1. – Hierzu Skizze 32.

Kloster Säben, 729 m, und Pardell*, 775 m.** Auf dem steil abfallenden Felsen des Säbener Berges befand sich ehem. eine römische Militärstation, erbaut aus den Resten einer vorgeschichtlichen rätischen Siedlung. Anläßlich der Ausgrabungsarbeiten, welche im Herbst 1982 abgeschlossen wurden, hat man 120 Gräber freigelegt; in diesem Zusammenhang ist es erstmals gelungen, die Präsenz von Bajuwaren im 7. Jh. s. des Brenners nachzuweisen. 1685 wurde auf den Mauern der 1535 abgebrannten Festung Säben das heutige Nonnenkloster der Benediktinerinnen errichtet. – Der mit 1 gut mark. Weg beginnt in Klausen (525) nahe der gotischen Pfarrkirche zum hl. Andreas, HT. Durch eine gewinkelte, enge Gasse an schönen alten Bürgerhäusern und Höfen vorbei, gelangt man über zahlreiche Stufen hinauf zur Burg Branzoll, worauf ein alter Plattenweg zwischen efeuumrankten Mauern weiter bergan führt. Der gesamte Festungsberg wartet mit einer reichen Vegetation auf. Üppig blühen hier im Frühjahr Schlehdorn und Flieder. Auf der Südseite künden Nußbäume und Weinleiten vom hier vorherrschenden, milden Klima. Überdachte Bildstöckln (Kreuzstationen) säumen den Weg zur unteren Kapelle. Schwalbenschwanzzinnen krönen die Mauer eines langen Wehrganges. In der romanischen Marienkapelle befindet sich eine sehenswerte geschnitzte „Madonna mit Kind" aus dem 15. Jh. Die Kirche zum hl. Kreuz ist mit virtuoser „Theatermalerei" ausgestattet und wurde kürzlich renoviert. Von Klausen 45 Min., LA 1 – 2. – Die Fortsetzung des Weges 1 folgt dem steilen Fahrweg (zirka 35% Gefälle) hinab zu einem kurzen, aufgeschütteten Damm. Jenseits der Dammkrone zweigt re. ein Serpentinen- und Stufensteig hinab nach Klausen ab, den man im Zuge einer Rundwanderung als Rückweg benützen kann, HT „Klausen". – Der Fahrweg mit Mark. 1 leitet in 30 Min. nach Pardell hinauf bzw. nach Verdings (955), 1 Std. vom Kloster Säben. Beim Gh. „Huber" in Pardell findet man einen idyllischen Wirtsgarten zur verdienten Rast. HU 250 m. – Für den Rückweg kann man beim untersten Haus von Pardell einen etwas verwachsenen, schmalen Steig einschlagen, welcher anfangs durch einen ausgeschwemmten Graben führt. Im weiteren Verlauf hat man einen guten Fußsteig, welcher an der sw. Seite des Festungsberges durch reizvollen Mischwald zieht. Schließlich stößt man wieder auf den alten Plattenweg, welcher in das malerische Städtchen zurückleitet. Für den Abstieg muß man 1 Std. ansetzen, Z. 2½ Std., LA 1 – 2. – Hierzu Skizze 32.

RW 182

Zalter Säge, 1485 m, und Steineben, 1544 m

Das zirka 10 km lange Bergsträßchen verläuft von Feldthurns (856) in aussichtsreicher Terrassenlage oberhalb von Verdings (955) vorbei, führt vielgewunden nach Latzfons (1172) und weiter über die Zalter Säge auf bewaldeter Strecke zum Parkplatz Steineben. Bis Latzfons hat man eine zweispurige, asphaltierte Straße, in Fortsetzung bis zur Zalter Säge ist sie nur mehr knapp zweispurig mit wenig Ausweichstellen, doch ist sie bis dorthin geteert. Zuletzt hat man einen geschotterten Fahrweg bis Steineben. Der Abschnitt Feldthurns-Latzfons bietet bemerkenswerte Ausblicke auf die Berge der Geislergruppe, den Peitlerkofel, Schlern und Langkofelgruppe. Die Steigungsverhältnisse sind gut ausgeglichen und überschreiten nirgends 12%, SG 2 – 3. – Während die Zufahrt (starkes Gefälle) hinab nach Pardell (775), HT, und jene nach Verdings li. abzweigen, hat man wenig weiter in einem Waldstück re. die Zufahrt nach Garn (1186), HT; im Bj. war es möglich, die Auffahrt zum Garnboden (1384) zu vollziehen, SG 3, bis man auf den Wanderweg 17, Schnauders-Klausener Hütte stieß. Ab dort Fahrverbot für den Almweg Ziernfelder Boden-Kühberg.

RW 183 **Klausener Hütte*, 1923 m.** AP ist der Parkplatz Steineben (1544). In n. Richtung folgt man der HT „Klausener Hütte" zunächst dem Traktorenweg durch den Wald, dann li. abzweigend dem teilweise steilen, rot mark. Fußsteig über die Lahnwiesen direkt zur Hütte. Mit einer guten Stunde Aufstiegszeit der kürzeste Zugang zur Schutzhütte, deren prächtige Lage inmitten schöner Bergwiesen und eines Gürtels kontrastreicher Zirben jeden Naturfreund fasziniert. Die unterhalb der Lorenzispitze (2483) liegende Hütte bietet eine hervorragende Aussicht auf die Dolomiten mit den Aferer und Villnösser Geiseln, auf Schlern, Rosengarten und die Berge der Langkofelgruppe. – Günstiger Stützpunkt für die Besteigung der → Kassianspitze (2581), der Lorenzispitze und des Plankenhorns (2543). AP für die Begehung der empfehlenswerten Höhenwege 5/7 über die Lorenzischarte (2208) bzw. 5/8 über die Kühbergalm (2100) zur benachbarten → Radlseehütte (2284). – Abstieg zunächst auf dem Fahrweg 2/17 bis re. im Zirbenwäldchen der bequeme Fußsteig mit Mark. 2 abzweigt; dieser stößt auf einen blind endenden Fahrweg, dem man über zwei Serpentinen hinab zur Zalter Säge folgt. Dort hält man sich scharf re. und kehrt auf dem nur wenig frequentierten Sträßchen, mäßig ansteigend, zum AP zurück, 1½ Std. – HU 380 m, Z 2½ Std., LA 2. – Hierzu Skizze 32.

Thinnebachtal, Schloß Neugarnstein, 864 m, und Latzfons, 1172 m

Vom Ortskern in Klausen (521) führt ein schmales Asphaltsträßchen anfangs auf dem orogr. re. Ufer des Baches in das stark eingeschnittene, schluchtartige Tal. Man umfährt den ausgeprägten Festungshügel im W von Kloster Säben. Einspurig mit Ausweichstellen gelangt man in das Talinnere, wobei auch ein schmaler Felstunnel zu durchfahren ist. Die 1. Abzw. re. hinauf nach Pardell ist nicht ratsam, weil gefährlich ausgesetzt! Nach 3 km gibt es in der Talweitung eine 2. Auffahrt, welche auch von Lkw benützt wird, HT „Pardell". Kurz vor der Jausenstation „Mühlele" ist re. die Auffahrt nach Latzfons, max. 9% Steigung, SG 3. Es ist dies die kürzeste Strecke aus dem Unteren Eisacktal in den Ort. Geradeaus über den Bach zum Schloß Neugarnstein mit Anschluß an den Wanderweg 3 nach Villanders.

Villanderer Alm*, Gasser-Hütte, 1744 m

Von der Abzw. an der SS 12 oberhalb Klausen Auffahrt zunächst nach Villanders (880). Die asphaltierte Bergstraße ist knapp zweispurig, hat enge Kehren, jedoch ausgewogene Steigungen von zirka 8%. Bei Begegnungen mit Omnibussen muß man bis zur nächsten Ausweiche zurücksetzen. Schöne Ausblicke vom Gh. „Sturm" auf das Eisacktal und in die Dolomiten. Oberhalb Villanders normaler, zweispuriger Ausbau. Am Waldrand li. Abzw., HT „Winterlehof", AP für Wanderung nach Bad Dreikirchen.

Re. weiter über den Zildererhof (1356) zum Gh. „Sambergerhof" (1530) in guter Aussichtslage (Dolomiten); hier endet nach 13 km die ausgebaute Strecke, SG 2 – 3. Ein 2,5 km langer, geschotterter Fahrweg mit Steigungsmaxima von 25% leitet einspurig (mit wenigen Ausweichstellen) auf vorwiegend bewaldeter Strecke zur Gasser-Hütte, SG 3 – 4. Eine Weiterfahrt in die Almgebiete ist strikt verboten!

Samberg, 1838 m. AP ist der Samberger Hof (1530), welcher sich bereits in bemerkenswerter Aussichtslage befindet. Das Panorama umfaßt Peitlerkofel, Villnösser Geisler, Sella, Langkofel, Seiser Alm, Rosengarten, Latemar, Schwarz- und Weißhorn. Wenig w. zweigt von einem Holzziehweg li. der Steig durch den Wald ab. In knapp 1 Std. erreicht man den Gipfelgrat und wenig später den Gipfel. – Auch der Abstiegsweg folgt zunächst ein Stück dem Grat nach SW bis man auf ein Forststräßchen stößt. Dieses leitet direkt zum Alpengh. „Gasserhütte" (1744), 45 Min. Als weiterer Rückweg bietet sich alternativ zur Fahrstraße der abwechslungsvolle Weg 7 durch den Speckboden an, dem man bis zum Bildstöckl folgt, um dann li. den Karrenweg durch Wald und Wiesen zu benützen bis man wieder kurz vor dem Samberger Hof die Straße erreicht, 45 Min. – HU 300 m, Z 2½ Std., LA 1 – 2. – Hierzu Skizze 32. **RW 184**

Villandersberg*, 2509 m, AP Gasser-Hütte.** Von der anfahrbaren Gasser-Hütte (1744) zunächst zum Kaser (1742) am Zargenbach, dann mäßig ansteigend zum Gasteiger Sattel (2056), welcher nur tangiert wird. Dort verläßt man die Mark. 7 und folgt dem Fahrweg in Richtung Scheibenalm bis zu einem Wegekreuz (2025), wo re. der Steig mit Mark. 3 zum Schart-Biwak abzweigt, 1½ Std. Bei ausgeglichenen Steigungsverhältnissen, zuletzt etwas steiler, leitet der Steig über ausgedehnte Weideflächen hinauf zur Scharte (2381) und vereinigt sich dort mit dem Gipfelsteig T (= Totenkirchl, auch Kapelle „Am Toten" genannt), 1 Std. Eine aussichtsreiche Gratwanderung über die Sarner Scharte (2461) läßt in einer weiteren Std. den Villandersberg, kurz „Villanderer" bez., erreichen. Das Gipfelpanorama übertrifft noch jenes vom Rittner Horn! **RW 185**

Im Abstieg bleibt man auf dem Steig mit Mark. T, welcher anfangs dem sö. Grat über den Zwölfernock (2430) folgt, sich dann bei einer Wegverzweigung jedoch nach N wendet. Dort wandert man unterhalb eines seitlichen Kammes bzw. oberhalb vom Totensee hindurch und trifft am Totenkirchl auf Weg 6, welcher den s. Teil der ausgedehnten Villanderer Alm durchmißt und zum AP an der Gasser-Hütte zurückleitet. Eine herrliche Runde! – HU 765 m, Anstieg 3½ Std., Abstieg 2½ Std., Z 6 Std., LA 2 – 3. – Hierzu Skizze 32.

Barbian*, 830 m

Das ehedem schmale Sträßchen, welches s. der Eisackbrücke bei Waidbruck seinen Ausgang nahm, präsentiert sich heute als hervorragend ausgebaute, prächtige Panoramastraße, 3.6 km bis Barbian. Ihr Ausbauzustand gestattet es jetzt auch großen Omnibussen, die früher schwierige Strecke mit ihren engen Kehren fast mühelos zu bewältigen.

Bei Begegnungen zwischen Pkw mit Bussen gibt es keine Probleme mehr, SG 2. Die Steigungsverhältnisse sind gut ausgeglichen und überschreiten kaum 10%. Eine neuralgische Stelle ist allerdings die Einbindung bzw. Abzw. in und von der Brenner-SS.12 geblieben: geländebedingt konnte bisher noch keine befriedigende Lösung hier gefunden werden.

RW 186 Dreikirchen*, 1123 m, und Jausenstation Briol*, 1307 m, AP Barbian.
Dreikirchen hat seinen Namen von den drei eng zusammengebauten Kirchen, deren älteste bereits 1237 urkundlich genannt wird. Die kultischen Anfänge dürften allerdings noch weiter zurückreichen, möglicherweise sogar bis in die Römerzeit. Der Gasthof nahebei stammt aus dem Jahre 1315 und ist nicht nur einer der ältesten Gasthöfe Südtirols, sondern des deutschen Sprachraumes.

Wählt man den Terrassenort Barbian (830), hoch über dem Eisacktal gelegen, so folgt man bis zum Färberhof zunächst dem Fahrweg nach Stofels (Winterlehof) in n. Richtung, um bald li. in den Waldweg 8A einzuschlagen, welcher direkt in die idyllisch gelegene, abgeschiedene Sommerfrische Dreikirchen leitet, 1 Std. Von dort empfiehlt sich ein Abstecher auf Steig 4 durch Wald und über Waldblößen hinauf zur Jausenstation Briol, 45 Min. – Zurück auf Steig 4 nur bis unterhalb der Gänswiesen, wo re. ein unmark. Steig abzweigt, welcher mit Weg 8 verbindet; diesem folgt man durch den Föhrenwald bis zum Thomashof. Zuletzt auf Weg 3 hinab nach Barbian, 1 Std. – HU 500 m, Z 3 Std., LA 2.

Dreikirchen ist auch von N her, nämlich vom anfahrbaren Gh. „Winterlehof" (1001) erreichbar, wenn man von der Straße Villanders – Samberger Hof an der 3. Kehre li. abzweigt und die zirka 2 km lange, einspurige Zufahrt benützt. Sein Fahrzeug stellt man am besten am Winterlehof ab und wandert auf dem reizvollen Weg 4 bis zur ehem. Lafayer Mühle talein. Ein Steg vermittelt die Überquerung des Zargenbaches. Auf der gegenüberliegenden Seite steigt man durch schattigen Wald merklich bergan. Bei einer Wegeteilung soll man sich re. halten. Zuletzt durch einen von Haselnußstauden flankierten Hohlweg ansteigend, kommt man überrascht am Ziel an, weil man ganz unvermittelt vor den drei originell zusammengebauten Kirchen steht, ab Winterlehof 1 Std. Die schöne Wanderung durch den Mischwald mit Nadelbäumen, Edelkastanien und Haselnußstauden empfiehlt sich besonders im Herbst. – Hierzu Skizze 33.

Es wird vermutet, daß bereits in vorchristlicher Zeit in **Dreikirchen** ein Dreifrauen-Heiligtum bestand, verbunden mit einem Heilbad, das durch aus dem Berghang sprudelnde Quellen gespeist wurde. Tatsächlich ist heute noch ein mit dem Wasser zusammenhängender Fruchtbarkeitsmythos bekannt. In christlicher Zeit wallfahrteten Frauen hierher, um Kindersegen zu erbitten. Anstelle der uralten Kultstätte zu den drei Frauen wurden drei Kirchen gebaut und der hl. Gertraud, dem hl. Nikolaus und der hl. Magdalena geweiht. Die Gertraudkirche findet schon um 1237 Erwähnung. 1422 werden drei Kapellen „im Wald" genannt, was bedeutet, daß von Anfang an eine Dreizahl der Gotteshäuser bestand und deswegen der Neubau der Magdalenenkirche um 1500 nur als Wiedererrichtung des dritten, durch eine Lawine verschütteten Kirchleins zu betrachten ist.

Bozen und Umgebung

Kohlerer Berg und Titschen

Titschen, Schneiderwiesen-Hütte 1372 m

Es gibt zwei Bergstraßen, welche in das Titschengebiet führen: die nördliche von der Bozener Umfahrungsstraße am li. Eisackufer ausgehende und über Schloß Kampenn nach Bauernkohlern (1136) und weiter zum Punkt 1253 (Nähe Sendemast) hinaufleitende Bergstraße, die südliche von Steinmannwald (Pinetasiedlung) im Gemeindegebiet von Leifers über den Rechtebnerhof (717) und Seit (868) heraufführende Straße, die sich am Punkt 1253 mit der nördlichen vereinigt, um dann in gemeinsamer Streckenführung von knapp 2 km die Schneiderwiesen-Hütte zu erreichen. Die n. Straße wird im Folgenden als „Kohlerer Bergstraße", die s. als „Seitner Bergstraße" bezeichnet. Omnibusse ab 30 Sitzplätzen können nur über die Seitner Bergstraße verkehren (Limit zirka 40 Plätze).

Kohlerer Bergstraße*, Röllhof 944 m, Schneiderwiesen-Hütte 1372 m

Sie leitet zunächst von Bozen (266) durch die Unterführung an der Brenner-Autobahn zur Talstation der Seilbahn Kohlern, um dann in ihrem nur einspurigen, mit Ausweichen versehenen unteren Abschnitt zum Schloß Kampenn (616) kräftig anzusteigen, Maximum 20%, SG 3. Zwischen den Weinpergeln ist auf einer 1 km langen Strecke die geringste Fahrbahnbreite nur 2 m. Die Gewichtsbegrenzung wurde mit 4 t festgesetzt. Nach 3.5 km beginnt die ausgebaute Strecke, von der man auch schöne Ausblicke genießen kann. Bei km 4.6 Straßenteilung: geradeaus hat man die neuangelegte, zweispurige 2 km lange Zufahrt zum Röllhof (944), welche durch Leitplanken gut randgesichert ist, SG 2; an der Abzw. Fahrverbotstafel mit Zusatzschild „für Gäste Röll gestattet".

Auf bewaldeter Strecke, SG 2, nun über das Gh. „Bad St. Isidor" (928) hinauf zu den beiden Gh. „Klaus" und „Kohlern" in Bauernkohlern (1136), 8.5 km von Bozen entfernt. Prächtige Aussichtslage!

Eine 1 km lange Zufahrt, im Bj. Naturbelag, leitet zur idyllisch gelegenen Sommerfrische Herrenkohlern (1197) hinauf, dort reizvolles Hügelkirchlein. SG 2 – 3.

Im nochmaligen, kurzen Anstieg erreicht die Kohlerer Straße nach 1.1 km den Vereinigungspunkt 1253; von hier auf stark bewaldeter Strecke s. um das Virglegg (1386) herum zur Schneiderwiesen-Hütte, knapp 2 km, SG 2 – 3. Die asphaltierte Strecke ist mit Ausweichstellen versehen, am EP gibt es genügend Abstellplätze. Das Stichsträßchen zum Virglegg leitet zu einer militärischen Anlage, dorthin kein öffentlicher Zugang!

Kohlerer Seilbahn, Bergstation in Bauernkohlern, 1135 m

Unmittelbar s. von Bozen erhebt sich der Kohlerer Berg mit seinen idyllischen Sommerfrischen Bauernkohlern und Herrenkohlern (1181). Die Talstation befindet sich im SO der Stadt, und man erreicht sie nach Durchfahrung des Bozner Bodens, wo man über die Eisackbrücke auf die Bozner Umfahrung der Brennerstraße trifft. Gleich hinter der Unterführung an der Brennerautobahn hat man an der Straße nach Bauernkohlern, HT, die Parkplätze der Kohlerer Bahn. Diese älteste Seilbahn Europas wurde kürzlich einer generellen Modernisierung unterzogen, um den strengen Sicherheitsvorschriften zu entsprechen. Die Kabine faßt 25 Personen und schafft sieben Meter pro Sekunde.

Der HU beträgt 841 m. – Beliebt ist eine Tageswanderung von der Bergstation über Schneiderwiesen und die Rotwand (1534) zum Spörlboden und weiter über den Wölflhof nach Deutschnofen (1359), wobei man herrliche Waldgebiete, Hochmoore und aussichtsreiche Waldblößen durchmißt. Von Deutschnofen nach Bozen zurück mit dem Linienbus. Wegmark. durchwegs 1.

W 187 **Bauernkohlern 1135 m, Bergabwanderungen.** Auffahrt von Bozen mit der Kohlerer Seilbahn und Anstieg über den Gh. „Klaus" zum Straßeneck oberhalb des Ortes. Prächtige Ausblicke auf das Schlernmassiv! – Der direkte, jedoch teilweise steile Abstieg, Weg 4, führt über den Gh. Kohlern zum Wendlandhof (515) und zum Virgl hinab, zuletzt über den „Schulsteig" zum Spornberger und hinab zur Talstation der Bahn, HU 850 m, 1½Std., LA 2. – Weit lohnender ist es, vom bez. Straßeneck aus, den Weg 1 einzuschlagen, welcher vorwiegend durch schattigen Wald nach Bad St. Isidor (860) und weiter zur Jausenstation „Kofler" beim Schloß Kampenn bequem hinableitet; das Schloß stammt aus dem 12. Jh. Nun weiter auf dem mit „S" bez. „Schulsteig", der zwar bei sanftem Gefälle die Nordhänge des Kohlerer Berges quert, jedoch den Graben des Stauderbaches mit einem kurzen Abstieg und darauffolgendem Gegenanstieg überwindet. Nachdem man die Trasse der Seilbahn gekreuzt hat, erreicht man wenig später den bewirtsch. Wendlandhof. Über den Virgl zurück zur Talstation wie eingangs beschrieben. – HU 850 m, Z 2½ Std., LA 1 – 2. – Hierzu Skizze 34.

RW 188 **Rund um den Titschen*, Stadlegg 1616 m und Titschenwarte 1510 m.** Außerordentlich lohnend ist die Wanderung rund um den Titschen, die man auf den gut bez. Wegen 1 und 4 von den AP Bauernkohlern bzw. Schneiderwiesen unternehmen kann. Sie verläuft größtenteils durch schattenspendenden Wald, was vor allem an Hochsommertagen als sehr angenehm empfunden wird. Außerdem vermittelt sie eine Vielzahl herrlicher Ausblicke, so z. B. vom Roten Stein (1534) hinab ins Etschtal und auf das sich gegenüber ausbreitende Überetsch. Die umfassendste Aussicht genießt man jedoch vom Stadlegg, dem höchsten Punkt dieses Gebirgsstockes, von Schneiderwiesen entweder auf dem Forstweg oder auf dem Fußweg 2 zur Titschenwarte in knapp 1 Std. erreichbar. Die Rundschau reicht vom Alpenhauptkamm mit den Ötztalern, Stubaiern und den Zillertaler Gletscherbergen bis zum Monte Baldo ö. des Gardasees! Im O beherrschen die Dolomiten das Blickfeld und im W bauen sich über dem Mendelkamm die Gipfel der Brenta, Presanella und der Ortler-Cevedale-Gruppe auf. – Wegeverlauf: von der Bergstation der Kohlerer Seilbahn zunächst hinauf zu den oberen Häusern mit dem in guter Aussichtslage befindlichen Gh. „Klaus". Vom Sträßchen in Richtung Schneiderwiesen zweigt bald li. der mit 1 bez. Weg ab. Als Alternative bietet sich der wenig unterhalb verlaufende Trimm-Dich-Pfad an, HT „Turn- und Wanderweg zur Vogeltenne". Weg 1 läßt die bewirtsch. Schneiderwiesen-Hütte re. liegen und stößt bald auf die Rotstein-Forststraße, schneidet sie aber auf der Strecke zur einfach bewirtsch. Klausalm (1528) wiederholte Male ab. Vom Roten Stein kurzer Abstieg zum „Toten Moos" auf dem Spörlboden (1472). – Bei einem Bildstock trifft man auf den von Deutschnofen über den Wölflhof heranführenden EFW 5 (auch Mark. 4), dem man über die Wolfsalm (1340) und den Kampenner Wald bis zum li. abzw. Fußweg 4A folgt; dieser leitet nach Bauernkohlern zurück. – HU 500 m, LA 1–2, Z. 3½ bis 4 Std. Bei Rückkehr vom Roten Stein bzw. von der Klausalm zum AP Schneiderwiesen Z nur 2 Std. – Hierzu Skizze 34.

Unter einer **Wallburg** versteht man eine vor- oder frühgeschichtliche Wehr- oder Fluchtanlage, die auch als Siedlung benützt wurde. Die Wallburgen bestanden aus Trockenmauern, Stein- und Erdwällen und lagen meist auf Anhöhen oder schwer zu eroberndem Gelände. In Südtirol existieren sehr viele Reste von Wallburgen, auch in höheren Lagen.

Kaser Bild, 1278 m und Wieslhof, 1227 m

Als Alternative zur Straße über Steinegg nach Obergummer bietet sich von Kardaun (292) aus die durchgehend asphaltierte Straße über Karneid (512) zum Kaser Bild und weiter zum Knoten nw. des Wieslhofes an. Man könnte sie inoffiziell als „Eggentaler Höhenstraße" bezeichnen. Sie ist allerdings bedeutend länger als jene über Steinegg verlaufende, nur einspurig breit mit Ausweichen auf Sicht und hat zahlreiche unübersichtliche Kurven; daher eignet sie sich hauptsächlich für PKW und Zweiräder. Zwischen beiden Straßenzügen breitet sich der Lärchwald aus, welcher im Lärchegg (1303) und im Ölgartner Egg (1364) kulminiert. Ein Netz von mark. Wegen erschließt dieses Gebiet für leichte Wanderungen bzw. Spaziergänge; geeignete AP sind hierfür Karneid, der Oberölgarterhof, das Kaser Bild, der Wieslhof, Steinegg und Herrenwies.

Das von Wald umgebene Wallfahrtskirchlein „Kaser Bild" ist ein neuromanischer Bau, welcher mehr als 100 Jahre alt ist. Das Umfeld mit der ehem. Wallburg „Streitmooser Köpfl" zählt zu den urgeschichtlichen Kultstätten des Landes. Eine kurze Zufahrt leitet von der „Eggentaler Höhenstraße" nach NO zum Streitmooser Hof (1208); für den Wanderer von Interesse ist auch der wenig weiter w. abzw. Fußweg hinauf zur Jausenstation „Aichner Stall" (1338), nur knapp unterhalb vom Ölgartner Egg gelegen. Sö. vom Kaser Bild wurde ein gern besuchter „Trimm-Dich-Pfad" angelegt; folgt man dem Weg mit Mark. „N" weiter, so gelangt man zur Jausenstation „Oberegger" (1316) und zu den Eggerhöfen.

Schloß Karneid (465), das sich in beherrschender Lage auf einem steil ins Eggental abfallenden Felssporn erhebt, zählt zu den schönsten und besterhaltenen Burgen Südtirols. Von den Nachkommen der Eppaner Grafen erbaut, kam es 1387 als herzogliches Lehen an die Herren von Liechtenstein, nach deren Aussterben 1760 an die Stadt Bozen. Im 19. Jh. wurde das Schloß großzügig restauriert und befindet sich heute in Privatbesitz; eine Besichtigung ist leider nicht mehr möglich. – Die neue Straße von Kardaun (292) nach Karneid leitet mit einer Kehre dicht an das Schloß heran; auch vom „Schönblick" im Ortsteil St. Veit bietet sich eine bemerkenswerte Aussicht auf die Burganlage. – Ein bequemer Fußweg mit wechselnden Ausblicken auf Bozen, den Mendelkamm, auf Ritten und Salten führt von Kardaun durch Weingärten und Wald hinauf zur trutzigen Feste.

Rastplätze sollte man stets so verlassen, wie man sie anzutreffen wünscht. Sorgloses Auslösen von Wald- und Flächenbränden durch Wegwerfen brennender Streichhölzer, Zigarren und Zigaretten ist unbedingt zu vermeiden.

Steinegg*, 823 m, und Obergummer*, 1349 m

Der Gummerberg, ein langgestreckter, größtenteils bewaldeter Höhenrücken zwischen dem Eggen- und dem Tierser Tal ist von Blumau (315) nach Birchabruck (877) durch eine 20 km lange Bergstraße erschlossen. Im N nimmt sie von der Brennerstraße in Blumau ihren Ausgang und man gewinnt mit 15 numerierten, engen Kehren bis Steinegg einen HU von 500 m auf einer nur 4 km langen, asphaltierten Bergstrecke. Sie ist knapp zweispurig und hat Steigungsmaxima von 12%; an unübersichtlichen Stellen sind Verkehrsspiegel angebracht, SG 2 – 3. Während der Fahrt bieten sich eindrucksvolle Tiefblicke hinab in das Eisacktal und auf Bozen. Die Erdpyramiden von Gummer befinden sich bei Herrenwies oberhalb von Steinegg. Noch vor Erreichen der Scheitelhöhe bietet sich von einer Straßenbiegung ein Prachtblick auf Schlern, Rosengarten mit Rosengartenspitze und Vajolettürme, tief unten liegt Tiers. Über eine bewaldete Scheitelstrecke gelangt man zum höchsten Punkt mit der Abzw. zum Gh. „Lärchenwald“, „Moarhof“ und „Zipperle“, HT. Die Durchzugsstraße leitet über Viltun zum Kirchdorf Gummer (1117) weiter. Bemerkenswerte Ausblicke hat man während der Abfahrt auf Latemar und den Zanggen, welche durch die Einsattelung des Reiterjoches voneinander geschieden sind. Der Abstieg in das Eggental vollzieht sich auf normal breiter Bergstraße durch neun numerierte Kehren; diese Strecke ist steinschlaggefährdet. An der Straßenbrücke über den Eggenbach mündet man, wenige hundert Meter vom Gh. „Kreuz“ in Birchabruck entfernt, in die Große Dolomitenstraße ein, SG 2. Postbusse (Liniendienste) genießen auf den Bergstraßen Vorrang.

Schlerngebiet

Tierser Höhenstraße, Tiers 1019 m**

Die berüchtigte und für Omnibusse ungeeignete, alte Straße durch das vordere Tierser Tal mit ihren zahlreichen unübersichtlichen Kurven (Verkehrsspiegel wurden aufgestellt) und Steigungsmaxima von 24% kann jetzt durch eine völlig neue Straße, die weiter im N verläuft, umgangen werden. Sie ist zwar distanzmäßig länger, doch wird dieser Umstand zeitlich betrachtet wieder wettgemacht, vor allem ist sie ohne jegliche Verkehrsbeschränkung! Durchgehend normal breit und mit dickem Asphaltbelag versehen, max. 10% Steigung, ausgesetzte Abschnitte sind durch Leitschienen abgesichert, zwei unbeleuchtete Straßentunnels, davon ein Kehrtunnel mit starker Krümmung, SG 1 – 2. Von Blumau zunächst 2 Kilometer auf der L 24, welche von der SS.12 (aus Richtung Brenner spitzwinkelig) abzweigt. Beim „Fausthof“ verläßt man die nach Völs am Schlern führende Bergstraße, indem man re. abzweigt. Bei Kehre 4 herrlicher Schlernblick und Tiefblicke in das Eisacktal Richtung Klausen! Im weiteren Anstieg berührt man das Prösler Ried und bei km 6.9 erreicht man li. die Abzw. der schmalen Verbindungsstraße über Prösels nach Völs mit 6 t Gewichtsbeschränkung.

Hinter einer großen Kurve biegt man in das Tierser Tal ein, wo sich ein überraschendschöner Blick auf die bizarren Spitzen des Rosengartens auftut. – Bei km 8.3 zweigt re. die asphaltierte Zufahrt nach Völser Aicha (873) ab, HT. – Geradeaus setzt sich die Tierser Höhenstraße als Panoramastraße oberhalb des alten, sehenswerten Kirchleins St. Katharina fort; letzteres ist auch von Breien (681) aus dem Talboden über einen schmalen Fahrweg erreichbar. Zuletzt umfährt man den von der Völsegg-Spitze herabziehenden Graben, kommt am Braunegg durch einen Tunnel und vereinigt sich 1 km außerhalb von Tiers mit der alten, aus dem Talgrund heraufziehenden Straße.

Kommt man aus Richtung Brenner auf der SS.12 bzw. auf der Autobahn (AA Bozen-Nord), so bildet die Tierser Höhenstraße von Blumau im Eisacktal über das Prösler

Ried nach Tiers eine kurze und hervorragend ausgebaute Zufahrt sowohl in das Schlern- als auch in das Rosengartengebiet. In Tiers schließt sich die Verbindungsstraße über den Nigerpaß zum Karerpaß an. Die Tierser Höhenstraße stellt auch eine echte Alternative zur Strecke durch das Eggental dar; sie ist ohne irgendwelche Verkehrsbeschränkung und daher auch für größere Busse geeignet.

Das **Kirchlein St. Katharina** in Völser-Aicha steht in 867 m Höhe über dem Tierser Tal, nur wenig unterhalb der neuen Tierser Höhenstraße. Eine Kapelle gleichen Namens wurde an dieser Stelle bereits vor rund 700 Jahren erstmals erwähnt. Das Sterngewölbe mit den Schlußsteinen über dem Altarraum wurde um 1500 errichtet. Die hl. Katharina zählte im Mittelalter zu den „Vierzehn Nothelfern" und galt als Patronin der Wagner und Fuhrleute.

Höhenstraße* Blumau-Seis am Schlern-Kastelruth-Waidbruck, Kastelruth 1060 m

Dieser teilweise modern ausgebaute Straßenzug verbindet die herrlich gelegenen Mittelgebirgsorte Völs und Seis am Schlern mit Kastelruth und Tagusens untereinander. Seis und Kastelruth haben leistungsfähige Umfahrungsstraßen. Schwächster Verkehrsträger ist allerdings der Straßenabschnitt Waidbruck-Kastelruth, SG 3; dort gibt es ein Straßenstück von 100 m, einspurig und ohne Ausweichen, eine Bergstrecke mit 13% Steigung und einen alten Straßentunnel mit nur 3,5 m Höhenbegrenzung. Dieser Verkehrsweg ist daher für größere Busse ungeeignet; diese benützen die s. Rampe von Blumau bergwärts, SG 2.

Wählt man Waidbruck zum AP, so muß man zunächst von der SS.12 über die Eisackbrücke und über den schienengleichen Bahnübergang. Erst dann zweigt man re. von der Grödnertalstraße SS.242 ab. Wenig weiter befindet sich li. auch die Auffahrt zur besuchenswerten Trostburg. Dicht neben der Brenner-A 22 fährt man zunächst in s. Richtung. Will man direkt nach Seis, so kann man alternativ auch das Asphaltsträßchen über St. Oswald wählen. Auf der L 24 hingegen gelangt man oberhalb des Baches li. zur Abzw. nach Tisens (930) und Tagusens (950), HT; dieses nur einspurige Asphaltsträßchen wartet mit max. 15% Steigung auf. Die direkte Zufahrt in das große Pfarrdorf Kastelruth mit seinem weithin sichtbaren, 82 m hohen Glockenturm ist wegen der Fußgängerzone nur zu vorgegebenen Zeiten benützbar. In der Regel fährt man bis zum Straßenknoten zwischen Kastelruth und Seis weiter und biegt dort scharf li. ein. Ein Großparkplatz befindet sich in Kastelruth unterhalb des Friedhofes.

Eine Fahrt über die Mittelgebirgsorte ist kaum mit verlorenen Höhen verbunden und vollzieht sich im Abschnitt Seis-St. Konstantin am Rande des Naturparkes Schlern. Von Völs am Schlern hat man den kurvenreichen Abstieg bei maximal 9% hinab bis Blumau im Eisacktal. Beim „Fausthof" mündet von li. die prächtige Tierser Höhenstraße** ein. Größte Aufmerksamkeit erheischt schließlich in Blumau die unübersichtliche Einbindung der L 24 in die Brenner SS.12.

Völser Weiher*, 1056 m

Die 2.2 km lange Zufahrt nimmt an der L 24 im Abschnitt Völs am Schlern-Seis in der Häusergruppe St. Anton (878) ihren Ausgang, HT; dicht neben der Abzweigungsstelle steht im lichten Nadelwald die Kapelle St. Anton. Das knapp zweispurige Asphaltsträßchen leitet, anfangs aussichtsvoll, dann oberhalb vom Gliererhof mit wenigen Serpentinen durch den Wald zu den beiden gebührenpflichtigen Parkplätzen am Rande des Naturparks Schlern; der obere ist vom unteren Parkplatz nur 300 m entfernt und bleibt Gästen der beiden Betriebe Hotel „Waldsee" und „Völser Weiher" zur Benützung vorbehalten. Steigungen bzw. Gefälle betragen max. 9%, SG 2 – 3.

RW 189 **Weiherweg, Völser Weiher 1054 m.** Diese familienfreundliche Runde nimmt ihren Ausgang im S von Seis an der Frötschbachbrücke (968). In Bachnähe bzw. neben der Zufahrt zum Hotel Salegg findet man Abstellplätze. Der Weiherweg mit Mark. 2 beginnt sw. des Hotels und leitet nur mäßig ansteigend durch den St. Vigiler Wald direkt an das Nordufer des idyllisch unter den Schlernwänden gelegenen Moorweihers mit seinen teilweise verschilften Ufern, 1 Std. Der Weiher wurde bereits anfangs des 16. Jh. künstlich angelegt und wird im S durch einen Sperrdamm aufgestaut. Man umrundet den See auf einem Uferweg und kommt dabei am Hotel „Waldsee" und am Gh. „Völser Weiher" vorbei. – Im NW liegt in einer Mulde versteckt der wesentlich kleinere Gflierer Weiher (1009) innerhalb des Naturparks Schlern, zirka 600 m vom Gflierer Hof entfernt. – Der Rückweg verläuft bei sanftem Gefälle auf einem gesperrten Fahrweg durch den Wald hinab. An der WT re. zum Gh. „Schlern" (926), geradeaus zum Bildstöckl an der Landesstraße. Der kürzeste Weg zurück zum AP führt dann n. und parallel zur Landesstraße, jedoch abseits des Verkehrs, 1 Std. – Alternativ bietet sich der lohnende Umweg, Bez. „V", über das Kirchlein St. Vigil (813); aus dem 15. Jh. stammend, steht es einsam weiter unten in der Talschlucht des Schwarzgriesbaches. Fahrweg 7A leitet ostwärts zur Landesstraße hinauf und auf dieser hat man noch zirka 1 km bis zum AP an der Brücke zurückzulegen. HU 100 bzw. 250 m (über St. Vigil), Z 2 bis 2½ Std., LA 1. – Hierzu Skizze 33.

RW 190 **Ruine Salegg 1125 m, Ruine Hauenstein* 1201 m und Bad Ratzes 1220 m.** Man parkt sein Fahrzeug zweckmäßigerweise am s. Ortsrand von Seis (994) und geht auf der Landesstraße Richtung Völs hinab bis zur Brücke über den Frötschbach; hinter dieser auf den Fahrweg hinaus zum Gebäudekomplex des ehem. Grandhotels, das heute teils als Altersheim, teils als eine bescheidene Hotelunterkunft dient. Auf Weg 3 steigt man mäßig zur Burgruine Salegg an, die auf einem Waldhügel steht. Im NW der Burganlage erkennt man die noch relativ gut erhaltene Außenmauer des Bergfrieds. Eine erste Erwähnung der Burg im Zusammenhang mit den adeligen Herren von Kastelruth deutet auf das Jahr 1183 hin; jedoch war sie bereits 1628 eine unbewohnbare Ruine geworden. Die Spaziergänger-Runde setzt sich fort über die nahe gelegene Ruine Hauenstein, deren Turm von Seis aus gut sichtbar zwischen den Wipfeln des zur Santnerspitze hinanziehenden Waldhanges hervorlugt. Die Ursprünge der trutzigen, auf einem mächtigen Dolomitenfelsen errichteten Burg nimmt man mit Beginn des 12. Jh. an. Anfang des 15. Jh. war dort berühmtester Bewohner der Schriftsteller und Minnesänger Oswald von Wolkenstein drei Jahrzehnte hindurch. Von drei Seiten her galt die Burg für mittelalterliche Krieger von Natur aus als unbezwingbar. Die leicht ersteigbare sw. Seite war mit einem Bergfried und drohenden Schießscharten ausgestattet. Die Rundwanderung läßt sich auf Weg 3 durch den Hauensteiner Wald bis zum anfahrbaren Gh. „Bad Ratzes" (1212) fortsetzen, 2 Std. ab Seis. – Zurück in den Ort auf den Wegen 1 bzw. 3B. HU 250 m, Z 3½ Std., LA 1. – Hierzu Skizze 33.

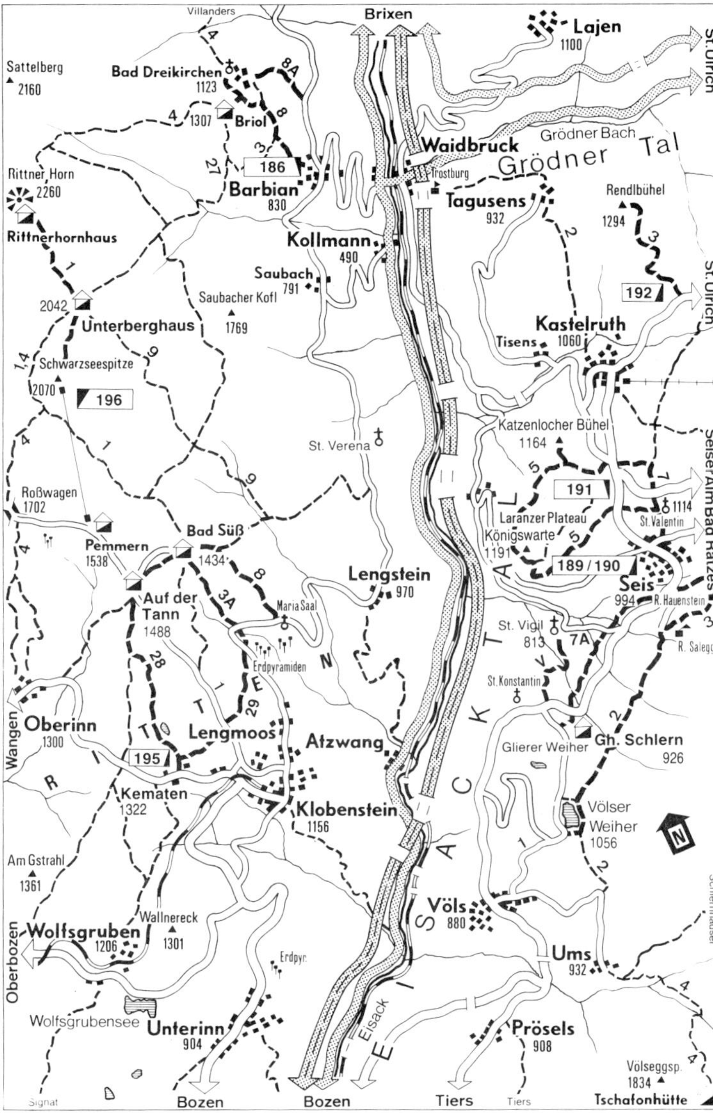

Skizze 33 Ritten

RW 191 **Laranzer Plateau, Katzenlocher Bühel 1164 m und Königswarte 1191 m.** Eine Runde vorwiegend auf bewaldeten Wegen, aber auch auf reizvollen Wiesensteiglein. Zwei Abstecher leiten zu bemerkenswerten Hügeln der Bozner Porphyrplatte: vom Aussichtspunkt „Königswarte" bietet sich ein schöner Schlernblick; vom Katzenlocher Bühel hat man hingegen einen schönen Ausblick auf Kastelruth und auf die gesamte Hochfläche bis hinan zum Panider Sattel. Über dem Grödner Tal erhebt sich die Raschötz und im Hintergrund die charakteristische Felsenburg der Furchetta.

Nw. von Seis (994) erstreckt sich ein breiter, abgeflachter Bergrücken, das Laranzer Plateau, auch als Fundstätte urzeitlicher Befestigungen bekannt. Zum AP wählt man mit Vorzug den Knotenpunkt s. von Kastelruth an der von Waidbruck heraufziehenden Straße, welcher auch unter der Bez. „Telfener Sattel" (1084) bekannt ist. Mark. 5 führt dicht an den Außerlaziner Hof heran, wo der kurze Zugang hinauf zum Katzenlocher Bühel beginnt. Auf demselben Weg zurück, bis man wieder auf die Mark. 5 stößt und dieser bis zur WT 5/5A unterhalb der Königswarte durch die hügelige Landschaft folgt. Weg 5 führt daran anschließend über den Laranzhof (1106) und die bekannte Einkehrstation „Rungghof" zu den Häusern von Telfen. Will man die stark frequentierte Landesstraße meiden, so empfiehlt sich der kleine Umweg, Mark. 5, über den Färberhof und die etwas abseits gelegene Kapelle St. Valentin (1114). Dann den Wegen 7/6, die Seiser-Alm-Straße querend, hinauf zum Pestbildstöckl und zur Wegespinne 1159 folgen; zuletzt in w. Richtung zum AP zurück. – Bei dieser bequemen Wanderung ist der HU unbedeutend, LA 1, Z 2 bis 2½ Std. – Hierzu Skizze 33.

W 192 **Rendlbühel* 1294 m.** Ein breiter, bewaldeter Höhenrücken trennt Kastelruth (1060) vom äußeren Grödner Tal, dessen höchste Erhebung der Rendlbühel ist. Diese aussichtsreiche Kuppe mit Blick auf die Sarntaler Alpen, den Ritten, den Schlern und das Raschötzer Kreuz ist leicht zu besteigen. AP ist das Bildstöckl beim Waldner Hof (1134) an der Straße zum Panider Sattel. Zunächst geht man auf einer Höfezufahrt bis zu einem 2. Bildstöckl, dann auf Fußweg Nr. 3 durch den Bannwald auf den Hügel hinauf, HU 160 m. – Rückweg wie Hinweg. LA 1 – 2, familienfreundliche Wanderung. Z 1½ Std. – Hierzu Skizze 33.

Zum genußvollen **Bergwandern** gehört eine gute **Fernsicht**; sie hängt ab von der Temperatur, der Feuchtigkeit und dem Staubgehalt der Luft. Zunehmende Luftfeuchtigkeit führt zu Wolkenbildung und beeinträchtigt die Sicht ebenso wie dies Dunst- und Staubschichten verursachen. Polare Luftmassen sind wegen geringerer Feuchtigkeit durchsichtiger als subtropische, welche mehr Staub (u. a. auch feinen Wüstensand) enthalten. Föhn hingegen bildet eine Ausnahme und schafft klare Sichtverhältnisse. Während der Wintermonate sind tageszeitlich nur geringe Schwankungen zu beobachten, welche die Weitsicht beeinträchtigen könnten. In den Sommermonaten hingegen bieten die Morgenstunden infolge der nachts abgekühlten Luft häufig eine gute Sicht; gegen Mittag zu vermindert sich mit Erwärmung der Luft auch in höheren Lagen die Transparenz.

Der gänzlich geschützte **Frauenschuh** ist die wohl schönste und wertvollste heimische Orchidee. Die große bauchige Unterlippe ähnelt sehr einem Pantoffel. Foto A. Pohler

Der faszinierende Blick von **Bozen** auf den sagenumwobenen **Rosengarten** mit der Rosengartenspitze (2981) und den Felsnadeln der Vajolettürme (2813). Zu Füßen dieses Dolomitenmassivs liegt das weithin sichtbare Bergdorf Tiers → W 145, W 146 und W 147. Foto Fränzl

Der gigantische **Autobahnviadukt,** welcher bei **Gossensaß** kühn das Eisacktal überspannt, ist das größte Bauwerk an der ital. Brenner-Autobahn. Die Burgruine Straßberg wird heute teilweise noch für die Landwirtschaft benützt; ihr war einst die Aufgabe zugeordnet, den Handelsverkehr über den Brenner zu kontrollieren. Im Hintergrund ragt aus dem Pflerschtal der Felskoloß des Pflerscher Tribulauns (3097) auf → RW 5. Foto E. Fuchs-Hauffen

Tiroler Barockengel beim Saitenspiel. Foto Fränzl, Kaltern

Deutschnofner Blasmusiker in ihrer stolzen Tracht.
Foto Verkehrsverband Deutschnofen

Ritten

Rittner Straße, Talstation der Rittner-Horn-Doppelsesselbahn, 1530 m**
AP der Panoramastraße ist der Bozener Vorort Rentsch an der SS 12. Die normal breite Asphaltstraße windet sich zunächst in fünf aussichtsreichen Kehren durch die berühmten Rebhänge von St. Justina (452) empor. Die ausgeglichenen Steigungsverhältnisse überschreiten kaum 7%, SG 2. Während der Auffahrt nach Unterplatten taucht der sagenumwobene Rosengarten mit seinen bizarren Vajolettürmen (Hauptturm 2821) in erhabener Schönheit auf, wenig später hat man Aussicht auf das behäbige Schlernmassiv, von Santner- und Euringerspitze kühn flankiert. Das Dorf Unterinn läßt man re. etwas unterhalb liegen. Hinter dem Gh. „Weber im Moos" (1120) hält man sich an der Straßengabelung li. und fährt w. des Bf. Klobenstein nach N weiter, um über die Pension „Himmelreich" und das Gh. „Auf der Tann" zum Gh. „Pemmern" zu gelangen. Hier Großparkplatz. Die Weiterfahrt über Roßwagen nach Gißmann ist nur Anrainern gestattet.

Signater Kirchsteig*, Partschuner 996 m, Signater Aussicht und Wolfsgrubner See, 1175 m. Zu den reizvollsten Wanderwegen am Südrand des Ritten zählt der „Signater Kirchsteig", Mark. 31A, der den Weiler Eschenbach (911) mit Signat (848) verbindet. Er vermittelt eine Fülle malerischer Detailbilder und bemerkenswerter Ausblicke, unter denen jene hinüber zu den hellen Felszinnen der Dolomiten mit Rosengarten und Schlernmassiv besonders hervorzuheben sind. Im Herbst durchmißt man einen prachtvoll gefärbten Mischwald mit Edelkastanien, Buchen, Fichten und anderen Nadelhölzern; an den Waldrändern leuchten die roten Beeren der Ebereschen und die Früchte der Hagebuttensträucher, ranken die dornigen Zweige der Brombeeren neben schön gewachsenen Wacholderstauden. **RW 193**

AP ist Unterinn (900), wo man sein Fahrzeug in Kirchennähe günstig abstellen kann. Nur ein kurzes Stück geht man auf der Rittner Straße talwärts bis rechts an einer Stützmauer erstmals die blau-weiße Mark. mit Nr. 31 A und einem Richtungspfeil auftaucht; an den Häusern vorbei gelangt man bald zum Römerweg, dem man ein Stück li. folgt. Die St. Sebastian-Kapelle steht in Eschenbach li. auf einer flachen Erhebung neben der Rittner Straße, noch weiter draußen erkennt man die Ruine Zwingenstein. Der „Signater Kirchsteig" beginnt am letzten, w. vom Eschenbach gelegenen Hof. Flankiert von einer Allee Zwetschkenbäume wandert man auf einem Fußsteig, der bald in einen Mischwald überleitet und sanft ansteigt. Im Vorblick erkennt man die hellen Mauern eines Bildstöckls, das am Wege in beherrschender Aussichtslage steht und von weither sichtbar ist. Der Anstieg dorthin erfolgt anfangs mäßig, zuletzt hat man mehrere steile Felsstufen zu überwinden, welche beiderseits durch Geländer abgesichert sind. Die relativ geringe Mühe wird durch eine prächtige Aussicht auf Schlern, Rosengarten und Latemar belohnt.

Der Steig leitet dann in einen Feldweg über und führt nur mehr mäßig ansteigend zur Jausenstation „Partschuner" mit reizvollem Wirtsgarten unter Nußbäumen und Kastanien hinauf, prächtige Ausblicke auf Dolomiten, 1 Std. ab Unterinn.

Die Bezeichnung „Kirchsteig“ ist, streng genommen, nur für die Strecke vom letzten Hof in Eschenbach bis zum „Partschuner“ anwendbar, weil nur diese einen „reinrassigen Fußweg“ darstellt, wogegen die Anschlüsse Traktorenwege sind; das trifft auch für die Fortsetzung des 31 A in Richtung Signat zu. Deshalb ist es auch lohnender, die RW auf Weg 11 über die „Signater Aussicht“ fortzusetzen als nach Signat hinabzuwandern, um dann dem Sträßchen mit Mark. 5 nach Wolfsgruben zu folgen. Vom „Partschuner“ steigt man allerdings erst einmal kräftig an, um in zirka 30 Min. den bez. Aussichtspunkt zu erreichen, doch hat man dann einen bequemen Forstweg durch den schattigen Signater Wald bis zum idyllisch, in einer tiefen Mulde gelegenen Wolfsgrubner See, 1½ Std. ab „Partschuner“, Bilderbuchblick nach O auf das Schlernmassiv!

Den Rückweg nimmt man vom ö. Ufer des Sees auf Weg 25, welcher wenig unterhalb re. von der Autostraße abzweigt und zu einem Holzablageplatz beim Niederhäuser hinabführt; dort unbedingt auf die blau-weiße Mark. achten und den Kirchturm von Unterinn als Orientierungspunkt wählen! Man hält sich re. und im Abstieg wird der Fahrweg nach Eschenbach gekreuzt; die Fortsetzung leitet durch einen Hohlweg hinab, worauf ein Feld- und Wiesensteig anschließt. Zuletzt muß man die frequentierte Rittner Straße überqueren und findet auf der gegenüberliegenden Seite sofort die Fortsetzung des Steiges, der in den Ort mündet, vom See 1 Std.

Die Variante über Signat und den Fahrweg 5 unterhalb vom Rotensteiner Hof lohnt nur, wenn man den kleinen Umweg über die sehenswerten Erdpyramiden im Katzenbachtal nicht scheut: innerhalb des ausgewiesenen Landschaftsschutzgebietes verläßt man am unteren Waldrand die Forststraße und folgt li. der HT „Erdpyramiden“ auf dem blau-weiß mark., hübschen Waldweg 23 A, welcher in das Katzenbachtal hinableitet. Auf Weg 23 B erreicht man dann wieder die Forststraße, Mark. 5, Richtung Wolfsgrubner See. – Diese Variante nimmt zwischen dem „Partschuner“ und dem See zirka 30 Min. zusätzlicher Zeit in Anspruch als die Höhenvariante über die „Signater Aussicht“. – HU über „Signater Aussicht“, Weg 11 zirka 300 m, Z 3½ Std., LA 2. – HU über Signat und Katzenbachtal, Wege 31 A/5/23 A/23 B zirka 400 m, Z 4 Std., LA 2. – Hierzu Skizze 34.

W 194 Oberbozen 1221 m, Bergabwanderung über das Grumer Eck*, 1110 m.
Eine abwechslungsreiche Wanderung, deren Anforderung bei zirka 950 m HU bergab man nicht unterschätzen sollte! Die Auffahrt nach Oberbozen erfolgt von der Talstation der Rittner Seilbahn im Ortsteil Zwölfmalgreien. Man folgt der Mark. 2 nach Maria Himmelfahrt (1177) und hat dann erst von den letzten Häusern einen Fußweg, der das Grumer Eck im O und S umgeht (ein Steiglein läßt den Gipfel erreichen und überquert ihn). Prächtige Ausblicke richten sich auf Rosengarten und Latemar, von weiter unten dann auch auf Bozen, das Überetsch, die Mendel und das breite Etschtal. Am Bozner Hügel scheiden sich in einer Höhe von zirka 900 m die Wege: während Weg 2 re. hinab nach St. Johann und über den Gh. „Eberle“ (405)

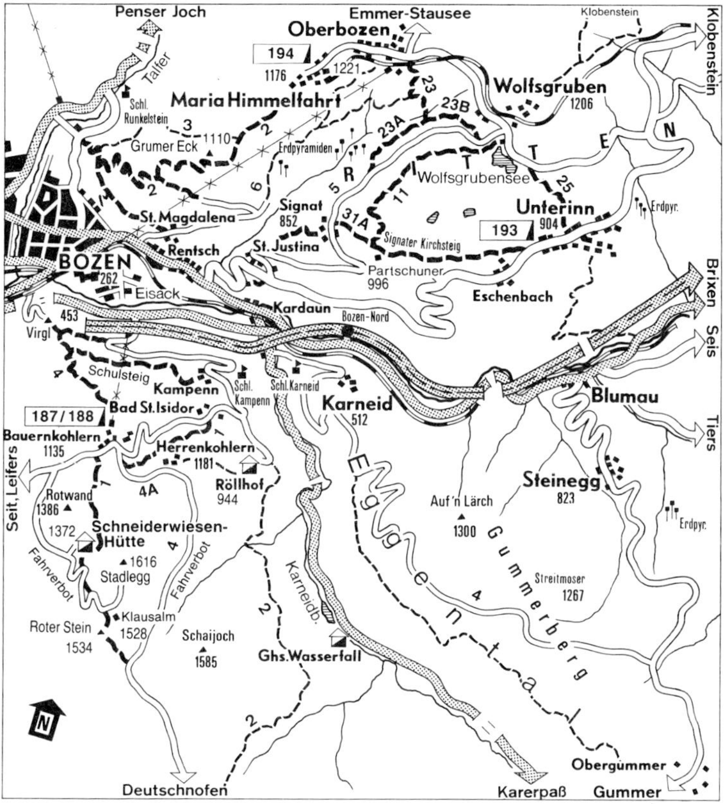

Skizze 34 Titschen

nach dem weinberühmten St. Magdalena (382) leitet, führt ein Fahrweg li. über die Jausenstation „Ebnicher" (832) nach St. Magdalena und nach Zwölfmalgreien zurück. – Eine Abstiegsvariante bietet Weg 3, welcher bereits n. des Grumer Ecks auf Höhe 1067 vom Weg 2 abzweigt und über den Holzerhof (800) hinab nach St. Peter (367) und zur Talfer Brücke s. von Schloß Rendelstein führt. – Schließlich sei auch auf die Alternativstrecke li. des Katzenbachtals hingewiesen, welche von Oberbozen zunächst auf den Wegen 23, 23A und 5 über Signat (848) und St. Justina (450) zur Bus-Haltestelle an der Rentscher Brücke (303), dort auch Einmündung der Rittner Straße in die Brenner SS.12, abwechslungsvoll hinabführt. Jede der genannten Strecken nimmt für einen familienfreundlichen Abstieg zirka 2 bis höchstens 2½ Std. in Anspruch. LA 2. – Hierzu Skizze 34.

RW 195 Erdpyramiden von Maria Saal und Rittner Mittelgebirgsrunde*, Auf der Tann 1488 m.** AP ist Kematen (1322) an der Straße nach Oberinn. Der kleine Weiler bietet von seinem neugotischen Kirchlein „Heiligkreuz" aus dem 19. Jh. mit seinem auffallend schlanken und spitzen Türmchen eine prächtige Aussicht vor allem auf Schlern und Rosengarten. Parkplatz beim Hotel. Der meist bewaldete Weg 29 wendet sich zunächst in nö. Richtung zum Finsterbachgraben. Nach Überquerung der Straße in Richtung Pemmern (Sesselbahn zum Rittner Horn) und der Straße Maria Saal-Lengstein tangiert man den Kreuzstationenweg, Bez. 24, auf dem mehrere Rastbänke an den günstigsten Aussichtspunkten aufgestellt sind. Er verläuft sowohl unterhalb der Autostraße als auch des Wirtschaftsweges: einen Abstecher von 30 Min., zunächst auf dem Wirtschaftsweg zu den verborgen in einem Winkel liegenden Häusern mit anschließender Begehung des Kreuzweges in Richtung Lengmoos darf man auf keinen Fall versäumen! Er vermittelt eine optimale Schau auf die berühmten Erdpyramiden. – Über eine gedeckte, alte Holzbrücke leitet der Kreuzweg ostwärts nach Maria Saal (1177) weiter. – Die Rittner Runde setzt man von den Häusern im Finsterbachgraben unter dem Viadukt auf Weg 3A fort. Über verstreut liegende Einzelhöfe gelangt man im oberen Finsterbachtal nach Bad Süß (1434), welches mit einer schwach eisenhaltigen Quelle aufwartet; hier auch Gasthof, 2 Std. vom AP. – Man bleibt auf der reizvollen Terrasse und wandert westwärts fast flach zum Gh. „Auf der Tann" hinüber, welches von Klobenstein her auch auf einem Asphaltsträßchen anfahrbar ist, 30 Gehmin. ab Bad Süß. – Den Rückweg vollzieht man auf dem, in direkter Südrichtung durch den Gunglwald verlaufenden Weg 28, blau-weiß-blau mark., welcher sowohl die Kolbenwies als auch das Riggermoos berührt, ehe er am geschützten Biotop „Kemater Weiher" vorbei in 1 Std. zum AP hinableitet. Eine sehr schöne, familienfreundliche Herbstwanderung, die im Raum von Maria Saal bemerkenswerte Ausblicke auf den Schlern, die Geislerspitzen, Sella, Langkofel, Rosengarten und Latemar vermittelt. HU nur mäßig schwankend, maximal zirka 200 m, LA 1 – 2, Z 3½ bis 4 Std. (letztere Angabe unter Einbeziehung der Begehung des Kreuzweges).

Kommt man aus Richtigung Klobenstein und will man nur zu den Erdpyramiden, so bieten sich zum Abstellen der Fahrzeuge im S der beschilderte „Erdpyramiden-Parkplatz" hinter Lengmoos oder im N die Straßenbucht beim großen Streugutbehälter hinter dem Viadukt an; von letzterem zweigt re. ein beschilderter Steig hinab zur gedeckten Holzbrücke und zur Fortsetzung des Weges 24 ab. – Hierzu Skizze 33.

Höhensträßchen* Lengstein-Saubach-Barbian

Die frequentierte Rittner Straße ist zwischen Rentsch und Lengstein (972) vorzüglich ausgebaut und auch für schwere Fahrzeuge geeignet. In Höhenlagen zwischen 850 und 950 m verläuft im Anschluß daran ein schmales Verbindungssträßchen über eine aussichtsreiche Terrasse am sö. Fuße des Rittner Horns. Es ist nur für Fahrzeuge bis 3,5 t Gewicht zugelassen und hat max. 13% Gefälle. Es berührt mehrere Einzelhöfe und den Weiler Saubach. Auch vermittelt es den Zugang zum besuchenswerten Kirchlein St. Verena (889), welches weithin sichtbar auf einem Hügel hoch über dem Eisacktal thront. – In Lengstein folgt man der HT „Barbian" und hat ein zirka 7 km langes, fast flach verlaufendes, asphaltiertes Sträßchen, SG 3. Im Bj. miserabler Zustand, stark beschädigte Asphaltdecke mit tiefen Schlaglöchern! Vor unübersichtlichen Kurven des meist nur einspurigen und mit wenig Ausweichstellen versehenen Sträßchens tut man gut daran, akustische Warnsignale zu geben! Es besteht ein striktes Anhängerverbot. – Im Gemeindegebiet von Barbian ist die Straße normal ausgebaut. – In Saubach (791) zweigt talwärts ein einspuriges, 3 km langes, staubfreies Sträßchen hinab nach Kollmann (485) an der SS 12 ab, welches nur für Pkw geeignet ist; HT. Das maximale Gefälle beträgt hierbei 12%, SG 3.

Höhensträßchen Barbian-Villanders**

Von Barbian (830) vermittelt ein für Pkw knapp zweispuriges, mit Ausweichbuchten versehenes, 5 km langes Asphaltsträßchen die Verbindung zwischen den beiden Orten. In Barbian fährt man um die Kirche und die Friedhofsmauer herum direkt in n. Richtung. Hinter dem Färberhof zweigt li. der Karrenweg 8A nach Bad Dreikirchen ab, HT. Das Panormasträßchen mit herrlichen Ausblicken auf den Schlern und hinab in das Eisacktal führt über die Pension „Kircher" weiter, um dann in das bewaldete Tal des Zargenbaches nach NW einzubiegen. In der Talenge fährt man über eine Brücke auf die gegenüberliegende Talseite und erreicht nach einer kurzen Steigung von 12% bald den Weiler Stofels (1001) mit dem Gh. „Winterlehof", der ein günstig gelegener AP für den Zugang nach Bad Dreikirchen von NO her ist, Mark. 4. Der Talübergang ist an allen ausgesetzten Stellen mit Leitschienen gut abgesichert. 1.5 km hinter dem „Winterlehof" mündet das viel Aussicht bietende Sträßchen unweit von Schloß Pardell in die Straße Villanders-Samberger Hof ein, SG 2–3. Somit ist es dem anspruchsvollen „Autowanderer" möglich, vom Bozner Vorort Rentsch bis Klausen aussichtsreiche Höhenstraßen abseits der großen und stark frequentierten Verkehrswege durch das Eisacktal zu benützen.

Die Rittner Horn-Doppelsesselbahn von Pemmern (1530) zur Bergstation Schwarzseespitze (2060) vermittelt einen der schönsten und lohnendsten alpinen Spaziergänge in Südtirol. Die Wanderung von dort auf das Rittner Horn ist besonders familienfreundlich, denn es ist sowohl kleineren Kindern als auch älteren Personen fast ohne Mühe möglich, den Gipfel in 45 Min. zu erreichen. Das Gipfelpanorama ist altberühmt und reicht von den Gletscherriesen des Ortlers im W bis weit in die sagenumwobene Dolomitenwelt im O und von den Stubaier- und Zillertaler Alpen im N bis zur Presanella und zum Adamello im S, wo sich auch die stark gegliederten Brentadolomiten zeigen. Mit der Bergfahrt des Doppelsesselliftes gewinnt man in 20 Min. einen HU von 530 m, was einer Anstiegszeit von zirka 1½ Std. entspricht. An der Bergstation steht ein SB-Restaurant. Der Sessellift leitet anfangs durch einen ausgedehnten Zirbenwald, dann über freies Gelände mit hochmoorartigem Charakter; die letzte Stufe überwindet der Lift an einem stark mit Latschen bewachsenem Hang. Die Schwarzseespitze hat eigentlich der Form nach wenig von einer Spitze, weil sie sich als abgeflachter grüner Hügel zeigt.

Rittner Horn*, 2260 m.** Dank ihrer günstigen Lage zwischen den großen W
Tälern der Etsch und des Eisack bieten die Gipfel der Sarntaler Alpen fast 196
durchwegs eine außerordentlich schöne und weite Aussicht. Nicht zu Unrecht sagte der bekannte Alpenerschließer Ludwig Purtscheller: „Wer Tirol mit einem Blick überschauen will, der besteige diese Höhen!" In ganz besonderem Maß trifft diese Feststellung auf das Rittner Horn, die weit gegen S vorgeschobene Randerhebung der Sarntaler Berge, zu.

Von der Schwarzseespitze führt ein bequemer Fahrweg in sanftem Gefälle hinab zu einer Einsattelung, in welche die Anstiegswege von Barbian und von der Heidrichsbergalm einmünden. Wenig oberhalb der Wegespinne liegt das ganzjährig bewirtsch. Unterberghaus (2042) mit SB-Restaurant. Nun in direktem Anstieg über die, gleichsam einer schiefen Ebene sanft geneigten Südhänge des Rittner Horns zum von weither sichtbaren Rittner Horn-Haus (2260). Der vielbegangene Weg führt über eine kahle, Wind und Wetter ausgesetzte, weite Fläche mit versteppter Grasnarbe. In dieser Kargheit finden nur noch Schafe Nahrung. Der Gipfel gleicht einer Plattform, welche rundum die berühmte Gipfelschau bietet: Im N Zillertaler Alpen mit Hochfeiler, Möseler, Turnerkamp, Schwarzenstein. Daran schließt die Rieserfernergruppe an. Aus der Kammlinie der Hohen Tauern ragt Österreichs höchste Erhebung, der Großglockner auf. Als charakteristische Erhebungen in den Dolomiten zeigen sich der Schlern, der Peitlerkofel, der Sellastock mit der Pordoispitze, die Tofana II, der schneebedeckte Antelao, die Marmolata, Rosengarten und Latemar. Die Texelgruppe ist im W mit dem Roteck vertreten, die Ötztaler Alpen mit Hohe Wilde und Hoher First. Im SW hat man Ortler, Königsspitze und Cevedale, daran anschließend Monte Vioz und Punta San Matteo. Rückweg wie Anstiegsweg. Z 1½ Std., LA 1 – 2.

Die **Sarntaler Alpen** bilden räumlich gesehen das Kernstück des Landes Südtirol. Sie umschließen das Sarntal in Form eines gegen S geöffneten Hufeisens und werden durch folgende Gewässer abgegrenzt: im NW und W die Passer, welche ihr Quellgebiet zwischen dem Timmelsjoch und dem Schneeberg hat, im N der Ridnaunbach, woran nach O der Eisack anschließt, im S und SW die Etsch. Die Linie Timmelsjoch – Jaufenpaß – Penser Joch kann geographisch als Naht zwischen den Stubaier- und den Sarntaler Alpen betrachtet werden. Penser Tal und Sarntal, welche von der Talfer durchflossen werden, bilden verkehrsgeographisch eine Nordsüdachse innerhalb des nach S geöffneten Hufeisens. Sowohl der Jaufenpaß als auch das Penser Joch sind keine wintersicheren Übergänge und können auch nur während der schneefreien Jahreszeit benützt werden. Sie sind außerdem lawinengefährdet. Während die Straße von Bozen durch das Sarntal bis zum Hauptort Sarnthein schon seit langem besteht, wurde die Verbindung zwischen Sarnthein über das Penser Joch nach Sterzing erst zwischen 1936 und 1938 als strategische Straße erbaut. Ihre Eingliederung in das ital. Staatsstraßennetz erfolgte dann in den sechziger Jahren. Bemerkenswert ist der Name der altbekannten Einkehrstation „Halbweg" zwischen Bozen und Sarnthein; hier wurden am Ausgang der berüchtigten Talfer-Schluchtstrecke früher die Pferde der Stellwagen auf halber Wegstrecke gewechselt.

Über die Sarntaler Berge wölbt sich zwar der gleiche Himmel und strahlt auch die gleiche Sonne wie über den benachbarten Dolomiten, doch ist in den Tälern, auf den Almen bzw. in den Gipfelregionen deutlich eine nördliche Herbheit zu verspüren. Die Almböden sind meist karg, die Wälder düster und die steilen Berglehnen sind entweder mit einer spärlichen Grasnarbe oder mit Schutt bedeckt. Auffallend ist die Anzahl der kleinen Seeaugen, welche aus einer gebietsweise monotonen Berglandschaft aufleuchten. Als Herzstück der Sarner Alpen kann man das Durnholzer Tal mit dem fischreichen Durnholzer See betrachten, welcher auch der größte und bekannteste ist.

Sarnthein und Sarner Berge

Sarntal

Auf der orogr. re. Uferseite der Talfer verläßt man Bozen (262). Die SS.508 tritt bald in das burgenreiche Sarntal ein, wo sich das Landschaftsbild spontan ändert: das Liebliche weicht dem Ernsten, die bis an den Stadtrand reichenden Weinleiten wechseln mit hohen Felswänden. Steil zur Talfer fällt der Burghügel mit Schloß Runkelstein ab. Nachdem man auch an der alten Wasserburg Ried vorübergezogen ist, durchfährt man zwischen hohen Porpyhrwänden eine romantische Schluchtstrecke mit 22 numerierten Tunnels bzw. neu angelegten Galerien. Man quert die Talferbrücke und folgt nunmehr dem li. Ufer talein nach Sarnthein (961), das im O unter dem Schloß Reinegg umfahren wird. In Astfeld (1021) gelangt man zu einer bedeutsamen Straßenteilung: re. nach Durnholz, li. hat man die Fortsetzung der SS.508 zum Penser Joch.

Von Astfeld folgt man im einförmigen Penser Tal der Talfer aufwärts. Die Straße führt unterhalb des Terrassendorfes Aberstückel (1325) über Rabenstein und Weißenbach nach Pens (1405), dem s. Basisort der Paßstraße zum 2211 m hohen Penser Joch. Dieser landschaftlich interessante Übergang wurde ursprünglich aus strategischen Erwägungen gebaut und erfreut sich heute einer zunehmenden Beliebtheit als Touristenstraße. Der Paß ist allerdings nur während der schneefreien Jahreszeit geöffnet → Sterzing und Umgebung, Penser Joch.

Der idyllisch gelegene Puntleider See → RW 24 gilt als einer der schönsten Waldseen Südtirols. Am südlichen Rand zeigen sich die Sarntaler Alpen auch von ihrer heiteren Seite, denn sowohl der Ritten, als auch das Mittelgebirge mit dem Salten und dem Haflinger Plateau, somit der gesamte Tschögglberg, sind ihnen zugeordnet. Die Vielfalt der Landschaft und ihrer Bergformen ist geologisch bedingt und reicht von den Kalkalpen bis zur Bozner Porphyrplatte mit ihren vulkanischen Ergüssen und Tuffen. Die höchsten Gipfel sind Hirzer (2781), Alpler Spitze (2748), Hochwart (2746) und Jakobsspitze (2745). Zirka 140 Gipfel sind über 2000 m hoch. Neben Sarnthein sind im Sarntal bzw. im Durnholzer Tal noch Astfeld, Reinswald, Aberstückl, Weißenbach und Pens einschließlich Außer- und Innerpens (Asten) als Touristenorte hervorzuheben; nicht zu vergessen die zahlreichen, stark frequentierten Orte in den Randgebieten.

Langegg* 584 m. Diese abwechslungsreiche Wanderung im Naherho- **RW**
lungsgebiet von Bozen erfaßt Teile der wildromantischen Sarner Schlucht, **197**
die idyllisch gelegene Jausenstation Langegg, welche mit Eigenbauweinen aufwartet und besonders zur Törggelezeit einlädt; dann kann man hier bis in den Nachmittag hinein die milde Herbstsonne genießen. Sein Fahrzeug stellt man am besten beim Gh. „Seebacher" ab, falls man es nicht vorzieht, mit dem Bus bis zur Haltestelle an der Jenesier Seilbahn zu fahren. Li. der Talfer leitet ein Nebensträßchen an der Burg Ried vorbei, dem man bis zum „Sarner Toni" folgt, der als Original weit und breit bekannt, einst das Bauerngasthaus „Sarner Zoll" bewirtschaftete. Hier zweigt der meist bewaldete Fußsteig, HT, zur Jausenstation Langegg ab, welcher über den Burgfrieden verläuft, zirka 45 Min. ab Gh. „Seebacher". Für den Rückweg benützt man dann das kühn in den Fels gehauene Bergsträßchen, welches zunächst am ehem. Schloß Wangen-Bellermont vorbeiführt und abwech-

selnd beeindruckende Ausblicke bietet, dann in Serpentinen zum Eisplatz in der Sill (im Sommer Tennisbetrieb) hinableitet. Auf dem Ufersträßchen zurück zum AP. LA 1 – 2, Z 1½ Std. – Hierzu Skizze 37.

Schloß Wangen-Bellermont, Langegger Hof*, 584 m

Es handelt sich dabei um ein kühn angelegtes, in den Fels gehauenes 1.2 km langes Privatsträßchen, welches der Eigentümer des Langegger Hofes in den Jahren 1970/71 mit seinem Sohn Roman baute. Das Befahren des Serpentinensträßchens aus der Talferschlucht hinauf zur exponiert auf einer kleinen Terrasse liegenden Jausenstation ist nur mit Pkw und Kleinbussen möglich und erfolgt auf eigene Gefahr, SG 3 – 4. Die max. Steigung beträgt 19% (bis zum Schloß 15%), an ausgesetzten Stellen gibt es zwar Randsicherungen, doch sind die sehr niedrigen Mauern zu schwach und zu bescheiden ausgefallen. Das Bergsträßchen ist einspurig, geteert und mit nur wenig Ausweichstellen versehen. Die Geschwindigkeitsbegrenzung auf der nicht kollaudierten Straße beträgt 20 km/h. – Zufahrt von Bozen: Von der SS.508 in der Talferschlucht über die Brücke zum Gh. „Seebacher" und an diesem vorbei. Auf der orogr. li. Seite des Flußes fährt man nun 1.1 km bis zum Eisplatz in der Sill; hier re. abzweigen und der HT „Langegger Hof" folgen.

W 198 **Johanniskofel und Steinmannhof, 658 m.** In der Sarner Schlucht ragt ö. der Talfer ein steil abfallender Fels empor, auf dem das gotische Kirchlein steht, welches Johannes dem Täufer geweiht ist. Es wird auch „St. Johann am Kofel" genannt, im Volksmund spricht man nur vom „Hanniskofl", wenn man die steile, felsige Erhebung meint. Ob hier eine vorgeschichtliche Siedlung gestanden hat, ist fraglich, ebenso wie die Existenz eines Schlosses namens „Scharfenstein" während des Mittelalters. – Von der Bushaltestelle in der Sarner Schlucht zwischen zwei Tunnels gibt es den Fußsteig mit Mark. 4, welcher zunächst zur Hängebrücke über die Talfer hinableitet und dann an der Gabelung li in mehreren Serpentinen zum Kirchlein und zum benachbarten Steinmannhof hinaufführt; dieser einsame Hof bietet eine Einkehrmöglichkeit bei Jause und Eigenbauwein. HU 200 m, 45 Min., LA 1 – 2. Rückweg wie Hinweg, Z 1¼ Std. – Ein Zugang von N her besteht auf Weg 4 vom anfahrbaren Wangen (1085) aus, wobei man 427 Höhenmeter im Abstieg über den Gogischer und den Egger hat; hin und zurück zirka 2 bis 2½ Std. – Hierzu Skizze 37.

Wangen 1085 m, und Oberinn*, Ebengütl 1400 m

Der Ritten ist nicht nur von Bozen über Rentsch durch eine gute Straße erschlossen, sondern auch vom Sarntal aus. Die ausgebaute und übersichtliche Abzw. (697) befindet sich an der SS.508 bei km 14.6 zwischen dem Gh. „Zum Touristen" und dem Ort Bundschen; hier HT „Wangen", Gewichtsbeschränkung 12 t, absolutes Anhängerverbot! Die meist durch Wald in Serpentinen ansteigende Bergstraße ist durchgehend zweispurig und asphaltiert, an ausgesetzten Stellen wurde sie durch Leitplanken abgesichert. Die Steigungsmaxima zwischen Wangen und Oberinn (Ebengütl) betragen 16%, SG 2 – 3, kurvige Streckenführung. Distanzen: vom Tal bis zur Abzw. Wangen 4.9 km, Zufahrt in den Ort Wangen 300 m, vom Tal bis Oberinn (Kirche) 9 km. Prächtige Aussicht auf Afing (871), welches jenseits der Talfer mit seinem Kirchlein St. Nikolaus auf einem gegen das Sarntal vorgeschobenen, flachen Hügel liegt. Im Abstieg von Ebengütl nach Oberinn genießt man Prachtblicke auf die Dolomiten mit Schlern und Rosengarten, im Tiefblick hat man Bozen, im SW das Mendelgebirge.

Riedelsberg, Riedlerhof 1503 m

Kommt man aus Richtung Bozen nach Sarnthein, so hat man an der SS.508 bei den ersten Häusern (984) des Ortes re. die Abzw. des einspurigen, zirka 7 km langen Bergsträßchens zu den entlegenen Höfen auf dem Riedelsberg, max. 12% Steigung. SG 3. – Der besonders erhaltungswürdige, uralte Morgenstätthof (1412), welcher stark vom Einsturz bedroht war, konnte dank der wirksamen Hilfe seitens Nord- und Südtiroler Landesstellen in den vergangenen Jahren mit seiner kostbaren Bausubstanz gerettet werden. Dieser Berghof besteht aus einem Wohnhaus, welches einen Wohnturm umschließt, einem Wirtschaftsgebäude, Kapelle, Nebengebäude, Sägewerk und Backofen. – Am Riedlerhof führt der mark. Weg 3 vorbei, welcher zur → Sarner Scharte hinaufleitet.

Sarner Scharte * * **2461 m und Villandersberg** * * * **2509 m.** Der Villanders- **W**
berg bildet im NW und gegenüber vom Rittner Horn einen Gebirgsstock, **199**
dessen westlichste Erhebung die markante Scharte ist, welche zum Sarntal mit fast senkrechten Felswänden abbricht. Sie wartet gegen das Tanzbachtal hin, das sie vom Rittner Horn trennt, mit sanften, almbedeckten Hängen (Schartalm 2050 m, Schönlandalm 2006 m, Schönbergalm 2084 m und Scheibenalm 2006 m) auf. Geländebedingt sind auch die Anstiegsrouten grundverschieden: von der Villanderer Seite über den Gasteiger Sattel vorwiegend sanft, von der Sarner Seite bis zum Schart-Biwak teilweise sehr steil! – AP auf der Sarner Seite sind die anfahrbaren Höfe von Riedelsberg, wo das Bergsträßchen den Fußweg mit Mark. 3 kreuzt. Zunächst mäßig bergan zum Bildstöckl (1778), dann über den Bach und hinauf zum Südfuß (2070) des mächtigen Felsaufbaues, daran schließt ein Serpentinensteig durch ein Kar an und führt hinauf zum Schart-Biwak (2381), 2½ Std. Nun der Mark. T (= Totenkirchl) folgend über den Grat in 30 Min. zum Schartgipfel bzw. zum Villandersberg 1 Std. Letzterer übertrifft, was das Panorama anlangt, noch das berühmte Rittner Horn, insbesondere was die Aussicht nach N und NW auf die Stubaier- und Ötztaler Gletscherberge betrifft. Rückweg wie Hinweg, HU runde 1000 m, Z 5½ bis 6 Std., LA 3. – Hierzu Skizzen 35 und 36.

Sarner Schihütte, 1614 m

Sie liegt auf dem stark bewaldeten Bergrücken zwischen dem Öttenbacher- und dem Runggtal nw. von Sarnthein. Man erreicht sie auf einem 7.3 km langen, asphaltierten Bergsträßchen, welches in Sarnthein (967) seinen Ausgang nimmt. Die günstige Trassierung bewirkte ausgewogene Steigungsverhältnisse, die Maxima überschreiten 10% nicht, SG 2 – 3. – Man fährt von der Talferbrücke durch die schmale Andreas-Hofer-Gasse, welche an ihrem oberen Ende in eine normal breite Straße mündet; dieser folgt man bergwärts und hält sich an der Straßenteilung re (li. nach Putzen). Hinter den letzten Häusern leitet sie in ein einspuriges, schmales Bergsträßchen über und durchmißt ein ausgedehntes Waldgebiet. Es ist bis zur Hütte zwar durchgehend geteert, doch wies es im Bj. zahlreiche Schäden in der Straßendecke auf. Nach 4.3 km li. Zufahrt zum Bienenhof Thaler (Bienenmuch), wo eine bekannte Bienenzucht und Imkerei betrieben wird. Auf kilometerlangen Strecken zieren im Sommer Lupinen verschiedenster Farben die Böschungen beiderseits des Fahrweges. Im Hüttengebiet gibt es li. der Straße reizvolle Rastplätze mit aufgestellten Bänken. Die Aussicht von der ganzj. bewirtsch. Schihütte richtet sich vornehmlich gegen die Sarner Scharte (2461) und den

Villandersberg (2509), im weiteren gegen das Rittner Horn. Eine zirka 150 m lange Zufahrt führt zu dem nur wenig höher gelegenen Reitergasthaus „Auener Hof“ (1620) in guter Aussichtslage.

W 200 **Hohe Reisch**, Stoanerne Mandln 2003 m.** Es handelt sich hierbei um eine Anhäufung von zirka hundert aus Sandsteinplatten aufgeschichtete „Steinmänner“, eine für ganz Südtirol einzigartige Sehenswürdigkeit in der Natur. Die Hohe Reisch ist eine breite Bergkuppe und ihr höchster Punkt, welcher ein umfassendes Panorama bietet, wird als Schöneck bez. In den Sarntaler Alpen wird die Rundschau nur noch vom Großen bzw. Kleinen Ifinger und vom Hirzer übertroffen.

AP ist die anfahrbare Sarner Schihütte (1614). Hinter dem Viehgatter folgt man zunächst einem fast flach verlaufenden Waldweg mit Mark. 2 bis man an den Almbach gelangt. Die Ausblicke richten sich auf die Südseite des grasigen Öttenbacher Berges, einem ausgedehnten Weidegebiet von Haflinger Bergpferden. Der Weiterweg zur Jausenstation Auener Alm (1798) ist steinig und steil; seine Fortsetzung oberhalb der Baumgrenze leitet zum Auenjoch (1924), das im Mittelpunkt einer Wanderwegespinne liegt. Der Weg führt vorwiegend über Almböden und weist nur mehr eine mäßige Steigung auf, was auch für den Gipfelaufstieg mit Mark. P (= Putzen) zur Hohen Reisch gilt. Bis Auener Alm 45 Min., bis Auener Jöchl 1½ Std., bis zum Gipfel 2 Std. ab AP. – Vom Auenjoch ist auf Weg 4 das im N aufragende Kreuzjoch (2086) in nur 45 Min. erreichbar. – Rückweg wie Hinweg. HU für Hohe Reisch 400 m, für Kreuzjoch 500 m. LA 2, Z 3½ bzw. 4 Std. – Hierzu Skizze 36.

Reinswald, St. Martin 1492 m und Talstation des Sesselliftes Reinswald 1549 m

Bei km 4 der Durnholzer Straße zweigt re., gegenüber dem Gh. „Gufl“ über die Brücke das Asphaltsträßchen nach dem sonnseitig gelegenen Bergdorf Reinswald ab. Mit max. 14% Steigung gewinnt man nach 2 km das verstreut liegende Dorf mit seinem weithin sichtbaren Kirchturm, SG 2 – 3. Parkplätze findet man sowohl vor dem Angerer Hof als auch im oberen Ortsteil an der Talstation des Sesselliftes Reinswald. – Will man von Vorderreinswald zum Durnholzer See, so kann man alternativ einen schmalen Fahrweg benützen, welcher unterhalb von Hinterreinswald an der aussichtsreichen Berglehne entlangzieht und an der Kollmannbrücke in die Talstraße einmündet.

RW 201 **Heiligkreuz-Hütte* 2302 m und Kassianspitze**, 2581 m, AP Reinswald.** Wer wenig begangene Wege und noch stille, unberührte Täler sowie einsame Gipfel liebt, der findet in den Bergen um das Durnholzer Tal ein reiches Betätigungsfeld. Zu den schönsten Unternehmungen in diesem Gebiet zählt die Besteigung der Kassianspitze, eine Tour, die allerdings etwas Ausdauer verlangt. Der Sessellift Reinswald ist während des Sommers von Anfang Juli bis Anfang September in Betrieb und erspart zirka 1½ Std. Anstiegszeit. Seine Talstation (1549) liegt im oberen Ortsteil von Reinswald, seine Bergstation (2138) auf der Pfnatschalm direkt am Höhenweg 11, der auch das Bergghн. „Pfnatsch“ (2078) und die Jausenstation „Latschenhütte“ berührt.

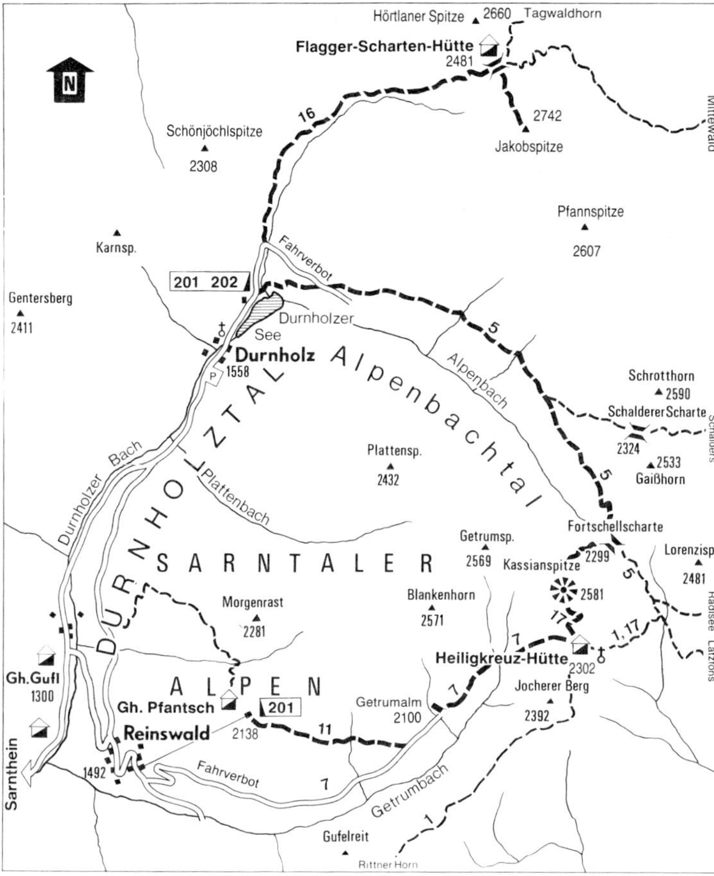

Skizze 35 Durnholz

Über die Pichlbergalm (2175) wandert man zunächst bequem zur Getrumalm (2100) und weiter auf Steig Nr. 7 hinauf zum „Lückl“ (2378), welches mit der kleinen Wallfahrtskirche Latzfonser Kreuz bzw. mit der Heiligkreuz-Hütte verbindet, 2½ Std. ab Pfnatschalm. Das Latzfonser Kreuz ist die höchstgelegene Wallfahrtsstätte Südtirols. – Über spärlich begrünte Hänge und Schrofen erreicht man schließlich auf Steig 17 einen winzigen See (2469) und die wegen ihrer prächtigen Aussicht auf die Dolomiten bekannte Kassianspitze, 45 Min. ab Latzfonser Kreuz. – HU ab Bergstation 600 m, Z 5 bis 6½ Std.; letztere Angabe bezieht sich auf den direkten Rückweg Nr. 7

bis Reinswald. LA Latzfonser Kreuz 2, Kassianspitze (Gipfeltour) 2 – 3. – Ein anderer Anstiegsweg mit Mark. 5 führt vom Nordufer des Durnholzer Sees über die Bergbauernhöfe Angerer und Bachmann hoch über dem Großalmtal zur Fortschellscharte (2299), dann auf einem unmark. Steig über den n. Grat direkt hinauf zur Kassianspitze, 3 Std., Z 5 Std., LA 2 – 3. – Anstieg aus Richtung Klausener Hütte → RW 183. – Hierzu Skizze 35.

Durnholzer See, 1540 m**

In Astfeld (1021) nimmt die asphaltierte Straße durch das Durnholzer Tal von der SS. 508 ihren Ausgang und führt, 5 bis 6 m breit, bei max. 6% Steigung in das Talinnere, SG 2. Die Ausbaustrecke endet nach knapp 11 km kurz vor dem Durnholzer See. Parkplätze findet man noch vor Erreichen des s. See-Endes. Ein nur für Anrainer benützbarer Uferfahrweg leitet über den „Fischerwirt“ und über die Brücke des Seeb-Baches zu den höchstgelegenen Bergbauernhöfen in Innerdurnholz, welche wie der Bachmannhof (1724) und der Indersthof (1761) gj. bewohnt werden. Der besondere Reiz der Sarner Berglandschaft liegt – im Gegensatz zum Formenreichtum der Dolomiten – in ihren freundlichen Almen, dunklen Nadelwäldern und in mehreren klaren Bergseen; unter ihnen ist der fischreiche Durnholzer See der größte und auch der bekannteste.

W 202 **Flagger-Scharten-Hütte*, ehemalige Marburg-Siegener-Hütte 2481 m, und Jakobspitze**, 2742 m.** Der Anstieg zur Marburger Hütte mit anfahrbarem AP Durnholzer See (1540) ist sowohl der kürzeste als auch der unproblematischste Zugang vom Tal, knappe 3 Std. Hingegen muß man von Mittewald im Eisacktal für den Weg über die Untere Flagger Alm mit einer Anstiegszeit von 5 Std. rechnen. – Man wandert zunächst auf Weg 16 neben dem Seeb-Bach talein. Im ausgeprägten Talschluß, der u. a. von Mutnelle (2657), Hörtlaner Spitze (2660) und Jakobspitze gebildet wird, setzt eine stärkere Steigung ein, die sich bis hinauf zur Flagger Scharte fortsetzt. Aus „2. Linie“ ragt das Tagwaldhorn (2708) hervor, das sich von der Scharte aus in 1½ Std. leicht besteigen läßt und eine gute Aussicht bietet. Lohnender jedoch ist der kürzere Aufstieg in nur 45 Min. zur Jakobspitze, deren vortreffliches Panorama berühmt ist.

Die Hütte wurde 1914 von der Sektion Marburg des DÖAV erbaut und 1976 generalsaniert; sie befindet sich in Staatsbesitz und wird von der CAI-Sektion Brixen verwaltet. Bewirtsch. vom 25. Juni bis Mitte September, bei entsprechender Witterung auch bis Ende Sept. – HU 950 m, Rückweg wie Hinweg, Z nur bis Hütte und zurück 5 Std., Z einschließlich Jakobspitze 6½ Std., LA 2 – 3. – Hierzu Skizze 35.

Der markante, dem Bozner Talkessel und dem Überetsch zugewandte **Mendelkamm** hat drei charakterist. Erhebungen: im S und oberhalb Tramin der Rhönberg (2116), in der Mitte über Eppan und Kaltern der Penegal mit seinem Steilabfall und im N die etwas vorspringende Felsnase des Gantkofels (1866), oberhalb Perdonig gelegen. Zwischen Rhönberg und Penegal bildet die Einsattelung des Mendelpasses (1663) den einzigen befahrbaren Übergang dieses Gebirges. Er verbindet als solcher das Überetsch mit dem Nonstal.

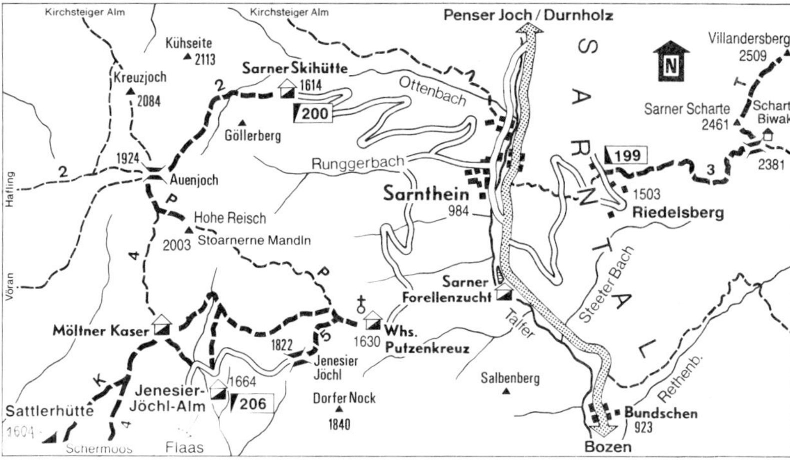

Skizze 36 Sarnthein

Salten

Der **Salten** ist die Kernlandschaft des Tschögglberges, der sich, abgegrenzt durch das Sarntal im O, das Etschtal im S und das Passeiertal im NW erstreckt. Dieses Mittelgebirge kulminiert in Höhen bis zu 1941 m, falls man das Möltner- und Vöraner Joch in die Betrachtungen miteinbezieht. Der Salten ist in seiner ganzen Pracht und Ausdehnung ein Reich für sich mit spezifischem Kolorit, das nur dem begegnet, der ihn zu allen vier Jahreszeiten besucht. Den Höhepunkt seines Erlebnisses bildet zweifellos der Gang zum Kirchlein **St. Jakob auf der Lafenn.** Von einem Hügel aus beherrscht und überschaut es die weite Gegend. Ungehemmt schweift von ihm der Blick auf die Dolomiten, die Brentagruppe, die Ortlerberge, die Ötztaler und Stubaier Alpen, die Sarntaler Berge und die Texelgruppe.

Das aus roten Porphyrquadern gebaute Kirchlein hat einen massiven Turm mit Rundbogenfenstern. Von dessen Glockenhaus genießt man einen Rundblick, wie nur von wenigen anderen Punkten des Landes. Das Kirchenschiff ist zur Hälfte romanisch, mit dicken Mauern, dann überhöht mit einer Rosette an der Fassade. Der Chor ist gotisch und wurde um 1510 erbaut.

Bis 1839 ging es hier an einem Tag des Jahres hoch her: Am Jakobitag, das ist der 25. Juli, fand ein großer Markt statt, zu dem von allen Seiten Leute kamen, um Waren zu kaufen und zu verkaufen. Leider ging kaum ein Kirchtag vorbei, ohne daß gerauft wurde. 1839 war es aber so schlimm, daß dies der letzte Kirchtag auf Lafenn war, er wurde dann verboten.

Man fährt aus **Bozen** auf der re. Uferseite der Talfer. Beim Gh. „Scharfeck" li. Abzw. des Jenesiersträßchens. Wenig weiter hat man li. die Talstation der touristisch bedeutsamen **Seilschwebebahn** nach **Jenesien** (Bergstation 1030). Von den höher gelegenen Weinleiten grüßt das Kirchlein St. Jakob herab, überragt von der Burgruine Rafenstein (dorthin auch Fahrweg).

Alte Jenesier Straße*, Jenesien 1089 m.

Sie zählt nach dem → Rafensteiner Bergsträßchen zu den steilsten und schwierigsten Straßen Südtirols und ist daher nur berggewohnten Fahrern von Klein- und Mittelklassewagen zu empfehlen. Der AP befindet sich im N von Bozen (266) am Fagenbach nahe dem „Gscheibten Turm". Die nur 6.3 km lange, geteerte bzw. betonierte Strecke hat eine Dauersteigung von 22% und Maxima bis 30%. Die engste Stelle mißt nur 2 m, das Geschwindigkeitslimit beträgt 20 km/h. Ausgesetzte Stellen sind durch Leitplanken abgesichert. Es gibt nur wenig Ausweichmöglichkeiten, SG 3–4. Hinter der Fagenbachbrücke sofort den ersten Gang einlegen, die kräftige Steigung beginnt unvermittelt! Bei St. Georgen fährt man abschnittsweise mitten durch die „Weinpergeln" bis im oberen Streckenteil Laub- und Nadelbäume eine übergeordnete Vegetationszone anzeigen. Die Neue Jenesier Straße wird zweimal gekreuzt.

RW 203 **Guntschnapromenade*.** Sie beginnt unmittelbar oberhalb der alten Grieser Pfarrkirche, deren Besuch man keinesfalls versäumen darf; in der Erasmuskapelle birgt sie ein echtes Juwel spätmittelalterlicher Sakralkunst, den gotischen Flügelaltar von Michael Pacher aus dem Jahre 1475, welcher nach dem Altar von St. Wolfgang das bedeutendste Werk des Meisters ist. – Die Promenade windet sich, gesäumt von subtropischer Vegetation (u. a. Agaven, Zypressen, Pinien und Kakteen) in zahlreichen, kunstvoll angelegten Serpentinen an steiler Berglehne zu den Guntschnaer Weinleiten hinauf. Nach 30 Min. erreicht man den Reichrieglerhof (486) mit prächtiger Aussicht auf die Stadt, das Unterland und hinüber zu den Felszinnen der Dolomiten mit Rosengarten und Latemar. Von hier kann man entweder den gleichen Weg zurückgehen oder über die Miramontistraße zur Talfer absteigen. Z 1 Std., LA 1. – Hierzu Skizze 37.

Neue Jenesier Straße, Jenesien 1089 m.**

Die neue 9.5 km lange Jenesier Straße mit offizieller Bezeichnung P. 99 zweigt am Fagenbach von der Sarntaler Straße nach N ab und benützt im unteren Abschnitt die seit längerem bestehende, durch die Fagenschlucht führende, windungsreiche Bergstraße hinauf zum Reichrieglerhof. Auf der Schluchtstrecke gelten folgende Beschränkungen bzw. Verbote: Geschwindigkeit 50 km/h, Busverbot ab 10 m Länge, absolutes Anhängerverbot. Bis zur Straßenteilung beim Reichrieglerhof schwanken die Fahrbahnbreiten zwischen 3 und 5 m, die max. Steigung beträgt 18%. Die neue Jenesier Straße nimmt nun einen völlig geänderten Verlauf und wurde meisterhaft unter weitestgehender Schonung der Kulturgründe dem schwierigen Gelände angepaßt. Es ist gelungen, eine sehr ausgewogene Steigung zu erzielen, deren Maxima 9% erreichen. Abschnittsweise ist sie auch eine hervorragende Aussichtsstraße mit Prachtblicken auf Schlern, Rosengarten und Latemar. Im SO zeigen sich Zanggen, Weißhorn und Schwarzhorn. Zu Füßen breitet sich die Talferstadt aus. Weit nach S läßt sich das silberne Band der Etsch verfolgen. Mehrere Kunstbauten wurden in Form von Brücken, Galerien und Tunnels angelegt, darunter auch ein schwach beleuchteter Kehrtunnel. Die moderne Bergstraße ist durchschnittlich 6 m breit, durchwegs asphaltiert und an ausgesetzten Stellen bzw. unübersichtlichen Krümmungen mit Leitschienen ausgestattet. Den sw. Ortsrand von Jenesien erreicht man bei km 8.7, SG 2. Die nw. Umfahrung schließt an das Sträßchen nach Flaas an. – Abzweigungen: bei km 3 li. einspuriges und teilweise steiles Sträßchen nach → Glaning, HT, bei km 4.2 re. nach St.Georgen, HT, bei km 6.1 re. zum Gh.„Pockschin" und nach Afing, HT.

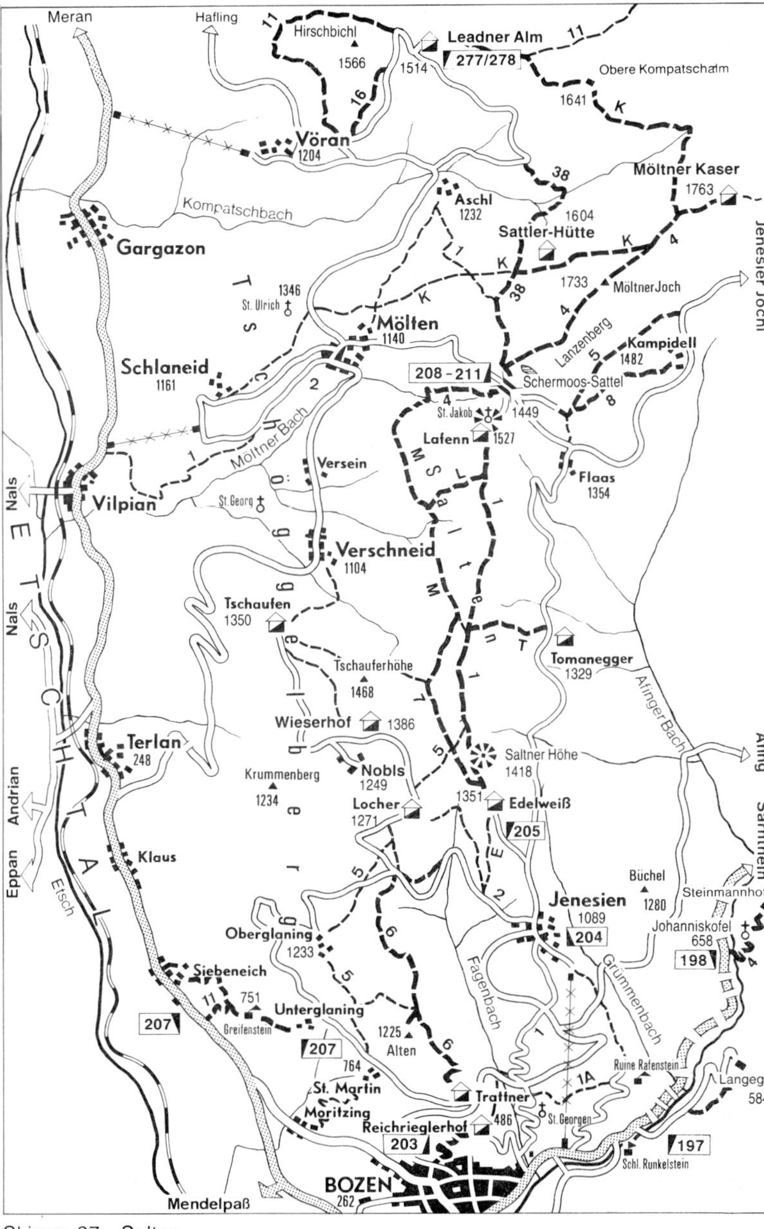

Skizze 37 Salten

Afinger Straße, Gh. „Furggler" 871 m

Das knapp zweispurige Asphaltsträßchen nimmt seinen Ausgang an der Neuen Jenesier Straße re., bei km 6.1, HT Gh. „Pockschin" 5.7 km, Afing 8.6 km. Bewaldete Strecken wechseln mit Freistrecken ab, die sowohl bemerkenswerte Ausblicke auf den Ritten als auch eindrucksvolle Tiefblicke in die Talferschlucht zwischen der Burg Ried und dem Schloß Wangen-Bellermont bieten. Die Terrassenstraße weist kaum nennenswerte HU auf, lediglich die Umfahrung der vom Afinger Bach gebildeten Talung ist mit einem kurzen Gefälle hinab zum „Gh. „Pockschin" (797) und dem darauffolgenden Gegenanstieg von 9% in den Ort Afing verbunden, SG 2 – 3. – Von Bozen ist eine Abkürzung über das → Rafensteiner Bergsträßchen für kleine Pkw und sehr geübte Fahrer möglich.

Rafensteiner Bergsträßchen, Einmündung Afinger Straße 800 m.

Es ist mit seiner Trassenführung das wohl kühnste und wegen seiner Steilheit das schwierigste, öffentlich zugelassene Bergsträßchen Südtirols! Die Dauersteigung beträgt zirka 33%, die Fahrbahnbreite nur 2 m. Abschnittsweise gibt es keine Ausweichmöglichkeiten, besonders dort nicht, wo beide Seiten wie in einem Kanal durch Mauern begrenzt sind. Dort ist ein Aneinandervorbeikommen nicht mehr möglich! An ausgesetzten Stellen findet man nur selten Leitplanken oder ähnliche Randsicherungen. Der Betonbelag hat eine rauhe (geriffelte) Oberfläche. Das knapp 3 km lange Sträßchen stellt die kürzeste Verbindung zwischen der Sarntaler Straße und dem Anschluß an die Afinger Straße her. AP ist der Gh. „Kellermann" nahe der Jenesier Seilbahn-Station. Die Ruine Rafenstein/Castel Sarentino liegt ungefähr im Zweidrittelpunkt der Wegstrecke; hier findet man auch Abstellplätze und Wendemöglichkeiten vor. Am Fuß von Rafenstein liegt die romantische Jausenstation „Schloßwirt" (675), welche am Hang terrassenartig angeordnet ist. SG 4, ratsam nur für kleine und wendige Fahrzeuge und sehr geübte Bergfahrer!

W 204 **Altenberg* 1225 m, Bergabwanderung.** Von Jenesien (1089), das sowohl mit der Seilschwebebahn als auch auf einer modernen Panoramastraße erreichbar ist, kann man auf guten Wegen nach Bozen absteigen. AP und EP sind die Talstation (315) der Jenesier Seilbahn bzw. das Umfeld des „Gscheibten Turmes". Die zirka 900 m HU bewältigende Bergabwanderung wartet mit einer Fülle bemerkenswerter Szenerien auf: abwechslungsweise hat man freie Sicht auf die abenteuerliche Zackenreihe der Dolomiten im O und das Überetsch im S, den hoch hinauf bewaldeten Mendelkamm und auf die Brentagipfel im SW. Während des Abstieges zur Jausenstation „Trattner" in Guntschna wird auch der Blick auf den Bozner Talkessel und das Unterland frei. Der Abstiegsweg nimmt folgenden Verlauf: Zunächst Weg 2, welchen man im Fagenbachgraben bald wieder verläßt und dem Asphaltsträßchen in Richtung zum „Locherwirt" folgt. Eine HT zeigt den Abkürzer nach Eggen an. Über den Steifler wird Oberglaning erreicht, worauf sich die Wanderung in der Mulde zwischen Altenberg und dem Alten (1223) fortsetzt. Steiler wird dann der Abstieg hinab zum „Trattner" (642) und über den Reichrieglerhof gelangt man durch die vom Fagenbach gebildete Schlucht zurück zum AP, 2 bis 2½ Std., LA 2. – Hierzu Skizze 37.

Der **Zufrittsee** (1850) im hinteren Martelltal ist ein Stausee, welcher nicht nur das Wasser der Plima sammelt, um es dem E-Werk in Laas zuzuleiten, sondern es kommt ihm auch die wichtige Rolle zu, bei drohendem Hochwasser ein gut funktionierendes Ausgeichsbecken zu sein. In der Vergangenheit hatte der ungestüme Plimabach viel Unglück und Folgeschäden im Tal angerichtet. Im Hintergrund der schnee- und eisbedeckte Monte Cevedale (3778). Foto aus dem Bildführer „Vinschgau und Seitentäler", erschienen im Südtirol-Bildverlag, Bozen

Die **Stilfser-Joch-Straße** ist nach wie vor die „Königin" unter den Hochalpenstraßen. Seit ihrer Erbauung anno 1820 hat sich an ihrer meisterhaft angelegten Trasse kaum etwas Wesentliches geändert. Blick von den obersten Kehren auf ihre eindrucksvolle Trassenführung hinab in das Trafoital. Stilfser Joch → W 339. Foto Hans Truöl

Blick vom Latscher Sonnenberg in das Mündungsgebiet des **Vorderen Martelltales** und auf das Etschtal → RW 322. Auffallend ist der breite Mündungskegel, welcher durch die Ablagerungen des Moränenschuttes hier entstanden ist. Durch Auftragung einer Humusschicht und künstliche Bewässerung ist es gelungen, dieses einst unwirtliche Umfeld der Plima urbar zu machen und in den großen „Vinschgauer Obstgarten" einzugliedern. Foto E. Fuchs-Hauffen

Die Wanderung entlang dem **Tscharser Waal** → RW 321 entzückt sowohl durch ihre mannigfache Vegetation als auch durch ihre sich bietenden Tiefblicke in das von der Etsch durchflossene, üppige Obstland. Foto E. Denzel

Verbindungsstraße Jenesien-Nobls, Wieserhof, 1386 m

Das größtenteils einspurige (Bankett nicht befahrbar, tiefe Wasserablaufrinnen!) und mit Ausweichen versehene Sträßchen nimmt im oberen Dorf von Jenesien (1089) seinen Ausgang, wo man in einer Kurve die Saltner Straße verläßt und geradeaus weiterfährt, HT „Locher". Die Umfahrung von Jenesien im NW ist in Bau. Auf vorwiegend bewaldeter Strecke wird der vom Fagenbach gebildete Graben umfahren. Kurze Steigungen mit Maxima von 12% wechseln mit sanften Gefällestrecken. Nach 3.7 km Straßenteilung: li. über die → Glaninger Bergstraße hinab nach Guntschna, wo man unterhalb vom Trattner Hof in die Neue Jenesier Straße einmündet. Re. auf knapp zweispuriger, 1 km langer Wegstrecke, im Bj. Naturbelag, bergan zum Locherwirt (1271) bzw. 3 km bis zum Wieserhof, SG 3. Bei letzterem erreicht der Fahrweg seinen Scheitelpunkt. Für Omnibusse ist die gesamte Strecke ungeeignet. Das Fahrwegende befindet sich in Vordernobls (1249); zum Tschaufenhaus (1350) leitet zwar ein holpriger Traktorenweg durch den Wald, doch ist dieser für Pkw absolut ungeeignet. Sowohl die Glaninger Bergstraße als auch die Verbindung von Jenesien zum Wieserhof vermitteln im Naherholungsgebiet Bozen günstig gelegene AP für familienfreundliche Wanderungen.

Oberglaning* 1233 m und Nobls, Wieserhof* 1386 m

Das asphaltierte Bergsträßchen nach Glaning nimmt bei km 3 der Neuen Jenesier Straße seinen Ausgang. An der Abzw., die mit einem Verkehrsspiegel ausgestattet ist, muß man sich scharf li. halten und der HT „Glaning" folgen. Das nur einspurige, mit Ausweichstellen versehene Sträßchen steigt unvermittelt kräftig an, leitet unterhalb vom Gh. „Trattner" durch die Weinpergeln hindurch und erreicht nach knapp 2 km den sonnig gelegenen Gh. „Messner" in Glaning, li. kurze Zufahrt. Windungsreich ist das Sträßchen in seinem weiteren Verlauf auf vorwiegend bewaldeter Hangstrecke. Bei km 3.5 hat man li. die 250 m lange, schmale Zufahrt zum Gh. „Noafer", welcher zwischen Obstbäumen auf einer Terrasse liegt, aber wegen der Nähe des Waldes nur wenig Aussicht bietet. Die Anschlußstrecke führt vielgewunden nach Oberglaning hinauf, über freie Wiesen und Felder hinweg ergeben sich gute Ausblicke. Nach bewaldeter Strecke trifft man bei km 9.5 auf die von Jenesien herüberführende Verbindungsstraße. Scharf li. hinauf nach → Nobls mit dem Gh. „Locher" bzw. dem „Wieserhof" hoch über dem Margarethengraben, 3 km, geradeaus nach Jenesien 3.7 km. Glaninger Bergstraße max. 16% Steigung, SG 3, für Omnibusse absolut ungeeignet.

Saltner Straße, Schermoos-Sattel, 1449 m

Von Jenesien (1089) führt auf der ö. Seite des Saltner Höhenrückens, welcher im Kirchhügel von Lafenn (1527) gipfelt, eine Asphaltstraße nach Flaas, welche auch von Linienbussen befahren wird. In Jenesien folgt man zunächst der HT „Mölten". 1.2 km talein hat man li. die Abzw. zum Gh. „Edelweiß". – Ohne nennenswerte Steigungen leitet das knapp 10 km lange Saltner Sträßchen auf meist bewaldeter Strecke, einspurig mit Ausweichen bzw. abschnittsweise knapp zweispurig, am reizvoll gelegenen Gh. „Tomanegger" (1329) vorbei, und auf der Schattseite weiter in den Grund des Flaaser Baches, den man auf einer neuen Brücke überwindet. Daran schließt ein kurzer Anstieg mit 12% Steigung hinauf in das entlegene Dorf Flaas (1357) an. Schöne Ausblicke auf Ritten und Rosengarten. Bei den letzten Häusern hält man sich li. und befährt ein teils einspuriges, teilweise auch zweispuriges Sträßchen bis man nach 1.2 km den Schermoos-Sattel erreicht hat. Beim großen Wanderer-Parkplatz von Lafenn findet man Anschluß an die ausgebaute Rampe hinab nach Mölten. – Über die steile Zufahrt zum Gh. „Lafenn" wurde ein allg. Fahrverbot verhängt. Dorthin sind es zu Fuß nur wenige hundert Meter.

RW 205 **Salten, St. Jakob in Lafenn 1527 m, AP Gh. „Edelweiß“ 1351 m.** Der Gh. „Edelweiß“ ist von Jenesien her auf der → Saltner Straße leicht anfahrbar, wenn man 1,5 km oberhalb der Jenesier Kirche li. die beschilderte Zufahrt nicht verfehlt. Man wandert auf Weg 1 durch schütteren Lärchenwald mäßig ansteigend zur Saltner Höhe hinauf. Die Fundamente ehem. Flakstellungen der Deutschen Wehrmacht sind auch heute noch erkennbar. Von der Kammlinie bieten sich bemerkenswerte Ausblicke nach O, wo über der Talferschlucht sich behäbig in die Landschaft gefügt, das Rittner Horn zeigt, daran schließen sich gegen SO die Dolomiten an, im S türmen sich hinter dem Penegal die stark gegliederten Erhebungen der Brenta auf, im SW hat man die Laugenspitze und die Hochwart, im W die Texelgruppe mit dem herabziehenden Roteckgletscher. Eine besonders stimmungsvolle Landschaft im Mai und im Oktober! Über den Wirtshof, den Rabenhügel und die Lafenner Wiesen setzt sich die abwechslungsreiche Gratwanderung fort. Bis zum St. Jakob-Kirchlein rechnet man mit 1½ bis 2 Gehstunden. – Als Rückweg für die familienfreundliche Wanderung wählt man die Wege 1/L/M/7, wobei man die Lafenner Wiesen, das Tammerle-Moos, den Knottenmooswald und die Saltner Hütten berührt. Auf der Saltner Höhe findet zuletzt die Vereinigung mit Weg 1 statt. Für diese aufgezeigte Variante muß man zurück mit 2 bis 2½ Gehstunden rechnen. – HU runde 200 m, Z 3½ bis 4½ Std., LA 1 – 2. – Hierzu Skizze 37.

Weitere beliebte Wanderziele mit AP Gh. „Edelweiß“ sind der (auch anfahrbare) Gh. „Locher“ (1271) mit Blick auf die Erdpyramiden an der Wieser Lahn, Mark. „L“, der (auch anfahrbare) Wieserhof (1386) und das Tschaufenhaus (1304), vom Locherwirt beide auf Weg 2 erreichbar. Das Tschaufenhaus ist eine bemerkenswerte Aussichtswarte. Tiefblicke auf die fruchtbare, breite Etschfurche, Ausblicke auf den Mendelkamm mit Gantkofel und zu den w. Dolomiten. Unter Einschluß des Weges 7 vom Tschaufenhaus zur Saltner Höhe (1418) ergibt sich eine empfehlenswerte Wanderung „Rund um die Tschaufenhöhe“, welche zirka 3 Gehstunden in Anspruch nimmt, LA 1 – 2.

Jenesier-Jöchl-Alm 1664 m

Das nur einspurig breite Bergsträßchen nimmt in Flaas (1357) seinen Ausgang, im Bj. fehlte dort eine HT. Zunächst angesichts der vielgezackten Dolomiten ostwärts, wobei bis zu den verstreut liegenden Höfen am Gegenhang ein Graben zu überwinden ist, keine Ausweichstellen! Eine Tafel warnt hier zu erhöhter Vorsicht. Im weiteren, eher sanften Anstieg gelangt man zunächst am einsam gelegenen Weiler Kampidell (1482) vorüber, ehe man erneut ansteigt, um die bescheidene Almwirtschaft nach 6 km zu erreichen. Max. 12% Steigung, im Umfeld der Almwirtschaft gibt es nur wenig Parkplätze, weshalb die meisten Fahrzeuge längs des Fahrweges abgestellt werden, SG 3. Die Weiterfahrt durch den Jochwald zum Jenesier Jöchl ist nur dazu Berechtigten gestattet!

Der **Sonnenstich** (Insolation) entsteht durch intensive direkte Sonnenbestrahlung des unbedeckten Kopfes und Nackens und verursacht heftige Kopfschmerzen, Nackensteifigkeit, Schwindel und Erbrechen. Das Gesicht ist gerötet, die Körpertemperatur kaum erhöht.

Jenesier Jöchl, 1822 m. Das Jenesier Jöchl scheidet das Sarntal vom Tschöggelberg bzw. vom Salten und vom Lanzenberg. Während die Jenesier-Jöchl-Alm (1664) vom Salten her über Flaas bzw. Mölten anfahrbar ist, sind die Höfe unterhalb vom Putzenkreuz mit dem Fahrzeug nur von Sarnthein aus erreichbar. Von beiden Seiten ist eine leichte Rundwanderung möglich. Wählt man die Jöchl-Alm als AP, so folgt man dem Fahrweg durch den Jochwald bergwärts und erreicht auf dem Jöchl den höchsten Punkt der empfohlenen Wanderung; daran schließt Weg 5 an, welcher bei merklichem Gefälle hinunter zu einem Bächlein und hinüber zum Putzenkreuz (Wiesenkreuz) in 1½ Std. leitet. In unmittelbarer Umgebung der weithin sichtbaren Heiliggeist-Kapelle, einem bescheidenen Wallfahrtsziel, befindet sich die Jausenstation „Putzenkreuz" (1630). Der Blick nach O schweift über das Sarntal hinweg auf den langgestreckten Rücken der markanten Sarner Scharte → W 199. – Zurück wählt man den oberen Weg, HT „Möltner Kaser", wobei man zunächst der Mark. „P" in Richtung „Stoanerne Mandln" folgt, jedoch nach wenigen Min. li. die beschilderte Abzw. beachten muß. Der Steig berührt das Quellgebiet des Putzenbaches und überquert den vom Schönegg (2003) zum Jenesier Jöchl herabstreichenden Kamm. Vor Erreichung des Baches hat man li. den direkten Abstieg zum AP, geradeaus den geringen Umweg über den bewirtsch. „Möltner Kaser" (1763), der eine Einkehr lohnt. Im Aufstieg hat man auf dem Hinweg 160 m, auf dem Rückweg 220 m HU zu überwinden. Z 3 bis 3½ Std., LA 2. – Hierzu Skizze 36. **RW 206**

Mölten-Aschl-Vöran, Vöran-Dorf 1204 m

Die 7.5 km lange Verbindung von Mölten über den Wegeknoten am St. Ulrich-Sattel (1290) nach Aschl und Vöran wurde teilweise zweispurig modernisiert bzw. normal breit ausgebaut. Ein stärkeres Gefälle setzt oberhalb von Vöran beim „Oberwirt" ein, jedoch bereitet es keinerlei Schwierigkeiten, SG 2. – Die Strecke Vöran-Mölten schließt an die aus Meran über Hafling vorzüglich ausgebaute Bergstrecke an und verbindet von Mölten über den Schermoos-Sattel (1449) mit Flaas (1357). In Flaas ist der Anschluß an die jetzt verbesserte Saltner Straße nach Jenesien hergestellt, welche parallel zur Kammlinie des Salten verläuft. Schließlich leitet die → Neue Jenesierstraße, mit aufwendigen Kunstbauten ausgestattet, jetzt aussichtsreich hinab ins Eisacktal, wo sie im Bozner Vorort Rentsch (303) in die Brenner-SS 12 einmündet. Durch die Bindeglieder Vöran-Mölten einerseits und Mölten-Flaas andererseits ist es möglich, die volle Distanz Meran-Bozen via Tschöggelberg mit dem Auto zurückzulegen, SG 1-2, stellenweise SG 3. Für den Wanderer werden durch diese Längsverbindung zahlreiche interessante und günstig gelegene AP erschlossen.

Tschöggelberg*, Mölten 1142 m und Schlaneid 1177 m

Im Zuge der Verkehrserschließung des Tschöggelberges, welcher sich zwischen Bozen und Meran erstreckt, sind die oben genannten Orte jetzt direkt aus dem Etschtal erreichbar: Die neue, vorzüglich ausgebaute Bergstraße von Terlan (247) hinauf nach Verschneid (1076) ist hinsichtlich ihrer Trassenführung ein Meisterwerk der Straßenbaukunst! Abschnittsweise wurde sie dem Porphyrfels abgerungen. Durch Kunstbauten, darunter ein zirka 250 m langer Tunnel, hat man auch die ideale Linie gefunden. Die max. Steigungen liegen bei 12 bis 14%, SG bis Verschneid 2 – 3.

Die Bergstraße zweigt ö. von Terlan, zirka 200 m vor Erreichung des Ortsrandes von der SS.38 ab, HT Mölten, und gewinnt in mehreren langgezogenen Serpentinen rasch an Höhe. Bei Kehre 4 ist re. die Abzw. zur Jausenstation „Holzmann" (573) und zum „Moar in Montigl" (580), HT Montigl. – Zirka 2 km weiter findet man li. die beschilderten Zufahrten zu den Jausenstationen „Unterlegar" (670) und „Bergrast". Es folgt eine Gruppe von Serpentinen, die gute Ausblicke auf das breite Etschtal und die gegenüberliegenden Talorte bzw. Mittelgebirgsorte bieten. Im Bj. endete die Ausbaustrecke in Verschneid, bis Mölten hat man von Terlan 13 km zurückzulegen. Der knapp zweispurige Abschnitt Verschneid – Mölten ist mit SG 2 – 3 zu beurteilen.

Schlaneid ist von Mölten aus über mehrere Sträßchen erreichbar: das untere, einspurige Sträßchen über die Seilbahn-Bergstation beim Gh. „Etschblick" (1026), dort eindrucksvoller Tiefblick, weiters über die knapp zweispurige Straße, welche davon oberhalb verläuft und schließlich die Verbindungsstraße vom St. Ulrich-Sattel nach Schlaneid, welche im Bj. nur teilweise staubfrei war.

St. Ulrich (1346) am Tschöggelberg

Das Kirchlein St. Ulrich, ein schlichter romanischer Bau s. des St. Ulrich-Sattels ist von der Straße Mölten-Aschl her anfahrbar, der Fahrweg leitet durch den Kiefernwald und läßt nach 500 m das Kirchlein erreichen; die Gastwirtschaft befindet sich in unmittelbarer Nähe auf einem ausgedehnten Wiesenplan; man kann es als das w. Gegenüber von St. Jakob in Lafenn betrachten, dazwischen liegt Mölten, das in seinem Umfeld Siedlungsspuren aus prähistorischer Zeit aufweist. – Natürlich läßt sich der Besuch von St. Ulrich auch in eine erholsame Wanderung einbinden, egal ob man aus Richtung Schlaneid, Aschl-Kircheben oder aus Mölten kommt.

W 207 **Ruine Greifenstein*, 751 m.** Auf einem jäh zum Etschtal hin abfallenden Porphyrfelsen thront hoch über dem Etschtal zwischen dem Schwefelbad Moritzing und Siebeneich (265) die Ruine Greifenstein. Sie war einst eine wehrhafte Burg, heute ist sie wegen ihrer weiten Aussicht ein gern besuchtes Wanderziel im Bozner Naherholungsgebiet. Sie besitzt mehrere Zugänge: der mühevollste geht direkt von der SS.38 aus, wo die Mark.11 über Damian und St. Kosmas, dann über steile Hänge in kurzen Serpentinen zur Burgruine hinaufleitet, 1½ Std., der HU beträgt hierbei 508 m. – Ein etwas bequemerer Anstieg nimmt in Siebeneich von den bergseitigen Häusern seinen Ausgang und benützt den Steg über den Steinerbach, Mark. 11A. – Den bequemsten Zugang hat man von der anfahrbaren Jausenstation „Noafer" (760) in Unterglaning aus, weil dort ein fast flach verlaufender, guter Fußweg in 20 Min. mit der Burgruine verbindet, Mark.11 – Schließlich gibt es noch einen abwechslungsreichen Fußsteig, welcher in Moritzing, w. des Schießstandes beginnt und mit einer weit ausholenden Kehre zum Kohlbach hin an Höhe gewinnt, im Mittelstück aber steil einen größeren HU überwindet und beim „Noafer" in den Weg 11 einmündet; der gesamte HU beträgt 550 m. Die Anstiege von S her sind wegen der intensiven Sonneneinstrahlung während des Sommers nicht empfehlenswert; in jedem Fall kann man jedoch mit einer lohnenden Wanderung, vor allem auch wegen der ständig wechselnden Ausblicke rechnen, welche manchen Schweißtropfen wieder wettmacht. Für den Auf- und Abstieg aus dem Tal rechnet man mit einem Z von 2½ bis 3 Std., LA 2. Für den Spaziergang vom „Noafer" zur Ruine Greifenstein und zurück 45 Min., LA 1 – 2. – Hierzu Skizze 37.

Schermoos-Sattel, 1449 m
Das 4.2 km lange Sträßchen von Mölten nach Flaas stellt ein wichtiges Bindeglied zwischen der Auffahrt von Terlan nach Mölten und der Auffahrt von Bozen über Jenesien nach Flaas her; es erschließt nicht nur die Nordflanke des Salten mit Lafenn, sondern auch die nach S herabstreichenden Hänge des Möltner Joches mit dem leichte Wanderungen vermittelnden Lanzenberg → RW 208 Lanzenwiesen bzw. W 209 Möltner Kaser. – Das auf der Westrampe asphaltierte Sträßchen zweigt beim Haus „Zehner" (1175) oberhalb von Mölten nach NO ab und steigt einspurig mit Ausweichen zunächst auf einer Art „Schiefer Ebene" an, überbrückt den Bach und leitet dann durch den Ebenwald zum Schermoos-Sattel hinauf, 3 km. Die max. Steigung beträgt dabei 14%. Vom ehem. Hochmoor ist kaum noch etwas zu erkennen, bis auf seine damalige Ausdehnung. Der Sattel wird auch von Bussen bis zu 20 Sitzplätzen angefahren. Für die Wanderer wurde auf der Scheitelhöhe ein Großparkplatz eingerichtet, auf dem rund 100 Pkw Aufstellung finden können. Über die steile Zufahrt hinauf zum Gh. „Lafenn" wurde jedoch ein allg. Fahrverbot verhängt, von dem Berechtigte ausgenommen wurden. – Die nur 1.2 km lange Ostrampe führt anfangs durch eine Talung, dann auf einer kurzen Hangstrecke fast flach nach Flaas (1357); sie war im Bj. nicht staubfrei, mit wenigen Ausnahmen knapp zweispurig, SG 3.

Lanzenberg 1589 m. Eine leichte Runde durch die reizvollen Lärchenwiesen auf einem Hochplateau, welches sich n. des Salten erstreckt. AP ist der Wanderer-Parkplatz Schermoos. Im O der Scheitelhöhe zweigt vom Sträßchen nach Flaas Weg 4, HT „Möltner Kaser" li. ab. In einer Art „Urlandschaft" mit alten, knorrigen Lärchen berührt man ein fast ausgetrocknetes Hochmoor, worauf ein kurzer Anstieg zu den beiden Höfen Unterfarer und Oberfarer anschließt. Der Weg führt geradeaus weiter bis li. bei den eingezäunten Lanzen-Wiesen Weg 5 über das aussichtsreiche Plateau abzweigt. Nach Überschreitung eines Bachgrundes wandert man durch den Wald weiter, kommt an einem Gehöft (1606) vorbei und trifft bald auf den von der Jenesier-Jöchl-Alm herabziehenden Fahrweg, welchem man talwärts zum Kirchlein von Kampidell (1482) folgt. Auf Weg mit Mark. 8 wandert man dann zur Jausenstation „Lanzenschuster" (1518) mäßig bergan. An der nächsten Wegeteilung hält man sich re. und folgt dem Steig durch die Lärchenwiesen hinauf zum Oberfarer (der mit 8 mark. Fahrweg leitet nach Flaas hinab). Von den beiden Höfen zuletzt auf dem Traktorenweg mit Mark. 5 über die Wiesen hinab zum AP. – HU 160 m, Z 2½ Std., LA 1 – 2. – Hierzu Skizze 37. **RW 208**

Möltner Joch* 1733 m und Möltner Kaser* 1763 m, Sattler-Hütte 1604 m. Eine leichte, Aussicht bietende Bergwanderung mit AP Schermoos. Vom Wanderer-Parkplatz wendet man sich zunächst ein wenig nach O. Vom Ende der Scheitelstrecke zweigt li. Weg 4 zum Möltner Kaser ab, HT. Über das Wegekreuz am Schweinsbühel steigt man zunächst mäßig zum Möltner Joch an und hat dann eine fast flach verlaufende Strecke zum bewirtsch. Möltner Kaser, der knapp an der Waldgrenze liegt, 1½ Std. – Auf dem Anstiegsweg wiederum ein kurzes Stück zurück bis man re. bei Punkt 1764 die Abzw. des Weges mit Mark. „K" zur bewirtsch. Sattler-Hütte **RW 209**

hat. Im weiteren bequemen Abstieg abwechselnd durch Wald und Wiesen gelangt man zur Kreuzung mit Weg 38, dem man li. zum Wegeknoten am Schweinsbühel folgt. Schließlich kehrt man auf Weg 4 zum AP zurück, 1 Std. – HU 325 m, Z 2½ bis 3 Std., LA 2. – Hierzu Skizzen 36 und 37.

RW 210 **Salten, St. Jakob in Lafenn 1527 m, AP Schermoos.** Der Salten ist unter Kennern längst ein Begriff. Sein breiter, abgeflachter Rücken erhebt sich nw. von Jenesien. „Pferdehimmel und Wanderparadies", so ließe sich diese malerische Mittelgebirgslandschaft zwischen Etsch und Talfer charakterisieren. Zahlreiche mark. Wege, meist ohne größere Steigungen, eröffnen vielfältige Wandermöglichkeiten weitab von Lärm und Hektik. Die höchste Kuppe des Salten, die Lafenn, krönt das Kirchlein St. Jakob, ein schlichter Bau aus dem 13. Jh. mit spätgotischem Chor aus dem 16. Jh. Es schaut weit über das Land, gegen W bis zu den ewig weißen Gipfeln um König Ortler, im SO tief hinein in die bizarre Felslandschaft der Dolomiten und gegen S bis zu jenen letzten Bergketten, hinter denen die Ebene beginnt.

Der AP Schermoos ist sowohl von Mölten als auch von Flaas her anfahrbar → Schermoos-Sattel. Vom Wanderer-Parkplatz erreicht man in 20 Min. das Kirchlein und den Gh. Lafenn, Mark. 1. Während des Anstieges durch den lichten Lärchenwald weitet sich die Aussicht mit zunehmender Höhe. Auf der Kuppe vervollständigen sich die Ausblicke zu einer perfekten Rundschau wie eingangs beschrieben. Aber auch der Blick nach N zum Großen und Kleinen Ifinger sowie auf die Kuhleiten in den Sarntaler Alpen ist bemerkenswert.
Eine aussichtsreiche Gratwanderung, Mark. 1, leitet über den Rabenhügel (1504) zum Wirtshof (1470); hier hält man sich li. und folgt der Mark. „T" dem Abhang hinab über die Almböden zur hübsch gelegenen Jausenstation „Tomanegger" (1329) mit Blick auf den Ritten, 45 Min. – Zurück auf der asphaltierten Fahrstraße talein in Richtung Flaas. Bei der ehem. Außersäge (1302) nahe der neuen Brücke verläßt man die Straße und benützt den Steig neben dem Bach, welcher die Rückkehr zum AP vermittelt. HU runde 250 m, Z 2 Std., LA 1 – 2. – Hierzu Skizze 37.

RW 211 **Lafenner Wiesen und Jakobswald, AP Schermoos.** Eine andere empfehlenswerte Runde benützt vom St. Jakob-Kirchlein Weg 1 bis zur Abzw. re. des Weges „L" durch die herrlichen Lafenner Wiesen. Beim Wegkreuz (1375) nahe dem Tammerle-Moos hält man sich re. und biegt in den Weg mit Mark. „M" ein. Am Pathoihof vorbei zieht der Weg anfangs bei sanftem Gefälle, dann stärker fallend durch den Jakobswald zu den Kohlstattwiesen hinab. Über dem Steg trifft man auf Weg 4, welcher durch den Wald zum Parkplatz Schermoos zurückleitet; geradeaus findet man oberhalb von Mölten den Zugang zum bewirtsch. „Waldheim" (1294), das am Weg 4A liegt. Der Besuch des Gasthauses bedeutet kaum einen Umweg. – HU runde 300 m, LA 1 – 2, Z 3 Std. – Hierzu Skizze 37.

Meran – Bozen

Meran. Altberühmter Brennpunkt des Südtiroler Fremdenverkehrs. Spielte in der Geschichte des Landes im 14. Jh. – nach dem Aufstieg der Grafen von Tirol – eine bedeutende Rolle und war bis 1420 Landeshauptstadt. Obwohl nicht so reich an kulturhistorischen Reminiszenzen wie Bozen, besitzt es einige Kunstdenkmäler von Rang, vor allem aus spätmittelalterlicher Zeit. An erster Stelle ist die Pfarrkirche zu nennen, ein stattlicher, im wesentlichen zwischen 1350 und 1420 entstandener Bau. Ebenfalls gotische Formen zeigt die Spitalkirche (15. Jh.); in der Maria-Trost-Kirche kostbare Fresken der Romanik und Gotik. Einen Abstecher verdient das alte Meraner „Adelsparadies", das sich vor der Mündung des Naiftals im O der Stadt ausbreitet. Sein an romantischen Winkeln reiches, durch Obstanger und Weinberge aufgelockertes Siedlungsbild wird von zahlreichen, zum Teil befestigten Ansitzen geprägt, so u. a. Rametz, Labers, Trautmannsdorff, Knillenberg. Sö. Merans, an den Abhängen des Freiberges, erheben sich die Schlösser Katzenstein und Fragenburg (14. Jh.).

Lana. Bekanntes „Äpfeldorf" sw. von Meran. In der spätgotischen Pfarrkirche steht der größte Flügelaltar des Landes (Höhe 14 m) von Hans Schnatterpeck (1503 – 1511). Auf einer aussichtsreichen Anhöhe über Tscherms Schloß Lebenberg (13./ 17. Jh.).

Prissian, 9 km von Lana. Schmuckes Dorf auf dem Tisenser Mittelgebirge. Um den enggebauten Ortskern gruppieren sich mehrere stattliche Ansitze und Schlösser: Wehrburg, Fahlburg (13. Jh.), Greifenegg und Katzenzungen.

Terlan. Stattliches Weindorf mit kunsthistorisch bedeutender Kirche (spätgotische Fresken). Auf einer Anhöhe über dem Ort liegt die Ruine von Schloß Maultasch (13. Jh.), deren Name an die Tiroler Landesfürstin Margarethe Maultasch erinnert.

Hocheppan, 15 km von Bozen. Malerisch wirkende Burgruine am n. Rand des Überetsch, einst Sitz der Grafen von Eppan, die im 12./13. Jh. mit den Grafen von Tirol um die Vorherrschaft im Lande kämpften. In der Schloßkapelle einzigartige romanische Fresken (12. Jh.).

Sigmundskron, 6 km von Bozen. Um 945 als Formigar erwähnt, diente die Feste im 12. Jh. den Bischöfen von Trient als Stützpunkt. Im 15. Jh. von Erzherzog Sigmund ausgebaut, in jüngster Zeit teilweise restauriert (Restaurant).

Bozen. Das Bauzanum des Frühmittelalters, im ausgehenden 13. Jh. zur Stadt erhoben, ist heute wirtschaftliches und kulturelles Zentrum Südtirols. Bedeutenden historischen Baubestand bewahrt die Altstadt mit ihrem Herzstück, den berühmten Lauben. Als Wahrzeichen Bozens gilt der im 16. Jh. entstandene Turm der Stadtpfarrkirche, dessen steinerner Helm an süddeutsche Münsterbauten erinnert. Der dreischiffige Sakralbau mit seinem hochgotischen Umgangschor (1420) läßt im Langhaus noch die ursprünglich romanische Konzeption erkennen. Im profanisierten Dominikanerkloster Johanneskapelle mit vorzüglichen, von Giotto beeinflußten Fresken (um 1400). St. Johann im Dorf (1180), ein gutes Beispiel der sogenannten „Bozner Chorturmkirchen", weist eine qualitätsvolle Innenbemalung auf (14. Jh.). Kirche des Franziskanerklosters mit hochgotischem Chor (Mitte 14. Jh.); in der Marienkapelle schöner Krippenaltar von H. Klocker (1500). Ein Kunstwerk von internationaler Bedeutung besitzt die alte Pfarrkirche von Gries-Bozen: den herrlichen Flügelaltar von Michael Pacher (1475).

Bozner Unterland

Regglberg

Der **Regglberg** ist nicht nur wegen seiner geologischen Besonderheiten berühmt, sondern auch wegen seiner bunten und teilweise seltenen **Pflanzenwelt.** Hierzu gibt es mehrere Erklärungen: einmal wird durch das Etschtal warme Mittelmeerluft auf dieses Hochplateau verfrachtet, zum anderen besteht der Grund aus Porphyr und Kalkablagerungen. Sumpfige Mulden, wo das Wasser sich nur schwer einen Weg bahnen kann, lassen hier vielerlei Moorpflanzen gedeihen. Ob der Wanderer seinen Fuß über Feuchtstellen oder Trockenböden lenkt, durch parkähnliche Landschaft oder wildromantische Schluchtstrecken zieht, überall begegnet er einer reichen Flora. Im Frühjahr Soldanellen, Seidelbast, Steinröschen, welche im Juni und Juli von vielerlei Orchideen abgelöst werden. Im Sumpfgebiet findet man Wollgräser, Mehlprimeln, auf Weiden leuchtet die schwefelgelbe Anemone, zeigt sich die behaarte Küchenschelle, entströmt der Brunelle ein köstlicher Duft. An geeigneten Standorten gedeihen auch Trollblume, stengelloser Enzian, Alpenrose, Schusternagl, Knabenkraut, Türkenbund, Arnika, Eisenhut und viele andere. Auf den Südhangwiesen gibt es noch prächtige Feuer- und Paradieslilien! Wer den Aufstieg in die Felsregion nicht scheut, kann im Geröll und zwischen Felsritzen u. a. Mauerpfeffer, Steinbrech, Hauswurz, Kugelblume und Silberwurz bewundern. Sie alle sollten nicht gepflückt oder ausgegraben werden! Erfahrungsgemäß ist ein ausgeprägtes Feingefühl für eine heile Natur weit besser als manch strenges Gesetz.

Jausenstation Schadnerhof, 1361 m

In Deutschnofen (1359) führt vom Parkplatz hinter der Kirche ein knapp zweispuriges Sträßchen nach W, welches mehrere einzeln stehende Höfe mit dem Hauptort des Regglberges verbindet. Hinter dem Holzerhof (1324) findet man nach zirka 2.5 km li. die Abzw. des asphaltierten Sträßchens zum Bergwerk. Diesem folgt man nur ein kurzes Stück bis zur Straßengabelung, an der man sich re. hält und geradeaus bis zum Schadnerhof weiterfährt (im Bj. nicht staubfrei). Hinter dem Hof, 4.5 km von Deutschnofen entfernt, steht eine Fahrverbotstafel. Bis hierher max. 9% Gefälle bzw. Steigung, SG 2 – 3. – Das Sträßchen über den bewirtsch. „Wölflhof“ (1290) in Richtung Spörlhof und Spörlboden verläuft weiter durch den Wald hoch über dem Tschuggengraben. Plötzlich steht man etwas unmotiviert vor einer Fahrverbotstafel, die zirka 150 m vor dem Spörlhof aufgestellt wurde. Über den re. abzweigenden Forstweg wurde ein striktes Fahrverbot verhängt; er verläuft über die Wasserscheide (1472) am Spörlboden und über das Tote Moos, zuletzt durch den Kampenner Wald nach Herrenkohlern (1181).

W 212 **Ruine Trensbirg*, 1273 m.** Diese Urzeitstätte ist kaum bekannt und liegt inmitten stiller Wälder. Dort, auf einer unscheinbaren Bergkuppe, muß einmal ein stattliches Bauwerk gestanden haben, vielleicht eine Burg. Übrig blieben Jahrhunderte alte, mächtige Steinwälle und gut erhaltene Trockenmauern, aber auch prähistorische Funde, die möglicherweise aus der Zeit der großen Völkerwanderung stammen. Eine aus zwei mächtigen Felsplatten zusammengefügte riesige Steinbank steht an der schönsten und aussichtsreichsten Stelle von Trensbirg. – Zufahrt auf dem Sträßchen von

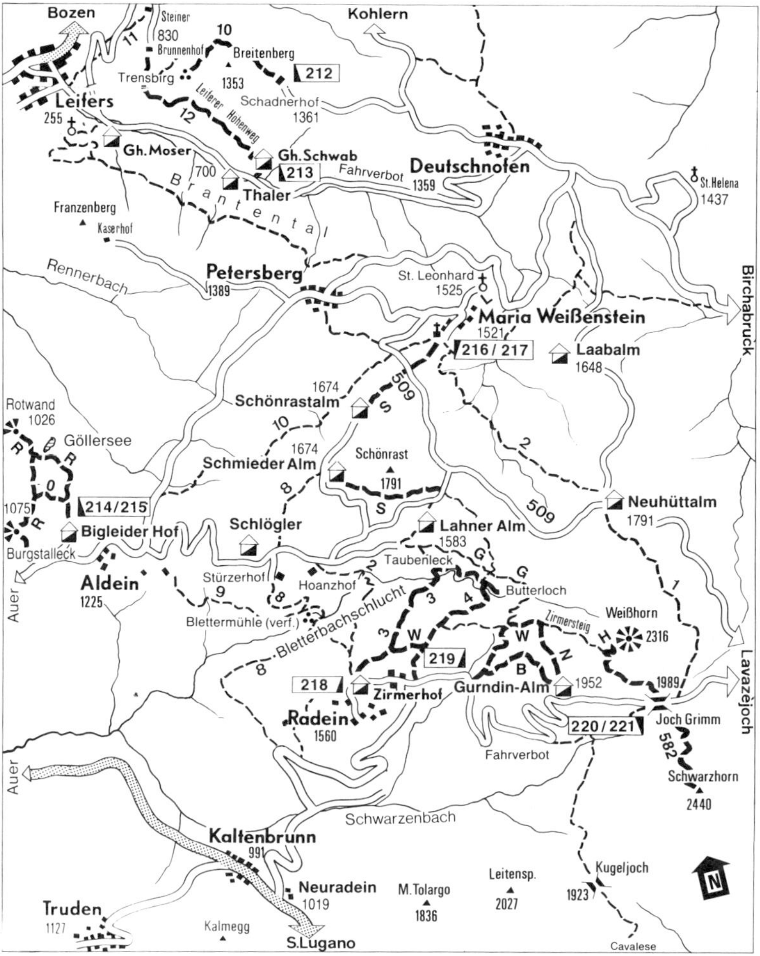

Skizze 38 Regglberg

Deutschnofen bis zur → Jausenstation Schadnerhof. Dann auf breitem Waldweg der Mark. 10 folgend bis zu einer Wegegabelung; re. zum Hochegger und zur „Schönen Aussicht“ am Leiferer Höhenweg, li. noch zirka 500 m bis zur Urzeitstätte, ab Schadnerhof 45 Min. Hin und zurück 1½ Std., LA 1. Der HU ist unbedeutend. – Eine andere Anstiegsmöglichkeit bietet sich vom → Brunnerhof am Breitenberg. – Hierzu Skizze 38.

Seitner Bergstraße, Scheitelpunkt 1253 m

Sie zweigt n. der Firma Schulze-Pollmann zwischen St. Jakob und Leifers von der SS.12 ab, HT. Zweispurig breit ist sie bis Seit ausgebaut, 6.5 km. – Die Zufahrt zum prächtig gelegenen Kirchlein von Seit ist nur einspurig, Wendeplatz vor der Schule. – Die windungsreiche, 4.7 km lange Scheitelstrecke über die Jausenstation Rutterhof (940) und den Bozner Hügel nach Bauernkohlern ist für Pkw nur knapp zweispurig, die max. Steigungen betragen zirka 12%. Für Omnibusse bis zu 40 Sitzplätzen befahrbar. Durchwegs Asphaltbelag, Leitplanken sind nur an den wenigen ausgesetzten Stellen montiert, SG 2. – Zufahrten: bei km 3.6 re. zum Gh. „Weingartner", bei km 4.7 re. zum „Rechtebner Hof", bei km 5 re. zum „Altebner Hof".

Brantental, Gh. „Thaler" 700 m

Das Sträßchen in das stark eingeschnittene Brantental nimmt in Leifers (258) an der ampelgeregelten Hauptkreuzung seinen Ausgang. Es führt zunächst auf der Weißensteinstraße an der Kirche und am Gh. „Grüner Baum" vorbei. Re. steht auf einem grünen Hügel (Peterköfele) das Kirchlein St. Peter als Wahrzeichen des Ortes, das man vom Gh. „Moser" auf einem Fußsteig bequem erreichen kann. Am Ortsrand ist li. die Abzw. der → Breitenbergstraße, im Bj. jedoch nicht beschildert. Man tritt nun in die von steil abfallenden Porphyrwänden gebildete Schlucht ein. Das einspurige, mit Ausweichen versehene Asphaltsträßchen steigt neben dem Bach bei Maxima von 18% kräftig an. Eine 3.2 m breite Brücke ist zwar auf eine Tragfähigkeit von 40 t ausgelegt, doch darf man über sie nur im Schritt (5 km/h) fahren. Die Schluchtstrecke ist steinschlaggefährdet, SG 2 – 3. Bei km 3.7 hat man li. den Gh. „Thaler". Wenig weiter findet man an der Materialseilbahn für den Gesteinsabbau einen großen Wendeplatz für Lkw. Von hier sind es noch 150 m Schotterweg bis zum EP. Dort Fahrverbotstafel für den „Waldweg Brantental". Der Schwabhof ist mit Pkw nicht anfahrbar, jedoch in 10 Min. auf einem steilen Karrenweg erreichbar, HT.

Breitenberg*, Brunnerhof 830 m

Dieses einspurige und stellenweise knapp zweispurige Asphaltsträßchen erschließt die verstreuten Höfe am Breitenberg und vermittelt günstige Anschlüsse an den „Leiferer Höhenweg" s. des Tschuggengrabens. Gleich am Beginn leitet ein Tunnel durch die porphyrene Felsnase, welche bis zum Ortsrand von Leifers reicht, um eine ideale Trasse durch schwieriges Gelände zu gewinnen. Die Vegetation ist mannigfaltig: Feigen, Nußbäume, Edelkastanien in unteren Lagen. Mit zunehmender Höhe weitet sich die Aussicht, falls sie nicht von Eichen, Buchen, Birken und Fichten verstellt wird. Über dem Etschtal erstreckt sich der Mendelkamm mit seinen auffallenden, hellen Kalkwänden und der markanten Aussichtswarte auf dem Penegal. Nach NW blickt man in die Sarntaler Alpen mit Großem und Kleinem Ifinger und zu den schneebedeckten Gipfeln der Texelgruppe. Die max. Steigung beträgt 14%, Leitplanken wurden an ausgesetzten Stellen montiert, SG 2 – 3. Von Leifers hat man bis zum Brunnerhof am „Leiferer Höhenweg" 7 km zurückzulegen.

W **Leiferer Höhenweg**, Aussichtswarte 900 m.** Interessanter Höhenweg
213 an der Südflanke des Breitenberges (1353), allerdings nur für trittsichere und schwindelfreie Bergwanderer geeignet. Der Steig ist abschnittweise in steile Porphyrwände trassiert und an ausgesetzten Stellen mit Halteseilen und Stufen versehen. Günstige Jahreszeiten für seine Begehung sind das Frühjahr und der Herbst; in den heißen Sommermonaten besser meiden! Im felsigen Gelände sonnen sich nicht nur muntere Eidechsen, sondern auch gerne Vipern!

Seinen sö. AP hat er beim Gh. „Schwab“, dem EP des Sträßchens im Brantental. Der durchgehend mit 12 mark. „Leiferer Höhenweg“ quert unterhalb der Ruine Trensbirg → W 209 in reizvollem Auf und Ab die zerklüfteten Felsabstürze des Breitenberges. Sein Kulminationspunkt liegt knapp über der 900 m-Marke; man hat mehrfach kleine Seitentälchen auszugehen, wobei sich immer wieder neue, überraschende Ausblicke bieten. Nach einer guten Stunde ab Parkplatz Brantental erreicht man s. vom Hochegger einen besonders stimmungsvollen Aussichtspunkt: von der Paganella im S schaut man über das Etschtal hinweg bis in die Gegend von Meran, über der sich die Gipfel der Texelgruppe aufbauen. Die Fortsetzung des Höhenweges verläuft über den Brunnerhof (830) hinab zum bewirtsch. „Steinerhof“ (741), dem nw. AP, 20 Gehmin. Hier trifft man auf einen mit 11 bez. Plattenweg, der direkt nach Leifers (255) hinableitet. Weniger steil verläuft in gleicher Richtung das Bergsträßchen, welches mit fünf Serpentinen den HU von fast 500 m überwindet und nach einem Tunnel am schluchtartigen Taleingang in die Weißensteiner Straße einmündet. Rückweg wie Hinweg. HU 200 m, Z 3 Std., LA 2 – 3. – Nimmt man sich nur die bez. Aussichtswarte zum Wanderziel oder will man den schwierigen Abschnitt des Steiges meiden, so empfiehlt es sich, von Leifers aus den „Steinerhof“ anzufahren, 3 km, SG 3.

Der Höhenweg findet vom Steinerhof (auf dem Breitenberg) seine n. Fortsetzung mit der Querung des Tschuggengrabens. Auf der gegenüberliegenden Seite leitet die Mark. 12 zum Altebnerhof (739), bis hierher gute Zufahrt und Abstellmöglichkeiten. Den „Rechtebnerhof“ läßt man li. unten liegen und benützt den sonnigen Fußweg weiter nach Seit (868). Schließlich kann man von dort auf Weg 3 unterhalb der Seitner Wände zur Haselburg (406) und nach Haslach hinabsteigen. – Vom Steinerhof zirka 2½ Std., im Bj. auf der s. Seite des Tschuggengrabens ein abgerutschter Wegabschnitt wenig unterhalb der obersten Straßenkehre! – Hierzu Skizze 38.

Sattel von St. Lugan/San Lugano, 1100 m

In der Ortsmitte von Auer (263) nimmt in sö. Richtung die nach Cavalese und durch das Fleimstal ziehende SS.48 ihren Ausgang. Während der Auffahrt an der felsigen Hangstrecke hat man mehrmals hervorragende Ausblicke auf die fruchtbare Sohle des Etschtales von Bozen bis zur Salurner Klause und hinüber auf das Überetsch, in welches der Kalterer See eingebettet ist. Der Gebirgsstock der Mendel schließt im W mit seinen steil abstürzenden Wänden die Überetscher Hochfläche ab. Die Straße führt oberhalb Auer an einem kahlen Hügel mit den Ruinenresten des römischen Kastells Feder vorbei, welches noch im Mittelalter eine der berüchtigsten Raubritterburgen am Handelsweg durch das Etschtal war.

Auf vorzüglich ausgebauter Straße gewinnt man über mehrere, aus rotem Porphyr gesprengte Kehren bei max. 9% Steigung rasch an Höhe. Oberhalb des Dorfes Montan (498), welches auch von Vill bei Neumarkt über die L-17 anfahrbar ist, steht das weithin sichtbare Schloß Enn. Dann erreicht man die Hochterrasse von Kalditsch (600) und verläßt das Etschtal, SG 1 – 2.

Mäßig aber kurvenreich steigt die SS.48 über Kaltenbrunn (991) und Neuradein zum Sattel von St. Lugan an, der die Wasserscheide zum Fleimstal bildet. Auf der von Auer bis hierher führenden Strecke muß man häufig mit Kolonnen rechnen, meist durch langsamere Fahrzeuge verursacht.

Maria Weißenstein 1521 m

Der bekannte Südtiroler Wallfahrtsort läßt sich von Bozen sowohl über das Etschtal als auch über das Eggental auf ausgebauten Straßen erreichen. Aus dem Etschtal folgt man in Auer (263) von der Ortsmitte der SS.48 HT → Sattel von St. Lugan. Nach Überquerung der Hochterrasse von Kalditsch gelangt man li. beim „Brückenwirt" (748) zur Abzw. der wichtigen L-72 zu den Orten auf dem Regglberg; hier überspannt die kühn über die stark eingeschnittene Schwarzenbachschlucht errichtete Aldeiner Straßenbrücke den Bach. Die Bergstraße steigt bei max. 12% Steigung unvermittelt an, teilweise in Serpentinen über den Gh. Sonne (902) und den Aldeiner Hof nach Aldein (1223), das umfahren wird. Ab Gh. „Waldrast" nimmt die übersichtliche Streckenführung einen fast linearen Verlauf durch das Waldgebiet des Kronbergs und man erreicht nach 10 km ab Brückenwirt den hübsch gelegenen Ort Petersberg (1389). Beim Hotel „Friedeck" teilt sich die Straße, geradeaus auf guter Asphaltstraße nach Maria Weißenstein, 2,5 km, SG 1 – 2; am Ende der Straße ein sehr geräumiger Parkplatz, etwas unterhalb ist li. neben der Straße ein mit Tischen und Bänken eingerichteter Rast- bzw. Parkplatz. Scharf li. Fortsetzung der L-72 nach Deutschnofen (1359) 7,6 km; letztere Strecke ist zwar ausgebaut, birgt jedoch geländebedingt einige wenige Engstellen, besonders unterhalb der St. Leonhard-Kapelle beiderseits vom Rohrbachgraben. Ausgesetzte Passagen sind mit Leitplanken abgesichert, SG 2 – 3. – Am ö. Ortsrand von Deutschnofen trifft man auf den Straßenknoten, li. in den Ort, re. zunächst ansteigend zum Untermoser, dann bei merklichem Gefälle, max. 16%, hinab in den Schwarzenbachgraben und durch diesen zur Einmündung in die SS.620 Birchabruck-Rauth bei der „Wiesersäge". – Buslenker in Richtung Maria Weißenstein ziehen die Rampe Aldein jener durch das Eggental (Engstellen!) führenden Anfahrt vor!

RW 214 **Burgstalleck**, Aussichtspunkt 1075 m.** Die Aussicht vom Burgstalleck ähnelt jener von der Rotwand, übertrifft sie jedoch. AP ist das Gh. „Bigleider Hof" (1111) w. des Kirchdorfes Aldein, Zufahrt von der Hauptstraße aus. Auf „Waldweg Göller" zunächst bis zur Wegegabelung O/R und weiter der Bez. R folgend bis re. ein rot-weiß mark. Steig vom Fahrweg abzweigt. Im Wald wird bald ein steinerner Hügel mit den Resten einer verfallenen Wallburg sichtbar, 30 Min. Hinter den drahtseilgesicherten Aussichtsstellen sind Rastbänke aufgestellt. Die Etschtalfurche läßt sich bis zur Salurner Klause gut verfolgen. Bei entsprechenden Sichtverhältnissen zeigen sich Paganella, Brenta, Ortler-Cevedale, die Ultner Berge, die der Texelgruppe und der Sarntaler Alpen. Das Mendelgebirge mit Penegal und Gantkofel erhebt sich vis à vis zum Greifen nahe. – Zurück zum „Waldweg Göller", jetzt aber re. halten. An einem großen Holzablagerungsplatz vorbei zur Hauptstraße, wo der Göller Weg nahe dem Gh. „Aldeiner Hof" einmündet. Nun entweder am Waldessaum neben der Autostraße zurück bis zur Zufahrt „Bigleider Hof" oder vorher li. den geschotterten Fahrweg einschlagen bis zum alleinstehenden Bauernhof. Zuletzt auf einem Feldweg bzw. weglos durch den Buchenwald zum AP zurück. Kein nennenswerter HU, Z 1½ Std., LA 1 – 2. – Hierzu Skizze 38.

Rotwand*, Aussichtspunkt 1026 m. Bei der Rotwand handelt es sich um die vom Reggelberg in das Etschtal 800 m senkrecht abfallende Porphyrwand zwischen Branzoll und Auer. Von der bewaldeten Deckplatte bieten sich bei einem bez. Aussichtspunkt besonders eindrucksvolle Tiefblicke aus schwindelnder Höhe hinab in die breite Etschtalfurche und hinüber zum bewaldeten Rücken des Mitterberges mit der Ruine Leuchtenburg, welche dem Becken des Kalterer Sees vorgelagert ist. – AP ist das Gh. „Bigleider Hof" (1111) w. Aldein; auf einer 500 m langen, staubfreien Zufahrt ist er von der Hauptstraße weg leicht erreichbar, hier Gästeparkplatz und Fahrverbot für den „Waldweg Göller". Die bequeme Runde beginnt auf Weg 6, HT „Göllersee". An dichtem Brombeergesträuch vorbei gelangt man zur Wegegabelung O/R. Folgt man der Runde im Uhrzeigersinn, so hält man sich hier li. dem mit O bez. Steig, welcher in eine feuchte Mulde hinableitet. Bei erneuter Teilung bleibt man auf Weg O, denn scharf li. kommt man zum Burgstalleck. Nun auf einem teilweise mit Porphyrplatten bedeckten Fahrweg (alte Spurrillen) weiter bis li. eine HT den Abstecher zum Aussichtspunkt Rotwand anzeigt. Dort auch Rastbänke. Trotz gemauerter Brüstung bzw. Holzplanken muß man Kinder an ausgesetzten Stellen bei der Hand nehmen! Zurück zum Karrenweg und li. haltend bis zur nächsten Abzw. nach re. Nun dem Weg mit Mark. R folgen. Ein Steiglein leitet durch den Buchenwald zum Göllersee (1018) hinab, der in einer Mulde liegt. Seine Ufer sind teilweise mit einem Schilfgürtel umsäumt, dahinter schöner Baumbestand. Baden nur auf eigene Gefahr! Fans errichteten vor einer tiefen Stelle eine provisorische Sprunganlage. Auf dem mit R bzw. 6 bez. Weg zurück zum AP. Kein nennenswerter HU! Z 1½ Std., LA 1 – 2. – Hierzu Skizze 38. RW 215

Gh. „Schmieder Alm", 1674 m, und Jausenstation Lahner Alm, 1583 m

Beide Ziele liegen im Gemeindegebiet von Aldein auf dem Reggelberg. Fährt man von Aldein in Richtung Petersberg, so findet man die Abzw. zur Fraktion Lerch re. zirka 1 km nach dem Ort, HT. Ein einspuriges Asphaltsträßchen leitet durch lichten Lärchenwald, führt an den Gh. „Schlögler" und „Schneider" vorbei. An einer Wegegabelung hält man sich re. Nach knapp 4 km war im Bj. die asphaltierte Strecke zu Ende. Durch das ausgedehnte Waldgebiet schließt ein stark geschotterter, ausgefahrener Forstweg an. Bei km 4.4 erneut Wegeteilung: li. zum Gh. „Schmieder Alm", geradeaus zur Lahner Alm, HT. Der knapp zweispurige Fahrweg zur Schmieder Alm hat geschätzte Steigungen bis max. 25% und ist auf den letzten 2.5 km extrem stark geschottert. An der Brennleiten kreuzt man ein Forststräßchen, das aber ausschließlich der Holzbringung im ausgedehnten Waldgebiet zwischen Maria Weißenstein und der Neuhütt-Alm dient.

Der Parkplatz an der Schmieder Alm ist 6.4 km vom Abzweig an der Hauptstraße ent fernt, SG 3 – 4. Über den Wipfeln eines prächtigen Lärchenwaldes öffnet sich hier der Blick nach SW auf die Etschtalfurche mit dem Überetsch bei Tramin und dem Höhenzug Mendel-Roën; im SO erhebt sich das Schwarzhorn. Die Fortsetzung des nunmehr flach verlaufenden Forstweges zur einfach bewirtsch. Schönrastalm (1690) ist durch einen Schranken versperrt; dorthin hat man 20 Gehmin. durch herrliches Wald- und Almgebiet, jedoch ohne Aussicht auf die Berge.

Die meisten **Schutzhütten** sind während der Sommersaison bewirtschaftet. Dennoch empfiehlt es sich, vor Antritt der Wanderung im Tal entsprechende Informationen einzuholen. Gehen Sie möglichst nicht allein in die Berge!

Der Fahrweg zur Lahner Alm nimmt von der eingangs erwähnten Wegeteilung bei km 4.4 einen fast ebenen Verlauf. Nach 1 km findet man an einer Waldlichtung li. mehrere Abstellplätze. Die letzten 200 m beschilderter Zufahrt sind allerdings miserabel! Man quält sich und sein Fahrzeug steil bergan über quer verlaufende Baumwurzeln, Ablaufrinnen und Schotter. Hinterradantriebler sind hier den Frontantrieblern überlegen, beide sollten aber für die Bewältigung des Steilstückes entsprechend belastet sein, SG 4. Die idyllisch gelegene Lahner Alm bietet einen eindrucksvollen Ausblick auf das Weißhorn mit seiner geschichteten Wandflucht über dem Butterloch. Die einzelnen Strukturen der Gesteinsschichten sind gut erkennbar. Für geologisch interessierte Wanderer bildet die Lahner Alm einen günstigen AP hinab zum „Taubenleck" (1425) bzw. hinüber zum „Butterloch".

RW 216 **Schönrastalm, 1690 m und Schmieder Alm, 1674 m.** Wegen der günstigeren Zufahrt wählt man Maria Weißenstein statt die Schmieder Alm als AP. Von der Klostergaststätte wandert man in s. Richtung, der Mark. S auf der Schlepplifttrasse bergan, quert das Forststräßchen auf der Bühelwiese und gelangt zu der auf einer großen Waldblöße hübsch gelegenen und einfach bewirtsch. Schönrastalm, 45 Min. Von hier über freundliche Almböden und durch lichten Lärchenwald fast eben zum Gh. „Schmieder Alm" (1674), 20 Min. Der Fußweg mit Mark. S setzt sich in ö. Richtung durch die bewaldete Brennleiten fort und mündet nach einer Wegteilung (dort li. halten) in das Forststräßchen durch das Kösertal, 30 Min. Gelegentlich hat man Ausblicke auf das im SO aufragende Weißhorn. – Hält man sich re., so läßt sich ein Abstecher zur nahe gelegenen Lahneralm (1583), HT, unternehmen; hierbei benützt man den „Waldweg Erdbeerbichl", Mark. 3. Von der Schmieder Alm leitet auch ein mit „G" (= Gorz) mark. Steig dorthin, wenn man den Fahrweg an der Brennleiten li. verläßt. – Zurück nach Maria Weißenstein entweder durch das Kösertal bis zur Schlepplift-Schneise, dann re. Weg S abwärts oder man bleibt weiterhin auf dem Forststräßchen, welches 500 m unterhalb des Klosters in die Autostraße einmündet, 40 Min. HU 200 m, Z 2¼ Std., LA 1 – 2. – Diese RW läßt sich auch im erweiterten Umfang von Petersberg (1389) aus unternehmen, wobei man den mit S markierten Aufstiegsweg durch den Petersberger Wald benützt. – Hierzu Skizze 38.

Laabalm, 1648 m

Das anfangs knapp zweispurige Bergsträßchen nimmt beim Straßenknoten (1355) sö. Deutschnofen seinen Ausgang, führt am Reggelberger Hof und am Gh. „Daum" vorbei, um beim Bichlhof in ein, bis zur Laabalm öffentlich benützbares Forststräßchen überzuleiten; dieses windet sich mit engen, unübersichtlichen Kehren durch dichten Wald bergwärts, ist nur einspurig mit Ausweichstellen angelegt und bis zum Sperrschranken in Höhe der Laabalm asphaltiert. Re. Zufahrt zur Jausenstation Laabalm. Das nunmehr gesperrte Forststräßchen setzt sich über die Neuhüttalm (1791) zum einfach bewirtsch. Auer Leger (1872) fort; der hierzu fast parallel verlaufende Wanderweg 1 leitet zum Joch Grimm. Vom Reggelberger Hof bis zur Laabalm hat man 3.5 km zurückzulegen, die Höchststeigung beträgt 16%, SG 3, Abstellplätze an der Almwirtschaft.

St. Helena*, 1437

Von der Straße Deutschnofen-Birchabruck zweigt im SO von Deutschnofen, knapp 2 km vom Straßenknoten entfernt, li. ein Fahrweg ab, HT, der durch ein Waldstück nach St. Helena leitet, SG 2 – 3. Es ist ein beliebtes Ziel für Spaziergänger mit Jausenstation neben dem sehenswerten Kirchlein, 15 Min. Der romanische Bau stammt aus dem 13. Jh., der Turm ist gotisch. Es erhebt sich auf einem aussichtsreichen Bergrücken. Besonders reizvoll sind die freien Ausblicke hinüber zu den hellen Felszinnen des Rosengartens und des Latemar. Kunsthistorisch bedeutsam sind die 1885 freigelegten Fresken, die der Bozner Malerschule um 1410 als eines der Hauptwerke zugeschrieben werden.

Maria Weißenstein, Südtirols größter und bedeutendster Wallfahrtsort, im Schnittpunkt mehrerer Wanderwege günstig gelegen, ist von ausgedehnten Waldgebieten umgeben. Auch die Aussichtslage ist bemerkenswert: nach W bzw. SW hat man u. a. Ausblicke auf die Ortler-Cevedalegruppe, nach NO auf die zahlreichen Felsnadeln, Spitzen und Türme des Rosengartens, nach SO zum Weißhorn und zum Zanggen.

St. Leonhardskapelle, 1525 m. Folgt man von Maria Weißenstein n. des **W**
Großparkplatzes (hier im Wald einladende Rastplätze mit aufgestellten **217**
Tischen und Bänken) ein Stück dem gesperrten Forststräßchen „Alte Säge", dem ehem. Verbindungssträßchen mit Deutschnofen, so leitet die Mark. L auf einem schattigen, fast ebenen Waldweg zur Leonhardskapelle, 20 Min. Man kommt dabei an mehreren Andachtsstellen, vorwiegend Bildstöckln, vorüber. In einer Mulde verläßt man das scharf re. zur „Alten Säge" hinabführende Sträßchen und steigt kurz zum Erscheinungsort der Gottesmutter mit Leonhard an; die ehem. frei nach allen Seiten, auf einer Kuppe stehende Kapelle ist jetzt von hohen Bäumen umgeben, welche die Aussicht sehr einschränken. Am Rande des steilen Absturzes beeindruckt der Tiefblick in den vom Rohrbach gebildeten Tobel; Ausblicke bieten sich auf Deutschnofen, auf den stark gegliederten Rosengarten und den s. vom Karerpaß anschließenden Latemar. Rückweg wie Hinweg. Z 40 Min., LA 1. – Hierzu Skizze 38.

Wer in der **Gruppe wandert** kann auch einen **„toten Punkt"**, falls er während einer Wanderung eintritt, leichter überwinden. Ein wenig Härte gegen sich selbst ist zwar in gewissen Momenten angebracht, doch darf das Wandern niemals zu einer permanenten Strapaze werden. Stets soll man noch die Schönheiten der Natur bewußt aufnehmen und sich daran erfreuen können.

Eines unserer wesentlichsten Ausrüstungsstücke, der **Bergschuh,** wurde nun auch von der Spezialisierung erfaßt: Der ziemlich einheitliche mittelschwere Bergschuh mit steifer Sohle, wie er in den letzten Jahren vom Großteil der Bergsteiger getragen wurde, ist heute in verschiedenartige Modelle aufgelöst: Das Angebot an Wanderschuhen ist sehr vielfältig. Es gibt sie aus glattem und gewendetem oder Veloursleder, handgemacht, geschäumt, geschnürt und mit Haken und verschiedenen Sohlen. Der Bergsteiger wählt meist ein mittelschweres Modell, vorwiegend in gewendetem Leder, da auf diesem die Kratzer und Scheuerstellen nicht so spürbar sind. Die Sohle soll steif und griffig sein, der Schuh selbst nicht zu klobig. Guter Sitz ist für exaktes Steigen und für das Feingefühl wichtig.

Unterland-Berg

Oberradein*, Kirche zum hl. Wolfgang, 1556 m

Der etwas exponiert liegende Südtiroler Ort ist nur von S her auf einer guten Autostraße anfahrbar, da er vom n. sich erstreckenden Reggelberg durch die vom Bletterbach tief eingeschnittene Schlucht abgeschieden wird. Die vorwiegend zweispurig ausgebaute Asphaltstraße zweigt von der SS. 48 Auer-Predazzo in Neuradein (1019) sö. Kaltenbrunn ab. In Unterradein hält man sich bei der Brücke li. Mit wenigen Serpentinen gewinnt die neu trassierte Bergstrecke merklich an Höhe. Das charakteristische Weißhorn zeigt die generelle Fahrtrichtung an. Die Steigungsverhältnisse sind gut ausgeglichen und überschreiten kaum 12%, SG 2. Am Fuß senkrechter Felswände, in welche die Straße gehauen wurde, besteht Steinschlaggefahr; eine rasche Passage und vor allem keinerlei Aufenthalt sind hier geboten! Einige wenige Engstellen erheischen doppelte Vorsicht. Ausgesetzte Stellen sind durch Leitplanken abgesichert. Unterhalb des Thomaser Hofes endet bei den ersten Häusern von Oberradein der zweispurige Ausbau. Ab hier besteht Omnibus-Fahrverbot! Oberradein ist eine Streusiedlung, auf mehreren Hügeln und sonnigen Abhängen errichtet, ohne erkennbaren Mittelpunkt; das Dorf besteht vorwiegend aus Hotels und Pensionen. Die Kirche und der „Zirmerhof" bilden die Angel- und Knotenpunkte im Netz einspuriger, asphaltierter Sträßchen und zahlreicher Wanderwege. Kirche und Bergfriedhof haben prächtige Aussichtslage. Es lohnt sich, dort sein Fahrzeug, 7.7 km von Neuradein entfernt, abzustellen und das prächtige Panorama zu genießen, wobei die vergletscherten Berge der Ortler-Cevedalegruppe, der Presanella- und der Brentagruppe besonders stark beeindrucken. Im O erhebt sich, zum Greifen nahe, das Weißhorn mit seiner markanten Wandflucht (Gesteinsschichten) über dem Butterloch.

RW 218 **Bletterbachschlucht*, Taubenleck und Butterloch.** Die tiefe Spalte der Bletterbachschlucht entstand zu Beginn der geologischen Neuzeit durch die sägende Wirkung des Baches, welcher vom Weißhorn in w. Richtung herabzieht. Sie trennt das Gemeindegebiet Radein vom übrigen Regglberg. In den weichen Mergeln und Sandsteinschichten des „Butterloches", wie der obere Abschnitt der Senke genannt wird, fand man tierische und pflanzliche Fossilien wie z. B. Riesenbärlappgewächse, Süßwasserfische, u. a. auch den Fußabdruck eines Sauriers (Schaustücke im Zirmerhof, Oberradein). Etwas tiefer liegt das „Taubenleck" (1426), umgeben von auffälligen, hell leuchtenden Gipsbändern; dort gibt es zwei aufgelassene Bergwerke, von den Einheimischen „Knappenlöcher" genannt. Vor den ehem. Stolleneingängen türmen sich Haufen tauben Gesteins auf.

Wählt man Oberradein zum Ausgangsort einer RW durch diesen geologisch interessanten Landstrich, so findet man sowohl am Ende der ausgebauten Straße beim Thomaser Hof als auch beim Parkplatz unterhalb des Zirmerhofes in einem Lärchenwald geeignete Abstellmöglichkeiten für sein Fahrzeug. Vom Thomaser Hof zunächst zum Gh. „Nigglhof"; wenig weiter hat man li. Weg 4, welcher den „Zirmersteig" zum Weißhorn kreuzend, direkt in das Butterloch hinableitet. – Oder man geht vom Zirmerhof

Der berühmte **Tappeiner Weg** umzieht als aussichtsreiche Promenade in „Halbhöhenlage“ den Küchelberg über den Dächern der Altstadt. Sein besonderer Reiz liegt in der südlichen Vegetation, die hier am Südhang den wärmenden Sonnenstrahlen ausgesetzt, besonders gut gedeihen kann. Hier wachsen Pinien und Zypressen, Kakteen, Lorbeer und Mimosen → RW 285.
Foto Dr. H. Frass

Blick auf das berühmte Weinbaugebiet um den Kalterer See. Im Schloß Ringberg sind das **Südtiroler Weinmuseum** und die **Südtiroler Burgenschau** untergebracht. Im Hintergrund streicht der bewaldete Rücken des Mitterberges mit der weithin sichtbaren Ruine Leuchtenburg aus dem 13. Jh. herab → RW 240. Foto Dr. H. Frass

Im Frühjahr, wenn das Land an der Etsch in ein schier **unübersehbares Blütenmeer** getaucht ist, entfaltet es seinen ganzen Zauber. Herrliche Spaziergänge leiten zu Kirchhügeln oder zu Burgen und Schlössern hinauf; sie sind meistens in beherrschenden und aussichtsreichen Lagen Südtirols anzutreffen. Foto Verlagsarchiv

Um Deutschnofen breitet sich ein weitläufiges Wandergebiet mit Mittelgebirgscharakter aus. Blick auf den Latemar

Hoch über dem Eggental steht bei Deutschnofen das Kirchlein St. Helena aus dem 12. Jh. Im Hintergrund der Rosengarten

zunächst auf Weg 3, biegt dann re. in den Zirmersteig (W) ein, worauf man ebenfalls auf Weg 4 (im weiteren Verlauf als Teil des Europ. Fernwanderweges 5 bez.) trifft. Im Blettertal angekommen, hat man nur mehr wenige hundert Schritte talein bis zum Butterloch. Hier macht man kehrt und wandert durch die Schluchtstrecke in das Taubenleck, wo man bald auf den von der Lahneralm (1583) zuletzt steil herabziehenden Weg 3 stößt. Wenn man sich im Talgrund noch ein kurzes Stück in w. Richtung wendet, so erkennt man zwischen dem Porphyrgestein die Felsstufe, von der ein Wasserfall abstürzt. Die tiefer liegende Klamm kann man von unten her nur mit Kletterausrüstung bewältigen. Ein weiterer Wasserfall befindet sich unterhalb der ehem. Blettermühle (1203) am Weg mit Mark. 8 bzw. 9. – Vom Taubenleck auf der s. Talseite durch Wiesen und Wald ansteigend in abwechslungsvoller Wanderung nach Oberradein zurück. Während Weg 3 direkt zum Zirmerhof zurückleitet, muß man, um zum AP Thomaser Hof bzw. Nigglhof zu gelangen, rechtzeitig li. in den Zirmersteig, dann in den Weg 7 einbiegen. HU jeweils runde 200 m, Z 2½ bis 3 Std., LA 2. Bei drohendem Gewitter Abstieg in das Butterloch unbedingt meiden, weil der Bletterbach durch seinen baumlosen Einzugstrichter spontan stark anschwellen kann!

Die Bletterbachschlucht ist auch von NW bzw. N auf mehreren Wegen erreichbar, falls man das von Aldein über Lerch zur → Lahneralm führende Terrassensträßchen benützt: Weg 8 vom Gh. „Scheidner" in Lerch zunächst als staubfreie Zufahrt hinab zum Stürzerhof (1420) mit nur wenig Abstellmöglichkeiten. Dann Traktorenweg mit betonierter Spur. Bei der Wegeteilung li. halten und zur verfallenen Blettermühle (1203) hinabsteigen. Wenig w. davon ein Wasserfall. Auf der s. Talseite Weg 8, der sich mit dem heraufziehenden Weg 2 vereinigt und direkt zum Zirmerhof leitet, 1½ Std. HU 550 m, Z hin und zurück 2½ bis 3 Std., LA 2.

Vom Hoanzhof (1437) Weg 2 zur Hoanzenmühle (1385), über den Bach, dann Anstieg auf s. Talseite zum Zirmerhof. HU vom Bach knappe 200 m. – Schließlich sei noch auf die Benützung des Gorzsteiges, Mark. G (nur für Geübte) hingewiesen; vom Parkplatz unterhalb der Lahneralm zunächst auf Forstweg, welcher in den Gorzsteig überleitet. Dann Aufstieg zu den teilweise feuchten Lahnerwiesen (1775). Nun alternativ entweder geradeaus zum Nigglhof (1575) oder auf Zirmersteig (W = Weißhorn) Richtung Zirmerhof. Einfache Wegstrecke 1½ Std., HU gute 200 m, LA 2–3. – Hierzu Skizze 38.

Gurndin-Alm, 1952 m.** Sehr schöne, familienfreundliche Rundwanderung! AP ist Oberradein. Entweder wählt man das Fahrwegende (1596) oberhalb vom Nigglhof als Abstellplatz für sein Fahrzeug, um dann den Fußweg 7 einzuschlagen oder man fährt noch ein Stück auf dem Sträßchen Richtung Gurndin-Alm bis zum Sperrschranken (1650) am Radeiner Bach. Abstellmöglichkeiten vor Erreichung der Verbotstafel! Hier führen fünf Wanderwege zusammen. Der Blauweg, mit B. bez., leitet durch Hochwald, zuletzt steiler zur Almwirtschaft Gurndin an, die man nach 1 Std. erreicht. **RW 219**

Gelobte Einkehr bei Frischmilch und rustikalen Speisen. Vom Fahrweg zum Joch Grimm findet man wenig weiter (zirka 150 m von der Einmündungsstelle des Blauweges entfernt) die Abzw. des „Knopfweges" mit HT „Nigglhof" und der Bez. N. Dieser, eine prächtige Aussicht gewährende und an wenigen Stellen mit Rastbänken versehene Steig stellt die Verbindung zum Zirmersteig, bzw. W (= Weißhorn) her. Er leitet durch Waldparzellen mit schönem Zirbenbestand und über blumenreiche, teils feuchte Wiesen. Während man auf dem Grat des Bletterbach-Talkessels wandert, hat man imposante Einblicke auf die zart rot bzw. weiß gefärbten Wandfluchten mit ihren markanten Schichtlinien. Schöner Ausblick auch auf die charakteristische Felsgestalt des Weißhorns, dessen Sockel aus Porphyrgestein besteht, darüber liegen Grödner Sandstein und Werfener Schichten. Das helle Gestein der Hornspitze selbst setzt sich vornehmlich aus Muschelkalk zusammen.

Nur bis zu den Lahner Wiesen wird der Zirmersteig benützt. An der Einmündung des „Gorzsteiges" (G) verläßt man ihn li. und wandert über die Lahner Wiesen hinab zum AP beim Sperrschranken bzw. beim Nigglhof, 45 Min. HU je 300 m, Z 1 Std., 45 Min., LA 1 – 2. Eine erweiterte RW mit AP Zirmerhof läßt sich auf den Wegen in der Reihenfolge 3, 7, B, N, W, 3 unternehmen. Z 2½ bis 3 Std., LA 2. – Hierzu Skizze 38.

Joch Grimm/Passo d'Oclini, 1989 m.**

Die sanftgeschwungene Einsattelung zwischen Weiß- und Schwarzhorn erreicht man vom → Lavazèjoch auf einer zweispurig ausgebauten, 3.6 km langen Asphaltstraße. Obwohl auf dieser Strecke runde 200 m HU bewältigt werden, sind die Steigungen so gut ausgeglichen (zirka 5%), daß sie kaum merkbar sind, SG 1-2. Zunächst fährt man über die Verena-Alm und hat freie Ausblicke nach allen Seiten: im Vorblick die beiden Hörner, im Rückblick Rosengarten, Zanggen und Latemar. Dann durchmißt man ein Waldgebiet mit prächtigem Zirbenbestand. Nach 2 km ist re. die Abzw. mit der Zufahrt zur Almwirtschaft „Auer Leger" (1872) durch eine HT angezeigt. Am EP bei den Hotel- und Gastbetrieben findet man Parkplätze in genügender Anzahl, auch für größere Omnibusse. – Ein einspuriger und für den öffentlichen Verkehr durch einen Schranken gesperrter Forst- bzw. Almfahrweg leitet zur besuchenswerten Einkehrstation Gurndin-Alm (1952) mäßig abwärts; man erreicht sie zu Fuß in nur 20 Min. und bekommt dort neben rustikalen Speisen auch frische Milch.

W 220 **Weißhorn** 2316 m, AP Joch Grimm.** Der freistehende Gipfel des Weißhorns, ein letzter Ausläufer der Dolomiten gegen das Etschtal hin, bietet ein berühmtes Panorama, das nach W bis zum Ortler reicht und im O mehrere Dolomitengruppen umfaßt. Daneben hat man herrliche Ausblicke auf das Überetsch, den Mendelkamm und die ausgedehnten Waldgebiete, welche sich w. an Latemar und Rosengarten anschließen. Im NW sind Kirche und Kloster des bedeutendsten Südtiroler Wallfahrtsortes Maria Weißenstein erkennbar. – Im Joch Grimm (1989) besteht ein günstiger AP für die äußerst lohnende Besteigung des Weißhorns; der leichte Aufstieg verläuft zunächst weglos in nw. Richtung zu einem Latschengürtel, wo man auf das mit „H“ mark. Steiglein trifft; ziemlich steil und zuletzt im Zickzack leitet es in 1 Std. zum aussichtsreichen Gipfel mit seinem Rundum-Panorama. Der Abstieg erfolgt auf demselben Weg. – HU 330 m, Z 1 Std. 45 Min., LA 2. – Hierzu Skizze 38.

Schwarzhorn, 2440 m.** Das Schwarzhorn ist im Winter ein berühmter Schiberg, welcher durch zwei Schlepplifte erschlossen ist. Berühmt ist auch seine Aussicht, welche jener vom → Weißhorn ähnelt. Nur wenige wissen, daß sein Gipfelplateau und seine w. Abhänge von den Resten einer prähistorischen Siedlung (Fluchtburg) eingenommen werden. – AP für seine Besteigung ist das Joch Grimm (1989); der über den nw. Grat verlaufende Aufstiegsweg mit Mark. 582 ist, was die Steigungen betrifft, gut ausgeglichen. Auf ihm erreicht man in 1½ Std. den Gipfel, welchen ein weithin sichtbares Kreuz ziert. – Abstieg wie Aufstieg. HU 450 m, Z 2½ bis 3 Std., LA 2. – Hierzu Skizze 38. **W 221**

„**Trudner Horn**“ nennt sich der 5. in Südtirol errichtete **Naturpark.** Der Park liegt im Unterland links der Etsch und umfaßt im wesentlichen jenen gegen S auslaufenden Sporn der Bozner Porphyrplatte, der im N von der Talfurche Kaltenbrunn bis zum Sattel von St. Lugan, im O vom Cembratal und im W von der Etsch begrenzt wird. Das gesamte Schutzgebiet ist 6500 ha groß und besteht vorwiegend aus Wald. Eingegliedert sind Teile der Gemeinden Neumarkt, Montan und Salurn und das gesamte Gebiet der Gemeinden Altrei und Truden, wobei, wie überall, die Ortsbereiche und die Hofstellen ausgeklammert bleiben. – Naturpark bedeutet, daß die Erholungslandschaft erhalten bleibt, spezielle Bindungen vorgesehen sind, die bauliche Tätigkeit auf das Mindestmaß reduziert und jeder unnötige Lärm vermieden wird.

Cislon-Alm* 1251 m, AP Oberglen. Fährt man von Montan-Dorf (496) auf dem Glener Sträßchen in Richtung Truden, so findet man kurz vor dem „Klausenhof“ li. die Zufahrt zum Buschenschank „Rienzner Hof“. Von dort wandert man auf Weg mit Mark. 1 durch abwechslungsvollen Mischwald hinauf zur bewirtsch. Cislon-Alm, welche sich aussichtsreich über eine ausgedehnte Waldblöße erstreckt → RW 223, knapp 2 Std. – Den Rückweg nimmt man zunächst in n. Richtung auf den Forstweg „Mariun“ bis nach zirka 2 km li. der Wanderweg 3C bzw. 3 zu den Kalditscher Höfen (736) abbiegt. Bei letzterem Wanderweg handelt es sich um die noch gut erhaltene Trasse der ehem. Fleimstaler Bahn, jetzt kurz als „Bahnweg“ bez., der talwärts am sehenswerten, neugotisch restaurierten Schloß Enn vorbeizieht und in Montan (496) Anschluß an das Glener Sträßchen findet (ein Fußweg leitet alternativ bei den unteren Häusern des Ortes hindurch). HU 750 m, Z 5 Std., LA 2. – Hierzu Skizze 39. **RW 222**

Der Naturpark Trudner Horn ist in erster Linie ein Waldpark: 90% der Fläche sind bewaldet und seine üppigen Laub- und Tannenmischwälder sind von einer einzigartigen ökologischen Vielfalt. Während sich die übrigen Naturparks auf höhergelegene Gebirgsregionen konzentrieren, sind hier alle Vegetations- und Klimazonen bis an den Rand der Etschtalsohle einbezogen. Eine naturkundliche Besonderheit ist dabei der submediterrane Buschwald, der viele wärmeliebende Pflanzen- und Tierarten beherbergt, die in Südtirol ihre nördliche Verbreitungsgrenze erreichen. Der Naturpark ist auch eng mit den ländlichen Siedlungen verzahnt; trotz jahrhundertelanger Präsenz des wirtschaftenden Menschen ist hier die ökologische Vielfalt erhalten geblieben. Durch seine Lage hart am Rande des dicht besiedelten Etschtales erfüllt der Naturpark Trudner Horn auch eine wichtige Naherholungsfunktion für die Bevölkerung.

Truden 1127 m

In Kaltenbrunn (991) zweigt re. die nur mäßig ansteigende L-59 zum Dorf Truden ab, das sich steil an einem südseitig gelegenen Hang ausbreitet, 2 km, SG 2. – Seine Umgebung hat mehr Mittelgebirgscharakter und ist als Sommerfrische gern besucht. Vom Ort führt ein einfacher Fahrweg auf die nahe gelegene Cislon-Alm (1251). – Truden besitzt auch eine direkte Straßenverbindung über die Trudener Mühlen mit Montan bzw. Neumarkt. – Das Kirchlein Maria Schnee gehört zum Sommerhospiz Gschnon (948) des Kapuzinerklosters Neumarkt und liegt in der Bergeinsamkeit, abseits der Durchzugsstraße. Das Forststräßchen über den Gampen (Ziss)-Sattel nach Altrei ist für den allg. Verkehr gesperrt.

RW 223 **Hohe Wand* und Cislon-Alm*, 1251 m.** Vom n. Ortsrand in Truden (1127) zweigt auf der Anhöhe (1162) li. der Forstweg „Praglasir" von der L-59 nach Kaltenbrunn ab. Mark. 2 leitet durch Wiesen und lichten Lärchenmischwald in nw. Richtung zur Cislon-Alm. Man verläßt jedoch den Forstweg bereits an der großen Linkskehre (1275) und folgt geradeaus der Mark. „H", die zur „Hohen Wand" führt. Unterhalb des Latschengürtels begegnet man Alpenrosen, Silberwurz, Steinbrech und der Waldrebe. Unter der „Hohen Wand" versteht man den felsigen, steilen Nordabfall des Cislon. Eine prächtige Aussicht umfaßt die Lagorai-Kette, das Schwarz- und Weißhorn und im Hintergrund die vergletscherten Zillertaler Alpen. Eindrucksvoll ist auch der Tiefblick durch das Etschtal bis zu den Erhebungen der Texelgruppe. – Nach einer völlig ungefährlichen Felsquerung durchwandert man einen Tannenmischwald und auf Weg 2 erreicht man bald darauf die freien Matten der bewirtsch. Cislon-Alm, 2 Std.

Die Ausblicke richten sich auf die dunklen Tannenwälder an den Nordhängen von Trudner Horn und Königswiese. Über dem Mendelzug ragen die Felszinnen und Türme der wildzerrissenen Brenta auf. Eine wärmeliebende Vegetation mit Föhren, Buchen und Buschwald begleitet den Wanderer auf dem Rückweg, Mark. 1, nach Truden. – HU 300 m, Z 3 Std., LA 1 – 2. – Hierzu Skizze 39.

RW 224 **Rund um den Gampen*, Ziss-Sattel 1439 m und Krabesalm 1540 m, AP Truden.** Es handelt sich dabei um die Querung des „Naturparks Trudner Horn" zwischen den beiden Gemeinden Truden (1127) und Altrei (1222) auf verschiedenen Wegen, die sich zu einer lohnenden Runde zusammenfügen lassen: von Truden auf Weg 4, auch als Teilstrecke des EFW 5 bez., das Blätter- und Kaltwassertal überschreitend bergan zum eingeschnittenen Ziss-Sattel, einem uralten Übergang unter den w. Abhängen des Gampen. Vom Scheitelpunkt auf dem bequemen Forstweg 3, zuletzt 2 nach Alt-

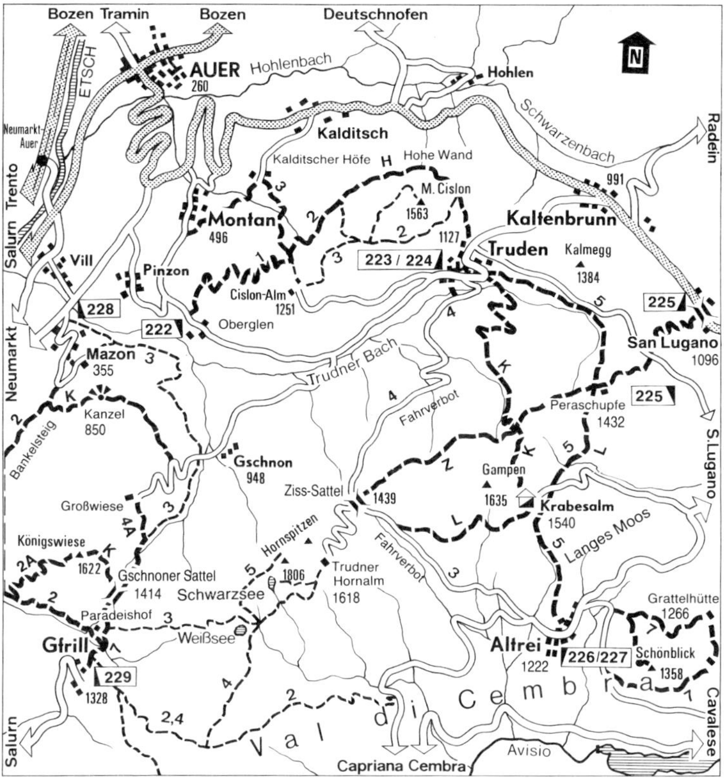

Skizze 39 Truden-Altrei

rei, 2 Std. – Landschaftlich weit mehr bietet der Rückweg 5/6 über die Krabesalm und weiter auf Weg „K" ö. des Gampen zur Säge am Trudner Bach und weiter zum AP 2½ Std. – Als Alternative für die Rückkehr bietet sich von Altrei der alte Plattenweg Nr. 5 über das „Lange Moos" und den Peraschupfen (1432) an, Markierungen „L" und 5. Man wandert hierbei durch die besonders reizvollen Bergwiesen hinab zu einem Forstweg, den man nur tangiert, weil wenig unterhalb, zwischen ihm und dem Trudner Bach, ein Fußsteig verläuft, 2½ bis 3 Std. – Die HU variieren je nach Routen zwischen 300 und 400 m, Z 4 – 5 Std., LA 2. – Hierzu Skizze 39.

Im Frühling, wenn's im Tal entlang aus allen Knospen sprießt,
wenn auf dem Schlern im Sonnenhang der Winterschnee zerfließt:
Da fühl ein eigen Sehnen ich und halt es nicht mehr aus,
es ruft so laut die Heimat mich, ich wandre froh hinaus.

Etschtal Bozen – Verona

Haselburg, 3 km s. von Bozen. Burgruine an den w. Abhängen des Kohlerer Berges, hoch über der Bozner Industriezone. Um 1200 erbaut und im 16. Jh. wesentlich vergrößert. In den Wohnräumen gut erhaltene Fresken, vermutlich von Bartlmä Dill-Riemenschneider (1541).

Leuchtenburg, 5 km n. von Auer. Auf der s. Kuppe des langgestreckten Mitterberges, der das Etschtal vom Überetsch trennt, thront, weithin sichtbar, die Ruine der Leuchtenburg. Im 12. Jh. errichtet, war sie um 1400 im Besitz der mächtigen Herren von Rottenburg.

Neumarkt. Malerischer Ort mit altertümlichen Lauben und zum Teil erkergeschmückten Bürgerhäusern aus dem 15. und 17. Jh., wurde 1189 von Bischof Konrad von Trient als „neuer Markt" neben dem älteren Dorf Vill gegründet. Pfarrkirche St. Nikolaus (15. Jh.) mit mächtigem romanischen Turm. Ein Hauptwerk der Tiroler Gotik bildet die Kirche zu Unserer Lieben Frau in der Vill. Ältester Teil des Gotteshauses ist der von Meister Konrad von Neumarkt erbaute Chor (1412). Langhaus und Turm wurden 1461 durch Hans Fehr aus Sterzing begonnen, aber erst anfangs des 16. Jh. vollendet.
3,5 km nö. von Neumarkt liegt das schmucke Dorf Montan. Es wird überragt von Schloß Enn, einer mächtigen Anlage, die im Kern auf das 12. Jh. zurückgeht, im 16. und 19. Jh. aber wesentlich umgestaltet wurde. – Im nahen Pinzon Stephanskirche mit spätgotischem Flügelaltar von Hans Klocker (um 1500).

Salurn. Letzte Südtiroler Gemeinde an der Etsch. Im Ortsbild vermischen sich in reizvoller Weise deutsche und italienische Akzente. Pfarrkirche St. Andreas, ein typisch lombardischer Barockbau mit stark gegliederter Fassade (17. Jh.). Hoch über Salurn, in den Felsen der Salurner Klause, erhebt sich auf einem schwer zugänglichen Felssporn die Ruine der Haderburg (13. Jh.).

Trient/Trento. Das römische Tridentum, von 1027 bis 1803 Sitz eines Fürstbischofs, heute von Leben durchpulste Provinzhauptstadt. Im NO Trients liegt das Kastell Buonconsiglio mit schönen Arkadenhöfen. Die um den imposanten Rundturm (13. Jh.) errichteten Bauten sind mit berühmten Fresken von Romanigo, Dosso Dossi u. a. geschmückt. Im Schloß das besuchenswerte Museo Nazionale del Trentino. – Auf der Piazza Cesare Battisti im Stadtzentrum hübscher Neptunbrunnen. An der Ostseite der Palazzo Pretorio und der Torre Grande, heute Uhrturm. Die Südseite des Platzes beherrscht der mächtige Dom. Im 11. Jh. gegründet als lombardisch-romanische Pfeilerbasilika, 1210 erneuert, aber erst im 16. Jh. vollendet. Sitz des Tridentiner Konzils, von dem die gewaltige Bewegung der Gegenreformation ausging. Das Innere ist von großer Wirkung, mit Fresken aus dem 13. und 14. Jh. und vielen Bischofsgräbern. Nw. vom Dom die Kirche S. Maria Maggiore. Sie besitzt eine prächtige Orgelbrüstung (1534) sowie ein Gemälde von 1563, das die Mitglieder des Tridentiner Konzils zeigt.

Rovereto. Bedeutender Verkehrsknotenpunkt an der Mündung der Vallarsa. Im Mittelalterlichen Kastell ein besuchenswertes Kriegsmuseum mit einer zum Andenken an die Gefallenen gegossenen, 16 t schweren Riesenglocke.

Madonna della Corona. 11 km nö. von Caprino Veronese. Vielbesuchte Wallfahrtskirche, im 16. Jh. in eine fast senkrecht abfallende Felswand gebaut.

Etschtal Bozen – Verona
Obstmarkt
BOZEN
Eisack
Etsch
Haselburg
St. Cyprian
Burg Enn
Leuchtenburg
Neumarkt
Salurn
Neumarkt, Lauben
Haderburg
San Michele all'Adige
Nonstal
Neptunbrunnen
TRENTO
Gardasee
Venedig
Rovereto
Ala
Madonna della Corona
Etsch
VERONA
Skaligerbrücke

RW 225 **Naturparkdurchquerung**, Trudner Hornalm 1618 m.** Diese Runde ermöglicht es, die charakteristischen Landschaften, Vegetationsgemeinschaften und Klimazonen des Naturparks kennenzulernen. Ihre Begehung ist besonders während der Blütezeit im Juni und Juli, aber auch an sonnigmilden Herbsttagen zu empfehlen. – AP ist entweder der große Parkplatz an der Häuserzeile von St. Lugan (1096) oder die über Solaiolo anfahrbaren Bergwiesen; die schmale Zufahrt zweigt zirka 2 km s. St. Lugan von der L-79 ab und endet nach weiteren 2 km Bergstrecke in rund 1450 m Seehöhe, wodurch 1 Std. auf teilweise steilem Anstiegsweg eingespart wird. Die sanftwelligen Bergwiesen bestehen aus aufgelassenen Almweiden, lichten Lärchenparzellen, Feuchtwiesen, um die sich Föhren, Fichten und schlanke Birken gruppieren. Bei dem einsam liegenden Peraschupfen (1432) trifft man auf den von Truden heraufziehenden Weg 5, dem man li. fast flach bis zum Langen Moos folgt. Das 7 ha große Hochmoor ist im Laufe von Jahrtausenden in der Höhe jährlich um 1 mm gewachsen. – In kurzem Aufstieg scharf re. auf Steig 6 gelangt man in wenigen Min. hinauf zur bewirtsch. Krabesalm (1540). – Nach diesem Abstecher setzt man die Wanderung auf Weg mit Mark. „L" zum Ziss-Sattel, auch Gampen-Sattel (1439) genannt, fort, 2½ Std. ab St. Lugan. Der Ziss-Sattel ist ein seit altersher benützter, tief eingeschnittener Übergang zwischen Truden und Altrei.

Ein Fahrweg leitet daran anschließend in zahlreichen, kurzen Serpentinen bequem hinauf zur bewirtsch. Hornalm (1618), 30 Min., wo sich bemerkenswerte Ausblicke auf das Fleimstal und die Porphyrkette der Lagorai eröffnen. Von der Alm lohnt ein kurzer Abstecher bergan zum Schwarzsee (1717), der als dunkles Moorauge zwischen den Bergmatten eingebettet liegt, hin und zurück 45 Min.

Als Rückweg wählt man vom Ziss-Sattel aus, den über die Nordabhänge des Gampen verlaufenden, mit „Z" mark. Fußweg, welcher das Blättertal quert und am Peraschupfen wieder in den Anstiegsweg „L" mündet. – HU 800 m einschließlich Abstecher Krabesalm und Schwarzsee, Z 5½ bis 6 Std., LA 2. – Hierzu Skizze 39.

Altrei* 1209 m

In St. Lugan, wo sich der Ausblick auf die s. des Fleimstales gelegene Lagoraikette öffnet, ist re. die Abzweigung der 7 km langen, ausgebauten L-79 nach dem abgeschiedenen Südtiroler Dorf Altrei; die Straße leitet geländebedingt Zweidrittel der Strecke, dh. bis zum Kulminationspunkt, über den Boden der Nachbarprovinz Trento und zieht direkt an der deutsch-ital. Sprachgrenze durch ein prächtiges Waldgebiet. Nach 3 km zweigt re. ein schmaler Fahrweg zur im Sommer bewirtsch. Krabesalm (1540) ab, HT. Die max. Steigung überschreitet kaum 6%, der SG ist mit 2 zu beurteilen. Inmitten ausgedehnter Lärchenwälder erreicht man den Sattel „Auf der Höh" (1314), ehe man sich im sanften Gefälle dem letzten, weit nach S vorgeschobenen deutschen Dorf Altrei nähert. Der Name leitet sich von Antereu ab, was „vordere Rodung" bedeutet. Der Ort hat nach S Terrassenlage mit Tribünenwirkung, wobei das umgebende Wald- und Wiesengelände steil in das vom Avisio stark eingefurchte Cembratal (Zimmertal) abfällt.

Den Ortskern von Altrei bildet eine Zeile alter Häuser, an deren Südende Kirche und Friedhof sind. Über die Friedhofmauer hinweg öffnet sich der Blick ins Zimmertal mit dem ital. Ort Capriana (1001), hoch auf der benachbarten Terrasse.

Lohnende Aussichtspunkte in unmittelbarer Umgebung sind der durch Aufdeckung einer Urzeitsiedlung bekannte „Burgstall", ein in 20 Gehmin. erreichbarer Lärchenbühel im SW und der „Schönblick" → RW 227 – Das Forststräßchen Altrei-Truden über den 1439 m hohen Gampen-Sattel, auch Cisa-Sattel oder kurz „Ziss" genannt, ist für den allg. Verkehr gesperrt; der Sattel liegt am Fuße des Trudner Horns (1781).

Langes Moos*, 1450 m und Krabesalm*, 1540 m, AP Altrei. Der Naturfreund wird an dieser Runde seine helle Freude haben, wenn er mit offenen Augen über die s. und ö. Abhänge des Gampen wandert. Von Altrei (1222) führt ein schöner alter Pflasterweg, Mark. 5, direkt zum „Langen Moos", wo man die verschiedenen Entwicklungsstufen vom Nieder- zum Hochmoor beobachten kann. Über den Fahrweg mit Mark. 6 erreicht man die bewirtsch. Krabesalm nach 1½ Std. – Von hier aus windet sich ein fast flach verlaufender Steig, Mark. „K", durch blumenreiches Weideland und vorbei an lichten Lärchenparzellen sowie an moorigen Mulden. Auf der Mark. „Z" über die Gampen-Hochfläche erreicht man schließlich den Ziss-Sattel (1439), 1 Std., → RW 225. – Als Rückweg nach Altrei benützt man den bequemen Forstweg mit Mark. 3. – HU 350 m, Z 4 Std., LA 1 – 2. – Hierzu Skizze 39. **RW 226**

Rund um den Schönblick*, 1358 m. Mit AP Altrei (1222) empfiehlt sich eine Begehung der aussichtsreichen Kuppe ö. über dem Ort mit daran anschließender Rundwanderung über die Grattelhütte (1266) und das Plattenhüttl (1259), beide als Jausenstationen eingerichtet. – Vom n. Ortsrand nehmen die Wege 7/8 ihren Ausgang. Nach 500 m weiter ö. zweigt li. Weg 7 ab. Will man auf die aussichtsreiche Kuppe, so benützt man den wenig später re. abzw. breiten Fußweg zum Schönblick, 45 Min. Die größtenteils bewaldete, steil gegen das Zimmertal mit dem aufgestauten Lago di Stramentizzo (787) abfallende Kuppe bietet trotz ihrer nur bescheidenen Höhe eine bemerkenswerte Rundschau, die im O. bis zu den Gipfeln der n. Pala, im SW bis zur Paganella, dem Hausberg von Trient, reicht; reizvoll sind auch die Talblicke. Weglos direkt in n. Richtung zum Weg 7 zurück. Bei der WT hinter der Grattelhütte hält man sich re. und an der darauffolgenden WT vor dem Plattenhüttl wandert man geradeaus bis zum Weiler Guggal (1176) weiter. Ein Wiesensteig leitet von hier über den Bach und mündet bei der Kirche in die Dorfstraße von Altrei ein. – HU 200 m, Z 2 bis 2½ Std., LA 1. – Hierzu Skizze 39. **RW 227**

Bei Bergwanderungen soll man schwer verdauliche Nahrungsmittel nach Möglichkeit meiden. Als **Touristenproviant** eignen sich Knäckebrot, Marmelade, Bienenhonig in Tuben, Streichkäse, magere Wurst, Schinken, frische oder getrocknete Früchte wie Pflaumen oder Aprikosen, Erdnüsse. Zum Trinken Fruchtsäfte, Schokolade, Ovomaltine, Tee. Eine heiße Bouillon, Gulasch- oder Gemüsesuppe ist in fast allen einfachen Einkehrstationen erhältlich.

RW 228 **Rund um die Königswiese*, 1622 m, AP Mazon.** Eine abwechslungsreiche und familienfreundliche Rundwanderung mit AP Kollerhof in Mazon (355). Sie ist besonders zu empfehlen im Mai und Juni wegen des frischen Grüns der herrlichen Buchenwälder bzw. im Herbst wegen der malerischen Verfärbung des Laubes. – An der Gallwiesenbachbrücke zwischen Vill und Neumarkt zweigt man von der SS.12 (Ortsumfahrungsstraße) ab und folgt in Neumarkt der HT „Mazon"; zuletzt zweigt scharf re. ein Bergsträßchen ab, das zum Kollerhof hinaufleitet, vor dem eine große Übersichtstafel des Wanderwegnetzes im „Naturpark Trudner Horn" steht.

Zunächst benützt man den blau-weiß mark. Verbindungsweg zum Edelsitz „Fernheim", wo man auf eine Art Waldlehrpfad trifft, der bis Barthenau (424) führt. Im Buchenmischwald, mit Eiben im Unterwuchs, gelangt man bald zum li. abzw. Forstweg Kanzel, Mark. „K". Die Kanzel ist ein gern besuchter Aussichtspunkt (850) über steil abfallenden Dolomitfelsen mit kargem Föhrenbestand; herrlicher Etschtalblick mit den Bergen vom Ritten bis zu jenen der Texelgruppe. – Auf dem mit 2 bez. „Bankelsteig", einem anfangs geschotterten Fahrweg, steigt man mäßig bergan. Waldlichtungen vermitteln gute Ausblicke etschabwärts durch die Salurner Klause bis zu den Trentiner Hausbergen Paganella und Monte Bondone. An einer Hangschulter leitet der Fahrweg in einen Steig über, wobei man ins Aaltal eintritt. Steig 2 verläuft nun entlang der ausgeprägten Raibler Schichten, die wegen ihrer leichten Verwitterbarkeit in der steilen Dolomitflanke der Königswiese als unübersehbares Gesimse in Erscheinung treten. An manchen Stellen leuchtet die Feuerlilie von den Hängen. Hinter einer alten Mühle am Aalbach endet der „Bankelsteig" am Paradeishof, bis dorthin 2½ Std.

Weg 7 verbindet über den Bach mit dem einsam gelegenen Bergdorf Gfrill (1328); die beiden dortigen Gasthäuser lassen sich mit einem kurzen Abstecher erreichen. – Die Rundwanderung setzt sich mit dem Anstieg zum Gschnoner Sattel (1414), auch als Gfriller Sattel bez., auf den Wegen 3/4 fort. Üppige Tannenmischwälder begleiten ab hier den Abstieg, welchen man zweckmäßig über den li. abzw. Weg 4A zur reizvollen Großwiese (1288) mit Jausenstation unternimmt, um das beschwerliche Steilstück re. im direkten Abstieg zu meiden. Bei nur geringem Umweg trifft man dann auf das Sträßchen von Gschnon zum Gh. Gsteigerhof und hat nach wenigen hundert Metern li. den Forstweg zur „Kanzel", dem man hinab bis zum „Bankelsteig" folgt. Der weitere Rückweg bis zum AP Kollerhof verläuft fast flach. – HU 1060 m, Z 5 bis 6 Std., LA 2. – Hierzu Skizze 39.

Gfrill/Cauria 1328 m

Salurn (226), das von der SS.12 im W umfahren wird, ist AP einer knapp zweispurigen Asphaltstraße, die bei max. 14% Steigung windungsreich durch den Salurner Wald zunächst nach Buchholz (563), im weiteren, kurvenreichen Verlauf nach dem abgeschiedenen Bergdorf Gfrill hinaufleitet, 12.6 km, SG 2 – 3. Es sind nur Omnibusse bis 12 m Länge zugelassen, jedoch besteht keine Gewichtsbeschränkung! – Vom Kirchhügel in Buchholz genießt man einen schönen Etschtalblick, im weiteren Anstieg hat man auch bemerkenswerte Ausblicke zu den Zinnen und Türmen der wildzerrissenen

Brentagruppe. Gfrill liegt dicht an der deutsch-ital. Sprachengrenze und ist günstiger AP für zahlreiche Wanderungen, besonders in Richtung Gfriller Sattel und hinauf zur Königswiese (1622).

Königswiese, 1622 m, AP Gfrill.** Im N des abgeschiedenen Bergdorfes Gfrill (1328) erhebt sich über dem Aaltal die bis unter ihren Gipfel bewaldete Königswiese, ein zu Unrecht kaum bekannter Aussichtspunkt. Er vermittelt eine glanzvolle Rundschau, die bei günstigen Witterungsverhältnissen gegen N bis zum Alpenhauptkamm mit den Stubaier Gletschern, gegen S bis zum Monte Baldo reicht. Im W bauen sich über dem Corno di Tres Zinnen und Türme der wildzerrissenen Brenta auf, re. davon erkennt man die vergletscherten Gipfel der Ortler-Cevedale-Gruppe. Großartig sind die Tiefblicke ins Etschtal, auf den Kalterer See und das Überetsch. **RW 229**

Vom anfahrbaren Dorf Gfrill bietet sich folgende empfehlenswerte Runde an: Zunächst auf Weg 7 nach „Gfrill über dem Bach". Wenig oberhalb des Dreifichtenhofes (Pardatscher) hat man li. die Abzw. des Steiges „K", der auf die Königswiese führt und diese umrundet, von Gfrill 1 Std. Auf der Südseite des Gipfels gibt es eine köstliche Quelle. – Abstieg auf dem mit 2A mark. Weg, welcher auf den „Bankelsteig" stößt und li. das Aaltal einwärts über den Paradeishof zum AP zurückführt. Wegmarkierungen der Reihenfolge nach: 7/4/K/2A/2. – HU 300 m, Z 2 bis 2½ Std., LA 1 – 2. – Hierzu Skizze 39.

Überetsch und Mendelgebirge

Fennberg, Oberfennberg 1163 m

Hoch über Margreid (241) im Bozner Unterland liegen die kleinen Sommerfrischenorte Oberfennberg und Unterfennberg. Eine 14.6 km lange Asphaltstraße verbindet sie mit Kurtatsch (332). Die windungsreiche Bergstrecke ist zweispurig angelegt und hat max. Steigungen von 12%, SG 2 – 3. Ausgesetzte Stellen sind mit Leitplanken ausgestattet. – Auf halber Wegstrecke kommt man am Fennhals (1031), einem Ansitz aus dem 16. Jh. vorüber, das heute als landwirtschaftliches Anwesen genutzt wird. In seiner Nähe stehen am Römerweg, der von Penon heraufführt, die fünf berühmten Mammutbäume, die fast 40 m hoch, ein Alter von runden 100 Jahren haben. – Zwischen Ober- und Unterfennberg liegt der kleine, malerisch in die Landschaft eingebettete Fenner See. Erwähnung verdienen auch die beiden 400 bis 500 Jahre alten Linden bei Unterfenn mit einem Stammumfang von mehr als 5 m. – Im unteren Abschnitt der Bergstraße zweigen zwei „Zubringer" ab, der eine li. nach Penon (605), 2.5 km, der andere re. nach Graun (823), 3 km.

Treshorn/Corno di Tres 1812 m.** Der vom Grenzkamm mit der Nachbarprovinz Trento aufragende großartige Aussichtsberg wird nur selten besucht; den Vergleich mit renommierteren Erhebungen des Mendelgebirges braucht er keinesfalls zu scheuen. In Oberfennberg (1163) nimmt oberhalb von Schloß Ulmburg Weg 3, 518, im oberen Abschnitt als „Rätersteig" bez., zum Fenner Joch (1576) seinen Ausgang, 1½ Std. Das Joch vermittelt **W 230**

den Übergang zum Rif. Predaia (1400) und dem Rif. Sores, beide oberhalb von Vervo und Tres auf dem Nonsberg gelegen. Am Joch beginnt der mit „B“ bez. Kammweg, dem man in nö. Richtung folgt. Nach zirka 30 Min. biegt man re. in ein mark. Steiglein ein, das in 15 Min. zum Gipfel leitet, 2½ Std. ab Oberfennberg. – Die Gipfelschau reicht in der Nordsüdrichtung von den Stubaier Alpen bis zum Monte Baldo. Besonders eindrucksvoll ist der „Etschtalblick“ und von besonderem Reiz ist die freie Sicht auf die vielen kleinen Haufendörfer am Nonsberg. Bemerkenswert ist im Frühsommer die reichhaltige alpine Flora. – Rückweg wie Hinweg. HU 650 m, Z 4 bis 4½ Std., LA 2. – Hierzu Skizze 40.

RW 231 **Hirschkopf* 1695 m, und Treshorn** 1812 m.** Eine Besteigung des Treshorns läßt sich auch in eine Rundwanderung einbinden, wenn man sein Fahrzeug bereits bei der Waldschenke „Boarnwald“ abstellt und den „Sattlsteig“, Mark. 7 zum Hirschkopf benützt. Eine herrliche Gratwanderung mit Ausblicken auf die Zinnen und Türme der wild zerrissenen Brenta verbindet mit dem Treshorn. – Abstieg über den „Rätersteig“ nach Oberfennberg. Rückkehr über die Straße zum AP. – HU 800 m, Z 4½ bis 5 Std., LA 2 – 3. – Hierzu Skizze 40.

RW 232 **Rund um das Margreider Rebland*, Penon 605 m.** AP ist Margreid an der Weinstraße (226). Man folgt zunächst der HT „Entiklar“ auf dem Weinbergsteig, Mark. 3A, welcher oberhalb der „Schloßkellerei Turmhof“ (dort auch eine Wein- und Imbißstube) auf das Fenner Sträßchen trifft. Diesem folgt man nur ein kurzes Stück, Mark. 7, um bald re. in den Verbindungsweg zur Mühlgasse abzuzweigen. Bei der Häusergruppe von Rain stößt man auf die Autostraße nach Penon, der man nach li. folgt, 1½ Std. Von Penon, das mit vielen Ferienwohnungen aufwartet, hat man bemerkenswerte Ausblicke auf das Etschtal und über dieses hinweg auf die Königswiese und den stark bewaldeten „Naturpark Trudner Horn“. Zurück auf Weg 520 mit einem kurzen Abstecher zum „Eisloch“ nahe dem Sulzhof. Im weiteren Abstieg läßt man Entiklar li. liegen. Bald trifft man auf Weg 3A und kehrt auf ihm nach Margreid zurück, 1 Std. – HU 400 m, Z 2½ Std., LA 1 – 2. – Hierzu Skizze 40.

Höhenstraße Kaltern-Graun*, Graun 823 m

Als empfehlenswerte Alternative zur „Südtiroler Weinstraße“ zieht ein teilweise schmales und windungsreiches Aussichtssträßchen durch Weinberge, Buchen- und Föhrenwälder am Fuße des Mendelgebirges entlang. Es zweigt von der Mendel-SS.42 beim Gh. „Kalterer Höhe“ (670) ab und verbindet die Kalterer Fraktionen St. Nikolaus (569), St. Anton (520) und Altenburg (615) untereinander. Von Altenburg übernimmt ein nicht ausgebautes Sträßchen die Fortsetzung in s. Richtung nach Graun. Man kann bereits oberhalb Söll von der Gabelung li. abzweigen und auf guter Straße den Söller Weinberg nach Tramin (276) hinabfahren. – Eine andere Möglichkeit, wieder ins Tal zur „Südtiroler Weinstraße“ zu gelangen, besteht sw. von Graun in der Abfahrt auf der Fennberger Straße hinab nach Kurtatsch (332) bzw. nach Margreid (226). Auf keiner der Straßen, die nur mit geringen Ausnahmen alle staubfrei sind, werden Steigungen bzw.

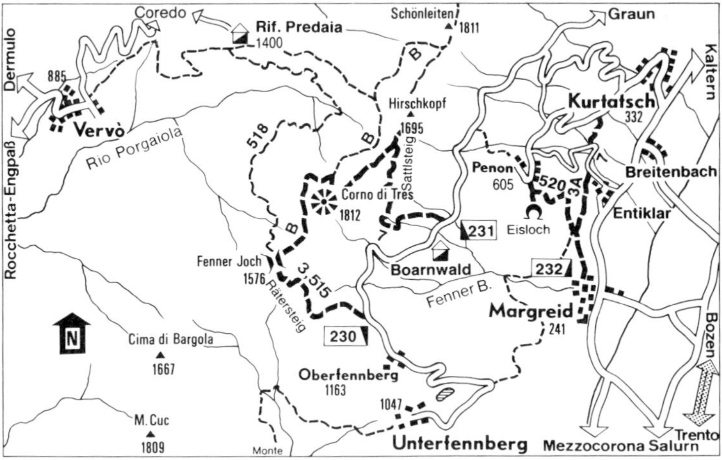

Skizze 40 Fennberg

Gefälle von max. 14% überschritten, SG 2 bis 3 je nach Streckenabschnitt. – Die breite Etschtalfurche ist eine Obstanbaufläche selten großen Ausmaßes; aus der Höhenperspektive betrachtet, ähnelt sie einer Baumschule mit Zeilenstruktur, welche von Verkehrsadern mit zahlreichen kapillaren Verästelungen durchzogen wird. Besonders eindrucksvoll ist der Anblick Mitte April, wenn die Etschniederung in ein einzigartiges Blütenmeer getaucht erscheint, als ob Schnee im Tale läge.

Graun* 823 m, und Söll* 464 m. Eine Terrassenwanderung mit bemerkenswerten Aussichtspunkten. **RW 233** AP ist der n. Ortsteil Kastellaz (330) in Tramin, wo man nahe der St. Jakob-Kapelle auch Abstellplätze für Fahrzeuge vorfindet. Dort nimmt auch der mit WK mark. „Wanderweg Kastellaz" seinen Ausgang. Er leitet wie eine Promenade oberhalb von Tramin südwärts an Weinpergeln vorbei, bis er auf den „Lochweg" mit Mark. 5 stößt. Diesem Steig folgt man durch das gute Aussicht bietende „Grauner Loch" aufwärts; Steig 4 läßt man re. liegen. An der nächsten Wegeteilung lohnt es sich, geradeaus den nur geringen Umweg über die St. Georg-Kapelle (781) wegen des eindrucksvollen Tiefblickes zu nehmen. Beim Gh. „Goldener Adler" trifft man auf die Dorfstraße von Graun, der man jetzt nach N. folgt. Bei der Gabelung hält man sich re. und wandert auf den mit FZ, 4 bez. Fahrweg. Hinter dem stattlichen Klaberer Hof zweigt an der WT li. der → „Traminer Höhenweg" ab. Man bleibt auf dem unteren Sträßchen, das über die Zogglerwiese (750) und den Höllentalgraben zum Psennerhof (676) und nach Söll führt, zuletzt Mark. 11. – Für den Abstieg bieten sich alternativ an: der beim Disertorihof re. im spitzen Winkel abzw. Fußweg über den Pallaver und Schloß Rechtenthal nach Kastellaz führende Fußweg oder die über Söll nach Tramin sich hinabsenkende Fahrstraße. Der uralte Weiler Söll, welcher sowohl von Tramin als auch von Graun her anfahrbar ist, erfreut sich einer sonnigen Terrassenlage, und man versäume es nicht, den kurzen Abstecher zum prächtig gelegenen Einkehrgh. „Plattenhof“ (429) zu unternehmen. Im romanischen St. Mauritius-Kirchlein gibt es bemerkenswerte Fresken aus dem 14. Jh. zu sehen. Während des weiteren Abstiegs ist darauf zu achten, daß man vom Bildstöckl am Söller Berg den re. abzw. Weg über das Schloß Rechtenthal einschlägt, um zielführend zum AP zurück zu finden. – HU 500 m, Z 4 Std., LA 1 – 2. – Hierzu Skizze 41.

RW 234 **Traminer Höhenweg*, Höllentalüberschreitung 936 m.** AP ist der Klaberer Hof (856) n. von Graun. An der nächsten WT hält man sich li. und folgt dem „Traminer Höhenweg“, Mark. 9 auf die Schmiedebene, worauf man in das Höllental absteigt. Nach der Bachüberschreitung zweigt li. der Steig „T“ zum Taurisjoch (1506) steil an. Man bleibt jedoch auf dem Höhenweg Mark. 9 und kreuzt bald den von der Jausenstation „Gummerer Hof“ (751) herabziehenden Steig 10. Der „Gummerer Hof“ ist von Tramin über Söll auch anfahrbar. Auf Weg 9 überschreitet man den Großen Graben und gelangt oberhalb von Altenburg zu einer Aussichtskanzel (762). Kurz darauf zweigt re. ein Steiglein ab, das mit dem Weg 9F zum „Sonnegghof“ und mit Altenburg (615) verbindet. Im spätgotischen St. Vigiliuskirchlein befindet sich ein sehenswertes Fresko. Prächtige Aussicht vom Kirchenhügel. Vom AP bis hierher 2 Std. – Den Rückweg nimmt man am besten über das Sträßchen mit Mark. 11, nach Überschreitung des Höllentales Mark. FZ, 4. Im Abschnitt Gelfhof-Psennerhof bietet sich der etwas weiter oben verlaufende Fahrweg 9G an, der auch mit einem kurzen Zugang zur Jausenstation „Gummerer Hof“ aufwartet. Von der WV 9G/10/11 hat man nur noch 45 Gehmin. zurück zum AP. – HU 350 m, Z 4 bis 4½ Std., LA 1 – 2. – Hierzu Skizze 41.

RW 235 **Altenburger Runde*, Altenburg 615 m.** AP ist der Sonnegghof in Altenburg. Das nahe gelegene Kirchlein St. Vigilius birgt ein volkskundlich interessantes Fresko. Die weiter n. gelegene, ehem. dreischiffige Basilika St. Petrus ist Ruine seit dem 6. Jh. und steht mit der Burgruine Altenburg auf den Hügeln einer uralten Fluchtburg. Von der Ruine gelangt man leicht auf Steig 1 durch die wildromantische „Rastenbachklamm“ mit sehenswertem Wasserfall in Richtung Kalterer See; dort benützt man bereits den oberen Steig, um li. zum „Kardatscher Weg“, Mark. 10 abzubiegen. Durch die Weinberge oberhalb Schloß Ringberg (dort Weinmuseum) wandert man zur Kalterer Sportzone. Ein Abkürzer verbindet li. mit Weg 11 B, der hinauf zur Altenburger Straße führt. Schließlich leitet Weg 11, der erst nach Ausbau der Straße wenig oberhalb mit dem Ziel angelegt wurde, einen erholsamen Wanderweg abseits vom „PS-Tourismus“ anzubieten, zurück nach Altenburg. – HU 300 m, Z 2½ Std., LA 1 – 2. – Hierzu Skizze 41.

Das **Südtiroler-Landes-Weinmuseum** befindet sich im Zentrum von Kaltern und ist im ehem. landesfürstlichen Keller (Zehentkeller) untergebracht; es kann u.a. mit einer sehenswerten, alten Torggel aus dem 13. Jh. aufwarten.

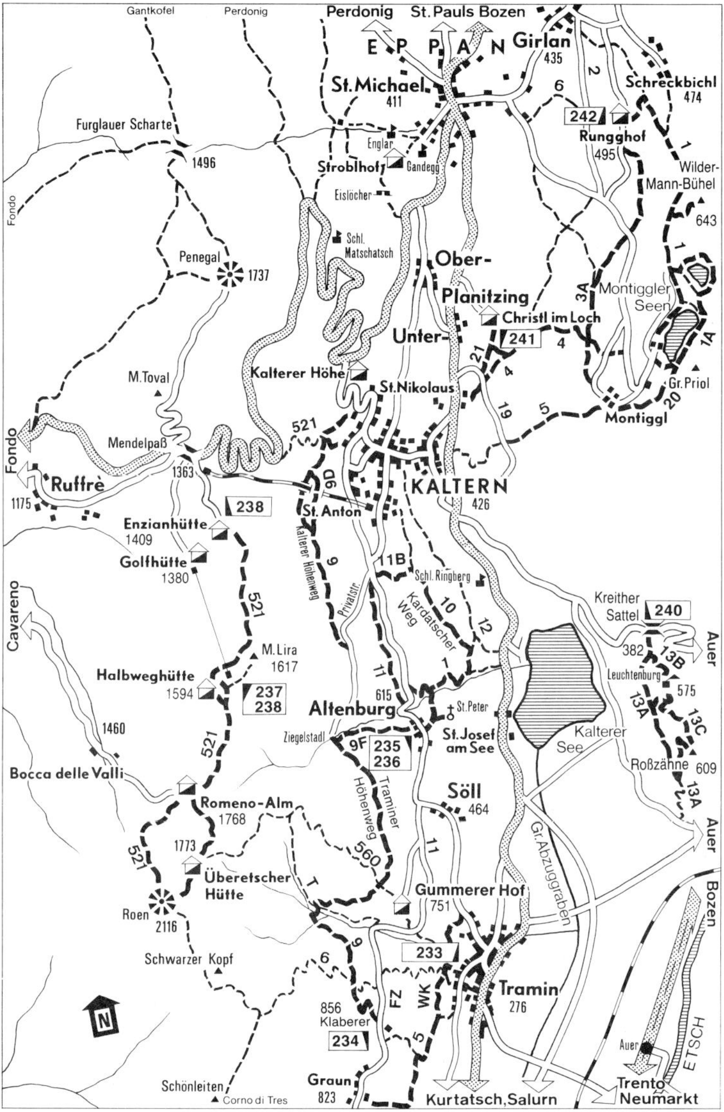

Skizze 41 Überetsch

RW 236 **Kalterer Höhenweg**, Wegeteilung am Kalterer Berg 918 m.** AP ist Altenburg (615), das man mit dem Kfz. sowohl von Kaltern als auch von Tramin auf staubfreien Straßen erreichen kann. Vom Gh. „Sonnegghof" leitet zunächst Weg 9F hinauf zum Ziegelstadel (732). Am Altenburger Bach endet der „Traminer Höhenweg" → RW 234 und beginnt der „Kalterer Höhenweg", rote Mark. 9. Der Altenburger Ziegelstadel ist Fundstätte frühgeschichtlicher Ziegelgräber. Abschnittweise benützt man eine vorbildlich begrünte Forststraße und quert anschließend, leicht ansteigend, die bewaldeten Hänge des Mendelzuges. Dabei hat man malerische Ausblicke auf das wellige Überetsch mit seinen ausgedehnten Waldgebieten und Weinbergen, den Kalterer See und auf die im O sich abzeichnenden Höhenzüge mit dem markanten Schwarz- und Weißhorn. In seinem weiteren Verlauf kreuzt der Höhenweg die Mendel-Standseilbahn bei ihrem Tunnel, ehe er gemeinsame, ganz kurze Streckenführung mit dem „Telefonsteig" 521 hat. Außerhalb des Ortsteiles St. Nikolaus (608) zweigt re. ein Steig ab, der in den Ort hinabführt, 2½ Std. – Den Rückweg von St. Nikolaus nimmt man am besten über die Mark. 521/9/9D/9/9F. – HU 300 m, Z 4½ bis 5 Std., LA 1 – 2. Der „Kalterer Höhenweg" setzt sich noch, die Mendelstraße mehrmals überquerend, bis zum Gh. beim Schloß Matschatsch (880) fort, woran der → „Eppaner Höhenweg" in Richtung zum Gh. Buchwald (930) anschließt. Durch die beschriebenen Höhenwege ist es möglich, das Überetsch von Kurtatsch bis Unterrain in der „2. Etage" genußvoll zu durchwandern. – Hierzu Skizze 41.

Mendelpaß 1363 m**

Die Mendelstraße stellt die wichtige Verbindung von Südtirol in das Trentino via Überetsch und Nonsberg her. Über die Scheitelhöhe verläuft die Provinzgrenze, welche zugleich deutsch-ital. Sprachgrenze ist. Die Bergstrecke auf der Ostrampe ist ein Meisterwerk altösterr. Straßenbaukunst; ihre Schlüsselstelle hat sie an der steil abfallenden Mendelwand: hier wurde die Straße in den rötlichen Porphyr gehauen. Von dieser Stelle beeindrucken vor allem die Tiefblicke auf die „Überetsch" genannte, wellige Hochfläche. Blau leuchtet aus dem vorwiegenden Grün der Landschaft der Kalterer See. Die Bergstrecke beginnt s. der Eppaner Umfahrung in der Unteren Gand; hier zweigt bergwärts die Neubaustrecke ab, mit der Unter- und Oberplanitzing umfahren werden. Eine untere Gruppe von Serpentinen leitet über die Kalterer Höhe (670) und Schloß Matschatsch (882) zum Beginn des „Eppaner Höhenweges", einem der schönsten Wanderwege Südtirols → RW 243. Auf leicht gewundener Strecke traversiert man die Aussicht bietende Mendelwand, ehe eine weitere Gruppe von Serpentinen, die besonders dicht aufeinanderfolgen, zu bewältigen ist, um die Scheitelhöhe zu erreichen. Durchgehend Asphaltbelag, die Fahrbahnbreiten variieren geländebedingt zwischen 5 und 8 m, in den Kehren gibt es auch Überbreiten. Insgesamt zählt man auf der kurvenreichen Ostrampe 15 numerierte Kehren, für größere Busse und Wohnwagengespanne nicht geeignet! An ausgesetzten Passagen sind Leitplanken montiert. Die Steigungen sind gut ausgeglichen und überschreiten kaum 12%, SG 2.

Mendel-Golfwiesen, 1380 m

Von der Scheitelhöhe auf dem Mendelpaß leitet in s. Richtung die fast flach verlaufende, 1.7 km lange Zufahrt zur Talstation der Doppelsesselbahn in Richtung Halbweghütte (1594); sie ist 8 m breit, hat Naturbelag und war im Bj. von Schlaglöchern übersät, die sich nach starken Regenfällen als Tümpel präsentierten und nur im Schritt-Tempo umgangen werden konnten, SG 2.

Penegal-Gipfelstraße, 1737 m**

Der Penegal zählt neben dem Rittner Horn zu den großartigsten Aussichtsplätzen in der weiteren Umgebung der Südtiroler Landeshauptstadt Bozen. Er wurde durch eine 4 km lange Gipfelstraße erschlossen, welche von der Scheitelhöhe des waldreichen Mendelpasses ihren Ausgang nimmt und in ihrer Anlage zweispurig ist. Man hat durchgehend Asphaltbelag. Die Steigungen erreichen max. 17%. Den HU gewinnt man mit mehreren Serpentinen, SG 2–3. Wenig unterhalb des Gipfelplateaus findet man drei, terrassenartig angeordnete Großparkplätze. Ein 25 m hoher, hölzener Aussichtsturm bietet ein perfektes Rundumpanorama. Man erkennt bei guten Sichtverhältnissen den vergletscherten Zillertaler Hauptkamm, die Dolomiten, Adamello, Presanella, Brenta, Ortler-Cevedale, die firnbedeckten Gipfel der Texelgruppe und die höchsten Erhebungen der Ötztaler Alpen. In der Umgebung von Bozen hat man Ritten und Salten. Eindrucksvolle Tiefblicke auf das Überetsch mit dem Kalterer See. Über dem Etschtal zeigen sich die Regglberger Gemeinden Deutschnofen, Aldein und Petersberg, dahinter ragen markant Schwarzhorn und Weißhorn auf. Der Latemar bildet im O eine charakteristische Abschlußkulisse. – Die Benützung der Privatstraße ist gebührenpflichtig.

Halbweghütte 1594 m, und Schöne Aussicht*, 1617 m, Bergabwanderung. Diese leichte Wanderung durch herrliche Wälder ist für „Halbschuh-Touristen" gedacht, die auf ein alpines Erlebnis mit eindrucksvoller Aussicht und Tiefblicken auf den Kalterer See und das Überetsch nicht verzichten wollen. AP ist die Talstation der Sesselbahn auf den Golf-Wiesen. Auffahrt zur Baita Mexico, einer einfachen Jausenstation. 20 Min. Anstieg bis zur bewirtsch. Halbweghütte; von dort nur wenige Min. zur „Schönen Aussicht", eine breite Scharte unter dem Monte Liragipfel mit eindrucksvollem Steilabfall des Mendelgebirges. Die Scharte wird mit Vorzug als Startplatz von Hängegleitern benützt. Die Felswände erreichen hier mehrere hundert Meter an Höhe. – Rückweg auf Mark. 521 durch Wald und herrliche Matten hinab zur bewirtsch. Enzianhütte (1409), die in einer Erholungszone liegt. Ein kurzer Fahrweg verbindet mit den in sw. Richtung gelegenen Golfwiesen bzw. mit den Parkplätzen vor der Talstation. HU bergan kaum 100 m, bergab 240 m, Z 1½ Std., LA 1. – Hierzu Skizze 41. **W 237**

Überetscher Hütte*, 1773 m und Röhnberg, 2116 m.** Höchste Erhebung des langgestreckten Mendelkammes ist der Röhnberg, kurz Roën genannt, der sich w. über Tramin erhebt. Mit seiner in sanften, teilweise bewaldeten Hängen gegen das Nonstal hin abdachenden Westflanke und den gewaltigen Ostabstürzen zeigt er den für alle Mendelberge typischen Aufbau. Vom Gipfel hat man eine großartige Rundschau, die jener vom Penegal zwar ähnelt, jedoch wegen der freieren Sicht nach S mit Monte Baldo, Cornetto und Monte Pasubio vom Roën noch übertroffen wird. – Der Normalanstieg erfolgt von der anfahrbaren Enzianhütte (1409). Weg 521 leitet vom Scheitel des Mendelpasses zunächst durch Buchenwald, dann durch lichten, stimmungsvollen Lärchenwald zur Halbweg-Hütte (1594), die man bequem in 1 Std. erreicht. – Eine Alternative bildet die Anfahrt bis zur Talstation der Doppelsesselbahn auf den → Mendel-Golfwiesen. Von der Bergstation an der Imbißstube „Baita Mexico" hat man noch 15 Min. Anstieg bis **W 238**

zur Hütte. Bei Nichtbetrieb der Sesselbahn kann man auch die teilweise steile Schi-Abfahrtsschneise benützen, falls man sumpfige Wiesen nicht scheut. Wegen der schönen Aussicht zu empfehlen ist jedoch der kurze Abstecher auf den Monte Lira (1617), der am Wege tangiert wird. In weiteren 45 Min. gelangt man über den Priedastein, einen riesigen Findling aus Granit, zur Romener Alm mit dem bewirtsch. Rif. Malga di Romeno (1768). Diese ist auch von Amblar am Nonsberg auf einem nur wenig instandgehaltenen, teilweise stark geschotterten → Weg anfahrbar. – Jenseits des Wiesensattels an der Romener Alm setzt sich re. der Normalanstieg durch einen Latschengürtel hinauf zum Roëngipfel fort, 1¼ Std., Mark. 521. – Zirka 250 m tiefer liegt in einer Wiesenmulde, von Lärchen umgeben, die Überetscher Hütte (1773), welche von der Romener Alm in 20 Min. auf Weg 560 bequem zugänglich ist. – Jeepverkehr von Amblar (986) aus.

Der leichte Roën-Klettersteig vermittelt nicht nur einen kurzweiligen Aufstieg, sondern auch Anfängern die Möglichkeit, erste Erfahrungen im „Umgang mit dem Eisen" zu gewinnen. Voraussetzung für seine Begehung sind allerdings Trittsicherheit und Schwindelfreiheit. Die Ferrata selbst überwindet nur einen HU von 150 m, das ist weniger als die Hälfte des Gipfelanstieges von der Überetscher Hütte aus. Den Einstieg (1880) findet man auf dem Steig mit Mark. 523 zirka 20 Min. oberhalb der Hütte. Nach den ersten Drahtseilen folgt eine Querung unter mächtigen Felsbalmen, ehe sich das Steiglein einer steilen Rinne zuwendet. In einer kurzen Schleife gelangt man zum Grat (2050) und hat dann nur noch 70 Höhenmeter anzusteigen, 1 Std. ab Hütte. Sämtliche Klettersteige im Trentino sind im → BRENTA-Klettersteigeführer von Eugen E. Hüsler ausführlich beschrieben.

Niemand lasse sich dazu verleiten, den steinschlaggefährdeten Klettersteig auch als Abstieg zur Überetscher Hütte zu benützen, sondern nehme den Normalweg 521 über Almmatten und durch den Latschengürtel hinab zur Halbweghütte, 1½ Std. – HU ab Halbweghütte 530 m, ab Sesselbahn-Talstation an den Golfwiesen 740 m, ab Enzianhütte 700 m, ab Mendelpaß 750 m. – Z 5 bis 5½ Std., bei Benützung der Sesselbahn mit Berg- und Talfahrt kann man 1 Std. einsparen. – LA 2, bei Begehung des Klettersteiges LA 3. – Hierzu Skizze 41.

W 239 **Gantkofel**, 1866 m, AP Penegal.** Eine Aussicht, die jener vom Penegal in keiner Weise nachsteht, genießt man vom Gantkofel, dem n. Eckpfeiler des Mendelzuges. Am bequemsten erreicht man den markanten Gipfel, der mit seinem charakteristischen Profil als ein Wahrzeichen des Meraner Beckens gilt, vom Penegal aus. Da sich die zu überwindenden HU. trotz des zweimaligen Abstieges zur Furglauer Scharte (1496) mit insgesamt 650 Metern in Grenzen halten, kann diese prächtige Höhenwanderung auch Familien und älteren Menschen empfohlen werden. Der mit 512 mark. Weg verläuft allerdings weitgehend auf der, dem Nonsberg zugewandten Westabdachung des Mendelkammes, weshalb sich die Aussicht gegen O wie auch die großartigen Tiefblicke ins Etschtal auf den engeren Gipfelbereich des Gantkofels beschränken. Dafür hat man freie Sicht auf Brenta, Presanella und Ortler-Cevedale-Gruppe. Z 5 Std.; LA 2. – Hierzu Skizze 42.

Kreither Sattel*, 382 m

Die 7.3 km lange Straße verbindet Kaltern mit Auer. Wegen ihrer landschaftlichen Vielfalt ist sie von besonderem touristischen Interesse. Sie beginnt s. von Kaltern, wo sie von der Südtiroler Weinstraße in sö. Richtung abzweigt. Bei einer neuerlichen Gabelung hält man sich geradeaus, denn re. kommt man zu den Häusern von Kreith am Ostufer des Kalterer Sees (214) mit dem bekannten Gh. Klughammer. Die knapp zweispurige Asphaltstraße steigt mit max. 14% unvermittelt an. Bis zur Scheitelstrecke, die am Kreithhof vorbeileitet, hat man infolge des Buschwerkes und des Laubwaldes nur wenig Ausblicke. Dann aber wird man durch einen schönen Tiefblick auf den Kalterer See belohnt. – Auf der Ostrampe besticht die Aussicht in das Etschtal. Man fährt an der Ruine Laimburg im Abstieg vorbei und mündet in die von Pfatten über das Land- und Forstwirtschaftliche Versuchszentrum Laimburg (dort auch bekannte Großkellerei) am Rande der Etschniederung herabziehende Straße. Wenig weiter bei den Häusern von Piglon hat man die Überführung über Autobahn und Etsch. Hinter der Eisenbahnunterführung setzt sich die Straße nach Auer (244) fort. Bergstrecke SG 2 – 3, teilweise unübersichtlich, enge Kurven!

Ruine Leuchtenburg*, 576 m und Roßzähne*, 609 m. Im O erhebt sich über dem Kalterer See die weithin sichtbare Kuppe der Ruine Leuchtenburg. Die trutzige Feste, um 1200 erbaut, war im 14. Jh. im Besitz der Rottenburger (ansässig in Kaltern). AP für eine lohnende Rundwanderung ist der → Kreither Sattel. W des Scheitelpunktes nimmt Weg 13 B seinen Ausgang. Steig 13 A verbindet knapp unterhalb eines Sattels (483) mit Steig 13 C, der zu den Roßzähnen (608) leitet. Prächtige Aussicht in die breite Etschtalfurche. Steig 13 C mündet nach gut 100 m Abstieg in den bequemen Wanderweg 13 A, dem man, zuletzt Forstweg bis zum Kreither Sattel, zurück folgt; von der Hangtraversierung bieten sich bemerkenswerte Ausblicke auf den Kalterer See und das Mendelgebirge. – HU 250 m, Z 2½ bis 3 Std., LA 1 – 2. – An heißen Tagen muß man an den stark besonnten Hängen mit dem Auftreten von Schlangen rechnen, weshalb man die Wege nur mit festem Schuhwerk begehen sollte! – Hierzu Skizze 41.

RW 240

Bei **Eppan,** auf der welligen Sonnenterrasse des Überetsch, gibt es **drei Naturlehrpfade,** welche dem Wanderer Kenntnisse über die Natur und speziell über die Lebensgemeinschaft mit dem Wald vermitteln. Sie führen in abwechslungsreicher, zwei- und mehrstündiger Wanderung auf gut gekennzeichneten Wegen durch naturkundlich besonders interessantes Gelände. Als AP eignen sich die Parkplätze in St. Michael, der Parkplatz beim Stroblhof und jener beim Gh. „Steinegger". Für den Lehrpfad „Wilder-Mann-Bühel" empfehlen sich der Parkplatz beim Rungghof oder jener bei den Sportanlagen von Eppan; bei letzterem befindet sich auch der „Trimm-Dich-Pfad".

Der wohl beeindruckendste Pfad führt den Namen „Gleif-Eislöcher" und weist zwei Varianten auf. Die erste führt vom Dorfzentrum in St. Michael an Linden, verschiedenen Ahornarten, Schwarzpappeln, Edelkastanien, Hopfenbuchen, Blumeneschen und Flaum-Eichen vorbei hinauf zum Gleifhügel mit Kirchlein und herrlichem Rundblick. Es gibt 25 bemerkenswerte Haltepunkte, die durch eigene Hinweisschildchen gekennzeichnet sind. Sie liegen zwischen der geologisch und prähistorisch interessanten

Panoramakuppe oberhalb Eppan und dem Naturphänomen der Eislöcher. Gleich hinter dem barocken Gleifkirchlein, das völlig renoviert in neuem Glanz erstrahlt, ist der Boden von einer ausgedehnten Porphyrplatte bedeckt, die von Eiszeitgletschern blankgeschliffen wurde. Auf dem Weiterweg stößt man auf die sogenannten „Gletschermühlen"; hier haben in jahrtausendelanger Arbeit die strudelnden Schmelzwasser der Gletscher runde Vertiefungen aus dem Porphyrfelsen gegraben. – Die 2. Variante führt an Weingärten vorbei und durch Mischwald zu den Resten der Wallburg Lambrecht, die zur römischen Kaiserzeit besiedelt war.

Der Lehrpfad „Feuchtgebiete" führt hingegen vom Montiggler See in den weiten, schattigen Montiggler Wald. Es gibt hier u. a. Teichbinse, Schilf, gelbe Schwertlilie, weiße Seerose, Bitter- oder Fieberklee und Tausendblatt zu bewundern sowie die durch Ausgrabungen freigelegten Reste der prähistorischen Siedlung am Jobenbühel (616), die wahrscheinlich als Kultstätte diente. Die Ufer des Montiggler Sees waren bereits in der Frühgeschichte besiedelt. Davon zeugen Funde von Resten alter Pfahlbauten sowie ein noch relativ gut erhaltener Einbaum, der im See-Restaurant ausgestellt ist. Als Gehzeit für diese Runde ist etwas mehr als eine Stunde zu veranschlagen.

Der 3. Lehrpfad ist als Waldlehrpfad konzipiert und führt den Namen „Wilder-Mann-Bühel" nach der gleichnamigen Anhöhe (643), auf die er hinaufführt. Von dort aus genießt man bemerkenswerte Ausblicke auf das Etschtal und auf das gesamte, wellige Überetsch. Auf der Höhe findet man noch Reste vom Mauerwerk einer Wallburg.

RW 241 **Montiggler Seen*, AP Gh. Christl im Loch.** Eine familienfreundliche Rundwanderung führt von Unterplanitzing (406) auf den Fußwegen 22A/4A/4 über die wellige Überetscher Hochfläche, die stark bewaldet ist, direkt zum Lido mit gepflegtem Strandbad am Großen Montiggler See. Ein alternativer AP ist der Festplatz im N von Kaltern; über den Kalvarienberg (435) und das Altenloch erreicht man auf dem „Schäufelewiesweg", Mark. 4/6 den Wegeknoten von Küheben und bleibt dann bis zum See auf Weg 4. Der ausgedehnte Montiggler Wald war vor mehr als 750 Jahren das Jagdrevier der mächtigen Eppaner Grafen. – Der kleine See (519) liegt weiter n. und wenig oberhalb des großen Sees (490) in idyllischer Waldumrahmung, 15 Gehmin., Mark. 1/1A. Beide Seen lassen sich auf Fußsteigen umrunden, von den AP 2 Std. einschl. der Seeuferwege. – Für den Rückweg eignen sich ab dem Weiler Montiggl der „Mazzonerweg", Mark. 5 mit Anschluß an den Fahrweg durch das Lavasontal nach Kaltern, Mark. 19 bzw. ab Altenloch die Wege 21/22A zum Gh. „Christl im Loch". – Der HU im welligen Gelände ist mit zirka 200 m anzusetzen (hügelauf-hügelab), Z 4 Std., LA 1. – Hierzu Skizze 41.

RW 242 **Montiggler Wald 554 m und Montiggler Seen*, 490 bzw. 519 m, AP Rungghof.** Von den zahlreichen Wandermöglichkeiten durch dieses waldreiche und niederschlagsarme Überetscher Gebiet sei folgender Rundwander-Vorschlag herausgegriffen: Sein Fahrzeug stellt man beim Rungghof (495) s. von Girlan ab. Ein Forstweg mit Bez. „M" führt zu den Eppaner Sportanlagen (Tennisplätze) und zu einem Trimm-Dich-Pfad. Über das Purzelmoos erreicht man beim St. Antonius-Bildstöckl die frequentierte Straße Eppan-Montiggler Seen. Nach Überquerung der Straße hat man re. einen

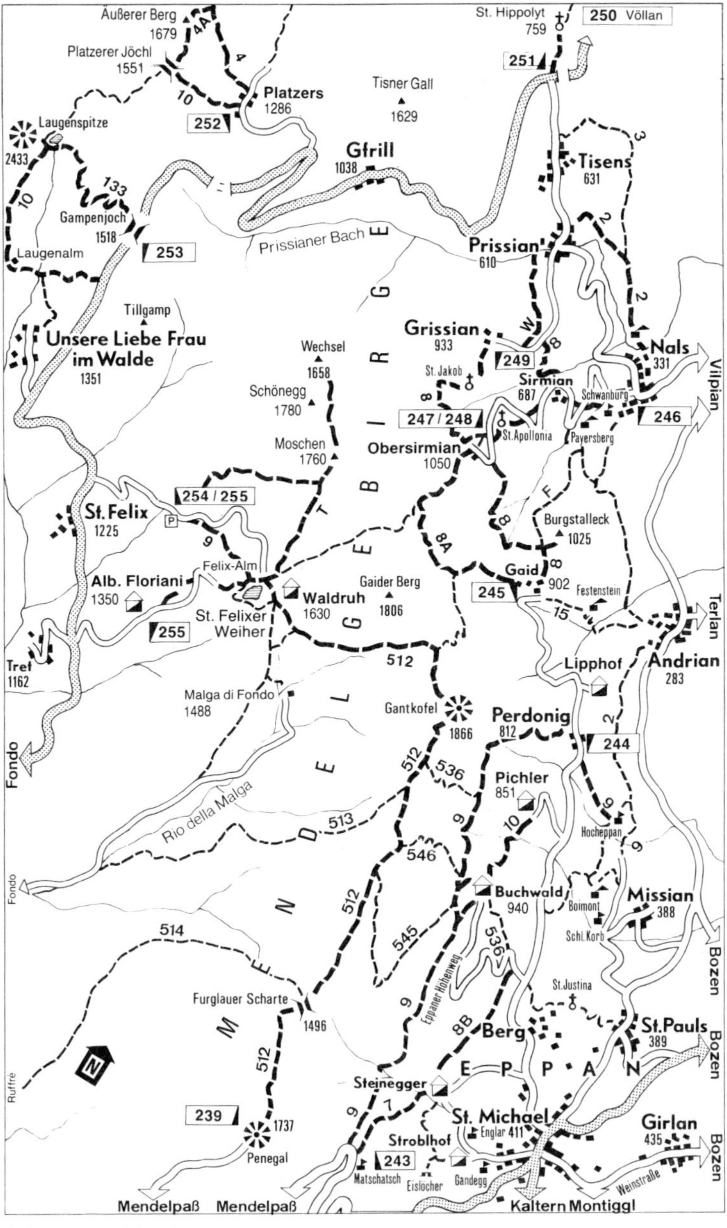

Skizze 42 Mendelgebirge

unmark. Fußweg, der mit dem „Patersteig“, Mark. 3A verbindet; diesem folgt man durch den Weiler Montiggl (494) bis li. der Weg mit Mark. 20 abzweigt. Er mündet in den Ostuferweg 1A, der am „Hängenden Stein“ vorbeileitet und sich zum Kleinen Montiggler See fortsetzt. Nach Begehung der kurzen Verbindungsspange hält man sich re. und umrundet den See auf seinem Ostufer. Vom EP der Autostraße wandert man dann auf einem Forstweg, Mark. 1, durch den Montiggler Wald zurück. Eine HT zeigt re. den Lehrpfad auf den „Wilden-Mann-Bühel“ (643) an; ein Abstecher dorthin lohnt sich auch wegen der Aussicht. Mit einer großen Schlinge im N des Bühels gelangt man wieder auf den Weg 1, den man aber nach wenigen hundert Metern re. verläßt, um in Richtung Girlan weiterzuwandern. Bei einer neuerlichen WT hält man sich li. (re. zum „Ebnerhof“ in Schreckbichl). Zuletzt, noch vor dem Hasslhof, leitet li. ein Fahrweg zum Rungghof zurück. – HU einschließlich Abstecher „Wilder-Mann-Bühel“ 150 m, Z 3 bis 3½ Std., LA 1. – Hierzu Skizze 41.

RW 243 **Eppaner Höhenweg**, Am Missianer Berg 1173 m.** Er verbindet Matschatsch (915) an der Mendelstraße mit dem Weiler Perdonig, dem Schloß Hocheppan (628) und dem Weiler Unterrain (244). Er gilt mit Recht als einer der schönsten Wanderwege Südtirols, ist leicht zu begehen und durchgehend mit 9 bez. In relativ gering schwankenden Höhenlagen zwischen 900 und 1200 m durchmißt er die abfallenden, vorwiegend mit Buchen bewaldeten Osthänge der Mendel und hat seinen höchsten Punkt auf der Kreuzung mit Weg 536, dem Anstiegsweg zur Großen Scharte s. des Gantkofels. Die Ausblicke richten sich vom Höhenweg auf das Meraner Becken, die Sarntaler Berge, Bozen und seine Umgebung, die Dolomiten mit Geislerspitzen, Schlern, Rosengarten und Latemar, den Regglberg und im Hintergrund die Fleimstaler Berge mit der Lagoraikette. – Vom großen Parkplatz beim Gh. Matschatsch zunächst auf einem Abkürzer hinauf zur Kehre 6 der Mendelstraße, wo man unvermittelt der Mark. 9 durch den Buchenwald folgt. Der Furglauer Graben, den man zu überschreiten hat, stellt kein Hindernis dar. Am Fuße des Buchberges wandert man oberhalb vom Gh. Buchwald über den höchsten Punkt weiter, bis ein merkliches Gefälle eintritt. Den Untersteiner Hof läßt man li. liegen und gelangt bald zum Gh. „Wieser“. Dort mündet etwas unterhalb der Alternativweg Nr. 10, welcher sowohl den Gh. „Buchwald“ (930) als auch den Gh. „Pichler“ (851) berührt, von Matschatsch 2½ Std. – Für den Rückweg kann man zwischen dem Weg 10 und dem Weg 8 wählen; letzterer benützt die wenig frequentierte Straße von Perdonig (812) über das kleine Staubecken bis zur Abzw. des Buchwald-Forststräßchens nahe dem Gh. „Kreuzstein“. Hier biegt man zuerst scharf re., an der kurz folgenden WT li. in den Forstweg 8B ein, der oberhalb des Schlosses St. Valentin und des bekannten Gh. „Steinegger“, fast flach verläuft. Nach Querung des Furglauer Baches jedoch als Weg mit Bez. 7 nochmals merklich ansteigt, wobei man bis zum AP einen HU von 250 m zu überwinden hat. – HU total 570 m, Z 5 bis 5½ Std., LA 2. – Hierzu Skizze 42.

Buchwaldweg*, Gh. Buchwald 940 m

Von St. Michael in Eppan (420) folgt man zunächst den HT „Berg", „Perdonig", „Gaid". Die Asphaltstraße ist windungsreich, knapp zweispurig und führt durch Weinberge hindurch und an alten Ansitzen vorbei. Am Übergang von den oberen Obstplantagen zum Mischwald befindet sich der Gh. „Kreuzstein". Wenig weiter findet man li. die Abzw. des Forststräßchens „Buchwaldweg", HT. Nur einspurig und mit nur wenig Ausweichstellen, jedoch durchwegs asphaltiert, gewinnt die 4.4 km lange Bergstrecke bis zum Gh. „Buchwald" zunehmend an Höhe. Ihr Verlauf durch den Wald ist unübersichtlich. Die Geschwindigkeit ist auf 30 km/h herabzumindern, um bei plötzlichen Begegnungen richtig reagieren zu können; es empfiehlt sich auch, rechtzeitig akustische Signale zu geben. Die Steigungsmaxima betragen 15%, SG 3 – 4. Kurz vor dem Ziel findet man an der WT li. den kurzen Zugang zum „Eppaner Höhenweg" → RW 243 – Vom Gh. „Buchwald" eröffnet sich eine großartige Aussicht auf Dolomiten, Texelgruppe, Tschöggelberg und Sarntaler Alpen.

Perdonig 812 m, Lipphof* 802 m und Gaid* 902 m

Folgt man vom Gh. „Kreuzstein" der Straße über das Ausgleichsbecken der Wasserfassung weiter, so gelangt man nach Perdonig mit Wanderer-Parkplatz gegenüber dem Feuerwehrhaus. Die Straße nach Gaid steigt erneut an, und bald hat man re. die beschilderte Abzw. der kurzen Zufahrt zum „Lipphof" (802) mit eindrucksvollem Tiefblick in das Etschtal und prächtigem Dolomitenblick zum stark gegliederten Rosengarten. – Das Bergsträßchen setzt sich vielgewunden über den Rötherhof zum Weiler Gaid (902) fort, wo es derzeit endet, SG 3.

Burgruine Hocheppan, 628 m, AP Perdonig.** Sein Fahrzeug stellt man entweder auf dem Wanderer-Parkplatz gegenüber dem Feuerwehrgebäude oder beim Gh. Wieser, HT, ab. Zunächst in leichtem Gefälle hinab zur neuen Siedlung; hier verläßt man das Asphaltsträßchen und folgt der Mark. 9 in den Wald auf einem kaum benützten Fahrweg. Bald gelangt man zu einer Wegeteilung, wo man sich re. hält (li. leiten betonierte Fahrstreifen zur Relaisstation). Windungsreich zieht nun der Weg durch Mischwald und über „Stock und Stein" geht's abwärts, wobei man einen HU von 200 m zu bewältigen hat. Ausgesetzte Stellen sind durch Holzgeländer abgesichert. An aussichtsreichen Punkten laden mehrere Bänke zur Rast ein; durch den raschen Wuchs der Bäume und des Strauchwerks sind allerdings die bemerkenswerten Ausblicke auf das Überetsch und in Richtung Bozen eingeschränkt. Im weiteren Wegabschnitt begegnet man manchem Gletscherschliff als eiszeitlichem Zeugen. Nach einer guten halben Stunde trifft man vor dem freistehenden Turm von Hocheppan auf die Kreuzung mit Weg 9A (Burgenweg), welcher vom Schloß Korb über die Ruine Boymont nach Hocheppan heraufführt. N. davon ragt in einer Distanz von mehreren hundert Metern der isoliert, auf einem Hügel stehende Kreideturm als ehem. Wachturm auf; durch seine exponierte Lage konnte von dort das Etschtal bis nach Meran beobachtet und kontrolliert werden. Kreidefeuer stellten mit benachbarten Stützpunkten entsprechende Warn- bzw. Informationssignale her. – Zurück auf dem Hinweg durch schattigen Wald in 45 Min. zum AP. – Z 1½ Std., LA 2. – Hierzu Skizze 42.

W 244

Großer Beliebtheit unter Spaziergängern erfreut sich die sogenannte **„Burgenrunde“** mit AP Schloß Korb (450), ein heute anfahrbares Schloßhotel. Weg 9A leitet über die Schlucht hinauf zur Ruine Boymont (580), malerisch unter den Gantkofelwänden gelegen, dort auch Jausenstation. Der Wanderweg setzt sich über den Wieserbach fort und führt hinauf zum ehem. Schloß Hocheppan (628) in guter Aussichtslage. – Zurück auf dem Fahrweg über den Kreideturm und die Jausenstation „Ebner“ zum AP.

W 245 **Burgstalleck*, 1025 m, AP Gaid.** Lohnende, auch für Familien geeignete Wanderung. Vom Kirchlein in Gaid (904), das den 14 Nothelfern geweiht ist (Einkehrmöglichkeit im Haus gegenüber), unternimmt man auf Weg 8 über den Tinnerhof und den dann re. abzw. „alpinen Spazierweg“ den kurzen Anstieg zum höchsten Punkt des gegen das Etschtal vorgeschobenen Bergrückens, 1 knappe Std. Die prächtige Aussicht umfaßt das Mittelgebirge von Tisens, den Tschögglberg, die Etschtalfurche zwischen Bozen und Meran, die Dolomiten mit Rosengarten und Schlern, die Texelgruppe, die Felsmauer des Mendelzuges bis zum markanten Gantkofel. HU 150 m, Z 1½ Std., LA 1 – 2. – Die etwas tiefer gelegene Burgruine Festenstein (811) aus dem 13. Jh. bildet einen interessanten Abstecher von Gaid aus auf mark. Weg 15. Z zirka 45 Min., LA 1 – 2. – Hierzu Skizze 42.

Tisenser Mittelgebirge und Oberer Nonsberg

Sirmianer Straße, Obersirmian, Rainerhof, 1050 m

Ein asphaltiertes, für Pkw knapp zweispuriges Bergsträßchen verbindet Nals (331) mit Obersirmian, 5.5 km. Man fährt zunächst im Dorf an der Pfarrkirche zum hl. Ulrich und am malerischen Schloß Schwanburg vorbei, um nach abwechslungsvoller Streckenführung durch Wein- und Obstkulturen die Halbruine der ehem. Burg Payersberg zu erreichen. In Untersirmian (687) lenkt das schlichte Herz-Jesu-Kirchlein mit seinem schlanken Spitztürmchen das Auge auf sich. Freundliche Wiesen und Mischwald begleiten den Bergfahrer auf dem Weg nach Obersirmian. Markant erhebt sich aus der Mendelmauer der Gantkofel (1866) mit seiner steil abfallenden Felswand. Mehrere Serpentinen warten mit unübersichtlichen Kurven auf. Die max. Steigung beträgt 15%, ausgesetzte Stellen sind durch Leitplanken abgesichert, SG 2 – 3. – Man kommt am Kirchhügel St. Apollonia vorüber, an dessen Fuß der gleichnamige Gasthof (früher „Zum Mesner“ genannt) liegt; nur wenig weiter bergwärts befindet sich der Gh. „Jäger“. Schließlich endet die Straße beim Rainerhof nach 6.3 km ab Nals.

RW 246 **St. Apollonia*, 902 m, und St. Jakob**, 922 m, AP Nals.** Für eine große Rundwanderung wählt man das bekannte Weindorf Nals (331), hübsch am Fuß des Mittelgebirges von Tisens gelegen, zum AP. Der nun aufgezeigte Wegeverlauf vermittelt einen vorzüglichen Eindruck von der Vielfalt und Schönheit der Terrassenlandschaft über dem Etschtal. Die „Große Runde“ beginnt bei der Kirche zum hl. Ulrich von Nals, wo sich auch genügend Abstellplätze für Pkw befinden. Die Wanderung leitet an der malerischen Schwanburg vorbei und folgt der Mark. 9 hinauf zu der über einem steilen

Felsabsturz thronenden Halbruine Payersberg. Ein Fußsteig kürzt die Serpentinen des Bergsträßchens an mehreren Stellen ab. Im weiteren Anstieg gelangt man nach dem sonnigen Untersirmian (687), wo der begehrte Weißsirmianer reift; der edle Rebensaft wird aus der Weißburgunder-Traube gewonnen. Mit Obersirmian verbinden außer der Straße noch Teile des uralten Pflasterweges. Das am Fuß des Kirchhügels gelegene Terrassenrestaurant „St. Apollonia" erreicht man von Nals in 1½ Std. Das ebenfalls gelobte Gh. „Jäger" mit reizvollem Wirtsgarten liegt nur zirka 150 m entfernt, etwas oberhalb an der Straße. Anstieg zur Hügelkapelle St. Apollonia und Beschreibung der Aussicht → W 247.

Nach St. Jakob bei Grissian leitet Weg 7 – 8 in zirka 45 Min.; die HT steht wenig oberhalb des Parkplatzes vom Restaurant „St. Apollonia", re. der Straße am Waldrand. Es empfiehlt sich, den steilen und steinigen, entlang dem Waldrand ziehenden mark. Weg zu meiden (bei Nässe fast unpassierbar) und den li. parallel verlaufenden Alternativanstieg zu wählen. Bereits nach 10 Min. ist die Wegevereinigung an der steilen Bergwiese erreicht. Nun hat man einen „Promenadenweg" durch prächtigen Mischwald, in dem Buchen und Tannen dominieren. Flachstücke wechseln mit kurzen Gefällen und Gegensteigungen an den Bachgräben ab; am stärksten ist der Graben des Grissianer Baches ausgeprägt, den man aber fast mühelos „überwindet", bevor der Weg zum St. Jakob-Kirchlein ansteigt, das in seinem Inneren romanische Fresken aus dem 12. Jh. birgt.

Nun weiter zu den Häusern von Grissian. Unweit des Gh. „Schmiedl" hat man li. die Abzw. des ruhigen Waldweges (Mark. W), der den Wanderer, vom Kraftfahrverkehr unbelästigt, abwechslungsvoll hinab nach Prissian (617) leitet. Den Ort umgeben drei stattliche Burgen: Fahlburg, Wehrburg und Zwingenburg. Abschließend wandert man auf gutem Weg (Mark. 2) vorbei an den Ruinen von Casatsch, der sechsten Burg an dieser abwechslungsreichen Runde, zurück zum AP in Nals. Auch für Familien geeignet. HU 700 m, Z 4½ Std., LA 2. Hierzu Skizze 42.

St. Apollonia*, 902 m. Die Sirmianer Straße führt direkt an den Kirchhügel heran, an dessen Fuß sich das gleichnamige Restaurant mit Aussichtsterrasse befindet. Parkplätze li. und re. der Straße. Ein teilweise felsiges Steiglein leitet in wenigen Min. zum Kirchlein hinauf, das im 12. bzw. 13. Jh. errichtet wurde. Die Ausstattung der seiner Lage nach wohl schönsten Hügelkapelle Südtirols reicht auf das 17. Jh. zurück. Auf dem stark gegliederten Hügel aus Porphyrgestein sind mehrere Ruhebänke aufgestellt; sie sind vorwiegend von Bäumen und Strauchwerk umgeben, welche die Sicht nach N gegen Meran etwas beeinträchtigen. Prachtblicke genießt man hingegen auf die fruchtbare Etschtalniederung in Richtung Bozen sowie auf das jenseits der Etsch sich erstreckende Mittelgebirge, welches als Tschögglberg weithin bekannt ist. Gegen N reicht die Fernsicht bei günstiger Witterung bis zum Hauptkamm der Stubaier Alpen, am ö. und sö. Horizont bauen sich das Schlernmassiv, Rosengarten und Latemar auf. HU 70 m, Z 20 Min., LA 1. – Hierzu Skizze 42. **W 247**

RW 248 **Burgstalleck*, 1025 m, AP Obersirmian.** Sein Fahrzeug stellt man günstig entweder beim Restaurant „St. Apollonia" oder beim Gh. „Jäger" in Obersirmian (900) ab. Von dort leiten zwei Wanderwege nach Gaid, HT: geradeaus Weg 8 über den Ebnerhof und das zu querende Höllental, welches als s. Begrenzung des Mittelgebirges von Tisens betrachtet werden kann, re. Weg 8A als aussichtsreicher Höhenweg, welcher mit den Mark. 7 (Gantkofel), 9 (Tretsee, St. Felix), M (Moschen) streckenweise einen gemeinsamen Verlauf hat. Wählt man nur das Burgstalleck zum Ziel der Wanderung, so nimmt man bis zum Tinnerhof Weg 8, weil von dort ein bewaldeter Steig direkt auf die Aussichtshöhe führt, ohne daß man zuerst nach Gaid (904) hinabsteigen muß. – Bei einer Rundwanderung hingegen ist es zielführender, zuerst Weg 8A einzuschlagen, um dann von Gaid (Einkehrmöglichkeit gegenüber dem Kirchlein, das den 14 Nothelfern geweiht ist) dem mit 8 bez. Weg zum Tinnerhof und über den Waldsteig zu folgen. Auf dem Rückweg quert man das Höllental. – Das Burgstalleck ist ein schmaler, gegen das Etschtal vorgeschobener Sporn und bietet eine prächtige Aussicht auf die breite Furche des Etschtales zwischen Bozen und Meran, auf Rosengarten und Schlern sowie jenseits der Etsch auf den Tschögglberg. Im NW bildet das Vigiljoch den Abschluß des Mittelgebirges, dahinter erheben sich die meist schneebedeckten Berge der Texelgruppe. HU zirka 150 bis 300 m je nach Routenwahl, Z Jägerhof-Burgstalleck hin und zurück 2½ bis 3 Std., RW mit Wendepunkt Gaid 3½ Std., LA 1 – 2. – Hierzu Skizze 42.

Tisenser Mittelgebirgsstraße*, Tisens 635 m

Die ausgebaute, asphaltierte Bergstraße nimmt in Nals (331) ihren Ausgang und leitet in mehreren Serpentinen durch Wein- und Obstgärten auf die burgenreiche Mittelgebirgsterrasse mit den Orten Prissian (617) und Tisens hinauf. Die max. Steigung beträgt 14%, das Gewicht ist mit 10 t, die Höhe mit 3 m begrenzt. Ausgesetzte Stellen sind durch Leitplanken abgesichert. Die gedeckte Steinbogenbrücke in Prissian verhindert die Durchfahrt größerer Busse. Weitere Engstellen gibt es bei der malerischen Stachelburg am Ortsende von Nals und zwischen den alten Häusern in der Dorfgasse von Tisens, SG 2 – 3. Nach 6.3 km mündet die Landesstraße bei Naraun in die Gampenjochstraße, SS. 238, ein und stellt somit eine wichtige Verbindung zwischen Nals und den beliebten Wandergebieten von Prissian, Grissian, Tisens und teilweise auch von Völlan her.

Grissianer Sträßchen, Gh. Schmiedl, 850 m

Das anfangs nur einspurige, engkurvig durch Obstgärten ziehende Asphaltsträßchen zweigt s. von Prissian (617) von der Landesstraße ab, HT „Gh. Schmiedl bzw. Grissianer Hof". Mit Eintritt in den Mischwald (Nadelbäume und alte Kastanien) beginnt die knapp zweispurige Steigungsstrecke mit Maxima von 16%. Nach 2.5 km endete im Bj. der Asphaltbelag beim gern besuchten Einkehrgh. „Schmiedl" (Tische und Bänke auch im reizvollen Obstanger aufgestellt). Es empfiehlt sich, hier sein Fahrzeug abzustellen, denn nur geschotterte, kurze Zufahrten führen zum nahegelegenen Grissianer Hof bzw. zu den verschiedenen Häusern und zum sehenswerten Kirchlein St. Jakob (922), welches in exponierter Lage über der Schlucht des Grissianer Grabens thront, SG 3. –

Vom Gh. „Schmiedl" läßt sich die prächtige Aussicht auf Rosengarten, Latemar, Zanggenberg, Tschöggelberg, Schlern, Sarntaler Berge mit Großem und Kleinem Ifinger genießen; im Hintergrund ragt der Hirzer (2781) gegen den Horizont auf, nach SO hat man den Tiefblick in den Bozner Talkessel.

St. Jakob, 922 m, und St. Apollonia*, 902 m, AP Grissian.** Für die „Kleine Runde" wählt man am besten den Gh. „Schmiedl" in Grissian als AP. Zufahrt von Prissian 2.5 km → Grissianer Sträßchen. In zirka 15 Min. erreicht man von hier die innen und außen freskengeschmückte Hügelkirche von St. Jakob. Die wertvollen Fresken stammen sowohl aus der romanischen als auch aus der gotischen Epoche. Der Weg 7 – 8 nach St. Apollonia in Obersirmian leitet zunächst in den Graben des Grissianer Baches hinab. Im weiteren Verlauf sind noch zwei kleinere Gräben zu überwinden. Der Forstweg gewährt nur gelegentlich Ausblicke durch die Waldlichtungen zum Tschögglberg hinüber, wie man das jenseits der Etsch sich erstreckende Mittelgebirge nennt. Nach zirka 35 Gehmin. erreicht man eine mit vereinzelten Lärchen bestandene Bergwiese. Der bis hieher bequeme Fußweg wird nun merklich schlechter. Für den Abstieg zur Straße nach Obersirmian, 10 Min., hält man sich ein wenig re. und benützt den parallel zum mark. Weg hinabführenden, unmark. Waldweg. Nach Überqueren der Straße gelangt man zum Kirchhügel, an dessen Fuß sich das gelobte Terrassenrestaurant „St. Apollonia" an den Porphyrfelsen schmiegt. Zur Hügelkapelle → W 247. RW 249

Von Obersirmian, das von freundlichen Wiesen und Wäldern umgeben ist, folgt man der Mark. 9 teils auf der Straße, teils auf dem uralten Pflasterweg hinab nach Untersirmian (687), das inmitten von Obst- und Weinkulturen hingebettet liegt, 30 Min. Hinter einer Rechtskurve findet man li. beim Haus Hubertus die Abzw. des direkten Fußweges nach Grissian, HT „Moarhof, Grissian" (Mark. F). Die Wanderung führt am schlichten Herz-Jesu-Kirchlein vorbei, um dann in die Schlucht des Grissianer Baches hinabzuleiten. Am Bachgrund erkennt man die Reste einer verfallenen Talmühle. Jenseits des Wildbaches beginnt der steile Anstieg hinauf gegen Grissian. Der Steig mündet unter alten Edelkastanien und hinter einem Holzzaun in das von Prissian heraufziehende Fahrsträßchen ein. Diesem folgt man nun li. nur wenige hundert Meter, bis man zum AP beim Gh. „Schmiedl" kommt, 40 Min. HU zirka 450 m, Z 2½ Std., unter Einschluß der St. Apollonia-Hügelkapelle 3 Std., LA 1 – 2. Hierzu Skizze 42.

Gampenjoch*, 1518 m

Die SS. 238 mißt von Lana (316) bis Fondo (988) 31 km. Sie verbindet Meran mit den vier Deutschgemeinden am Oberen Nonsberg, das sind Unsere Liebe Frau im Walde (1355), St. Felix (1265), Laurein (1146) und Proveis (1420), sie alle sind dem Burggrafenamt zugeordnet. Der Ausbauzustand ist als gut zu bezeichnen, wenn man die durch das vorgegebene Gelände schwierige Trassenführung auf der Nordrampe berücksichtigt. Steigungen bzw. Gefälle sind gut ausgewogen, sodaß 9% kaum überschritten werden, SG 2. Ausgesetzte Stellen wurden durch Leitplanken abgesichert. Die Orte Unsere Liebe Frau im Walde (dorthin Stichstraße), St. Felix und Fondo werden umfahren.

Die geplante Direktverbindung von Unsere Liebe Frau i. W. nach Laurein konnte bis zum Bj. noch nicht verwirklicht werden; sie sieht die Vermeidung des 16 km langen Umweges über ein Randgebiet der Nachbarprovinz Trento und damit auch die Vermeidung der nicht ausgebauten Trentiner Rampe des → Brezer Joches vor. Alle genannten Straßen werden nach Möglichkeit ganzjährig offengehalten. – Während der Auffahrt von Lana hat man unmittelbar nach dem 1. Tunnel li. die Zufahrten zum „Ackpfeifer Hof" und zur Burgschenke der Leonburg. Vor dem 2. Tunnel eindrucksvoller Tiefblick aus einer Parknische in das Etschtal. – In der Gegenrichtung hat man im Gemeindegebiet von St. Felix auf der Südrampe die markante Gestalt der Großen Laugenspitze vor sich, an deren bewaldeter Ostflanke die Einsattelung des Gampenjoches bereits von weither erkennbar ist.

Völlaner Bergstraße, Völlan 714 m

Die 4 km lange, voll ausgebaute Völlaner Bergstraße nimmt ihren Ausgang an der SS. 238 (Gampenjochstraße) weit oberhalb von Brandis. An der unübersichtlichen Abzweigungsstelle ist ein Verkehrsspiegel aufgestellt. Mit einem weiten, nach W ausholenden Bogen gewinnt die Straße bei gleichmäßiger Steigung (anfangs max. 11%) den HU zum schön, in einer weiten, grünen Mulde gelegenen Terrassendorf Völlan, SG 2. Beim „Turmwirt" kommt man am Wahrzeichen des Ortes, dem ehem. Schloß Mayenburg, heute Ruine, vorbei. Unterhalb der Pfarrkirche zum hl. Severin bzw. des Altenheimes ist ein größerer öffentlicher Parkplatz für Pkw eingerichtet.

RW 250 **St. Hippolyt*, 759 m und Bad Völlan, zirka 800 m, AP Völlan.** Der Besuch des Hügelkirchleins St. Hippolyt läßt sich auch in eine Rundwanderung leicht einbeziehen, wobei man die landschaftliche Vielfalt des Mittelgebirges um Völlan erleben kann. Vom Dorf Völlan (714) zunächst am Bauernmuseum vorbei und dem Mühlweg, Mark. 8, HT Talmühle (656), durch Obstkulturen folgen; der schmale, geschotterte Fahrweg wird auch von kleinen, wendigen Pkw benützt, für Motorräder besteht Fahrverbot. Bald ist der Wald erreicht und der Weg leitet hinab, zuletzt über eine geschwungene Steinbrücke, in den kühlen Grund des Wildbaches. Die Talmühle wurde bereits anfangs des 14. Jh.s erwähnt. Sie ist als Einkehrstation bekannt, im Herbst auch gern besuchter Buschenschank. Die geschwungene Steinbrücke stammt aus dem 17. Jh. Im stärkeren Anstieg kommt man beim Obermayerhof zu einem Bildstock; hier hat man die Wahl, ob man den Höhenrücken mit St. Hippolyt von N her auf dem von Lana über Ackpfeif heraufführenden Weg 5 besteigt oder den von S über Naraun leitenden Weg 7 benützt. Letzterer ist bequemer → W 251. Zurück bis zum Bildstock Obermayerhof, dann Weg 8A hinab in die Schlucht des Brandisbaches. Nach Überwindung der Gegensteigung trifft man auf den uralten Plattenweg Platzers-Völlan, Mark. 10 und kommt zum Einkehrergh. „Völlaner Bad". Der Weg zum AP Völlan führt zunächst über den Lahnbach hinab und durch Wald und Wiesen ist man in 45 Min. am Ausgangspunkt. HU summarisch 350 m, Z 2½ Std., LA 1 – 2. – Hierzu Skizze 42.

Von sich reden macht das Rosendorf Nals (331); der hier gezogene Weißsirmianer wird dem Liebhaber eines guten Tropfens Südtiroler Weine köstlich munden. Auf dem Weg nach Sirmian steht am Ortsende die Schwanburg mit ihrem sehenswerten Innenhof.

St. Hippolyt*, 758 m, AP Naraun. Kürzester Anstieg zum Hügelkirchlein. Unmittelbar nach dem Tunnelausgang der Gampenjochstraße (SS. 238) bieten sich in Naraun beim Haus Nr. 20 und gegenüber mehrere Abstellmöglichkeiten für Pkw an. In n. Richtung beginnt hinter einem Sperrschranken der rot mark. Anstieg (auch rote Richtungspfeile) zum Kirchlein St. Hippolyt. Im Bj. fehlte eine HT! Man durchmißt zunächst ein bewaldetes Gelände mit mannigfacher Vegetation: Föhren, auf denen Misteln schmarotzen, Buchen, Edelkastanien, Akazien und Steineichen; an den eiszeitlich geschliffenen, rötlichen Porphyrfelsen ranken Efeu und Brombeergezweig. Auf dem warmen Gestein sonnen sich häufig zahlreiche Eidechsen, welche dank ihrer Farben gut getarnt sind. Auf den kargen Weideflächen im oberen Bereich finden Schafe Nahrung und ersetzen in dieser Parklandschaft den Bergheuer. Der Anstieg nimmt zirka 25 Min. in Anspruch. Der Rücken des Bergzuges, auf dem das Hügelkirchlein weithin sichtbar steht, ist baum-und strauchlos. Er war, wie Funde belegen, bereits in prähistorischer Zeit besiedelt. Berühmt ist die Aussicht, die als eine der schönsten des Burggrafenamtes gilt und nicht weniger als 20 Ortschaften und gegen 40 Burgen einschließt. Im unmittelbaren Tiefblick hat man die Ruine von Schloß Leonburg. Man überblickt das gesamte Tisenser Mittelgebirge vom Burgstalleck bis Völlan, das lieblich in die Landschaft eingebettet liegt. Den markanten Abschluß der Mendelmauer bietet der steil abfallende Gantkofel (1866). Jenseits vom Etschtal erheben sich die Sarntaler Alpen mit der markanten Pyramide der Ifinger Spitze (2581). **W 251**

Von N öffnet sich das Passeiertal, li. davon erkennt man die Ausläufer der stillen Texelgruppe. – Wenig unterhalb des Hügelkirchleins steht ein altes Bauernhaus. Im Bj. wurden hier u. a. die so selten gewordenen, prächtigen Pfaue gehalten. Es ist eine Augenweide, ihnen beim Radschlagen zuzusehen. Leider beeinträchtigt eine über das gesamte Hügelland des Tisenser Mittelgebirges führende Hochspannungsleitung mit ihren hohen Masten die bilderbuchhafte Landschaft. – HU zirka 120 m, Z 45 Min., LA 1. – Hierzu Skizze 42.

Platzerer Jöchl, 1551 m und Äußerer Berg, 1679 m. Vom St.-Sebastian-Kirchlein in Platzers (1286) bietet sich eine leichte und familienfreundliche Rundwanderung von 2 Std. an, die sich bei Bedarf sowohl nach N als auch nach S ausdehnen läßt: auf dem mit 10 bez. Anstiegsweg zur Kleinen und Großen Laugenspitze steigt man zunächst durch dichten Wald zum Platzerer Jöchl, dem Übergang in das Ultental (Bad Lad, St. Pankraz) an. Hält man sich re., so hat man zweimal eine WT zu passieren; den Karrenweg 25, welcher zu den Höhen von Außer-Wiesenwerch hinableitet, läßt man li. liegen, geradeaus an der nächsten Wegegabelung benützt man li. das Steiglein hinauf zum Äußeren Berg mit Ausblick auf das Innere und Äußere Ultental, hinüber zur Naturnser Hochwart (2608) und zum Vigiljoch, 1½ Std. – Kurzer Abstieg zum Weg 4A. Diesem folgt man ein kurzes Stück nach N und biegt dann scharf re. in den von Platzers heraufziehenden Weg **RW 252**

4 ein, um zum AP zurückzukehren. – HU 400 m, LA 1 – 2. – Will man in der Höhe weiterwandern, so bleibt man auf Mark. 4 bergwärts, bis im Quellgebiet des Lahbaches li. ein unmark. Steiglein zur Kammlinie abzweigt, das über den Jochberg (1638) eine Alternative bildet. Man steigt dann direkt zum Gallnerhof (1231) steil ab, um dort li. auf den Wegen 3A/2 nach Unterplatzers durch den Wald zu wandern. Zuletzt vom Hauserhof auf dem kaum frequentierten Sträßchen durch schönen Buchenwald hinan zum AP. Die erweiterte Runde nimmt zirka 3½ bis 4 Std. in Anspruch, LA 2. – Hierzu Skizze 42.

Platzers*, 1286 m

Die weit zwischen ausgedehnten Bergwiesen und Hochwäldern verstreuten Höfe von Platzers liegen sw. des Tisner Gall (1629). Man erreicht den in ruhiger Lage und zu Wanderungen einladenden Ort auf einem einspurigen Asphaltsträßchen, welches von der SS. 238 (Gampenjochstraße) nahe der Jausenstation „Alpenrose" oberhalb von Bad Gfrill abzweigt, nach 2.2 km. Es leitet durch ein sanftwelliges Gebiet mit üppigen Bergwiesen und idyllischen Mischwäldern. Den höchsten Punkt erreicht es beim St.-Sebastians-Kirchlein. An der Straße liegen zwei einfache Gasthäuser. Auf einer Gefällstrecke mit max. 12% kommt man durch schönen Buchenbestand hinab zum Hauserhof, wo das Sträßchen nach 3.8 km endet und Anschluß an den Wanderweg 10 Völlan-Laugenspitzen findet. SG 2 – 3.

RW 253 **Große Laugenspitze** 2433 m, AP Gampenjoch.** Dank ihrer weitgehend isolierten, von keinem Nachbargipfel beeinträchtigten Lage bietet dieser hervorragende Aussichtsberg ein umfassendes Panorama. Am Horizont reihen sich berühmte Bergzüge wie die vergletscherten Ötztaler, Stubaier und Zillertaler Alpen aneinander, gefolgt von den Dolomiten, im S reichen die Ausblicke bis zur Brenta und Presanellagruppe. Die Sicht nach W auf den Ortlergipfel wird allerdings durch das Hasenöhrl und benachbarte hohe Berge verstellt. Es gibt zwar mehrere Anstiegsmöglichkeiten, vor allem auch aus dem Ultental auf die Laugenspitze, doch hat man mit AP Gampenjoch (1518) ohne Zweifel den kürzesten und in Verbindung mit einer Rundtour den wohl auch lohnendsten Anstieg. Das Fahrzeug stellt man mit Vorzug beim Wirtshaus auf der Scheitelhöhe der Gampenstraße ab. Der teilweise steile Anstieg über die Ostflanke beginnt unmittelbar an der Straße und ist mit 133 bez. An der Waldgrenze wird man von ausgedehnten Alpenrosenfeldern empfangen und nach 1½ Std. erreicht man, zuletzt leichter ansteigend, den Laugensee (2150). An seinem Südufer biegt man li. oder re. in den vom Platzerer Jöchl heraufziehenden Weg 10 ein; über Geröll und Felsstufen gelangt man auf beiden Steigen in 45 Min. zum Gipfelkreuz und hat bei guten Sichtverhältnissen die eingangs beschriebene Gipfelschau, 2½ Std. ab AP.

Für den Abstieg wählt man den s. Steig durch Geröll zu einer grasigen Schulter hinab auf Weg 10 zuerst zur Legerhütte und zur bewirtsch. Laugenalm (1853). Nach Überschreitung des Laugenbaches hat man die Wahl, entweder auf dem Forstweg geradeaus weiterzuwandern oder re. dem Weg 10 zu folgen, wobei man sich an der nächsten WT li. halten muß, um auf kurzem Weg zurückzukehren. – HU 915 m, Z 4½ bis 5 Std., LA 2 – 3, Trittsicherheit und Bergerfahrung erforderlich. – Hierzu Skizze 42.

St. Felixer-Alm, 1630 m

Von der Gampenjochstraße SS. 238 zweigt in St. Felix, direkt am Gh. „Rose“ (1309) li. ein einspuriges Asphaltsträßchen ab, welches mit kurzen Kehren hinauf zum Pfeiferhof und über den Bach zum Parkplatz hinter der Brücke (1400) leitet, 1.2 km. Ab hier striktes und auch überwachtes Fahrverbot für beide zur St. Felix-Alm führenden Fahrwege. Die engen Kurven sind unübersichtlich, worauf die Geschwindkeit entsprechend einzustellen ist, max. 10% Steigung, SG 2 – 3, keinerlei Randsicherungen. – Vom Abstellplatz auf mark. Weg 9 durch vorwiegend Lärchenwald zum idyllisch gelegenen St. Felixer See (früher Tretsee) zur Jausenstation „Waldruhe“ 45 Min.

St. Felixer Alm 1630 m, Schönegg*, 1780 m, und St. Felixer Weiher* 1604 m. Vom Parkplatz hinter der Brücke (1400), wie im Text „Zufahrt“ beschrieben, kann man sowohl den li. als auch den re. durch die bewaldete „Schöne Wiese“ sanft ansteigenden Forstweg benützen. Sie vereinigen sich vor der bewirtsch. Alm wieder, 45 Min. Die Kehren lassen sich durch mark. Steige abkürzen. An Rändern der Lärchenwälder blühen im Frühjahr viele Maiglöckchen. – Von der Alm leitet der „Tränkeweg“, Mark. 50 und „T“, anfangs ein breiter Fahrweg, am Schönrastberg (1717) nur noch ein Traktorenweg, hinauf zu den Moschenwiesen. Von einem kleinen Sattel (1742) gelangt man an eine WT: hier hält man sich li. und folgt der gelben Mark. durch schütteren Wald am Mendelkamm entlang und hinan zum Schönegg, 1 Std. von der Almwirtschaft. Vom Wetterkreuz genießt man eine prächtige Aussicht sowohl auf den Oberen Nonsberg als auch auf das Tisener Mittelgebirge. Die Etsch läßt sich von Meran bis in den Bozner Großraum verfolgen. – Den Rückweg nimmt man entweder durch die „Libel“ genannte Zone, wenn man an der WT am Schönrastberg li. abbiegt, dieser Verbindungsweg trifft bei Punkt 1523 auf den nördlichen Forstweg – oder man wandert wieder hinab zur St. Felix-Alm und weiter zur Jausenstation „Waldruhe“ (1626), welche wenig oberhalb des St. Felixer Weihers liegt. Auf dem schönen Fußweg 9 zurück zum Parkplatz, 1¼ Std. – HU 400 m, Z 3 bis 3½ Std., LA 1 – 2. – Hierzu Skizze 42. **RW 254**

Weiherbachtal, Albergo Floriani 1350 m

Wenig n. vom Albergo da Leonardo zweigt von der SS. 238 in Tret (1162) ein Stichsträßchen ab, welches über die Pension „Scoiattolo“ bis zum Albergo Floriani öffentlich befahrbar ist, die Fortsetzung parallel zum Weg mit Mark. 512 in Richtung des Weihers ist mit Fahrverbot belegt. Das nur einspurige Sträßchen führt in Kehren durch einen Lärchenwald, der bergan schütterer wird. Nach 800 m, am Ende der asphaltierten Strecke, findet man li. die Zufahrt zur Pension „Scoiattolo“; in Richtung Weiher kann man noch 650 m weiterfahren, doch zeigt bereits hier eine HT an, daß vor der Fahrverbotstafel keine Wendemöglichkeit mehr besteht. – SG 2 – 3.

W 255 **Gantkreuz** und Gantkofel/Macaion**, 1865 m, AP St. Felix bzw. Tret.** Es führen mehrere Wege zum gemeinsamen Ziel „Gantkofel"; der bequemste ist Weg 512, der vom Penegal hauptsächlich über die Almen der Westabdachung des Mendelgebirges leitet → W 235. In der Gegenrichtung nimmt Weg 512 in Tret seinen Ausgang; dort läßt sich das erste Stück Anstieg bis zur Pension Scoiattolo auch auf dem Stichsträßchen zurücklegen. – Den Weiher kann man dann bequem auf dem Fußweg, der beim Albergo Floriani (1350) li. vom Sträßchen durch das Weiherbachtal abzweigt, in 45 Min. erreichen; er war früher unter der Bezeichnung „Tretsee" bekannt, wurde aber dann, weil im Gemeindegebiet von St. Felix liegend, in St. Felixer Weiher umbenannt. Auch hat sich an seinem Zustand Erfreuliches getan: sein Becken ist jetzt mit normalem Wasserspiegel angefüllt und bietet mit seiner Umgebung ein reizvolles Idyll, wogegen der früher als „Tretsee" bezeichnete Weiher sich dem Besucher total ausgetrocknet und teilweise verlandet dargeboten hatte. – Man wandert n. um den See, wenig unterhalb der Jausenstation „Waldruhe", dann durch Wald und Bergwiesen, bis oberhalb der Gaider Scharte der Anstieg zum Gantkreuz beginnt. Vom Gipfelkreuz hervorragendes, umfassendes Panorama, das von jenem des benachbarten Gantkofels nach S noch ergänzt wird. Neben der Ruine auf dem Gantkreuz befindet sich ein Hubschrauber-Landeplatz. Auf dem Gantkofel ragt der Sendemast eines weithin sichtbaren Umsetzers (UKW und Television) auf. Für den Anstieg bis zum Gantkofel rechnet man vom Weiher zirka 1½ Std. – Der Anstieg von der anfahrbaren → Malga di Fondo (1488) über die Wege 511/Verbindung zu 512/512 nimmt 2 Std. in Anspruch – Rückwege wie Hinwege. – HU 550 bzw. 400 m, Z 3½ bis 4 Std., LA 2. – Hierzu Skizze 42.

Malga di Fondo*, 1488 m

Sie liegt bereits auf dem Territorium der Provinz Trento und ist nur von Fondo her anfahrbar. Das Sträßchen zweigt beim Hotel „Pineta" im N des Ortes von der Verbindungsstraße zwischen der SS.238 und SS.42 scharf li. ab, HT „Macaion". Man fährt zunächst zum idyllisch in den felsigen Burrone eingebetteten Laghetto Smeraldo (1000) hinab, um den ein romantischer Steig führt. Im stark eingeschnittenen Tal gelangt man nach 2.2 km vor einer Brücke (1046) zu einer Wegeteilung: hier endet der Asphaltbelag und eine Tafel mit der Aufschrift „strada non collaudata" zeigt an, daß im weiteren Verlauf die Straße nicht amtlich geprüft und genehmigt ist. Im Klartext bedeutet dies, daß ein Befahren zwar geduldet wird, dies jedoch auf eigene Gefahr und Haftung geschieht. Man folgt li. über die Brücke der Mark. 511 und hat eine länger andauernde Steigung bei durchschnittlich 16% zu bewältigen. Nach weiteren 7 km ist die Alm erreicht, SG 3 – 4; sie liegt an den Anstiegswegen zum St. Felixer See, zur Gaider Scharte (1659) und zum → Gantkofel/Macaion (1865).

Rif. Malga di Romeno*, 1768 m

Von Amblar (986), einem auf der Sonnseite liegenden Ort des ital. Nonsberges, vom benachbarten Cavareno über eine weitgespannte, moderne Straßenbrücke erreichbar, führt ein stark geschotterter Fahrweg (strada non collaudata) über die Baita Cedrom (1125) vielgewunden hinauf zur Malga di Romeno, 6.5 km. Er ist nur für kleinere, wendige Pkw, nicht aber für schwere Motorräder geeignet; im Bj. starke Auswaschungen

Das Wallfahrtskirchlein **Heiligenkreuz** (2045), einsam oberhalb St. Leonhard im Abteital gelegen, ist von Pedratsches aus mit einem Sessellift zwischen Ende Juni und Anfang Oktober bequem erreichbar → RW 105 und W 106. – Aus den steilen Felswänden des Heiligenkreuzkofels hallt ein sechsfaches Echo wider! Foto Verlagsarchiv

Wie im Märchenbuch zeigt sich ein wenig abseits der Großen Dolomitenstraße der **Karersee** zwischen dunklen Fichtenwäldern und den schroffen Türmen des sagenumwobenen Latemars → RW 153 und 154. Foto E. Denzel

Die prächtige Aussichtsstraße auf den **Ritten** windet sich durch das Weinland von St. Justina und Leitach hinauf zu den Sommerfrischen in Oberbozen und Klobenstein u. a. Die Aussicht richtet sich auf Schlern und Rosengarten. Foto E. Denzel. – Unten: Balkon eines alten Hauses in **St. Lorenzen** (Pustertal). Foto Oswald Kofler

Edelweiß

Rostblättrige Alpenrosen

Breitblättriger Enzian

Schwefelgelbe Anemonen

Feuerlilie

Alpen-Soldanelle

und abschnittsweise mehr Bachbett als Fahrweg! Die Steigungsmaxima betragen im oberen Abschnitt an der großen Serpentine über 20%, SG 4. Vom EP hat man Anschluß an den Aufstiegsweg zum → Monte Roen und auch an leichtere Wanderwege → Überetscher Hütte, Halbweghütte.

Brezer Joch*, 1398 m und Proveis*, 1420 m

Während zwei der vier deutschsprachigen Gemeinden am Nonsberg, nämlich die Orte Unsere Liebe Frau im Walde (1351) und St. Felix (1125) durch kurze Zufahrten von der Gampenjochstraße SS. 238 leicht erreichbar sind, können Laurein und Proveis nur über einen beträchtlichen Umweg von zirka 20 km durch das Territorium der Provinz Trento von Südtirol aus angefahren werden. Die Verwirklichung des Projektes einer Direktverbindung von Unserer Lieben Frau im Walde durch ein fast unbesiedeltes Gebiet zum Brezer Joch oberhalb von Laurein (1148) scheiterte bisher am Einspruch seitens Trentiner Interessenten. – Bis auf Weiteres verläuft deshalb die Route von Meran bzw. von Bozen über das Gampenjoch bzw. die Mendel nach Fondo (988) hinab, wo man auf die SS. 42 trifft; dieser folgt man scharf re. nur ein kurzes Stück bis hinab zur Brücke über den Novellabach, welcher durch seine sägende Wirkung hier eine ausgeprägte Schlucht bildete. Hinter der Brücke zweigt re. die SP. 43 ab, welche im Bj. teilweise ausgebaut, nach Castelfondo (948) hinaufführt. An der Abzweigungsstelle findet man die HT Laurein, 10 km, und die HT Proveis, 18 km. Von Castelfondo li. weiter nach Salobbi, wo der Anstieg hinauf zum Brezner Jöchl durch einen öden Landstrich beginnt. Das Bergsträßchen ist auf seiner Ostrampe nur einspurig, hat mehrere sehr enge Kehren und schadhaften Asphaltbelag. Die max. Steigung beträgt hier 15%, die Randsicherungen sind primitiv, SG 3. Die Felslandschaft befindet sich in Erosion, auf sandig-weißen Böden wachsen vereinzelt noch Zwergkiefern. – Kaum hat man den Scheitel des Brezner Jöchls erreicht, wird man von einem totalen Vegetationswechsel angenehm berührt: herrliche Wälder und Bergwiesen, dazwischen Feuchtgebiete mit zahlreichen Spielarten alpiner Orchideen erfreuen das Auge. Auch der Straßenzustand änderte sich auf der Südtiroler Seite im Bj. grundlegend. Die meist ausgebaute Asphaltstraße leitet zunächst hinab nach Laurein und dann in Kehren zum Gamperbach, SG 2. Im Zuge der Wildbachverbauung konnte hier in Fortsetzung dieser Route eine vorzügliche Straße angelegt werden, welche unterhalb von Tonna (Zufahrt HT) vorbeiführt, Leder- und Gamperbach überbrückt und zuletzt mit einem kurzen Anstieg das Kirchdorf Proveis erreicht, SG 1 – 2, ab Brezer Joch 10.5 km. Zwischen Kirche und Widum befindet sich ein kleiner Parkplatz. – Der einzeln dastehende Kirchturm (Campanile) stammt aus dem Jahre 1543, wogegen der neugot. Kirchenbau erst Mitte des 19. Jh. errichtet wurde. Die Siedlungsgeschichte der Proveiser ist noch nicht sicher erforscht, man vermutet, daß eine Einwanderung von Ulten her durch das Marauntal über das Hofmahdjoch stattgefunden hatte. – Im Umfeld von Proveis bieten mehrere familienfreundliche Wanderwege durch die Alm- und Berglandschaft mit ihrer besonders sehenswerten Alpenflora manche Abwechslung.

Rufer 1520 m, und Clozner Jöchl, 1382 m. Die kleine Runde vermittelt **RW**
gute Einblicke sowohl in die Landschaft des Deutschnonsberges als auch in **256**
das Trentiner Nonstal, welche wegen ihrer Randlage völlig zu Unrecht stiefmütterlich behandelt werden. Es gibt nur noch wenige Erholungsgebiete mit fast unberührter Natur wie dieses um das Brezer Joch, kaum eine Autostunde von den Ballungszentren im Fremdenverkehr wie Meran, Bozen und Trient entfernt. – Die Anhöhe des Rufer gewinnt man vom AP Brezer Joch in einer knappen halben Stunde auf Weg 29 in sw. Richtung. In 20 Min. steigt man von dort zum Clozner Jöchl/Passo di Giovat ab und benützt

zurück den unmark. Forstweg zum AP. Die Runde läßt sich bei Bedarf über Pertmer, Weg 28 und die alte Laureiner Straße nach W ausdehnen – Z 1½ Std., LA 1 – 2. – Hierzu Skizze 43.

RW 257 **Rund um den Sam*, Brezer Alm 1845 m, Laurein-Alm 1728 m.** AP ist das anfahrbare Brezer Joch (1398), wo man auch Platz zum Abstellen seines Fahrzeuges findet. Das Umfeld des Joches ist bekannt für das Vorkommen einer artenreichen Flora auf den Bergmähdern, Hochweiden und an Hochmooren. Die strengen Vorschriften des Pflanzenschutzes sind hier unbedingt zu beachten! Schon während der Anfahrt begegnet man manchem Gletscherschliff, deren es in dieser Mittelgebirgsregion mehrere gibt. Der Almfahrweg mit Mark. 5 leitet durch einsame Wälder in mäßigem Anstieg hinauf zum „Langen Moos" und zum „Zittermoos" mit eiszeitlichem Felsfindling. Dicht an der Waldgrenze gelegen, erreicht man nach 1½ Std. die bewirtsch. Brezer Alm. – Wegen der lohnenden Aussicht unternimmt man bei guten Sichtverhältnissen einen kleinen Umweg über ein Steiglein zum Steinmann (1941), im Volksmund „Stuamandl", dem im SW nur die Kuppe des Sam (1877) vorgelagert ist, sich aber sonst frei aus der Hochfläche erhebt. Zum Greifen nahe ragt im W die Ilmenspitze (2656) auf, woran sich nach N Samerberg und Ultener Hochwart (2626) anschließen; dazwischen erkennt man die Einsattelung des Samer Joches (2195). Im S hat man die wildzerrissene Brenta und die ausgedehnten Gletscherfelder des Adamello im Auge. Für den geringen Umweg rechnet man 30 Min., ohne daß man zur Brezer Alm zurückkehren muß. Am Fuße der Kuppe (ital. Popi) hält man sich bei der WV re. und trifft bald auf den vom Fahrweg zur Castrin-Alm herüberziehenden Weg 3, der zum Wegeknoten auf der bewirtsch. Laurein-Alm führt, 1 Std. ab Brezer Alm. – Zurück zunächst auf Weg 27 bis man auf den Forstweg, bez. 28, trifft, dem man durch ein ausgedehntes Waldgebiet direkt hinab zum AP auf dem Brezer Jöchl folgt, 1½ Std. Alternativ bietet sich Weg 26 an, der zwischen der Laurein-Alm und der Brezer Alm auf halber Strecke direkt in s. Richtung vom Weg 5 abzweigt und eine Begehung des Sam (1877) ermöglicht. Die abseits weiter w. gelegene Samer Alm wurde aufgelassen. Der Rückweg vollzieht sich über die Bergwiesen von Oberberg (Rentsch) bis man auf den Forstweg 28 stößt und diesem vorwiegend durch Wald zum AP folgt, 1½ Std. – HU 550 m, Z 4½ bis 5 Std., LA 1 – 2. – Hierzu Skizze 43.

W 258 **Laurein-Alm 1728 m und Castrin-Hütte* 1813 m.** AP ist der Weiler Tonna (1511) im SO von Proveis. Die Wege 27 zur bewirtsch. Laurein-Alm und 8 über das Lederbachtal stellen den kürzesten Zugang zur Castrin-Alm her, 2 Std. Ein relativ flacher Sattel bildet dort den Übergang in das → Marauntal zum ehem. Mitterbad bzw. zur Gamper Alm (1876) auf dem → Maraunberg. Es ist dies ein seit altersher benützter Übergang von St. Pankraz im Ultental nach Proveis. Eine Wanderung dorthin vermittelt mannigfaltige Eindrücke der Landschaft in den südlichen Zipfel des Burggrafenamtes und in die artenreiche Bergflora. – Rückkehr nach Tonna auf demselben Weg. – HU 300 m, Z 3½ Std., LA 1 – 2. – Hierzu Skizze 43.

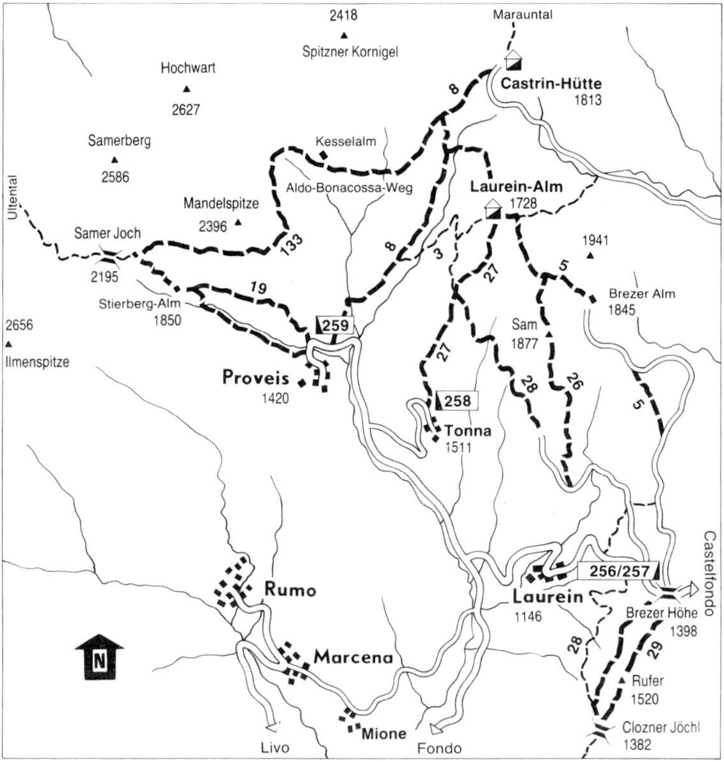

Skizze 43 Brezer Joch

Stierberg-Alm* 1850 m und Samer Joch 2195 m.** Das Samer Joch, eine Einsattelung zwischen der Ilmenspitze (2656) und dem Samerberg (2568), ist ein seit altersher benützter Übergang zwischen Ulten und Proveis. Es vermittelt eine bemerkenswerte Aussicht auf das innere Ultental und hinüber zum Hasenöhrl (3257), das den Nationalpark Stilfser Joch im O abgrenzt. Während Wanderer jeden Alters von der großen Straßenschleife im Talschluß des Gamper Baches nur den leichten Anstieg auf Weg 19 bis zur Stierberg-Alm in 1½ Std. unternehmen und auf einem Steiglein, das in Bachnähe verläuft, wieder zum AP zurückkehren, Z 2½ Std., wählen engagierte Berggeher eine anspruchsvollere Runde: sie setzen ihre Wanderung Richtung Samberger Alm fort und benützen dann den «Aldo-Bonacossa-Steig», bez. „H“ bzw. 133, der über das Mittereck unterhalb der Mandelspitze hindurchführt, die Kesselalm und Proveiser Alm (1894) tangiert, um zur Castrin-Hütte (1813) zu gelangen, weitere 2 Std. von der Stierberg Alm. – Abstieg über Matzlaun und den Maierhof auf den Wegen 3 bzw. 8 zum AP. – HU 800 m, Z 5½ bis 6 Std., LA 2 – 3. – Hierzu Skizze 43.

RW 259

Burggrafenamt und Meran

Ultental

Ultental*, St. Gertraud, 1501 m und Untere Weißbrunner Alm, 1900 m.

Das lange Zeit vom Verkehr fast unberührt gewesene Ultental unterscheidet sich als Hochtal landschaftlich ganz wesentlich von der unmittelbaren Umgebung Merans. Zwischen der Etschniederung im Raum Lana-Burgstall und den stillen Bergseen im hinteren Ultental, wo sich firnbedeckte Dreitausender spiegeln, reicht die Vegetationsskala von üppigen Obstplantagen über Weinleiten und Kastanienhaine hinauf zu dunklen Nadelwäldern und über saftig-grüne Almen bis in die Fels- und Firnregionen. An seiner w. Flanke wird das Ultental gegen den Unteren Vinschgau von einer markanten Bergkette begrenzt, die in der 3438 m hohen Zufrittspitze gipfelt und nach N ihre Ausläufer bis zum weit gegen die Etsch vorgeschobenen Vigiljoch (Larchbühel, 1824) entsendet.

Im Zusammenhang mit den im vorderen und hinteren Ultental errichteten Wasserkraftanlagen wurde die 32 km lange L 9 zwischen Lana (316) und St. Gertraud im Ultental ausgebaut bzw. modernisiert und das Tal auf breiter Basis für den Fremdenverkehr erschlossen. Kurvenreich ist zunächst die Bewältigung der 1. Talstufe von Lana durch die Weinberge zur Terrasse oberhalb der Gaulschlucht. Windungsreich leitet die Straße über den Gh. „Altbreid“ (780) weiter talein nach St. Pankraz (736), das wenig unterhalb umfahren wird. Zwischen Bad Lad und St. Walburg durchfährt man oberhalb des aufgestauten Pankrazer Sees (Staudachsees) vier Tunnels, von denen drei unbeleuchtet sind. Auf den Tunnelstrecken gibt es merkliche Steigungen bzw. Gefälle!

Zur Gemeinde Ulten zählen die Orte St. Walburg (1190), St. Nikolaus (1256) und St. Gertraud, die beiden letztgenannten Orte werden auf einer modernen Straße umfahren. Hinter St. Walburg durchmißt man die Talweitung von Ulten am nw. Ufer des Kuppelwieser Sees (Zoggler Sees). Wiesen und Auwäldchen, aber auch Nadelwälder säumen die Straße. Im hinteren Ultental führt die meist einspurige, mit Ausweichen versehene Straße an St. Gertraud (Zufahrt 400 m) vorbei, verläßt bald die vom Valschauer Bach durchflossene Talweitung und tritt in den ital. Nationalpark Stilfser Joch ein. Hier gewinnt die Werkstraße bei max. 14% Steigung merklich an Höhe. 38 km von Lana entfernt erreicht man die Untere Weißbrunner Alm (1900) mit zwei Gasthäusern und geräumigem Parkplatz. Der Weißbrunnsee liegt mit 1870 m ein wenig tiefer. Eine Materialseilbahn leitet zur Grünsee-Hütte (2560), auch Höchster Hütte am Grünsee genannt. – Vorderes Ultental SG 1 – 2, die nur mehr einspurige Werkstraße im hinteren Ultental SG 2 – 3, ausgesetzte Stellen sind durch Leitplanken abgesichert. Achtung! An den Ufern des Valschauer Baches ist der Aufenthalt gefährlich, denn im Gefolge von Schleusenbetätigungen kann es dort zu Schwallbildungen kommen.

Bei Lana mündet der Falschauer Bach, der seinen Ursprung unterhalb der Weißbrunner Spitze (3253) in den vergletscherten Ortlerbergen hat, in die Etsch; er entwässert das **Ultental,** das runde 50 km von den Weinbergen, Obstwiesen und Edelkastanien an der Etsch bis zu den Ausläufen des Ortlers reicht. Das Tal hat steile Flanken, an denen bis in sonnseitige Lagen von 1700 m Bauernhöfe „kleben“. Das Tal zieht sich parallel zum Vinschgau und zum Nonsberg anfangs in sw. Richtung, dann bei der Enge des Maraunbaches mehr w. und schließlich im Inneren gegen NW. Geschichtlich bildete Ulten, das erstmals 1082 urkundlich aufscheint, ein eigenes Gericht. Burg und

Tal Ulten waren in der Hand der welfischen Eschenloher bzw. der Grafen von Eppan-Ulten. Nach deren Aussterben 1248 kamen die Grafen von Tirol in den Besitz der Herrschaft. Das Gericht zerfiel in acht, später in zwölf „Werche“ (Gemeinden). Lange Zeit bildete Ulten eine einzige Gemeinde; jetzt gibt es deren zwei, nämlich St. Pankraz und Ulten mit den Fraktionen St. Walburg, St. Nikolaus und St. Gertraud.

Aschbach 1340 m, Gh. „Mahlbach“ * 1225 m, und Eggerhof 1267 m

Im Gegensatz zum Mittelgebirge im Raum Hafling sind die genannten Ziele im SW von Meran, besonders unterhalb des Marlinger Jochs, nicht so stark überlaufen und man findet daher in aussichtsreicher Mittelgebirgslage noch ruhige Wälder, kaum frequentierte Wanderwege und besinnliche Einkehrstationen vor. – Beim Gh. „Lamm“ in Töll (520) zweigen von der SS.38 zwei Straßen ab: in n. Richtung nach Partschins, in s. Richtung nach Aschbach, HT. Man fährt über die Etschbrücke und hält sich li. (re. nur zum Bf. Töll). Die knapp zweispurige Asphaltstraße nach Mahlbach führt durch den Wald und steigt bei Maxima von 16% unmittelbar kräftig an. Nach 2.4 km zweigt das geschotterte Sträßchen nach Aschbach ab und führt zunächst geradeaus weiter, 7 km bis zum Ort, SG 3. Aschbach ist auch von Rabland aus mit einer Seilschwebebahn erreichbar. – Das nur mehr einspurige, jedoch geteerte Bergsträßchen nach Mahlbach leitet über die Gh. „Niederhof“, „Gremegg“ und „Brünnl“ auf meist bewaldeter Strecke aufwärts und bietet kaum Aussicht. Bei km 5 ist scharf li. die Abzw. der Zufahrt, den langen Graben querend, hinauf zum Gh. „Mühltal“ (1170), HT, und zur Kapelle St. Martius, um schließlich beim Eggerhof nach 2 km zu enden, SG 3. Die Fortsetzung (Traktorenweg) bis zum Marlinger Joch ist verboten. – Das wohl lohnendste Ziel, der altrenommierte Bergggh. „Mahlbach“ in prächtiger Aussichtslage und idyllischer Umgebung ist nach 7 km erreicht, Parkplatz nur wenige Schritte vom Haus entfernt; es handelt sich um einen im Laufe vieler Jahre wettergebräunten Bergbauernhof, vorwiegend aus Holz gebaut, vor dem wie ein Wächter eine schön gewachsene, hohe Zirbe steht. Vom Wirtsgarten herrliche Aussicht auf Meran und seine Umgebung, bei entsprechenden Sichtverhältnissen erkennt man über dem hinteren Passeiertal den Jaufenpaß. SG 2 – 3. Das von hier weiterführende Forststräßchen in Richtung Aschbach ist durch einen Schranken versperrt.

Marlinger Joch *, Seehof 1750 m, AP Gh. Mahlbach. Eine familienfreundliche Wanderung auf gut mark. Steigen durch den ausgedehnten Klosterwald auf das Hochplateau mit der „Schwarzen Lacke“ und mehreren Einkehrgasthöfen. Man hat die Wahl, sein Fahrzeug entweder vor dem reizvoll gelegenen Gh. „Mahlbach“ oder beim „Eggerhof“ abzustellen. – Hinter Mahlbach beginnt unvermittelt und anfangs steil der schmale Steig 29, der auf halber Strecke auf einen Forstweg und schließlich auf Weg mit Mark. 9, dem sogenannten „Jochweg“, trifft und als Karrenweg bei gut ausgeglichenen Steigungen direkt zum idyllisch gelegenen Gh. „Seespitz“ leitet, 1½ Std. – Etwas sanfter beginnt der Anstieg vom weiter ö. stehenden „Eggerhof“ auf dem Karrenweg, Mark. 9. Beide Anstiege vereinigen sich mitten im Wald, der kaum eine Schneise mit Ausblicken bietet, 1½ Std. – Wünscht man sich mehr Aussicht, so empfiehlt es sich, zum Hügel mit dem Kirchlein St. Vigilius oder auf den Larchbühel (1837), Wege 4 bzw. 6, zu steigen, letztere leiten rund um den Larchbühel, auf dem ein Fernsehsendemast installiert wurde. – Rückweg wie Hinweg. – HU 550 m, Z 2½ Std., LA 1 – 2. – Hierzu Skizze 46. W 260

Skizze 44 Ultental

Marlinger Berg, Gh. „Tschigg" 900 m

Nicht unbedeutend für den Wanderer ist der 4 km lange, einspurige Fahrweg von Marling (363) über das Gh. „Waalheim" hinauf zum Gh. „Tschigg" in reizvoller Aussichtslage. Man gewinnt mit mehreren Kehren rasch an Höhe. Auf Sichtweite gibt es Ausweichstellen. Die max. Steigungen betragen 15%, SG. 3–4. Zufahrt auch von Tscherms (292) möglich; dieses Bergsträßchen zieht n. von Schloß Lebenberg (421) in Serpentinen bergwärts. Anschlüsse für den Spaziergänger bzw. Wanderer leiten zum „Marlinger Waalweg", zum „Marlinger Höhenweg", zum „Flatscher- und zum „Eggerhofsteig".

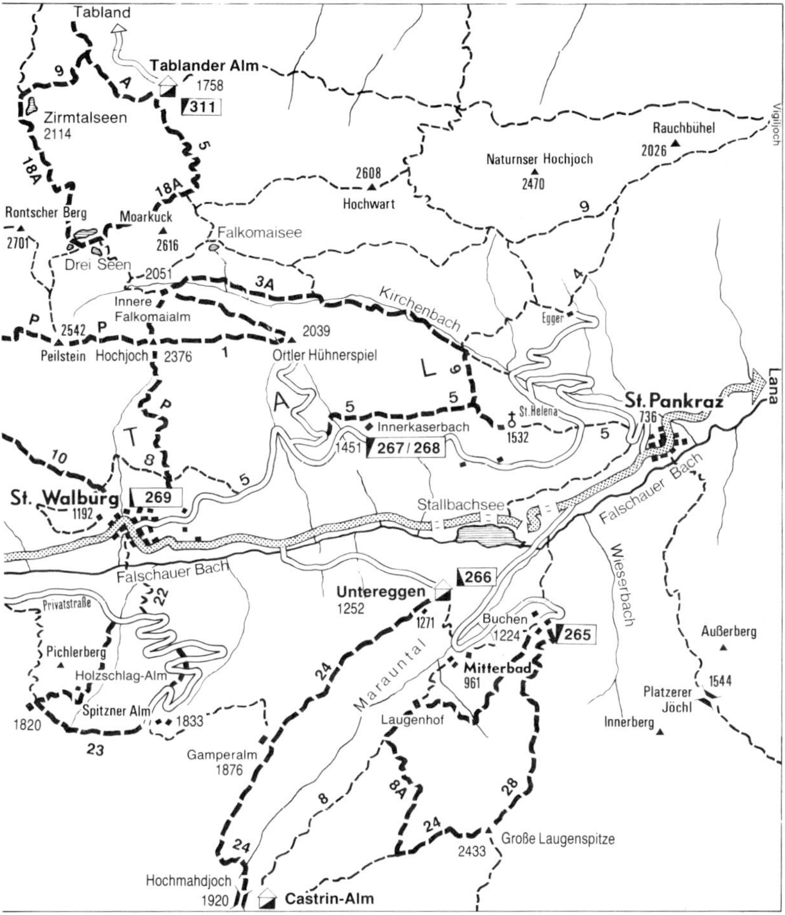

Rund um den Marlinger Berg, Lebenberger Alm 1400 m. Vom Gh. **RW**
Tschigg (900) in s. Richtung auf Steig mit Mark. 33 bergan zur Lebenberger **261**
Alm mit Aussicht auf das Meraner Becken. Will man rund um den Marlinger Berg wandern, so setzt man seinen Weg auf dem hier anschließenden „Eggerhofsteig" nach N fort, Mark. 31, bis man bei einem alleinstehenden Hof (1336) auf den abzweigenden „Jochweg" trifft. Man hat nun die Wahl, entweder direkt zum Gh. Tschigg steil abzusteigen, Mark. 31, oder zur St. Martiuskapelle zu folgen. An der 3. Kehre des Fahrsträßchens findet man dann

re. einen nicht mark. Steig, der mit dem „Flatscher Steig" verbindet und gemäßigt zum AP hinableitet. – HU 500 m, Z 2½ Std. bzw. über Eggerhof 3 Std., LA 1 – 2. – Hierzu Skizze 46.

RW 262 **Rauher Bühel*, 2027 m und Naturnser Alm*, 1910 m.** Eine leichte, auch für Familien und ältere Menschen geeignete Höhenwanderung. Als AP wählt man mit Vorteil die Liftstation am Larchbühel (1837). Die Seilbahn Vigiljoch mit Talstation in Lana (287) neben der Gampenstraße ist ganzjährig in Betrieb, der daran anschließende Lift hat zwischen Anfang Nov. bis Anfang Dez. Betriebspause. Der Weg zur breiten, nur knapp über die Baumwuchsgrenze aufragenden Kuppe des Rauhen Bühels ist mit 9 mark. Vom Gipfel genießt man eine bemerkenswerte Aussicht sowohl gegen die Berge der Texelgruppe und jene der Sarntaler Alpen als auch gegen die Laugenspitze, die Ultner und die Naturnser Hochwart. Hervorzuheben sind auch die Ausblicke über das Etschtal hin zu den Dolomiten. Nach einem kurzen Abstieg in w. Richtung gelangt man in wenigen Min. zur mehrfach gelobten Einkehrwirtschaft auf der Naturnser Alm in aussichtsreicher Lage, 1½ Std. Als Rückweg bieten sich mehrere Alternativen an, von denen Weg Nr. 9A/9, dann aber re. über die bewirtsch. Bärenbad-Alm, Mark. 2, der wohl lohnendste ist. – HU 250 m, Z 2½ bis 3 Std., LA 1 – 2. – Hierzu Skizze 46.

RW 263 **Naturnser Hochwart**, 2608 m.** In der Liftstation am Larchbühel besteht ein günstiger AP für die Besteigung der Hochwart, welche nicht zu verwechseln ist mit der weiter s. gelegenen Ultner Hochwart (2627) mit Zugang über das → Samer Joch. Die herrliche Rundschau vom Gipfel umfaßt im W Berge der Ortler- und Sesvennagruppe, im N Ötztaler Alpen, Texelgruppe und Stubaier Alpen, im NO Sarntaler und Zillertaler Alpen, im O die Dolomiten, im S Brenta und Presanella. An besonders klaren Tagen erkennt man im NO sogar den Großglockner. – Von der Liftstation zunächst zur Naturnser Alm (1910) → RW 262. Weiter auf Steig „A" und 5A auf den Nörderberg (2388), zuletzt über den Grat auf Steig 5 zum Hochwartgipfel, 3½ bis 4 Std. ab AP. – Zurück bis zur WT auf dem Nörderberg, dort re. halten und dem mark. Steig 9 über karge Almböden zur Staffelshütte (2050) und zum Rauhen Bühel folgen. Zuletzt über den „Jocher" zum AP, 2 Std. – HU 800 m, Z 6 Std., LA 3. Besondere Schwierigkeiten hat man nicht zu bewältigen, neben Trittsicherheit ist eine gute Kondition Voraussetzung. Bei dieser Rundwanderung sind beträchtliche Horizontaldifferenzen zu meistern! – Hierzu Skizze 46.

Wenn sich das **Halten am Berg** nicht vermeiden läßt, empfiehlt sich außer der üblichen Sicherung (Handbremse anziehen und Gang einlegen) das seitliche **Einschlagen der Räder**, vom Abhang abgewendet. Parken Sie nur auf festem Untergrund! An besonders steilen Bergstrecken sollten Sie zusätzlich Steine oder Holzstücke vor bzw. hinter die Räder legen. Unterlegtes vor dem Anfahren wegräumen, die Nachfolgenden sind Ihnen dafür dankbar.

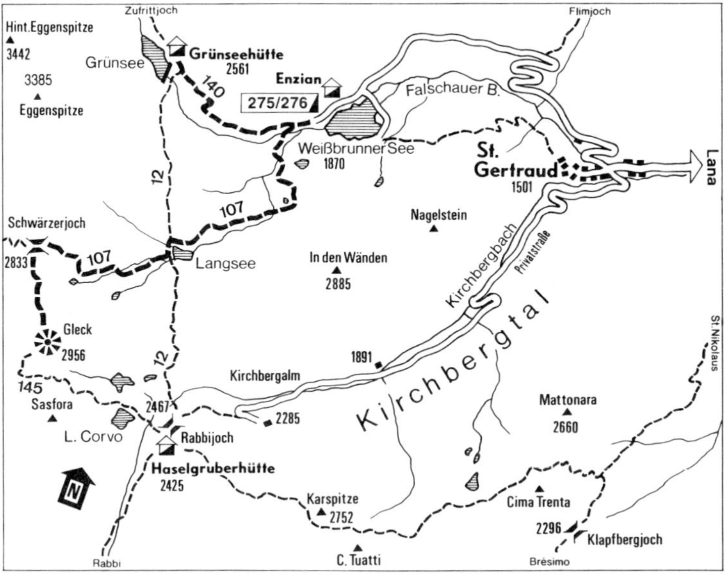

Skizze 45 Weißbrunner See

Pawigl, Gh. beim Kirchlein St. Oswald, 1164 m

Auf das Vigiljoch (Marlinger Joch) führt von der, im äußeren Ultental sich erstreckenden 1. Talstufe eine Bergstraße von S her; sie zweigt zwischen dem Forsthof und dem Grüblerhof von der L 9 ab, HT Pawigl. Die knapp zweispurige, asphaltierte Straße mit max. 12% Steigung darf von der Allgemeinheit nur bis zum einfach bewirtsch. Gh. Pawigl benützt werden, 5 km. Die Befahrung der Fortsetzung über das Hotel Vigiljoch bis zum Jocherwirt (1740) ist nur Anrainern gestattet! Die Strecke entlang der senkrechten Felswände kurz vor Pawigl ist steinschlaggefährdet, SG 2–3. – Sehenswert sind die noch mit Stroh gedeckten Dächer der alten Erbhöfe im unteren Streckenabschnitt; man sieht sie in Südtirol außer im Dietenheimer Höfemuseum nur noch im Ultental und auf dem Tschögglberg. – In Pawigl findet man einen günstigen Anschluß an das Wanderwegenetz vor.

St. Vigilius-Kirchlein*. Vom anfahrbaren Weiler Pawigl (1164) läßt sich **RW**
eine leichte, familienfreundliche Runde unternehmen, indem man vom klei- **264**
nen Gasthaus den Steig 34 hinauf zum Oberhof und seine aussichtsreiche Fortsetzung nach NO zum Hotel Vigiljoch nahe der Bergstation (1486) der Vigiljochbahn benützt, 45 Min. Ohne wesentliche Steigungen führt von dort Weg 1 zu den radonhaltigen Quellen; sie wurden erst nach dem 2. Weltkrieg gefaßt und mit eigener Rohrleitung nach dem mehr als 10 km entfernten Meran gebracht, wo das Wasser entweder als Kurmittel Verwendung findet oder, in Flaschen abgefüllt, als Mineralwasser auf den Markt gelangt.

– Im weiteren Anstieg gewinnt man auf Weg 34A bald den bewirtsch. Gamplhof (1696) und den Wegeknoten beim „Jocher" auf der Kammlinie Marlinger Joch – Rauher Bühel. In wenigen Min. ist man dann auf dem Hügel mit dem zugänglichen St. Vigilius-Kirchlein (1795), welches weithin sichtbar im SW des Larchbühels liegt, 1 Std. – Für die Rückkehr nach Pawigl bieten sich wahlweise die Wege 34 und 34A an. – HU 650 m, Z 3 Std., LA 1 – 2. – Hierzu Skizze 46.

Marauntal, Mitterbad 961 m und Buchen 1224 m

Von touristischem Interesse sind die nur mit Pkw oder Zweirad anfahrbaren Ziele im Marauntal; man erreicht hier zwar keine besonders hohen Punkte, jedoch eine günstige Ausgangsbasis für den Bergwanderer. Das 2.9 km lange Sträßchen nach Mitterbad zweigt in Bad Lad beim Gh. „Trafojer" von der Ultentaler Landesstraße li. ab, HT „Mitterbad". Knapp zweispurig leitet es zunächst in den Talboden hinab, überbrückt dann, nur noch 2 m breit, den Valschauer Bach am Fuße der Staumauer, um schließlich mit einer kräftigen Steigung in das enge Marauntal einwärts zu führen. Am Wege stehen bescheidene, uralte Holzhäuser. Nach 2.5 km ist bei einer Wegeteilung die Asphaltierung zu Ende. Ein schlechter, stark geschotteter Fahrweg läßt nach 400 m das in Verfall befindliche Mitterbad (Arsen-Eisenquelle) erreichen. Letzte Wegstrecke SG 4, die Steigungen liegen bei zirka 20%, nur Schrittempo wegen tiefer Regenablaufrinnen möglich. Mitterbad ist heute zwar ein romantischer, aber total verwahrloster Platz! Das „Ensemble" besteht aus zwei Wohnhäusern, einem Wirtschaftsgebäude und einer Kapelle; es ist von schönem, alten Baumbestand (Buchen) umgeben.

Kaum Buchenbäume findet man hingegen in der ganzj. bewohnten Bergsiedlung Buchen. Der teilweise knapp zweispurige Fahrweg zweigt im Wäldchen an der bereits erwähnten Wegeteilung li. ab, leitet über den Bach und kann „auf eigene Gefahr und Haftung" benützt werden, HT „Buchen", 3.5 km. Auf dem orogr. re. Berghang windet er sich bei ausgeglichenen Steigungsverhältnissen empor. Das Steigungsmaximum beträgt zirka 14%, im Bj. gut instand gehaltener Naturbelag, SG 3. Der Weiler besteht aus nur wenigen Höfen. Man kreuzt den vom Tal über den Silberhof nach Buchen und weiter zur Großen Laugenspitze heraufführenden Anstiegsweg 28 mit der rot-weiß-roten AVS-Mark. Kurz vor Buchen Wegeteilung: geradeaus Zufahrt zu den alten Höfen, 200 m; hier am steilen Berghang wurden Erdbeerkulturen mit vertikaler Bodenbewässerung geschickt angelegt. Es ist möglich, bis zum Einbruch des Frostes Früchte zu ernten. – Scharf li. setzt sich ein vielgewundenes Forststräßchen fort, das zu den einsamen Höfen jenseits des Wieserbaches leitet, welche im NW des Platzerer Jöchls liegen. Zum höchsten anfahrbaren Punkt beim Gfrollhof (1390) von Buchen weitere 5 km.

RW 265 **Große Laugenspitze**, 2433 m, AP Buchen.** Ein distanzmäßig etwas längerer Anstieg bei größerem HU als vom Gampenjoch → RW 253 aus, leitet aus dem Marauntal über den langgestreckten Nordgrat zur Sturweben-Alm (1831), dann an den Fuß des mächtigen Felsaufbaus. Ein ziemlich steiler Gipfelanstieg folgt, Mark. 28, 3½ Std., Aussicht wie bei → RW 249 beschrieben. – Will man nicht denselben Weg zurückgehen, sondern eine Rundwanderung vollziehen, so begeht man den nach SW abstreichenden Grat bis zum Laugenjöchl (zirka 2000) Mark. 24, wo re. der Weg 8a durch das Inner-Wiesenwerch zur Ultner Laugen-Alm (1748) abzweigt. Im weiteren Abstieg kommt man zum Laugenhof (1327); dort heißt es aufpassen, weil man den mark. Weg verlassen muß, wenn man re. den direkten Steig durch den „Buchenwald" zu den fünf Höfen nach Buchen einschlagen möchte. Der Name „Buchen" rührt nicht von den Laubbäumen, sondern von den „Buochen" her, was gleichbedeutend wie „Bergknappen" ist; im Tal des benachbarten Wieserbaches wurden früher Erze geschürft. Der Abstieg vom Gipfel über den Laugenhof nach Buchen nimmt zirka 2 Std. in Anspruch. – HU 1200 m, Z 5½ bis 6 Std., LA 2 – 3. – Hierzu Skizze 44.

Maraunberg*, Jausenstation „Untereggen", 1252 m

Auf halber Wegstrecke zwischen dem Pankrazer (Staudacher) See und St. Walburg ist auf der li. Seite der L 9 bei einem einzeln stehenden Haus die Abzw. eines asphaltierten Sträßchens mit HT „Jausenstation Untereggen" und dem Zusatz „Schöne Aussicht". Das 3.4 km lange Bergsträßchen nimmt einen kehrenfreien Verlauf, hat nur wenige Kurven und ist für Pkw knapp zweispurig. An ausgesetzten Stellen sind Leitplanken montiert, max. 14% Steigung, SG 2. Der EP befindet sich am „Unteren Eck" des meist bewaldeten, langen Bergrückens, welcher von der s. des Ultentals aufragenden Hochwart (2627) herabzieht. Eine große Zirbe ziert den Platz vor dem malerischen Holzhaus, welches auch eine bescheidene Einkehrstation beherbergt. Davon nur 100 Schritt entfernt, auf dem Weg zur Gamperalm, steht stolz ein zirka 400 Jahre alter Ultener Bergbauernhof.

Gamperalm* 1876 m und Hochmahdjoch* 1920 m. Dieser Anstieg zum Hochmahdjoch, dem Übergang aus dem Marauntal nach Proveis, der deutschen Gemeinde am Nonsberg, ist sowohl wegen seines Verlaufes als auch wegen seines höher gelegenen AP günstiger als jener von Mitterbad über den Laugenhof führende Weg mit Mark. 8. Die Differenz im HU beträgt runde 300 m! – Von der anfahrbaren Jausenstation „Unteregger" (1252) folgt man dem mit 24 mark. Steig bergwärts bis zur Waldgrenze. Parallel hierzu verläuft ein Almfahrweg, der als solcher nur von Berechtigten benützt werden darf, 1 Std. 45 Min., Weg 24 setzt sich an der w. Flanke des Maraunberges bis in den Talschluß fort. Der Übergang, auch als Hochmahdjoch bez., grenzt an die von Proveis gut erreichbare Castrin-Alm mit Hütte → W 258, 1 Std. 15 Min. – Rückweg wie Hinweg, HU 670 m, Z 4½ bis 5 Std., LA 2. – Hierzu Skizze 44. **W 266**

Höhenstraße St. Pankraz-St. Walburg, Innerkaserbach 1451 m**

Eine landschaftlich reizvolle Alternative zur Talstraße, welche günstige AP für Bergwanderungen vermittelt! Sie zweigt zwischen St. Pankraz (730) und Bad Lad von der L 9 re. ab, HT „St. Helena". Zunächst verläuft sie in einem bewaldeten Seitental. Mit 13% Steigung wird die äußere Talstufe bewältigt. Die weitere Trassenführung der 14 km langen Höhenstraße ist fast flach, ausgenommen der Abstieg von Oberberg zur Einmündungsstelle in die Hauptstraße bei St. Walburg. Hier tritt wiederum ein Gefälle von 13% auf. Für Pkw durchwegs zweispurig, asphaltiert, teilweise unübersichtliche Kurven, besonders auf den bewaldeten Strecken, Leitplanken an gefährlichen Stellen, SG 2 – 3. Prächtige Aussicht auf Laugenspitzen, Hochwart und die Berge im Talinneren.

Nach 3.2 km ab Abzw. gelangt man zu einer Straßenteilung: re. Staffels-Oberhof, HT, 1.6 km. Dort Anschluß an die Anstiegswege zur Naturnser Alm, Naturnser Hochjoch, Nörderberg und Naturnser Hochwart.

Weder das Kirchlein St. Helena noch das Gh. „Helener Pichl“ sind mit Auto anfahrbar! Geeignete Abstellplätze findet man bei km 7.4, dort auch HT bzw. km 9.3 an der Jausenstation „Innerkaserbach“.

W 267 **St. Helena 1532 m, AP Jausenstation Innerkaserbach.** Das aus dem 14. Jh. stammende, einsam auf einer Waldblöße oberhalb St. Pankraz stehende Kirchlein St. Helena ist von drei Seiten her auf guten Spazierwegen erreichbar. Will man jedoch den Besuch des Kirchleins und des Gh. „Helener Pichl“ in eine erholsame Wanderung einbeziehen, so empfiehlt es sich, sein Fahrzeug auf der Höhenstraße bereits oberhalb der anfahrbaren Jausenstation „Innerkaserbach“ abzustellen. Man schlägt dann li. den mit 5 mark. Waldweg über die Wegkreuzung beim entlegenen Halsmann ein und gelangt weiter durch Wald direkt ans Ziel, 1 Std. – Zurück auf demselben Weg, der wegen seines sanften Anstiegs bzw. Gefälles auch für Familien und ältere Menschen geeignet ist und als problemlose Wanderung empfohlen werden kann, 1 Std. – HU 80 m, Z 2 Std., LA 1. – Hierzu Skizze 44.

RW 268 **Ortler Hühnerspiel* 2039 m und Innere Falkomaialm* 2051 m.** Wer den Besuch von St. Helena in eine anspruchsvollere Rundwanderung einbinden möchte, dem sei die Begehung nachstehender Runde anempfohlen: vom AP an der Jausenstation „Innerkaserbach“ (1451) folgt man zunächst in sw. Richtung dem mit 5 mark. Fußweg bis man oberhalb vom Ortlerhof auf den Almfahrweg stößt, der sich über den Mariolberg zum Ortler Hühnerspiel emporwindet. Vom Grat schöne Aussicht auf das Ultental. Hier hat man die Wahl, entweder auf Weg 1 auf dem Grat bis zum Hochjoch (2376) weiterzuwandern und anschließend zur Inneren Falkomaialm abzusteigen oder den direkten Weg zur Alm einzuschlagen, indem man auf dem Fahrweg bleibt, 2 Std. ab AP, unter Einschluß des Hochjochs 3 Std. – Die Innere Falkomaialm liegt im Mittelpunkt eines Wegeknotens und vermittelt daher mehrere Varianten, mit denen sich die Rundwanderung ausweiten läßt, so vor allem zu den Drei Seen, zum Plombodensee (2486) und zum Falkomaisee (2480), sämtliche in hochalpiner Region gelegen. – Die Runde wird über die Mariolberger Alm (1661) und Mariolwerch auf den mark. Wegen 3a und 9 fortgesetzt bis man auf den Waldweg 5 stößt, der zum AP zurückleitet. – HU 600 m bzw. 925 m (bei Einbeziehung des Hochjochs), Z 3½ bzw. 4½ Std., bei Einschluß von St. Helena muß man eine weitere Stunde dem Z zuzählen, LA 2. – Hierzu Skizze 44.

RW 269 **Hochjoch* 2376 m und Peilstein** 2542 m.** Mit einer herrlichen Aussicht auf das Ultental kann der Peilstein aufwarten. Sein Fahrzeug parkt man am besten in St. Walburg (1190) an der Kirche. Unmittelbar hinter dem Gh. „Kirchsteiger“ findet man li. die Abzw. eines Karrenweges mit Mark. 1, P. Während der Fahrweg bei sehr ausgeglichenen Steigungen an Höhe gewinnt, leitet der Fußsteig zielstrebig und steil zunächst zum Hochjoch hinauf, 3 Std. Das Hochjoch bildet den Übergang in das innere, seenreiche Falkomai. Es schließt sich vom Hochjoch nach W eine leichte Gratwanderung mit der Mark. 7, P an. Den Gipfel ziert ein Wetterkreuz, 45 Min. Talein präsentieren sich Hohe Marchegg (2551), Blaue Schneid (2915) und Hasenöhrl (3257), im Tiefblick hat man den Zoggler Stausee. – Für den Abstieg empfiehlt sich Weg „P" hinab zur Marschnellalm (2200) und anschließend der „Schweinsteig" mit Mark. 10, der im oberen Abschnitt steil neben dem Marschnellbach bergab fällt, 2 Std. bis zum AP. Der Duragraben läßt sich vom Breitenberghof aus überqueren, sodaß man nicht bis zur Landesstraße abzusteigen braucht, sondern li. den Verbindungsweg, der wieder auf 1, P trifft, einschlagen kann. – HU 1300 m, Z 5½ bis 6 Std., LA 3. – Hierzu Skizze 44.

Als verkürzte Peilstein-Tour mit dem anfahrbaren AP Simianhof (1712) bietet sich der Anstieg über Schweinsteig zur Marschnellalm an, 90 Min.; von dort in 45 Min. zum Gipfel. Auf dem Rückweg der Mark. P folgend bis man nahe der Riemerbergl-Alm auf Weg 4 stößt, der als steiler Waldweg hinab zum AP leitet. – HU 950 m, Z 5 Std., LA 2-3.

Almwanderung* zwischen Ulten- und Marauntal, Spitzner Alm 1833 m. RW 270
Zur Spitzner Alm führen mehrere Wege: einer mit AP bei der Pension „Seerast" (1100) zirka 100 m von der Staumauer am Zoggler See entfernt, welcher als Forststraße über den Staudamm leitet und dann kurvenreich durch den steilen Wald sich emporwindet bis er auf den mit 22 mark. Fußweg trifft; bis zum schön gelegenen, aussichtsreichen Ziel rechnet man gute 2 Std. Man setzt die Runde auf Weg 23 durch den Holzschlag zur Pfandlalm (1820) und hinab zur Holzschlag-Alm (1571) fort, Mark. 21. Dort hat man für den weiteren Abstieg die Wahl zwischen einem Forstweg und einem Fußweg bis man wieder auf das Anstiegssträßchen trifft. Die Rückkehr erfolgt zuletzt über den Damm (nicht durch die Talung) zum AP. – HU 800 m, Z 3½ bis 4 Std., LA 2.

Als anderer Zugang zur Spitzner Alm bietet sich der Maraunberg mit AP Untereggen (1252) an. Bis Gamperalm → W 266 Weg 23a, der als oberer Weg eine Scheitelhöhe von 2105 m erreicht, und der untere Weg 23 ermöglichen zusammen eine aussichtsreiche, kleine Runde über die Spitzner Alm mit Rückkehr zur Gampenalm, 1½ Std., Rückweg wie Hinweg. – HU 860 m, Z 5 Std., LA 2. – Hierzu Skizze 44.

Neue Kuppelwieser Alm*, 1906 m
Das anfahrbare Ziel ist günstiger AP für mehrere Bergwanderungen am ö. Rand des Nationalparkes Stilfser Joch. Das 3.5 m breite, asphaltierte Bergsträßchen nimmt vom Zoggler See (1142) in der Fraktion Steinern beim Sägewerk seinen Ausgang, HT „Larcherberglift". Das Gh. „Kuppelwies" liegt in einer Entfernung von zirka 500 m an der Hauptstraße. Man wechselt mehrmals die Uferseiten des Jonbachs, li. hat man die Talstation (1505) der Doppelsesselbahn. Der Ausblick richtet sich auf die Naturnser Hochwart (2608). Nach 7 km erreicht man die Jausenstation „Steinrast" (1723), nach 10.5 km die Neue Kuppelwieser Alm. Die Steigungsmaxima betragen 12%, SG 2 – 3. – Über die Zufahrt zum Arzkarsee auf dem privaten Werksträßchen ist ein allgemeines Fahrverbot verhängt. Sie war im Bj. auch durch eine Kette versperrt.

Schwemmalpe*, 2100 – 2200 m und Muteck, 2658 m.** Einer der leicht RW
zu ersteigenden Ultner Berge ist das Muteck, welches im N von St. Nikolaus 271
aufragt und mit dem Schwemmjoch, der Blauen Schneid und den Arzkarwänden den trogartigen Talschluß des Jonbachtales bildet, in dem der auf-

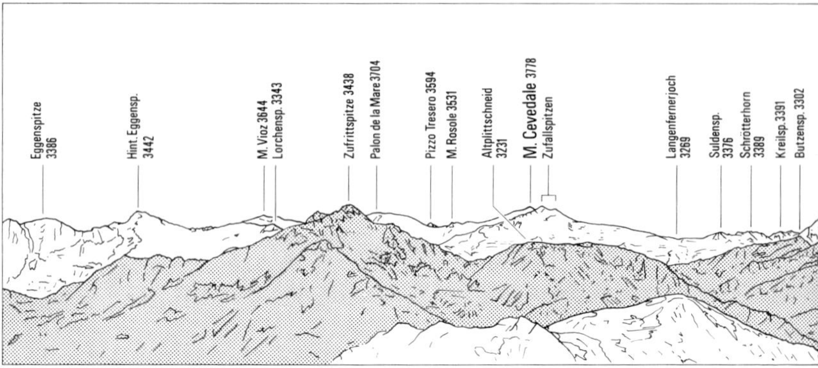

PANORAMA: Ortler-Cevedale-Gruppe vom Hasenöhrl

gestaute Arzkarsee eingebettet liegt. – Als AP empfiehlt sich die Talstation Larchberg (1505) der Doppelsesselbahn nach Breiteben (1950); sie hat Sommerbetrieb von Anfang Juli bis Mitte Sept. Vom Bergrestaurant „Breiteben" wandert man zunächst gemütlich zur Äußeren Schwemmalm (2142) hinauf und biegt dann scharf re. in den Steig 13a ein. An der nächsten WT hält man sich li. und erreicht, kräftig ansteigend als Vorberg den Dreimandler (2411), dann das Muteck mit herrlicher Gipfelschau, aber auch mit eindrucksvollen Tiefblicken ins Ultental, 2 Std. ab Breiteben. Zum Greifen nahe ragt im W das Hasenöhrl (3257) empor. – Zurück zur Doppelsesselbahn wählt man den Abstieg über die NO-Flanke des Berges. – HU 700 m, Z 3½ Std., LA 2. – Ein etwas kürzerer, aber steilerer Anstieg des Mutecks von N her ist von der anfahrbaren Kuppelwieser Alm (1906) aus auf mark. Steig möglich, 1½ Std. – Hierzu Skizze 44.

W 272 **Koflraster Seen*, 2429 m, Muteggrub**, 2734 m.** Das Arzkar-See-Sträßchen zur anfahrbaren Steinrast-Alm (1723) mit Jausenstation verkürzt den Aufstieg zu mehreren aussichtsreichen Zielen auf der Ultener Sonnenseite. Die meist nur wenig ausgeprägten Erhebungen im langen Bergkamm, der sich vom Hasenöhrl (3256) bis zum Larchbühel (1837) hinzieht und den Vinschgau vom Ultental trennt, bieten durchwegs hervorragende Ausblicke. Dies gilt auch für die beiden im Kammverlauf gelegenen Koflraster Seen, zu denen man von der Steinrast-Alm auf Weg mit Mark. 13 in 2½ Std. aufsteigt, HT. Besonders schön ist der Blick von der zwischen Hohen Dieb (2724) und Muteggrub eingelagerten Seensenke über das Etschtal hinweg auf die firnbedeckten Gipfel der Ötztaler Alpen.

Für sämtliche fahrtechnische Angaben und Straßenzustandsberichte kann keinerlei Gewähr geleistet werden. Eine Nichtbeachtung offizieller Fahrverbote erfolgt jeweils auf eigene Gefahr und Haftung.

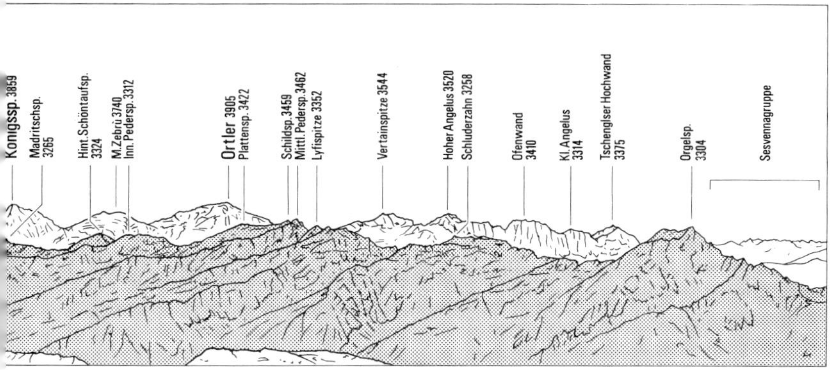

Gute Fernsicht vorausgesetzt, sollte man den überaus lohnenden Aufstieg zum Muteggrub nicht versäumen. Der nur selten besuchte Gipfel läßt sich von den Seen aus in 1 Std. auf einem mark. Steiglein leicht bezwingen. – Großartig die Rundschau: Ortler, Piz Sesvenna, Weißkugel, Similaun, Hochfeiler, Großglockner, Langkofel, Marmolata, Cimone della Pala, Cima Tosa, Presanella – all diese stolzen Höhen kann das geübte Auge in dem Gipfelmeer entdecken, das man vom Muteggrub aus überblickt. Wahrhaftig eine reiche Ausbeute! Rückweg wie Hinweg. – HU 700 m bzw. 1000 m, Z 4 bzw. 5½ Std., LA 2 bzw. 2 – 3. – Hierzu Skizze 44.

Hohe Marchegg, 2551 m und Blaue Schneid***, 2915 m.** Zu den lohnendsten Bergwanderzielen im Ultental zählt die Blaue Schneid, ein Fast-Dreitausender, der bei idealen Witterungsverhältnissen eine bemerkenswerte Gipfelschau vermittelt. – Der Aufstieg nimmt an der anfahrbaren „Neuen Kuppelwieser Alm“ (1906) seinen Ausgang. Man wandert zunächst auf dem, von hier ab mit einer Kette versperrten Wersträßchen bergwärts weiter bis man auf Weg 11 trifft, der vom Zoggler See heraufzieht. Die Serpentinen des Sträßchens werden abgekürzt, dann aber verläßt man die Mark. 11. Nur wenig weiter findet man re. der Straße die Abzw. des mit „H“ mark. Aufstieges, der n. der Arzkarwände zu einer Wegkreuzung führt, an der man sich li. hält. Der Steig „H“ leitet s. der erreichten Kammlinie, welche in diesem Abschnitt den Nationalpark Stilfser Joch begrenzt, in stetigem Anstieg zur Blauen Schneid. Auf ihrem Gipfel steht man unmittelbar dem im S aufragenden Hasenöhrl mit seinen beiden herabziehenden Gletschern, dem Hasenöhrlferner und dem Kuppelwieser Ferner gegenüber, 3 Std., Rückweg wie Hinweg. – Will man von der beschriebenen Wegekreuzung (2507) auf die Hohe Marchegg, einer aussichtsreichen Kuppe auf der Kammhöhe zwischen Ultental und Vinschgau, so hält man sich re., vom AP knappe 2 Std. – HU 1000 m bzw. 650 m, Z 5 Std. bzw. 3½ Std., LA 2 – 3 bzw. 2. – Hierzu Skizze 44.

W 273

St. Moritz, 1635 m**
Ein für Pkw zweispurig ausgebautes und asphaltiertes Bergsträßchen nimmt in St. Nikolaus (1256) von der Landstraße seinen Ausgang und leitet windungsreich über die weit verstreuten Höfe bei max. 15% Steigung zum idyllisch gelegenen Höhenkirchlein St. Moritz hinauf, 5 km. Unterhalb des Kirchleins stehen sehenswerte, alte Ultner Holzhäuser. Prächtig ist der Blick hinab zum Zoggler Stausee, der lieblich in die waldreiche Talung eingebettet ist, SG 2 – 3. – St. Moritz ist günstiger AP für leichte Almenwanderungen.

RW 274 **Inneres Ultental*, „Ultener Riesen" 1412 m.** St. Gertraud hält für den Naturfreund eine echte Sehenswürdigkeit bereit, die sogenannten „Ultener Riesen". Es handelt sich dabei nicht um übergroße Felswesen, sondern um drei Urlärchen, deren Alter auf nahe 2000 Jahre geschätzt wird! Entsprechend gewaltig sind dann auch die Ausmaße dieser Baumgiganten, an deren ausgehöhlten, bodennahen Stämmen spielende Kinder ihr Vergnügen haben und im Unterschlupf ein romantisches „Versteck" vorfinden. Den größten Stamm vermögen fünf Männer kaum zu umfassen. Die blaue Mark. 3 nimmt unterhalb von St. Gertraud (1519) am Valschauer Bach ihren Ausgang und leitet als „Valschauer Mühlweg" an der orogr. re. Talseite über die Urlärchen nach Klapf. Am Ausgang des Klapfbergtales bildet der Klapfbach einen sehenswerten Wasserfall. Es empfiehlt sich, die Wanderung talaus bis Nörderwies fortzusetzen, den Bach auf einer Brücke zu überqueren und von St. Nikolaus (1271) der Mark. 3 auf der li. Talseite über Gasteig zurück zum AP zu folgen. – HU 150 m, Z 2½ Std., LA 1. – Hierzu Skizze 44.

In St. Nikolaus (1256), einer Fraktion der Gemeinde Ulten, wurde das alte Schulhaus abgetragen und die sonnengebräunten Balken am ö. Ortsrand von einem einheimischen Zimmermeister originalgetreu wieder zusammengesetzt. Es dient jetzt als Unterkunft für das **Ultener Talmuseum.** Der Schritt durch die knarrende Türe führt in eine Vergangenheit, die behutsam für die Zukunft konserviert wurde: hier hat man eine Sammlung altväterischer Dinge ausgebreitet, wie z. B. alte Truhen, Spinnräder, einen Webstuhl. In einem „Alpentiere-Kabinett" geben sich Fuchs, Murmeltier, Hirsch und Gams ein „Stelldichein der Ausgestopften". – Öffnungszeiten im Museum: Di., Fr., So. von 10 bis 12 und 15 bis 17 Uhr.

W 275 **Höchster Hütte am Grünsee*/Rifugio Umberto Canziani al Lago Verde*, 2561 m.** Vom anfahrbaren Weißbrunner See (1870) kann man auf bez. Steig 140 zum Grünsee aufsteigen, der als oberste Staustufe in die Kraftwerksgruppe Ulten einbezogen ist. An seinem Ostufer steht die neue Höchster Hütte der CAI-Sektion Mailand, welche jeweils vom 1. Juli bis 30. Sept. bewirtschaftet ist. Für den Aufstieg rechnet man 2 Std. Die Hütte ist ein günstiger AP für die Besteigung der Zufrittspitze (3448) über das Zufrittjoch (3174) in 4 Std., teilweise Gletschertour! – Rückweg wie Hinweg, eventuell auch Variante über die Obere Weißbrunner Alm, Weg 12. – HU 700 m, Z 3 Std., LA 2. – Hierzu Skizze 45.

Ein erfahrener **Wanderer atmet** normalerweise nicht durch den Mund, sondern **durch die Nase.** Mundatmung trocknet den Mund- und Rachenraum rasch aus und beschleunigt unweigerlich das Aufkommen eines starken Durstgefühls.

Ein fast noch unberührtes Idyll für den Bergwanderer bietet das Gebiet der **Kleinen Fanesalm** zwischen der Kreuzkofelgruppe und Le Cunturines → W 103 und W 104. Foto Eugen E. Hüsler

Der weinberühmte Ort **Kaltern** mit dem **Mendelgebirge,** re. der Penegal → W 239. Foto Frit Keitsch. – Unten **Maria Weißenstein,** der bedeutendste Wallfahrtsort Südtirols. Foto Ghedina

Auf dem Eppaner Kalvarienberg steht als „Luginsland“ die **Gleifkapelle** → W 243. Foto H. Frass. – Unten: Hafling, bekannt durch die Aufzucht von Bergpferden. Foto E. Fuchs-Hauffen

Adler

Murmeltier

Edelhirsch

Rehbock

Gemse

Steinböcke

Gleckspitze 2956 m.** Einsamer „Fast-Dreitausender" im Ultener Talschluß; seine Besteigung verlangt Ausdauer und Trittsicherheit, entschädigt aber für die aufzuwendende Mühe durch eine Vielzahl bemerkenswerter Landschaftseindrücke. Besonders hervorzuheben ist die Gipfelschau, eine stimmungsvolle Mischung von Nahblicken und Fernblicken. – Der mark. Aufstiegsweg 107 führt vom ö. Ufer des Weißbrunner Sees (1870) an mehreren dunklen Seeaugen wie Fischersee (2068), Langsee (2340) und Schwärzer See (2544) vorbei ins Quellgebiet des Valschauer Baches. Wenig s. des Schwärzer Joches, das den Übergang zum Rif. Silvio Dorigoni im obersten Rabbital vermittelt, verläßt man Weg 107 und benützt den li. abzw. Steig 145, der über den Grat, zuletzt steil, zum Gipfel leitet, 3¼ Std. Rückweg wie Hinweg. – HU 1100 m, Z 5½ Std., LA 3. – Hierzu Skizze 45. **W 276**

Meran und Umgebung

Meran (323) mit seinen Fraktionen Gratsch, Obermais, Sinich und Untermais zählt rund 35.000 Einwohner. Die Stadt liegt eingebettet in eine unvergleichlich reizvolle, von malerischen Gegensätzen geprägte Landschaft und bildet mit dem Burggrafenamt den touristischen Mittelpunkt Südtirols. Der heute weltberühmte Kurort (Klimakuren, Traubenkuren, Radonquellen) war von 1363 bis ins 15. Jh. Hauptstadt Tirols; er bietet mit seiner mannigfaltigen Umgebung eine reiche Palette von Spaziergängen, von leichten Wanderungen in Tal- und Mittelgebirgslagen sowie Touren in der hochalpinen Texelgruppe. Zahlreiche Bergstraßen und auch während des Sommers betriebene Aufstiegshilfen lassen die günstigsten Ausgangspunkte erreichen. Aber auch öffentliche und private Liniendienste vermitteln Anschlüsse an das dichte Wanderwegenetz rings um die Passerstadt. – Das mit Aufstiegshilfen sehr stark erschlossene Schigebiet „Meran 2000" bietet lawinensichere Abfahrten bis in den Frühling hinein, wenn sich die gottgesegnete Schale des Burggrafenamtes bereits in den duftenden Mantel aus Blütenschnee hüllt.

Hafling, 1290 m, Falzeben*, 1621 m, und Vöran-Dorf*, 1204 m

Die hervorragend ausgebaute, 8.3 km lange Bergstraße nach Hafling sowie ihre Fortsetzungen, einerseits nach Falzeben, andererseits nach Vöran üben eine starke Anziehungskraft auf Touristen aus. – Die Anfahrt aus der Passerstadt Meran (325) leitet über Cavour-, Schenna- und Naiftalstraße; man folgt zunächst der HT „Schenna", dann ab Naiftal der HT „Hafling". Kommt man aus Richtung Bozen, so hält man sich an der Straßenteilung hinter Sinich re. und benützt die Straße, welche Meran im O und in Richtung Schenna umfährt. Bevor man das Naiftal verläßt, hat man bei km 1.6 re. die Zufahrt zur Talstation der Ifinger Seilbahn; sie verbindet mit „Meran 2000".

Mit einem eleganten Bogen schwingt sich die Haflinger Straße in s. Richtung auf, um mit nur zwei Serpentinen und fünf Tunnels einen HU von 600 m zu gewinnen. Sie ist 6 m breit (in den Kehren gibt es Überbreiten), die Steigungsverhältnisse sind gut ausgewogen und überschreiten 12% nicht. Durchgehend Asphaltbelag. Der oberste und mit zirka 400 m auch der längste Tunnel bei St.Kathrein ist mustergültig beleuchtet. Leitplanken sichern ausgesetzte Stellen gut ab, SG 1-2.

Hinter dem obersten Tunnel hat man eine mehrfache Straßenteilung: li. nach Falzeben und dann in der ersten Kehre li. abzweigend in den Haflinger Ortsteil St.Kathrein mit dem Kirchlein in der Scharte (1245), an der 2. Abzw. li. nach Falzeben, geradeaus über die Sinichbachbrücke und durch einen 6. Tunnel nach Vöran, HT. Großer, gebührenpflichtiger Parkplatz an der Abzw. nach Falzeben.

Der weitere Anstieg durch die verstreute Siedlung nach Falzeben vollzieht sich auf einem vielgeschwungenen, für Pkw nur mehr knapp zweispurigen Asphaltsträßchen. Achtung auf Viehtrieb von und zu den angrenzenden Weideflächen! Steigungsmaxima 15%, enge, teilweise unübersichtliche Kurven, SG 2 – 3. Bei km 13.5 kurz vor Straßenende beim Gh. „Falzeben" hat man re. im Wald einen gebührenpflichtigen Großparkplatz eingerichtet. Von hier Anschluß an das Wanderwegenetz.

Leadner Alm*, 1514 m

Die gelobte Jausenstation ist von Hafling aus nur noch über die neue Straße nach Vöran (1204) und den Oberwirt erreichbar; die Zufahrt von S her zweigt beim Gh. „Grüner Baum" (1317) von der ausgebauten Durchzugsstraße ab, zur Leadner Alm noch 3 km, SG 2. – Von Mölten her hat man über Aschl 9 km zurückzulegen; der nur einspurige Fahrweg von Aschl über die Jausenstation „Waldbichl" (1500) ist zwar etwas kürzer, jedoch nicht ausgebaut!

Mit Ausnahme der gesperrten Strecke im Salabachgraben (alte Straße Hafling-Vöran unterhalb der Leadner Alm) sind alle beschriebenen Straßen für Pkw ohne Schwierigkeiten befahrbar. Seit Fertigstellung der neuen Verbindung von Hafling nach Vöran über den Gh. „Alpenrose" können Pkw- und Zweiradfahrer zwischen Bozen und Meran eine komplette Überquerung des Tschöggelberges vornehmen und dabei die abwechslungsvolle Mittelgebirgslandschaft mit ihren weit verstreuten Höfen genießen. SG im Durchschnitt 2, bei Strecken mit nur einspurigen Passagen SG 2-3.

Das ausgedehnte, familienfreundliche Wandergebiet des **Tschöggelberges** erstreckt sich zwischen Talfer und Passer bzw. zwischen Bozen und Meran. Dieses Mittelgebirge ist ein Teil der gewaltigen, aus vulkanischem Gestein bestehenden Bozner Porphyrplatte, welche sich von Süden her auf seine Grundschichten geschoben hatte. Im Norden grenzen die von Eiszeitgletschern abgerundeten und abgeschliffenen Kuppen an die Bergspitzen des Ifingers und der Alpplattspitze. Bis vor wenigen Jahrzehnten war der als Tschöggelberg bezeichnete 20 km lange und bis 13 km breite Gebirgsstock aus dem Tal her wegen seiner steil abfallenden Wände kaum zugänglich und daher auch nur auf Karrenwegen und Saumpfaden erreichbar. Erst der Bau von Seilbahnen nach Jenesien, Mölten, Vöran und Hafling schaffte Abhilfe. In den vergangenen Jahren konnten wichtige und sehr aufwendige Straßenbauten realisiert werden. Es ist jetzt ohne weiteres möglich, den Tschöggelberg in seiner ganzen Ausdehnung zwischen Bozen und Meran sowohl auf sonnigen Höhen als auch durch schattige Wälder mit dem Fahrzeug zu überqueren. Für den wahren Naturfreund gestaltet sich allerdings eine Kammwanderung besonders erlebnisreich: sie beginnt oberhalb der Waldgrenze wie z. B. am Rande des baumlosen Gebietes um Meran 2000. Daran schließt eine Bergabwanderung durch alle Vegetationsstufen an, welche über Almweiden, Alpenrosen- und Latschengürtel, freundliche Lärchenwälder und dunkle Nadelwälder, schließlich über herrliche Bergwiesen eine Laubwaldstufe erreichen läßt. Rebkulturen bilden die Schwelle vor Betreten der breiten Etschniederung.

Weinlese auf den sonnigen Steilhängen oberhalb von Meran mit Blick auf die Mutspitze → RW 290. Zu ihren Füßen erkennt man Schloß Tirol. Foto Elisabeth Fuchs-Hauffen

Skizze 46 Meran

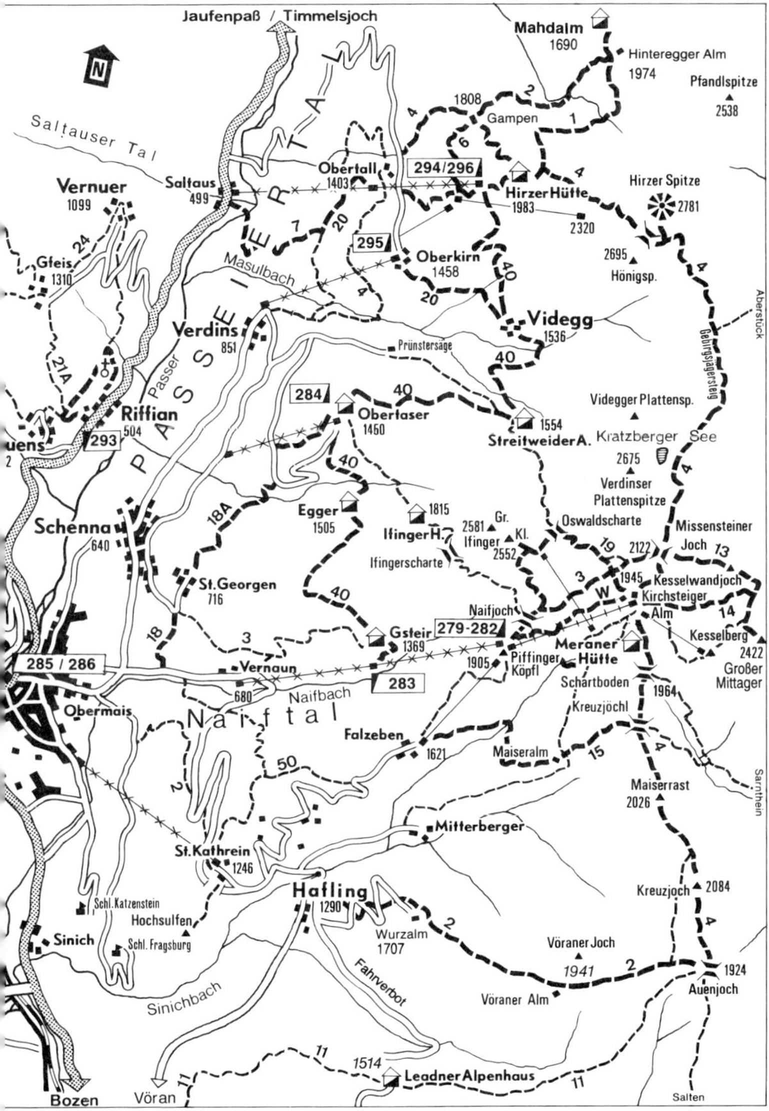

Jaufenpaß / Timmelsjoch
Mahdalm
1690
Hinteregger Alm
1974
Pfandlspitze
2538
Saltauser Tal
1808
Gampen
Obertall
1403
294/296
Hirzer Hütte
1983
Hirzer Spitze
2781
2320
Vernuer
1099
Saltaus
499
Gfeis
1310
295
Oberkirn
1458
2695
Hönigsp.
Masulbach
Verdins
851
Videgg
1536
Aberstück
Prünstersäge
Gebirgsjägersteig
Passer
284
Obertaser
1460
Videgger Plattensp.
Riffian
504
293
1554
Streitweider A.
Kratzberger See
2675
Verdinser Plattenspitze
Egger
1505
1815
Ifinger H.
Schenna
640
2581
Gr.
Ifinger
Kl.
2552
Oswaldscharte
Missensteiner Joch
2122
Ifingerscharte
St. Georgen
716
1945
Kesselwandjoch
Kirchsteiger Alm
Naifjoch
Gsteir
1369
279-282
Kesselberg
2422
Großer Mittager
285 / 286
Vernaun
680
1905
Piffinger Köpfl
Meraner Hütte
283
Schartboden
1964
Naifbach
Obermais
Naiftal
Kreuzjöchl
Falzeben
1621
Maiseralm
Sarnthein
Maiserrast
2026
Mitterberger
St. Kathrein
1246
Kreuzjoch
2084
Hafling
1290
Schl. Katzenstein
Hochsulfen
Wurzalm
1707
Sinich
Schl. Fragsburg
Vöraner Joch
1941
1924
Auenjoch
Fahrverbot
Sinichbach
Vöraner Alm
1514
Leadner Alpenhaus
Bozen
Vöran
Salten

RW 277 **Rund um den Hirschenbichl, 1566 m, AP Leadner Alm.** Von den zahlreichen Wandermöglichkeiten im Umfeld der Leadner Alm (1514) bietet sich als familienfreundliche Runde jene um den Hirschenbichl an. Sonnige Wiesen stehen dabei im Wechselspiel mit schattigen Wäldern. Verlauf: Mark. 16 westwärts zum Straßenknoten. Den bewaldeten Hirschenbichl umgeht man im N auf Mark. 11. Beim Weberhof trifft man auf eine Wegespinne und folgt nun in s. Richtung dem „Schützenbründlweg" zum Gh. „Grüner Baum". Weg 16 leitet parallel zur Straße durch den Wald zu den Pichlerwiesen, und auf dieser Mark. kehrt man zum AP zurück. – HU 200 m, Z 2 Std., LA 1. – Hierzu Skizze 37.

RW 278 **Möltner Kaser*, 1763 m und Sattlerhütte 1604 m, AP Leadner Alm.** Eine leichte und abwechslungsreiche Mittelgebirgswanderung. Verlauf: Von der Alm ostwärts zunächst der Mark. 11 folgend, die man bald verläßt und re. abzweigt, um mäßig zur Oberen Kompatschalm (1641) auf Weg „K" anzusteigen. Weiter in das Quellgebiet „Krössbrunn", wo der Kompatschbach auf einem Steg überschritten wird. Man quert bald den „Forstweg Krössbrunn" und steigt gemächlich zum bewirtsch. Möltner Kaser an, 1½ Std. – Die herrliche Wanderung setzt man durch einen kurzen Abstieg über die Sattler Hütte fort bis man auf den Weg 38 stößt; hier verläßt man den durch den Kirchebner Wald weiterführenden Weg „K", wandert über die idyllische Waldblöße „Auf der Rast" und steigt zum Bach hinab. Auf der gegenüberliegenden Seite erreicht man den Fahrweg, welcher die weit verstreuten Höfe oberhalb von Aschl verbindet und kehrt über die Jausenstation „Waldbichl" (1500) zur Leadner Alm zurück, 2 Std. – HU 400 m, Z 3½ Std., LA 1 – 2. – Hierzu Skizze 37.

RW 279 **Großer Mittager** (Kesselberg), 2422 m.** Von den zahlreichen Aufstiegshilfen, welche das Schigebiet Meran 2000 erschließen, sind während des Sommers nur der Sessellift Falzeben, dessen Bergstation oberhalb der Piffinger Alm steht, und die Seilbahn Meran 2000 (Ifinger Seilbahn) durch das Naiftal in Betrieb. – Die Besteigung des Großen Mittager läßt sich leicht als familienfreundliche Rundwanderung durchführen. Zunächst leichter Anstieg auf dem Karrenweg über die Jausenstation „Weidmannalm" (1998) zur Kirchsteiger Alm, Mark. W, 40 Min. Ab Hotel „Gondellift" setzt man die Wanderung auf Weg 14 fort und gelangt nach 1 Std. n. des Kleinen Mittager zur Kasseler Scharte (2264). Dort wendet man sich direkt nach S und erreicht in 20 Min. eine weitere, nicht näher bez. Scharte (2370). Dort WV mit Weg 13, der aus Richtung Schartboden heraufzieht und gemeinsam mit Weg 14 zum aussichtsberühmten Gipfel des Großen Mittager hinaufleitet, 30 Min. Für den Anstieg von Meran 2000 rechnet man mit einem Zeitaufwand von 2½ Std.

Der breite, gegen das Sarntal vorgeschobene Gratrücken des Kesselberges bietet eine bemerkenswerte Aussicht, die lediglich im NW durch höhere Nachbargipfel etwas beeinträchtigt wird. Dafür genießt man herrliche Ausblicke gegen W, S und gegen SO, wo die Zinnen und Türme der Dolomiten den Horizont beherrschen. Als markanteste Erhebungen sind zu erkennen (von li.): Peitler Kofel, Aferer Geiseln, Geisler Spitzen, Sella, Langkofel, Marmolata, Schlern, Rosengarten und Latemar.

Zurück bieten sich mehrere Wege an, so vor allem der vielbegangene Weg 13 von der Kasseler Scharte zum Kesselwandjoch mit dem Schutzhaus Kesselwand (2300) und über die Hexenplatte (2210) hinab zum Missensteiner Joch (2128). Weg mit Mark. 3 leitet von dort durch die Kirchsteiger Alm, tangiert das Naifjoch (2030) und vermittelt die direkte Rückkehr zum AP an den Bergstationen. Der Abstieg vollzieht sich in knapp 2 Std. Es empfiehlt sich, entweder bei den Verkehrsvereinen oder bei den Betriebsleitungen der Aufstiegshilfen verbindliche Auskünfte über die genauen Betriebszeiten einzuholen. – HU 450 m, Z 4½ bis 5 Std., LA 1-2. – Hierzu Skizze 46.

Haflinger Höhenweg, Kreuzjoch* 2084 m.** Unter den verschiedenen **RW**
Bergwanderungen, die mit AP „Meran 2000" möglich sind, ist jene, die von **280**
der Meraner Hütte (1960) dem Europäischen Fernwanderweg 5 (Bodensee – Adria) über das Kreuzjoch zum Auenjoch (1924) folgt, dann für den Abstieg nach Hafling Weg 2 über die Vöraner Alm (1875) und Wurzalm (1707) benützt, eine der schönsten und abwechslungsreichsten im Meraner Großraum. – Mit der Ifinger Seilbahn zunächst nach „Meran 2000". Auf Weg 17 zunächst hinab zum Sinichbach, wo man auf die Mark. „M" trifft, welche direkt zur bewirtsch. Meraner Hütte leitet, 45 Min. Die im Besitz der AVS-Sektion Meran befindliche Hütte ist sommers vom 1. Juni bis Ende Oktober geöffnet. Der „Haflinger Höhenweg", Mark. 4, folgt dem Hauptkamm der sw. Sarntaler Alpen über die Scharte (1964) zum Kreuzjöchl (1984) und weiter fast flach im Verlauf über die Maiser Rast (2027) und die Auenalm (2018) zum Kreuzjoch, das gute Ausblicke sowohl auf die Dolomiten, die Ortlergruppe und die Ötztaler Alpen vermittelt. Gegen N ist der Blick durch Ifinger und den Großen Mittager etwas verstellt. Sehr reizvoll ist der Blick über den Tschögglberg hinaus zum fernen Silberband der Etsch. 1½ Std. ab Meraner Hütte. Mit sanftem Gefälle leitet der Höhenweg zum Auenjoch, über das auch Weg 2 Sarnthein – Meran verläuft. In diesen Weg biegt man re. ein und durchmißt mehrere Almen unterhalb vom Vöraner Joch und Wetterkreuz. Zur bewirtsch. Wurzalm zieht von Hafling ein Fahrweg, dessen Serpentinen vom Fußweg 2 gekürzt werden. Man mündet schließlich in Hafling (1290) in die Gabelung der alten und neuen Straße nach Vöran ein, 2½ Std. ab Kreuzjoch. – HU bergan 200 m, bergab 800 m, Z 5 bis 5½ Std., LA 2. – Von Hafling Busverkehr mit Naif (Talstation Ifinger Seilbahn). – Eine verkürzte Höhenwanderung läßt sich auch mit AP Bergstation des Falzeben-Sesselliftes (in Betrieb Juni bis Okt.) unternehmen, wenn man den Rückweg vom Kreuzjoch wieder über Maiser Rast bis zum Kreuzjöchl nimmt, dann aber auf Weg 15 zur Maiser Alm (1783) absteigt, um schließlich auf Weg 51, der durch den Moschwald hinab zum Sinichbachsteg (1570) leitet und auf der Gegenseite zum Großparkplatz Falzeben zurückwandert. – HU bergan 200 m, bergab 500 m, Z 4 Std., LA 1 – 2. – Hierzu Skizze 46.

RW 281 **Kleiner Ifinger**, 2552 m.** Eigentlicher Hausberg von Meran ist der Ifinger, dessen Gipfel die Stadt um rund 2200 m überragt. Durch die systematische Erschließung des Haflinger Hochplateaus für den Wintersport ist seine Besteigung, früher ein recht anstrengendes Unterfangen, wesentlich erleichtert worden. Als günstige AP bieten sich die Liftstationen am Piffinger Köpfl (1905) bzw. auf der Kirchsteiger Alm (1945) an.

Der Aufstieg vom Piffinger Köpfl verläuft über das Naifjoch (2030). In der wenig ausgeprägten, kleinen Senke verläßt man den zur Kirchsteiger Alm weiterführenden Weg, Mark. 3, wendet sich nach li. und folgt Steigspuren, die über steile Grashänge zum Ostrand des Ifinger leiten. Hier mündet re. das von der Kirchsteiger Alm über die Oswaldscharte (2323) heraufkommende Weglein, dem man nun über die felsdurchsetzte Ostflanke zum Gipfel des Kleinen Ifinger folgt, 2½ Std.

Die Aussicht, von dem um weniges höheren Hauptgipfel (2581) kaum beeinträchtigt, ist ungemein reizvoll. Besonders schön sind die Tiefblicke in die Täler der Etsch, der Passer und des Valschauer Bachs (Ulten). Gegen S schaut man über bewaldete Höhenzüge weit hinaus bis zu den Randerhebungen der Alpen (Pasubio, Monte Baldo), im N sind über den Passeirer Bergen die vergletscherten Stubaier Gipfel sichtbar. HU 630 m, Z 3½ bis 4 Std., LA 2. – Hierzu Skizze 46.

Der Übergang zum Großen Ifinger (2581) knapp unter dem Gipfel des Kleinen Ifinger ansetzend, ist geübten, absolut schwindelfreien Bergsteigern vorbehalten. Der mit Seilen gesicherte Klettersteig weist einige sehr ausgesetzte Passagen auf.

W 282 **Hirzer-Spitze***, 2781 m, AP Falzeben bzw. Gh. Kirchsteiger Alm.** Unter den Gipfeln der w. Sarntaler Alpen gilt neben dem Ifinger vor allem der Hirzer als lohnendes Tourenziel. Seine Besteigung von der Kirchsteiger Alm (1945) aus verlangt zwar keine Kletterfertigkeit, doch ist ein gewisses alpines Rüstzeug unerläßlich, zumal im Bereich des recht langen Anstiegsweges kein Stützpunkt besteht; ein Umstand, der sich vor allem bei einem überraschend eintretenden Wettersturz (Gewitter) sehr nachteilig auswirken kann. In einem solchen Fall suche man unbedingt rechtzeitig einen geeigneten Unterschlupf!

Der Anstieg auf dem „Meraner Gebirgsjägersteig" ist mit der Mark. 4 und der Bez. „Europäischer Fernwanderweg 5" versehen. Er verläuft zwischen dem Missensteiner Joch (2122) und der Anteranalm durch die Ostflanke der Plattspitzen, wobei sich prächtige Ausblicke auf die Dolomiten bieten. Etwa auf halbem Weg kommt man am stimmungsvollen Kratzberger See vorbei. Von der ausgedehnten Alm (2050 – 2250) leitet der Steig aufwärts gegen die Hirzer Scharte. Bei einem auffallenden Felsblock re. ab und, den Pfadspuren folgend über Schrofen zum Gipfel, 2½ bis 3 Std. Hier eröffnet sich bei guter Fernsicht ein herrliches Panorama, das gegen W bis zur Bernina, im NO bis zum Großglockner reicht. Sehr schön auch die Zackenreihe der

Dolomiten, die den Horizont im SO beherrscht. – Rückweg wie Hinweg. HU 850 m, Z 5 bis 6 Std., LA 2 – 3. – Hierzu Skizze 46.

Schennaer Berg, Gh. „Taser" 1450 m**
Der anfahrbare Hochpunkt liegt zirka 10 km vom Meraner Ortsteil Obermais (400) entfernt und bietet eine günstige Ausgangsbasis für leichtere Wanderungen in mittleren Gebirgslagen. Das Ziel ist mit dem Auto leicht erreichbar. Man fährt zunächst nach Schenna (597) hinauf und hat bei der Straßenteilung im unteren Dorf die Wahl, entweder über Tschivon nach Verdins den Weg geradeaus zu nehmen oder re. abzubiegen und den oberen Weg einzuschlagen, HT. Erstere Strecke leitet durch die längs der Straße weit verstreute Fremdenverkehrssiedlung und nimmt oberhalb der Masulschlucht einen kleinen Umweg, wogegen die vielgewundene obere Straße mehr Abwechslung bietet und auf einer längeren Strecke vom herabfließenden Verdinser Waal begleitet wird. Beim Gh. „Hasenegg" (1000) vereinigen sich beide Straßen wieder; sie sind bis hierher voll ausgebaut. Knapp zweispurig ist dann die gemeinsame Fortsetzung über den Gh. „Schnugger" und auf bewaldeter Strecke zum Gh. „Taser", HT. Die letzten 2 km sind Interessentschaftsweg, wobei die Befahrung auf eigene Gefahr erfolgt. Der letzte Kilometer war im Bj. nicht geteert. Vor dem Gatter ist Parken längs der Straße möglich. Die gesamte Bergstraße kann man wegen ihrer mannigfachen Ausblicke auf Meran und seine Umgebung ohne Übertreibung als Panoramastraße bezeichnen, weshalb sie auch zwei Sternchen verdient! Max. 12% Steigung, SG 2 – 3.

Obertaser* 1450 m. Ähnlich wie auf der gegenüberliegenden Talseite, an **RW**
der nach O abfallenden Texelgruppe gibt es auch an der Westflanke der **283**
Sarntaler Alpen einige interessante Wanderungen in Mittelgebirgslagen. Ein günstig erreichbarer AP zwischen der Passer-Talsohle und den Sarner Gipfeln ist die Mittelstation (1220) der Ifinger Seilschwebebahn. Der mit 40 mark. Weg führt vom Gh. Gsteir (1372), zu dem man in 20 Min. aufsteigt, in n. Richtung über den „Rabenschnabel" und den Eggerhof (1505) zum bewirtsch. Obertaser, 2 Std. bzw. zur Bergstation der vom Gh. Pichler (827) in Oberschenna heraufziehenden Kleinkabinen-Seilbahn (gj. von 8 bis 19 Uhr zu jeder vollen Stunde in Betrieb). Die Ausblicke richten sich vor allem auf Meran und seine Bergumrahmung. – Vom Gh. Taser wandert man auf dem schönen Weg 18 A über den vorwiegend bewaldeten Schennaberg hinab zum Gh. „Jägerrast". Auf dem „Verdinser Waalweg nach St. Georgen (716) mit seinem sehenswerten, romanischen Kirchlein und zurück zur Talstation (680) der Ifinger Seilbahn. – HU bergan 300 m, bergab 800 m, Z 4½ Std., LA 2. – Hierzu Skizze 46.

Taser Höhenweg*, Streitweider Alm 1560 m und Videgg 1536 m. AP ist **W**
der Gh. „Obertaser" (1450) am Schennaer Berg. Weg 40 leitet, nur geringfü- **284**
gig ansteigend, durch den Tschivoner Wald in ö. Richtung zur bewirtsch. Streitweider Alm, welche im reizvollen Kirnboden, wenig unterhalb vom Quellgebiet des Streitweider Baches liegt, 1 Std. Der bequeme Fußweg nach Videgg setzt sich in n. Richtung fort, 1 weitere Std. Der Bergbauernweiler liegt im inneren Masultal, hoch über dem Bach; eine Jausenstation lädt dort den Wanderer zu einer verdienten Rast und zur Stärkung ein. –

Ausdauernde Touristen können die Wanderung noch bis Oberkirn (1438) ausdehnen, Mark. 20, der Ort liegt am Ende des von Saltaus heraufführenden Bergsträßchens, dorthin eine knappe Std. Die HU lassen sich bei Beurteilung der gesamten Strecke, die eine familienfreundliche Wanderung bietet, vernachlässigen. Zwischen Videgg und Oberkirn hat man sowohl eindrucksvolle Tiefblicke in das Tal der Passer als auch prächtige Blicke auf die Berge der gegenüberliegenden Texelgruppe. Rückweg wie Hinweg, zwischen Oberkirn und Videgg auch alternativ Weg 4 über die Jausenstation Pixner (1113). Z je nach Wendepunkt zwischen 2½ und 5 Std. LA 1 – 2. – Hierzu Skizze 46.

Dorf Tirol, 596 m und Gh. „Tiroler Kreuz", 806 m

Das sehenswerte Dorf Tirol liegt auf einem sanft abfallenden Höhenrücken zwischen dem Unteren Vinschgau und dem Passeiertal. Es ist sowohl von Meran als auch von Kuens im Passeiertal über Aich anfahrbar. Die Zufahrt von der Umgehungsstraße an der Passer über den Küchlberg ist modern ausgebaut und bereitet auch größeren Omnibussen keinerlei Schwierigkeiten. Eingerichtete Parkplätze findet man am s. und am n. Ortsrand, letztere an der Hochmuterbahn-Talstation (650). Vorsicht erheischt die von Fußgängern stark belebte, enge Ortsgasse. Einen knappen Kilometer weiter bergwärts findet man am Eingang in das Spronser Tal mehrere Abstellplätze beim Gh. „Tiroler Kreuz", nachdem man zuletzt eine stärkere Steigung von zirka 15% bewältigt hat, SG 2 – 3. Hier AP der Wanderwege zu den Muthöfen auf die Mutspitze, das Gh. Longfall und Gh. „Walde" bzw. Gh. „Bergrast" sowie zur Bockerhütte → HT. – Bis Dorf Tirol auf neuer Straße SG 1 – 2.

RW **Meran, Tappeinerweg** und Tiroler Steig*, Segenbühel 514 m.** Unter
285 den vielen gepflegten Spazierwegen und Promenaden (u. a. Gilfpromenade, Winterpromenade), die den Weltruf Merans als Kurort mitbegründeten, ist der altberühmte «Tappeinerweg» wohl der interessanteste. Er verdankt seine Entstehung der Initiative und dem Weitblick des Kurarztes Dr. Franz Tappeiner, der 1893 aus eigenen Mitteln diesen einzigartigen Höhenweg in unmittelbarer Stadtnähe anlegen ließ. Hoch über den Dächern Merans quert er, gesäumt von üppiger subtropischer Vegetation, die sw. Hänge des Küchelberges, ursprünglich bis zum „Schlehdorfersteig", der direkt zur Stadt hinableitet, heute, nach zweimaliger Verlängerung bis hin zur Straße Gratsch – Schloß Thurnstein. An besonders sonnigen Stellen gedeihen auch blühende Kakteen (vorwiegend Opuntien). Man genießt von dem, mit zahlreichen Rastbänken ausgestatteten Weg, der bewußt nicht asphaltiert wurde, herrliche Ausblicke auf Meran und seine Gebirgskulisse. Ein unvergeßliches Erlebnis vor allem im Frühjahr, wenn auf den Bergen noch reichlich Schnee liegt, unten im Tal aber bereits die Blüte eingesetzt hat!

Es gibt mehrere Zugänge zum «Tappeinerweg», so von der Zenobergstraße aus, vom Pfarrplatz (Stiege), von der Galileistraße und von der Verdistraße über den „Schlehdorfsteig", zuletzt auch von Gratsch aus. Man kann ihn deshalb in eine Runde nach eigener Wahl einbeziehen, deren Möglichkeiten durch den „Tiroler Steig" hinauf zum Segenbühel noch erweitert werden. Letzteren verbindet auch ein Sessellift, der von April bis Oktober ver-

Blick vom berühmten **Tappeinerweg** → RW 285 auf die Kurstadt Meran und durch das breite Etschtal bis zum Mendelgebirge mit dem markanten Gantkofel → W 239 und W 255. Li. der Etsch an der Sonnseite, die steilen Abhänge des Tschöggelberges. Foto E. Fuchs-Hauffen

kehrt, AP an der Sparkassenstraße. – Besonderer Beliebtheit erfreut sich der Zugang über die „Winterpromenade" und die sich daran passeraufwärts anschließende „Gilfpromenade". HU maximal 200 m, Z 2½ Std., LA 1. – Hierzu Skizze 46.

** **Waalwege.** Die schönste „Meraner Runde" folgt den Waalen, jenen Bewässerungsgräben, die den ganzen Talkessel umziehen und das lebenspendende Naß den Feldern zuleiten. Diese künstlich angelegten Kanäle, die man übrigens auch in anderen Teilen der Alpen, so z. B. im Wallis, wo sie „Heilige Wasser" oder „Bisses" genannt werden, kennt, sind größtenteils mehrere hundert Jahre alt; der Plarser Waal ist urkundlich bereits 1333 erwähnt. Begleitet werden die Waale auf ihrem vielgewundenen Lauf von Waalwegen. Sie dienten ursprünglich nur der Wartung dieser wichtigen Bewässerungsanlagen; heute vermitteln sie darüber hinaus dem Wanderer ein gültiges Bild der einzigartigen Meraner Landschaft. **RW 286**

Vom Stadtzentrum ausgehend, erreicht man über den Tappeinerweg die Straße Gratsch – Schloß Thurnstein. Auf ihr kurz bergan, dann (bei einer Kreuzwegstation) li. hinab zum Algunder Waal. Nun auf Waalwegen nach Plars (398 m) und weiter nach Töll (520 m, 2½ bis 3 Std.), das unmittelbar an der S. S. 38 liegt. Hier über die Etsch zum Beginn des Marlinger Waals, dem man zuerst in ö., später in s. Richtung bis nach Marling folgt. Z 4½ Std. (bis Marling) bzw. 5 Std. (bis Meran); LA 2. – Hinweis: Die Begehung des Marlinger Waalweges verlangt wegen einem dem Fels abgerungenen, mit Geländern allerdings gut gesicherten Teilstück ö. von Töll etwas Vorsicht; im übrigen ist diese Wanderung völlig ungefährlich. Hierzu Skizze 46.

RW 287 **** Schloß Tirol, 625 m.** Auf einer von weither sichtbaren Kuppe n. über Meran erhebt sich Schloß Tirol, die Stammburg des Landes. Sie geht in ihren ältesten Teilen auf das 12. Jh. zurück. Unter dem heute noch erhaltenen Bestand sind der romanische Reliefschmuck an Portalen und Fenstern und die Ausstattung der Burgkapelle (Fresken und Glasgemälde aus dem 14. Jh., Gestühl und Seitenaltäre) hervorzuheben. Berühmt ist der Blick durch die Doppelbogenfenster des Rittersaales auf das Etschtal.

Außerordentlich beliebt ist die Wanderung von Meran hinauf zum Schloß. Man steigt dabei, sofern man es nicht vorzieht, den Sessellift zum Segenbühel (Bergstation 510 m) zu benützen, über den Tappeinerweg und den Tiroler Steig bergan. Von Dorf Tirol (596 m) führt ein breiter Weg zur Burg. Er verläuft durch einen 83 m langen Stollen, das sogenannte „Knappenloch"; unmittelbar dahinter bietet sich ein Blick auf die Erdpyramiden im Köstengraben. Z 3½ Std.; LA 1–2.

Wer nicht den gleichen Weg zurückgehen will, kann vom Schloß über das uralte Kirchlein St. Peter (wertvolle Fresken aus dem 11. – 15. Jh.) nach Thurnstein absteigen. Oberhalb von Gratsch erreicht man den Tappeinerweg, der zur Stadt zurückleitet. Z 4 – 4½ Std.; LA 1 – 2. Überaus lohnende Variante! Hierzu Skizze 46.

RW 288 **Leiteralm, 1522 m, Hans-Frieden-Felsenweg*.** Das dichte und gepflegte Wegenetz an der Südostflanke der Texelgruppe eröffnet dem Bergfreund vielfältige Möglichkeiten zu schönen Wanderungen. Da in diesem Gebiet zudem zwei Liftanlagen bestehen, entfallen die recht anstrengenden Aufstiege wenigstens teilweise, was vor allem im Hochsommer eine willkommene Erleichterung darstellt.

Dorf Tirol (596) ist AP einer Kabinenbahn, die in wenigen Min. den HU zum aussichtsreich gelegenen Gh. Hochmuter (1423) überwindet. Von der Bergstation führt der «Hans-Frieden-Felsenweg», ein interessant angelegter Höhenweg, Mark. 24, fast eben durch die Südhänge der Mutspitze zur Lei-

Das Gebiet um den Kreuzkofel und die Kleine Fanesalm ist eine Fundgrube für den geologisch interessierten Wanderer. Die Aufnahme zeigt bei Verfolgung der Gesteinsschichten deutlich jene Bewegungskräfte, die zur Bildung des **Faltengebirges** führten. Foto Eugen E. Hüsler

teralm, 45 Min. Er vermittelt prächtige Ausblicke auf das Burggrafenamt, den unteren Vinschgau und einige Berggruppen Südtirols wie Ultener Berge, Mendel, Sarntaler Alpen, Lagorai, w. Dolomiten. Von der Leiteralm steigt man entweder auf bez. Wegen über Vellau nach Dorf Tirol ab, Mark. 25/26, oder man benützt als „Abstiegshilfe" den Lift hinab bis Vellau (908). Der Abstieg mit 930 m HU ist auch für Familien geeignet. Z 3 Std., LA 1 – 2. – Hierzu Skizze 46.

RW 289 **Unterer (Vellauer) Felsenweg*, Hochmuter 1423 m.** Er ist, wie auch der „Hans-Frieden-Felsenweg" → RW 288 in seinem Kernstück aus dem Fels gehauen, doch führt er nicht so flach durch die Südhänge der Mutspitze, sondern senkt sich mit merklichem Gefälle vom Gh. Hochmuter bzw. Gh. Steinegg hinab nach Vellau. Als AP wählt man mit Vorzug die Talstation der Hochmuterbahn, einer Kabinen-Seilbahn. Bedient man sich dieser Aufstiegshilfe, so verkürzt sich die Rundwanderung um gute 2 Std. – Der Fußweg leitet über das „Tiroler Kreuz" (806) zu den Muthöfen hinauf, Mark. 23/24. Das Gh. Thalbauer (1209) liegt direkt am Weg, in einem letzten Anstieg erreicht man die Bergstation der Hochmuterbahn. Der mit Seilsicherungen ausgestattete Felsenweg führt steil zum Gh. Oberlechner (960) in Vellau hinab, wobei eine Felsenwand traversiert wird. Die Runde wird anschließend mit einer leichten Wanderung über Birbamegg und oberhalb von Schloß Thurnstein, St. Peter und Schloß Tirol fortgesetzt bis man auf dem „Falknerweg", bez. 26 nach Dorf Tirol zurückkehrt. – HU bergan zu Fuß 950 m, bergab 850 m. Z ohne Aufstiegshilfe 4½ Std., LA 2. – Hierzu Skizze 46.

RW 290 **Mutspitze**, 2295 m, AP Hochmuter.** Die Mutspitze, ein steil über Meran aufragender Felsgipfel, markiert den EP jenes langen Grates, den der Tschigat (3000) gegen O entsendet. Sie gilt zu Recht als hervorragende Aussichtswarte mit weiter Umschau. An klaren Tagen erkennt man im NO über der Einsattelung des Jaufenpasses den vergletscherten Olperer (3476); genau im S erhebt sich am fernen Horizont der kahle Rücken des Pasubio. Glanzvoll sind die Tiefblicke ins Etschtal, das sich dem Betrachter in seiner ganzen Schönheit darbietet. – Günstiger AP für die Besteigung der Mutspitze ist die Bergstation (1423) der Hochmuterbahn. Weg 22 leitet zunächst zur Lippengaden (1730), den höchstgelegenen Heuhütten an der Mut, wenig oberhalb vom Gh. Mutkopf (1684) hinauf. An der westwärts befindlichen WT hält man sich li. und folgt der Mark. 23 zur Mutspitze, 2½ Std. – Nach einer kurzen, fast flach verlaufenden Gratwanderung erreicht man in 30 Min. die Taufenscharte (2230), welche den Übergang zur Spronser Seenplatte vermittelt → RW 292. Von dort führt der Steig mit Mark. 25 steil hinab zum Hochgangweg und zur bewirtsch. Leiteralm (1522). Auf dem «Hans-Frieden-Felsenweg» → RW 288 gelangt man wieder zur Bergstation Hochmuter in 45 Min., falls man es nicht vorzieht, den weiteren Abstieg über Vellau nach Dorf Tirol zu unternehmen → RW 289. – HU 900 m, Z 5 Std., LA 2 – 3. – Hierzu Skizze 46.

Vellauer Bergstraße*, Vellau 966 m
Die prächtig ausgebaute Bergstraße nimmt von der Verbindungsstraße Algund-Töll ihren Ausgang, leitet am idyllischen Kirchlein von Oberplars (555) vorbei und gewinnt mit acht Kehren rasch an Höhe. Auf der 4.6 km langen Strecke durchmißt man mehrere Vegetationszonen: anfangs die Obstgärten und Weinpergeln, weiter bergwärts Edelkastanien, Buchen und Föhren. Beeindruckend sind die Ausblicke auf den Talkessel von Meran und in sö. Richtung auf die breite Etschtalfurche, die wie eine Obstplantage uferloser Ausdehnung wirkt. Die Straße ist durchwegs zweispurig und asphaltiert, in den Kehren ist sie breiter, sodaß sich auch Omnibusse behinderungsfrei begegnen können. Max. Steigung 9%, an ausgesetzten Stellen sind Leitplanken angebracht, SG 1 – 2. Parkplatz beim Gh. „Gasteiger“ an der Umsteigstation Sessellift/Korblift zur Leiter-Alm (der Sessellift führt von Algund herauf). Pkw können auch längs der Straße zum Dorf Vellau abgestellt werden. Privater Fahrweg zum Gh. „Kienegg“, Fahrverbotstafel. Sowohl die Vellauer Bergstraße als auch die genannten Aufstiegshilfen leiten zu den s. Eingangspforten des Naturparks Texelgruppe.

Hochganghaus*, 1839 m, AP Leiteralm. Obwohl in erster Linie Stütz- **RW**
punkt bei Besteigungen des Tschigat und weiterer Dreitausender der Texel- **291**
gruppe, ist das Hochganghaus nicht zuletzt wegen seiner prächtigen Lage an den Südabhängen der Rötelspitze, auch für den Wanderer von einigem Interesse. Beliebt ist die folgende leichte, aber sehr reizvolle Tour: Bergfahrt mit dem Gondellift vom Gh. „Ladurner“ (908) in Vellau zur Bergstation unterhalb der bewirtsch. Leiteralm (1522), dorthin noch 10 Min. Fußweg. Dann Aufstieg zur Schutzhütte und anschließend Abstieg über die Gamplwiese und den Oberplatzer (1302) nach Vellau. Durchwegs gute, einwandfrei bez. Wege (Mark. 24/7/26), auch für Familien geeignet. HU 320 m, Z 3 Std., LA 1 – 2. – Hierzu Skizze 46.

Spronser Seen, Hochgang**, 2441 m.** Die „Spronser Runde“ ist unge- **RW**
achtet der Nähe Merans eine Tour von hochalpinem Charakter, die Aus- **292**
dauer und ein gewisses Maß an Bergerfahrung verlangt, also nichts für Ungeübte! Von der Leiteralm (1522) quert man zunächst auf dem „Meraner Höhenweg“ 24 zum Hochganghaus (1834), wo der steile und recht mühsame Aufstieg (Mark. 7, Drahtseilsicherung) zum Hochgang beginnt. Die zwischen Tschigat (3000) und Rötelspitze (2625) eingelagerte Scharte bietet eine hervorragende Aussicht, die sich im S auf Sarntaler Alpen, Dolomiten, Lagorai, Brenta, Presanella und Ortlerberge, im N auf das oberste Spronser Tal und seine Gipfel richtet, 3 Std. Jenseits vom Joch steigt man kurz ab zum Langsee (2377), dem größten der insgesamt acht Spronser Seen. Dann geht es, am Grünsee vorbei, hinunter zum Kasersee. Hier re. ab und auf einem mit 25 bez. Steiglein fast eben zur Taufenscharte (2230), wo sich ein ähnlicher, wenn auch nicht so weit reichender Ausblick wie vom Hochgang bietet. Abschließend steil hinab zur Leiteralm. – HU 920 m, Z 6 Std., LA 3.

Zur **Grundausrüstung** bei jeder Bergfahrt gehören hohe Schuhe mit griffigen Sohlen, eine zweckmäßige Bekleidung, die geeignet ist, den Körper sowohl gegen Unterkühlung als auch gegen Überhitzung zu schützen, Proviant (Notvorrat) und eine Taschenapotheke.

Die „Spronser Runde" läßt sich, entsprechende Kondition vorausgesetzt, gut mit der Besteigung der Rötelspitze verbinden. Eine rot-weiße Mark. leitet in 1½ Std. vom Hochgang über den Westgrat zum Gipfel, der eine umfassende, durch gegensätzliche Bilder beeindruckende Rundschau vermittelt. HU total 1100 m, Z 7½ Std., LA 3. – Wem die Rundtour unter Einschluß der Gipfelbesteigung als Tagesprogramm zu anstrengend ist, kann im Hochganghaus nächtigen. Der steile Aufstieg zum Hochgang ist frühmorgens ohnehin leichter zu bewältigen, insbesondere an heißen Sommertagen. – Hierzu Skizze 46.

Passeier Tal

RW 293 **Riffianer Waalweg, Rösslhof 620 m.** Ein Spaziergang oberhalb von Riffian von zirka 1½ Std. Dauer durch die bewaldete Berglehne mit bemerkenswertem Baumbestand: alte Edelkastanien mischen sich mit anderen Laubbäumen bzw. mit Nadelbäumen. Ausblicke auf die gegenüberliegende Talseite mit Großem (2581) und Kleinem Ifinger (2552), weiter nö. auch auf den Hirzer (2781), der höchsten Erhebung in den Sarntaler Alpen. Die Runde läßt sich verbinden mit einem Besuch der Wallfahrtskirche (537) zur hl. Maria, welche unterhalb des Rösslhofes emporragt. – Wegverlauf: Vom Gh. „Kreuz" an der SS. 44 folgt man der Mark. 21A aufwärts bis der Steig auf eine Höfezufahrt aus Richtung Kuens stößt. Hier hält man sich scharf re. und wandert auf dem Waalweg fast eben nö. zum Rösslhof. Der Waal wurde unter die Erde verlegt und fließt dort durch eine Rohrleitung. Die leichte Wanderung setzt man auf dem Rösslsteig fort bis zur Wegekreuzung 5/5A. Hier steigt man re. ab und wenig weiter beim Materiallift unter diesem hindurch. Re. hat man dann die asphaltierte Zufahrt zum Wallfahrtskirchlein aus dem 14. Jh. Zuletzt der Mark. 5A folgend hinab zum AP. – HU 110 m, Z 1½ Std. reine Gehzeit, LA 1 – 2. – Hierzu Skizze 46.

Gfeis, Gh. Walde 1330 m und Gh. Bergrast, 1187 m

Diese beiden anfahrbaren Ziele liegen an den steilen Bergflanken unterhalb des Hahnenkammes (2120), welche vom Passeier-, Spronser- und Saltauser Tal begrenzt werden. Die Abzw. von der SS. 44 findet man zwischen Riffian (509) und Saltaus (490) im Passeiertal bergseitig, HT „Gfeis" bzw. „Vernuer". Das durchwegs asphaltierte, einspurige Bergsträßchen bewältigt mit sieben Serpentinen einen HU von rund 800 m. Die Steigungen sind gut ausgeglichen und betragen max. 10%, Leitplanken sichern ausgesetzte Stellen, SG 2 – 3. – Bei km 5.1 Abzw. einer kurzen Zufahrt zum Gh. „Brunner" (1095), HT „Vernuer". Bei km 5.9 Abzw. der Zufahrt zum Gh. „Bergrast", HT. Das Ende der Asphaltstraße befand sich im Bj. bei km. 6.7 am Parkplatz wenig unterhalb vom Gh. „Walde". Außer der Herstellung einer Verbindung der Berghöfe untereinander an diesem Steilhang, läßt sich durch dieses Bergsträßchen an mehreren Stellen auch der „Meraner Höhenweg" erreichen; bei ihm handelt es sich um einen 85 km langen Weitwanderweg, welcher eine Umwanderung großer Teile des Naturparks Texelgruppe in mehreren Etappen gestattet.

Der zirka 85 km lange Meraner Höhenweg ist eine Weitwanderung rund um den Naturpark Texelgruppe, den er nicht nur tangiert, sondern auch seine Randzonen durchmißt. Seine totale Begehung nimmt mehrere Tage in Anspruch. Für den Bergsteiger bildet er die Basis für Touren im Herzen dieser Gebirgsgruppe. Überall am Weg findet man Unterkunfts- und Versorgungsmöglichkeiten. Wegabschnitte mit bekannten Namen wie z. B. Doktor-Hans-Pircher-Weg, Nellinger Steig, AVS-Jugendweg, Hans-Frieden-Felsenweg deuten auf die Einbindung schon früher vorhandener, gut ausgebauter Wege und Steige in den Meraner Höhenweg hin. Zahlreiche Kombinationsmöglichkeiten ergeben sich aber auch für Wanderer, die Halbtags- bzw. Tagespartien unternehmen wollen.

Verlauf: Steinegg bzw. Hochmuter (1350) – Longfallhof (1075) – Gh. „Walde" in Gfeis (1330) – Gh. „Brunner" (1095) in Vernuer-Ganthof-Schafflerhof (1004) – Gh. „Magdfeld" (1148) – Gh. „Christl" (1029) – Ulfas (1371) – Tassach (1100) – Pfelders (1622) – Lazinser Kaser (1860) – Stettiner Hüte (2875) – Eisjöchl (2895 m, höchster Punkt des Weitwanderweges!) – Eishof (2071) – Mitterkaser (1954) – Vorderkaser bzw. Gh. „Jägerrast" (1690) – Nassereith-Untervernatsch (1510) – Unterperfl (1417) – Kopfron (1436) – Innerunterstell (1470) – Lint (1464) – Innerforch (1475) – Gruberhof (1377) – Hochforch (1355) – Giggelberg (1565) – Nassereith-Hütte (1523) – Hochganghaus (1834) – Leiteralm (1522) – Steinegg/Hochmuter.

Für den **Motorisierten** bieten sich folgende, günstig gelegene „Einstiegsmöglichkeiten" an, wobei die Zufahrten ausgebaut sind und teilweise Großparkplätze an deren EP angelegt wurden. Dort trifft man auch eine vorbildliche Beschilderung sowie Informationstafeln über den Naturpark Texelgruppe an: **Vellau** (996) an den Wegen 26 und 26A, **Tiroler Kreuz** (806) oberhalb von Dorf Tirol am Weg 6 in das Spronser Tal mit Longfallhof und Bockerhütte (1717), **Ulfastal** (1478) nahe dem Kratzegger Hof (1520), am Weg 3A zur Unteren und zur Oberen Ulfaser Alm bzw. zur Matatz-Spitze, in der Gegenrichtung auf den Platter Berg (2230), **Pfelders** (1622) am Anstiegsweg über den Lazinser Kaser zur Stettiner Hütte am Eisjöchl, **Seewer-Alm** (2002) am Weg 44 zum Rauhen Joch und zum Pfelderer Höhenweg bzw. 44A zur ehem. Essener Hütte (2405), **Vorderkaser im Pfossental** am Weg 24 bzw. 39 zum Eishof und zum Eisjöchl, **Stausee Vernagt** (1690) am Weg 2 zum bewirtsch. Tisenhof (1814) und zur Tisenberg-Hütte (2114), zur Similaun-Hütte (3019) am Niederjoch, Weg 18 auf den Samberg. – Weitere Zufahrten hat man zum Gh. Walde in → Gfeis, zum Brunnerhof in → Vernuer, zum Ganthof von Saltaus aus, desgleichen auch zum Schafflerhof, zum Gh. Magdfeld am Eingang in das Kalmtal bzw. Falser Tal, von der SS 44 aus s. St. Martin in Passeier, zum Gh. Christl von Breiteben (1151) aus, Unterperfl (1417) von Katharinaberg (1245) aus, Ginzlhof (1304) und Staudhof (1245) von Naturns aus. Hinzu kommen noch die zahlreichen **Aufstiegshilfen,** vor allem jene von den Untervinschgauer Gemeindegebieten Partschins und Rabland Richtung Sonnenberg, die Gondelbahnen zum Hochforch, zum Giggelberg, zum Greiterhof, zum Gasteiger Hof und zur Leiteralm. Mehrere dieser kleinen Kabinenbahnen sind für eine beschränkte Personenbeförderung zwar zugelassen, jedoch nicht kollaudiert! Nicht zu vergessen ist die stark frequentierte Seilbahn Hochmuter von Dorf Tirol hinauf nach Steinegg.

Der Meraner Höhenweg ist durchwegs mit Nr. 24 und der Bez. „M" vorbildlich markiert. Weitere Auskünfte erhalten Sie bereitwillig in allen zuständigen Gemeindeämtern bzw. bei den Verkehrsvereinen.

Die landschaftlichen Klassifikationen der Wanderwege unterscheiden: * schöne und lohnende Wanderung, ** abwechslungsreiche, sehr empfehlenswerte Wanderung, welche mehrere landschaftlich hervorragende Punkte berührt, *** außergewöhnlich schöne, an großartigen Szenerien besonders reiche Wanderung.

RW 294 **Hinteregger Alm*, Jausenstation Mahdalm 1990 m.** Eine sehr lohnende Runde durch ein ausgedehntes Almengebiet unterhalb von Hirzer (2781) und Pfandlspitze (2538) mit anschließender Bergabwanderung ins Passeier Tal! Bergan ist der HU unbedeutend, da nahezu flacher Wegverlauf, jedoch bergab sind 1500 m HU zu bewältigen, was bei Ungeübten natürlich die Kniegelenke etwas strapazieren kann! Für den Rückweg steht deshalb ein Alternativvorschlag über die Sonntagsweide zur Wahl. – Zunächst Auffahrt von Saltaus (490) mit der Hirzer-Seilbahn zur Bergstation beim Gh. Klammeben (1976). Über das Hochplateau wandert man, der Mark. 40 folgend, zur Hirzer-Hütte (1983) und zur bewirtsch. Reasegger Alm (1985), 20 Min. Daraufhin benützt man den prächtigen Höhenweg 1, auch als EFW 5 bez., um eine Bergnase (2080) herum zur Hinteregger Alm (1974). Nach Überschreitung von drei kleinen Rinnsalen im Quellgebiet des Grafeisbaches erreicht man die hübsch gelegene Jausenstation Mahdalm, 1 Std. – Zurück zur Hinteregger Alm und re. auf Weg 2 sanft absteigen zur Jausenstation Gampen (1808). Über den Graben des Brantlbaches weiter zur Wegeteilung beim Pürstlinglift. Will man die Talfahrt mit der Hirzer-Seilbahn unternehmen, so folgt man geradeaus weiter dem Weg 2 bis man an der Sonntagsweide auf Weg 6 stößt, der mit einem kurzen, mäßigen Anstieg zum Gh. Klammeben zurückleitet. Manche Wanderer ziehen es vor, weglos die Trasse des Pürstling-Schleppliftes zu benützen, 1½ Std., Z 2½ Std., LA 1 – 2.

Bei Fortsetzung des Abstieges zu Fuß hält man sich an der vorerwähnten Wegeteilung re. und folgt Weg 6 über Wahlgut (1569) zur Seilbahn-Mittelstation (Zusteigemöglichkeit) beim Gh. Alpenblick (1404) in Obertall. Schließlich setzt man den Abstieg ins Tal auf Weg 20 über Untertall fort, wechselt an der WT auf Weg 7, um über den Kehrkopf und die Passerbrükke zum AP in Saltaus zurückzukehren. – Alternativ bietet sich ab Mittelstation Weg 4 über den Thalerhof, Unterkirn (1287) und die Jausenstation Pixner (1113) und hinab zur Ilmer Säge (902) in der wildromantischen Masulschlucht, an. Weg 20 zum Gh. Obermair (920) und von dort ein abkürzendes Steiglein stellen wiederum die Verbindung mit Weg 7 in Richtung Saltaus her. Z 5 Std., LA 2. – Hierzu Skizze 46.

Zu den Wesensmerkmalen der Landschaft im Vorderen Passeier zählen burgähnliche Bauten, die trutzig markante Anhöhen beherrschen. Ein romantischer Akzent in den durch moderne Neubauten entstellten, explosionsartig gewachsenen Siedlungen. Diese Wehrbauten, geschützt vor Hochwasser und Lawinen, bilden mit den **„Schildhöfen“** eine Einheit. Die Bewohner der zwölf Höfe im Burggrafenamt werden respektvoll „Schildhöfler“ genannt; sie dienten schon im 13. Jh. dem Grafen von Tirol als Schildknappen. Ihre Höfe genossen als bäuerliche Feudalansitze Vorrechte auf dem Gebiet der Steuern, der Jagd und der Fischerei; das letztgenannte Privileg ist noch heute in Kraft. Die Höfe liegen beiderseits der Passer, der Fluß war einst Diözesangrenze zwischen Chur und Trient.

Prenn* 1404 m und Oberkirn* 1458 m
Wer hauptsächlich Wanderungen in mittleren Gebirgslagen unternehmen möchte, dem steht alternativ zur Hirzer-Seilbahn bzw. zur Seilbahn Verdings-Oberkirn auch das Bergsträßchen von Saltaus (490) über St. Ursula (628) und das Gh. „Unterstein“ (1178)

zur Mittelstation der Hirzer-Seilbahn in Prenn und zur Umsteigstation Oberkirn zur Verfügung; von letzterer leitet ein Sessellift hinauf zum Gh. „Grube" (1808) an der Sonntagsweide. Parkplätze gibt es vor allem an den genannten Seilbahnstationen. – Das 15 km lange, staubfreie Bergsträßchen zweigt zirka 700 m n. von Saltaus von der SS. 44 re. ab und benützt einen der wenigen befahrbaren Übergänge über die Passer. Für Pkw knapp zweispurige Bergstrecke, an einigen Engstellen einspurig mit Ausweichen. Die max. Steigung beträgt 14%, SG 3.

Oberkirn 1458 m und Hirzer-Hütte*, 1983 m. Die Straßenendpunkte Prenn bzw. Oberkirn bilden eine günstig gelegene Ausgangsbasis für Wanderungen je nach Leistungsanforderung und Zeitaufwand. Als abwechslungsreiche Rundwanderung in empfohlener Richtung gegen den Uhrzeigersinn bietet sich von Oberkirn Weg 20 nach dem Bergbauernweiler Videgg (1536) an, wo man in den Weg 40 einmündet; dieser setzt sich über die Jausenstation Stafell (1940) und über die Großlichtalm bzw. die Sonntagsweide zum Gh. Klammeben (1976) fort. Weiter über das Hochplateau in 20 Min. zur Hirzer-Hütte, die durch einen Fahrweg mit der Jausenstation „Gampen" (1808) verbunden ist. Schließlich vermittelt Weg 4 einen relativ bequemen Abstieg zur Straßenbrücke unterhalb Prenn. Zuletzt auf dem Sträßchen über die Mittelstation der Hirzer-Seilbahn zurück zum AP. Der HU beträgt unter Berücksichtigung kurzer Gegenanstiege 700 m. Z 4½ bis 5 Std., LA 2. – Hierzu Skizze 46. **RW 295**

Hirzer-Spitze*, 2781 m, AP Saltaus.** Obwohl ihm die Krone des höchsten Gipfels unter den Sarntaler Alpen gebührt, steht der Hirzer etwas im Schatten seines berühmteren Nachbarn, des Ifinger, der sich unmittelbar ö. über Meran erhebt und als meistbesuchter Gipfel in der näheren Umgebung der Kurstadt gilt. Durch die Benützung der auch im Sommer betriebenen Hirzer-Seilbahn von Saltaus (490) zur Bergstation beim Gh. Klammeben (1976) ist für den einst einsamen Felsgipfel eine gute Ausgangsbasis geschaffen. Seine Besteigung, überaus lohnend, bietet keine größeren Schwierigkeiten, Voraussetzung sind Trittsicherheit und etwas Ausdauer. – Von der Schutzhütte führt das gut mark. Weglein Nr. 4 in ö. Richtung über Almwiesen in das flache Hochkar unter dem Hirzer. An seinem oberen Ende setzt eine kräftige Steigung ein; über Schutt und Felsen gewinnt man mühsam die Hirzer-Scharte (2678), 2 Std. Dahinter leitet der Steig, stellenweise etwas ausgesetzt, li. abwärts in die sö. Flanke des Hirzer. Bei einem auffallenden Felsblock (mark.) verläßt man den zur Anteranalm hinabführenden Weg 4 und steigt n. über Schrofen bergan zum höchsten Punkt, 2¾ Std. Hier öffnet sich bei guter Fernsicht ein herrliches Panorama, das gegen W bis zur Bernina, im NO bis zum Großglockner reicht. Sehr schön auch die Zackenreihe der Dolomiten, die den Horizont im SO beherrscht. – Rückweg wie Hinweg. HU 800 m, Z 4½ Std., LA 2 – 3. – Hierzu Skizze 46. **W 296**

Das **Gehtempo** sollte stets dem schwächsten Teilnehmer angepaßt werden. Hat man Kinder mit, so ist dies bei der Berechnung des voraussichtlichen Zeitaufwandes ebenfalls zu berücksichtigen.

Prantacher Straße, Gh. „Pfandlerhof", 1040 m
Von St. Martin in Passeier (587) nimmt die Prantacher Straße an der SS. 44 ihren Ausgang. Sie führt zunächst über die beiden Passerbrücken einspurig zum Gh. „Passerblick", um dann in langen Serpentinen durch den Wald anzusteigen. Das Bergsträßchen ist einspurig mit Ausweichen, streckenweise auch knapp zweispurig, durchwegs asphaltiert, SG 2 – 3. Nach 5.2 km erreicht man den Gh. „Pfandlerhof" (im Bj. nicht mehr bewirtsch.) mit ausreichend Abstellplätzen. Die Weiterfahrt auf geschottertem Karrenweg bis zur einfachen Sommerwirtschaft „Pfandler-Almhütte" (1345) ist nicht gestattet. Die Andreas-Hofer-Gedenkstätte befindet sich direkt an der Pfandler Alm und kann vom Gh. „Pfandlerhof" in einer knappen Stunde erreicht werden.

W 297 **Fartleistal, Fartleisalm 1455 m.** Für heiße Sommertage empfiehlt sich eine Wanderung durch schattige Wälder und an der Frische eines klaren Gebirgsbaches, der vom Wanderweg unmittelbar begleitet wird. – AP ist die 4. Kehre der → Prantacher Straße, nur wenig von der Hofkapelle (855) entfernt. Das Fahrzeug kann man hier neben der Straße im Wald abstellen. Man folgt li. dem Weg 2, quert eine sanfte Talung und erreicht bald den hügelartigen Rücken, welcher das Pfeiftal vom Fartleistal trennt. An einer ausgeprägten Wegbiegung, unter der Bezeichnung „Gsteng" (1030) bekannt, ist eine Bank aufgestellt, die angesichts der Aussicht durch die Gilfklamm in das breite Tal der Passer zu einer kurzen Rast einlädt. Der Gilf-Wasserfall stürzt am Talausgang über eine Stufe herab und kann vom Weg 3 (Europ. Fernwanderweg 5) aus beschaut werden. Zunächst bei sanftem Gefälle, dann in mäßigem Anstieg erreicht man beim Unteren Fartleishof (1120) den Bach und wechselt die Uferseiten. Früher standen in diesem einsamen Tal insgesamt fünf stattliche Höfe, im Bj. wurde davon nur mehr ein einziger Hof bewirtsch. Stets dem Bach talein folgend, erreicht man nach knapp 2 Std. die Fartleisalm, welche in einem bemerkenswert gewässerreichen Talschluß eingebettet liegt und von hohen Bergen wie Hühnerspitze (2447), Alpler Spitze (2748), Pfandlspitze (2538) und Prantachkogel (2326) von drei Seiten eingeschlossen wird. HU 600 m, Rückweg wie Hinweg, Z 3½ Std., LA 1 – 2. – Hierzu Skizze 47.

Die **Pfandleralmhütte,** das ehem. Versteck des Tiroler Freiheitshelden Andreas Hofer, Sandwirt von St. Leonhard in Passeier, ist nicht mehr das, was sie einmal war. Sie brannte im Nov. 1919 nieder, weil zwei Buben, die beim Vogelfangen jämmerlich gefroren hatten, darin ein Feuer entzündeten. Aus Anlaß des Gedenkjahres 1984 haben Passeirer Schützen die Almhütte originalgetreu wiederaufgebaut und einen neuen Gedenkstein gesetzt, der an die Gefangennahme Andreas Hofers am 28. 1. 1810 durch französische Soldaten erinnert.

Wer kennt nicht das Gemälde von Karl Blaas, das eine dramatische Szene zeigt: die Gefangennahme Andreas Hofers durch die Franzosen auf der Pfandleralm am 28. 1. 1810? Man friert fast, wenn man betrachtet, wie der Sohn des Sandwirts barfuß im Schnee steht. Man erinnert sich auch an den Verräter Franz Raffl, welcher die Häscher zur Hütte führte, wo der Sandwirt mit seiner Frau im Stall, der Adjutant Sweth und Hofers Sohn darüber im Heu schliefen.

Alpenfahrer! In den Kehren und in unübersichtlichen Kurven nicht parken! Unter die Wagenräder gelegte Steine nicht liegenlassen, weil diese die nachkommenden Verkehrsteilnehmer gefährden!

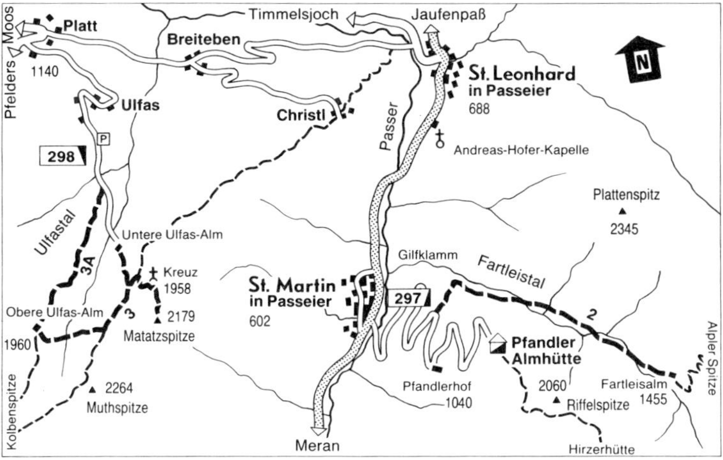

Skizze 47 St. Martin in Passeier

Das **Heimatmuseum St. Martin im Passeier,** gegründet vom Volksschullehrer Sepp Haller, birgt auch eine alte Passeirer Bauernstube und viele Erinnerungen an die Vergangenheit. Man sollte an Schlechtwettertagen daran denken, einmal dieses kleine Museum zu besuchen.

Ulfastal*, Parkplatz Naturpark Texelgruppe, 1478 m

AP des Bergsträßchens in die Streusiedlung Ulfas ist das reizvoll über dem Eingang in das Pfelderer Tal liegende Dorf Platt (1140). Man erreicht es von St. Leonhard i. P. (688) entweder über die SS. 44 bis, indem man in Moos i. P. (1007) die Timmelsjochstraße verläßt und die Passer sowie den Pfelderer Bach auf ausgebauter Straße überbrückt, 8.7 km, oder auf der nur einspurigen Gemeindestraße, welche St. Leonhard beim Brückenwirt verläßt und vielgewunden auf der gegenüberliegenden Talseite über Breiteben (1033) nach Platt führt, 7.4 km. Letztere Strecke, welche überwiegend bewaldet ist, sollte wegen ihrer Unübersichtlichkeit und engen Kurven nur von geübten Bergfahrern benützt werden, SG 3 – 4; Leitplanken sind nur in den vier Kehren montiert, jedoch ist das Gemeindesträßchen durchwegs asphaltiert und weist Steigungen bis zu 12% auf.

Von Platt fährt man nur 400 m auf der neuen Straße in Richtung Pfelders bis li. eine HT die Abzw. nach Ulfas signalisiert. Dieser knapp zweispurigen Straße folgt man über den Mucherhof bergwärts, wo man den „Meraner Höhenweg", Mark. 24, kreuzt. Das Steigungsmaximum erreicht hier 15%, SG 2 – 3. An einem Kirchlein (1369) vorbei und von lichten Lärchen umsäumt erreicht das Bergsträßchen, 4 km von Platt entfernt, den Park- und Rastplatz des Naturparks Texelgruppe mit aufgestellten Tischen und Bänken. Übersichtliche, mehrfarbige Orientierungstafel. AP mehrerer Wanderwege → HT. Die alte Wassermühle gehört zum nahegelegenen Kratzegger Hof.

RW 298 **Obere Ulfas-Alm*, 1960 m und Matatzspitze** 2179 m.** Dank ihrer exponierten und gegen das Passeier Tal zu vorgeschobenen Lage ist die Matatzspitze ein hervorragender und lohnender Aussichtsberg. AP ist der Parkplatz am Rande des Naturparkes Texelgruppe im Ulfastal. Weg 3A leitet am Kratzegger Hof (1520) vorbei und überquert den Distelbach. Man hat nun die Wahl, ob man li. dem Fahrweg zur bewirtsch. Unteren Ulfas-Alm (1601) folgt, 30 Min., um dann den steilen Direktanstieg zum Kreuz (1958), Mark. 7, zu unternehmen oder auf Weg 3A zu bleiben und in den Talschluß des Salderenbaches zu wandern. Der Zeitunterschied beträgt eine halbe Stunde bis zur Matatzspitze, welche man mit Direktanstieg von der Unteren Ulfasalm in 1½ Std. erreicht, während man auf der Route über die Obere Ulfasalm und den Verbindungssteig zum Weg 3 ab Distelbach bis zum Gipfel 2 Std. rechnen muß. Beide Wege lassen sich zu einer abwechslungsvollen Rundwanderung zusammenfügen. HU 700 m, Z 3½ bis 4 Std., LA 2. – Hierzu Skizze 47.

Pfelderer Tal

Pfelderer Tal, Pfelders, 1628 m**

Das zirka 20 km lange, wildromantische Pfelderer Tal im Hinterpasseier zählte bisher zu den kaum vom Fremdenverkehr berührten Tälern Südtirols. Das glasklare Wasser des Pfelderer Baches, die über senkrechte Felswände herabstürzenden Wasserfälle, mehrere bewaldete Talstufen, weit verstreute Berghöfe und der von Gletschern umrahmte Talschluß zeichnen es besonders aus. Es wurde von Platt (1140) aus durch eine modern ausgebaute Straße erschlossen, SG 1-2; diese ist auch für größere Busse geeignet, weil es auf ihr kaum Hindernisse gibt. Der Ort Pfelders hat sich zu einem Fremdenverkehrsort herausgemausert. Dank der Errichtung des Naturparks Texelgruppe ist in Pfelders das Ende für den motorisierten Verkehr. Ein Großparkplatz am Ortsrand kann viele Fahrzeuge aufnehmen.

Eine Doppelsesselbahn leitet vom Ortseingang zur Bergstation (2020) auf den Grünboden. Bergan kann man bequem bis zu den Lawinenschutzbauten auf einem Wirtschaftssträßchen wandern; von dort dann nur noch Steigspuren zum Karjoch. Die Bergabwanderung läßt sich auf einem Forststräßchen in knapp 1 Std. vollziehen.

Das einspurige, vielgewundene Sträßchen zwischen Innerhütt über die Jausenstation „Bruggstein“ zur Stieberbrücke auf der orogr. li. Talseite darf nur von Anrainern benutzt werden, weil es mit allg. Fahrverbot belegt wurde.

RW 299 **Pfelderer Höhenweg**, Zepbichl-Alm 2715 m und Kreuzjoch 2545 m.** Im engeren Sinn versteht man darunter den Höhenweg, welcher die Stettiner Hütte mit der Zwickauer Hütte (2979), auch Planferner-Hütte genannt, verbindet. Im weiteren Sinn verläuft der Höhenweg nach NO noch über das Kreuzjoch hinaus bis zum Rauhen Joch (2926), welches den Übergang in das Seewertal vermittelt. Die empfohlene Runde beginnt und endet in Pfelders (1622). Zunächst auf dem Fahrweg (Allgem. Fahrverbot) talein zum Berggh. Lazins (1782) und in Bachnähe weiter bis zum bewirtsch. Lazinser

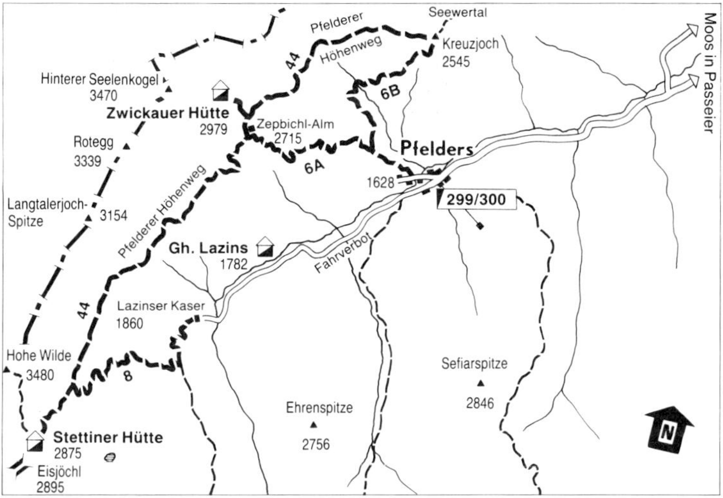

Skizze 48 Pfelders

Kaser (1860), wo der Hüttenweg zur → Stettiner Hütte seinen Ausgang nimmt. Man folgt ihm bis zur WT mit Weg 44 und folgt dann dem herrlichen Höhenweg in Richtung Zwickauer Hütte bis zur Zepbichl-Alm. Hier steht es jedem Berggeher frei, den Hüttenabstecher mit zirka 200 m HU in 40 Min. zu unternehmen oder auf Weg 6A relativ steil über die Almen nach Pfelders hinabzusteigen, 1½ Std. – Weit lohnender ist es, dem Weg 44 noch bis zum Kreuzjoch zu folgen, um dann auf Weg 6B über die Seehütte in den Ausgangsort zurückzukehren, 2 Std. – HU runde 1150 m, Z 6½ bis 7½ Std. je nach Streckenwahl, LA 2 – 3. Die Tour ist mühevoll aber nicht schwierig, sie erfordert vor allem Ausdauer! – Die Neue Zwickauer Hütte (2982), nahe am Grenzkamm zu Tirol und dem Planferner gelegen, ist seit 1984 wieder zugänglich und wird von Anfang Juli bis Mitte Oktober bewirtschaftet. – Hierzu Skizze 48.

Stettiner Hütte * * **(Eisjöchl-Hütte) 2875 m, AP Pfelders.** Die von der Sektion Stettin 1897 erbaute Hütte steht am s. Fuß der Hohen Wilde (3480), nur wenig unterhalb vom Eisjöchl (2875). Sie befindet sich in Staatsbesitz und wird von der CAI-Sektion Meran verwaltet. Bewirtsch. ist sie von Anfang Juli bis Mitte Sept. – Der Anstieg führt vom bewirtsch. Lazinser Kaser (1860) auf Weg 8 über die verfallene Finanzieri-Diensthütte (2620) in eine Talung mit kleinen Bergseen unterhalb des Graf-Ferners. Hier stößt man auf den → „Pfelderer Höhenweg", 2 Std. ab Lazinser Kaser. Von der WV hat man noch 45 Min. bis zur Hütte, welche einen leichten Zugang (Grützmacher Weg) zur Hohen Wilde (3480) über ihren Osthang vermittelt, knapp 2 Std. –

W 300

Hüttenweg HU 1085 m, runde 3 Std., Rückweg wie Hinweg, falls man sich nicht für die lohnende Rundwanderung bei Einbeziehung des „Pfelderer Höhenweges" entschließt. Letzterer ist eine Teilstrecke des „Meraner Höhenweges", welcher mit Nr. 24 oder dem alleinstehenden Buchstaben „M" bezeichnet ist; bei diesem Weitwanderweg rund um die Texelgruppe handelt es sich mit nur wenigen Ausnahmen um eine Aneinanderreihung bereits längst bestehender Wege. – Hierzu Skizze 48.

Hinterpasseier

Timmelsjochstraße*, Südtiroler Rampe, Scheitelhöhe 2483 m**

Durch den weiteren Ausbau der Südrampe erfreut sich diese Hochalpenstraße von Jahr zu Jahr einer zunehmenden Frequenz. Im Bj. war allerdings die Südtiroler Bergstrecke weder für Omnibusse und Lkw noch für Wohnwagengespanne zur Befahrung freigegeben. Ein Durchgangsverkehr ist in der schneefreien Jahreszeit (in der Regel von Ende Juni bis Mitte Oktober) nur tagsüber möglich. Geöffnet ist der Paß von 7 bis 20 Uhr Sommerzeit.

Enorm ist der zu bewältigende HU: er beträgt auf der 29 km langen, durchwegs asphaltierten Bergstrecke von St. Leonhard i. P. (688) bis zum Paßscheitel 1800 m, auf der knapp 50 km langen Route von Meran bis zum Joch sind das runde 2200 Höhenmeter! Während man in den Passeirer Talorten schon Freischwimmbäder besucht, laden bis hinein in den Hochsommer auf der Schattseite des Joches die Altschneereste Jugendliche und Junggebliebene zu Schneeballschlachten ein.

Eine Fahrt durch alle Vegetationszonen, von den Palmengärten Merans durch die Obstkulturen und Kastanienhaine im vorderen bzw. durch die Hafer- und Gerstenanbaugebiete des hinteren Passeiertales bis zu den Alpenrosenfeldern unter den weit herabziehenden Gletschern zählt an sommerlichen Schönwettertagen zu den unvergeßlichen Erlebnissen eines Südtirolaufenthaltes. – Für zahlreiche Bergwanderungen bieten die Parkplätze an der Timmelsjochstraße eine günstige Ausgangsbasis.

Die Straßenbreiten schwanken zwischen 5 und 7.5 m, in den Kehren gibt es Überbreiten. Die zahlreichen, meist kurzen Felstunnels sind unbeleuchtet; der längste Tunnel im obersten Streckenabschnitt mißt zirka 700 m. Die Steigungsverhältnise sind gut ausgeglichen. Sie betragen im oberen Abschnitt der ehem. Militärstraße nur 9%; die Straße war ursprünglich für den Transport schwerer Waffen konzipiert. Im Abschnitt zwischen der Schneebergbachbrücke und St. Leonhard i. P. hat man max. 13% Gefälle. Der Timmelsjoch-Südrampe ist der SG 2 – 3 zugeordnet. Achtung auf Motorradfahrer, welche häufig, trotz vorgeschriebener Geschwindigkeitsbeschränkung allzu sportlich durch die Kurven jagen! – Nordtiroler Rampe → Anschlußband TIROL kombiführer auto + wanderschuh.

Wer sich vor **Autoeinbrüchen** einigermaßen schützen möchte, meide das Abstellen seines Autos an einer nicht einzusehenden Stelle! Keine Wertgegenstände mitführen, vor allem nicht offen auf den Sitzen liegen lassen! Ziel der Beutezüge von Einzelgängern oder Banden sind u. a. Fotoapparate, Ferngläser, Autoradios und Kassettenrekorder. Man soll alles vermeiden, was zu Autoeinbrüchen animiert. Den Zugriff verschaffen sich die Einbrecher durch Einschlagen eines Fensters an einer der Wagentüren, um dann von innen zu öffnen. Ein besonders wirksamer Schutz wird durch den Einbau einer Alarmanlage erzielt.

Stuls*, 1317 m
Die Streusiedlung Stuls ist der Sonnenbalkon des Hinteren Passeiers. Man erreicht sie auf einer 5 m breiten, asphaltierten Bergstraße, welche am stark geneigten Hang, den sie traversiert, kühn angelegt wurde und durch einen Tunnel eine Felsnase abschneidet. Die Zufahrt nach Stuls nimmt von der Timmelsjochstraße SS.44b in der 3. Kehre oberhalb von Moos (1007) re. ihren Ausgang und gewinnt bei ausgewogenen Steigungen (anfangs Maxima von 12%) nach 3 km den Terrassenort mit außergewöhnlich langer Sonnenscheindauer; SG 2 – 3, mehrere unübersichtliche Kurven, die akustische Warnsignale (Hupen) zweckmäßig erscheinen lassen. Ausgesetzte Stellen wurden durch Leitplanken abgesichert. Prächtige Ausblicke auf die Texelgruppe, die Ötztaler und Sarntaler Alpen und die Erhebungen des Pfelderer- und Passeier Tals hat man von der Bergstrecke aus. Stuls ist AP für herrliche Alm- und Bergwanderungen und wird auch vom Liniendienst der SAD planmäßig angefahren. – Als teilweise einspuriger Fahrweg setzt sich die Bergstraße nach O zu den Höfen und Unterkünften in Außerstuls fort, um vor allem die Hofanschlüsse zu vermitteln und die bisherigen Materialaufzüge zu ersetzen.

Stuller Sonnenbalkon*, Stuls 1317 m. Die klimatisch besonders begünstigte Terrasse zwischen Stuls und Gleiten (1201) zählt vor allem im Herbst zu den idealen Wandergebieten Südtirols. Viele wärmeliebende Pflanzen und Bäume wie Edelkastanien, Maulbeerbäume und Nußbäume kann man hier in Höhenlagen zwischen 1200 und 1400 m noch antreffen wie sonst kaum in einer anderen Region des Landes. Als AP wählt man entweder das Kirchdorf Stuls oder die Gleitner Kehre (1000) an der Jaufenstraße oberhalb von St. Leonhard in Passeier (688), je nach Richtung, aus der man kommt; unterhalb von Walten gibt es eine neue Straße, welche zu den Höfen und zum Sendemast auf dem Hochegg (1370) leitet; sie war im Bj. zwar fertiggestellt, jedoch noch nicht kollaudiert (behördlich abgenommen) und daher über sie ein allgemeines Fahrverbot verhängt. Nach Freigabe der Straße besteht auch im O des umschriebenen Wandergebiets ein anfahrbarer AP, denn von der Gleitner Kehre aus kann man die Häuser von Gleiten nur auf einem Fußweg in 30 Min. erreichen, Mark. 9. **W 301**

Stellt man sein Fahrzeug auf dem Parkplatz ö. der Kirche zum hl. Josef ab, so läßt sich zunächst auf dem Stuller Waldweg, Mark. 15, eine kurze Rundwanderung unternehmen, wobei eine Treppe mit mehreren Stufen vom Platz direkt hinauf zum Waldrand leitet. – Nach Gleiten, eine der ältesten Siedlungen in der Passeirer Landschaft, führt hingegen in ö. Richtung der mark. Weg 9: zunächst als schmaler Fahrweg, welcher unterhalb vom „Stierschneiderhof" mit seinem „Ausgedinge", ein typisches Ensemble bäuerlicher Baukultur darstellend, vorbeizieht und dann in einer Schlucht einen Bach überwindet. In der Schlucht zweigt li. der Fußsteig mit Mark. 16 zum Anwesen Raffein (1580) ab, das jetzt auch durch eine Zufahrt erschlossen wurde. Bisher übernahmen Material-Aufzüge die Beförderung von Lasten.

In Außerstuls hat man oberhalb eines Bildstockes re. die Abzw. des abwechslungsvollen Fußweges 9, HT „Gleiten". Der Steig führt bei freier Aussicht mitten durch den Berghang hinab, worauf der Wiesenweg im schattigen Wald untertaucht. Nach Überschreitung eines wildromantischen

Bachbettes und nach einer kurzen Gegensteigung traversiert man den dicht bewaldeten Hang und erst beim nächsten Bergbauern wird der Blick hinab ins Passeier Tal wieder frei. Nach zirka 1½ Std. sind die bescheidenen Höfe von Schlattach erreicht, wo sich auch der Blick nach O, vor allem in das hintere Wannser Tal erweitert. Als neues Wahrzeichen der uralten Siedlung Gleiten ragt auf dem Hochegg ein Sendemast empor. Von Schlattach sind es bis dorthin noch zirka 45 Gehmin.; der Wanderweg ist fallweise an Felswänden, Zäunen und an auffallenden Steinen mit E 5 mark., wobei der rote Anstrich „Europäischer Fernwanderweg 5" bedeutet. HU auf der Hangstrecke schwankend, jedoch werden kaum Differenzen von 200 m dabei erreicht. Rückweg wie Hinweg, Z 4 bis 4½ Std., LA 2. – Hierzu Skizze 49.

RW 302 **Hochalm-Hütte*, 2174 m.** Diese private Alm- und Schutzhütte steht am Südhang des Hochwart (2609) oberhalb von Stuls (1317) und unweit von Moos, dem Hauptort im Hinteren Passeier. Sie wird vom 10. Juni bis 20. Okt. bewirtsch. Ihre beiden Anstiegswege von Stuls aus lassen sich zu einer Rundwanderung zusammenschließen, 5½ Std. Für den Aufstieg empfehlen sich der Fahrweg 15A, welcher in den Steig 12A überleitet, 3 Std., und für den Abstieg Steig 12A und der teilweise steile Steig 15, 2½ Std. Beide Wege vereinigen sich an den Stulser Wiesen unterhalb der Stulser Mut (2085). Zur Stulser-Mut-Gaststätte (1929) leitet Weg 15A. Dank der klimatisch besonders begünstigten Südseite des Bergzuges zwischen Hochwart, Hoher Kreuzspitze (2743) und Gleitner Hochjoch (2392) eignet sich die Almenregion zu Wanderungen bis in den Spätherbst hinein. HU 860 m, LA 2. – Hierzu Skizze 49.

W 303 **Schneeberghütte* 2355 m.** Die zum Zink- und Bleibergwerk gehörende Hütte wurde von der CAI-Sektion Meran gepachtet und ist jährlich vom 1. Juni bis 10. Okt. bewirtschaftet. Auf der Südrampe der Timmelsjochstraße bieten sich folgende Anstiegsmöglichkeiten an, wobei sich die Kilometerangaben ab Moos in Passeier verstehen:

km 8.7 re. Abzw. des Weges Nr. 30, HT Schneeberg, desgleichen auch AP des Weges zur Unteren Gostalm (1950) 45 Min., HT – 9 km nach der Brükke des hier herabstürzenden, wilden Schneebergbaches findet man eine weitere HT, welche zur Hütte zeigt, Mark. 30. Bei km 10 steht das bekannte Gh. Saltnuß (1680); günstig gelegene Abstellplätze findet man jedoch erst bei km 10.4 direkt neben der Straße. Hier weist eine Tafel auf den bequemeren Anstiegsweg 29 mit rot-weißer Mark., welcher anfangs durch den Gostwald leitet und dann neben dem Schneebergbach an der Ostflanke des Schönnarkofels weiter an Höhe gewinnt. HU 600 m, 2 Std. Rückweg wie Hinweg bzw. alternativ auf Weg Nr. 30. Z 3½ Std., LA 2. – Die beiden genannten Anstiege aus dem Oberen Passeier Tal sind wesentlich kürzer als jener von Maiern in Ridnaun ausgehende und durch das Lazzacher Tal heraufführende Weg; seit der Sperre des „Kaindlstollens" muß man über die 2687 m hohe Schneebergscharte wandern!

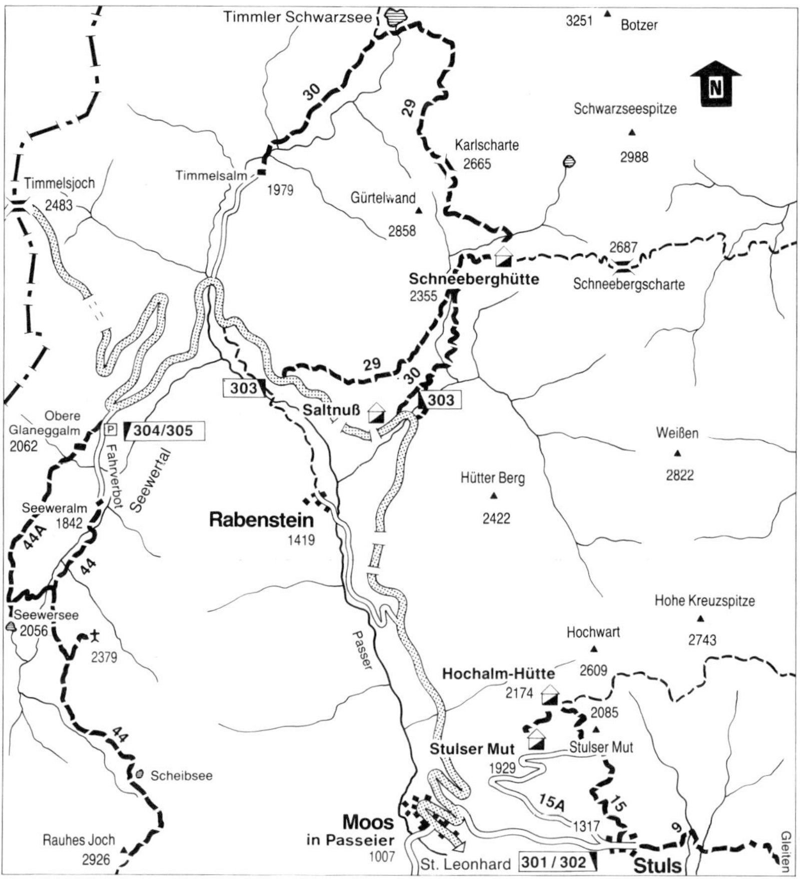

Skizze 49 Inner-Passeier

Als Rundwanderung bietet sich von der Schneeberghütte Weg 29 über die Karlscharte (2665) zum Timmler Schwarzsee (2514) mit Anschluß an den Weg hinab durch das Timmelsbachtal zur Schönauer Alm (1800 bis 2000) an, wo mehrere Steige zum AP zurückleiten. HU runde 1000 m, Z 5 bis 5½ Std., LA 2–3. Diese Runde ist alpin anspruchsvolleren Berggehern zu empfehlen. Hierzu Skizze 49.

Nehmen Sie sich nicht die Sicht durch Aufkleben von Etiketten auf Windschutzscheibe und Rückfenster! Die Zahl der Pässe-Etiketten legitimiert Sie noch nicht als zünftigen und in jeder Situation sein Auto beherrschenden Alpenfahrer, wie ebensowenig die Anzahl der Stocknägel den erfahrenen Bergsteiger ausweist.

Rabenstein, 1419 m

Der einsame Weiler Rabenstein liegt, wie auch der Weiler Schönau, im Grund des eingeschnittenen, hinteren Passeiertales, durch das jetzt auch der Europäische Fernwanderweg 5 zum Timmelsjoch verläuft. Ein asphaltiertes Zufahrtssträßchen zweigt, 5.2 km von Moos entfernt, li. der Timmelsjochstraße SS.44b ab, HT. In mehreren Kehren leitet die einspurige Bergstrecke mit einem Gefälle von max. 14% zunächst zur Passerbrücke hinab, um dann am orogr. re. Ufer des Baches den aus mehreren Pensionen bestehenden kleinen Ort, 8.5 km von Moos entfernt, zu erreichen, SG 3.

Der **Bergbau am Schneeberg** ist bereits um das Jahr 1200 entstanden. Während der Blütezeit am Ende des 15. Jh. schürften dort über 1.000 Knappen in 70 Stollen nach den Schätzen der Natur! Im Kriegsjahr 1940 wurde der Bergbau stillgelegt, in den Nachkriegsjahren jedoch in bescheidenem Rahmen wieder aufgenommen. Noch heute fördern die Knappen zink- und bleihaltiges Erz zutage. – Seit mehr als 100 Jahren nimmt von der alten Knappensiedlung St. Martin am Schneeberg (2355) der Welt größte Förderanlage über Tage ihren Ausgang; das Bergwerk selbst ist das höchstgelegene Europas. Die Förderstrecke leitet von der Schneeberghütte in ö. Richtung über die Schneebergscharte und das Gh. „Kasten" (2114) hinüber in das Lazzachertal und durch dieses hinab nach Maiern (1417) im inneren Ridnauntal; dort findet die Erzaufbereitung statt. Die Förderstrecke wird auch von einem Wanderweg begleitet, welcher im Scheitelbereich des Schneebergs durch den 730 m langen «Kaindlstollen» früher abgekürzt werden konnte, im Bj. jedoch gesperrt war.

Seewertal*, Parkplatz Naturpark Texelgruppe, 2002 m**

Beim Kilometerstein 22 der Timmelsjochstraße (die Kilometrierung erfolgte von St. Leonhard i. P. aus) hat man in Fahrtrichtung zum Joch li. die leicht verfehlbare Abzw. der nur 400 m langen geschotterten Zufahrt zum Parkplatz; an der Abzweigungsstelle findet man eine kleine HT „Seewer-Alm" vor. Kommt man vom Joch, so muß man erst sein Fahrzeug an geeigneter Stelle wenden, weil eine direkte Einfahrt extrem spitzwinkelig und für Autos nicht möglich ist. SG 3 – 4, unübersichtliche Kurven, ungesichert. Die Weiterfahrt hinab zur Seeweralm (1842) ist gesperrt. Den prächtigen Talschluß bilden Granatenkogel (3318), Hochfirst (3403) und Seewerspitze (3286); beeindruckend ist der weit herabziehende Seewerferner.

RW 304 **Seewertal***, Seewersee 2056 m und Obere Glaneggalm 2062 m.** Eine herrliche, familienfreundliche Runde, welche im Sommer durch blühende Alpenrosenfelder leuchtender Gletscherberge leitet. AP ist der → Parkplatz Naturpark Texelgruppe. Hinter dem Gatter wandert man zunächst auf dem Almfahrweg hinab zur Seeweralm (1842) und genießt die Ausblicke auf den vergletscherten Talschluß. Weiter auf Weg 44 leicht ansteigend zu einer Wegeteilung, an der man sich in Richtung Seewersee re. halten muß, denn geradeaus gelangt man auf das Rauhe Joch (2926). Der seichte und von einem Schilfgürtel umgebene See liegt inmitten sumpfiger Almwiesen. Nur mehr mäßig ansteigend folgt man dem Steig durch die Galtgrube und trifft bald auf Weg 44A, dem Hüttenweg zur ehem. Essener Hütte (Seewertal-Hütte), welche sich in Verfall befindet. An der aussichtsreichen Berglehne wandert man schließlich über die bewirtsch. Glaneggalm, zuletzt auf einem Verbindungssteig zum AP zurück. HU 250 m, Z 2 bis 2½ Std., LA 1 – 2. – Hierzu Skizze 49.

Wetterkreuz auf dem Sonnenbühel* 2279 m und Rauhes Joch, 2926 m.** Beide sind lohnende Ziele im Seewertal bzw. im Hinteren Seewerkar. Ersteres ist eher als ein alpiner Spaziergang zu beurteilen und ist vom Parkplatz des Naturparks Texelgruppe in 1½ Std. bequem erreichbar. Das Wetterkreuz steht auf einem hervorragenden Aussichtspunkt. Man wandert zunächst auf Weg 44 talein und biegt noch vor Eintritt in das Hintere Seewerkar scharf li. ab. Man darf die Stelle der Abzw. des Steiges nicht verpassen, welcher direkt zum Wetterkreuz hinaufführt. Rückweg wie Hinweg, der gesamte HU beträgt 660 m, Z 2½ Std., LA 1 – 2. – Weit mehr Ausdauer erfordet die Besteigung des Rauhen Joches bei einem HU von runden 1100 m! Der Anstiegsweg leitet durch die Geröllhalden des Hinteren Seewerkars über den Scheibsee (2573) zur Scharte, welche den Übergang in das Pfelderer Tal vermittelt, 3½ Std. ab AP. Die Ausblicke vom Rauhen Joch erfassen über die Talung von Pfelders hinweg Berge der Texelgruppe mit Kolbenspitze (2868), Sefiarspitze (Distelgrubenwand) und die Hohe Weiße (3279). Rückweg wie Hinweg, Z 5½ Std., LA 2 – 3. – Hierzu Skizze 49. **W 305**

Vinschgau

Besonders beliebt als Spazierwege im Frühjahr und Herbst sind die mit geringstem Gefälle verlaufenden und an den Waalen entlangziehenden **Waalwege.** Während der Obsternte bzw. der Weinlese sind die meisten zeitweilig gesperrt; Auskünfte über Öffnungs- und Sperrzeiten erteilen alle hierfür zuständigen Gemeinden und deren Verkehrsvereine.

Nicht nur die ausgeprägten Gegensätze im **Landschaftsbild Südtirols** beeindrucken den Besucher, sondern auch die malerischen Ortschaften mit engen Gäßchen, gittergeschmückten Erkern und dunklen Torbogen, die romantischen Burgen und Ansitze, die üppigen Parks mit ihrer häufig exotischen Vegetation, die Überfülle der herrliches Obst tragenden Bäume sowie die gepflegten, hügelan ziehenden Weingärten – und das alles bei weit in den Herbst hinein beständigem Schönwetter.

Untervinschgau

Zieltal, Gh. „Wasserfall" 1073 m

Aus den verwinkelten Gassen des reizvoll gelegenen, alten Ortes Partschins (681) leitet die nur 2.5 km lange Zufahrt in das besuchenswerte Zieltal. Im Birkenwäldchen trifft man auf den Waalweg. Dann steigt das nur einspurige, geteerte Sträßchen kräftig an, zuletzt mit Maxima von 27%. Am Asphaltende wurde in der Nähe des Zielbaches ein Parkplatz auf stark geneigter Fläche (schiefer Ebene) angelegt, SG 3. Vom Zieltal aus lassen sich mehrere, empfehlenswerte Wanderungen unternehmen.

Der Vinschgau

Graun. Ein symbolträchtiges Bild, das den Gegensatz zwischen gewachsener Kulturlandschaft und moderner Technologie veranschaulicht: der Kirchturm von Altgraun (14. Jh.), als letzter sichtbarer Überrest der Siedlung aus dem Wasser des Reschen-Stausees ragend.

Burgeis. Schmuckes Bergdorf am Rande der Malser Heide. Sehenswerte, im Kern romanische Pfarrkirche. Außerhalb des Ortes die um 1280 von Bischof Konrad von Chur errichtete Fürstenburg.

Kloster Marienberg. Hoch über Burgeis an den steilen Berghang gebauter, durch seine mächtigen Stützmauern festungsähnlich wirkender Komplex. Marienberg, über Jahrhunderte hinweg geistig-kulturelles Zentrum des Vinschgaus, ist eine Gründung der Herren von Tarasp (11. Jh.). Prächtige, unter Abt Jakob Grafinger 1642 bis 1647 barockisierte Stiftskirche. In der Krypta romanische Fresken (12. Jh.).

Mals. Hauptort des Obervinschgaus in reizvoller Lage, besitzt mehrere Kunstdenkmäler aus verschiedenen Epochen. Von überragender Bedeutung ist das Kirchlein St. Benedikt, ein karolingischer Bau aus dem frühen 9. Jh. Die Fresken in den Altarnischen gelten neben jenen von St. Prokulus als die ältesten noch erhaltenen Wandmalereien auf deutschem Boden (9. Jh.).

Glurns, 2 km von Mals. Pittoreskes Städtchen von knapp 1000 Einwohnern mit der einzigen vollständig erhaltenen Stadtbefestigung Tirols. In der Laubengasse einige stattliche Häuser (16. Jh.), die von einstiger wirtschaftlicher Bedeutung – Glurns war im Spätmittelalter wichtiger Warenumschlagplatz – zeugen.

Churburg. Die bedeutendste, in Bau und Ausstattung weitgehend unversehrt erhaltene Burg Südtirols. Um 1230 von den Churer Bischöfen erbaut, fiel sie bereits vor Ende des 13. Jh. an die Vögte von Matsch und 1504 auf dem Erbweg an die Grafen von Trapp, die sie in der Folge großzügig ausbauten. Prächtiger Arkadenhof mit Stammbaum der Matscher und Trapp von 1171 bis 1580. Berühmte Rüstkammer. Schmaler Zufahrtsweg von Schluderns.

Latsch. Hübscher alter Marktflecken abseits der Durchzugsstraße. In der Pfarrkirche (15./16. Jh.) schöner spätgotischer Flügelaltar von Jörg Lederer. Jenseits der Etsch, hoch am Sonnenhang, liegt Schloß Annenberg, eine wehrhafte, im Kern auf das 13. Jh. zurückgehende Anlage.

Kastelbell. Malerisch wirkende Halbruine am Eingang zum gleichnamigen Dorf. In der Burgkapelle beachtenswerte Fresken.

Naturns. Stattliches Dorf mit einigen schönen alten Häusern, bergseitig überragt von der Burg Hochnaturns (Schloßhotel). Ein Kunstdenkmal von höchstem Rang bildet das ö. vom Ort im freien Feld stehende Kirchlein St. Prokulus (8. Jh.). Es bewahrt die ältesten noch erhaltenen Fresken auf heute deutschem Gebiet. Sie dürften zwischen 770 und 830 unter dem Einfluß der irischen Buchmalerei (St. Gallen) entstanden sein. – Schloß Tarantsberg, 2,5 km sö. von Naturns. Stattlicher Frührenaissancebau (16. Jh.).

Schloß Tirol. N. über Meran, auf einer weitschauenden Kuppe, erhebt sich Schloß Tirol, die Stammburg des Landes. Um 1150 erbaut, wurde sie im 13./14. Jh. erheblich vergrößert. Nach der Verlegung des Regierungssitzes verlor sie mehr und mehr an Bedeutung und wurde schließlich dem Verfall preisgegeben. Reichen romanischen Reliefschmuck zeigen Portale und Fenster. In der Schloßkapelle gotische Fresken (um 1350), Flügelaltar und ein Glasgemälde aus dem 14. Jh., das älteste Tirols.

Der Vinschgau
Kloster Marienberg
Graun
Mals
Fürstenburg
Santa Maria
Glurns
Fröhlichsturm
Churburg, Loggienhof
Schluderns
Ortler
Malser Tor
Laas
Schlanders
Annenberg
Kastelbell
Naturns
Hochnaturns
St. Prokulus
MERAN
Tarantsberg
Schloß Tirol

RW 306 **Partschinser Höhenweg*, Gasthaus Prünster, 1196 m.** Ein wunderschöner, Mitte der siebziger Jahre angelegter Höhenweg, welcher sich im Zusammenhang mit dem „Partschinser Waalweg" zu einer landschaftlich attraktiven Runde verbinden läßt. AP ist das Gh. Wasserfall (1073) am Ende des Sträßchens in das Zieltal. Zunächst hat man einen kurzen Anstieg hinauf zum Gh. Prünster, Mark. „P". Der ein Meter breite, 3 km lange „Partschinser Höhenweg" verläuft bei sanftem Gefälle am s. Fuße der Texelberge ostwärts gegen den Rainer- und Eggerhof. Am Wege wurden mehrere Rastbänke, besonders an aussichtsreichen Punkten über dem Unteren Vinschgau und dem Burggrafenamt aufgestellt. Beim Gh. Niederhaus (950) nahe dem Töllgraben mündet man in den Weg 7 ein, der vom Hochganghaus über den berühmten Hof Oberhaus herabzieht; dort befand sich nämlich ein altes Heilbad und eine Kapelle, welche den hl. Ärzten und Apothekern Kosmas und Damian geweiht war. Die Heilquelle diente vor allem der Bekämpfung des Wechselfiebers, das in den ehem. Sümpfen der Etsch brütete. Leider wurde die heilkräftige Quelle samt Kapelle anno 1914 durch einen Bergrutsch verschüttet, wobei nur mehr die Einrichtung der Kapelle gerettet werden konnte. – Im Abstieg gelangt man li. bald zur Abzw. des schmalen Weges 7A, welcher durch einen reizvollen Wald von Erlen, Birken, Flaumeichen und Föhren am „Partschinser Waal" entlang leitet und im Zielbachtal oberhalb des Saltnerwirtes in das Bergsträßchen einmündet, dem man bis zum Gh. „Birkenwald" aufwärts folgt. Dort verläßt man es, um li. den gesicherten Wasserfallsteig zu benützen; er vermittelt die beste Schau auf die zauberhafte Naturerscheinung des berühmten → Partschinser Wasserfalls. – HU 350 m, Z 2½ bis 3 Std., LA 1 – 2. – Hierzu Skizze 46.

RW 307 **Lodnerhütte* 2262 m und Tablander Spitze**, 2428 m.** Im oberen Zieltal steht am SW-Fuß der Lodnerspitze das Schutzhaus, welches 1891 von der Sektion Meran des DÖAV erbaut wurde und jetzt im Besitz der CAI-Sektion Meran ist. Die Lodnerhütte wird von Mitte Juni bis Ende September bewirtsch. und ist günstig gelegener AP für zahlreiche Gipfeltouren, darunter die Lodnerspitze (3228) als formschönster und die Hohe Weiße (3278) als höchster Berg der Texelgruppe, Aufstiegszeiten ab Hütte 3½ bzw. 5 Std., teilweise vergletschert! – Von Partschins (681) benützt man zunächst das zuletzt steile Sträßchen über das Gh. Birkenwald zum Parkplatz beim Gh. „Wasserfall" (1073). Ein Sessellift hinauf zum Steinerhof (1442) hilft hier eine gute Aufstiegsstunde einzusparen. Auf einem Steig gelangt man in 20 Min. zur nahegelegenen Nassereith-Hütte (1523), bewirtsch. von Mitte Mai bis Mitte Okt. – Weiter geht es über die Ginglalm (1944) auf Weg 8 zum „Mulitod", einer ausgesetzten Stelle, wo vor vielen Jahren ein Tragmuli in den rauschenden Bach abstürzte. Bald ist auch die Kuhalm (Zielalm) erreicht. Ein letzter kurzer Anstieg führt dann zur Lodnerhütte, bei Liftbenützung 2 Std. 20 Min., ab Parkplatz durchwegs zu Fuß 3½ Std. – Der Rückweg läßt sich auf dem „Franz-Huber-Steig", Mark. 7B, mit einer Besteigung der Tablander Spitze (2428) verbinden. Die Tablander Spitze ist auch unter dem Namen Sattelspitze bekannt. Hernach verläßt man die Mark. 7B

Rund um den romantisch gelegenen **Pragser Wildsee** führt ein reizvoller Rundgang → RW 100. Der meist dunkelgrün schimmernde Alpensee in einem großen Felsentrog mit max. 40 m Tiefe gelegen, wird im S von der scharfkantigen Felsgestalt des Großen Seekofels (2810) überragt. Faszinierend ist der Blick über den sagenumwobenen Wildsee auf die wuchtige, zirka 1400 m abfallende Nordwand des Großen Seehofes; eine nicht nur in Südtirol, sondern im gesamten Dolomitengebiet einmalige Szenerie! Foto Archiv V. V. Welsberg

In Tal- und Mittelgebirgslagen Südtirols laden zahlreiche, fast flach verlaufende Wege durch lichte Lärchenwälder zu erholsamen Spaziergängen oder leichten Wanderungen abseits der großen Verkehrswege ein. Foto Elisabeth Fuchs-Hauffen

Der idyllisch gelegene **Grünsee mit Klein-Fanes-Alpe.** Auf dem gegenüberliegenden Ufer zeigt sich eine amphytheatralisch angeordnete Felsenstruktur, im Volksmund „Parlament der Murmeltiere" genannt. An den nur mehr spärlich vorhandenen Humus klammern sich einige wenige wettererprobte Lärchen und Zirben. Auf der Wasseroberfläche spiegelt sich die Eisengabelspitze → Rif La Varella. Foto Oswald Kofler

Großartig ist die Aussicht vom Gipfel des **Hochfeilers** (3509) auf die Zillertaler und Tuxer Berge. Man erreicht ihn von der neuen Hochfeiler-Hütte der AVS-Sektion Sterzing in 2½ Std. Im Tiefblick der Schlegeis-Stausee mit dem Staudamm und seinem sö. Ufer, über das der Berliner Höhenweg zum Furtschaglhaus verläuft → Pfitscher Joch.
Foto Walter Denzel

und zweigt re. in einen Steig ab, der mit dem „Meraner Höhenweg" verbindet, dem man über die Tablander Alm nur eine kurze Wegstrecke folgt, um dann entweder zum Sessellift beim Steinerhof zu wandern, oder zu Fuß zum AP zurückzukehren. – HU 100 m bzw. 1350 m, Z 4½ bzw. 5 Std., LA 2 – 3; der „Franz-Huber-Steig" führt an bemerkenswerten Aussichtspunkten vorbei, jedoch setzt seine Begehung wegen ausgesetzter Stellen Trittsicherheit und Schwindelfreiheit voraus! – Hierzu Skizze 46.

Der **Partschinser Wasserfall** im Zieltal ist mit 97 m Fallhöhe der größte natürliche Wasserfall Südtirols und bietet ein hochrangiges Naturschauspiel. Schon wärend der Annäherung und bevor man ihn zu Gesicht bekommt, ist seine tosende Wassergischt unüberhörbar. Ein gesicherter Steig zwischen der Jausenstation „Birkenwald" und dem EP des Sträßchens führt in wenigen Minuten bis knapp an die Kaskade heran, welche je nach Lichteinfall in allen Regenbogenfarben schillert.

Partschinser (Rablander) Sonnenberg ** , Gh. Giggelberg 1535 m. Eine RW
beliebte und lohnende Runde beginnt beim Gh. Salten (769) w. von Part- 308
schins bzw. n. von Rabland, am Eingang in das Zieltal. Sein Fahrzeug stellt man etwas oberhalb ab, wo der Waalweg re. des Sträßchens seinen Ausgang nimmt, HT. Gegenüber hat man li. die Talstation der Kleinkabinen-Seilbahn zur Jausenstation „Durster" (1057), die Kabine wird telef. abgerufen. Vom Durster zunächst in sw. Richtung bis man auf Weg 26 stößt, der zu einer WT leitet: li. zum bewirtsch. Gruberhof (1121), re. der direkte Anstieg über den bewirtsch. Rabensteiner Hof (1312) zur Bauernwirtschaft „Giggelberg", dem höchsten Berghof der Gemeinde Partschins in bemerkenswert aussrichtsreicher Lage: Lodnerspitze (3228), Tschigat (2998) und Mutspitze (2294). Weitere berühmte Erhebungen am Rande des Meraner Großraumes sind Hirzer und Ifinger im NO bzw. O. Aber auch die Dolomiten und die Ultener Berge sind gut zu erkennen, im Hintergrund das vergletscherte Hasenöhrl (3257). Vom Durster bis hierher 1½ Std.

Auf dem „Meraner Höhenweg" Mark. 24 wandert man nun fast flach talein, zunächst zum Sattele mit Kapelle, dann über den Rammwalder Lahner und Meßweidlahner, zuletzt über die Meßweide zur Nassereith-Hütte des CAI (1523). – Den Abstieg kann man entweder auf Weg 8 über den sehenswerten „Partschinser Wasserfall" vornehmen und von der Jausenstation „Birkenwald" auf dem Sträßchen zum AP zurückkehren oder man steigt zur Fletscherbrücke ab, überquert den Zielbach und benützt die unbequeme „Fletscherstiege" hinab zum Gh. Wasserfall auf der gegenüberliegenden Talseite (vom Steinerhof parallel zum Steig auch Gondelbahn). – HU 500 m, Z 3 bis 3½ Std., LA 2. – Hierzu Skizze 46.

Im Raum Partschins-Naturns gibt es eine Anzahl von Aufstiegshilfen, meist **ferngesteuerte Kleinkabinenbahnen** mit zugelassenen Traglasten zwischen 400 und 500 kg. Sie vermitteln eine günstige Ausgangsbasis für leichte Wanderungen in Mittelgebirgslagen s. der Texelgruppe. Zu ihnen zählen die Anlagen von Oberpartschins zum Greiterhof (1357) mit Anschlüssen an den „Vertigenweg" und den „Partschinser Höhenweg", von Partschins zum Prünster (1196), vom Gh. Wasserfall im Zieltal zum Steinerhof (1442), vom Saltner zum Durster (1057), von Rabland zum Gh. Giggelberg

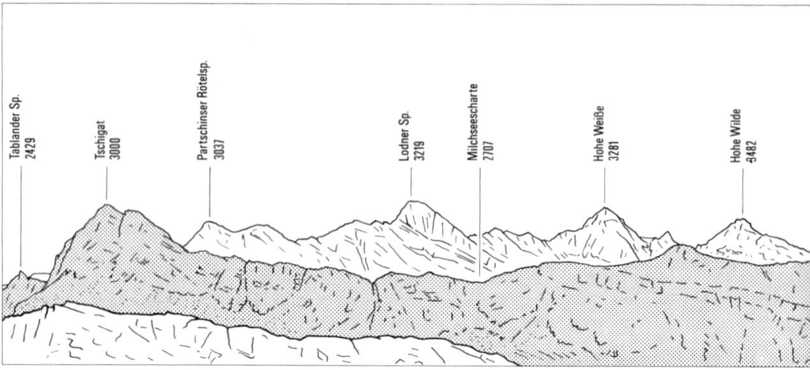

PANORAMA: Texelgruppe und Gurgler Kamm (Ötztaler Alpen) von der Rötelspitze

(1535), vom Happichl in Rabland zum Gruberhof (1121) und zum Gh. Rabenstein (1312) mit Anschluß an den „Meraner Höhenweg", vom Happichl zum Unterwandhof (1023), von Schmelch an der SS.38 sw. Rabland zur Jausenstation Hochforch (1555) am „Meraner Höhenweg", von Kompatsch w. Naturns zum Gh. Unterstell (1320) am Naturnser Sonnenberg. Nähere Auskünfte erteilen die jeweiligen Gemeinden.

RW 309 **Aschbach*, 1320 m und Gh. Mahlbach*, 1225 m, Bergabwanderung.** S. von Rabland befindet sich über der Etschbrücke die Talstation (518) der Seilschwebebahn nach Aschbach. Das Bergdorf, eine Fraktion der Gemeinde Algund, erfreut sich einer reizvollen Lage unterhalb des stark bewaldeten Marlinger Joches. Die Aussicht reicht vom Piz Chavalatsch im unteren Münstertal etschabwärts bis zu den Gipfeln der Texelgruppe; ein besonders instruktiver Blick richtet sich in das Zieltal mit Lodnerspitze und Partschinser Rötelspitze, gern gewählte Dreitausender als Ziele von Hochalpinisten. Westwärts ragen Kirchbergspitze und Texelspitze als weitere Dreitausender der Gruppe auf.

Für den Abstieg ins Tal stehen mehrere Möglichkeiten offen: der direkte Abstiegsweg 28 kürzt die Serpentinen der Fahrstraße ab, bis man bei der Einkehr „Hausbacherhof" (900) zu einer WT gelangt, wobei man sich li. hält und neben der Seilbahntrasse den Abstieg fortsetzt, talwärts 800 m HU, 1½ Std. – Weitaus lohnender allerdings ist es, den „Eggerhofsteig", Mark. 27 durch den Mahder Wald zu wählen, um dann entweder bei der WT auf Weg 27A mit einer kurzen Schleife über Oberbrunn zum AP zurückzukehren, 2½ Std., oder re. auf Weg 27 weiter zum idyllisch gelegenen Gh. Mahlbach in prächtiger Aussichtslage zu wandern. Von dort Abstieg auf Weg 29/9 zum Gh. Bründl (870) und über die Quadrathöfe (der Name wurde von den Quarten, das sind in Quaderform gebrochene Marmorsteine, abgeleitet) zum bewirtsch. Unterbrunnhof (800), wo Weg 27 das Sträßchen nach Aschbach quert. Zuletzt etwas steiler hinab zum AP am re. Ufer der Etsch, Z 3 Std. – LA durchwegs 1 – 2. – Hierzu Skizze 46.

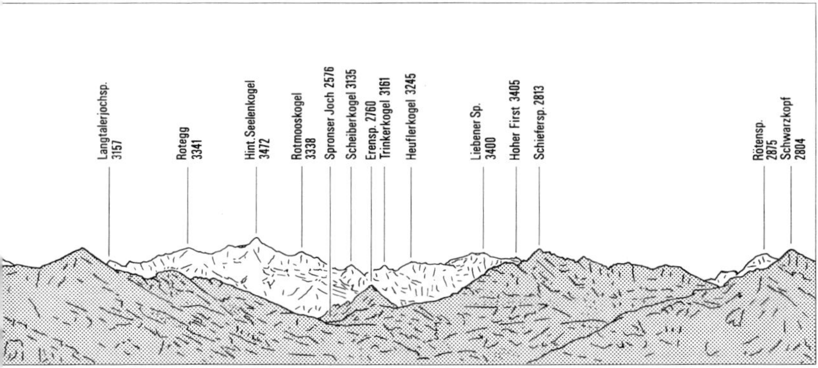

Kreuzbrunn, 1567 m, Zetnalm*, 1747 m, und Naturnser Alm, 1910 m**

Die wegen ihrer vorbildlichen Bewirtschaftung gelobte Naturnser Alm ist für den allgemeinen Verkehr nicht anfahrbar! Das Bergsträßchen ist jedoch bis einschließlich der 3. Kehre oberhalb von Partscheilberg (1166), wo die Verbotstafel unterhalb Kreuzbrunn in zirka 1500 m Höhe aufgestellt wurde, für Pkw und Motorräder benützbar. Max. Steigung 13%, SG 3. Es findet dann hinter dem Schranken durch den Naturnser Wald seine Fortsetzung hinauf zur Naturnser Alm, die aussichtsreich inmitten einer Spinne von Wanderwegen liegt. Von Naturns (554) bis zum EP Kreuzbrunn 9.5 km. – Eine Abzw. des Fahrweges führt in sw. Richtung zur bewirtsch. Zetnalm, früher Altalm genannt.

Naturnser Alm*, 1910 m, Rauher Bühel, 2027 m bzw. Nörderberg**, 2388 m.** Von der, dem Plonerbachgraben zugewandten Kehre mit der Fahrverbotstafel für die Fortsetzung des Forststräßchens wandert man zuerst zum Wegekreuz Kreuzbrunn (1567). Hier trifft man auf den Anstiegsweg 5A zur Zetnalm (früher Altalm), den man jedoch bald wieder li. verläßt, um die obere Kehre abzukürzen. Man stößt erneut auf das Forststräßchen, das durch den ausgedehnten Naturnser Wald zur bewirtsch. Naturnser Alm leitet, 1½ Std. – Sie steht im Mittelpunkt einer Wegespinne. Will man sich eine gute Aussicht verschaffen, so besteigt man in 20 Min. den ostwärts gelegenen Rauhen Bühel: nach W schaut man durch den Vinschgau, seiner Siedlungskette aufwärts folgend, bis in die Gegend von Spondinig. Am Horizont erkennt man die Grenzberge mit der Schweiz in der Sesvennagruppe. Im NO lugt über dem Jaufenpaß der vergletscherte Olperer aus den Tuxer Alpen hervor. Über dem Schnalstal erheben sich die Gletscherberge der Ötztaler Alpen, allen voran Weißkugel (3738), Finailspitze (3514) und Similaun (3597). Als höchste Erhebung der Texelgruppe erkennt man das Roteck (3337). – Für den Abstieg wählt man mit Vorzug den Höhenweg, Mark. A, welcher zahlreiche Almen zwischen der Naturnser- und Freiberger Alm (1674) verbindet, somit alle re. der Etsch in den Gemeindegebieten

RW 310

Naturns bzw. Kastelbell-Tschars bewirtsch. Almen. Zwischen dem Naturnser Hochjoch und dem Nörderberg findet man re. die Abzw. 5A, welche über die bewirtsch. Zetnalm, früher Altalm (1747), zum AP unterhalb Kreuzbrunn zurückleitet, 1½ Std. – HU 530 m, Z unter Einschluß des Rauhen Bühels 3 Std., LA 1 – 2.

Hochalpin eingestellte Wanderer begehen die lohnende Schleife von der Naturnser Alm auf den Wegen 9A/9 unter dem Hochjoch auf der Ultener Seite hindurch und steigen zum Nörderberg (2388) hinauf. Abstieg auf Weg 5A über die Zetnalm zum AP bei 1 Std. zeitlichem Mehraufwand, wobei der abseits gelegene Rauhe Bühel entfällt, LA 2. – Hierzu Skizze 46.

Kalthaus, 1380 m und Tablander Alm, 1758 m

Dieses Sträßchen ist von Tabland (676) nur bis Kalthaus (1380) in Tomberg öffentlich benützbar, 5 km. Die bewirtsch. Tablander Alm selbst darf nur von Anrainern angefahren werden, Mark. 4. Max. 13% Steigung, überwiegend einspurig mit Ausweichen, SG 3. – Ein Alternativsträßchen, welches einspurig der Mark. 5 folgt, führt über Neunhof ins Schleidertal, wo es sich verzweigt und Anschluß an den Anstiegsweg zur Tablander Alm findet, max. 13% Steigung, SG 3. Der Hauptast der Forststraße endet blind im Tablander Wald.

RW 311 **Tablander Alm*, 1758 m, und Drei-Seen-Platte**, 2486 m.** Die kühlen Wälder unterhalb der Tablander Alm sind im Hochsommer ein willkommenes Wanderrevier. AP des Almweges, Mark. 4, ist die WT bei Kalthaus (1380). Will man das stereotyp verlaufende Forststräßchen meiden, so wählt man den anfangs kräftig ansteigenden Weg 9 bis zur Jägerhütte (1614), um dann fast mühelos durch den Tombergwald und über die Altalm auf Weg „A“ zur bewirtsch. Tablander Alm zu wandern. Dabei darf man die zirka 200 m hinter der Jägerhütte li. befindliche Abzw. des Verbindungsweges zwischen den beiden Forststräßchen nicht verfehlen, 1½ Std. – Den Rückweg kann man alternativ auf dem Almfahrweg, Mark. 4, über Schartegg unternehmen, hinab bis Kalthaus 1 St. – HU 400 m, Z 2½ Std., LA 1 – 2.

Unternehmungslustige Bergwanderer nützen den günstig gelegenen AP Tablander Alm für eine lohnende Runde: Steig mit Mark. 5 bis zur Roten Leite, wo man unterhalb vom Jöchl re. in den Weg 18A zu den „Drei-Seen“ einbiegt, deren größter der Plombodensee (2486) ist, 2 Std. Aufstieg zur Scharte (2588), dann Abstieg zu den reizvoll auf der Zirmtaler Alm verträumt gelegenen Zirmtalseen (2114), 1 Std. Weiter der Mark. 18A abwärts folgen bis man im Tombergwald auf die Mark. 9 stößt. Dieser Weg leitet über die Jägerhütte zum AP zurück, 1½ Std. – HU total 1200 m, Z 6 Std., LA 2 – 3. – Hierzu Skizze 44.

Jede Tour sollte sorgfältig geplant werden. Dabei sind nicht nur Zeitaufwand, Höhenunterschiede und Schwierigkeiten, sondern auch die eigene **körperliche Verfassung** zu berücksichtigen. Wer untrainiert ins Gebirge kommt, sollte auf jeden Fall mit leichten Touren beginnen und das Pensum erst nach und nach steigern. Man hüte sich vor einer Überschätzung der eigenen Fähigkeiten gegenüber dem Berg.

Marzoner Alm, 1580 m

Das Sträßchen nimmt an der Etschbrücke, nahe dem Bf. von Kastelbell (577) seinen Ausgang, führt zum Marein-Kirchlein und dann re. ab, am Angergut vorbei nach Latschinig. Sie ist bis zum EP mit der Bez. 7 mark., wo der Anstieg zu den Höfen auf dem Freiberg einsetzt. Im Bj. bis Parmant (1270) staubfrei. Im Freiberger Wald überwindet man an seinem oberen Rand den Schlumsbachgraben auf nur einspurigem Fahrweg und erreicht nach 9.7 km die bewirtsch. Marzoner Alm, max. 13% Steigung, SG 3 – 4. AP für Bergwanderungen zwischen Rontscher Joch und Muteggrub.

Obere Marzonalm* 2101 m, und Kofelraster Seen, Oberer See 2487 m.** Von der bewirtsch. Marzoner Alm (1580) lohnt sich die Runde durch Wald, Almen, Latschen- und Alpenrosenfelder zunächst auf Weg mit Mark. 9 zur Oberen Alm und zur Schwarzen Lacke (2121), welche in einer Karmulde liegt. Auf diesem Anstiegsweg genießt man bemerkenswerte Ausblicke auf den Salurnkamm (Ötztaler Alpen), 1½ Std. – Als Abstieg wählt man alternativ den unmark. Verbindungssteig zur weiter w. gelegenen Latschiniger Alm (1936). Mittels kurzer Serpentinen gelangt man dann abwärts zu einer WT, an der man sich re. hält und der Mark. A durch den Freiberger Wald zum AP folgt, 1 Std. – HU 550 m, Z 2½ Std., LA 2. **RW 312**

Eine hochalpine, besonders abwechslungsreiche Alternative sieht eine Verlängerung des Anstiegsweges 9 von der Schwarzen Lacke über das Rontscher Joch (2431) zu den Kofelraster Seen vor. Beide Seen liegen s. der Kammlinie auf der Ultner Seite → W 272. Während der obere, von Felsen umgebene Bergsee 205 m lang und 160 m breit ist, hat der untere, auf Weg 4 zugängliche See eine Längenausdehnung von 320 m, in der Breite von 100 m. – Zurück auf Weg 3 über die Pflasterwirt-Alm (2412) und die Latschiniger Alm zum AP wie eingangs beschrieben. Zusätzlicher HU ab der Oberen Marzonalm 400 m, zusätzlicher Zeitaufwand 2 Std. – Hierzu Skizze 44.

Töbrunn, 1718 m, Latscher Alm 1715 m und Tarscher Alm* 1939 m

Diese anfahrbaren, einfach bewirtsch. Ziele verkürzen ganz wesentlich die Anstiegswege zum Zwölferkreuz (2782), Blaue Schneid (2915), Hohe Marchegg (2552) u. a. Erhebungen zwischen dem mittleren Vinschgau und dem Ultental. In diesem Gebiet sind auch mehrere Almenwanderungen möglich. – Von Latsch (639), dem Zentrum des Vinschgauer Obstbaues, führt eine ausgebaute Straße zunächst hinauf nach Tarsch (816), 2.5 km; hier folgt man der HT „Skicenter Latsch“, das man auf einer bis zu 8 m breiten, größtenteils asphaltierten Straße erreicht. Die Talstation (1200) der Doppelsesselbahn liegt mitten in einem ausgedehnten Waldgebiet, 3 km von Tarsch entfernt, hier auch Großparkplatz, SG 2. Als nur mehr einspuriger Almfahrweg findet die Straße zwischen dem Latscher- und dem Gumpfreiwald ihre Fortsetzung. Die Strecke gewährt keinerlei Ausblicke. Die max. Steigung beträgt 13%, an ausgesetzten Stellen gibt es Holzplanken (hier im Winter Naturrodelbahn), stellenweise knapp zweispurig, sodaß Begegnungen bis zur Wegeteilung bei km 8.8 problemlos sind. Dort scharf li. zur Tarscher Alm weitere 4.5 km, SG 3. Geradeaus zur Jausenstation Töbrunn weitere 3.4 km, SG 3 – 4, bzw. zur Latscher Alm weitere 3.7 km, SG 3 – 4. – Die 2. Sektion der Sesselbahn leitet von der Tarscher Alm zum Jochpfarrer unterhalb des Tarscher Jöchls (2480), eines alten Überganges vom Vinschgau in das Ultental (die Kuppelwieser Alm gehört den Tarschern!). Sesselbahn ohne Sommerbetrieb.

RW 313 **Hohe Marchegg**, 2552 m.** AP ist die anfahrbare Tarscher Alm (1939); im Winter ist sie ein durch Aufstiegshilfen neu erschlossenes, schneesicheres Schigebiet. Für den Aufstieg begibt man sich auf Weg 1, der, wie auch die Trasse des Sesselliftes (kein Sommerbetrieb), zum „Jochpfarrer" (2281) hinaufleitet, welcher ehedem ein einfacher Unterstand für das Almvieh war. An mehreren Quellen, den sogenannten „Sieben Brunnen" vorbei, gelangt man auf Steig 2A bei einem Wegekreuz (2436) zu einer WT: zur Hohen Marchegg hält man sich re., denn Weg 11 leitet über den Tarscher Paß (2517) in das Ultental zum Zoggler Stausee hinab. Nach knapp 2 Std. ist der Gipfel der Hohen Marchegg erreicht, welcher prächtige Ausblicke sowohl über das Etschtal zu den Ötztaler Gletscherbergen als auch auf die Ultner Berge vermittelt. Dem Hasenöhrl (3257) ist die Blaue Schneid (2915) vorgelagert, welche allerdings die Sicht auf die berühmtesten Ortlerberge verstellt. – Für den Abstieg wählt man vom Wegeknoten 2A/H (= Hasenöhrl) und 2/H den Steig mit Mark. 2, welcher an den Schihütten vorbei zur Latscher Alm (1715) hinabführt, doch zweigt man noch vor Erreichen der Alm re. ab, um mit einem letzten Anstieg auf Steig 9 zum AP an der Tarscher Alm zurückzukehren, 1½ Std. – HU 800 m, Z 4½ Std., LA 2–3. – Hierzu Skizze 44.

Schnalstal und Pfossental

Schnalstal**, Kurzras 2014 m

Das Schnalstal ist ein n. Seitental des Etschtales und bietet durch seine Abgeschiedenheit eine Landschaft, die den Reiz des Natürlichen und Ursprünglichen bewahrt hat; es wird durchflossen vom Schnalsbach, der am Hochjochferner in den Ötztaler Alpen entspringt und bei Staben im Unteren Vinschgau in die Etsch mündet. Mittelpunkt des Tales ist das Kirchdorf Unser Frau in Schnals (1508), welches sich sowohl aus malerischen, alten Holzhäusern als auch aus neuen, landschaftsverbundenen Bauten zusammensetzt. Weniger Beifall findet die moderne Betonarchitektur am Sportplatz Kurzras. Erlebnisreiche und dabei leichte Wanderungen lassen sich von Katharinaberg (1245), Karthaus (1327), Unser Frau in Schnals, hochalpine Wanderungen von Vernagt (1700) und Kurzras aus unternehmen. Der 33.000 ha große Naturpark Texelgruppe tangiert im O das Schnalstal; seine Begrenzung zieht vom Finailferner in Richtung Vernagt und verläuft dann unter Einschluß des hinteren Pfossentales auf der orogr. li. Seite des Haupttales.

Die 24 km lange, vielgewundene Schnalstal-Landesstraße L 3 nimmt ihren Ausgang von der SS. 38 zwischen Naturns und Staben gegenüber vom Schnalser Hof, HT. Unvermittelt tritt man in eine hohe Felsklamm ein und überwindet bis zur Brücke unterhalb Rateis eine erste Talstufe. Das Steigungsmaximum beträgt 13%. Die Schluchtstrecke ist für Pkw knapp zweispurig und randgesichert. Hervorragenden Ausbau weist der daran anschließende Abschnitt bis Unser Frau in Schnals auf. Bei km 8 hat man re. die Abzw. nach → St. Katharinaberg, bei km 9 re. die Abzw. in das → Pfossental, bei km 10 Abzw. li. nach Karthaus und bei km 14 li. jene nach Unser Frau in Schnals.

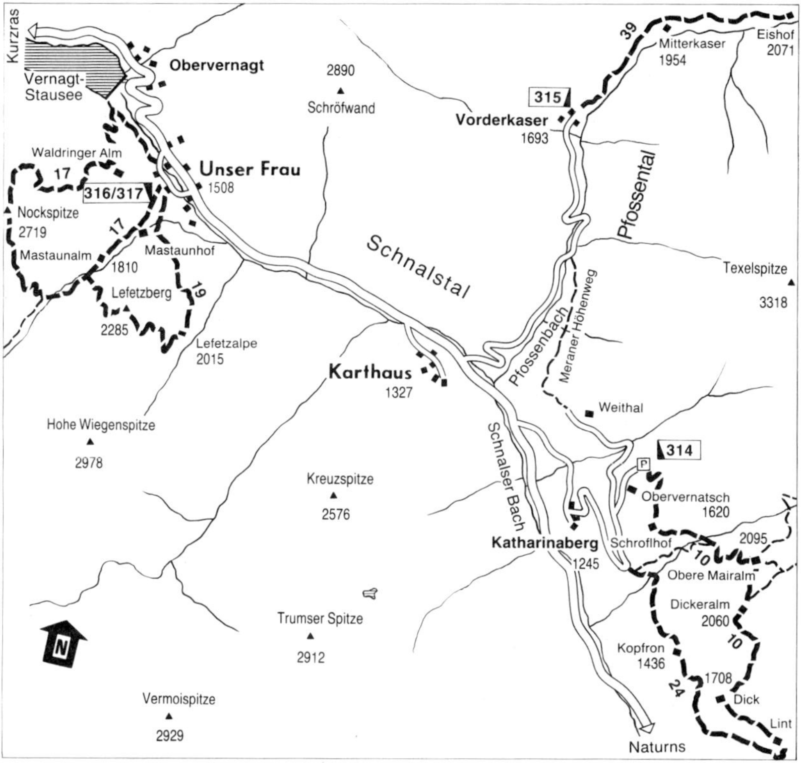

Skizze 50 Karthaus

Mit einer Gruppe von Serpentinen gewinnt die L 3 bei max. 18% die Krone des Vernagtspeichers (1695). Schließlich leitet die ausgebaute Straße über das n. Seeufer und über Obergerstgras (1767) in stetem Anstieg hinauf in das hintere Schnalstal, wo sie am Sportplatz Kurzras endet. In der unmittelbaren Umgebung des einst einsam gelegenen Gh. Kurzras wurden zahlreiche Neubauten errichtet: Hotels, Ladengeschäfte, Magazine, die Gletscherbahn auf die Grawand und Großparkplätze in mehreren Ebenen geben heute dem früher stillen Ort das Gepräge. Die überwiegend zweispurig ausgebaute Bergstraße, SG 2, kann auch von Omnibussen fast problemlos „gemeistert" werden.

Katharinaberg*, 1245 m und Obervernatsch, 1620 m**

Bereits während der Auffahrt durch das Schnalstal grüßt das aus dem 15. Jh. stammende Kirchlein St. Katharina herab, welches auf den Fundamenten einer ehem. Burg stolz auf einem Hügel steht. In guter Aussichtslage ist hier auf einer Terrasse in den vergangenen Jahren neben wenigen Bergbauernhöfen ein Fremdenverkehrsort entstanden. Man erreicht ihn von der Abzw. der L 3 bei km 8, HT, über eine 1.7 km lange, vorwiegend zweispurig ausgebaute Asphaltstraße, welche durch Leitplanken randgesichert ist. Vor Engstellen gibt es Ausweichen. Die max. Steigung beträgt 12%, SG 2 – 3. Im Ort, bei den Häusern li. haltend, kann man auf einem einspurigen, geteerten Bergsträßchen, welches die hochgelegenen Bergbauernhöfe untereinander verbindet, in vier langgezogenen Serpentinen bis zum aufgeschütteten, ebenen Parkplatz am Stollenfenster oberhalb des Obervernatschhofes hinauffahren. Der Stollen wie auch das Sträßchen wurden von der Energiewirtschaft erbaut. Das Wasser wird vom Vernagt-Speicher durch den Fels, das Pfossental querend, dem w. Naturns situierten Kraftwerk zugeleitet. Das einspurige Asphaltsträßchen endet, 5.7 km von der Abzw. an der L 3 entfernt, in einem seitlichen Hochtal. Ab Katharinaberg ist es nicht mehr randgesichert! Die max. Steigung beträgt 15%, SG 3. – Am Saum des herrlichen Lärchenwaldes zeigt eine HT den Eingang in den Naturpark Texelgruppe an.

RW 314 **Dickeralm** 2060 m.** Mit AP Obervernatsch bietet sich eine herrliche Schnalstaler Almenwanderung an: zunächst folgt man dem mark. Weg etwas steil ansteigend durch den freundlich-lichten Lärchenwald hinauf zum Schroflhof (1708). Ein Steig verbindet von dort mit Weg 10, der am Bach direkt von Katharinaberg heraufzieht. Diesem folgt man dann über die Untere Mairalm (2023) zur Oberen Mairalm (2095). Eindrucksvolle Blicke in den Talkessel „Im Gfäll“ mit der darüber steil aufragenden Gfällwand (3175). Fast flach setzt man die Wanderung zur bewirtsch. Dickeralm fort, die man nach 1½ Std. erreicht. Ein Steiglein leitet von hier zur Jausenstation „Dick“ (1708), dem höchstgelegenen Hof am Fuchsberg, hinab. Im weiteren Abstieg auf Weg 10 erreicht man die Jausenstation Lint (1464) am „Meraner Höhenweg“. Hier ist der südlichste Punkt der Runde erreicht und man wendet sich, dem „Meraner Höhenweg“ mit Mark. 24 folgend, in nw. Richtung. Über Inner-Unterstell (1470), Wald (1505) und die Jausenstation Kopfron (1436) wandert man fast flach, hoch über dem Schnalser Bach, bis zum Unterperflhof (1417), wo man Anschluß an das Fahrsträßchen nach Obervernatsch findet, auf dem man zum AP zurückkehrt. – HU 650 m, Z 4 bis 4½ Std., LA 2. – Hierzu Skizze 50.

Pfossental, Großparkplatz Naturpark Texelgruppe beim Vorderkaser, 1693 m**

Das Pfossental ist das ausgeprägteste n. Seitental des Schnalstales und steht zur Gänze unter Naturschutz! Von der L 3 zweigt wenig unterhalb von Karthaus (1327) nach NO ein einspuriges Gemeindesträßchen mit Ausweichmöglichkeiten ab, das zwar durchgehend asphaltiert, jedoch nur spärlich randgesichert ist. HT „Pfossental“ an der Abzweigungsstelle. Es leitet zunächst über den Schnalserbach hinauf zum Gh. „Tumlhof“ und steigt anschließend bei Maxima von 18% kräftig an, SG 2 – 3. Das Tal ist stark eingeschnitten und bietet anfangs nur Ausblicke auf seine steilen Flanken. Malerisch wirken die alten, in Holz errichteten Bergbauernhöfe. Nach 3.5 km endet die ausgebaute Gemeindestraße bei Nassereith (1535), hier Abstellmöglichkeiten in Bachnähe. Wer sich und seinem Fahrzeug vertraut, kann die Fahrt auf einem staubfreien, einspurigen Güterweg mit engen Kurven und durch einen Felstunnel bis zum Großparkplatz unterhalb der „Jägerrast“ beim Vorderkaser fortsetzen. SG 3 – 4, Vorsicht bei Begegnungen, die im Schritt-Tempo zu vollziehen sind. Ab Nassereith erfolgt die Benützung dieses Fahrweges ausdrücklich auf eigene Gefahr. Der vom Taleingang 5.2 km entfernte Großparkplatz vermag in zwei Ebenen zirka 100 bis 120 Pkw aufzunehmen.

Pfossental, Eishof 2071 m.** Eine besonders familienfreundliche Wanderung im Herzen der Texelgruppe. AP ist der Großparkplatz beim Gh. Vorderkaser (1693). Nachdem man an den schönen, alten Schnalstaler Holzhäusern vorübergegangen ist, beginnt der Anstieg hoch über dem rauschenden Wildbach zur nächsthöheren Talstufe. Diese Strecke vermittelt romantische Eindrücke. Die meisten Schnalser Bauernhöfe stammen mit ihrer gegenwärtigen Bausubstanz aus dem 18. Jh. Ihr Urzustand läßt sich vereinzelt noch viel weiter zurückverfolgen; so fand man im Giebelbalken des Untervernatschhofes (oberhalb Katharinaberg) die Jahreszahl 1248 eingeschnitzt. Es ist begreiflich, daß im Laufe ihrer Geschichte die Holzhäuser gewiß einmal, wenn nicht öfter, durch Feuer vernichtet wurden. Nach Überwindung der Talstufe öffnet sich im Raum der Rableit-Alm das Tal. Bei gemäßigter Steigung wandert man auf dem Karrenweg, Mark. 39, am bewirtsch. Mitterkaser (1954) vorbei. Während die orog. li. Talseite bewaldet ist, durchmißt man re. des Baches vorwiegend ein Almengebiet, das nur noch von wenigen Waldparzellen durchsetzt wird. Von der Rableit-Alm rührt der frühere Talname „Rableittal", heute Pfossental, her. Je mehr man sich dem bewirtsch. Eishof nähert, umso eindrucksvoller weitet sich der Blick in den Talschluß mit der Hohen Weiße (3278). Es war geplant, die Talweitung um den Eishof in einen Speichersee umzuwandeln. Die Errichtung des Naturparks Texelgruppe schob jedoch diesem Vorhaben einen Riegel vor. Den Eishof erreicht man bequem in 2 Std.; von ihm bieten sich bemerkenswerte Ausblicke auf die gegenüberliegende Texelspitze (3318) mit dem herabziehenden Texelferner, das Roteck (3337), die Südliche und Nördliche Rotwand (3254 bzw. 3184), auf die Trübwand (3264) und auf die Schwarze Wand (3170). Zurück auf dem Hinweg. – HU 400 m, Z 3½ Std., LA 1 – 2. – Hierzu Skizze 50. **W 315**
Für die Fortsetzung des Weges vom Eishof bis zum Eisjöchl (2908), das den Übergang über die Stettiner Hütte in das Pfelderer Tal bildet, rechnet man mit 3 Std. reiner Anstiegszeit.

Lefetzalpe 2015 m und Lefetzberg* 2285 m. Eine abwechslungsreiche Bergwanderung, die etwas Bergerfahrung voraussetzt. AP ist der anfahrbare Hauptort des Schnalstales Unser Frau (1508). Von der Kirche am Gh. „Goldenes Kreuz" vorbei folgt man am Waldrand der Mark. 19 zunächst in 20 Min. zum „Kreuzbödele" hinauf, HT, wo der steile Anstieg zur Lefetzalpe beginnt. Bei Querung des Mastaunbaches beeindrucken die von oben herabstürzenden kleinen Kaskaden und Rinnsale, welche bei entsprechender Beleuchtung zu den Lärchen einen bemerkenswerten Kontrast bilden. Vorwiegend durch den Wald ansteigend, erreicht man nach 1½ Std. die nicht bewirtsch. Lefetzalpe. Weg 19 setzt sich mit zwei großen Kehren über das Ganseck fort und nach einer weiteren Stunde überschreitet man das Gipfelplateau. Sehr steil folgt man den Steigspuren auf der Westflanke hinab ins Mastauntal, wo man auf die Mark. 17 trifft. An der reizvoll zwischen grünen Matten und Lärchenwäldern gelegenen, bewirtsch. Mastaunalm (1810) wandert man nunmehr talaus, berührt den Mastaunhof (1643) und quert **RW 316**

den Bach. Zuletzt kehrt man bei sanftem Gefälle zum AP zurück. – HU 800 m, Z 4 Std., LA 2 – 3. – Hierzu Skizze 50.

RW 317 **Mastaunalm* 1810 m und Nockspitze** 2719 m.** Die Nockspitze ist weit gegen das Schnalstal vorgeschoben. Über ihren breiten n. Fuß verläuft das Südufer des Vernagt-Stausees. Sie bildet einen nach N gerichteten Seitenkamm des Salurner Kammes, den südlichen Ötztaler Alpen angehörend. Ihre Besteigung im Zusammenhang einer Rundtour animiert den anspruchsvolleren Bergsteiger. Dank ihrer exponierten Lage vermittelt sie auch eine herrliche Aussicht auf die Erhebungen der Alpenhauptkammlinie. Auch die beeindruckenden Tiefblicke auf den Stausee sind bemerkenswert. – AP ist Unser Frau im Schnalstal (1508). Weg 17 leitet in einer knappen Std. zur bewirtsch. Mastaunalm. Nur wenig weiter zweigt aus dem Mastauntal re. der steile Anstieg zur Nockspitze ab, 3½ Std. ab Unser Frau. – Vom Gipfel wandert man zunächst über den aussichtsreichen Kamm in n. Richtung zur Waldringer Alpe (2535), um dann den weiteren Abstieg an der Westflanke des Berges zu vollziehen, wobei man die Waldringer Alm (1933) re. liegen läßt. Der Almweg 17 leitet zuletzt durch den Wald zum Staudamm des Speichers hinab und auf dem Fußweg mit Mark. 15 kehrt man zum AP zurück. – HU 1200 m, Z 5½ bis 6 Std., LA 3. – Hierzu Skizze 50.

W 318 **Similaunhütte am Niederjoch***, 3018 m.** Die 1896 erbaute, im Privatbesitz befindliche Hütte steht direkt an der ital. – österr. Staatsgrenze auf Südtiroler Boden. Der Niederjochferner eignet sich sowohl als Frühjahrs- wie Sommerschigebiet. Sie ist von Ende Februar bis Anfang Oktober bewirtsch. Den Gepäcktransport einschließlich Schier übernimmt eine Materialseilbahn, deren Talstation an der Uferstraße w. von Vernagt liegt. – AP für den Anstiegsweg, Mark. 2 ist die alte Mühle in Vernagt (1711). Zunächst wandert man durch die Bergwiesen hinauf zum bewirtsch. Tisenhof (1814). Der weitere, gut ausgeglichene Anstieg leitet durch das Tisental direkt nach N. Auf halber Wegstrecke durchmißt man das wasserreiche Quellgebiet des Leitenbaches, wobei mehrere Rinnsale zu überschreiten sind. Oberhalb des Tisenberges führt der Steig durch Schutt, ehe man die Felsregion erreicht. Beherrschende Erhebungen dieser Hochregion sind die Finailspitze (3514) und der Similaun (3597). Den Anstieg bis zur Hütte bewältigt man in 3½ Std. Das Niederjoch bildet den Übergang in das Nordtiroler Niedertal, der während der Sommermonate von Touristen offiziell benützt werden darf (Personalausweis mitführen). Abstieg wie Aufstieg – HU 1300 m, Z 6 Std., LA 2 – 3. – Hierzu Skizze 51.

Ende des ersten Weltkrieges gab es im Vinschgau noch rund 350 **Waale** mit einer Gesamtlänge von fast 1000 km. Im Zeitalter moderner Bewässerungstechnik durch Wasserleitungen und Sprühanlagen ist nur noch ein Bruchteil übriggeblieben, wobei die **Waalwege** entlang der Wasserläufe heute zu den begehrtesten Wanderwegen zählen: abseits vom Verkehrslärm führen sie naturnah durch Erholungsräume und bieten zwischendurch reizvolle Ausblicke auf die Talschaften.

Skizze 51 Kurzras

Finailhof* 1952 m und Finailsee* 2409 m. AP ist der n. Ortsrand von Vernagt (1714). Zunächst wandert man am Seeufer auf der Straße in w. Richtung. Nach 800 m hat man re. den Beginn des Anstiegsweges 8, HT, der durch ausgedehnten Lärchenwald und über Felder und Bergwiesen zum bewirtsch. Finailhof leitet, 45 Min; dort befindet sich eine der höchstgelegenen Anbauflächen für Getreide in den Alpen. Weg 8 setzt sich als Steig in Bachnähe fort, nach einer weiteren Stunde erreicht man im Finailtal die Finailalm (2307), nach insgesamt 2½ Std. den einsamen Finailsee, in dem trotz seiner hohen Lage auch Fische noch Nahrung finden. – Abstieg wie Aufstieg. – HU 700 m, Z 4 Std., LA 2–3. – Hierzu Skizze 51. **W 319**

Zum genußvollen **Bergwandern** gehört eine gute **Fernsicht;** sie hängt ab von der Temperatur, der Feuchtigkeit und dem Staubgehalt der Luft. Zunehmende Luftfeuchtigkeit führt zu Wolkenbildung und beeinträchtigt die Sicht ebenso wie dies Dunst- und Staubschichten verursachen. Polare Luftmassen sind wegen geringerer Feuchtigkeit durchsichtiger als subtropische, welche mehr Staub (u. a. auch feinen Wüstensand) enthalten.

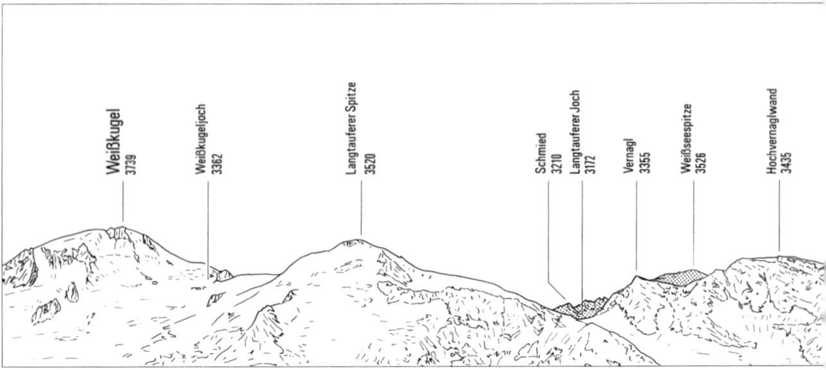

PANORAMA: Weißkamm (Ötztaler Alpen) vom Hintern Eis

W 320 **Schöne-Aussicht-Hütte** 2842 m, Hochjoch** 2875 m und „Im hinteren Eis"*** 3270 m.** In unmittelbarer Nähe der ital.-österr. Grenze, nur wenig unterhalb vom Hochjoch, liegt das 1896 erbaute Schutzhaus, welches vom 1. März bis Ende Oktober bewirtsch. ist. Der Grenzübergang am Hochjoch kann im Sommer überschritten werden, doch sind Personalausweise unbedingt mitzuführen. Das Schutzhaus ist von Kurzras (2014) auf gutem Steig, Mark. 3, in 2½ Std. erreichbar. – Wesentlich rascher ist man am Ziel mit der Seilbahn zur Grawand (3212); von dort leichter Abstieg über den Hochjochferner in nur 45 Min. zur Hütte. – Ihre nähere Umgebung bietet, wie der sinnige Name schon verrät, eine eindrucksvolle Aussicht, die sich vor allem auf den langgestreckten Salurnkamm, den Hochjochferner und einige Gipfel des Schnalskammes wie Grawand, Finailköpfe und Finailspitze (3514), durchwegs vergletscherte Dreitausender, richtet. – In den Hochsommermonaten läßt sich, günstige Witterungsverhältnisse und entsprechende Ausrüstung vorausgesetzt, das Ziel mit der Besteigung eines stolzen Dreitausenders verbinden. In 1½ Std. erreicht man dann von diesem Stützpunkt auf Steigspuren über Schrofen und Firnreste den Gipfel „Im hinteren Eis", wobei auch Steinmänner der Orientierung dienen. Dort oben tut sich eine großartige Rundsicht auf, die weite Teile der zentralen Ötztaler Alpen umfaßt. Man genießt eine unvergleichliche Schau auf die eis- und felsstarrende Hochgebirgswelt: besonders eindrucksvoll baut sich der langgestreckte Weißkamm mit den beiden höchsten „Ötztalern", der Weißkugel (3738) und der Wildspitze (3772) auf. Über der Mündung des Venter Tales erkennt man einige Gipfel der Stubaier Alpen und im S lugen über dem Salurnkamm die firnbedeckten Erhebungen der Ortler-Cevedale-Gruppe hervor. Auch der Tiefblick auf Kurzras und das hintere Schnalstal verdient entsprechende Beachtung. – Abstieg wie Aufstieg. – HU 1255 m, Z 6½ Std., jeweils ab Kurzras ohne Aufstiegshilfe, LA 3. – Hierzu Skizze 51 und Panorama Weißkamm.

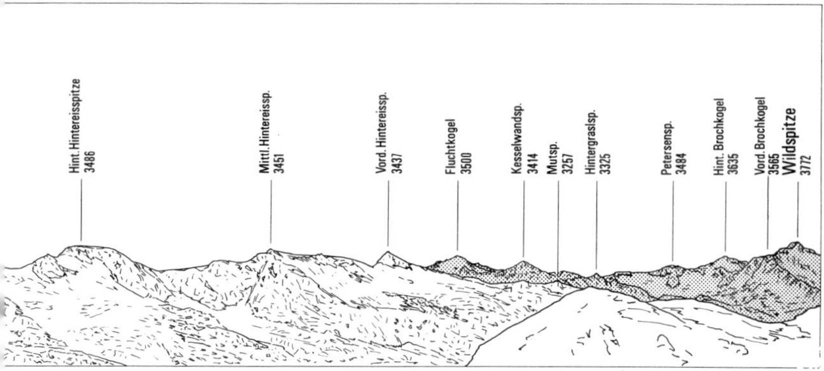

Tscharser Waalweg, Schloß Juval, 927 m und Oberjuval 1316 m.** **RW**
Hoch über der engen, schluchtenartig eingerissenen Mündung des Schnalstals thront Schloß Juval. **321** Zu der mächtigen alten Feste, deren Ursprünge bis ins 12. Jh. zurückreichen, führt von Tschars (636) Weg 3 hinan, den Kenner zu den schönsten Wanderwegen des Untervinschgaus zählen. Eine beliebte Einkehr wenig ö. von Tschars ist der Gh. „Himmelreich", den man mit Vorzug als AP benützen kann. Zunächst steigt man durch Obstkulturen bis zu einem Wegkreuz an und trifft auf den bequemen „Zubringer" zum Schnalswaalweg, Mark. 3. Der Schnalswaal wird ab Juval auch Tscharser Waal genannt. Bis zu seiner Einmündung in den Galsaunbach unterhalb Schloß Kasten bildet der Weg das Kernstück und den lohnendsten Abschnitt für Wanderungen, denn der eigentliche Schnalswaal von Altrateis im Schnalstal bis zum Schloß Juval ist abschnittweise verschüttet und bietet nur beschränkte Ausblicke; auch kann er mit seiner umgebenden Vegetation mit dem Tscharser Waal nicht wetteifern. Die Wanderung von Tschars waalaufwärts entzückt sowohl durch die mannigfache Vegetation mit Edelkastanien, Akazien, Birken, Flaumeichen, Wacholder, Haselnußsträuchern, zart-rosa blühenden Brombeerranken, Hagebutten, Berberitzen, Sanddorn, Efeu, Judenstrick u. a. Schmarotzern als auch durch ihre herrlichen Tiefblicke in das von der Etsch durchflossene Obstland; besondere Erwähnung verdienen auch die Ausblicke auf ihre Gebirgsumrahmung mit den ö. Ausläufern der Ortlergruppe. An günstigen Aussichtspunkten sind Rastbänke aufgestellt. Der bereits im frühen 16. Jh. angelegte Waal, die Lebensader des Sonnenberges, ist hier eines der schönsten Beispiele seiner Art. Er quert in vielen Windungen die steilen Hänge, wobei sich dem Wanderer, der ihm folgt, eine Fülle stets wechselnder Eindrücke bietet. – Nach 2½ Std. Gehzeit ab Tschars erreicht man Schloß Juval, das sich gegenwärtig im Besitz des Südtiroler Extrembergsteigers Reinhold Messner befindet. – Die Runde setzt man auf Weg 1 bis

Oberjuval fort, wo li. gegen W der Steig 1A hinab über die Schafplatte (1228) nach Oberschönegg (1044) und Unterschönegg (851) abzweigt; auf diesem teilweise steilen Steig wandert man zum AP zurück. Der Ort Tschars hat sehenswerte, verwinkelte alte Gassen, die schon manchen Maler animierten. Eine Besonderheit seiner Lage: bei Nordföhn liegt es fast im Windschatten und wird von Niederschlägen kaum erreicht, wenn es landauf und landab in den Nachbarzonen regnet. – HU 700 m, Z 4½ Std., LA 2. – Hierzu Skizze 52.

St. Martin am Kofel*, 1716 m

Der Wallfahrtsort läßt sich auf einer neu erbauten, überwiegend zweispurigen, max. 12% steilen Bergstraße, die vom Talort Kastelbell den beachtlichen HU von über 1100 m überwindet, erreichen, SG 2-3. – Beschwerlicher sind die nicht staubfreien Auffahrten von Vezzan bzw. Schloß Goldrain (690) über Schloß Annenberg (1037) am Latscher Sonnenberg. – Bei klarem Wetter genießt man vom EP aus eine umfassende Sicht über den Mittleren Vinschgau und nach S in das gegenüber herabziehende Martelltal bis zum Cevedale.

RW 322 **Latscher Sonnenberg*, St. Martin am Kofel, 1736 m.** Wer sich rasch einen informativen Überblick des Untervinschgaus verschaffen möchte, dem sei die Auffahrt von Latsch (637) mit der Kleinkabinen-Seilbahn hinauf zum weithin sichtbaren Wallfahrtskirchlein St. Martin am Kofel anempfohlen. Die Talstation befindet sich re. der Etsch und ist von der SS.38 über eine Straßenbrücke auf kurzem Weg erreichbar. Die exponierte Lage des Bergdorfes am steil abfallenden, nach S gerichteten Sonnenberg, etwa auf halber Höhe zwischen der Etsch und der Vermoispitze (2929), die ein Gipfelkreuz ziert, stempelt diesen Ort zu einem Aussichtspunkt ersten Ranges. Besonders instruktiv zeigt sich aus dieser Hochwarte der geomorphologisch vorgegebene Aufbau und Verlauf des Etschtales.

St. Martin am Kofel ist AP mehrerer Bergwanderungen; als Gipfeltour steht die in 3½ Std. ersteigbare, besonders aussichtsreiche Vermoispitze (auch Marzillspitze gebräuchlich) an erster Stelle, Mark. 8, Trittsicherheit und Schwindelfreiheit erforderlich. – Ein kurzer Abstecher auf Weg 14 über Oberhaus und Niederhaus (1581) in die steile Talmulde des Tisserbaches mit den am Hang „klebenden" Bergbauernhöfen von Egg (1677) und Vorra (1689) vermitteln Einblick in die harten Bedingungen, mit welchen die Menschen am Sonnenberg arbeiten und leben müssen. Hin und zurück zirka 1½ Std. – Als lohnende Bergabwanderungen zum AP nach Latsch kommen in Betracht: in ö. Richtung Weg 2 über Greit (1631) nach Trumsberg (bzw. Abkürzung 2/8 über Laimtal-Platz) und Trumsberg-Platz-Etschbrücke Weg 8. – HU bergab 1100 m, Z 2½ Std., LA 2. – Hierzu Skizze 52.

Der **Vinschgau** (Val Venosta) ist ein breites, durch große Schuttkegel gekennzeichnetes Tal, welches von der Etsch durchflossen wird. Er erstreckt sich von der Etschquelle am Reschen-Scheideck bis zum Meraner Becken in einer Längsausdehnung von zirka 80 km. Wegen seines Reichtums an Obstkulturen, besonders Kirschen, Marillen (Aprikosen) und Äpfeln, ist eine Fahrt durch das Blütenmeer des Vinschgaus im Frühling ein besonderes Erlebnis.

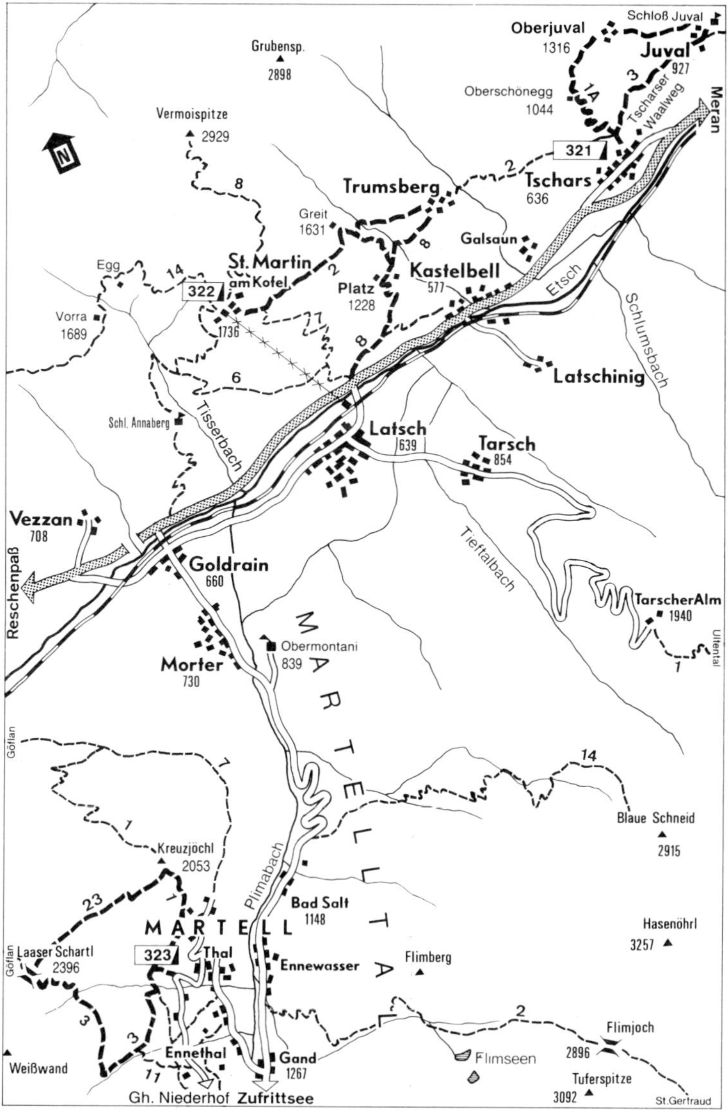

Skizze 52 Latsch

Martelltal

Martelltal, Plimabrücke am Paradies, 2068 m**

Das in manchen Abschnitten wildromantische Marteltall zählt zweifellos zu den schönsten und besuchenswertesten Seitentälern des Vinschgaues. Mehrere Talstufen leiten aus dem niederschlagsarmen, mittleren Vinschgau hinauf in hochalpine Regionen. Man durchmißt dabei die gesamte Skala der Klima- und Vegetationsstufen von den Weinreben im Etschtal bis zum Gletscherfirn im hinteren Martelltal. Die durchwegs asphaltierte Landesstraße 2 von Goldrain bis zum Gh. „Enzian" (2051) bzw. „Schönblick" ist 28 km lang und war im Bj. von sehr unterschiedlichem Ausbauzustand. Für Omnibusse, die eine Länge von 10 m überschreiten, besteht ab Morter (800) ein absolutes Fahrverbot! Auch Busse, welche dieses Limit nicht erreichen, müssen mit ganz erheblichen Schwierigkeiten, vor allem in den engen Kehren wegen Reversierens, rechnen. Auch Fahrzeuge mit hohen Aufbauten haben in Ermangelung der lichten Höhe im Felstunnel keine Chance, unbeschadet durchzukommen. Die Steigungsmaxima betragen 14%. Busfahrer sind daher gut beraten, taleinwärts nur bis zum Gh. „Waldheim" bzw. „St. Maria in der Schmelz" (1556) ihr Ziel abzustecken. Für Pkw gibt es kaum Probleme, da mit wenigen Ausnahmen der gesamte Straßenzug knapp zweispurig ist. Die engen Kehrengruppen unterhalb des Zufritt-Stausees sowie oberhalb des Gh. „Zum See" erheischen allerdings erhöhte Aufmerksamkeit bei Begegnungen, SG 3. Der Straßenendpunkt befindet sich kurz vor der Hölzernen Plimabrücke. Die jetzt verbotene Zufahrt zum ehem. Hotel „Paradiso del Cevedale" ist auch technisch nicht mehr möglich, da sie sich, wie das architektonisch auffallende Hotelgebäude selbst, in Verfall befindet.

Bereits im Schöngrabengebiet, 1 km vor dem Gh. „Waldheim" (Forellenstation) tritt man in den Nationalpark Stilfser Joch ein. Zu beachtende Vorschriften zum Schutze der Natur sind strikt einzuhalten und werden laufend überwacht. Beiderseits der Straße wurden mehrere Park- und Rastplätze mit aufgestellten Tischen und Bänken sowie Grillstellen eingerichtet. Gut angelegte Wanderwege und Bergsteige machen das Martelltal besonders attraktiv für einen erholsamen Aufenthalt.

Schloßhof und Falknerei Obermontani, 839 m

Morter (730) liegt am Eingang in das Martelltal und wird überragt von den Burgruinen Untermontani und Obermontani, wo im Jahre 1837 die sogenannte „Berliner Handschrift" des Nibelungenliedes aufgefunden wurde. Beim bewirtsch. Schloßhof zu Montani wird auch eine Falknerei betrieben. Vorführungen während der Saison täglich um 16 Uhr beginnend. Daran angeschlossen ist eine ornithologische Tierschau. In Großvolieren kann man fast sämtliche Greifvögel wie Steinadler, Seeadler, Mönchsgeier, Eulen, Bussarde und viele andere in den heimischen Wäldern vorkommende Vögel sehen. – Eine zirka 700 m lange, geschotterte Zufahrt zweigt 1 km s. Morter beim Marmor-Ablagerungsplatz von der Landesstraße li. ab und leitet am Waldrand, zuletzt mit 16% Steigung, hinauf nach Obermontani, SG 3, HT „Falknerei, Steinbruch".

RW 323 **Laaser Schartl (Göflaner Schartl)**, 2396 m.** AP sind die oberen Häuser des Hauptortes Martell-Thal (1494) an der Zufahrt zur Jausenstation „Steinwandhof". Von der HT findet man Anschluß an Weg 3, welcher über Eberhöf, Saugwies zum Schartl führt. Man kann aber auch bis zur Fraktion Enethal (1547) weiterfahren und hat dann Anschluß an den steilen Weg 11, HT

Ein besonders idyllischer Blick vom Süden über das Pflerschtal hinweg auf den mächtigen Felskoloß des **Pflerscher Tribulauns** (3097) → Tribulaunhütte am Sandessee, W 7. Foto Reinhold Leitner

Im Bergdorf **Schlinig,** dem AP des Anstieges zur Neuen Pforzheimer Hütte bzw. zur Rasass-Spitze in der Sesvennagruppe → W 345, steht ein Haus mit zwei alten Mühlrädern. Foto E. Denzel

Im Vinschgauer Oberland lenkt die **Benediktiner-Abtei Marienberg** bereits von weither die Blicke auf ihre grellweißen, trutzigen Mauern und den Zwiebelturm der Kirche; der heutige Bautenkomplex stammt aus dem Jahre 1645. Foto E. Denzel

Der eindrucksvolle Wasserfall in der **„Pflerscher Hölle“** auf dem romantischen, ufernahen Anstiegsweg zur Magdeburger Hütte → W 8 bzw. Wetterspitze → RW 9. Foto Max Gröbner

In beherrschender Lage auf einem aussichtsreichen Hügel steht das Kirchlein **St. Jakob in Lafenn** aus dem 13. Jh. Als lohnendstes Ziel auf dem Salten wird es jährlich von zahlreichen Wanderern besucht → RW 210 und RW 211. Foto E. Denzel

In Obermontani wird beim Schloßhof auch eine **Falknerei** betrieben, welche während der Sommersaison täglich mit instruktiven Vorführungen aufwartet. Daran angeschlossen ist eine Schau sämtlicher, in den heimischen Wäldern vorkommenden Greifvögel. Foto E. Denzel

„Premstlhof, Saugwies". Beide Wanderwege treffen oberhalb des Grabens zusammen. Im Quellgebiet des Baches unterhalb der Saubergalpe (2045) gelangt man zu einer WT: Weg 3 leitet anfangs mäßig, dann steil ansteigend über die Vordere Saubergalpe zum Schartl hinauf, welche prächtige Ausblicke sowohl in den Vinschgau als auch zu den firnbedeckten Gipfeln der Ötztaler Alpen vermittelt. Im S des Martelltales sieht man firnbedeckte Erhebungen, die der Ortler-Cevedale-Gruppe angehören. Für den Anstieg auf diesem Weg muß man 2½ Std. veranschlagen. – Weniger mühsam ist der Anstieg über Marzon am Sonnenberg zunächst zum Kreuzjöchl (2053), Mark. 1, HT. Das Kreuzjöchl liegt auf dem, von der Weißwand (2778) nach O abstreichenden, breiten Kamm. Bergan leitet auf ihm Weg 23 über zwei nicht näher bez. Kuppen (2340 und 2453) zum Schartl hinauf, das man in knapp 3 Std. erreicht. – HU 850 bzw. 960 m, Z 4½ bis 5 Std., LA 2–3. – Hierzu Skizze 52.

Martell*, Gh. „Niederhof" 1860 m

Im Ortsteil Gand (1267) gegenüber dem Gh. „Marteller Hof" zweigt von der L 2 re. die L 78 nach Martell-Thal (1320), dem Kirchdorf und Sitz der weit verstreuten Gemeinde auf der Sonnseite, ab. Nach 2.2 km gelangt man zu einer Straßenteilung: re zu den am Sonnenberg liegenden Häusern, EP an der Jausenstation „Steinwandhof" 2 km, li. nach Ennethal zum Gh. „Niederdorf", HT. Folgt man letzterer, so hat man anfangs ein knapp zweispuriges, ab Gh. „Premstl" nur mehr einspuriges, geteertes Bergsträßchen

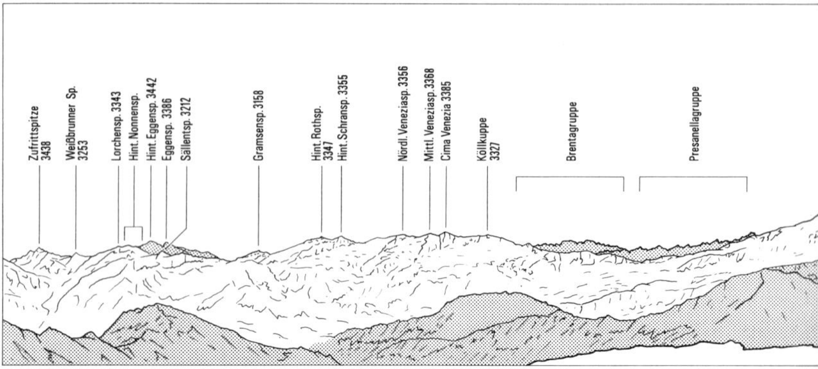

PANORAMA: Ortler-Cevedale-Gruppe von der Hint. Schöntaufspitze

bis zum Gh. „Niederhof", weitere 3.8 km. Die max. Steigung beträgt 14%, im Bj. teilweise schadhafte Straßendecke, ausgesetzte Stellen am stark abfallenden, steinschlaggefährdeten Berghang sind durch Leitplanken gut abgesichert, SG 2–3. Nur 100 m vom Niederhof entfernt hat man an der Volksschule einen herrlichen Cevedale-Blick! Hier Fahrverbotstafel. Die Durchfahrt auf dem Forststräßchen bis zur Jausenstation „Stallwies" (1931) ist nur Anrainern und dort Quartier beziehenden Gästen gestattet, SG 4.

W 324 **Martelltal-Höhenweg**, Lyfia-Alm 2165 m.** AP ist der Gh. „Niederhof" (1860) in Martell. Zunächst wandert man auf dem Forststräßchen an der Volksschule vorbei zur Jausenstation „Stallwies" (1931), wo re. der Anstiegsweg 5 zur Laaser Spitze abzweigt. Der Höhenweg mit Mark. 8 setzt sich, leicht ansteigend, zur Schludermahd (2073) fort. Kurz darauf überschreitet man den Schluderbach und findet dort Anschluß in einen gesicherten Steig, der nach zirka 600 m in den normalen Weg 8 überleitet und oberhalb der Hirtenhütte (2049) verläuft. Nach Überquerung des Rosimtales hat man wiederum ein sanftes Gefälle. Es folgt ein leichter Anstieg mit Überschreitung des Rotbaches, ehe man bequem zur bewirtsch. Lyfia-Alm abzweigt, wo im Sommer Milch und Käse verabreicht werden, 3 Std. ab AP. Während der Höhenwanderung genießt man bemerkenswerte Ausblicke auf das Hasenöhrl (3257), die Zufrittspitze (3439), die Weißbrunner Spitze (3253), die Lorchenspitze (3347) und die Hintere Nonnenspitze (3256); von all den genannten Gipfeln ziehen kleine Gletscher herab. – Rückweg am besten über den Hinweg, weil als Alternative nur die frequentierte Autostraße bis zum Gh. Waldheim im Talgrund hierfür in Frage käme. Der Rückweg kann jedoch als eine Art 2. Wanderung aufgefaßt werden, weil er zu einer anderen Tageszeit und unter geänderter „Beleuchtung" als der Hinweg erfolgt, aber auch neue Perspektiven bietet. – HU talein 340 m, ist talaus praktisch zu vernachlässigen, Z 5½ Std., LA 2.

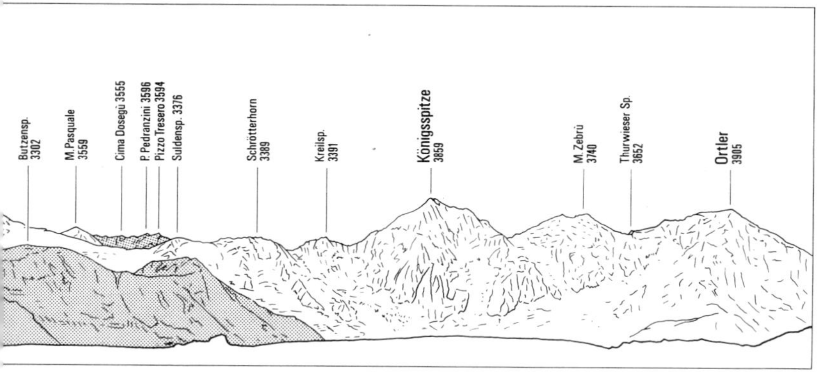

Madritschjoch 3123 m und Hintere Schöntaufspitze***, 3324 m, AP** W
Martelltal. Zu den großartigsten Aussichtspunkten in der Ortler-Cevedale-Gruppe zählt aufgrund ihrer günstigen, zentralen Lage in diesem Hochgebirgsraum, die Hintere Schöntaufspitze. Ihre Besteigung mit AP Plimabrükke (2068) auf Weg 151 durch das Madritschtal zum Madritschjoch 3½ Std., und den breiten Südgrat hinauf zum Gipfel, weitere 30 Min., bietet geübten Bergwanderern im Hochsommer kaum Schwierigkeiten. Rückweg wie Hinweg. – HU 1250 m, Z 6½ Std., LA 3. – Die Hintere Schöntaufspitze ist wesentlich bequemer vom inneren Suldental aus erreichbar, falls man die Sulden-Seilbahn zur Schaubachhütte (2581) benützt und dann den Anstieg zum Madritschjoch vom W her unternimmt → W 334. – Hierzu Skizze 53 und Panorama Ortler-Cevedale-Gruppe. 325

Zufallhütte*, 2265 m, und Gletscherzunge Langenferner, 2750 m.** W
Vom EP der Martelltalstraße an der Plimabrücke (2068) empfiehlt sich der kurze Aufstieg in 45 Min. zur hübsch auf einer Felsnase gelegenen Zufallhütte der CAI-Sektion Mailand, welche anno 1882 von der Sektion Dresden des DÖAV erbaut wurde, Mark. 150. Die Hütte ist von Anfang März bis Mitte Oktober bewirtsch. Der Name des Schutzhauses leitet sich vom Wasserfall der Plima ab (z'Fall), weshalb die Betonung hier auf der 2. Silbe liegt. – Bei günstiger Witterung sollte man es nicht versäumen, weiter talein zu wandern bis man an die Gletscherzunge des Langenferners gelangt, der das Hochtal der Plima beherrschend, im W abschließt, 1½ Std. ab Zufallhütte. Mark. 150 leitet auf gutem Weg über den Ausgang des Butzentals zu diesem lohnenden Wanderziel, das einen beeindruckenden Einblick in den gewaltigen Eisstrom vermittelt, der gegen W vom Langenferner Joch mit der Casati-Hütte (3254), der Suldenspitze (3376) und dem Eisseepaß (3141) mit der ehem. Hall'schen Hütte (jetzt Ruine) begrenzt wird. Rückweg wie Hinweg. – HU 700 m, Z 4½ Std., LA 2. – Hierzu Skizze 53. 326

RW 327 **Marteller Hütte** an der Unteren Konzenlacke, 2610 m.** Angesichts des vergletscherten Cevedale und der Königsspitze erfreut sich die 1978–80 von der AVS-Sektion Lana erbaute Hütte unter dem Veneziakamm einer außerordentlich schönen Lage. Sie wird von Mitte März bis Pfingsten und von Anfang Juli bis Ende Sept. bewirtsch. Anstieg vom Straßen-EP Plimabrücke (2068) unterhalb vom ehem. Hotel „Paradiso“ auf Steig 12, HT, orogr. re. der Plima talein, wobei man die Zufallhütte re. liegen läßt. In Höhe der oberen Plimabrücke mündet Weg mit Mark. 103 ein, dem man dann bergan bis zur Marteller Hütte folgt, 1½ bis 2 Std. – Rückweg anfangs wie Hinweg, jedoch ab oberer Plimabrücke auf Weg 150 li. der Plima über die Zufallhütte zum AP. – HU 550 m, Z 3 Std., LA 2. – Hierzu Skizze 53.

Mittlerer Vinschgau

Schlanderer Sonnenberg*, Tappeiner Hof 1397 m

Ein ausgebautes und randgesichertes Bergsträßchen führt w. Vezzan (715) durch die Vezzaner Leiten zunächst hinauf zur Wegeteilung am Wanderweg 11 bei Kote 1058: re. Abzw. der Zufahrt zum Tappeiner Hof, letzte Wegstrecke für Pkw jedoch ungeeignet! Li. hat man die Zufahrt zur Burg Schlandersberg (1060), welche dank ihrer Lage den Eingang in das Schlandrauner Tal beherrscht. Am EP gibt es keine Abstellplätze, auch ist die Burg nicht öffentlich zugänglich! Es besteht jedoch die Möglichkeit, beim Buschenschank „Fisolgut“ einzukehren. – Die Abstellplätze an der Kote 1058 liegen für Wanderungen rund um den Sonnenberg günstig. Alle hier nachgewiesenen Sträßchen sind nur für Pkw bzw. Kleinbusse geeignet. Die Steigungen (Gefälle) erreichen ihre Maxima bei 12%, SG 2–3.

RW 328 **Höhenweg am Schlanderer Sonnenberg*, Vorra 1689 m und Egg 1677 m.** AP ist Tappein (1397). Der Höhenweg Mark. 14 traversiert die karge Landschaft am Sonnenberg mit teilweise verfallenen Höfen wie Patsch, Mittereben, Zuckbühel und Lagar und nicht mehr bewirtsch. Almen. Die krassen Gegensätze in den Lebensbedingungen zwischen entlegenen Berghöfen und regsamen Talorten trugen zum Verlassen dieser teilweise unwirtlichen Region durch die Bergbauern bei. Für den Wanderer hat jedoch diese Gegend einen eigenartigen, herben Reiz abseits der großen Verkehrswege. Lagar bestand während des ehem. Goldrainer Bergwerkes aus Knappenunterkünften. Aber auch andere Namen wie z. B. der „Goldgrubenweg“ deuten auf das frühere Vorkommen von Gold hin. Wie Schwalbennester an einer Mauer kleben die noch intakten Bergbauernhöfe Vorra und Egg auf den dem steilen Hang abgerungenen Grünflächen. Der Höhenweg am Sonnenberg ist nicht anstrengend und bietet von mehreren Punkten eindrucksvolle Ausblicke. Kernstück ist die steile Talmulde des Tissbaches zwischen Vorra und Niederhaus (1581). Man kann von dort auf Weg 6/7 nach Ratschill (1285) hinabwandern und auf dem romantischen „Goldgrubenweg“ 14a durch den Vorrawald wandern, welcher unterhalb von Lagar wieder auf den Höhenweg 14 trifft. Auf diesem kehrt man nach Tappein zurück. – HU 600 m, Z 4–5 Std., LA 2. – Hierzu Skizze 54.

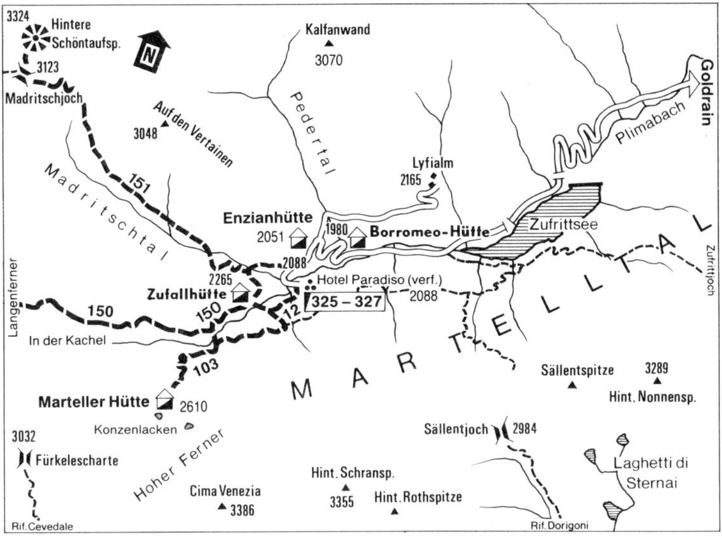

Skizze 53 Martelltal

Kortscher Sonnenberg*, Hof „Außer Eggen", 1632 m

Von Kortsch (775) oberhalb Schlanders nimmt ein ausgebautes, einspuriges Bergsträßchen mit Ausweichstellen seinen Ausgang. Es leitet zunächst windungsreich nach Platzohl (1227) bei Steigungsmaxima von 10% hinauf und gewinnt dann in mehreren Serpentinen an der sonnenreichen Südleiten weiter an Höhe und guten Ausblicken. Ausgesetzte Stellen sind randgesichert. Die oberste Serpentine holt stark nach W aus und stößt an ihrem Wendepunkt auf den Wanderweg 15a. Zuletzt kommt man über die Höfe „Pernui" und „Inner Eggen" zum EP beim Hof „Außer Eggen". Hier hat man Anschluß an den Wanderweg 15, welcher in das Schlandrauner Tal hinabführt. „Außer Eggen" ist mit Pkw oder Kleinbussen auf durchwegs asphaltiertem Bergsträßchen anfahrbar, SG 3. – Von Platzohl zweigt ein 2. Sträßchen in das Schlandrauner Tal ab, doch ist dessen Befahrung mit Pkw nicht ratsam!

Schlandrauner Tal, Schlanderer Almhütte 1891 m. Eine familienfreundliche Wanderung führt von Außereggen (1632) auf Weg mit Mark. 15 fast flach, zuletzt bei sanftem Gefälle hinab zum Schlandrauner Bach, der von einem Karrenweg talein begleitet wird, Mark. 4. Während das Haupttal von beiden Seiten stark eingeschnitten ist, weitet es sich an der Einmündung des „Meineidtals". Auf dieser Talweitung steht die bewirtsch. Schlanderer Almhütte, wo man frische Milch und Milchprodukte bekommt, 1½ Std. – Weg 4 leitet zum Kortscher See und über die Schwarze Lacke zur abgebrannten Heilbronner Hütte (2772) auf den Salurner Kamm hinauf; eine Scharte im Kamm bildet den Übergang nach Kurzras (2014) im Schnalser Talschluß. – Rückweg wie Hinweg. – HU 260 m, Z 2 bis 2½ Std., LA 1 – 2. – Hierzu Skizze 54. **W 329**

Die von der Natur vorgegebene **Grenze zwischen dem Untervinschgau und dem Obervinschgau** wurde durch die Gandria-Mure bewirkt; es handelt sich bei ihr um einen riesigen, vom Strimbach aufgeschütteten Murkegel, Ochsenanrainer bzw. Kortschfeld genannt, welcher zwischen Schlanders und Laas bis an die Etsch reicht. Die Gandria ist ein stark ausgeprägter Talkessel am Südabfall der Ötztaler Alpen. Über das Kortschfeld, welches die SS.38 in seiner gesamten Ausdehnung durchmißt, verläuft auch die w. Grenze des Südtiroler Weinbaus. Die Hänge sind meist von großen Obstplantagen bedeckt.

Tanas*, Baflurhof 1551 m

In Laas (869) zweigt an der SS.38 in n. Richtung die normal ausgebaute Straße nach Allitz (1151) ab, HT. Von hier hat man eine Aussicht gewährende Höhenstraße, asphaltiert und randgesichert, hinauf nach Tanas, 7 km. Endstation für den Omnibus ist der bewirtsch. Hof „Baflur" in Tanas. Steigungsmaxima 12%, SG 2. –

Von Tanas besteht ein nicht kollaudiertes (Befahren nur auf eigene Gefahr!) Verbindungssträßchen über den Eyrser Sonnenberg in Richtung Schluderns, welches bei der Jausenstation „Zur alten Bauernstube" in Gschneir (1344) in die normal breite Straße nach Schluderns (921) einmündet. Verbindungssträßchen nur einspurig und abschnittsweise nicht randgesichert, SG 3 – 4. Abschnitt Gschneir bis Schluderns SG 2.

W 330 **Eyrser Sonnenberg, St. Peter am Gsaler Weg, 1364 m.** Parallel zur Straße über den Sonnenberg verläuft der „Gsaler Weg", Mark. 23, der, wie auch die Straße, Tanas (1454) mit der Jausenstation „Zur alten Bauernstube" (1344) verbindet. Eine Begehung dieses aussichtsreichen Wanderweges ist bei aperem Zustand während des ganzen Jahres möglich und besonders in den Übergangsjahreszeiten zu empfehlen. Sein Fahrzeug kann man sowohl im W (Gschneir) oder im O (Tanas) beim gewählten AP abstellen. Auf dem Kulminationspunkt steht am Rande des Tanasbachgrabens die Kapelle St. Peter. Oberhalb der Gsalhöfe besteht ein Zugang (Mark. 21) zum „Gsaler Weg". Die Wanderung ist absolut familienfreundlich und der Höhenweg verläuft fast flach, nur unterhalb Tanas hat man zirka 100 Höhenmeter zu überwinden. Rückweg wie Hinweg, Z 2½ Std., LA 1 – 2. – Hierzu Skizze 55.

Prader Berg, Valnairhof 1253 m

Zwischen dem Suldenbach und dem Nickbach erhebt sich im S von Prad (907) der stark bewaldete Prader Berg, welcher durch das bis zum Valnairhof führende, 3.8 km lange Sträßchen teilweise erschlossen wurde. Es nimmt am Ortsrand von Prad seinen Ausgang, führt an der St. Johannes-Kapelle vorbei und windet sich in Serpentinen hinauf zum Gh. „Dürre Ast" (1112), das auf einer Terrasse steht. Dann folgt es der Mark. 6 durch den Wald zum Valnairhof am Eingang des Valnairtals. Ausblicke auf das gegenüberliegende Dorf Stilfs und auf den Sonnenberg zwischen Eyrs und Schluderns. Im Bj. zeigte sich das asphaltierte, aber mit einer schadhaften Straßendecke behaftete Sträßchen in keinem einladenden Zustand! Die maximale Steigung beträgt 14%, an ausgesetzten Stellen sind Leitplanken angebracht, einige Passagen sind steinschlaggefährdet, SG 3. – Weg 6 setzt sich als schöner Wanderweg über die Valnairalm (2004) bis in den Ort Sulden fort und bietet prächtige Ausblicke.

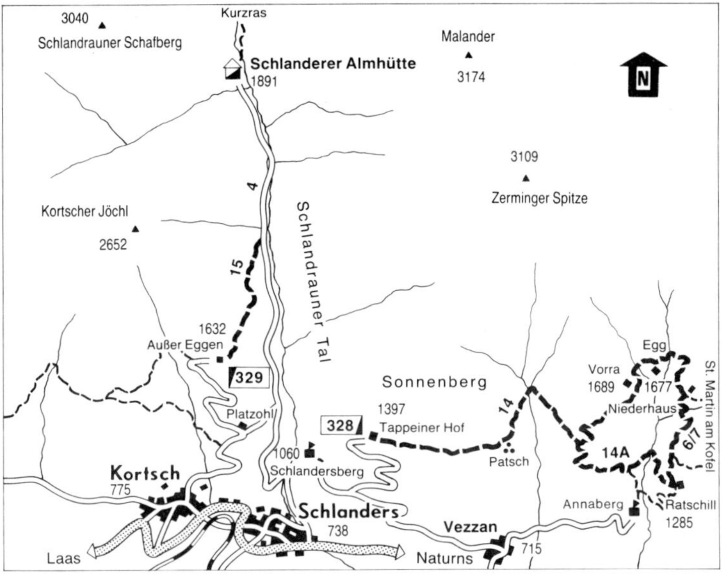

Skizze 54 Schlanders

Rund um den Prader Berg*, Valnairalm und Gampenhütte 2004 m. AP ist der Valnairhof (1253), am nw. Prader Berg gelegen. Zunächst hat man eine aussichtsreiche Terrassenwanderung mit Tiefblicken in das äußere Suldental und über dieses hinweg auf das gegenüberliegende Dorf Stilfs (1306), nach dem das berühmte Stilfser Joch benannt wurde. Im W, an der Grenze zur Schweiz, ragt im Fallaschkamm der Piz Chavalatsch (2763), als Aussichtsberg weithin bekannt, auf. Hinter dem Untervalnairhof (1326) gelangt man zu einer WT, an der man sich li. hält, um auf Weg 6 den Graben des Valnairbaches zu überschreiten. Auf einem schönen Weg durch den Hochstücklwald steigt man zur Valnairalm an, welche gute Ausblicke in das innere Suldental mit seiner Bergumrahmung bietet. Vom Wegkreuz leitet ein unmark. Steiglein zu den Gaflaunwiesen (2180) hinauf und zur Gampenhütte am Prader Berg hinab, wo es auf den Weg 3 trifft. Nun Abstieg in den Tschrinbachgraben, wo man die Wahl hat, entweder li. auf dem Forststräßchen oder auf dem Fußweg 3 weiter abzusteigen bis man auf das untere Forststräßchen trifft, auf dem man dann li. abzweigend zum AP zurückkehrt. – HU 930 m, Z 3 bis 3½ Std., LA 2. – Hierzu Skizze 55. **RW 331**

Suldental

Suldental, Innersulden 1925 m.**

Das Suldental zieht, wie auch das benachbarte Trafoiertal, aus der Gletscherwelt des Ortlers nach N herab, um sich in Gomagoi (1266) zu vereinigen; der rätoromanische Name Gomagoi bedeutet „beide Wasser“ und bezieht sich auf Sulden- und Trafoier Bach. Niemand sollte es versäumen, in den großartigen Talschluß von Sulden zu fahren, um die eindrucksvollen Anblicke des Suldenferners und des vergletscherten Ostabsturzes von „König Ortler“ zu genießen. Der Ort Sulden ist eng mit der Geschichte des Alpinismus verbunden, worauf Erschließernamen für Hütten und Wege im Ortler-Cevedalegebiet hindeuten, nicht zuletzt auch die vom DÖAV im Jahre 1892 ergriffene Initiative zum Bau der 12 km langen Autostraße durch dieses Hochtal.

Die SS. 622 zweigt in Gomagoi am s. Ortsende von der Stilfserjochstraße SS. 38 scharf li. ab, HT „Sulden“. Sie führt zunächst über die Trafoierbachbrücke in die Schlucht hinab, dann über eine weitere Brücke an das jenseitige Ufer des Suldenbaches. Mit einer kräftigen Steigung von max. 13% überwindet sie die Talstufe hinauf nach Außersulden und verläuft dann, von Wald und Wiesen reizvoll umgeben, am einsamen Gh. „Gand“ (1684) vorbei zur Karnerbrücke. Man fährt über die Brücke, denn die geradeaus weiterführende Straße ist mit einem allgemeinen Fahrverbot belegt. Nun hat man einen nochmaligen, merklichen Anstieg. Nach Bewältigung dieser Talstufe leitet die durchwegs asphaltierte Straße durch das breite Hochtal des Suldenbaches. An der Kirche von Sulden kommt man zur Straßenteilung: re. die Zufahrt zum Langenstein-Sessellift, li. über den Bach nach Innersulden und zum oberen Parkplatz, welcher in einem Lärchenwald nahe der Talstation der Sulden-Seilbahn terrassenartig angelegt wurde. – Zum Kanzellift muß man sich im Ort Sulden bei einer neuerlichen Verzweigung scharf li. halten, HT. – Die Fahrbahnbreiten der SS. 622 schwanken zwischen 4.5 m und 7 m. Die windungsreichen Bergstrecken genügten hinsichtlich ihrer Trassierungen im Bj. nicht mehr den Anforderungen eines modernen Verkehrsablaufes: bei Außersulden Engstelle durch einen nur 2.3 m breiten Torbogen! Die Route ist für doppelstöckige Busse bzw. Fahrzeuge mit hohen Aufbauten nicht passierbar. Vorrangstrecken für Bergfahrende sind ausgeschildert. Ausgesetzte Stellen sind durch Leitplanken abgesichert, SG 2 – 3.

RW 332 **Düsseldorfer Hütte (Zaytalhütte)**, 2721 m und Hinteres Schöneck***, 3128 m.** Mit dem Hinteren Schöneck, der letzten, nur wenig ausgeprägten Erhebung in dem langen Gratrücken, den die Tschenglser Hochwand (3375) gegen SW entsendet, schließt sich der Kreis von Dreitausendern um Sulden. Die felsige Kuppe, eine Aussichtwarte par excellence, ist das Ziel einer großartigen Bergfahrt, die allerdings Trittsicherheit und Ausdauer verlangt, sind doch im obersten Teil des Aufstiegs einige etwas ausgesetzte Stellen mit Drahtseilsicherungen zu überwinden, von der Düsseldorfer Hütte 1½ Std. – Der Abstieg auf Weg 18 über das Vordere Schöneck (2908) und die Stieralpe hinunter nach Sulden mit seinen runden 1200 m HU hat schon manchem wackeren „Alpinisten“ weiche Knie verschafft, 2 Std.!

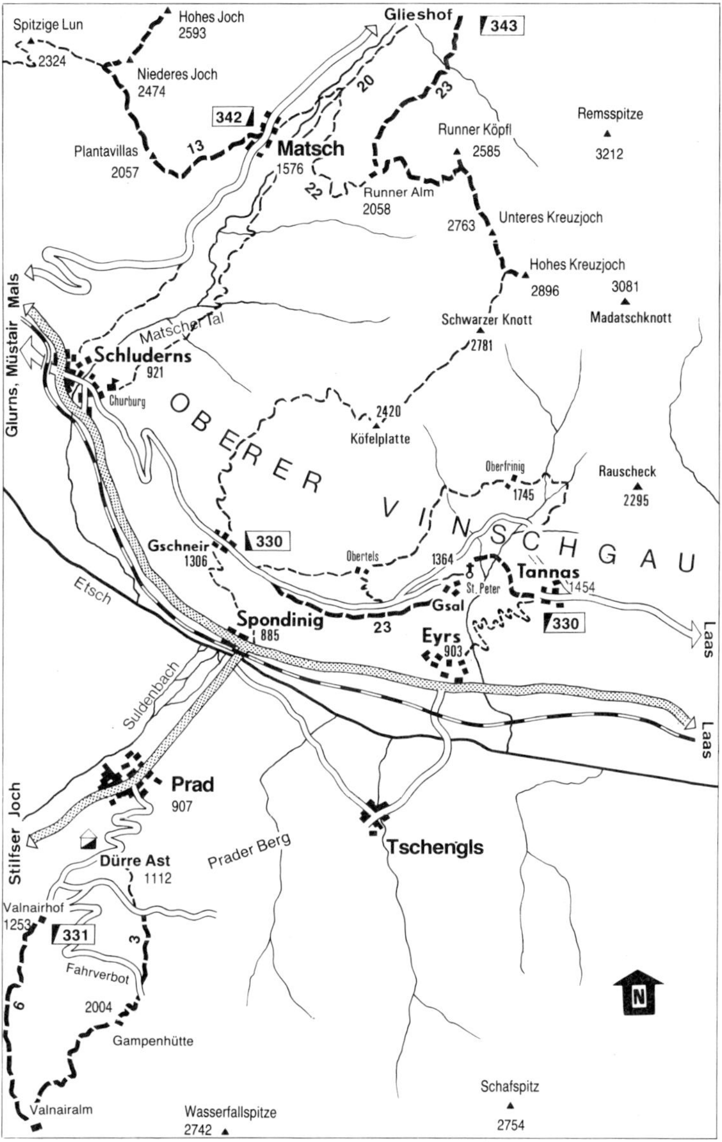

Skizze 55 Spondinig

AP der Schöneck-Runde ist die Liftstation auf der Kanzel (2350). Zunächst wandert man, nur mäßig ansteigend auf Weg 12 zur Zaywies und in den hufeisenförmigen Talschluß, wo man auf den Hüttenweg 5 stößt, der direkt zur Zaytalhütte leitet, 1½ Std. Die Düsseldorfer Hütte steht am Rande der Wandelböden bzw. am Westfuß der Vertainspitze und ist im N und O von den kleinen Zayseen umgeben. Faszinierend ist der Blick über das Suldental hinweg auf den Ortler. Die Hütte wurde anno 1892 von der Sektion Düsseldorf des DÖAV erbaut, befindet sich heute in Staatsbesitz und wird von der CAI-Sektion Mailand verwaltet; sie wird vom 1. Juli bis Ende Sept. und 3 – 4 Wochen während der Osterzeit bewirtsch., weil sich die Hochregion gut für Frühjahrs-Schitouren eignet. Neben der Hütte befindet sich ein Hubschrauber-Landeplatz für Noteinsätze. Der Serpentinensteig zum Gipfel des Hinteren Schönecks ist in gelber Farbe deutlich mark. – Z 5 Std., LA 3. – Hierzu Skizze 56.

RW 333 **Rosimboden**, 2473 m.** Einen vorzüglichen Aussichtspunkt an der orogr. re. Seite des Suldentales erschließt der Kanzel-Sessellift, dessen Talstation über das Grandhotel Sulden mit dem Auto anfahrbar ist; seine Bergstation mit dem Kanzel-Restaurant liegt in 2350 m Seehöhe. Nach der nur wenige Minuten in Anspruch nehmenden Bergfahrt läßt sich talein eine leichte, beschauliche Wanderung auf den mark. Wegen 12/13, zuletzt 11, bis in den Rosimboden anschließen, 1 Std., Blick im Talinneren auf den vom Rosimjoch (3288) herabziehenden Rosimgletscher. – Falls man nicht zum Lift zurückkehren möchte, empfiehlt sich die Bergabwanderung auf Weg 11 bis zur Oberen Ebene und die WV beim Punkt 2041 auf den Wegen 12 und 15 hinab zum AP. – HU bergan 125 m, bergab 500 m, Z 2½ Std., LA 1 – 2. Ein herrlicher Halbtagsausflug, der auch Familien mit Kindern und älteren Personen empfohlen werden kann. – Hierzu Skizze 56.

W 334 **Madritschjoch**, 3123 m, und Hintere Schöntaufspitze***, 3324 m, AP Suldental.** Zu den wenigen Dreitausendern der Ortler-Cevedale-Gruppe, die auch dem Bergwanderer zugänglich sind, zählt die Hintere Schöntaufspitze. AP für ihre Besteigung ist die herrlich, am Rande des Suldenferners gelegene Schaubachhütte neben der Bergstation der Sulden-Seilbahn; sie wurde anno 1876 vom Wiener Bergsteigerklub erbaut, später aber vergrößert. Heute wird sie von der CAI-Sektion Mailand verwaltet und wird fast gj. bewirtsch. – Bis zum Gipfel der Hinteren Schöntaufspitze sind von dieser günstig gelegenen Basis lediglich 750 runde Höhenmeter zu überwinden! Wer sie in seine Unternehmung einzubeziehen gedenkt, sollte auf jeden Fall Trittsicherheit, Ausdauer und Erfahrung in der Beurteilung objektiver Gefahren mitbringen. Wetterstürze, begleitet von Schneetreiben, beißender Kälte und dichtem Nebel, pflegen im Hochgebirge oft schneller als erwartet einzutreten!

Der Anstiegsweg unter dem stark zurückgegangenen Ebenwandferner hindurch und hinauf zum Madritschjoch ist bis dorthin mit 151 mark. Die n. vom Weg gelegene Jausenstation Madritschhütte (2817) ist nur während der Wintermonate geöffnet. Vom Madritschjoch, das den Übergang in das

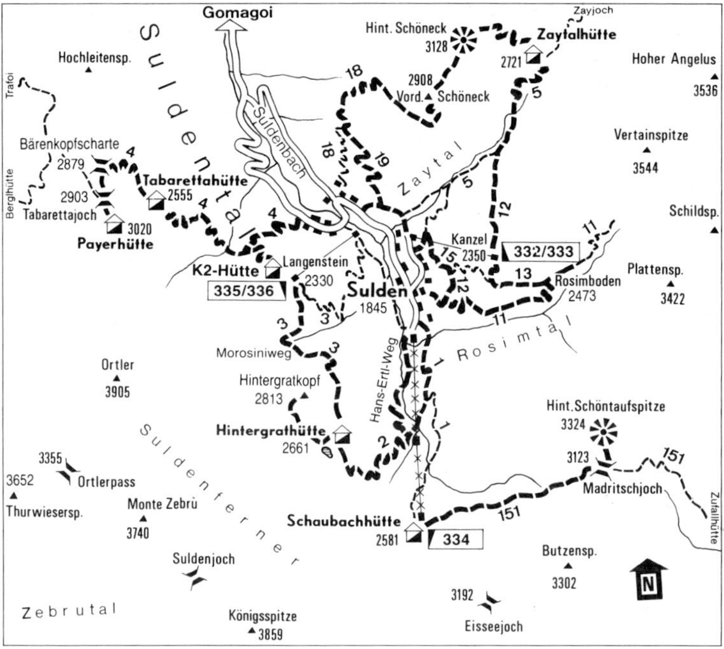

Skizze 56 Sulden

Martelltal bildet, → W 325, leiten Steigspuren über die mäßig geneigte Südflanke zum Gipfel, der herrliche Blicke auf das klassische Dreigestirn Ortler-Zebru-Königspitze vermittelt, 2½ Std. ab Schaubachhütte. Vom höchsten Punkt genießt man eine unvergleichliche Rundschau, die nicht weniger als 40 Dreitausender der Ortler-Cevedale-Gruppe einschließt. – Rückweg wie Hinweg. Z 4 Std., LA 3. Unternimmt man die Bergtour vom Parkplatz an der Talstation in Sulden-Gampen hin und zurück nur zu Fuß, so muß man hierfür zirka 7 Std. veranschlagen. – Hierzu Skizze 56 und Panorama Ortler-Cevedale-Gruppe.

Hintergrathütte 2661 m und Hintergratkopf***, 2813 m.** Von Sulden – St. Gertraud (1845) zunächst Auffahrt mit dem Langenstein-Sessellift zur Bergstation an der Rif. K2-Hütte (2330). Der Anstieg auf dem «Morosiniweg», Mark. 3 zur Hintergrathütte ist ein herrlicher Gang zwischen Himmel und Erde: re. die gewaltigen Grate und Eiswände des Ortler, tief unten das Tal, am ö. Horizont eine vielgipfelige Bergkette (von li. Tschenglser Hochwand, Hoher Angelus, Vertainspitze, Schildspitze, Hintere Schöntaufspitze **RW 335**

und Butzenspitze). Nach 1 Std. erreicht man die Hintergrathütte der Bergführergesellschaft Sulden, welche vom 1. März bis 20. April und von Mitte Juni bis Ende Sept. bewirtsch. ist. In nächster Umgebung der Hütte liegt der kleine Hinterbergsee in einer Mulde eingebettet. Vollkommen frei ist der Blick gegen S auf die Königspitze. Diese stolze, eisbedeckte Pyramide ist unstreitig die schönste Gipfelgestalt der Ortlergruppe; sie wurde im Jahre 1864 erstmals vom englischen Alpinisten C. C. Tuckett mit drei Begleitern erstiegen. – Nw. über dem Schutzhaus erhebt sich der Hintergratkopf, eine hervorragende Aussichtskanzel, von der man ein umfassendes Panorama auf die hochalpine Kulisse des inneren Suldentals genießt; er ist in 45 Min. auf Steigspuren leicht zu erreichen.

Der Abstieg von der Hintergrathütte auf Weg 2, vorbei an der verfallenen Bäckmannhütte, erfolgt zunächst in s. Richtung. Am Punkt 2501 wendet man sich nach NO in Richtung Mittelstation (2205) der Suldner-Seilbahn, wo man die Wahl hat, entweder auf dem «Hans-Ertl-Weg» neben dem Suldenbach weiter abzusteigen oder re., oberhalb des Baches den bequemen Weg 1 zu begehen, welcher die Abhänge der Schöntaufwand traversiert. Nahe der Seilbahn-Talstation leitet ein flach verlaufender Fußweg in Bachnähe zum AP zurück. – HU bergan 500 m, bergab 970 m, Z 4 Std., LA 2. – Hierzu Skizze 56.

W 336 **Tabaretta-Hütte*, 2555 und Julius-Payer-Hütte**, 3020 m.** AP ist die Bergstation (2330) des Langenstein-Sesselliftes, welcher von Ende Juni bis September in Betrieb ist. Weg 10 verläuft zunächst mit sanftem Gefälle zum Roßboden (2250), dann mit 2 Serpentinen zur WV beim Punkt 2145. Ab hier setzt der Anstieg auf dem Hüttenweg, Mark. 4, ein. Man quert die ausgedehnte, vom Marltferner zurückgelassene Moräne, welcher direkt über die Nordflanke des Ortlers herabzieht. In bequemen Serpentinen erreicht man nach 1½ Std. die anno 1880 erbaute und in Privatbesitz befindliche Tabaretta-Hütte, welche von Ende Juni bis Ende Sept. bewirtsch. ist. – Will man seine Bergwanderung zur Payerhütte fortsetzen, so muß man zur Bärenkopfscharte (2879) ansteigen und hat dann eine aussichtsreiche Kammwanderung über die Tabarettascharte (2903), welche nur tangiert wird, zur Hütte am Ortler-Nordkamm, 2½ Std. ab Liftstation Langenstein. Sie ist der älteste und zugleich bekannteste Tourenstützpunkt im Ortlergebiet, denn sie wurde bereits im Jahre 1875 durch die Sektion Prag des DÖAV erbaut, jedoch später mehrmals erweitert. Heute wird sie von der CAI-Sektion Mailand verwaltet. Bewirtschaftung von Anfang Juli bis 20. September. Die Hütte wurde nach dem Erschließer der Ortlerberge und späteren Polarforscher Julius von Payer benannt. – Faszinierend ist die großartige Aussicht gegen NW und N auf die Silvretta, Sesvenna- und Samnaungruppe sowie auf die Ötztaler Alpen. Die Kammwanderung wenig unterhalb der Hütte vermittelt Tiefblicke auf die kühne Trassierung der altehrwürdigen Stilfser-Joch-Straße. Rückweg wie Hinweg. – HU bergauf 700 m, bergab 1200 m, falls Rückkehr zu Fuß bis Sulden-St. Gertraud erfolgt, Z 4½ bzw. 5½ Std. LA 3. – Hierzu Skizze 56.

Trafoier Tal und Stilfser Joch

Stilfser Joch/Passo dello Stelvio*, 2758 m**

Trotz ihres Alters zählt sie nach wie vor zu den interessantesten und attraktivsten Hochalpenstraßen. Seit der Eröffnung im Jahre 1826 hat sich an ihrer Trassenführung auch nichts Wesentliches geändert: wo die erste Anlage zu eng war, wurden später bergseitig Felsabgrabungen vorgenommen und überhängende Felsbalmen durch Stützmauern abgefangen. Die Fahrbahnbreiten schwanken zwischen 4 und 7 m, sämtliche Engstellen sind knapp zweispurig. Die Steigungen bzw. Gefälle haben auf beiden Seiten des Passes max. 12%, auf der Ostrampe ist beim „Weißen Knott" ein kurzer Abschnitt mit 15%. Die gesamte Strecke vom Abzweig an der SS. 40 bei Spondinig (886) bis Bormio mißt 50 km und ist komplett asphaltiert. Durch die wechselhaften Witterungseinflüsse ist die Straßendecke besonders in größeren Höhenlagen häufigen Schäden ausgesetzt. Die Öffnungszeiten bewegen sich in der Regel zwischen Ende Juni und Ende Oktober. Auf der Ostrampe zwischen Gomagoi und der Jochhöhe trifft man 48 numerierte Kehren an, auf der Westrampe von der Scheitelhöhe hinab nach Bormio sind es deren 39. In besonders engen Kehren müssen lange Omnibusse reversieren, was unter Umständen den Verkehrsfluß empfindlich beeinträchtigt. Die Bergstrecke verlangt Ausdauer für Lenker und Fahrzeug. Durch die langen und permanent anhaltenden Steigungsstrecken hat der Motor Ungewöhnliches zu leisten; infolge der dünneren Luft tritt oberhalb 2000 m ein empfindlicher, jedoch normaler Leistungsabfall des Motors ein, der dicht unter der Jochhöhe zirka 30% beträgt! An Schönwettertagen muß man hier auch mit entsprechend starken Verkehrsdichten rechnen. Von einer Fahrt über das Joch bei stark wolkenverhangenen Bergen oder bei strömendem Regen ist hingegen abzuraten. Keine Sicht in „Waschküchen" und erhöhte Rutschgefahr bei Nässe! Ostrampe SG 3, Westrampe SG 2 – 3. Bezüglich der Aussicht ist die Fahrtrichtung von O nach W lohnender.

Hinter Gomagoi (1256) beginnt die Paßrampe im engeren Sinn. Viermal den Trafoier Bach überquerend, wechselt man die Talseite. Knapp vor Trafoi (1543) gibt eine Talweitung den Blick auf die Madatschspitzen, die Trafoier Eiswand, die Schneeglocke, das Nashorn und den Unteren Ortlerferner frei. Mit zunehmender Höhe steigert sich das Fahrt- und Landschaftserlebnis, wobei man an den Gletscher auf kurze Distanz herankommt. Angesichts der majestätischen Bergwelt sollte man sich an der Einkehrstation „Weißer Knott" (1876) eine Rast gönnen. Man verläßt nun das Trafoier Tal, und nach einer kehrenreichen Strecke erreicht man die nach Kaiser Franz I. von Österreich benannte Franzenshöhe (2189). Der Blick auf die Ortlerspitze und den Madatschgletscher wird hier frei. Auf der kühn erbauten Straße gewinnt man in gut zu verfolgenden Serpentinen weiter an Höhe. Stereotyp folgt Kehre auf Kehre, wobei nur nackte Felsen und Schotterhalden mit spärlichen Grasnarben bewachsen die unmittelbare Umgebung der Trasse bilden. Besonders eindrucksvoll wirken die am Fels gemauerten Kehren bei den Wendestellen. Es empfiehlt sich, bereits den Parkplatz an der obersten Kehre zu benützen, da die Scheitelhöhe an frequentierten Tagen total verparkt ist!

Nach O richtet sich der Ausblick auf den Ortler. Über das Stilfser Joch verläuft die deutsch-ital. Sprachgrenze. – Im S der Scheitelhöhe zieht vom Monte Livrio und von der Naglerspitze (3259) das vielbesuchte Sommerschigebiet mit seinen weiten Firnhängen herab, welches durch zahlreiche Aufstiegshilfen erschlossen wurde. Leider ist die Gletscherregion hier auch entsprechend „verdrahtet"! Die **Kabinen-Seilbahn** zur **Livrio-Hütte** (3174) bildet das Kernstück des Liftsystems in diesem Gletschergebiet.

W 337 **Stilfser Alm*, 2057 m und Piz Chavalatsch***, 2763 m.** Selten besucht, aber dennoch ein echter „Leckerbissen“: der Piz Chavalatsch, n. Eckpfeiler des langgestreckten Fallaschkamms, welcher das Untere Münstertal vom Trafoier Tal trennt. Sein Gipfel bietet eine unvergleichlich schöne Rundschau, reich an Gegensätzen und stimmungsvollen Bildern. Unbestrittenen Glanzpunkt bildet hier der „Vinschgaublick“; sehr eindrucksvoll auch die Parade der vergletscherten Ortlerriesen.

Man hat die Wahl zwischen zwei, auch mit dem Auto anfahrbaren AP: entweder der Ort Stilfs (1306) oder das Wildgehege (1742) im Platzwald. Letzterer ist erreichbar, wenn man von der Landesstraße nach Stilfs zirka 2 km hinter Gomagoi beim Sportplatz li. abzweigt und über den Weiler Platz auf geteerten Sträßchen talein fährt. Vom EP beginnt re. in n. Richtung Weg 2, welcher zur Stilfser Alm leitet. Dort ist auch die WV mit dem am Tramentanbach von Stilfs über Falatsches heraufführenden Weg 4. – Der weitere Anstiegsweg zum Piz Chavalatsch ist mit 5 bez. Die Orientierung macht aber keine Schwierigkeiten, da meist Sichtverbindung besteht. Die vorzügliche Anlage des Weges gleicht mit zahlreichen Serpentinen und Windungen die Steigungsverhältnisse gut aus. Auf dem Weg von der Stilfser Alm zum Gipfel kann man des öfteren Murmeltieren begegnen. Zuletzt kommt man re. an einem kleinen Tümpel vorbei, während man das Schartl (2593) li. liegen läßt. Über den großartigen Aussichtsberg verläuft die Staatsgrenze mit der Schweiz.

Von Interesse ist auch der Höhenweg 4 von der Furkelhütte (2153) über das Quellgebiet des Platzbaches zur Stilfser Alm mit Anschluß an den beschriebenen Weg 5. Der Sessellift von Trafoi auf den Kleinboden bietet hierzu eine willkommene Aufstiegshilfe und verkürzt auch die gesamte Anstiegszeit, welche von der bewirtsch. Furkelhütte bis zum Gipfel nur 3½ Std., von Stilfs 4½ Std., vom Wildgehege 3 Std. beträgt. Als HU wurden ermittelt: von Stilfs 1460 m, vom Wildgehege 1020 m, von der Furkelhütte bzw. Stilfser Alm 700 m. – Rückweg jeweils wie Hinweg. Z 5 bis 7 Std., je nach AP, LA 3. – Hierzu Skizze 57.

Ein fast gleichrangiger Aussichtsberg ist der weiter s. im Fallatschkamm aufragende Schafberg/Piz Minschuns (2934), welcher von der Furkelhütte über den Rücken mit dem Schafseck (2502) in 2½ Std. ohne nennenswerte Schwierigkeiten ersteigbar ist.

RW 338 **Berglhütte am Pleisshorn*, 2188 m und Tabarettakugel**, 2591 m.** AP ist die Wallfahrtsstätte (Kirchlein) zu den „Heiligen Drei Brunnen“ (1605), welche von der Stilfser-Joch-Straße s. Trafoi (1543) anfahrbar ist, HT. Die Wege 15 und 186 führen, stark gewunden, hinauf zur Berglhütte, 2 Std.; die Hütte wird nicht regelmäßig bewirtsch. (meist ist sie vom 20. Juli bis Ende August geöffnet), weshalb sich empfiehlt, vorher im Talort Trafoi genaue Auskünfte einzuholen. Der Anstiegsweg vermittelt einige bemerkenswerte Ausblicke auf die erhabene Hochgebirgslandschaft um König Ortler; bei entsprechender Vorsicht ist er auch für Familien geeignet, LA 1 – 2.

Blick von der Bergstation des **Kleinboden-Sesselliftes** an der Furkelhütte auf die vergletscherten Ortlerberge. Von li. nach re.: Ortler, Großer Eiskogel, Thurwieser Spitze, Trafoier Eiswand, Nashorn und Schneeglocke. Von der Furkelhütte gibt es besonders lohnende Bergwanderungen sowohl auf das Schafseck und den Schafberg als auch auf den Piz Chavalatsch → W 337. Foto Verlagsarchiv

Die Halbtagswanderung zur Berglhütte läßt sich gut zu einer prächtigen Höhenrunde ausdehnen. Markante Punkte im weiteren Wegverlauf bilden dabei das verfallene Edelweiß-Biwak (2481), ab dort Mark. 19/185, und die Alpenrosen-Hütte (2029), deren Bewirtsch. aber unsicher ist. Zuletzt auf Steig 3 hinab zur Brücke über den Trafoier Bach und über den Campingplatz zurück zum AP. – HU 1050 m, wobei man auf der Tabarettakugel den höchsten Punkt der Runde erreicht. Z 5½ Std., LA 2 – 3. – Hierzu Skizze 57.

Dreisprachenspitze*, 2843 m und Rötlspitze*, 3026 m.** Unmittelbar n. über dem Stilfser Joch (2757) erhebt sich die Dreisprachenspitze/Cima Garibaldi/Piz da las trais Linguas, Ziel eines alpinen Spazierganges, den man bei guter Fernsicht nicht versäumen sollte. Von der steinigen Kuppe, auf der bis 1919 die Grenzen Italiens, Österreichs und der Schweiz zusammenliefen, hat man eine prächtige Aussicht, die gegen SW bis zur Berninagruppe, gegen NO bis hin zu den Ötztaler Alpen reicht. Im SO beherrschen die vergletscherten Gipfel der Ortlergruppe das Blickfeld. Man erkennt von li. als markanteste Erhebungen: Ortler, Monte Zebru, Thurwieser Spitze, Trafoier Eiswand, Mittl. Madatschspitze, Tuckettspitze und Geisterspitze. – HU knapp 100 m, Z ½ Std., LA 1. W 339

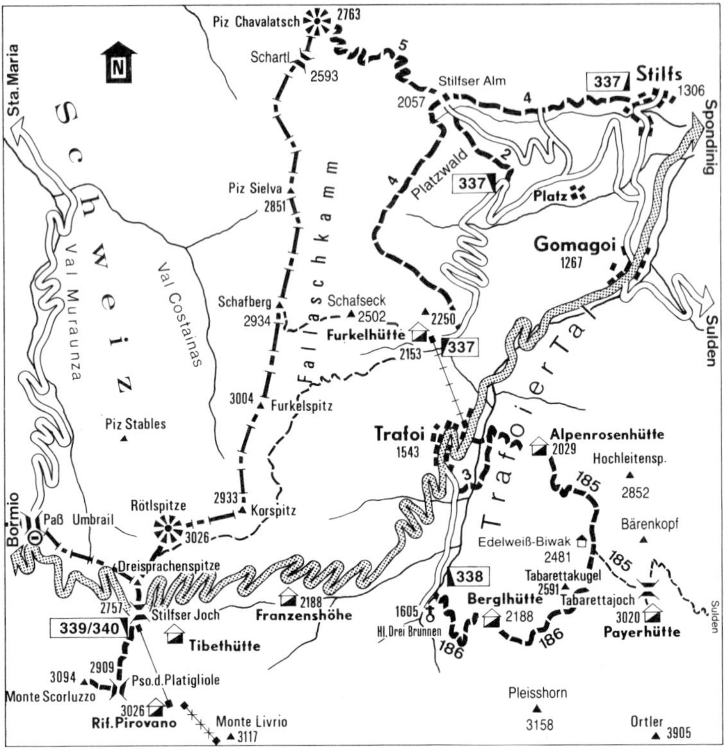

Skizze 57 Stilfser Joch

Entsprechende Ausrüstung vorausgesetzt, kann man von der Dreisprachenspitze aus leicht die Rötlspitze, höchste Erhebung im Zuge des Fallaschkamms, besteigen. Die Kammwanderung vermittelt herrliche Ortlerbilder, während der knapp auf Schweizer Territorium liegende Gipfel ein uneingeschränktes 360-Grad-Panorama bietet. In der Grenzzone unbedingt Ausweispapiere mitführen! HU 270 m, Z 2 Std., jeweils vom Stilfser Joch, LA 2. – Hierzu Skizze 57.

W **Platigliolepaß*, 2909 m und Monte Scorluzzo**, 3094 m.** Letzterer ist
340 ein leichter Dreitausender und ein lohnender Aussichtsgipfel im SW des Stilfser Jochs. Seine Besteigung vom AP Stilfser Joch (2757) über den Platigliolepaß und die mäßig geneigte Ostflanke bereitet auf Wegspuren in den Hochsommermonaten zwar keinerlei Schwierigkeiten, setzt aber Trittsicherheit voraus, Anstieg 1¼ Std. – Überreste von Kriegsstellungen, auf die man gelegentlich trifft, erinnern an die Ortlerfront von 1915 bis 1918. Rückweg wie Hinweg. HU 350 m, Z 2 Std., LA 2 – 3. – Hierzu Skizze 57.

Der Panoramaweg von der **Klammbachalmhütte** zur Nemes-Alm-Hütte und zum Kreuzberg-Sattel zählt wegen der hervorragenden Ausblicke auf die Sextener Dolomiten zu den lohnendsten Höhenwegen im Sextental → RW 89. Foto E. Denzel

Bei einer Wanderung zwischen Lengmoos und Maria Saal verdienen die **Rittner Erdpyramiden** besondere Beachtung. Es handelt sich bei diesen pfeiler- und pyramidenförmigen Gebilden um Material aus eiszeitlichem Moränenschutt, dessen lockere Masse durch die schlagende Wirkung des Wassers ausgespült wurde. Wo Decksteine den Untergrund vor Erosion schützten, kam es zur Bildung von Pyramiden → RW 195.

Das malerische Städtchen **Klausen** im Eisacktal wird von der mauerumgürteten Anlage des **Benediktinerinnenklosters Säben** überragt; es wurde auf einem steil abfallenden Felsen im 17. Jh. errichtet und ist von weither sichtbar → RW 182. Foto E. Fuchs-Hauffen

Die **Frühlings-Küchenschelle** oder Pelzanemone hat ihre Standorte mit Vorliebe auf eiszeitlich abgelagertem und in der Folgezeit stark überwachsenem Moränenschutt. Dort kommt sie, vornehmlich auf sonnigen Matten und Weiden, in Lagen zwischen 500 m und 2500 m bald nach der Schneeschmelze vor. Je nach Standort beginnt ihre Blüte Ende März und endet Mitte Juni. Foto Fritz Keitsch

Münstertal

Glurnser Wald. Im Münstertal kann man von der SS. 41 nach Taufers eine bequeme Wanderung auf einem Forstweg (allg. Fahrverbot) durch den ausgedehnten Glurnser Wald unternehmen. Der AP befindet sich zirka 3,5 km w. von Glurns bei der Straßengabelung vor der Calvenbrücke (973). Hier bleibt man auf der orographisch re. Seite des Rambaches (Rom) und findet 100 m weiter einen regulären Parkplatz vor dem Schranken. Nun folgt man der HT „Waldweg Nr. 6 zur Schweizer Grenze, 2 Std.“ bzw. etwas weiter der HT „Rifair“ neben dem Bach, welcher den Nationalpark Stilfser Joch im NW begrenzt. Die Mark. ist rot-weiß-rot und trägt fallweise die Ziffer 6. Neben dem nur mäßig ansteigenden Weg durch schönen Mischwald sind zahlreiche Rastbänke aufgestellt. Vor Rifair hat man die Wahl, entweder geradeaus die Wanderung bis an die Grenze bei Puntweil fortzusetzen oder über Rifair nach Taufers (1240), 1 1/2 Std. zu gehen. Von Taufers läßt sich ein Abstecher zu den Burgruinen Unterreichenberg und Oberreichenberg (Rotund), welche die frühere Bedeutung dieses Handelsweges bezeugen, unternehmen. Benützt man nun den unterhalb der Burgruinen auf der orographisch li. Talseite verlaufenden, mark. alten Waalweg durch den Calvenwald zurück zum AP an der Calvenbrücke, so hat man eine unbeschwerliche, erholsame Rundwanderung. Z. 3 1/2 bis 4 Std., LA 1 – 2. – Hierzu Skizze 55. **W 341**

Vinschgauer Oberland

Matscher Tal, Glieshof 1824 m

Eine Oase der Stille ist das nur wenig besuchte Matscher Tal, das man sowohl von Schluderns als auch von Mals aus anfahren kann, 3 bzw. 2 km bis zum Taleingang. Die Abzw. von der SS.40 befindet sich nur wenig ö. von Tartsch (1010). Auf teilweise zweispurig ausgebauter und gleichmäßig ansteigender Strecke, Maxima 12%, gewinnt man bald an Höhe. Nach 6 km ist Matsch (1576) erreicht, dessen schlanker Kirchturm den Wanderer schon grüßt, bevor das Dörfchen selbst sichtbar wird. Die Häuser, mit Ausnahme des stattlichen Pfarrhauses, sind klein und bescheiden; die Dächer sind mit Schindeln bedeckt und die dicken Mauern haben nur winzige Fenster. Folgt man dem Saldurbach weiter talein, so gelangt man nach Thanai und zum Gh. Glieshof. Der EP ist 16 km von Schluderns bzw. 15 km von Mals entfernt, SG 2-3. Die Glieshöfe sind AP für den Aufstieg zur neuen Oberetteshütte (2677), 2 1/2 Std., welche anstelle der abgebrannten Höllerhütte (frühere Karlsbader Hütte) errichtet wurde. Für Eisgeher bildet sie einen wichtigen Stützpunkt im Südanstieg zur Weißkugel (2738). – Normalgeher benützen im Abstieg den mit 4 bez., Aussicht bietenden Höhenweg über den Saldursee und die Äußere Lackenspitze hinab in das Tal des Saldurbaches. Für diese RW rechnet man mit einem Z von zirka 6 Std.

Niederes Joch*, 2474 m und Hohes Joch, 2593 m.** Von den Erhebungen im Kamm zwischen dem Matscher- und Planeiltal ist eine Besteigung des Hohen Joches weit lohnender als eine Begehung des Spitzigen Lun. AP ist das reizvoll gelegene Bergdorf Matsch (1576). Auf Weg 13 wandert man zunächst in sw. Richtung und kürzt das Forststräßchen mehrfach ab. **W 342**

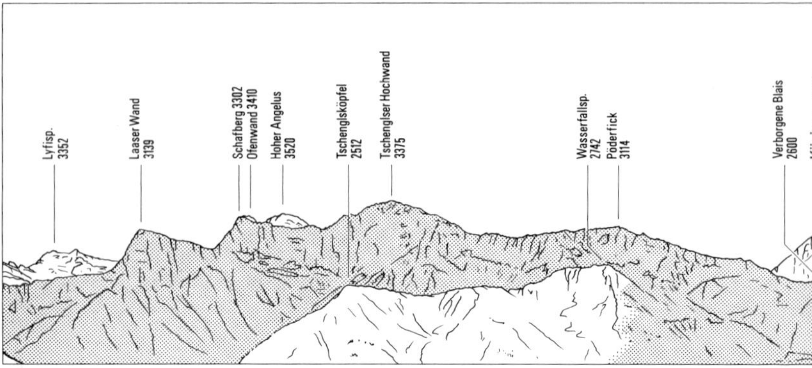

PANORAMA: Ortlergruppe von Plantavillas (Spitzige Lun)

Auf schmalem Steig durch den Wald gelangt man nach 1½ Std. zu den Bergwiesen von Plantavillas (2057) mit herrlichem Ortlerblick. Im weiteren Anstieg traversiert man die sw. Abhänge des Niederen Joches, bevor re. das unmark. Steiglein über den Grat zum Gipfel des Hohen Joches re. abzweigt, vom AP 3 Std. Prunkstück der weiten Aussicht, die gegen N bis zur Samnaungruppe reicht, ist die stark vergletscherte Ortler-Cevedale-Gruppe, deren Gipfel den Horizont im S beherrschen; weiters sind die eindrucksvollen Tiefblicke auf die Malser Haide und die beiden Seebecken am Reschenpaß besonders zu erwähnen. Rückweg wie Hinweg. – HU 1000 m, Z 5 Std., LA 2 – 3. – Hierzu Skizze 58 und Panorama Ortlergruppe.

W 343 **Hohes Kreuzjoch**, 2986 m.** Aus dem Bergkamm zwischen Matscher- und Schlandrauner Tal ragt als wenig begangener Aussichtsberg das Hohe Kreuzjoch sw. der Litzner Spitze (3206) hervor. Der wohl lohnendste Zugang nimmt seinen Ausgang an der Straßenbrücke (1750) von Thanai. Man folgt dem bewaldeten Steig mit Mark. 23 zunächst mäßig bergan zur verfallenen Runner Alm (2058), die sich auch auf den Wegen 20/22 vom Bergdörfchen Matsch (1576) aus erreichen läßt, 1½ Std. Der weitere Anstieg erfolgt über das Runner Köpfl (2585) und auf schmalem Steig (Trittsicherheit erforderlich) bzw. weglos über eine Scharte zum kaum ausgeprägten Unteren Kreuzjoch (2763). Schließlich erreicht man nach einer Anstiegszeit von knapp 4 Std. das Gipfelkreuz; auf dem östlichen Seitenkamm steht ein Steinmann (Gendarm). Die Aussicht richtet sich vor allem auf die Gletscher der Ortler-Cevedale-Gruppe, aber auch in das weite Talbecken mit den Orten Schluderns, Mals und Glurns. Bemerkenswerter Blick durch das Schlinigtal auf die Rasass-Spitze und andere Erhebungen der Sesvennagruppe. Rückweg wie Hinweg. HU 1250 m, Z 6½ Std., LA 3. – Hierzu Skizze 55.

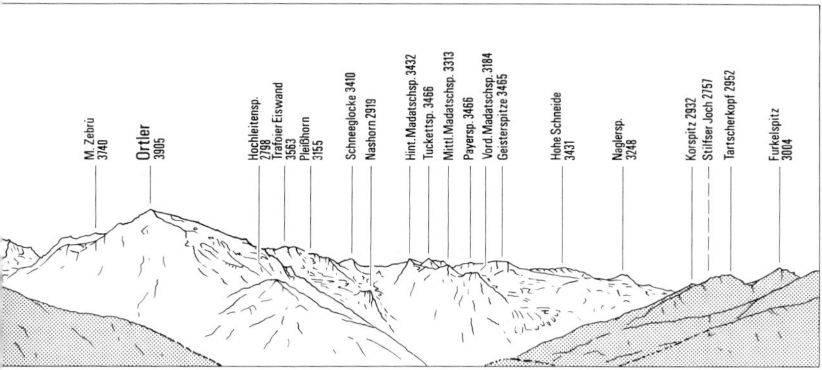

Schliniger Tal

Schliniger Tal*, Schlinig 1738 m und Prämajur 1740 m

Die Sesvennagruppe entspricht lagemäßig dem ö. Teil der Rätischen Alpen. Touristisch bislang im Schatten der nahen Ortler-Cevedale-Gruppe bzw. der Ötztaler Alpen stehend, zieht sie durch Neubauten von Wegen, Straßen, Aufstiegshilfen und Hütten von Jahr zu Jahr mehr Bergwanderer und Schifahrer an. – Von der SS.40 (Reschenpaßstraße) fährt man zunächst in den malerischen Ort Burgeis (1216), von Mals 1.6 km entfernt. Bereits von weit her sind sowohl die altersgraue Fürstenburg als auch die hell leuchtenden Fassaden der Benediktinerabtei Marienberg hoch über dem Dorf erkennbar. Die enge Ortsdurchfahrt wird teilweise im Einbahnverkehr bewältigt. Die prächtig ausgebaute Straße nach Schlinig und Prämajur windet sich aussichtsreich durch herrlichen, alten Lärchenbestand auf einer Hangstrecke empor, wobei man rasch an Höhe gewinnt. Ausgesetzte Stellen wurden durch Leitplanken abgesichert. Die max. Steigung beträgt 10%. Nach 4 km ist re. die Zufahrt zum Gh. „Gerstl“ in aussichtsreicher Lage. – Nach 5.1 km hat man bei der Straßenteilung re., HT, die fast flach verlaufende, nur 1.4 km lange Stichstraße zum Großparkplatz an der Talstation der Doppelsesselbahn Watles (auch Sommerbetrieb); dort stehen auch die beiden Gh. „Watles“ und „Kastellaz“, letzteres in besonders aussichtsreicher Lage. – Fährt man bei der Straßenteilung geradeaus weiter, so gelangt man in das malerische Bergdorf Schlinig, das noch manches Ursprüngliche bewahrt. EP 7.3 km von Burgeis entfernt. Parkmöglichkeiten beim Gh. „Aniggl“ bzw. beim Gh. „Edelweiß“ an der Dorfstraße, SG 2.

Plantapatsch-Hütte*, 2150 m und Watles, 2555 m.** Eine lohnende, fa- **RW**
milienfreundliche Halbtagswanderung. Der unmittelbar w. von Burgeis auf- **344**
ragende Watles ist eine Randerhebung der Sesvennagruppe und gilt als vorzügliche Aussichtswarte. Von seiner kahlen Gipfelkuppe hat man einen herrlichen Blick auf das gesamte Vinschgauer Oberland, die Ötztaler Alpen und die Gletscherberge der Ortler-Cevedale-Gruppe.

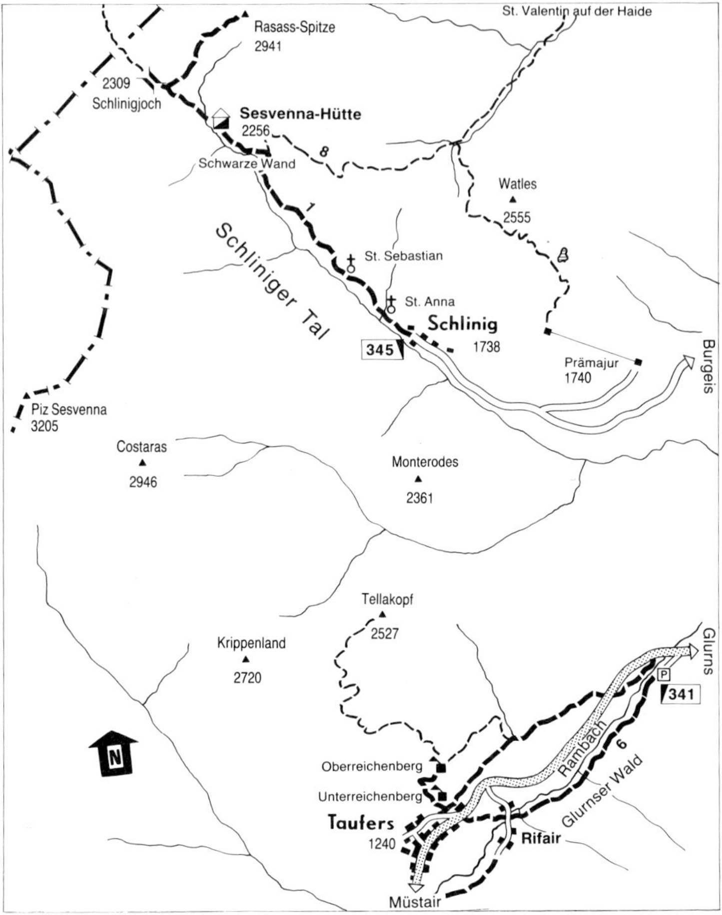

Skizze 58 Sesvenna

AP ist die Bergstation (2080) der Doppelsesselbahn auf der Höferalm. Der Anstieg führt an der Plantapatsch-Hütte vorbei, zunächst Mark. 4, welche man bald wieder verläßt, um die stark ausgeprägte Mulde mit den Pfaffenseen (2222) w. zu umgehen; dann li. weiter der Mark. 9 folgend. Nahe der Bergstation einer Aufstiegshilfe für Schiläufer (kein Sommerbetrieb) gelangt man zu einer WT: re. zum Watles, den ein großes Gipfelkreuz ziert, 1½ Std. vom AP. – Den Abstieg unternimmt man wiederum ein kurzes Stück auf Weg 9, um an der 2. WT re., die beiden Lifttrassen querend, über die blumenreiche Hoferalpe direkt in s. Richtung hinabzuwandern, bis man auf den Weg 4 stößt. Auf diesem teils durch Wiesen, teils durch lichte Lärchenwälder hinab zur Talstation (1740) der Doppelsesselbahn. – HU bergan 470 m, bergab 800 m. Z 3½ Std., LA 2.

Der Ausflug auf den Watles läßt sich auf der Rückfahrt gut mit einem Besuch des Benediktinerklosters in Marienberg verbinden, das oberhalb von Burgeis unweit der Straße nach Schlinig liegt. Die zweitürmige Stiftskirche birgt eine Vielzahl sakraler Kunstwerke; besonders hervorzuheben sind die in ihrer Art seltenen Fresken in der Krypta aus dem Jahre 1160. – Hierzu Skizze 59.

Sesvenna-Hütte*, 2256 m, Schlinigjoch*, 2309 m, und Rasass-Spitze*, 2941 m.** Das auch als Neue Pforzheimer Hütte bez. Schutzhaus der AVS-Sektion Mals steht im oberen Schliniger Tal nahe der ital.-schweizerischen Grenze am Schlinigjoch. Sie wurde 1980 fertiggestellt und ist von April bis Mitte Sept. bewirtsch. – AP der Talwanderung ist Schlinig (1738). Der Karrenweg mit Mark. 1 wird re. von vierzehn gemalten Kreuzwegstationen begleitet, ehe man zur St. Anna-Kapelle gelangt. Noch bevor die Äußere Schliniger Alm erreicht ist, hat man re. die St. Sebastian-Kapelle. Auf einem Steig setzt sich der Weg zur Hütte bis unter einen Felsabsatz, „Schwarze Wand“ genannt, fort. Man gelangt re. zur Abzw. des mit 8 mark. Steiges zum Übergang (2565) in das Oberdörfer- und Zerzertal. Die Sesvenna-Hütte erreicht man von dieser Stelle in nur 15 Min., für den Aufstieg bis zur Hütte rechnet man vom AP 1¾ Std. Rückweg wie Hinweg. – HU 520 m, Z 3 Std., LA 1 – 2. – Die wohl lohnendste Tour aus dieser Talschaft führt von der Hütte zunächst mäßig bergan auf das Schlinigjoch und über die SW-Flanke zur aussichtsberühmten Rasass-Spitze, 2½ Std. – HU total 1200 m, Z 6½ Std., LA 2 – 3. – Hierzu Skizze 58. **W 345**

Schöneben*, Schihaus 2087 m

Kommt man aus Richtung Reschen, so wird man die Auffahrt von Pitz durch den Gierner Wald in das Rojental benützen. Die Rojenhöfe läßt man aber re. liegen und fährt neben dem Bach noch bis zur Brücke. Geradeaus führt der Almweg bis zu den Hütten und weiter in das Fallungtal (allgemeines Fahrverbot). Scharf li. über die Brücke und ab jetzt auf zweispuriger Straße (im Bj. Schotterdecke) durch ein Gatter und mit zwei Serpentinen bei max. 12% Steigung hinauf zum Großparkplatz in Schöneben. Diese Bergstrecke mißt 2 km, SG 2. Das Schihaus wie auch die anderen Unterkunftshäuser bleiben im Sommer geschlossen. Von der Scheitelstrecke nur beschränkte Aussicht. – Die 7.5 km lange, vielgewundene Abfahrt durch ein ausgedehntes Waldgebiet nach St. Valentin ist vorzüglich angelegt, im oberen Abschnitt knapp zweispurig, dann einspurig mit Ausweichen. Ein besonders haltbarer Schwarzbelag (Asphalt) wurde im Bj. aufgetragen. Das Gefälle beträgt max. 10%. Abzw. mehrerer Forststraßen (Fahrverbote) längs der Strecke. Über die Häuser von Kaschon erreicht man den breiten Talboden und mündet n. von St. Valentin (1474) in die SS. 40 ein. – Ein Verbindungssträßchen leitet von den Mühlhäusern auf dem bewaldeten w. Steilufer des Reschensees über Spinn zur anfangs erwähnten Straßenvereinigung im Gierner Wald. – Im Winter richtungsgeregelter Einbahnverkehr nach und von Schöneben im entgegengesetzten Sinn der Beschreibung, d. h. Auffahrt von St. Valentin a. d. Haide, Abfahrt durch das Rojental über das Falliert-Eck (1816) nach Reschen.

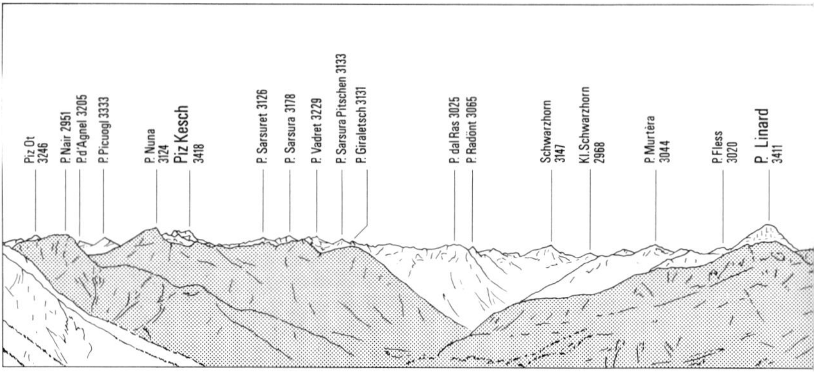

PANORAMA: Engadiner Berge vom Piz Lat

RW 346 **Elferspitze**, 2926 m.** Wenn die ö. Sesvennaberge zu den weniger besuchten Gegenden Südtirols zählen, so ist das wohl eher der unmittelbaren Nähe berühmterer Gipfel als dem Fehlen landschaftlicher Reize zuzuschreiben. Für alle jene, die gerne etwas abseits der ausgetretenen Pfade wandern, die Ursprünglichkeit suchen und sich an einer Begegnung mit freilebenden Tieren wie Gemsen oder Murmeltieren erfreuen können, bilden die Täler und Höhen sw. vom Reschenpaß ein wahres Dorado. Zu den schönsten Unternehmungen in diesem noch weitgehend unberührten Gebirgsraum zählt die Besteigung der Elferspitze. Als AP wählt man entweder die Bergstation (2120) der Doppelsesselbahn St. Valentin-Haideralm (Sommerbetrieb Ende Juni bis Mitte Sept.) oder das anfahrbare, im Sommer nicht bewirtsch. → Schihaus Schöneben (2087). Weg 9 leitet über die Haider Scharte (2743) in 2½ Std. zum aussichtsreichen Gipfel. Rückweg wie Hinweg. HU 800 m, Z 4 Std., LA 2 – 3. – Der empfehlenswerte Höhenweg mit Mark. 14 durchmißt vom Schihaus Schöneben oberhalb der Waldgrenze die ausgedehnte Haider Alm und stößt auf den, von der Lift-Bergstation heraufziehenden Weg 9, welcher über die Haider Scharte den Gipfel in 3½ Std. erreicht. Als Abstieg benützt man wahlweise Weg 9, welcher nordwärts über den Zehnerkopf (2675) zum AP zurückführt und damit eine Rundwanderung von sechsstündiger Dauer ermöglicht. HU 900 m, LA 3. – Hierzu Skizze 59.

Auf Almen gibt es für den Kraftfahrer des öfteren Probleme mit dem lieben Vieh. Es muß nicht unbedingt eine Kollision durch ein spontan in die Fahrbahn laufendes Kalb sein, es genügt auch, wenn eine Kuh das Auto dazu benützt, sich den Rücken wegen der lästigen Fliegen zu reiben oder wenn Pferde den Lack eines Fahrzeuges „verkosten" wollen. Eine **Aufsichtspflicht** für die Tiere und eine **Haftung durch den Tierhalter** besteht nicht, wenn es sich um Almgebiete handelt, in denen der unbeaufsichtigte Weidegang nach altem Herkommen ausgeübt wird.

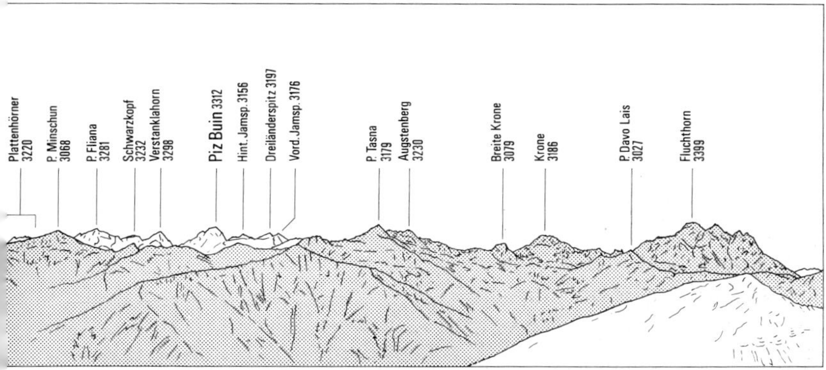

Rojen*, 1968 m

Anfahrt von Reschen (1513) über Pitz und durch den Gierner Wald bis zur Straßenteilung im Rojental → Reschner Alm. Von hier folgt man weiter talein dem nur mehr sanft ansteigenden Sträßchen mit Mark. 6 und tritt bald aus dem Wald in ein von Wiesen umgebenes, heiteres Hochtal ein. Über dem Talschluß erheben sich im S der Rasasser Berg (2884) und die Rasaßspitze (2941) aus der Sesvennagruppe. Das Sträßchen verläuft einspurig neben dem Bach, Ausweichstellen auf Sicht. Nach 1.7 km weist re. eine Tafel auf das aus dem 14. Jh. stammende Kirchlein von Rojen hin. Die steile Auffahrt (kurzes Stück zirka 24% Steigung!) zum Alpengh. „Bergkristall" war im Bj. stark ausgewaschen und zerfurcht, SG 4. Der EP liegt 400 m von der Abzw. an der Gemeindestraße entfernt. Die Rojenhöfe sind die höchstgelegenen und ganzj. bewohnten Bergbauernhöfe Südtirols. In ihrer unmittelbaren Nähe steht das sehenswerte Kirchlein mit seinen gut erhaltenen Innenfresken.

Reschner Alm, 2001 m**

Sie ist das zweifellos lohnendste, anfahrbare Ziel rund um den Reschensee! In Reschen (1513) verläßt man nahe der Kirche die SS. 40 und folgt der HT „Rojen, Reschner Alm" zunächst auf der ausgebauten w. Uferstraße über den Ortsteil Pitz zur Badebucht; hier Anlegeplatz für Windsurfer und ein Kinderplanschbecken. Herrliche Ausblicke von der Uferstrecke auf den See und die firnbedeckten Berge der Ortlergruppe! Hinter der Pitzbachbrücke beginnt die anfangs nur einspurige Bergstrecke mit max. 15% Steigung, Mark. 4, im Bj. Naturbelag. Während der Auffahrt hat man mehrmals Ausblicke zur jenseits der Talung aufragenden Klopaier Spitze (2918); darunter läßt sich der Verlauf des → Plamord-Sträßchens mit seinen gut erhaltenen Stützmauern und anderen Kunstbauten verfolgen. Auf der meist bewaldeten Strecke schwanken die Fahrbahnbreiten zwischen 3 und 5 m; auch die Art des Belages wechselt und kürzere Abschnitte waren im Bj. asphaltiert. Nach 3 km mündet die Verbindungsstraße von St. Valentin auf der Haide (1474) über Spinn ein. Im Winter geregelter Einbahnverkehr nach Rojen und Schöneben.

Die grandiose Gletscherwelt der Ortlerberge vom Piz Umbrail aus fotografiert. Gut zu erkennen ist die Scheitelstrecke der Hochstraße zwischen Paß Umbrail und Stilfser Joch. Bildarchiv Dr. Fritz Lause, Innsbruck

Bei km 6.2 im Rojental Straßenteilung: re. über die Brücke des Wildbaches befestigter Fahrweg zur Reschner Alm 5 km, HT. Es handelt sich dabei um ein einspuriges, ehem. Militärsträßchen mit festem Unterbau, welches über das Almgebiet hinaus noch bis zu den ehem. Unterständen von Gravelat (1965) leitet; dort findet man eine Wendeschleife vor. Durchwegs geschotterte Fahrbahn ohne Randsicherungen bis auf spärlich gesetzte Randsteine. Die Steigungen schwanken zwischen 12 und 15%, nur wenig Ausweichstellen, SG 3 – 4. Nach 9.3 km (ab Reschen) meist bewaldeter Strecke (herrlicher Lärchenbestand) ist die bewirtsch. Reschner Alm erreicht. Von dort Prachtblicke auf den Reschensee und sein Ostufer. Im SO glitzern die firnbedeckten Berge der Ortlergruppe mit der Vertainspitze (3545) und der Tschenglser Hochwand (3375). Blick nach O über den Reschensee zu den Gletscherbergen des Weißkugelkammes (s. Ötztaler Alpen), welche sich über dem Langtauferer Tal erheben. Direkt im S ragt die markante Elferspitze (2926) aus der Sesvennagruppe auf. Die Reschner Alm ist der höchstgelegene, anfahrbare Punkt dieser Route. – Das Sträßchen setzt sich noch über Seabl (hier Einmündung eines von Reschen heraufziehenden Forststräßchens) bis Gravelat fort. Letztgenannte Strecke ist bewaldet und weist ein sanftes Gefälle auf, man darf sie allerdings nur vor Bestoßung der Reschner Alm bzw. nach Viehabtrieb befahren. Das erwähnte Forststräßchen ist mit allgemeinem Fahrverbot belegt. Bei den in Verfall befindlichen Unterständen von Gravelat endet für zweispurige Fahrzeuge das Sträßchen mit einer Umkehrschleife. Reschner Alm – Gravelat SG 2 – 3.

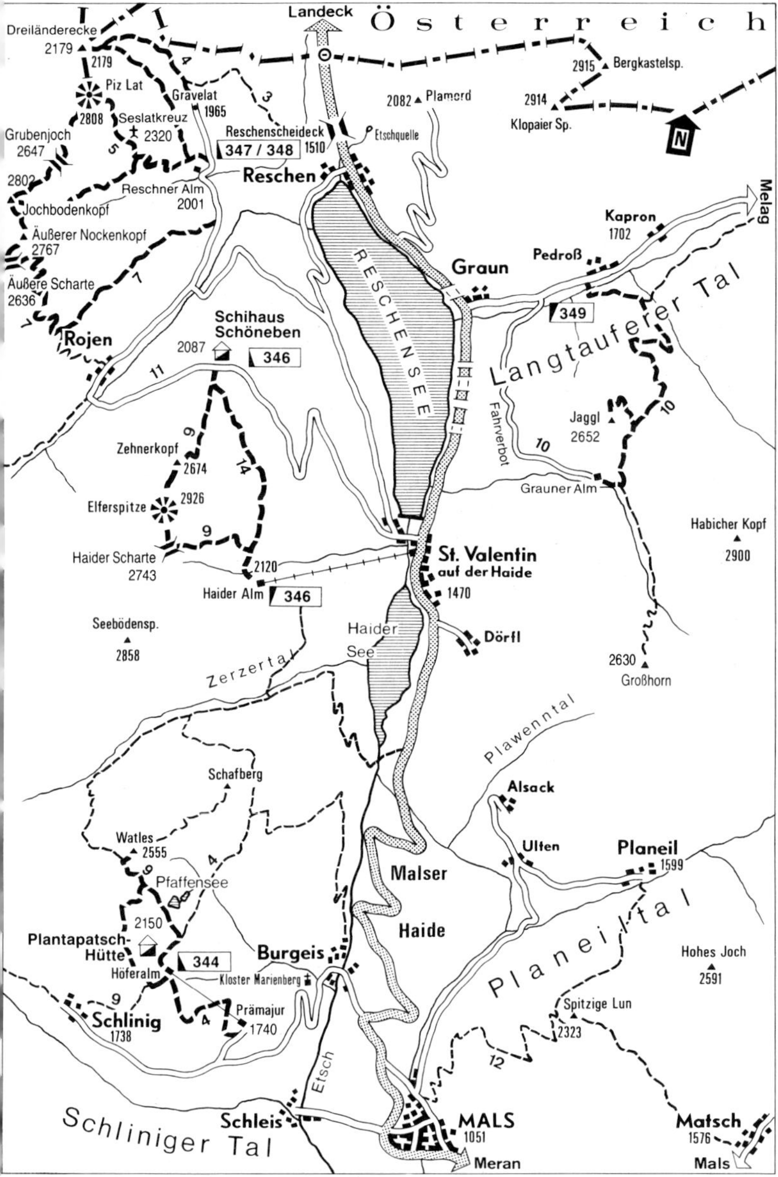

Skizze 59 Reschen

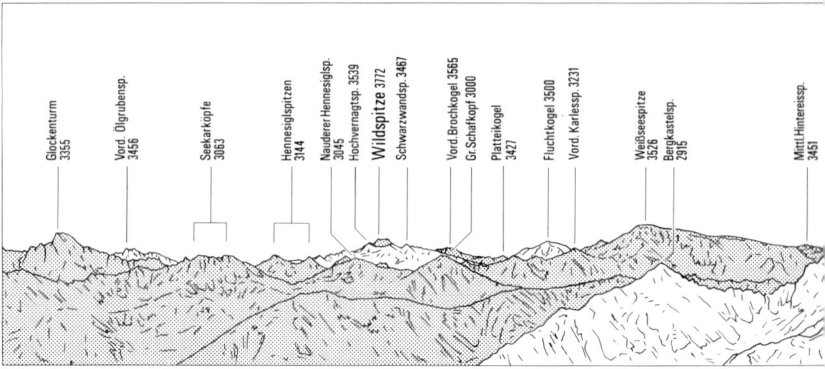

PANORAMA: Ötztaler Alpen vom Piz Lat

RW 347 **Gravelat, 1965 m und Dreiländerecke**, 2179 m.** AP ist die bewirtsch. Reschner Alm (2001). Zunächst auf dem befestigten, ehem. Militärsträßchen über Seabl zu den im Verfall befindlichen Unterkünften, Stallungen und Depots in Gravelat, welche noch aus der faschistischen Ära Italiens stammen. Oberhalb der Umkehrschleife schließt der Anstiegsweg mit Mark. 4 zum Dreiländerstein an. Es ist in dieser verträumten Ecke keine Seltenheit, wenn man dem Wild begegnet, wobei auch manchmal Steinböcke aus dem benachbarten Schweizer Nationalpark hier die Grenze wechseln. Bemerkenswert ist auch die üppige Alpenflora, vor allem in den Monaten Juni/Juli mit ihren zahlreichen Spielarten. An einer WV mündet der von Reschen-Dorf heraufziehende Wanderweg, Mark. 3 in den Karrenweg ein, der bald unterhalb der Wand endet. Zuletzt findet die Einbindung des vom Sessellift Kleinmutzkopf → TIROL kombiführer auto + wanderschuh über den Schwarzen See und Grünsee heraufleitenden, schönen Wanderweges statt. Ein Stein mit eingemeißelter Inschrift bezeichnet die Dreiländerecke, welche vor allem bemerkenswerte Tiefblicke vermittelt, 1 Std. – Zurück wählt man den oberen, ebenfalls mark. Steig, der nicht dem Karrenweg nach Gravelat folgt, sondern den Latschen- und Zirben bestandenen Hang traversiert, um sich unterhalb von Seslat mit Steig 5 zu vereinigen. Auf diesem über Almböden zurück zum AP. – HU 200 m, Z knappe 2 Std., LA 1 – 2. – Hierzu Skizze 59.

RW 348 **Piz Lat***, 2808 m und Jochbodenkopf**, 2802 m.** Eine großartige Aussicht, die gleichermaßen durch eindrucksvolle Tiefblicke ins Engadin, zum Reschen- und Haidersee wie auch durch eine faszinierende Gipfelschau der Sesvennagruppe, Silvretta, Samnaungruppe, Ötztaler Alpen und nicht zuletzt der Ortler-Cevedale-Gruppe besticht, genießt man von diesem außergewöhnlichen Grenzberg, der im S der „Dreiländerecke“ (2179) auf-

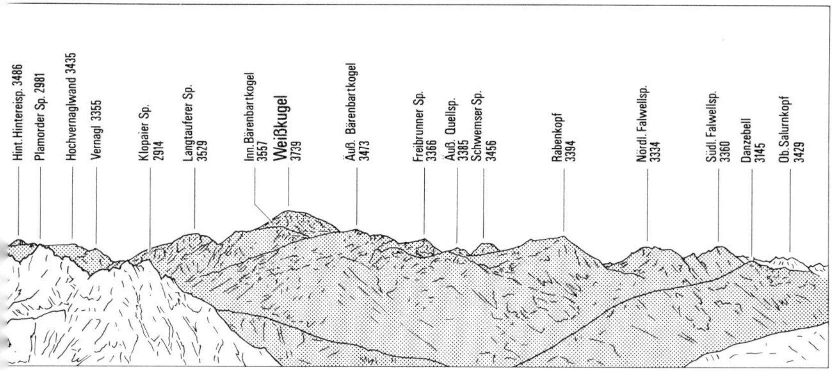

ragt. Er gehört der Sesvennagruppe an und ist deren nördlichster, weit gegen das Engadin vorgeschobene Gipfel, der sich vom anfahrbaren AP Reschner Alm (2001) in 2½ Std. leicht ersteigen läßt. Ein mit 5 bez. Steiglein leitet über das Seslatkreuz (2320), dort auch eine köstliche Quelle und eine Orientierungstafel, zuletzt etwas mühsam durch Schrofen zum weithin sichtbaren Gipfel.

Für Geübte bietet sich auf Steigspuren eine abwechslungsreiche Gratwanderung über Scharten, steile begraste Abhänge und felsige Abbrüche an, die man aber nur bei guten Sichtverhältnissen unternehmen soll. In der Kammregion findet man bis zur Äußeren Scharte überhaupt keine Mark. mehr und es ist einsehbar, welche Gefahren bei Nebel bzw. Nässe mit der Begehung des Grates verbunden sind! Die Trittsicherheit erfordernde Route führt in 1 Std. zum Grubenjoch (2647) und in weiteren 45 Min. über den Jochbodenkopf zum Äußeren Nockenkopf (2767) und in die Äußere Scharte (2636), weitere 30 Min. – Geologisch interessierte Wanderer finden in Kammnähe auffallend unterschiedliche Gesteinsarten, so z. B. dunkles Gestein am Piz Nair, helles Gestein am benachbarten Piz Ajüz und rötliches Gestein am Jochbodenkopf. – Man hat nun die Wahl, entweder auf dem mit 7 bez. Steiglein in Richtung Kalkwandhütte zum Reschner Almsträßchen abzusteigen (oberhalb der Hütte li. auf die mark. Abzw. achten) oder bis zum Jochbodenkopf zurückzuwandern, um von dort das unmark. Steiglein zu benützen, das mit dem Aufstiegsweg 5 verbindet.

Einmündung unterhalb vom Seslat-Bildstöckl und auf Weg 5 durch Zirbenwald-Parzellen zurück zum AP. – HU einschl. kurzer Zwischenanstiege zirka 1000 m, Z 6 bis 6½ Std., LA 3. Heißt das Ziel nur Piz Lat, so beträgt der HU 800 m, die entsprechende LA ist mit 2 zu beurteilen. – Hierzu Skizze 59 und Panoramen der Engadiner Berge und der Ötztaler Alpen.

Planail 1596 m und Plawenn 1725 m

Auf einem knapp zweispurigen Asphaltsträßchen kann man von Mals (1099) über den Weiler Ulten (1424), dort Straßenteilung, sowohl nach Planail, 6 km, als auch über Alsack nach Plawenn gelangen, 6.6 km, SG 2 – 3, für größere Busse ungeeignet. Der Fahrweg zur Plawennalm (2003) ist für Pkw und Motorräder gesperrt! – Eine kürzere Verbindung stellt die von St. Valentin-Dörfl (1498) bzw. von Fischerhäuser durch die St. Valentinhaide und Malser Haide führende zweispurige Asphaltstraße her. Plawenn mit dem uralten Edelsitz aus dem Jahre 1140 liegt auf dem höchsten Punkt der Malser Haide. Den Weiler Planail hingegen findet man am Fuße der Spitzigen Lun bzw. am Ausgang des Planailtales. Die max. Steigungen überschreiten auf den genannten Sträßchen 12% nicht, SG 2 – 3.

Langtauferer Tal

Langtauferer Tal, Schutzhaus Melag 1925 m**

Dieses in Ostwestrichtung verlaufende Hochtal zieht vom Weißkugelkamm in den s. Ötztaler Alpen nach Graun (1501) zum Reschensee hinab. Durch den Ausbau der 10.3 km langen Landesstraße 49 und durch die Anlage einer Doppelsesselbahn (nur Winterbetrieb) von Melag zur Masebner Alm (2274) sowie durch den Neubau mehrerer Unterkunftsbetriebe wurde das bisher vom Fremdenverkehr nur wenig berührte Tal merklich aufgewertet. Eine Fahrt von Graun bis Melag ist auch landschaftlich reizvoll und abwechslungsreich, besonders im oberen Talabschnitt mit dem Anblick der Gletscherberge des Weißkugelkammes (ab km 9). Für Pkw ist die Straße zweispurig angelegt und 5 bis 6 m breit, ihre max. Steigung überschreitet kaum 10%, SG 2. Die alte Ortschaft Kapron (1693) wird umfahren. Der Liniendienst der SAD verkehrt bis zum Straßenende beim Schutzhaus Melag.

RW 349 **Jaggl oder Endkopf**, 2652 m.** Die hell aufleuchtende Bergkuppe, vornehmlich durch Kalkstein aufgebaut, erhebt sich im SO von Graun. Als AP wählt man mit Vorzug die unteren, an der Straße gelegenen Höfe von Außerlangtaufers, wo sich nahe dem Unterrafeinhof (1600) auch eine Brükke über den Karlinbach befindet. Der Fahrweg leitet am Waldessaum zunächst zur alten Mühle und steigt dann durch den Arluiwald zur Grauner oder Vivana-Alm (2173), 1½ Std. Am Felseck (2000) tangiert man die von weither sichtbaren steilen Felsabhänge, welche direkt zur Reschenstraße abfallen; die dort errichteten Galerien bieten einen guten Schutz gegen Steinschlag. Auf der Grauner Alm klappert noch ein altes Mühlrad beim Senner. Steig 10/13 zweigt im Vivanatal hinter der Grauner Alm li. ab und leitet in die Einsattelung zwischen Hengst (2613) und Jaggl, 45 Min. Erst von der Scheitelhöhe dieses Sattels zweigt man wiederum li. ab und erreicht über das schräg geneigte Gipfelplateau sowohl den höchsten Punkt als auch das auf einem Vorberg stehende Gipfelkreuz. Die Aussicht konzentriert sich nach W auf die Berge der Sesvennagruppe, nach S auf die Ortler-Cevedale-Gruppe, nach O auf Erhebungen des Weißkugelkammes in den Ötztaler Alpen. Tief unten liegen Reschen- und Haidersee. – Der Abstieg erfolgt zunächst zum Sattele, dann auf Weg mit Mark. 10 hinab ins Meisstal und über den Poschenbach in den Rieglwald, wo man sich an der ersten Abzw. li. hält, um zum AP zurückzukehren. – HU 1050 m, Z 4 bis 4½ Std., LA 2 – 3. – Hierzu Skizze 59.

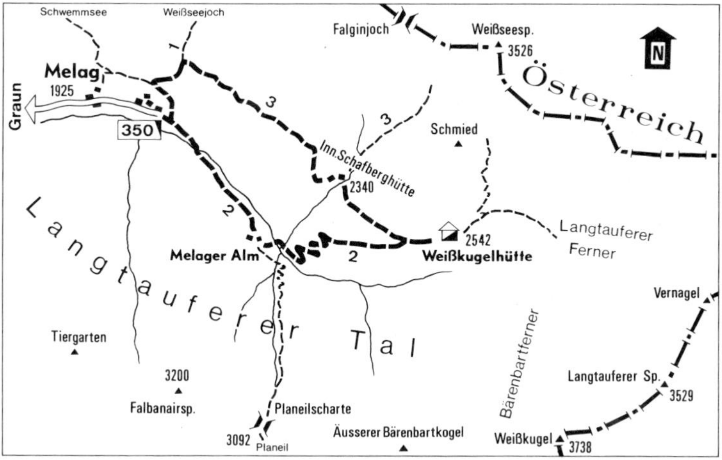

Skizze 60 Melag

Weißkugel-Hütte 2542 m.** Diese von der Sektion Frankfurt a. M. des DÖAV im Jahre 1893 erbaute Hütte wird heute von der CAI-Sektion Desio verwaltet und ist von Anfang Juli bis Mitte Sept. bewirtsch. Sie steht im oberen Langtauferertal an der Nordseite der Weißkugel (3738), welcher der zweithöchste Gipfel der Otztaler Alpen ist. – Der Hüttenweg, Bez. 2 bzw. W, beginnt unmittelbar hinter den Häusern von Melag (1925) und leitet neben dem Karlinbach zunächst zur Melager Alm (1925); dort beginnt der Serpentinenanstieg, von dem aus bald die Sicht in den herrlich vergletscherten Talschluß frei wird. Nach 2¹/2 Std. ist die Hütte erreicht, welche zwischen April und Juni ein günstig gelegener Stützpunkt für den Tourenschilauf ist. – Zurück empfiehlt sich der, über die Inner-Schafberghütte verlaufende „Höhenweg“, Bez. 3, mit prächtigen Ausblicken sowohl in das Tal als auch auf die Berge des Weißkugelkammes. Nach Überschreiten des Melagbaches hat man w. des Melagtales scharf li. die Abzw. des mit 1 bez. Weges, welcher zum AP zurückleitet. – HU 620 m, Z 4 Std., LA 2. – Hierzu Skizze 60. **RW 350**

Plamord, Wendeplatte, 2025 m**

Ein lohnendes anfahrbares Hochziel im N des Reschensees mit Prachtblick auf diesen und den Haidersee mit dem Ortler als s. Abschlußkulisse. Man zweigt zwischen Reschen (1513) und Graun bei den Häusern von Arlund li. ab und folgt der HT Plamord. Das einspurige, ehem. Militärsträßchen mit Ausweichen leitet durch lichten Lärchenwald in n. Richtung oberhalb der Etschquelle bergwärts zum Endpunkt bei einer geräumigen Wendeplatte. Das 5 km lange Sträßchen ist geschottert und hat auch

Der Bergwanderer findet im innersten Langtaufererertal, das bis Melag von einer ausgebauten Straße erschlossen ist, ein gutes Revier abseits ausgetretener Pfade. Das beliebteste Ziel ist die Weißkugelhütte → RW 350. Foto E. Denzel

einen festen Unterbau, weil es in der Mussolini-Ära als Zubringer für schwere Geschütze und Materialien an die ital.-österr. Grenze bestimmt war. In der unmittelbaren Grenzzone trifft man auch heute noch zahlreiche Betonklötze an, die damals als Sperren gedacht waren. Das max. 12% steile Sträßchen endet unterhalb der abgeplatteten Plamordkuppe (2083), SG 3, Randsicherungen fehlen.

Reschenpaß* 1510 m

Der Verkehrsweg über den Reschenpaß wurde bereits seit altersher als sogenannter „Oberer Weg“ im Gegensatz zum Brenner als „Unterer Weg“ benützt. Er ist auch heute nach dem Brenner der bedeutendste Übergang zwischen Nord- und Südtirol. Die Südtiroler Rampe ist weit weniger ausgeprägt als die Nordtiroler (speziell zwischen der Kajetansbrücke und Nauders), weil sie vorwiegend auf einem riesigen, eiszeitlichen Moränenschuttkegel erbaut wurde; dieser zog zum Becken, welches Reschen- und Haidersee bildeten, bis in den Raum Mals – Schluderns – Glurns herab. Die ausgedehnte Malser Haide durchfährt man dabei in sechs bequemen Kehren, gleichsam wie auf einer schiefen Ebene. Auf dem ö. Ufer des Reschensees passiert man eine Steinschlag- und Lawinenschutzgalerie. Hinter dem Dorf Reschen bildet die Wasserscheide einen sanften Übergang, der auch für Anhängergespanne gut geeignet ist. Die Fahrbahnbreiten schwanken zwischen 6 und 8 m, das Steigungsmaximum beträgt 7% (auf österr. Seite 9%), SG 1 – 2. Die Bergstrecke von Mals bis St. Valentin a. d. Haide mißt nur 11 km und ist gut überblickbar.

An den Band SÜDTIROL schließt nach N der Band 4 TIROL, nach NW der Band 6 VORARLBERG aus der Kombiführer-Reihe „auto + wanderschuh“ an.

Register

Q

R

S

T

An der Vervollkommnung der kombiführer auto + wanderschuh wird redaktionell ständig gearbeitet. Berichtigungen und Verbesserungsvorschläge werden unter Hinweis auf diese Ausgabe stets dankbar entgegengenommen. Wir suchen auch laufend attraktives, noch nicht veröffentlichtes Bildmaterial aus privater Hand zu den Themen unserer Spezialführer. Insbesondere interessieren Aufnahmen, welche alle Formen des familienfreundlichen Wanderns betreffen.

Anschrift der Redaktion und des Herausgebers:

Verlag Harald Denzel KG · Maximilianstraße 9 · A-6020 Innsbruck